ŒUVRES COMPLÈTES

DE MADAME LA BARONNE

DE STAËL-HOLSTEIN

TOME DEUXIÈME

PARIS

CHEZ FIRMIN DIDOT FRÈRES, FILS ET Cᵉ, LIBRAIRES

IMPRIMEURS DE L'INSTITUT DE FRANCE

RUE JACOB, 56

M DCCC LXXI

ŒUVRES COMPLÈTES

DE MADAME LA BARONNE

DE STAËL-HOLSTEIN

TOME II

PARIS. — TYPOGRAPHIE DE FIRMIN DIDOT FRÈRES, FILS ET CIE, RUE JACOB, 56

OEUVRES

COMPLÈTES

DE MADAME DE STAEL.

PRÉFACE.

Ce 1ᵉʳ octobre 1813.

En 1810, je donnai le manuscrit de cet ouvrage sur l'Allemagne au libraire qui avait imprimé Corinne. Comme j'y manifestais les mêmes opinions, et que j'y gardais le même silence sur le gouvernement actuel des Français que dans mes écrits précédents, je me flattai qu'il me serait aussi permis de le publier : toutefois, peu de jours après l'envoi de mon manuscrit, il parut un décret sur la liberté de la presse d'une nature très-singulière; il y.était dit, « qu'aucun ouvrage ne pourrait être imprimé sans « avoir été examiné par des censeurs. » Soit ; on était accoutumé en France, sous l'ancien régime, à se soumettre à la censure; l'esprit public marchait alors dans le sens de la liberté, et rendait une telle gène peu redoutable; mais un petit article, à la fin du nouveau règlement, disait que « lorsque les censeurs auraient examiné un ou-« vrage et permis sa publication, les libraires seraient en « effet autorisés à l'imprimer; mais le ministre de la « police aurait alors le droit de le supprimer tout entier, « s'il le jugeait convenable. » Ce qui veut dire, que telles ou telles formes seraient adoptées, jusqu'à ce qu'on jugeât à propos de ne plus les suivre : une loi n'était pas nécessaire pour décréter l'absence des lois, il valait mieux s'en tenir au simple fait du pouvoir absolu.

Mon libraire cependant prit sur lui la responsabilité de la publication de mon livre, en le soumettant à la censure, et notre accord fut ainsi conclu. Je vins à quarante lieues de Paris pour suivre l'impression de cet ouvrage, et c'est là que pour la dernière fois j'ai respiré l'air de France. Je m'étais interdit dans ce livre, comme on le verra, toute réflexion sur l'état politique de l'Allemagne; je me supposais à cinquante années du temps présent, mais le temps présent ne permet pas qu'on l'oublie. Plusieurs censeurs examinèrent mon manuscrit; ils supprimèrent les diverses phrases que j'ai rétablies, en les désignant par des notes; enfin, à ces phrases près, ils permirent l'impression du livre tel que je le publie maintenant, car je n'ai cru devoir y rien changer. Il me semble curieux de montrer quel est un ouvrage qui peut attirer maintenant en France sur la tête de son auteur la persécution la plus cruelle.

Au moment où cet ouvrage allait paraître, et lorsqu'on avait déjà tiré les dix mille exemplaires de la première édition, le ministre de la police, connu sous le nom du géné-ral Savary, envoya ses gendarmes chez le libraire, avec ordre de mettre en pièces toute l'édition, et d'établir des sentinelles aux diverses issues du magasin, dans la crainte qu'un seul exemplaire de ce dangereux écrit ne pût s'é-chapper. Un commissaire de police fut chargé de surveil-ler cette expédition, dans laquelle le général Savary obtint aisément la victoire; et ce pauvre commissaire est, dit-on, mort des fatigues qu'il a éprouvées, en s'assurant avec trop de détail de la destruction d'un si grand nombre de volumes, ou plutôt de leur transformation en un carton parfaitement blanc, sur lequel aucune trace de la raison humaine n'est restée; la valeur intrinsèque de ce carton, estimée à vingt louis, est le seul dédommagement que le libraire ait obtenu du général ministre.

Au moment où l'on anéantissait mon livre à Paris, je reçus à la campagne l'ordre de livrer la copie sur laquelle on l'avait imprimé, et de quitter la France dans les vingt-quatre heures. Je ne connais guère que les conscrits à qui vingt-quatre heures suffisent pour se mettre en voyage; j'écrivis donc au ministre de la police qu'il me fallait huit jours pour faire venir de l'argent et ma voiture. Voici la lettre qu'il me répondit :

POLICE GÉNÉRALE.

CABINET DU MINISTRE.

Paris, 3 octobre 1810.

« J'ai reçu, madame, la lettre que vous m'avez fait
« l'honneur de m'écrire. Monsieur votre fils a dû vous ap-
« prendre que je ne voyais pas d'inconvénient à ce que
« vous retardassiez votre départ de sept à huit jours : je
« désire qu'ils suffisent aux arrangements qui vous restent
« à prendre, parce que je ne puis vous en accorder da-
« vantage.

« Il ne faut point rechercher la cause de l'ordre que je
« vous ai signifié, dans le silence que vous avez gardé à
« l'égard de l'Empereur dans votre dernier ouvrage, ce se-
« rait une erreur; il ne pouvait pas y trouver de place qui
« fût digne de lui; mais votre exil est une conséquence
« naturelle de la marche que vous suivez constamment
« depuis plusieurs années. Il m'a paru que l'air de ce pays-
« ci ne vous convenait point, et nous n'en sommes pas
« encore réduits à chercher des modèles dans les peuples
« que vous admirez.

« Votre dernier ouvrage n'est point français; c'est moi
« qui en ai arrêté l'impression. Je regrette la perte qu'il va
« faire éprouver au libraire, mais il ne m'est pas possible
« de le laisser paraître.

« Vous savez, madame, qu'il ne vous avait été permis
« de sortir de Coppet que parce que vous aviez exprimé
« le désir de passer en Amérique. Si mon prédécesseur
« vous a laissé habiter le département de Loir-et-Cher,
« vous n'avez pas dû regarder cette tolérance comme une
« révocation des dispositions qui avaient été arrêtées à
« votre égard. Aujourd'hui vous m'obligez à les faire
« exécuter strictement, et il ne faut vous en prendre qu'à
« vous-même.

« Je mande à M. Corbigny [1] de tenir la main à l'exécu-
« tion de l'ordre que je lui ai donné, lorsque le délai que
« je vous accorde sera expiré.

« Je suis aux regrets, madame, que vous m'ayez con-
« traint de commencer ma correspondance avec vous par
« une mesure de rigueur; il m'aurait été plus agréable de
« n'avoir qu'à vous offrir des témoignages de la haute con-
« sidération avec laquelle j'ai l'honneur d'être,

« MADAME,

« Votre très-humble et très-obéissant serviteur,

« Signé : LE DUC DE ROVIGO. »

« Madame de Staël.

« P. S. J'ai des raisons, madame, pour vous indiquer
« les ports de Lorient, la Rochelle, Bordeaux et Roche-
« fort, comme étant les seuls ports dans lesquels vous
« pouvez vous embarquer; je vous invite à me faire con-
« naître celui que vous aurez choisi [2]. »

J'ajouterai quelques réflexions à cette lettre déjà, ce
me semble, assez curieuse par elle-même. « Il m'a paru,
dit le général Savary, que L'AIR DE CE PAYS NE VOUS CON-
VENAIT PAS; » quelle gracieuse manière d'annoncer à une
femme alors, hélas! mère de trois enfants, à la fille d'un
homme qui a servi la France avec tant de foi, qu'on la
bannit, à jamais, du lieu de sa naissance, sans qu'il lui
soit permis de réclamer d'aucune manière contre une peine
réputée la plus cruelle, après la condamnation à mort! Il
existe un vaudeville français dans lequel un huissier, se
vantant de sa politesse envers ceux qu'il conduit en prison, dit :

Aussi je suis aimé de tous ceux que j'arrête.

Je ne sais si telle était l'intention du général Savary.
Il ajoute que LES FRANÇAIS N'EN SONT PAS RÉDUITS A
PRENDRE POUR MODÈLES LES PEUPLES QUE J'ADMIRE. Ces
peuples, ce sont les Anglais d'abord, et, à plusieurs égards,
les Allemands. Toutefois je ne crois pas qu'on puisse m'accuser de ne pas aimer la France. Je n'ai que trop montré
le regret d'un séjour où je conserve tant d'objets d'affection, où ceux qui me sont chers me plaisent tant! Mais de
cet attachement peut-être trop vif pour une contrée si
brillante et pour ses spirituels habitants, il ne s'ensuivait
point qu'il dût m'être interdit d'admirer l'Angleterre. On
l'a vue, comme un chevalier armé pour la défense de l'ordre social, préserver l'Europe pendant dix années de l'a-
narchie, et pendant dix autres du despotisme. Son heureuse constitution fut, au commencement de la révolution,
le but des espérances et des efforts des Français; mon
âme en est restée où la leur était alors.

[1] Préfet de Loir-et-Cher.
[2] Le but de ce post-scriptum était de m'interdire les ports de la
Manche.

A mon retour dans la terre de mon père, le préfet de
Genève me défendit de m'en éloigner à plus de quatre
lieues. Je me permis un jour d'aller jusqu'à dix, dans le
simple but d'une promenade : aussitôt les gendarmes cou-
rurent après moi; l'on défendit aux maîtres de poste de
me donner des chevaux, et l'on eût dit que le salut de
l'État dépendait d'une aussi faible existence que la mienne.
Je me résignai cependant encore à cet emprisonnement
dans toute sa rigueur, quand un dernier coup me le rendit
tout à fait insupportable. Quelques-uns de mes amis furent exilés, parce qu'ils avaient eu la générosité de venir
me voir; c'en était trop : porter avec soi la contagion du
malheur, ne pas oser se rapprocher de ceux qu'on aime,
craindre de leur écrire, de prononcer leur nom, être l'objet tour à tour, des preuves d'affection qui font trembler pour ceux qui vous les donnent, ou des bassesses
raffinées que la terreur inspire, c'était une situation à laquelle il fallait se soustraire, si l'on voulait encore vivre!

On me disait, pour adoucir mon chagrin, que ces persécutions continuelles étaient une preuve de l'importance
qu'on attachait à moi; j'aurais pu répondre que je n'avais
mérité

Ni cet excès d'honneur, ni cette indignité.

Mais je ne me laissai point aller aux consolations données
à mon amour-propre, car je savais qu'il n'est personne
maintenant en France, depuis les plus grands jusqu'aux
plus petits, qui ne puisse être trouvé digne d'être rendu
malheureux. On me tourmenta dans tous les intérêts de
ma vie, dans tous les points sensibles de mon caractère,
et l'autorité condescendit à se donner la peine de me bien
connaître pour mieux me faire souffrir. Ne pouvant donc
désarmer cette autorité par le simple sacrifice de mon talent, et résolue à ne lui en pas offrir le servage, je crus
sentir au fond de mon cœur ce que m'aurait conseillé mon
père, et je partis.

Il m'importe, je le crois, de faire connaître au public
ce livre calomnié, ce livre source de tant de peines : et
quoique le général Savary m'ait déclaré dans sa lettre que
mon ouvrage N'ÉTAIT PAS FRANÇAIS, comme je me garde
bien de voir en lui le représentant de la France, c'est aux
Français tels que je les ai connus, que j'adresserais avec
confiance un écrit où j'ai tâché, selon mes forces, de relever la gloire des travaux de l'esprit humain.

L'Allemagne, par sa situation géographique, peut être
considérée comme le cœur de l'Europe, et la grande association continentale ne saurait retrouver son indépendance que par celle de ce pays. La différence des langues,
les limites naturelles, les souvenirs d'une même histoire,
tout contribue à créer parmi les hommes ces grands individus qu'on appelle des nations; de certaines proportions
leur sont nécessaires pour exister, de certaines qualités
les distinguent; et si l'Allemagne était réunie à la France,
il s'ensuivrait aussi que la France serait réunie à l'Allemagne, et que les Français de Hambourg, comme les
Français de Rome, altéreraient par degrés le caractère des
compatriotes de Henri IV : les vaincus, à la longue, mo-
difieraient les vainqueurs, et tous finiraient par y perdre.

J'ai dit dans mon ouvrage que les Allemands N'ÉTAIENT
PAS UNE NATION; et certes ils donnent au monde maintenant d'héroïques démentis à cette crainte. Mais ne voit-on
pas cependant quelques pays germaniques s'exposer, en
combattant contre leurs compatriotes, au mépris de leurs
alliés mêmes, les Français? Ces auxiliaires dont on hésite
à prononcer le nom, comme s'il était temps encore de le
cacher à la postérité; ces auxiliaires, dis-je, ne sont con-

duits ni par l'opinion, ni même par l'intérêt, encore moins par l'honneur; mais une peur imprévoyante a précipité leurs gouvernements vers le plus fort, sans réfléchir qu'ils étaient eux-mêmes la cause de cette force devant laquelle ils se prosternaient.

Les Espagnols, à qui l'on peut appliquer ce beau vers anglais de Sothey :

And those who suffer bravely save mankind,

ET CEUX QUI SOUFFRENT BRAVEMENT SAUVENT L'ESPÈCE HUMAINE; les Espagnols se sont vus réduits à ne posséder que Cadix, et ils n'auraient pas plus consenti alors au joug des étrangers, que depuis qu'ils ont atteint la barrière des Pyrénées, et qu'ils sont défendus par le caractère antique et le génie moderne de lord Wellington. Mais pour accomplir ces grandes choses, il fallait une persévérance que l'événement ne saurait décourager. Les Allemands ont eu souvent le tort de se laisser convaincre par les revers. Les individus doivent se résigner à la destinée, mais jamais les nations; car ce sont elles qui seules peuvent commander à cette destinée : une volonté de plus, et le malheur serait dompté.

La soumission d'un peuple à un autre est contre nature. Qui croirait maintenant à la possibilité d'entamer l'Espagne, la Russie, l'Angleterre, la France? Pourquoi n'en serait-il pas de même de l'Allemagne? Si les Allemands pouvaient encore être asservis, leur infortune déchirerait le cœur; mais on serait toujours tenté de leur dire, comme mademoiselle de Mancini à Louis XIV : VOUS ÊTES ROI, SIRE, ET VOUS PLEUREZ! « Vous êtes une nation, et vous pleurez! »

Le Tableau de la littérature et de la philosophie semble bien étranger au moment actuel; cependant il sera peut-être doux à cette pauvre et noble Allemagne de se rappeler ses richesses intellectuelles au milieu des ravages de la guerre. Il y a trois ans que je désignais la Prusse et les pays du Nord qui l'environnent comme LA PATRIE DE LA PENSÉE; en combien d'actions généreuses cette pensée ne s'est-elle pas transformée! ce que les philosophes mettaient en système s'accomplit, et l'indépendance de l'âme fondera celle des États.

•••••••••••••

OBSERVATIONS GÉNÉRALES.

On peut rapporter l'origine des principales nations de l'Europe à trois grandes races différentes : la race latine, la race germanique, et la race esclavonne. Les Italiens, les Français, les Espagnols et les Portugais ont reçu des Romains leur civilisation et leur langage; les Allemands, les Suisses, les Anglais, les Suédois, les Danois et les Hollandais sont des peuples teutoniques; enfin, parmi les Esclavons, les Polonais et les Russes occupent le premier rang. Les nations dont la culture intellectuelle est d'origine latine, sont plus anciennement civilisées que les autres; elles ont pour la plupart hérité de l'habile sagacité des Romains dans le maniement des affaires de ce monde. Des institutions sociales, fondées sur la religion païenne, ont précédé chez elles l'établissement du christianisme; et quand les peuples du Nord sont venus les conquérir, ces peuples ont adopté, à beaucoup d'égards, les mœurs du pays dont ils étaient les vainqueurs.

Ces observations doivent sans doute être modifiées d'après les climats, les gouvernements et les faits de chaque histoire. La puissance ecclésiastique a laissé des traces ineffaçables en Italie. Les longues guerres avec les Arabes ont fortifié les habitudes militaires et l'esprit entreprenant des Espagnols; mais en général cette partie de l'Europe, dont les langues dérivent du latin, et qui a été initiée de bonne heure dans la politique de Rome, porte le caractère d'une vieille civilisation, qui, dans l'origine, était païenne. On y trouve moins de penchant pour les idées abstraites que chez les nations germaniques; on s'y entend mieux aux plaisirs et aux intérêts terrestres, et ces peuples, comme leurs instituteurs, les Romains, savent seuls pratiquer l'art de la domination.

Les nations germaniques ont presque toujours résisté au joug des Romains; elles ont été civilisées plus tard, et seulement par le christianisme; elles ont passé immédiatement d'une sorte de barbarie à la société chrétienne : les temps de la chevalerie, l'esprit du moyen âge sont leurs souvenirs les plus vifs; et quoique les savants de ces pays aient étudié les auteurs grecs et latins, plus même que ne l'ont fait les nations latines, le génie naturel aux écrivains allemands est d'une coûleur ancienne plutôt qu'antique; leur imagination se plaît dans les vieilles tours, dans les créneaux, au milieu des sorcières et des revenants; et les mystères d'une nature rêveuse et solitaire forment le principal charme de leurs poésies.

L'analogie qui existe entre les nations teutoniques ne saurait être méconnue. La dignité sociale que les Anglais doivent à leur constitution leur assure, il est vrai, parmi ces nations, une supériorité décidée; néanmoins les mêmes traits de caractère se retrouvent constamment parmi les divers peuples d'origine germanique. L'indépendance et la loyauté signalèrent de tout temps ces peuples; ils ont été toujours bons et fidèles, et c'est à cause de cela même peut-être que leurs écrits portent une empreinte de mélancolie; car il arrive souvent aux nations, comme aux individus, de souffrir pour leurs vertus.

La civilisation des Esclavons ayant été plus moderne et plus précipitée que celle des autres peuples, on voit plutôt en eux jusqu'à présent l'imitation que l'originalité : ce qu'ils ont d'européen est français; ce qu'ils ont d'asiatique est trop peu développé, pour que leurs écrivains puissent encore manifester le véritable caractère qui leur serait naturel. Il n'y a donc dans l'Europe littéraire que deux grandes divisions très marquées; la littérature imitée des anciens, et celle qui doit sa naissance à l'esprit du moyen âge; la littérature qui, dans son origine, a reçu du paganisme sa couleur et son charme, et la littérature dont l'impulsion et le développement appartiennent à une religion essentiellement spiritualiste.

On pourrait dire avec raison que les Français et les Allemands sont aux deux extrémités de la chaîne morale, puisque les uns considèrent les objets extérieurs comme le mobile de toutes les idées, et les autres, les idées comme le mobile de toutes les impressions. Ces deux nations cependant s'accordent assez bien sous les rapports sociaux; mais il n'en est point de plus opposées dans leur système littéraire et philosophique. L'Allemagne intellectuelle n'est presque pas connue de la France : bien peu d'hommes de lettres parmi nous s'en sont occupés. Il est vrai qu'un beaucoup plus grand nombre la juge. Cette agréable légèreté, qui fait prononcer sur ce qu'on ignore, peut avoir de l'élégance quand on parle, mais non quand on écrit. Les Allemands ont le tort de mettre souvent dans la conversation ce qui ne convient qu'aux livres; les Français quelquefois aussi celui de mettre dans les livres ce qui ne convient qu'à la conversation; et nous avons tellement épuisé tout ce qui est superficiel, que, même pour la grâce, et surtout pour la variété, il faudrait, ce me semble, essayer d'un peu plus de profondeur.

J'ai donc cru qu'il pouvait y avoir quelques avantages à faire connaître le pays de l'Europe où l'étude et la méditation ont été portées si loin, qu'on peut le considérer comme la patrie de la pensée. Les réflexions que le pays et les livres m'ont suggérées, seront partagées en quatre sections. La première traitera de l'Allemagne et des mœurs des Allemands; la seconde, de la littérature et des arts; la troisième, de la philosophie et de la morale; la quatrième, de la religion et de l'enthousiasme. Ces divers sujets se mêlent nécessairement les uns avec les autres. Le caractère national influe sur la littérature; la littérature et la philosophie sur la religion; et l'ensemble peut seul faire connaître en entier chaque partie; mais il fallait cependant se soumettre à une division apparente, pour rassembler à la fin tous les rayons dans le même foyer.

Je ne me dissimule point que je vais exposer, en littérature comme en philosophie, des opinions étrangères à celles qui règnent en France; mais, soit qu'elles paraissent justes ou non, soit qu'on les adopte ou qu'on les combatte, elles donnent toujours à penser. « Car nous n'en sommes pas, j'ima- « gine, à vouloir élever autour de la France littéraire la grande « muraille de la Chine, pour empêcher les idées du dehors « d'y pénétrer [1]. »

Il est impossible que les écrivains allemands, ces hommes les plus instruits et les plus méditatifs de l'Europe, ne méritent pas qu'on accorde un moment d'attention à leur littérature et à leur philosophie. On oppose à l'une qu'elle n'est pas de bon goût, et à l'autre qu'elle est pleine de folies. Il se pourrait qu'une littérature ne fût pas conforme à notre législation du bon goût, et qu'elle contînt des idées nouvelles dont nous pussions nous enrichir, en les modifiant à notre manière. C'est ainsi que les Grecs nous ont valu Racine, et Shakspeare plusieurs tragédies de Voltaire. La stérilité dont notre littérature est menacée ferait croire que l'esprit français lui-même a besoin maintenant d'être renouvelé par une sève plus vigoureuse; et comme l'élégance de la société nous préservera toujours de certaines fautes, il nous importe surtout de retrouver la source des grandes beautés

Après avoir repoussé la littérature des Allemands au nom du bon goût, on croit pouvoir aussi se débarrasser de leur philosophie au nom de la raison. Le bon goût et la raison sont des paroles qu'il est toujours agréable de prononcer, même au hasard; mais peut-on de bonne foi se persuader que des écrivains d'une érudition immense, et qui connaissent tous les livres français aussi bien que nous-mêmes, s'occupent depuis vingt années de pures absurdités?

Les siècles superstitieux accusent facilement les opinions nouvelles d'impiété, et les siècles incrédules les accusent non moins facilement de folie. Dans le seizième siècle, Galilée a été livré à l'inquisition pour avoir dit que la terre tournait; et dans le dix-huitième, quelques-uns ont voulu faire passer J. J. Rousseau pour un dévot fanatique. Les opinions qui diffèrent de l'esprit dominant, quel qu'il soit, scandalisent toujours le vulgaire : l'étude et l'examen peuvent seuls donner cette libéralité de jugement, sans laquelle il est impossible d'acquérir des lumières nouvelles, ou de conserver même celles qu'on a; car on se soumet à de certaines idées reçues, non comme à des vérités, mais comme au pouvoir; et c'est ainsi que la raison humaine s'habitue à la servitude, dans le champ même de la littérature et de la philosophie.

————•◦•◦•◦•◦•◦•◦•————

DE L'ALLEMAGNE.

————•◦◦•————

PREMIÈRE PARTIE.

DE L'ALLEMAGNE ET DES MŒURS DES ALLEMANDS.

CHAPITRE PREMIER.

De l'aspect de l'Allemagne.

La multitude et l'étendue des forêts indiquent une civilisation encore nouvelle : le vieux sol du

[1] Ces guillemets indiquent les phrases dont les censeurs de Paris avaient exigé la suppression. Dans le second volume, ils ne trouvèrent rien de répréhensible; mais les chapitres du troisième sur l'Enthousiasme, et surtout la dernière phrase

Midi ne conserve presque plus d'arbres, et le soleil tombe à plomb sur la terre dépouillée par les hommes. L'Allemagne offre encore quelques traces d'une nature non habitée. Depuis les Alpes jusqu'à la mer, entre le Rhin et le Danube, vous voyez un pays couvert de chênes et de sapins, traversé par des fleuves d'une imposante beauté, et coupé par des montagnes dont l'aspect est très-pittoresque; mais de vastes bruyères, des sables, des routes souvent négligées, un climat sévère, remplissent d'abord l'âme de tristesse; et ce n'est qu'à la longue qu'on découvre ce qui peut attacher à ce séjour.

Le midi de l'Allemagne est très-bien cultivé; cependant il y a toujours dans les plus belles contrées de ce pays quelque chose de sérieux, qui fait plutôt penser au travail qu'aux plaisirs, aux vertus des habitants qu'aux charmes de la nature.

Les débris des châteaux forts, qu'on aperçoit sur le haut des montagnes, les maisons bâties de terre, les fenêtres étroites, les neiges qui, pendant l'hiver, couvrent des plaines à perte de vue, causent une impression pénible. Je ne sais quoi de silencieux, dans la nature et dans les hommes, resserre d'abord le cœur. Il semble que le temps marche là plus lentement qu'ailleurs, que la végétation ne se presse pas plus dans le sol que les idées dans la tête des hommes, et que les sillons réguliers du laboureur y sont tracés sur une terre pesante.

Néanmoins, quand on a surmonté ces sensations irréfléchies, le pays et les habitants offrent à l'observation quelque chose d'intéressant et de poétique : vous sentez que des âmes et des imaginations douces ont embelli ces campagnes. Les grands chemins sont plantés d'arbres fruitiers, placés là pour rafraîchir le voyageur. Les paysages dont le Rhin est entouré sont superbes presque partout; on dirait que ce fleuve est le génie tutélaire de l'Allemagne; ses flots sont purs, rapides, et majestueux comme la vie d'un ancien héros : le Danube se divise en plusieurs branches; les ondes de l'Elbe et de la Sprée se troublent facilement par l'orage; le Rhin seul est presque inaltérable. Les contrées qu'il traverse paraissent tout à la fois si sérieuses et si variées, si fertiles et si solitaires, qu'on serait tenté de croire que c'est

de l'ouvrage, n'obtinrent pas leur approbation. J'étais prête à me soumettre à leurs critiques d'une façon négative, c'est-à-dire, en retranchant sans jamais rien ajouter; mais les gendarmes envoyés par le ministre de la police firent l'office de censeurs d'une façon plus brutale, en mettant le livre entier en pièces.

lui-même qui les a cultivées, et que les hommes d'à présent n'y sont pour rien. Ce fleuve raconte, en passant, les hauts faits des temps jadis, et l'ombre d'Arminius semble errer encore sur ces rivages escarpés.

Les monuments gothiques sont les seuls remarquables en Allemagne ; ces monuments rappellent les siècles de la chevalerie ; dans presque toutes les villes, les musées publics conservent des restes de ces temps-là. On dirait que les habitants du Nord, vainqueurs du monde, en partant de la Germanie, y ont laissé leurs souvenirs sous diverses formes, et que le pays tout entier ressemble au séjour d'un grand peuple, qui depuis longtemps l'a quitté. Il y a dans la plûpart des arsenaux des villes allemandes, des figures de chevaliers en bois peint, revêtus de leur armure ; le casque, le bouclier, les cuissards, les éperons, tout est selon l'ancien usage, et l'on se promène au milieu de ces morts debout, dont les bras levés semblent prêts à frapper leurs adversaires, qui tiennent aussi de même leurs lances en arrêt. Cette image immobile d'actions jadis si vives cause une impression pénible. C'est ainsi qu'après les tremblements de terre, on a retrouvé des hommes engloutis qui avaient gardé pendant longtemps encore le dernier geste de leur dernière pensée.

L'architecture moderne, en Allemagne, n'offre rien qui mérite d'être cité ; mais les villes sont en général bien bâties ; et les propriétaires les embellissent avec une sorte de soin plein de bonhomie. Les maisons, dans plusieurs villes, sont peintes en dehors de diverses couleurs : on y voit des figures de saints, des ornements de tout genre, dont le goût n'est assurément pas parfait, mais qui varient l'aspect des habitations et semblent indiquer un désir bienveillant de plaire à ses concitoyens et aux étrangers. L'éclat et la splendeur d'un palais servent à l'amour-propre de celui qui le possède ; mais la décoration soignée, la parure et la bonne intention des petites demeures ont quelque chose d'hospitalier.

Les jardins sont presque aussi beaux dans quelques parties de l'Allemagne qu'en Angleterre ; le luxe des jardins suppose toujours qu'on aime la nature. En Angleterre, des maisons très-simples sont bâties au milieu des parcs les plus magnifiques ; le propriétaire néglige sa demeure, et pare avec soin la campagne. Cette magnificence et cette simplicité réunies n'existent sûrement pas au même degré en Allemagne ; cependant, à travers le manque de fortune et l'orgueil féodal, on aperçoit en tout un certain amour du beau qui, tôt ou tard,

doit donner du goût et de la grâce, puisqu'il en est la véritable source. Souvent, au milieu des superbes jardins des princes allemands, l'on place des harpes éoliennes près des grottes entourées de fleurs, afin que le vent transporte dans les airs des sons et des parfums tout ensemble. L'imagination des habitants du Nord tâche ainsi de se composer une nature d'Italie ; et, pendant les jours brillants d'un été rapide, l'on parvient quelquefois à s'y tromper.

CHAPITRE II.

Des mœurs et du caractère des Allemands.

Quelques traits principaux peuvent seuls convenir également à toute la nation allemande ; car les diversités de ce pays sont telles, qu'on ne sait comment réunir sous un même point de vue des religions, des gouvernements, des climats, des peuples même si différents. L'Allemagne du Midi est, à beaucoup d'égards, tout autre que celle du Nord ; les villes de commerce ne ressemblent point aux villes célèbres par leurs universités ; les petits États diffèrent sensiblement des deux grandes monarchies, la Prusse et l'Autriche. L'Allemagne était une fédération aristocratique ; cet empire n'avait point un centre commun de lumières et d'esprit public ; il ne formait pas une nation compacte, et le lien manquait au faisceau. Cette division de l'Allemagne, funeste à sa force politique, était cependant très-favorable aux essais de tout genre que pouvaient tenter le génie et l'imagination. Il y avait une sorte d'anarchie douce et paisible, en fait d'opinions littéraires et métaphysiques, qui permettait à chaque homme le développement entier de sa manière de voir individuelle.

Comme il n'existe point de capitale où se rassemble la bonne compagnie de toute l'Allemagne, l'esprit de société y exerce peu de pouvoir ; l'empire du goût et l'arme du ridicule y sont sans influence. La plupart des écrivains et des penseurs travaillent dans la solitude, ou seulement entourés d'un petit cercle qu'ils dominent. Ils se laissent aller, chacun séparément, à tout ce que leur inspire une imagination sans contrainte ; et si l'on peut apercevoir quelques traces de l'ascendant de la mode en Allemagne, c'est par le désir que chacun éprouve de se montrer tout à fait différent des autres. En France, au contraire, chacun aspire à mériter ce que Montesquieu disait de Voltaire : *Il a plus que personne l'esprit que tout le monde a.* Les écrivains allemands imiteraient plus volontiers encore les étrangers que leurs compatriotes.

En littérature, comme en politique, les Allemands ont trop de considération pour les étrangers, et pas assez de préjugés nationaux. C'est une qualité dans les individus que l'abnégation de soi-même et l'estime des autres; mais le patriotisme des nations doit être égoïste. La fierté des Anglais sert puissamment à leur existence politique; la bonne opinion que les Français ont d'eux-mêmes a toujours beaucoup contribué à leur ascendant sur l'Europe; le noble orgueil des Espagnols les a rendus jadis souverains d'une portion du monde. Les Allemands sont Saxons, Prussiens, Bavarois, Autrichiens; mais le caractère germanique, sur lequel devrait se fonder la force de tous, est morcelé comme la terre même qui a tant de différents maîtres.

J'examinerai séparément l'Allemagne du Midi et celle du Nord : mais je me bornerai maintenant aux réflexions qui conviennent à la nation entière. Les Allemands ont en général de la sincérité et de la fidélité; ils ne manquent presque jamais à leur parole, et la tromperie leur est étrangère. Si ce défaut s'introduisait jamais en Allemagne, ce ne pourrait être que par l'envie d'imiter les étrangers, de se montrer aussi habile qu'eux, et surtout de n'être pas leur dupe; mais le bon sens et le bon cœur ramèneraient bientôt les Allemands à sentir qu'on n'est fort que par sa propre nature, et que l'habitude de l'honnêteté rend tout à fait incapable, même quand on le veut, de se servir de la ruse. Il faut, pour tirer parti de l'immoralité, être armé tout à fait à la légère, et ne pas porter en soi-même une conscience et des scrupules qui vous arrêtent à moitié chemin, et vous font éprouver d'autant plus vivement le regret d'avoir quitté l'ancienne route, qu'il vous est impossible d'avancer hardiment dans la nouvelle.

Il est aisé, je le crois, de démontrer que, sans la morale, tout est hasard et ténèbres. Néanmoins on a vu souvent chez les nations latines une politique singulièrement adroite dans l'art de s'affranchir de tous les devoirs; mais on peut le dire à la gloire de la nation allemande, elle a presque l'incapacité de cette souplesse hardie qui fait plier toutes les vérités pour tous les intérêts, et sacrifie tous les engagements à tous les calculs. Ses défauts, comme ses qualités, la soumettent à l'honorable nécessité de la justice.

La puissance du travail et de la réflexion est aussi l'un des traits distinctifs de la nation allemande. Elle est naturellement littéraire et philosophique; toutefois la séparation des classes, qui est plus prononcée en Allemagne que partout ailleurs, parce que la société n'en adoucit pas les nuances, nuit à quelques égards à l'esprit proprement dit. Les nobles y ont trop peu d'idées, et les gens de lettres trop peu d'habitude des affaires. L'esprit est un mélange de la connaissance des choses et des hommes; et la société où l'on agit sans but, et pourtant avec intérêt, est précisément ce qui développe le mieux les facultés les plus opposées. C'est l'imagination, plus que l'esprit, qui caractérise les Allemands. J. P. Richter, l'un de leurs écrivains les plus distingués, a dit que *l'empire de la mer était aux Anglais, celui de la terre aux Français, et celui de l'air aux Allemands :* en effet, on aurait besoin, en Allemagne, de donner un centre et des bornes à cette éminente faculté de penser, qui s'élève et se perd dans le vague, pénètre et disparaît dans la profondeur, s'anéantit à force d'impartialité, se confond à force d'analyse, enfin manque de certains défauts qui puissent servir de circonscription à ses qualités.

On a beaucoup de peine à s'accoutumer, en sortant de France, à la lenteur et à l'inertie du peuple allemand; il ne se presse jamais, il trouve des obstacles à tout; vous entendez dire en Allemagne *c'est impossible,* cent fois contre une en France. Quand il est question d'agir, les Allemands ne savent pas lutter avec les difficultés; et leur respect pour la puissance vient plus encore de ce qu'elle ressemble à la destinée, que d'aucun motif intéressé. Les gens du peuple ont des formes assez grossières, surtout quand on veut heurter leur manière d'être habituelle; ils auraient naturellement, plus que les nobles, cette sainte antipathie pour les mœurs, les coutumes et les langues étrangères, qui fortifie dans tous les pays le lien national. L'argent qu'on leur offre ne dérange pas leur façon d'agir, la peur ne les en détourne pas; ils sont très-capables enfin de cette fixité en toutes choses, qui est une excellente donnée pour la morale; car l'homme que la crainte et plus encore l'espérance mettent sans cesse en mouvement, passe aisément d'une opinion à l'autre, quand son intérêt l'exige.

Dès que l'on s'élève un peu au-dessus de la dernière classe du peuple en Allemagne, on s'aperçoit aisément de cette vie intime, de cette poésie de l'âme qui caractérise les Allemands. Les habitants des villes et des campagnes, les soldats et les laboureurs, savent presque tous la musique; il m'est arrivé d'entrer dans de pauvres maisons noircies par la fumée de tabac, et d'entendre tout à coup, non-seulement la maîtresse, mais le maître du logis, improviser sur le clavecin, comme les Italiens improvisent un vers. L'on a soin, presque partout, que, les jours de marché, il y ait des joueurs d'instruments à vent sur le balcon de l'hôtel de ville qui domine la place publique : les paysans des environs participent ainsi à la douce jouissance du premier des arts. Les écoliers se promènent dans les rues, le dimanche, en chantant les psaumes en chœur. On raconte que Luther fit souvent partie de ce chœur, dans sa première jeunesse. J'étais à Eisenach, petite ville de Saxe, un jour d'hiver si froid, que les rues mêmes étaient encombrées de neige; je vis une longue suite de jeunes gens en manteau noir, qui traversaient la ville en célébrant les louanges de Dieu. Il n'y avait qu'eux dans la rue, car la rigueur des frimas en écartait tout le monde; et ces voix, presque aussi harmonieuses que celles du Midi, en se faisant entendre au milieu d'une nature si sévère, causaient d'autant plus d'attendrissement. Les habitants de la ville n'osaient, par ce froid terrible, ouvrir leurs fenêtres; mais on apercevait, derrière les vitraux, des visages tristes ou sereins, jeunes ou vieux, qui recevaient avec joie les consolations religieuses que leur offrait cette douce mélodie.

Les pauvres Bohêmes, alors qu'ils voyagent, suivis de leurs femmes et de leurs enfants, portent sur leur dos une mauvaise harpe, d'un bois grossier, dont ils tirent des sons harmonieux. Ils en jouent quand ils se reposent au pied d'un arbre, sur les grands chemins, ou lorsque auprès des maisons de poste ils tâchent d'intéresser les voyageurs par le concert ambulant de leur famille errante. Les troupeaux, en Autriche, sont gardés par des bergers qui jouent des airs charmants sur des instruments simples et sonores. Ces airs s'accordent parfaitement avec l'impression douce et rêveuse que produit la campagne.

La musique instrumentale est aussi généralement cultivée en Allemagne que la musique vocale en Italie; la nature a plus fait à cet égard, comme à tant d'autres, pour l'Italie que pour l'Allemagne; il faut du travail pour la musique instrumentale, tandis que le ciel du Midi suffit pour rendre les voix belles : mais néanmoins les hommes de la classe laborieuse ne pourraient jamais donner à la musique le temps qu'il faut pour l'apprendre, s'ils n'étaient organisés pour la savoir. Les peuples naturellement musiciens reçoivent par l'harmonie des sensations et des idées que leur situation rétrécie et leurs occupations vulgaires ne leur permettraient pas de connaître autrement.

Les paysannes et les servantes, qui n'ont pas assez d'argent pour se parer, ornent leur tête et leurs bras de quelques fleurs, pour qu'au moins l'imagination ait sa part dans leur vêtement : d'autres un peu plus riches mettent les jours de fête un bonnet d'étoffe d'or, d'assez mauvais goût, et qui contraste avec la simplicité du reste de leur costume; mais ce bonnet, que leurs mères ont aussi porté, rappelle les anciennes mœurs; et la parure cérémonieuse avec laquelle les femmes du peuple honorent le dimanche, a quelque chose de grave qui intéresse en leur faveur.

Il faut aussi savoir gré aux Allemands de la bonne volonté qu'ils témoignent par les révérences respectueuses et la politesse remplie de formalités que les étrangers ont si souvent tournées en ridicule. Ils auraient aisément pu remplacer, par des manières froides et indifférentes, la grâce et l'élégance qu'on les accusait de ne pouvoir atteindre : le dédain impose toujours silence à la moquerie; car c'est surtout aux efforts inutiles qu'elle s'attache; mais les caractères bienveillants aiment mieux s'exposer à la plaisanterie, que de s'en préserver par l'air hautain et contenu qu'il est si facile à tout le monde de se donner.

On est frappé, sans cesse, en Allemagne, du contraste qui existe entre les sentiments et les habitudes, entre les talents et les goûts : la civilisation et la nature semblent ne s'être pas encore bien amalgamées ensemble. Quelquefois des hommes très-vrais sont affectés dans leurs expressions et dans leur physionomie, comme s'ils avaient quelque chose à cacher : quelquefois au contraire la douceur de l'âme n'empêche pas la rudesse dans les manières : souvent même cette opposition va plus loin encore, et la faiblesse du caractère se fait voir à travers un langage et des formes dures. L'enthousiasme pour les arts et la poésie se réunit à des habitudes assez vulgaires dans la vie sociale. Il n'est point de pays où les hommes de lettres, où les jeunes gens qui étudient dans les universités, connaissent mieux les langues anciennes et l'antiquité, mais il n'en est point toutefois où les usages surannés subsistent plus généralement encore. Les souvenirs de la Grèce, le goût des beaux-arts, semblent y être arrivés par correspondance; mais les institutions féodales, les vieilles coutumes des Germains y sont toujours en honneur, quoique, malheureusement pour la puissance militaire du pays, elles n'y aient plus la même force.

Il n'est point d'assemblage plus bizarre que l'aspect guerrier de l'Allemagne entière, les soldats que l'on rencontre à chaque pas, et le genre de vie casanier qu'on y mène. On y craint les fatigues et les intempéries de l'air, comme si la nation n'était composée que de négociants et d'hommes de lettres; et toutes les institutions cependant tendent et doivent tendre à donner à la nation des habitudes militaires. Quand les peuples du Nord bravent les inconvénients de leur climat, ils s'endurcissent singulièrement contre tous les genres de maux : le soldat russe en est la preuve. Mais quand le climat n'est qu'à demi rigoureux, et qu'il est encore possible d'échapper aux injures du ciel par des précautions domestiques, ces précautions mêmes rendent les hommes plus sensibles aux souffrances physiques de la guerre.

Les poêles, la bière et la fumée de tabac forment autour des gens du peuple, en Allemagne, une sorte d'atmosphère lourde et chaude dont ils n'aiment pas à sortir. Cette atmosphère nuit à l'activité, qui est au moins aussi nécessaire à la guerre que le courage; les résolutions sont lentes, le découragement est facile, parce qu'une existence d'ordinaire assez triste ne donne pas beaucoup de confiance dans la fortune. L'habitude d'une manière d'être paisible et réglée prépare si mal aux chances multipliées du hasard, qu'on se soumet plus volontiers à la mort qui vient avec méthode qu'à la vie aventureuse.

. La démarcation des classes, beaucoup plus positive en Allemagne qu'elle ne l'était en France, devait anéantir l'esprit militaire parmi les bourgeois : cette démarcation n'a dans le fait rien d'offensant; car, je le répète, la bonhomie se mêle à tout en Allemagne, même à l'orgueil aristocratique; et les différences de rang se réduisent à quelques priviléges de cour, à quelques assemblées qui ne donnent pas assez de plaisirs pour mériter de grands regrets : rien n'est amer, dans quelque rapport que ce puisse être, lorsque la société et par elle le ridicule, ont peu de puissance. Les hommes ne peuvent se faire un véritable mal à l'âme que par la fausseté ou la moquerie; dans un pays sérieux et vrai, il y a toujours de la justice et du bonheur. Mais la barrière qui séparait, en Allemagne, les nobles des citoyens, rendait nécessairement la nation entière moins belliqueuse.

, L'imagination, qui est la qualité dominante de l'Allemagne artiste et littéraire, inspire la crainte du péril, si l'on ne combat pas ce mouvement naturel par l'ascendant de l'opinion et l'exaltation de l'honneur. En France, déjà même autrefois, le goût de la guerre était universel; et les gens du peuple risquaient volontiers leur vie, comme un moyen de l'agiter et d'en sentir moins le poids. C'est une grande question de savoir si les affections domestiques, l'habitude de la réflexion, la douceur même de l'âme, ne portent pas à redouter la mort; mais si toute la force d'un État consiste dans son esprit militaire, il importe d'examiner quelles sont les causes qui ont affaibli cet esprit dans la nation allemande.

Trois mobiles principaux conduisent d'ordinaire les hommes au combat : l'amour de la patrie et de la liberté, l'amour de la gloire, et le fanatisme de la religion. Il n'y a point un grand amour pour la patrie dans un empire divisé depuis plusieurs siècles, où les Allemands combattaient contre les Allemands, presque toujours excités par une impulsion étrangère : l'amour de la gloire n'a pas beaucoup de vivacité là où il n'y a point de centre, point de société. L'espèce d'impartialité, luxe de la justice, qui caractérise les Allemands, les rend beaucoup plus susceptibles de s'enflammer pour les pensées abstraites que pour les intérêts de la vie; le général qui perd une bataille est plus sûr d'obtenir l'indulgence, que celui qui la gagne ne l'est d'être vivement applaudi; entre les succès et les revers, il n'y a pas assez de différence au milieu d'un tel peuple, pour animer vivement l'ambition.

La religion vit, en Allemagne, au fond des cœurs, mais elle y a maintenant un caractère de rêverie et d'indépendance qui n'inspire pas l'énergie nécessaire aux sentiments exclusifs. Le même isolement d'opinions, d'individus et d'États, si nuisible à la force de l'empire germanique, se retrouve aussi dans la religion : un grand nombre de sectes diverses partagent l'Allemagne; et la religion catholique elle-même, qui, par sa nature, exerce une discipline uniforme et sévère, est interprétée cependant par chacun à sa manière. Le lien politique et social des peuples, un même gouvernement, un même culte, les mêmes lois, les mêmes intérêts, une littérature classique, une opinion dominante, rien de tout cela n'existe chez les Allemands; chaque État en est plus indépendant, chaque science mieux cultivée; mais la nation entière est tellement subdivisée, qu'on ne sait à quelle partie de l'empire ce nom même de nation doit être accordé.

L'amour de la liberté n'est point développé chez les Allemands; ils n'ont appris ni par la jouissance, ni par la privation, le prix qu'on peut y attacher. Il y a plusieurs exemples de gouvernements fédératifs, qui donnent à l'esprit public autant de force que l'unité dans le gouvernement; mais ce sont des associations d'États égaux et de citoyens libres. La fédération allemande était composée de forts et de faibles, de citoyens et de serfs, de rivaux et même d'ennemis ; c'étaient d'anciens éléments combinés par les circonstances, et respectés par les hommes.

La nation est persévérante et juste ; et son équité et sa loyauté empêchent qu'aucune institution, fût-elle vicieuse, ne puisse y faire de mal. Louis de Bavière, partant pour l'armée, confia l'administration de ses États à son rival, Frédéric le Beau, alors son prisonnier, et il se trouva bien de cette confiance qui, dans ce temps, n'étonna personne. Avec de telles vertus, on ne craignait pas les inconvénients de la faiblesse, ou de la complication des lois ; la probité des individus y suppléait.

L'indépendance même dont on jouissait en Allemagne, sous presque tous les rapports, rendait les Allemands indifférents à la liberté : l'indépendance est un bien, la liberté une garantie ; et précisément parce que personne n'était froissé en Allemagne, ni dans ses droits, ni dans ses jouissances, on ne sentait pas le besoin d'un ordre de choses qui maintînt ce bonheur. Les tribunaux de l'empire promettaient une justice sûre, quoique lente, contre tout acte arbitraire ; et la modération des souverains et la sagesse de leurs peuples ne donnaient presque jamais lieu à des réclamations : on ne croyait donc pas avoir besoin de fortifications constitutionnelles, quand on ne voyait point d'agresseurs.

On a raison de s'étonner que le code féodal ait subsisté presque sans altération parmi des hommes si éclairés ; mais comme dans l'exécution de ces lois défectueuses en elles-mêmes, il n'y avait point d'injustice, l'égalité dans l'application consolait de l'inégalité dans le principe. Les vieilles chartes, les anciens privilèges de chaque ville, toute cette histoire de famille, qui fait le charme et la gloire des petits États, était singulièrement chère aux Allemands ; mais ils négligeaient la grande puissance nationale qu'il importait tant de fonder, au milieu des colosses européens.

Les Allemands, à quelques exceptions près, sont peu capables de réussir dans tout ce qui exige de l'adresse et de l'habileté : tout les inquiète, tout les embarrasse, et ils ont autant besoin de méthode dans les actions que d'indépendance dans les idées. Les Français, au contraire, considèrent les actions avec la liberté de l'art, et les idées avec l'asservissement de l'usage. Les Allemands, qui ne peuvent souffrir le joug des règles en littérature, voudraient que tout leur fût tracé d'avance en fait

de conduite. Ils ne savent pas traiter avec les hommes ; et moins on leur donne à cet égard l'occasion de se décider par eux-mêmes, plus ils sont satisfaits.

Les institutions politiques peuvent seules former le caractère d'une nation ; la nature du gouvernement de l'Allemagne était presque en opposition avec les lumières philosophiques des Allemands. De là vient qu'ils réunissent la plus grande audace de pensée au caractère le plus obéissant. La prééminence de l'état militaire et les distinctions de rang les ont accoutumés à la soumission la plus exacte dans les rapports de la vie sociale ; ce n'est pas servilité, c'est régularité chez eux que l'obéissance ; ils sont scrupuleux dans l'accomplissement des ordres qu'ils reçoivent, comme si tout ordre était un devoir.

Les hommes éclairés de l'Allemagne se disputent avec vivacité le domaine des spéculations, et ne souffrent dans ce genre aucune entrave ; mais ils abandonnent assez volontiers aux puissants de la terre tout le réel de la vie. « Ce réel, si dédaigné « par eux, trouve des acquéreurs qui « portent ensuite le trouble et la gêne dans l'em- « pire même de l'imagination [1]. » L'esprit des Allemands et leur caractère paraissent n'avoir aucune communication ensemble : l'un ne peut souffrir de bornes, l'autre se soumet à tous les jougs ; l'un est très-entreprenant, l'autre très-timide ; enfin, les lumières de l'un donnent rarement de la force à l'autre, et cela s'explique facilement. L'étendue des connaissances dans les temps modernes ne fait qu'affaiblir le caractère, quand il n'est pas fortifié par l'habitude des affaires et l'exercice de la volonté. Tout voir et tout comprendre est une grande raison d'incertitude ; et l'énergie de l'action ne se développe que dans ces contrées libres et puissantes, où les sentiments patriotiques sont dans l'âme comme le sang dans les veines, et ne se glacent qu'avec la vie [2].

CHAPITRE III.

Les femmes.

La nature et la société donnent aux femmes une

---

[1] Phrase supprimée par les censeurs.

[2] Je n'ai pas besoin de dire que c'était l'Angleterre que je voulais désigner par ces paroles ; mais quand les noms propres ne sont pas articulés, la plupart des censeurs, hommes éclairés, se font un plaisir de ne pas comprendre. Il n'en est pas de même de la police ; elle a une sorte d'instinct vraiment remarquable contre les idées libérales, sous quelque forme qu'elles se présentent, et, dans ce genre, elle dépiste, comme un habile chien de chasse, tout ce qui pourrait réveiller dans l'esprit des Français leur ancien amour pour les lumières et la liberté.

grande habitude de souffrir, et l'on ne saurait nier, ce me semble, que de nos jours elles ne vaillent, en général, mieux que les hommes. Dans une époque où le mal universel est l'égoïsme, les hommes, auxquels tous les intérêts positifs se rapportent, doivent avoir moins de générosité, moins de sensibilité que les femmes; elles ne tiennent à la vie que par les liens du cœur, et lorsqu'elles s'égarent, c'est encore par un sentiment qu'elles sont entraînées : leur personnalité est toujours à deux, tandis que celle de l'homme n'a que lui-même pour but. On leur rend hommage par les affections qu'elles inspirent, mais celles qu'elles accordent sont presque toujours des sacrifices. La plus belle des vertus, le dévouement, est leur jouissance et leur destinée : nul bonheur ne peut exister pour elles que par le reflet de la gloire et des prospérités d'un autre; enfin, vivre hors de soi-même, soit par les idées, soit par les sentiments, soit surtout par les vertus, donne à l'âme un sentiment habituel d'élévation.

Dans les pays où les hommes sont appelés par les institutions politiques à exercer toutes les vertus militaires et civiles qu'inspire l'amour de la patrie, ils reprennent la supériorité qui leur appartient; ils rentrent avec éclat dans leurs droits de maîtres du monde : mais lorsqu'ils sont condamnés de quelque manière à l'oisiveté, ou à la servitude, ils tombent d'autant plus bas qu'ils devaient s'élever plus haut. La destinée des femmes reste toujours la même, c'est leur âme seule qui la fait, les circonstances politiques n'y influent en rien. Lorsque les hommes ne savent pas, ou ne peuvent pas employer dignement et noblement leur vie, la nature se venge sur eux des dons mêmes qu'ils en ont reçus; l'activité du corps ne sert plus qu'à la paresse de l'esprit, la force de l'âme devient de la rudesse; et le jour se passe dans des exercices et des amusements vulgaires, les chevaux, la chasse, les festins, qui conviendraient comme délassement, mais qui abrutissent comme occupations. Pendant ce temps, les femmes cultivent leur esprit, et le sentiment et la rêverie conservent dans leur âme l'image de tout ce qui est noble et beau.

Les femmes allemandes ont un charme qui leur est tout à fait particulier, un son de voix touchant, des cheveux blonds, un teint éblouissant; elles sont modestes, mais moins timides que les Anglaises; on voit qu'elles ont rencontré moins souvent des hommes qui leur fussent supérieurs, et qu'elles ont d'ailleurs moins à craindre des jugements sévères du public. Elles cherchent à plaire par la sensibilité, à intéresser par l'imagination; la langue de la poésie et des beaux-arts leur est connue; elles font de la coquetterie avec de l'enthousiasme, comme on en fait en France avec de l'esprit et de la plaisanterie. La loyauté parfaite qui distingue le caractère des Allemands rend l'amour moins dangereux pour le bonheur des femmes, et peut-être s'approchent-elles de ce sentiment avec plus de confiance, parce qu'il est revêtu de couleurs romanesques, et que le dédain et l'infidélité y sont moins à redouter qu'ailleurs.

L'amour est une religion en Allemagne, mais une religion poétique, qui tolère trop volontiers tout ce que la sensibilité peut excuser. On ne saurait le nier, la facilité du divorce, dans les provinces protestantes, porte atteinte à la sainteté du mariage. On y change aussi paisiblement d'époux que s'il s'agissait d'arranger les incidents d'un drame; le bon naturel des hommes et des femmes fait qu'on ne mêle point d'amertume à ces faciles ruptures, et, comme il y a chez les Allemands plus d'imagination que de vraie passion, les événements les plus bizarres s'y passent avec une tranquillité singulière; cependant, c'est ainsi que les mœurs et le caractère perdent toute consistance; l'esprit paradoxal ébranle les institutions les plus sacrées, et l'on n'y a sur aucun sujet des règles assez fixes.

On peut se moquer avec raison des ridicules de quelques femmes allemandes, qui s'exaltent sans cesse jusqu'à l'affectation, et dont les doucereuses expressions effacent tout ce que l'esprit et le caractère peuvent avoir de piquant et de prononcé; elles ne sont pas franches, sans pourtant être fausses; seulement elles ne voient ni ne jugent rien avec vérité, et les événements réels passent devant leurs yeux comme de la fantasmagorie. Quand il leur arrive d'être légères, elles conservent encore la teinte de *sentimentalité* qui est en honneur dans leur pays. Une femme allemande disait avec une expression mélancolique : « Je ne sais à quoi cela « tient, mais les absents me passent de l'âme. » Une Française aurait exprimé cette idée plus gaiement, mais le fond eût été le même.

Ces ridicules, qui font exception, n'empêchent pas que parmi les femmes allemandes il n'y en ait beaucoup dont les sentiments sont vrais et les manières simples. Leur éducation soignée et la pureté d'âme qui leur est naturelle rendent l'empire qu'elles exercent doux et soutenu; elles vous inspirent chaque jour plus d'intérêt pour tout ce qui est grand et généreux, plus de confiance dans tous les genres d'espoir, et savent repousser l'aride ironie, qui souffle un vent de mort sur les jouissances du cœur. Néanmoins on trouve très-rarement chez les Allemandes la rapidité d'esprit qui anime l'entretien et met en mouvement toutes les idées ; ce genre de plaisir ne se rencontre guère que dans les sociétés de Paris les plus piquantes et les plus spirituelles. Il faut l'élite d'une capitale française pour donner ce rare amusement : partout ailleurs on ne trouve d'ordinaire que de l'éloquence en public, ou du charme dans l'intimité. La conversation, comme talent, n'existe qu'en France ; dans les autres pays, elle ne sert qu'à la politesse, à la discussion ou à l'amitié : en France, c'est un art auquel l'imagination et l'âme sont sans doute fort nécessaires, mais qui a pourtant aussi, quand on le veut, des secrets pour suppléer à l'absence de l'une et de l'autre.

CHAPITRE IV.

De l'influence de l'esprit de chevalerie sur l'amour et l'honneur.

La chevalerie est pour les modernes ce que les temps héroïques étaient pour les anciens ; tous les nobles souvenirs des nations européennes s'y rattachent. A toutes les grandes époques de l'histoire, les hommes ont eu pour principe universel d'action un enthousiasme quelconque. Ceux qu'on appelait des héros, dans les siècles les plus reculés, avaient pour but de civiliser la terre ; les traditions confuses qui nous les représentent comme domptant les monstres des forêts, font sans doute allusion aux premiers périls dont la société naissante était menacée, et dont les soutiens de son organisation encore nouvelle la préservaient. Vint ensuite l'enthousiasme de la patrie : il inspira tout ce qui s'est fait de grand et de beau chez les Grecs et chez les Romains : cet enthousiasme s'affaiblit quand il n'y eut plus de patrie, et peu de siècles après, la chevalerie lui succéda. La chevalerie consistait dans la défense du faible, dans la loyauté des combats, dans le mépris de la ruse, dans cette charité chrétienne qui cherchait à mêler l'humanité même à la guerre, dans tous les sentiments enfin qui substituèrent le culte de l'honneur à l'esprit féroce des armes. C'est dans le Nord que la chevalerie a pris naissance, mais c'est dans le midi de la France qu'elle s'est embellie par le charme de la poésie et de l'amour. Les Germains avaient de tout temps respecté les femmes, mais ce furent les Français qui cherchèrent à leur plaire ; les Allemands avaient aussi leurs chanteurs d'amour (*Minnesinger*), mais rien ne peut être comparé à nos trouvères et à nos troubadours ; et c'était

peut-être à cette source que nous devions puiser une littérature vraiment nationale. L'esprit de la mythologie du Nord avait beaucoup plus de rapport que le paganisme des anciens Gaulois avec le christianisme, et néanmoins il n'est point de pays où les chrétiens aient été de plus nobles cheva- liers, et les chevaliers de meilleurs chrétiens qu'en France.

Les croisades réunirent les gentilshommes de tous les pays, et firent de l'esprit de chevalerie comme une sorte de patriotisme européen, qui remplissait du même sentiment toutes les âmes. Le régime féodal, cette institution politique triste et sévère, mais qui consolidait, à quelques égards, l'esprit de la chevalerie, en le transformant en lois, le régime féodal, dis-je, s'est maintenu dans l'Allemagne jusqu'à nos jours : il a été détruit en France par le cardinal de Richelieu, et, depuis cette époque jusqu'à la révolution, les Français ont tout à fait manqué d'une source d'enthousiasme. Je sais qu'on dira que l'amour de leurs rois en était une ; mais en supposant qu'un tel sentiment pût suffire à une nation, il tient tellement à la personne même du souverain, que pendant le règne du régent et de Louis XV, il eût été difficile, je pense, qu'il fît faire rien de grand aux Français. L'esprit de chevalerie, qui brillait encore par étincelles sous Louis XIV, s'éteignit après lui, et fut remplacé, comme le dit un historien piquant et spirituel [1], par *l'esprit de fatuité*, qui lui est entièrement opposé. Loin de protéger les femmes, la fatuité cherche à les perdre ; loin de dédaigner la ruse, elle s'en sert contre ces êtres faibles qu'elle s'enorgueillit de tromper, et met la profanation dans l'amour à la place du culte.

Le courage même, qui servait jadis de garant à la loyauté, ne fut plus qu'un moyen brillant de s'en affranchir ; car il n'importait pas d'être vrai, mais il fallait seulement tuer en duel celui qui aurait prétendu qu'on ne l'était pas ; et l'empire de la société, dans le grand monde, fit disparaître la plupart des vertus de la chevalerie. La France se trouvait alors sans aucun genre d'enthousiasme ; et comme il en faut un aux nations pour ne pas se corrompre et se dissoudre, c'est sans doute ce be- soin naturel qui tourna, dès le milieu du dernier siècle, tous les esprits vers l'amour de la liberté.

La marche philosophique du genre humain pa- raît donc devoir se diviser en quatre ères différen- tes : les temps héroïques, qui fondèrent la civilisa- tion ; le patriotisme, qui fit la gloire de l'antiquité ; la chevalerie, qui fut la religion guerrière de l'Eu-

[1] M. de Lacretelle.

rope; et l'amour de la liberté, dont l'histoire a commencé vers l'époque de la réformation.

L'Allemagne, si l'on en excepte quelques cours avides d'imiter la France, ne fut point atteinte par la fatuité, l'immoralité et l'incrédulité, qui, depuis la régence, avaient altéré le caractère naturel des Français. La féodalité conservait encore chez les Allemands des maximes de chevalerie. On s'y battait en duel, il est vrai, moins souvent qu'en France, parce que la nation germanique n'est pas aussi vive que la nation française, et que toutes les classes du peuple ne participent pas, comme en France, au sentiment de la bravoure; mais l'opinion publique était plus sévère en général sur tout ce qui tenait à la probité. Si un homme avait manqué de quelque manière aux lois de la morale, dix duels par jour ne l'auraient relevé dans l'estime de personne. On a vu beaucoup d'hommes de bonne compagnie, en France, qui, accusés d'une action condamnable, répondaient : *Il se peut que cela soit mal, mais personne, du moins, n'osera me le dire en face.* Il n'y a point de propos qui suppose une plus grande dépravation; car où en serait la société humaine, s'il suffisait de se tuer les uns les autres pour avoir le droit de se faire d'ailleurs tout le mal possible; de manquer à sa parole, de mentir, pourvu qu'on n'osât pas vous dire : « Vous en avez menti; » enfin, de séparer la loyauté de la bravoure, et de transformer le courage en un moyen d'impunité sociale ?

Depuis que l'esprit chevaleresque s'était éteint en France, depuis qu'il n'y avait plus de Godefroi, de saint Louis, de Bayard, qui protégeassent la faiblesse, et se crussent liés par une parole comme par des chaînes indissolubles, j'oserai dire, contre l'opinion reçue, que la France a peut-être été de tous les pays du monde, celui où les femmes étaient le moins heureuses par le cœur. On appelait la France le paradis des femmes, parce qu'elles y jouissaient d'une grande liberté; mais cette liberté même venait de la facilité avec laquelle on se détachait d'elles. Le Turc qui renferme sa femme, lui prouve au moins par là qu'elle est nécessaire à son bonheur : l'homme à bonnes fortunes, tel que le dernier siècle nous en a fourni tant d'exemples, choisit les femmes pour victimes de sa vanité; et cette vanité ne consiste pas seulement à les séduire, mais à les abandonner. Il faut qu'il puisse indiquer avec des paroles légères et inattaquables en elles-mêmes, que telle femme l'a aimé et qu'il ne s'en soucie plus. « Mon amour-propre me crie : *Fais-la mourir de chagrin,* » disait un ami du baron de Bezenval, et cet ami lui parut très-regret-

table, quand une mort prématurée l'empêcha de suivre ce beau dessein. *On se lasse de tout, mon ange,* écrit M. de la Clos dans un roman qui fait frémir par les raffinements d'immoralité qu'il décèle. Enfin, dans ces temps où l'on prétendait que l'amour régnait en France, il me semble que la galanterie mettait les femmes, pour ainsi dire, hors la loi. Quand leur règne d'un moment était passé, il n'y avait pour elles ni générosité, ni reconnaissance, ni même pitié. L'on contrefaisait les accents de l'amour pour les faire tomber dans le piége, comme le crocodile, qui imite la voix des enfants pour attirer leurs mères.

Louis XIV, si vanté par sa galanterie chevaleresque, ne se montra-t-il pas le plus dur des hommes dans sa conduite envers la femme dont il avait été le plus aimé, madame de la Vallière? Les détails qu'on en lit dans les mémoires de Madame sont affreux. Il navra de douleur l'âme infortunée qui n'avait respiré que pour lui, et vingt années de larmes au pied de la croix purent à peine cicatriser les blessures que le cruel dédain du monarque avait faites. Rien n'est si barbare que la vanité; et comme la société, le bon ton, la mode, le succès, mettent singulièrement en jeu cette vanité, il n'est aucun pays où le bonheur des femmes soit plus en danger que celui où tout dépend de ce qu'on appelle l'opinion, et où chacun apprend des autres ce qu'il est de bon goût de sentir.

Il faut l'avouer, les femmes ont fini par prendre part à l'immoralité qui détruisait leur véritable empire : en valant moins, elles ont moins souffert. Cependant, à quelques exceptions près, la vertu des femmes dépend toujours de la conduite des hommes. La prétendue légèreté des femmes vient de ce qu'elles ont peur d'être abandonnées : elles se précipitent dans la honte par crainte de l'outrage.

L'amour est une passion beaucoup plus sérieuse en Allemagne qu'en France. La poésie, les beaux-arts, la philosophie même, et la religion, ont fait de ce sentiment un culte terrestre qui répand un noble charme sur la vie. Il n'y a point eu dans ce pays, comme en France, des écrits licencieux qui circulaient dans toutes les classes, et détruisaient le sentiment chez les gens du monde, et la moralité chez les gens du peuple. Les Allemands ont cependant, il faut en convenir, plus d'imagination que de sensibilité; et leur loyauté seule répond de leur constance. Les Français, en général, respectent les devoirs positifs; les Allemands se croient plus engagés par les affections que par les devoirs. Ce que nous avons dit sur la facilité du divorce en est la preuve ; chez eux l'amour est plus sacré que le mariage. C'est par une honorable délicatesse, sans doute, qu'ils sont surtout fidèles aux promesses que les lois ne garantissent pas : mais celles que les lois garantissent sont plus importantes pour l'ordre social.

L'esprit de chevalerie règne encore chez les Allemands, pour ainsi dire, passivement ; ils sont incapables de tromper, et leur loyauté se retrouve dans tous les rapports intimes ; mais cette énergie sévère, qui commandait aux hommes tant de sacrifices, aux femmes tant de vertus, et faisait de la vie entière une œuvre sainte où dominait toujours la même pensée, cette énergie chevaleresque des temps jadis n'a laissé dans l'Allemagne qu'une empreinte effacée. Rien de grand ne s'y fera désormais que par l'impulsion libérale qui a succédé dans l'Europe à la chevalerie.

CHAPITRE V.

De l'Allemagne méridionale.

Il était assez généralement reconnu qu'il n'y avait de littérature que dans le nord de l'Allemagne, et que les habitants du midi se livraient aux jouissances de la vie physique, pendant que les contrées septentrionales goûtaient plus exclusivement celles de l'âme. Beaucoup d'hommes de génie sont nés dans le Midi, mais ils se sont formés dans le Nord. On trouve non loin de la Baltique les plus beaux établissements, les savants et les hommes de lettres les plus distingués ; et depuis Weimar jusqu'à Kœnigsberg, depuis Kœnigsberg jusqu'à Copenhague, les brouillards et les frimas semblent l'élément naturel des hommes d'une imagination forte et profonde.

Il n'est point de pays qui ait plus besoin que l'Allemagne de s'occuper de littérature ; car la société y offrant peu de charmes, et les individus n'ayant pas pour la plupart cette grâce et cette vivacité que donne la nature dans les pays chauds, il en résulte que les Allemands ne sont aimables que quand ils sont supérieurs, et qu'il leur faut du génie pour avoir beaucoup d'esprit.

La Franconie, la Souabe et la Bavière, avant la réunion illustre de l'académie actuelle à Munich, étaient des pays singulièrement lourds et monotones : point d'arts, la musique exceptée, peu de littérature ; un accent rude qui se prêtait difficilement à la prononciation des langues latines ; point de société ; de grandes réunions qui ressemblaient à des cérémonies plutôt qu'à des plaisirs ; une politesse obséquieuse envers une aristocratie sans élégance ; de la bonté, de la loyauté dans toutes les classes, mais une certaine roideur souriante, qui ôte tout à la fois l'aisance et la dignité. On ne doit donc pas s'étonner des jugements qu'on a portés, des plaisanteries qu'on a faites sur l'ennui de l'Allemagne. Il n'y a que les villes littéraires qui puissent vraiment intéresser, dans un pays où la société n'est rien, et la nature peu de chose.

On aurait peut-être cultivé les lettres dans le midi de l'Allemagne avec autant de succès que dans le nord, si les souverains avaient mis à ce genre d'étude un véritable intérêt ; cependant, il faut en convenir, les climats tempérés sont plus propres à la société qu'à la poésie. Lorsque le climat n'est ni sévère ni beau, quand on vit sans avoir rien à craindre ni à espérer du ciel, on ne s'occupe guère que des intérêts positifs de l'existence. Ce sont les délices du Midi, ou les rigueurs du Nord, qui ébranlent fortement l'imagination. Soit qu'on lutte contre la nature, ou qu'on s'enivre de ses dons, la puissance de la création n'en est pas moins forte, et réveille en nous le sentiment des beaux-arts, ou l'instinct des mystères de l'âme.

L'Allemagne méridionale, tempérée sous tous les rapports, se maintient dans un état de bien-être monotone, singulièrement nuisible à l'activité des affaires comme à celle de la pensée. Le plus vif désir des habitants de cette contrée paisible et féconde, c'est de continuer à exister comme ils existent ; et que fait-on avec ce seul désir ? il ne suffit pas même pour conserver ce dont on se contente.

CHAPITRE VI.

De l'Autriche [1].

Les littérateurs du nord de l'Allemagne ont accusé l'Autriche de négliger les sciences et les lettres ; on a même fort exagéré l'espèce de gêne que la censure y établissait. S'il n'y a pas eu de grands hommes dans la carrière littéraire en Autriche, ce n'est pas autant à la contrainte qu'au manque d'émulation qu'il faut l'attribuer.

C'est un pays si calme, un pays où l'aisance est si tranquillement assurée à toutes les classes de citoyens, qu'on n'y pense pas beaucoup aux jouissances intellectuelles. On y fait plus pour le devoir que pour la gloire ; les récompenses de l'opinion y sont si ternes, et ses punitions si douces, que, sans le mobile de la conscience, il n'y aurait

[1] Ce chapitre sur l'Autriche a été écrit dans l'année 1808.

pas de raison pour agir vivement dans aucun sens.

Les exploits militaires devaient être l'intérêt principal des habitants d'une monarchie qui s'est illustrée par des guerres continuelles; et cependant la nation autrichienne s'était tellement livrée au repos et aux douceurs de la vie, que les événements publics eux-mêmes n'y faisaient pas grand bruit, jusqu'au moment où ils pouvaient réveiller le patriotisme : et ce sentiment est calme dans un pays où il n'y a que du bonheur. L'on trouve en Autriche beaucoup de choses excellentes, mais peu d'hommes vraiment supérieurs, car il n'y est pas fort utile de valoir mieux qu'un autre; on n'est pas envié pour cela, mais oublié, ce qui décourage encore plus. L'ambition persiste dans le désir d'obtenir des places, le génie se lasse de lui-même; le génie, au milieu de la société, est une douleur, une fièvre intérieure, dont il faudrait se faire traiter comme d'un mal, si les récompenses de la gloire n'en adoucissaient pas les peines.

En Autriche et dans le reste de l'Allemagne, on plaide toujours par écrit, et jamais à haute voix. Les prédicateurs sont suivis, parce qu'on observe les pratiques de religion; mais ils n'attirent point par leur éloquence : les spectacles sont extrêmement négligés, surtout la tragédie. L'administration est conduite avec beaucoup de sagesse et de justice; mais il y a tant de méthode en tout, qu'à peine si l'on peut s'apercevoir de l'influence des hommes. Les affaires se traitent d'après un certain ordre de numéros que rien au monde ne dérange. Des règles invariables en décident, et tout se passe dans un silence profond; ce silence n'est pas l'effet de la terreur, car, que peut-on craindre dans un pays où les vertus du monarque et les principes de l'équité dirigent tout? mais le profond repos des esprits comme des âmes ôte tout intérêt à la parole. Le crime ou le génie, l'intolérance ou l'enthousiasme, les passions ou l'héroïsme ne troublent ni n'exaltent l'existence. Le cabinet autrichien a passé dans le dernier siècle pour très-astucieux; ce qui ne s'accorde guère avec le caractère allemand en général; mais souvent on prend pour une politique profonde ce qui n'est que l'alternative de l'ambition et de la faiblesse. L'histoire attribue presque toujours aux individus comme aux gouvernements plus de combinaison qu'ils n'en ont eu.

L'Autriche, réunissant dans son sein des peuples très-divers, tels que les Bohêmes, les Hongrois, etc., n'a point cette unité si nécessaire à une monarchie; néanmoins la grande modération des maîtres de l'État a fait depuis longtemps un lien pour tous de l'attachement à un seul. L'empereur d'Allemagne était tout à la fois souverain de son propre pays et chef constitutionnel de l'empire. Sous ce dernier rapport, il avait des intérêts divers, et des lois établies, et prenait, comme magistrat impérial, une habitude de justice et de prudence, qu'il reportait ensuite dans le gouvernement de ses États héréditaires. La nation bohême et hongroise, les Tyroliens et les Flamands, qui composaient autrefois la monarchie, ont tous plus de vivacité naturelle que les véritables Autrichiens; ceux-ci s'occupent sans cesse de l'art de modérer, au lieu de celui d'encourager. Un gouvernement équitable, une terre fertile, une nation riche et sage, tout devait leur faire croire qu'il ne fallait que se maintenir pour être bien, et qu'on n'avait besoin en aucun genre du secours extraordinaire des talents supérieurs. On peut s'en passer en effet dans les temps paisibles de l'histoire; mais que faire sans eux dans les grandes luttes?

L'esprit du catholicisme qui dominait à Vienne, quoique toujours avec sagesse, avait pourtant écarté, sous le règne de Marie-Thérèse, ce qu'on appelait les lumières du dix-huitième siècle. Joseph II vint ensuite, et prodigua toutes ces lumières à un État qui n'était préparé ni au bien ni au mal qu'elles peuvent faire. Il réussit momentanément dans ce qu'il voulait, parce qu'il ne rencontra point en Autriche de passion vive ni pour ni contre ses désirs; « mais après sa mort il ne resta rien de ce « qu'il avait établi [1], » parce que rien ne dure que ce qui vient progressivement.

L'industrie, le bien vivre et les jouissances domestiques sont les intérêts principaux de l'Autriche; malgré la gloire qu'elle s'est acquise par la persévérance et la valeur de ses troupes, l'esprit militaire n'a pas vraiment pénétré dans toutes les classes de la nation. Ses armées sont pour elle comme des forteresses ambulantes, mais il n'y a guère plus d'émulation dans cette carrière que dans toutes les autres; les officiers les plus probes sont en même temps les plus braves; ils y ont d'autant plus de mérite, qu'il en résulte rarement pour eux un avancement brillant et rapide. On se fait presque un scrupule en Autriche de favoriser les hommes supérieurs, et l'on aurait pu croire quelquefois que le gouvernement voulait pousser l'équité plus loin que la nature, et traiter d'une égale manière le talent et la médiocrité.

L'absence d'émulation a sans doute un avantage, c'est qu'elle apaise la vanité; mais souvent aussi la fierté même s'en ressent, et l'on finit par n'avoir

---

[1] Supprimé par la censure.

plus qu'un orgueil commode, auquel l'extérieur seul suffit en tout.

C'était aussi, ce me semble, un mauvais système que d'interdire l'entrée des livres étrangers. Si l'on pouvait conserver dans un pays l'énergie du treizième et du quatorzième siècle, en le garantissant des écrits du dix-huitième, ce serait peut-être un grand bien; mais comme il faut nécessairement que les opinions et les lumières de l'Europe pénètrent au milieu d'une monarchie qui est au centre même de cette Europe, c'est un inconvénient de ne les y laisser arriver qu'à demi; car ce sont les plus mauvais écrits qui se font jour. Les livres remplis de plaisanteries immorales et de principes égoïstes amusent le vulgaire, et sont toujours connus de lui; et les lois prohibitives n'ont tout leur effet que contre les ouvrages philosophiques, qui élèvent l'âme et étendent les idées. La contrainte que ces lois imposent est précisément ce qu'il faut pour favoriser la paresse de l'esprit, mais non pour conserver l'innocence du cœur.

Dans un pays où tout mouvement est difficile; dans un pays où tout inspire une tranquillité profonde, le plus léger obstacle suffit pour ne rien faire, pour ne rien écrire, et, si l'on le veut même, pour ne rien penser. Qu'y a-t-il de mieux que le bonheur? dira-t-on. Il faut savoir néanmoins ce qu'on entend par ce mot. Le bonheur consiste-t-il dans les facultés qu'on développe, ou dans celles qu'on étouffe? Sans doute un gouvernement est toujours digne d'estime quand il n'abuse point de son pouvoir, et ne sacrifie jamais la justice à son intérêt; mais la félicité du sommeil est trompeuse; de grands revers peuvent la troubler; et pour tenir plus aisément et plus doucement les rênes, il ne faut pas engourdir les coursiers.

Une nation peut très-facilement se contenter des biens communs de la vie, le repos et l'aisance; et des penseurs superficiels prétendront que tout l'art social se borne à donner au peuple ces biens. Il en faut pourtant de plus nobles pour se croire une patrie. Le sentiment patriotique se compose des souvenirs que les grands hommes ont laissés, de l'admiration qu'inspirent les chefs-d'œuvre du génie national, enfin de l'amour que l'on ressent pour les institutions, la religion et la gloire de son pays. Toutes ces richesses de l'âme sont les seules que ravirait un joug étranger; mais si l'on s'en tenait uniquement aux jouissances matérielles, le même sol, quel que fût son maître, ne pourrait-il pas toujours les procurer?

L'on craignait à tort, dans le dernier siècle, en Autriche, que la culture des lettres n'affaiblît l'es-

prit militaire. Rodolphe de Habsbourg détacha de son cou la chaîne d'or qu'il portait, pour en décorer un poëte alors célèbre. Maximilien fit écrire un poëme sous sa dictée. Charles-Quint savait et cultivait presque toutes les langues. Il y avait jadis sur la plupart des trônes de l'Europe des souverains instruits dans tous les genres, et qui trouvaient dans les connaissances littéraires une nouvelle source de grandeur d'âme. Ce ne sont ni les lettres ni les sciences qui nuiront jamais à l'énergie du caractère. L'éloquence rend plus brave, la bravoure rend plus éloquent; tout ce qui fait battre le cœur pour une idée généreuse double la véritable force de l'homme, sa volonté : mais l'égoïsme systématique, dans lequel on comprend quelquefois sa famille comme un appendice de soi-même, mais la philosophie, vulgaire au fond, quelque élégante qu'elle soit dans les formes, qui porte à dédaigner tout ce qu'on appelle des illusions, c'est-à-dire, le dévouement et l'enthousiasme; voilà le genre de lumières redoutable pour les vertus nationales, voilà celles cependant que la censure ne saurait écarter d'un pays entouré par l'atmosphère du dix-huitième siècle : l'on ne peut échapper à ce qu'il y a de pervers dans les écrits, qu'en laissant arriver de toutes parts ce qu'ils contiennent de grand et de libre.

On défendait à Vienne de représenter Don Carlos, parce qu'on ne voulait pas y tolérer son amour pour Élisabeth. Dans Jeanne d'Arc, de Schiller, on faisait d'Agnès Sorel la femme légitime de Charles VII. Il n'était pas permis à la bibliothèque publique de donner à lire l'Esprit des Lois : mais, au milieu de cette gêne, les romans de Crébillon circulaient dans les mains de tout le monde; les ouvrages licencieux entraient, les ouvrages sérieux étaient seuls arrêtés.

Le mal que peuvent faire les mauvais livres n'est corrigé que par les bons; les inconvénients des lumières ne sont évités que par un plus haut degré de lumières. Il y a deux routes à prendre en toutes choses : retrancher ce qui est dangereux, ou donner des forces nouvelles pour y résister. Le second moyen est le seul qui convienne à l'époque où nous vivons; car l'innocence ne pouvant être de nos jours la compagne de l'ignorance, celle-ci ne fait que du mal. Tant de paroles ont été dites, tant de sophismes répétés, qu'il faut beaucoup savoir pour bien juger, et les temps sont passés où l'on s'en tenait en fait d'idées au patrimoine de ses pères. On doit donc songer, non à repousser les lumières, mais à les rendre complètes, pour que leurs rayons brisés ne présentent point de fausses lueurs. Un gouvernement ne saurait prétendre à dérober à une grande nation la connaissance de l'esprit qui règne dans son siècle; cet esprit renferme des éléments de force et de grandeur, dont on peut user avec succès quand on ne craint pas d'aborder hardiment toutes les questions : on trouve alors dans les vérités éternelles des ressources contre les erreurs passagères, et dans la liberté même le maintien de l'ordre et l'accroissement de la puissance.

CHAPITRE VII.

Vienne.

Vienne est située dans une plaine, au milieu de plusieurs collines pittoresques. Le Danube, qui la traverse et l'entoure, se partage en diverses branches qui forment des îles fort agréables : mais le fleuve lui-même perd de sa dignité dans tous ses détours, et il ne produit pas l'impression que promet son antique renommée. Vienne est une vieille ville assez petite, mais environnée de faubourgs très-spacieux; on prétend que la ville, renfermée dans les fortifications, n'est pas plus grande qu'elle ne l'était quand Richard Cœur de Lion fut mis en prison non loin de ses portes. Les rues y sont étroites comme en Italie; les palais rappellent un peu ceux de Florence; enfin rien n'y ressemble au reste de l'Allemagne, si ce n'est quelques édifices gothiques qui retracent le moyen âge à l'imagination.

Le premier de ces édifices est la tour de Saint-Étienne : elle s'élève au-dessus de toutes les églises de Vienne, et domine majestueusement la bonne et paisible ville, dont elle a vu passer les générations et la gloire. Il fallut deux siècles, dit-on, pour achever cette tour, commencée en 1100; toute l'histoire d'Autriche s'y rattache de quelque manière. Aucun édifice ne peut être aussi patriotique qu'une église; c'est le seul dans lequel toutes les classes de la nation se réunissent, le seul qui rappelle non-seulement les événements publics, mais les pensées secrètes, les affections intimes que les chefs et les citoyens ont apportées dans son enceinte. Le temple de la Divinité semble présent comme elle aux siècles écoulés.

Le tombeau du prince Eugène est le seul qui, depuis longtemps, ait été placé dans cette église; il y attend d'autres héros. Comme je m'en approchais, je vis attaché à l'une des colonnes qui l'entourent un petit papier sur lequel il était écrit *qu'une jeune femme demandait qu'on priât pour elle pendant sa maladie.* Le nom de cette jeune femme

n'était point indiqué; c'était un être malheureux qui s'adressait à des êtres inconnus, non pour des secours, mais pour des prières; et tout cela se passait à côté d'un illustre mort, qui avait pitié peut-être aussi du pauvre vivant. C'est un usage pieux des catholiques, et que nous devrions imiter, de laisser les églises toujours ouvertes; il y a tant de moments où l'on éprouve le besoin de cet asile! et jamais on n'y entre sans ressentir une émotion qui fait du bien à l'âme, et lui rend, comme par une ablution sainte, sa force et sa pureté.

Il n'est point de grande ville qui n'ait un édifice, une promenade, une merveille quelconque de l'art ou de la nature, à laquelle les souvenirs de l'enfance se rattachent. Il me semble que le *Prater* doit avoir pour les habitants de Vienne un charme de ce genre; on ne trouve nulle part, si près d'une capitale, une promenade qui puisse faire jouir ainsi des beautés d'une nature tout à la fois agreste et soignée. Une forêt majestueuse se prolonge jusqu'aux bords du Danube : l'on voit de loin des troupeaux de cerfs traverser la prairie; ils reviennent chaque matin; ils s'enfuient chaque soir, quand l'affluence des promeneurs trouble leur solitude. Le spectacle qui n'a lieu à Paris que trois jours de l'année, sur la route de Long-Champ, se renouvelle constamment à Vienne, dans la belle saison. C'est une coutume italienne que cette promenade de tous les jours à la même heure. Une telle régularité serait impossible dans un pays où les plaisirs sont aussi variés qu'à Paris; mais les Viennois, quoi qu'il arrive, pourraient difficilement s'en déshabituer. Il faut convenir que c'est un coup d'œil charmant que toute cette nation citadine réunie sous l'ombrage d'arbres magnifiques, et sur les gazons dont le Danube entretient la verdure. La bonne compagnie en voiture, le peuple à pied, se rassemblent là chaque soir. Dans ce sage pays, l'on traite les plaisirs comme les devoirs, et l'on a de même l'avantage de ne s'en lasser jamais, quelque uniformes qu'ils soient. On porte dans la dissipation autant d'exactitude que dans les affaires, et l'on perd son temps aussi méthodiquement qu'on l'emploie.

Si vous entrez dans une des redoutes où il y a des bals pour les bourgeois, les jours de fêtes, vous verrez des hommes et des femmes exécuter gravement, l'un vis-à-vis de l'autre, les pas d'un menuet dont ils se sont imposé l'amusement; la foule sépare souvent le couple dansant, et cependant il continue, comme s'il dansait pour l'acquit de sa conscience; chacun des deux va tout seul à droite et à gauche, en avant, en arrière, sans s'embarrasser de l'autre, qui figure aussi scrupuleusement de son côté : de temps en temps seulement ils poussent un petit cri de joie, et rentrent tout de suite après dans le sérieux de leur plaisir.

C'est surtout au Prater qu'on est frappé de l'aisance et de la prospérité du peuple de Vienne. Cette ville a la réputation de consommer en nourriture plus que toute autre ville d'une population égale, et ce genre de supériorité un peu vulgaire ne lui est pas contesté. On voit des familles entières de bourgeois et d'artisans qui partent à cinq heures du soir pour aller au Prater faire un goûter champêtre aussi substantiel que le dîner d'un autre pays, et l'argent qu'ils peuvent dépenser là prouve assez combien ils sont laborieux et doucement gouvernés. Le soir, des milliers d'hommes reviennent, tenant par la main leurs femmes et leurs enfants; aucun désordre, aucune querelle ne trouble cette multitude dont on entend à peine la voix, tant sa joie est silencieuse! Ce silence cependant ne vient d'aucune disposition triste de l'âme, c'est plutôt un certain bien-être physique, qui, dans le midi de l'Allemagne, fait rêver aux sensations, comme dans le nord aux idées. L'existence végétative du midi de l'Allemagne a quelques rapports avec l'existence contemplative du nord : il y a du repos, de la paresse et de la réflexion dans l'une et l'autre.

Si vous supposiez une aussi nombreuse réunion de Parisiens dans un même lieu, l'air étincellerait de bons mots, de plaisanteries, de disputes, et jamais un Français n'aurait un plaisir où l'amour-propre ne pût se faire place de quelque manière. Les grands seigneurs se promènent avec des chevaux et des voitures très-magnifiques et de fort bon goût; tout leur amusement consiste à reconnaître dans une allée du Prater ceux qu'ils viennent de quitter dans un salon; mais la diversité des objets empêche de suivre aucune pensée, et la plupart des hommes se complaisent à dissiper ainsi les réflexions qui les importunent. Ces grands seigneurs de Vienne, les plus illustres et les plus riches de l'Europe, n'abusent d'aucun de leurs avantages; ils laissent de misérables fiacres arrêter leurs brillants équipages. L'empereur et ses frères se rangent tranquillement aussi à la file, et veulent être considérés, dans leurs amusements, comme de simples particuliers; ils n'usent de leurs droits que quand ils remplissent leurs devoirs. L'on aperçoit souvent au milieu de toute cette foule des costumes orientaux, hongrois et polonais, qui réveillent l'imagination, et de distance en distance une musique harmonieuse donne à ce rassemble-ment l'air d'une fête paisible, où chacun jouit de soi-même sans s'inquiéter de son voisin.

Jamais on ne rencontre un mendiant au milieu de cette réunion, on n'en voit point à Vienne; les établissements de charité sont administrés avec beaucoup d'ordre et de libéralité; la bienfaisance particulière et publique est dirigée avec un grand esprit de justice, et le peuple lui-même ayant en général plus d'industrie et d'intelligence commerciale que dans le reste de l'Allemagne, conduit bien sa propre destinée. Il y a très-peu d'exemples en Autriche de crimes qui méritent la mort; tout enfin dans ce pays porte l'empreinte d'un gouvernement paternel, sage et religieux. Les bases de l'édifice social sont bonnes et respectables, mais il y manque « un faîte et des colonnes, pour que la « gloire et le génie puissent y avoir un temple [1]. »

J'étais à Vienne en 1808, lorsque l'empereur François II épousa sa cousine germaine, la fille de l'archiduc de Milan et de l'archiduchesse Béatrix, la dernière princesse de cette maison d'Est que l'Arioste et le Tasse ont tant célébrée. L'archiduc Ferdinand et sa noble épouse se sont vus tous les deux privés de leurs États par les vicissitudes de la guerre, et la jeune impératrice, élevée « dans « ces temps cruels [2], » réunissait sur sa tête le double intérêt de la grandeur et de l'infortune. C'était une union que l'inclination avait déterminée, et dans laquelle aucune convenance politique n'était entrée, bien que l'on ne pût en contracter une plus honorable. On éprouvait à la fois des sentiments de sympathie et de respect pour les affections de famille qui rapprochaient ce mariage de nous, et pour le rang illustre qui l'en éloignait. Un jeune prince, archevêque de Waizen, donnait la bénédiction nuptiale à sa sœur et à son souverain; la mère de l'impératrice, dont les vertus et les lumières exercent un si puissant empire sur ses enfants, devint en un instant sujette de sa fille, et marchait derrière elle avec un mélange de déférence et de dignité qui rappelait tout à la fois les droits de la couronne et ceux de la nature. Les frères de l'empereur et de l'impératrice, tous employés dans l'armée ou dans l'administration, tous, dans des degrés différents, également voués au bien public, l'accompagnaient à l'autel, et l'église était remplie par les grands de l'État, les femmes, les filles et les mères des plus anciens gentilshommes de la noblesse teutonique. On n'avait rien fait de nouveau pour la fête; il suffisait à sa pompe de montrer ce que chacun

[1] Supprimé par la censure.
[2] Supprimé par la censure.

possédait. Les parures mêmes des femmes étaient héréditaires, et les diamants substitués dans chaque famille consacraient les souvenirs du passé à l'ornement de la jeunesse : les temps anciens étaient présents à tout, et l'on jouissait d'une magnificence que les siècles avaient préparée, mais qui ne coûtait point de nouveaux sacrifices au peuple.

Les amusements qui succédèrent à la consécration du mariage avaient presque autant de dignité que la cérémonie elle-même. Ce n'est point ainsi que les particuliers doivent donner des fêtes, mais il convient peut-être de retrouver dans tout ce que font les rois l'empreinte sévère de leur auguste destinée. Non loin de cette église, autour de laquelle les canons et les fanfares annonçaient l'alliance renouvelée de la maison d'Est avec la maison d'Habsbourg, l'on voit l'asile qui renferme depuis deux siècles les tombeaux des empereurs d'Autriche et de leur famille. C'est là, dans le caveau des capucins, que Marie-Thérèse, pendant trente années, entendait la messe en présence même du sépulcre qu'elle avait fait préparer pour elle, à côté de son époux. Cette illustre Marie-Thérèse avait tant souffert dans les premiers jours de sa jeunesse, que le pieux sentiment de l'instabilité de la vie ne la quitta jamais, au milieu même de ses grandeurs. Il y a beaucoup d'exemples d'une dévotion sérieuse et constante parmi les souverains de la terre; comme ils n'obéissent qu'à la mort, son irrésistible pouvoir les frappe davantage. Les difficultés de la vie se placent entre nous et la tombe; tout est aplani pour les rois jusqu'au terme, et cela même le rend plus visible à leurs yeux.

Les fêtes conduisent naturellement à réfléchir sur les tombeaux; de tout temps la poésie s'est plu à rapprocher ces images, et le sort aussi est un terrible poëte qui ne les a que trop souvent réunies.

CHAPITRE VIII.

De la société.

Les riches et les nobles n'habitent presque jamais les faubourgs de Vienne, et l'on est rapproché les uns des autres comme dans une petite ville, quoique l'on y ait d'ailleurs tous les avantages d'une grande capitale. Ces faciles communications, au milieu des jouissances de la fortune et du luxe, rendent la vie habituelle très-commode, et le cadre de la société, si l'on peut s'exprimer ainsi, c'est-à-dire, les habitudes, les usages et les manières, sont extrêmement agréables. On parle dans l'étranger de l'étiquette sévère et de l'orgueil aristocratique des grands seigneurs autrichiens; cette accusation n'est pas fondée; il y a de la simplicité, de la politesse, et surtout de la loyauté dans la bonne compagnie de Vienne; et le même esprit de justice et de régularité qui dirige les affaires importantes se retrouve encore dans les plus petites circonstances. On y est fidèle à des invitations de dîner et de souper, comme on le serait à des engagements essentiels; et les faux airs qui font consister l'élégance dans le mépris des égards ne s'y sont point introduits. Cependant l'un des principaux désavantages de la société de Vienne, c'est que les nobles et les hommes de lettres ne se mêlent point ensemble. L'orgueil des nobles n'en est pas la cause; mais comme on ne compte pas beaucoup d'écrivains distingués à Vienne, et qu'on y lit assez peu, chacun vit dans sa coterie, parce qu'il n'y a que des coteries au milieu d'un pays où les idées générales et les intérêts publics ont si peu d'occasion de se développer. Il résulte de cette séparation des classes, que les gens de lettres manquent de grâce, et que les gens du monde acquièrent rarement de l'instruction.

L'exactitude de la politesse, qui est à quelques égards une vertu, puisqu'elle exige souvent des sacrifices, a introduit dans Vienne les plus ennuyeux usages possibles. Toute la bonne compagnie se transporte en masse d'un salon à l'autre, trois ou quatre fois par semaine. On perd un certain temps pour la toilette nécessaire dans les grandes réunions; on en perd dans la rue, on en perd sur les escaliers, en attendant que le retour de sa voiture arrive, on en perd en restant trois heures à table; et il est impossible, dans ces assemblées nombreuses, de rien entendre qui sorte du cercle des phrases convenues. C'est une habile invention de la médiocrité pour annuler les facultés de l'esprit, que cette exhibition journalière de tous les individus les uns aux autres. S'il était reconnu qu'il faut considérer la pensée comme une maladie contre laquelle un régime régulier est nécessaire, on ne saurait rien imaginer de mieux qu'un genre de distraction à la fois étourdissant et insipide : une telle distraction ne permet de suivre aucune idée, et transforme le langage en un gazouillement qui peut être appris aux hommes comme à des oiseaux.

J'ai vu représenter à Vienne une pièce dans laquelle Arlequin arrivait revêtu d'une grande robe et d'une magnifique perruque, et tout à coup il s'escamotait lui-même, laissait debout sa robe et sa perruque pour figurer à sa place, et s'en allait vivre ailleurs; on serait tenté de proposer ce tour de passe-passe à ceux qui fréquentent les grandes assemblées. On n'y va point pour rencontrer l'objet auquel on désirerait de plaire; la sévérité des mœurs et la tranquillité de l'âme concentrent, en Autriche, les affections au sein de sa famille. On n'y va point par ambition, car tout se passe avec tant de régularité dans ce pays, que l'intrigue y a peu de prise, et ce n'est pas d'ailleurs au milieu de la société qu'elle pourrait trouver à s'exercer. Ces visites et ces cercles sont imaginés pour que tous fassent la même chose à la même heure; on préfère ainsi l'ennui qu'on partage avec ses semblables, à l'amusement qu'on serait forcé de se créer chez soi.

Les grandes assemblées, les grands dîners ont aussi lieu dans d'autres villes; mais comme on y rencontre d'ordinaire tous les individus remarquables du pays où l'on est, il y a plus de moyens d'échapper à ces formules de conversation, qui, dans de semblables réunions, succèdent aux révérences, et les continuent en paroles. La société ne sert point en Autriche, comme en France, à développer l'esprit ni à l'animer; elle ne laisse dans la tête que du bruit et du vide : aussi les hommes les plus spirituels du pays ont-ils soin, pour la plupart, de s'en éloigner; les femmes seules y paraissent, et l'on est étonné de l'esprit qu'elles ont, malgré le genre de vie qu'elles mènent. Les étrangers apprécient l'agrément de leur entretien; mais ce qu'on rencontre le moins dans les salons de la capitale de l'Allemagne, ce sont des Allemands.

L'on peut se plaire dans la société de Vienne, par la sûreté, l'élégance et la noblesse des manières que les femmes y font régner; mais il y manque quelque chose à dire, quelque chose à faire, un but, un intérêt. On voudrait que le jour fût différent de la veille, sans que pourtant cette vérité brisât la chaîne des affections et des habitudes. La monotonie, dans la retraite, tranquillise l'âme; la monotonie, dans le grand monde, fatigue l'esprit.

CHAPITRE IX.

Des étrangers qui veulent imiter l'esprit français.

La destruction de l'esprit féodal, et de l'ancienne vie de château qui en était la conséquence, a introduit beaucoup de loisir parmi les nobles; ce loisir leur a rendu très-nécessaire l'amusement de la société; et comme les Français sont passés maîtres dans l'art de causer, ils se sont rendus souverains de l'opinion européenne, ou plutôt de la mode, qui contrefait si bien l'opinion. Depuis le règne de

Louis XIV, toute la bonne compagnie du continent, l'Espagne et l'Italie exceptées, a mis son amour-propre dans l'imitation des Français. En Angleterre, il existe un objet constant de conversation, les intérêts politiques, qui sont les intérêts de chacun et de tous; dans le Midi il n'y a point de société : le soleil, l'amour et les beaux-arts remplissent la vie. A Paris, on s'entretient assez généralement de littérature; et les spectacles, qui se renouvellent sans cesse, donnent lieu à des observations ingénieuses et spirituelles. Mais dans la plupart des autres grandes villes le seul sujet dont on ait l'occasion de parler, ce sont des anecdotes et des observations journalières sur les personnes dont la bonne compagnie se compose. C'est un commérage ennobli par les grands noms qu'on prononce, mais qui a pourtant le même fond que celui des gens du peuple; car, à l'élégance des formes près, ils parlent également tout le jour sur leurs voisins et sur leurs voisines.

L'objet vraiment libéral de la conversation, ce sont les idées et les faits d'un intérêt universel. La médisance habituelle, dont le loisir des salons et la stérilité de l'esprit font une espèce de nécessité, peut être plus ou moins modifiée par la bonté du caractère; mais il en reste toujours assez pour qu'à chaque pas, à chaque mot, on entende autour de soi le bourdonnement des petits propos qui pourraient, comme les mouches, inquiéter même le lion. En France, on se sert de la terrible arme du ridicule pour se combattre mutuellement, et conquérir le terrain sur lequel on espère des succès d'amour-propre; ailleurs un certain bavardage indolent use l'esprit, et décourage des efforts énergiques, dans quelque genre que ce puisse être.

Un entretien aimable, alors même qu'il porte sur des riens, et que la grâce seule des expressions en fait le charme, cause encore beaucoup de plaisir; on peut l'affirmer sans impertinence, les Français sont presque seuls capables de ce genre d'entretien. C'est un exercice dangereux, mais piquant, dans lequel il faut se jouer de tous les sujets, comme d'une balle lancée qui doit revenir à temps dans la main du joueur.

Les étrangers, quand ils veulent imiter les Français, affectent plus d'immoralité, et sont plus frivoles qu'eux, de peur que le sérieux ne manque de grâce, et que les sentiments ou les pensées n'aient pas l'accent parisien.

Les Autrichiens, en général, ont tout à la fois trop de roideur et de sincérité pour rechercher les manières d'être étrangères. Cependant ils ne sont pas encore assez Allemands, ils ne connaissent pas assez la littérature allemande ; on croit trop à Vienne qu'il est de bon goût de ne parler que français ; tandis que la gloire et même l'agrément de chaque pays consistent toujours dans le caractère et l'esprit national.

Les Français ont fait peur à l'Europe, mais surtout à l'Allemagne, par leur habileté dans l'art de saisir et de montrer le ridicule : il y avait je ne sais quelle puissance magique dans le mot d'élégance et de grâce, qui irritait singulièrement l'amour-propre. On dirait que les sentiments, les actions, la vie enfin, devaient, avant tout, être soumis à cette législation très-subtile de l'usage du monde, qui est comme un traité entre l'amour-propre des individus et celui de la société même, un traité dans lequel les vanités respectives se sont fait une constitution républicaine, où l'ostracisme s'exerce contre tout ce qui est fort et prononcé. Ces formes, ces convenances légères en apparence, et despotiques dans le fond, disposent de l'existence entière ; elles ont miné par degrés l'amour, l'enthousiasme, la religion, tout, hors l'égoïsme, que l'ironie ne peut atteindre, parce qu'il ne s'expose qu'au blâme et non à la moquerie.

L'esprit allemand s'accorde beaucoup moins que tout autre avec cette frivolité calculée ; il est presque nul à la superficie ; il a besoin d'approfondir pour comprendre ; il ne saisit rien au vol, et les Allemands auraient beau, ce qui certes serait bien dommage, se désabuser des qualités et des sentiments dont ils sont doués, que la perte du fond ne les rendrait pas plus légers dans les formes, et qu'ils seraient plutôt des Allemands sans mérite que des Français aimables.

Il ne faut pas en conclure pour cela que la grâce leur soit interdite ; l'imagination et la sensibilité leur en donnent, quand ils se livrent à leurs dispositions naturelles. Leur gaieté, et ils en ont, surtout en Autriche, n'a pas le moindre rapport avec la gaieté française ; les farces tyroliennes, qui amusent à Vienne les grands seigneurs comme le peuple, ressemblent beaucoup plus à la bouffonnerie des Italiens qu'à la moquerie des Français. Elles consistent dans des scènes comiques fortement caractérisées, et qui représentent la nature humaine avec vérité, mais non la société avec finesse. Toutefois cette gaieté, telle qu'elle est, vaut encore mieux que l'imitation d'une grâce étrangère : on peut très-bien se passer de cette grâce, mais en ce genre la perfection seule est quelque chose. « L'ascendant des manières des Français a « préparé peut-être les étrangers à les croire invin- « cibles. Il n'y a qu'un moyen de résister à cet as-

« cendant : ce sont des habitudes et des mœurs « nationales très-décidées [1]. » Dès qu'on cherche à ressembler aux Français, ils l'emportent en tout sur tous. Les Anglais, ne redoutant point le ridicule que les Français savent si bien donner, se sont avisés quelquefois de retourner la moquerie contre ses maîtres ; et loin que les manières anglaises parussent disgracieuses, même en France, les Français, tant imités, imitaient à leur tour, et l'Angleterre a été pendant longtemps aussi à la mode à Paris que Paris partout ailleurs.

Les Allemands pourraient se créer une société d'un genre très-instructif, et tout à fait analogue à leurs goûts et à leur caractère. Vienne, étant la capitale de l'Allemagne, celle où l'on trouve le plus facilement réuni tout ce qui fait l'agrément de la vie, aurait pu rendre sous ce rapport de grands services à l'esprit allemand, si les étrangers n'avaient pas dominé presque exclusivement la bonne compagnie. La plupart des Autrichiens, qui ne savaient pas se prêter à la langue et aux coutumes françaises, ne vivaient point du tout dans le monde ; il en résultait qu'ils ne s'adoucissaient point par l'entretien des femmes, et restaient à la fois timides et rudes, dédaignant tout ce qu'on appelle la grâce, et craignant cependant en secret d'en manquer : sous prétexte des occupations militaires, ils ne cultivaient point leur esprit, et ils négligeaient souvent ces occupations mêmes, parce qu'ils n'entendaient jamais rien qui pût leur faire sentir le prix et le charme de la gloire. Ils croyaient se montrer bons Allemands en s'éloignant d'une société où les étrangers seuls avaient l'avantage, et jamais ils ne songeaient à s'en former une capable de développer leur esprit et leur âme.

Les Polonais et les Russes, qui faisaient le charme de la société de Vienne, ne parlaient que français, et contribuaient à en écarter la langue allemande. Les Polonaises ont des manières très-séduisantes ; elles mêlent l'imagination orientale à la souplesse et à la vivacité de l'esprit français. Néanmoins, même chez les nations esclavones, les plus flexibles de toutes, l'imitation du genre français est très-souvent fatigante : les vers français des Polonais et des Russes ressemblent, à quelques expressions près, aux vers latins du moyen âge. Une langue étrangère est toujours, sous beaucoup de rapports, une langue morte. Les vers français sont à la fois ce qu'il y a de plus facile et de plus difficile à faire. Lier l'un à l'autre des hémistiches si bien accoutumés à se trouver ensemble, ce n'est qu'un travail de mémoire ; mais

[1] Supprimé par la censure.

il faut avoir respiré l'air d'un pays, pensé, joui, souffert dans sa langue, pour peindre en poésie ce qu'on éprouve. Les étrangers, qui mettent avant tout leur amour-propre à parler correctement le français, n'osent pas juger nos écrivains autrement que les autorités littéraires ne les jugent, de peur de passer pour ne pas les comprendre. Ils vantent le style plus que les idées, parce que les idées appartiennent à toutes les nations, et que les Français seuls sont juges du style dans leur langue.

Si vous rencontrez un vrai Français, vous trouvez du plaisir à parler avec lui sur la littérature française; vous vous sentez chez vous, et vous vous entretenez de vos affaires ensemble; mais un étranger *francisé* ne se permet pas une opinion ni une phrase qui ne soit orthodoxe, et le plus souvent c'est une vieille orthodoxie qu'il prend pour l'opinion du jour. L'on est encore, dans plusieurs pays du Nord, aux anecdotes de la cour de Louis XIV. Les étrangers, imitateurs des Français, racontent les querelles de mademoiselle de Fontanges et de madame de Montespan avec un détail qui serait fatigant quand il s'agirait d'un événement de la veille. Cette érudition de boudoir, cet attachement opiniâtre à quelques idées reçues, parce qu'on ne saurait pas trop comment renouveler sa provision en ce genre, tout cela est fastidieux et même nuisible; car la véritable force d'un pays, c'est son caractère naturel; et l'imitation des étrangers, sous quelque rapport que ce soit, est un défaut de patriotisme.

Les Français hommes d'esprit, lorsqu'ils voyagent, n'aiment point à rencontrer, parmi les étrangers, l'esprit français, et recherchent surtout les hommes qui réunissent l'originalité nationale à l'originalité individuelle. Les marchandes de modes, en France, envoient aux colonies, dans l'Allemagne et dans le Nord, ce qu'elles appellent vulgairement *le fonds de boutique;* et cependant elles recherchent avec le plus grand soin les habits nationaux de ces mêmes pays, et les regardent avec raison comme des modèles très-élégants. Ce qui est vrai pour la parure l'est également pour l'esprit. Nous avons une cargaison de madrigaux, de calembours, de vaudevilles, que nous faisons passer à l'étranger, quand on n'en fait plus rien en France; mais les Français eux-mêmes n'estiment dans les littératures étrangères que les beautés indigènes. Il n'y a point de nature, point de vie dans l'imitation; et l'on pourrait appliquer, en général, à tous ces esprits, à tous ces ouvrages imités du français, l'éloge que Roland, dans l'Arioste, fait de sa jument qu'il traîne après lui:

Elle réunit, dit-il, *toutes les qualités imaginables; mais elle a pourtant un défaut, c'est qu'elle est morte.*

CHAPITRE X.

De la sottise dédaigneuse et de la médiocrité bienveillante.

En tout pays, la supériorité d'esprit et d'âme est fort rare, et c'est par cela même qu'elle conserve le nom de supériorité; ainsi donc, pour juger du caractère d'une nation, c'est la masse commune qu'il faut examiner. Les gens de génie sont toujours compatriotes entre eux; mais pour sentir vraiment la différence des Français et des Allemands, l'on doit s'attacher à connaître la multitude dont les deux nations se composent. Un Français sait encore parler lors même qu'il n'a point d'idées; un Allemand en a toujours dans sa tête un peu plus qu'il n'en saurait exprimer. On peut s'amuser avec un Français, même quand il manque d'esprit. Il vous raconte tout ce qu'il a fait, tout ce qu'il a vu, le bien qu'il pense de lui, les éloges qu'il a reçus, les grands seigneurs qu'il connaît, les succès qu'il espère. Un Allemand, s'il ne pense pas, ne peut rien dire, et s'embarrasse dans des formes qu'il voudrait rendre polies, et qui mettent mal à l'aise les autres et lui. La sottise, en France, est animée, mais dédaigneuse. Elle se vante de ne pas comprendre, pour peu qu'on exige d'elle quelque attention, et croit nuire à ce qu'elle n'entend pas, en affirmant que c'est obscur. L'opinion du pays étant que le succès décide de tout, les sots mêmes, en qualité de spectateurs, croient influer sur le mérite intrinsèque des choses, en ne les applaudissant pas, et se donner ainsi plus d'importance. Les hommes médiocres, en Allemagne, au contraire, sont pleins de bonne volonté; ils rougiraient de ne pouvoir s'élever à la hauteur des pensées d'un écrivain célèbre, et loin de se considérer comme juges, ils aspirent à devenir disciples.

Il y a sur chaque sujet tant de phrases toutes faites en France, qu'un sot, avec leur secours, parle quelque temps assez bien, et ressemble même momentanément à un homme d'esprit; en Allemagne, un ignorant n'oserait énoncer son avis sur rien avec confiance, car aucune opinion n'étant admise comme incontestable, on ne peut en avancer aucune sans être en état de la défendre; aussi les gens médiocres sont-ils pour la plupart silencieux, et ne répandent-ils d'autre agrément dans la société que celui d'une bienveillance aimable. En Allemagne, les hommes distingués seuls savent causer, tandis qu'en France tout le monde s'en tire. Les hommes supérieurs en France sont indulgents, les hommes supérieurs en Allemagne sont très-sévères; mais en revanche les sots chez les Français sont dénigrants et jaloux, et les Allemands, quelque bornés qu'ils soient, savent encore se montrer encourageants et admirateurs. Les idées qui circulent en Allemagne sur divers sujets sont nouvelles et souvent bizarres; il arrive de là que ceux qui les répètent paraissent avoir pendant quelque temps une sorte de profondeur usurpée. En France, c'est par les manières qu'on fait illusion sur ce qu'on vaut. Ces manières sont agréables, mais uniformes, et la discipline du bon ton achève de leur ôter ce qu'elles pourraient avoir de varié.

Un homme d'esprit me racontait qu'un soir, dans un bal masqué, il passa devant une glace, et que, ne sachant comment se distinguer lui-même, au milieu de tous ceux qui portaient un domino pareil au sien, il se fit un signe de tête pour se reconnaître; on en peut dire autant de la parure que l'esprit revêt dans le monde; on se confond presque avec les autres, tant le caractère véritable de chacun se montre peu! La sottise se trouve bien de cette confusion, et voudrait en profiter pour contester le vrai mérite. La bêtise et la sottise diffèrent essentiellement en ceci, que les bêtes se soumettent volontiers à la nature, et que les sots se flattent toujours de dominer la société.

CHAPITRE XI.

De l'esprit de conversation.

En Orient, quand on n'a rien à se dire, on fume du tabac de rose ensemble, et de temps en temps on se salue les bras croisés sur la poitrine, pour se donner un témoignage d'amitié; mais dans l'Occident on a voulu se parler tout le jour, et le foyer de l'âme s'est souvent dissipé dans ces entretiens où l'amour-propre est sans cesse en mouvement pour faire effet tout de suite, et selon le goût du moment et du cercle où l'on se trouve.

Il me semble reconnu que Paris est la ville du monde où l'esprit et le goût de la conversation sont le plus généralement répandus; et ce qu'on appelle le mal du pays, ce regret indéfinissable de la patrie, qui est indépendant des amis mêmes qu'on y a laissés, s'applique particulièrement à ce plaisir de causer, que les Français ne retrouvent nulle part au même degré que chez eux. Volney raconte que des Français émigrés voulaient, pendant la révolution, établir une colonie et défricher des terres en Amérique; mais de temps en temps

ils quittaient toutes leurs occupations pour aller disaient-ils, *causer à la ville;* et cette ville, la Nouvelle-Orléans, était à six cents lieues de leur demeure. Dans toutes les classes, en France, on sent le besoin de causer : la parole n'y est pas seulement, comme ailleurs, un moyen de se communiquer ses idées, ses sentiments et ses affaires, mais c'est un instrument dont on aime à jouer, et qui ranime les esprits, comme la musique chez quelques peuples, et les liqueurs fortes chez quelques autres.

Le genre de bien-être que fait éprouver une conversation animée ne consiste pas précisément dans le sujet de cette conversation; les idées ni les connaissances qu'on peut y développer n'en sont pas le principal intérêt; c'est une certaine manière d'agir les uns sur les autres, de se faire plaisir réciproquement et avec rapidité, de parler aussitôt qu'on pense, de jouir à l'instant de soi-même, d'être applaudi sans travail, de manifester son esprit dans toutes les nuances par l'accent, le geste, le regard, enfin de produire à volonté comme une sorte d'électricité qui fait jaillir des étincelles, soulage les uns de l'excès même de leur vivacité, et réveille les autres d'une apathie pénible.

Rien n'est plus étranger à ce talent que le caractère et le genre d'esprit des Allemands; ils veulent un résultat sérieux en tout. Bacon a dit que *la conversation n'était pas un chemin qui conduisait à la maison, mais un sentier où l'on se promenait au hasard avec plaisir.* Les Allemands donnent à chaque chose le temps nécessaire; mais le nécessaire en fait de conversation, c'est l'amusement; si l'on dépasse cette mesure l'on tombe dans la discussion, dans l'entretien sérieux, qui est plutôt une occupation utile qu'un art agréable. Il faut l'avouer aussi, le goût et l'enivrement de l'esprit de société rendent singulièrement incapable d'application et d'étude, et les qualités des Allemands tiennent peut-être sous quelques rapports à l'absence même de cet esprit.

Les anciennes formules de politesse qui sont encore en vigueur dans presque toute l'Allemagne, s'opposent à l'aisance et à la familiarité de la conversation; le titre le plus mince, et pourtant le plus long à prononcer, y est donné et répété vingt fois dans le même repas; il faut offrir de tous les mets, de tous les vins, avec un soin, avec une insistance qui fatigue mortellement les étrangers. Il y a de la bonhomie au fond de tous ces usages; mais ils ne subsisteraient pas un instant dans un pays où l'on pourrait hasarder la plaisanterie sans offenser la susceptibilité; et comment néanmoins peut-il y avoir de la grâce et du charme en société, si l'on n'y permet pas cette douce moquerie qui délasse l'esprit, et donne à la bienveillance elle-même une façon piquante de s'exprimer?

Le cours des idées, depuis un siècle, a été tout à fait dirigé par la conversation. On pensait pour parler, on parlait pour être applaudi, et tout ce qui ne pouvait pas se dire semblait être de trop dans l'âme. C'est une disposition très-agréable que le désir de plaire; mais elle diffère pourtant beaucoup du besoin d'être aimé : le désir de plaire rend dépendant de l'opinion, le besoin d'être aimé en affranchit : on pourrait désirer de plaire à ceux même à qui l'on ferait beaucoup de mal, et c'est précisément ce qu'on appelle de la coquetterie; cette coquetterie n'appartient pas exclusivement aux femmes; il y en a dans toutes les manières qui servent à témoigner d'affection qu'on n'en éprouve réellement. La loyauté des Allemands ne leur permet rien de semblable; ils prennent la grâce au pied de la lettre, ils considèrent le charme de l'expression comme un engagement pour la conduite, et de là vient leur susceptibilité; car ils n'entendent pas un mot sans en tirer une conséquence, et ne conçoivent pas qu'on puisse traiter la parole en art libéral, qui n'a ni but ni résultat si ce n'est le plaisir qu'on y trouve. L'esprit de conversation a quelquefois l'inconvénient d'altérer la sincérité du caractère; ce n'est pas une tromperie combinée, mais improvisée, si l'on peut s'exprimer ainsi. Les Français ont mis dans ce genre une gaieté qui les rend aimables, mais il n'en est pas moins certain que ce qu'il y a de plus sacré dans ce monde a été ébranlé par la grâce, du moins par celle qui n'attache de l'importance à rien, et tourne tout en ridicule.

Les bons mots des Français ont été cités d'un bout de l'Europe à l'autre : de tout temps ils ont montré leur brillante valeur, et soulagé leurs chagrins d'une façon vive et piquante; de tout temps ils ont eu besoin les uns des autres, comme d'auditeurs alternatifs qui s'encourageaient mutuellement : de tout temps ils ont excellé dans l'art de ce qu'il faut dire, et même de ce qu'il faut taire, quand un grand intérêt l'emporte sur leur vivacité naturelle; de tout temps ils ont eu le talent de vivre vite, d'abréger les longs discours, de faire place aux successeurs avides de parler à leur tour; de tout temps, enfin, ils ont su ne prendre du sentiment et de la pensée que ce qu'il en faut pour animer l'entretien, sans lasser le frivole intérêt qu'on a d'ordinaire les uns pour les autres.

Les Français parlent toujours légèrement de leurs malheurs, dans la crainte d'ennuyer leurs amis; ils devinent la fatigue qu'ils pourraient causer, par celle dont ils seraient susceptibles : ils se hâtent de montrer élégamment de l'insouciance pour leur propre sort, afin d'en avoir l'honneur au lieu d'en recevoir l'exemple. Le désir de paraître aimable conseille de prendre une expression de gaieté, quelle que soit la disposition intérieure de l'âme; la physionomie influe par degrés sur ce qu'on éprouve, et ce qu'on fait pour plaire aux autres émousse bientôt en soi-même ce qu'on ressent.

Une femme d'esprit a dit que Paris *était le « lieu du monde où l'on pouvait le mieux se passer de bonheur* [1] : c'est sous ce rapport qu'il convient si bien à la pauvre espèce humaine; mais rien ne saurait faire qu'une ville d'Allemagne devînt Paris, ni que les Allemands pussent, sans se gâter entièrement, recevoir comme nous le bienfait de la distraction. A force de s'échapper à eux-mêmes ils finiraient par ne plus se retrouver.

Le talent et l'habitude de la société servent beaucoup à faire connaître les hommes : pour réussir en parlant, il faut observer avec perspicacité l'impression qu'on produit à chaque instant sur eux, celle qu'ils veulent nous cacher, celle qu'ils cherchent à nous exagérer, la satisfaction contenue des uns, le sourire forcé des autres; on voit passer sur le front de ceux qui nous écoutent des blâmes à demi formés, qu'on peut éviter en se hâtant de les dissiper avant que l'amour-propre y soit engagé. L'on y voit naître aussi l'approbation qu'il faut fortifier, sans cependant exiger d'elle plus qu'elle ne veut donner. Il n'est point d'arène où la vanité se montre sous des formes plus variées que dans la conversation.

J'ai connu un homme que les louanges agitaient au point que, quand on lui en donnait, il exagérait ce qu'il venait de dire, et s'efforçait tellement d'ajouter à son succès, qu'il finissait toujours par le perdre. Je n'osais pas l'applaudir, de peur de le porter à l'affectation, et qu'il ne se rendît ridicule par le bon cœur de son amour-propre. Un autre craignait tellement d'avoir l'air de désirer de faire effet, qu'il laissait tomber ses paroles négligemment et dédaigneusement. Sa feinte indolence trahissait seulement une prétention de plus, celle de n'en point avoir. Quand la vanité se montre, elle est bienveillante; quand elle se cache, la crainte

---

[1] Supprimé par la censure sous prétexte qu'il y avait tant de bonheur à Paris maintenant, qu'on n'avait pas besoin de s'en passer.

d'être découverte la rend amère, et elle affecte l'indifférence, la satiété, enfin tout ce qui peut persuader aux autres qu'elle n'a pas besoin d'eux. Ces différentes combinaisons sont amusantes pour l'observateur, et l'on s'étonne toujours que l'amour-propre ne prenne pas la route si simple d'avouer naturellement le désir de plaire, et d'employer autant qu'il est possible la grâce et la vérité pour y parvenir.

Le tact qu'exige la société, le besoin qu'elle donne de se mettre à la portée des différents esprits, tout ce travail de la pensée, dans ses rapports avec les hommes, serait certainement utile, à beaucoup d'égards, aux Allemands, en leur donnant plus de mesure, de finesse et d'habileté; mais dans ce talent de causer, il y a une sorte d'adresse qui fait perdre toujours quelque chose à l'inflexibilité de la morale : si l'on pouvait se passer de tout ce qui tient à l'art de ménager les hommes, le caractère en aurait sûrement plus de grandeur et d'énergie.

Les Français sont les plus habiles diplomates de l'Europe, et ces hommes, qu'on accuse d'indiscrétion et d'impertinence, savent mieux que personne cacher un secret, et captiver ceux dont ils ont besoin : ils ne déplaisent jamais que quand ils le veulent, c'est-à-dire, quand leur vanité croit trouver mieux son compte dans le dédain que dans l'obligeance. L'esprit de conversation a singulièrement développé chez les Français l'esprit plus sérieux des négociations politiques. Il n'est point d'ambassadeur étranger qui pût lutter contre eux en ce genre, à moins que, mettant absolument de côté toute prétention à la finesse, il n'allât droit en affaires, comme celui qui se battrait sans savoir l'escrime.

Les rapports des différentes classes entre elles étaient aussi très-propres à développer en France la sagacité, la mesure et la convenance de l'esprit de société. Les rangs n'y étaient point marqués d'une manière positive, et les prétentions s'agitaient sans cesse dans l'espace incertain que chacun pouvait tour à tour ou conquérir ou perdre. Les droits du tiers état, des parlements, de la noblesse, la puissance même du roi, rien n'était déterminé d'une façon invariable; tout se passait, pour ainsi dire, en adresse de conversation : on esquivait les difficultés les plus graves par les nuances délicates des paroles et des manières, et l'on arrivait rarement à se heurter ou à se céder, tant on évitait avec soin l'un et l'autre! Les grandes familles avaient aussi entre elles des prétentions jamais déclarées et toujours sous-entendues, et ce vague

excitait beaucoup plus la vanité que des rangs marqués n'auraient pu le faire. Il fallait étudier tout ce dont se composait l'existence d'un homme ou d'une femme, pour savoir le genre d'égards qu'on leur devait; l'arbitraire, sous toutes les formes, a toujours été dans les habitudes, les mœurs et les lois de la France : de là vient que les Français ont eu, si l'on peut s'exprimer ainsi, une si grande pédanterie de frivolité; les bases principales n'étant point affermies, on voulait donner de la consistance aux moindres détails. En Angleterre, on permet l'originalité aux individus, tant la masse est bien réglée! En France, il semble que l'esprit d'imitation soit comme un lien social, et que tout serait en désordre si ce lien ne suppléait pas à l'instabilité des institutions.

En Allemagne, chacun est à son rang, à sa place, comme à son poste, et l'on n'a pas besoin de tournures habiles, de parenthèses, de demi-mots, pour exprimer les avantages de naissance ou de titre que l'on se croit sur son voisin. La bonne compagnie, en Allemagne, c'est la cour : en France, c'étaient tous ceux qui pouvaient se mettre sur un pied d'égalité avec elle, et tous pouvaient l'espérer, et tous aussi pouvaient craindre de n'y jamais parvenir. Il en résultait que chacun voulait avoir les manières de cette société-là : en Allemagne, un diplôme vous y faisait entrer; en France, une faute de goût vous en faisait sortir; et l'on était encore plus empressé de ressembler aux gens du monde que de se distinguer dans ce monde même par sa valeur personnelle.

Une puissance aristocratique, le bon ton et l'élégance, l'emportait sur l'énergie, la profondeur, la sensibilité, l'esprit même. Elle disait à l'énergie : « Vous mettez trop d'intérêt aux personnes et aux choses; » à la profondeur : « Vous me prenez trop de temps; » à la sensibilité : « Vous êtes trop exclusive; » à l'esprit enfin : « Vous êtes une distinction trop individuelle. » Il fallait des avantages qui tinssent plus aux manières qu'aux idées, et il importait de reconnaître dans un homme, plutôt la classe dont il était, que le mérite qu'il possédait. Cette espèce d'égalité dans l'inégalité est très-favorable aux gens médiocres, car elle doit nécessairement détruire toute originalité dans la façon de voir et de s'exprimer. Le modèle choisi est noble, agréable et de bon goût, mais il est le même pour tous. C'est un point de réunion que ce modèle; chacun, en s'y conformant, se croit plus en société avec ses semblables. Un Français s'ennuierait d'être seul de son avis comme d'être seul dans sa chambre.

On aurait tort d'accuser les Français de flatter la puissance par les calculs ordinaires qui inspirent cette flatterie; ils vont où tout le monde va, disgrâce ou crédit, n'importe : si quelques-uns se font passer pour la foule, ils sont bien sûrs qu'elle y viendra réellement. On a fait la révolution de France, en 1789, en envoyant un courrier qui, d'un village à l'autre, criait : *Armez-vous, car le village voisin s'est armé;* et tout le monde se trouva levé contre tout le monde, ou plutôt contre personne. Si l'on répandait le bruit que telle manière de voir est universellement reçue, l'on obtiendrait l'unanimité, malgré le sentiment intime de chacun; l'on se garderait alors, pour ainsi dire, le secret de la comédie, car chacun avouerait séparément que tous ont tort. Dans les scrutins secrets, on a vu des députés donner leur boule blanche ou noire contre leur opinion, seulement parce qu'ils croyaient la majorité dans un sens différent du leur, et qu'*ils ne voulaient pas*, disaient-ils, *perdre leur voix.*

C'est par ce besoin social de penser comme tout le monde, qu'on a pu s'expliquer, pendant la révolution, le contraste du courage à la guerre et de la pusillanimité dans la carrière civile. Il n'y a qu'une manière de voir sur le courage militaire; mais l'opinion publique peut être égarée relativement à la conduite qu'on doit suivre dans les affaires politiques. Le blâme de ceux qui vous entourent, la solitude, l'abandon, vous menacent, si vous ne suivez pas le parti dominant; tandis qu'il n'y a dans les armées que l'alternative de la mort et du succès, situation charmante pour des Français, qui ne craignent point l'une et aiment passionnément l'autre. Mettez la mode, c'est-à-dire, les applaudissements, du côté du danger, et vous verrez les Français le braver sous toutes les formes; l'esprit de sociabilité existe en France depuis le premier rang jusqu'au dernier : il faut s'entendre approuver par ce qui nous environne; on ne veut s'exposer, à aucun prix, au blâme ou au ridicule, car dans un pays où causer a tant d'influence, le bruit des paroles couvre souvent la voix de la conscience.

On connaît l'histoire de cet homme qui commença par louer avec transport une actrice qu'il venait d'entendre; il aperçut un sourire sur les lèvres des assistants, il modifia son éloge; l'opiniâtre sourire ne cessa point, et la crainte de la moquerie finit par lui faire dire : *Ma foi, la pauvre diablesse a fait ce qu'elle a pu!* Les triomphes de la plaisanterie se renouvellent sans cesse en France; dans un temps il convient d'être religieux, dans un autre de ne l'être pas; dans un temps d'aimer sa femme, dans l'autre de ne pas paraître avec elle. Il a existé même des moments où l'on eût craint de passer pour niais si l'on avait montré de l'humanité, et cette terreur du ridicule qui, dans les premières classes, ne se manifeste d'ordinaire que par la vanité, s'est traduite en férocité dans les dernières.

Quel mal cet esprit d'imitation ne ferait-il pas parmi les Allemands! Leur supériorité consiste dans l'indépendance de l'esprit, dans l'amour de la retraite, dans l'originalité individuelle. Les Français ne sont tout-puissants qu'en masse, et leurs hommes de génie eux-mêmes prennent toujours leur point d'appui dans les opinions reçues, quand ils veulent s'élancer au delà. Enfin, l'impatience du caractère français, si piquante en conversation, ôterait aux Allemands le charme principal de leur imagination naturelle, cette rêverie calme, cette vue profonde, qui s'aide du temps et de la persévérance pour tout découvrir.

Ces qualités sont presque incompatibles avec la vivacité d'esprit; et cependant cette vivacité est surtout ce qui rend aimable en conversation. Lorsqu'une discussion s'appesantit, lorsqu'un conte s'allonge, il vous prend je ne sais quelle impatience, semblable à celle qu'on éprouve quand un musicien ralentit trop la mesure d'un air. On peut être fatigant, néanmoins, à force de vivacité, comme on l'est par trop de lenteur. J'ai connu un homme de beaucoup d'esprit, mais tellement impatient, qu'il donnait à tous ceux qui causaient avec lui l'inquiétude que doivent éprouver les gens prolixes, quand ils s'aperçoivent qu'ils fatiguent. Cet homme sautait sur sa chaise pendant qu'on lui parlait, achevait les phrases des autres, dans la crainte qu'elles ne se prolongeassent : il inquiétait d'abord, et finissait par lasser en étourdissant; car, quelque vite qu'on aille en fait de conversation, quand il n'y a plus moyen de retrancher que sur le nécessaire, les pensées et les sentiments oppressent, faute d'espace pour les exprimer.

Toutes les manières d'abréger le temps ne l'épargnent pas, et l'on peut mettre des longueurs dans une seule phrase, si l'on y laisse du vide; le talent de rédiger sa pensée brillamment et rapidement est ce qui réussit le plus en société; on n'a pas le temps d'y rien attendre. Nulle réflexion, nulle complaisance ne peut faire qu'on s'y amuse de ce qui n'amuse pas. Il faut exercer là l'esprit de conquête et le despotisme du succès : car le fond et le but étant peu de chose, on ne peut pas se consoler du revers par la pureté des motifs, et la bonne intention n'est de rien en fait d'esprit. Le talent de conter, l'un des grands charmes de la conversation, est très-rare en Allemagne; les auditeurs y sont trop complaisants, ils ne s'ennuient pas assez vite, et les conteurs, se fiant à la patience des auditeurs, s'établissent trop à leur aise dans les récits. En France, celui qui parle est un usurpateur, qui se sent entouré de rivaux jaloux, et veut se maintenir à force de succès; en Allemagne, c'est un possesseur légitime, qui peut user paisiblement de ses droits reconnus.

Les Allemands réussissent mieux dans les contes poétiques que dans les contes épigrammatiques : quand il faut parler à l'imagination, les détails peuvent plaire, ils rendent le tableau plus vrai : mais quand il s'agit de rapporter un bon mot, on ne saurait trop abréger les préambules. La plaisanterie allège pour un moment le poids de la vie : vous aimez à voir un homme, votre semblable, se jouer ainsi du fardeau qui vous accable, et bientôt, animé par lui, vous le soulevez à votre tour; mais quand vous sentez de l'effort ou de la langueur dans ce qui devrait être un amusement, vous en êtes plus fatigué que du sérieux même, dont les résultats au moins vous intéressent.

La bonne foi du caractère allemand est aussi peut-être un obstacle à l'art de conter; les Allemands ont plutôt la gaieté du caractère que celle de l'esprit; ils sont gais comme ils sont honnêtes, pour la satisfaction de leur propre conscience, et rient de ce qu'ils disent, longtemps avant même d'avoir songé à en faire rire les autres.

Rien ne saurait égaler, au contraire, le charme d'un récit fait par un Français spirituel et de bon goût. Il prévoit tout, il ménage tout, et cependant il ne sacrifie point ce qui pourrait exciter l'intérêt. Sa physionomie, moins prononcée que celle des Italiens, indique la gaieté, sans rien faire perdre à la dignité du maintien et des manières; il s'arrête quand il faut, et jamais il n'épuise même l'amusement; il s'anime, et néanmoins il tient toujours en main les rênes de son esprit, pour le conduire sûrement et rapidement; bientôt aussi les auditeurs se mêlent de l'entretien, il fait valoir alors à son tour ceux qui viennent de l'applaudir; il ne laisse point passer une expression heureuse sans la relever, une plaisanterie piquante sans la sentir, et pour un moment du moins l'on se plaît, et l'on jouit les uns des autres, comme si tout était concorde, union et sympathie dans le monde.

Les Allemands feraient bien de profiter, sous des rapports essentiels, de quelques-uns des avantages de l'esprit social en France : ils devraient apprendre des Français à se montrer moins irritables dans les petites circonstances, afin de réserver toute leur force pour les grandes; ils devraient apprendre des Français à ne pas confondre l'opiniâtreté avec l'énergie, la rudesse avec la fermeté; ils devraient aussi, lorsqu'ils sont capables du dévouement entier de leur vie, ne pas la rattraper en détail par une sorte de personnalité minutieuse, que ne se permettrait pas le véritable égoïsme; enfin, ils devraient puiser dans l'art même de la conversation l'habitude de répandre dans leurs livres cette clarté qui les mettrait à la portée du plus grand nombre, ce talent d'abréger, inventé par les peuples qui s'amusent, bien plutôt que par ceux qui s'occupent, et ce respect pour de certaines convenances, qui ne porte pas à sacrifier la nature, mais à ménager l'imagination. Ils perfectionneraient leur manière d'écrire par quelques-unes des observations que le talent de parler fait naître : mais ils auraient tort de prétendre à ce talent tel que les Français le possèdent.

Une grande ville qui servirait de point de ralliement serait utile à l'Allemagne, pour rassembler les moyens d'étude, augmenter les ressources des arts, exciter l'émulation; mais si cette capitale développait chez les Allemands le goût des plaisirs de la société dans toute leur élégance, ils y perdraient la bonne foi scrupuleuse, le travail solitaire, l'indépendance audacieuse qui les distinguent dans la carrière littéraire et philosophique; enfin, ils changeraient leurs habitudes de recueillement contre un mouvement extérieur dont ils n'acquerraient jamais la grâce et la dextérité.

CHAPITRE XII.

De la langue allemande dans ses rapports avec l'esprit de conversation.

En étudiant l'esprit et le caractère d'une langue, on apprend l'histoire philosophique des opinions, des mœurs et des habitudes nationales; et les modifications que subit le langage doivent jeter de grandes lumières sur la marche de la pensée; mais une telle analyse serait nécessairement très-métaphysique, et demanderait une foule de connaissances qui nous manquent presque toujours dans les langues étrangères, et souvent même dans la nôtre. Il faut donc s'en tenir à l'impression générale que produit l'idiome d'une nation dans son état actuel. Le français, ayant été parlé plus qu'aucun autre dialecte européen, est à la fois poli par l'usage et acéré pour le but. Aucune langue n'est plus claire et plus rapide, n'indique plus légèrement et n'explique plus nettement ce qu'on veut dire. L'allemand se prête beaucoup moins à la précision et à la rapidité de la conversation. Par la nature même de sa construction grammaticale, le sens n'est ordinairement compris qu'à la fin de la phrase. Ainsi, le plaisir d'interrompre, qui rend la discussion si animée en France, et force à dire si vite ce qu'il importe de faire entendre, ce plaisir ne peut exister en Allemagne; car les commencements de phrase ne signifient rien sans la fin; il faut laisser à chacun tout l'espace qu'il lui convient de prendre; cela vaut mieux pour le fond des choses, c'est aussi plus civil, mais moins piquant.

La politesse allemande est plus cordiale, mais moins nuancée que la politesse française; il y a plus d'égards pour le rang et plus de précautions en tout. En France, on flatte plus qu'on ne ménage, et, comme on a l'art de tout indiquer, on approche beaucoup plus volontiers des sujets les plus délicats. L'allemand est une langue très-brillante en poésie, très-abondante en métaphysique, mais très-positive en conversation. La langue française, au contraire, n'est vraiment riche que dans les tournures qui expriment les rapports les plus déliés de la société. Elle est pauvre et circonscrite dans tout ce qui tient à l'imagination et à la philosophie. Les Allemands craignent plus de faire de la peine qu'ils n'ont envie de plaire. De là vient qu'ils ont soumis autant qu'ils ont pu la politesse à des règles; et leur langue, si hardie dans les livres, est singulièrement asservie en conversation, par toutes les formules dont elle est surchargée.

Je me rappelle d'avoir assisté, en Saxe, à une leçon de métaphysique d'un philosophe célèbre qui citait toujours le baron de Leibnitz, et jamais l'entraînement du discours ne pouvait l'engager à supprimer ce titre de baron, qui n'allait guère avec le nom d'un grand homme mort depuis près d'un siècle.

L'allemand convient mieux à la poésie qu'à la prose, et à la prose écrite qu'à la prose parlée; c'est un instrument qui sert très-bien quand on veut tout peindre ou tout dire : mais on ne peut pas glisser avec l'allemand, comme avec le français, sur les divers sujets qui se présentent. Si l'on voulait faire aller les mots allemands du train de la conversation française, on leur ôterait toute grâce et toute dignité. Le mérite des Allemands, c'est de bien remplir le temps; le talent des Français, c'est de le faire oublier.

Quoique le sens des périodes allemandes ne s'explique souvent qu'à la fin, la construction ne permet pas toujours de terminer une phrase par l'ex-

pression la plus piquante; et c'est cependant un des grands moyens de faire effet en conversation. L'on entend rarement parmi les Allemands ce qu'on appelle des bons mots : ce sont les pensées mêmes, et non l'éclat qu'on leur donne, qu'il faut admirer.

Les Allemands trouvent une sorte de charlatanisme dans l'expression brillante, et prennent plutôt l'expression abstraite, parce qu'elle est plus scrupuleuse, et s'approche davantage de l'essence même du vrai; mais la conversation ne doit donner aucune peine, ni pour comprendre ni pour parler. Dès que l'entretien ne porte pas sur les intérêts communs de la vie, et qu'on entre dans la sphère des idées, la conversation en Allemagne devient trop métaphysique; il n'y a pas assez d'intermédiaire entre ce qui est vulgaire et ce qui est sublime; et c'est cependant dans cet intermédiaire que s'exerce l'art de causer.

La langue allemande a une gaieté qui lui est propre; la société ne l'a point rendue timide, et les bonnes mœurs l'ont laissée pure! mais c'est une gaieté nationale à la portée de toutes les classes. Les sons bizarres des mots, leur antique naïveté, donnent à la plaisanterie quelque chose de pittoresque, dont le peuple peut s'amuser aussi bien que les gens du monde. Les Allemands sont moins gênés que nous dans le choix des expressions, parce que leur langue n'ayant pas été aussi fréquemment employée dans la conversation du grand monde, elle ne se compose pas, comme la nôtre, de mots qu'un hasard, une application, une allusion, rendent ridicules, de mots enfin qui, ayant subi toutes les aventures de la société, sont proscrits injustement peut-être, mais ne sauraient plus être admis. La colère s'est souvent exprimée en allemand, mais on n'en a pas fait l'arme du persiflage; et les paroles dont on se sert sont encore dans toute leur vérité et dans toute leur force; c'est une facilité de plus : mais aussi l'on peut exprimer avec le français mille observations fines, et se permettre mille tours d'adresse dont la langue allemande est jusqu'à présent incapable.

Il faut se mesurer avec les idées en allemand, avec les personnes en français; il faut creuser à l'aide de l'allemand, il faut arriver au but en parlant français : l'un doit peindre la nature, et l'autre la société. Goethe fait dire dans son roman de *Wilhelm Meister*, à une femme allemande, qu'elle s'aperçut que son amant voulait la quitter, parce qu'il lui écrivait en français. Il y a bien des phrases en effet dans notre langue, pour dire en même temps et ne pas dire, pour faire espérer sans promettre, pour promettre même sans se lier. L'allemand est moins flexible, et il fait bien de rester tel, car rien n'inspire plus de dégoût que cette langue tudesque, quand elle est employée aux mensonges, de quelque nature qu'ils soient. Sa construction trainante, ses consonnes multipliées, sa grammaire savante, ne lui permettent aucune grâce dans la souplesse; et l'on dirait qu'elle se roidit d'elle-même contre l'intention de celui qui la parle, dès qu'on veut la faire servir à trahir la vérité.

CHAPITRE XIII.
De l'Allemagne du Nord.

Les premières impressions qu'on reçoit en arrivant dans le nord de l'Allemagne, surtout au milieu de l'hiver, sont extrêmement tristes; et je ne suis pas étonnée que ces impressions aient empêché la plupart des Français que l'exil a conduits dans ce pays, de l'observer sans prévention. Cette frontière du Rhin est solennelle; on craint, en la passant, de s'entendre prononcer ce mot terrible: *Vous êtes hors de France.* C'est en vain que l'esprit juge avec impartialité le pays qui nous a vus naître, nos affections ne s'en détachent jamais; et quand on est contraint à le quitter, l'existence semble déracinée, on se devient comme étranger à soi-même. Les plus simples usages, comme les relations les plus intimes; les intérêts les plus graves, comme les moindres plaisirs, tout était de la patrie; tout n'en est plus. On ne rencontre personne qui puisse vous parler d'autrefois, personne qui vous atteste l'identité des jours passés avec les jours actuels; la destinée recommence, sans que la confiance des premières années se renouvelle: l'on change de monde, sans avoir changé de cœur. Ainsi l'exil condamne à se survivre; les adieux, les séparations, tout est comme à l'instant de la mort, et l'on y assiste cependant avec les forces entières de la vie.

J'étais, il y a six ans, sur les bords du Rhin, attendant la barque qui devait me conduire à l'autre rive; le temps était froid, le ciel obscur, et tout me semblait un présage funeste. Quand la douleur agite violemment notre âme, on ne peut se persuader que la nature y soit indifférente; il est permis à l'homme d'attribuer quelque puissance à ses peines: ce n'est pas de l'orgueil, c'est de la confiance dans la céleste pitié. Je m'inquiétais pour mes enfants, quoiqu'ils ne fussent pas encore dans l'âge de sentir ces émotions de l'âme qui répandent l'effroi sur tous les objets extérieurs. Mes domestiques français s'impatientaient de la lenteur allemande, et s'étonnaient de n'être pas compris quand ils parlaient la seule langue qu'ils crussent admise dans les pays civilisés. Il y avait dans notre bac une vieille femme allemande, assise sur une charrette; elle ne voulait pas en descendre même pour traverser le fleuve. « Vous êtes bien tranquille! lui dis-je. — Oui, me répondit-elle, pourquoi faire du bruit? » Ces simples mots me frappèrent; en effet, *pourquoi faire du bruit?* Mais quand des générations entières traverseraient la vie en silence, le malheur et la mort ne les observeraient pas moins, et sauraient de même les atteindre.

En arrivant sur le rivage opposé, j'entendis le cor des postillons, dont les sons aigus et faux semblaient annoncer un triste départ vers un triste séjour. La terre était couverte de neige; des petites fenêtres, dont les maisons sont percées, sortaient les têtes de quelques habitants que le bruit d'une voiture arrachait à leurs monotones occupations; une espèce de bascule, qui fait mouvoir la poutre avec laquelle on ferme la barrière, dispense celui qui demande le péage aux voyageurs de sortir de sa maison pour recevoir l'argent que l'on doit lui payer. Tout est calculé pour être immobile; et l'homme qui pense comme celui dont l'existence n'est que matérielle, dédaignent tous les deux également la distraction du dehors.

Les campagnes désertes, les maisons noircies par la fumée, les églises gothiques, semblent préparées pour les contes de sorcières ou de revenants. Les villes de commerce, en Allemagne, sont grandes et bien bâties, mais elles ne donnent aucune idée de ce qui fait la gloire et l'intérêt de ce pays, l'esprit littéraire et philosophique. Les intérêts mercantiles suffisent pour développer l'intelligence des Français, et l'on peut trouver encore quelque amusement de société, en France, dans une ville purement commerçante; mais les Allemands, éminemment capables des études abstraites, traitent les affaires, quand ils s'en occupent, avec tant de méthode et de pesanteur, qu'ils n'en tirent presque jamais aucune idée générale. Ils portent dans le commerce la loyauté qui les distingue; mais ils se donnent tellement tout entiers à ce qu'ils font, qu'ils ne cherchent plus alors dans la société qu'un loisir jovial, et disent de temps en temps quelques grosses plaisanteries, seulement pour se divertir eux-mêmes. De telles plaisanteries accablent les Français de tristesse; car on se résigne bien plutôt à l'ennui sous des formes graves et monotones, qu'à cet ennui badin qui vient poser lourdement et familièrement *la patte* sur l'épaule.

Les Allemands ont beaucoup d'universalité dans l'esprit, en littérature et en philosophie, mais nullement dans les affaires. Ils les considèrent toujours partiellement, et s'en occupent d'une façon presque mécanique. C'est le contraire en France; l'esprit des affaires y a beaucoup d'étendue, et l'on n'y permet l'universalité en littérature ni en philosophie. Si un savant était poëte, si un poëte était savant, ils deviendraient suspects chez nous aux savants et aux poëtes; mais il n'est pas rare de rencontrer dans le plus simple négociant des aperçus lumineux sur les intérêts politiques et militaires de son pays. De là vient qu'en France il y a un plus grand nombre de gens d'esprit, et un moins grand nombre de penseurs. En France, on étudie les hommes; en Allemagne, les livres. Des facultés ordinaires suffisent pour intéresser en parlant des hommes; il faut presque du génie pour faire retrouver l'âme et le mouvement dans les livres. L'Allemagne ne peut attacher que ceux qui s'occupent des faits passés et des idées abstraites. Le présent et le réel appartiennent à la France, et, jusqu'à nouvel ordre, elle ne paraît pas disposée à y renoncer.

Je ne cherche pas, ce me semble, à dissimuler les inconvénients de l'Allemagne. Ces petites villes du Nord elles-mêmes, où l'on trouve des hommes d'une si haute conception, n'offrent souvent aucun genre d'amusement; point de spectacle, peu de société; le temps y tombe goutte à goutte, et n'interrompt par aucun bruit la réflexion solitaire. Les plus petites villes d'Angleterre tiennent à un état libre, envoient des députés pour traiter les intérêts de la nation. Les plus petites villes de France sont en relation avec la capitale, où tant de merveilles sont réunies. Les plus petites villes d'Italie jouissent du ciel et des beaux-arts, dont les rayons se répandent sur toute la contrée. Dans le nord de l'Allemagne, il n'y a point de gouvernement représentatif, point de grande capitale, et la sévérité du climat, la médiocrité de la fortune, le sérieux du caractère, rendraient l'existence très-pesante, si la force de la pensée ne s'était pas affranchie de toutes ces circonstances insipides et bornées. Les Allemands ont su se créer une république des lettres animée et indépendante. Ils ont suppléé à l'intérêt des événements par l'intérêt des idées. Ils se passent de centre, parce que tous tendent vers un même but, et leur imagination multiplie le petit nombre de beautés que les arts et la nature peuvent leur offrir.

Les citoyens de cette république idéale, dégagés pour la plupart de toute espèce de rapports avec les affaires publiques et particulières, travaillent dans l'obscurité comme les mineurs; et, placés comme eux au milieu des trésors ensevelis, ils exploitent en silence les richesses intellectuelles du genre humain.

CHAPITRE XIV.

La Saxe.

Depuis la réformation, les princes de la maison de Saxe ont toujours accordé aux lettres la plus noble des protections, l'indépendance. On peut dire hardiment que dans aucun pays de la terre il n'existe autant d'instruction qu'en Saxe et dans le nord de l'Allemagne. C'est là qu'est né le protestantisme, et l'esprit d'examen s'y est soutenu depuis ce temps avec vigueur.

Pendant le dernier siècle, les électeurs de Saxe ont été catholiques; et quoiqu'ils soient restés fidèles au serment qui les obligeait à respecter le culte de leurs sujets, cette différence de religion entre le peuple et ses maîtres a donné moins d'unité politique à l'État. Les électeurs rois de Pologne ont aimé les arts plus que la littérature, qu'ils ne gênaient pas, mais qui leur était étrangère. La musique est cultivée généralement en Saxe; la galerie de Dresde rassemble des chefs-d'œuvre qui doivent animer les artistes. La nature, aux environs de la capitale, est très-pittoresque, mais la société n'y offre pas de vifs plaisirs; l'élégance d'une cour n'y prend point, l'étiquette seule peut aisément s'y établir.

On peut juger par la quantité d'ouvrages qui se vendent à Leipsick, combien les livres allemands ont de lecteurs; les ouvriers de toutes les classes, les tailleurs de pierre même, se reposent de leurs travaux un livre à la main. On ne saurait s'imaginer en France à quel point les lumières sont répandues en Allemagne. J'ai vu des aubergistes, des commis de barrière, qui connaissaient la littérature française. On trouve jusque dans les villages des professeurs de grec et de latin. Il n'y a pas de petite ville qui ne renferme une assez bonne bibliothèque, et presque partout on peut citer quelques hommes recommandables par leurs talents et par leurs connaissances. Si l'on se mettait à comparer, sous ce rapport, les provinces de France avec l'Allemagne, on croirait que les deux pays sont à trois siècles de distance l'un de l'autre. Paris, réunissant dans son sein l'élite de l'empire, ôte tout intérêt à tout le reste.

Picard et Kotzebue ont composé deux pièces très-jolies, intitulées toutes deux *la Petite Ville*.

Picard représente les habitants de la province cherchant sans cesse à imiter Paris, et Kotzebue les bourgeois d'une petite ville, enchantés et fiers du lieu qu'ils habitent, et qu'ils croient incomparable. La différence des ridicules donne toujours l'idée de la différence des mœurs. En Allemagne, chaque séjour est un empire pour celui qui y réside; son imagination, ses études, ou seulement sa bonhomie l'agrandit à ses yeux; chacun sait y tirer de soi-même le meilleur parti possible. L'importance qu'on met à tout prête à la plaisanterie; mais cette importance même donne du prix aux petites ressources. En France, on ne s'intéresse qu'à Paris, et l'on a raison, car c'est toute la France; et qui n'aurait vécu qu'en province, n'aurait pas la moindre idée de ce qui caractérise cet illustre pays.

Les hommes distingués de l'Allemagne, n'étant point rassemblés dans une même ville, ne se voient presque pas, et ne communiquent entre eux que par leurs écrits; chacun se fait sa route à soi-même, et découvre sans cesse des contrées nouvelles dans la vaste région de l'antiquité, de la métaphysique et de la science. Ce qu'on appelle étudier, en Allemagne, est vraiment une chose admirable : quinze heures par jour de solitude et de travail, pendant des années entières, paraissent une manière d'exister toute naturelle; l'ennui même de la société fait aimer la vie retirée.

La liberté de la presse la plus illimitée existait en Saxe; mais elle n'avait aucun danger pour le gouvernement, parce que l'esprit des hommes de lettres ne se tournait pas vers l'examen des institutions politiques : la solitude porte à se livrer aux spéculations abstraites ou à la poésie : il faut vivre dans le foyer des passions humaines pour sentir le besoin de s'en servir et de les diriger. Les écrivains allemands ne s'occupaient que de théories, d'érudition, de recherches littéraires, et philosophiques; et les puissants de ce monde n'ont rien à craindre de tout cela. D'ailleurs, quoique le gouvernement de la Saxe ne fût pas libre de droit, c'est-à-dire, représentatif, il l'était de fait, par les habitudes du pays et la modération des princes.

La bonne foi des habitants était telle, qu'à Leipsick, un propriétaire ayant mis sur un pommier, qu'il avait planté au bord de la promenade publique, un écriteau pour demander qu'on ne lui en prît pas les fruits, on ne lui en vola pas un seul pendant dix ans. J'ai vu ce pommier avec un sentiment de respect; il eût été l'arbre des Hespérides, qu'on n'eût pas plus touché à son or qu'à ses fleurs.

La Saxe était d'une tranquillité profonde; on y faisait quelquefois du bruit pour quelques idées, mais sans songer à leur application. On eût dit que penser et agir ne devaient avoir aucun rapport ensemble, et que la vérité ressemblait, chez les Allemands, à la statue de Mercure nommée Hermès, qui n'a ni mains pour saisir, ni pieds pour avancer. Il n'est rien pourtant de si respectable que ces conquêtes paisibles de la réflexion, qui occupaient sans cesse des hommes isolés, sans fortune, sans pouvoir, et liés entre eux seulement par le culte de la pensée.

En France, on ne s'est presque jamais occupé des vérités abstraites que dans leur rapport avec la pratique. Perfectionner l'administration, encourager la population par une sage économie politique, tel était l'objet des travaux des philosophes, principalement dans le dernier siècle. Cette manière d'employer son temps est aussi fort respectable; mais, dans l'échelle des pensées, la dignité de l'espèce humaine importe plus que son bonheur, et surtout que son accroissement : multiplier les naissances sans ennoblir la destinée, c'est préparer seulement une fête plus somptueuse à la mort.

Les villes littéraires de Saxe sont celles où l'on voit régner le plus de bienveillance et de simplicité. On a considéré partout ailleurs les lettres comme un apanage du luxe; en Allemagne elles semblent l'exclure. Les goûts qu'elles inspirent donnent une sorte de candeur et de timidité qui fait aimer la vie domestique : ce n'est pas que la vanité d'auteur n'ait un caractère très-prononcé chez les Allemands, mais elle ne s'attache point aux succès de société. Le plus petit écrivain en veut à la postérité; et se déployant à son aise dans l'espace des méditations sans bornes, il est moins froissé par les hommes, et s'aigrit moins contre eux. Toutefois, les hommes de lettres et les hommes d'affaires sont trop séparés en Saxe, pour qu'il s'y manifeste un véritable esprit public. Il résulte de cette séparation, que les uns ont une trop grande ignorance des choses pour exercer aucun ascendant sur le pays, et que les autres se font gloire d'un certain machiavélisme docile, qui sourit aux sentiments généreux, comme à l'enfance, et semble leur indiquer qu'ils ne sont pas de ce monde.

CHAPITRE XV.

Weimar.

De toutes les principautés de l'Allemagne, il n'en est point qui fasse mieux sentir que Weimar les avantages d'un petit pays, quand son chef est un homme de beaucoup d'esprit, et qu'au milieu de ses sujets il peut chercher à plaire sans cesser d'être obéi. C'est une société particulière qu'un tel État, et l'on y tient tous les uns aux autres par des rapports intimes. La duchesse Louise de Saxe-Weimar est le véritable modèle d'une femme destinée par la nature au rang le plus illustre : sans prétention, comme sans faiblesse, elle inspire au même degré la confiance et le respect; et l'héroïsme des temps chevaleresques est entré dans son âme, sans lui rien ôter de la douceur de son sexe. Les talents militaires du duc sont universellement estimés, et sa conversation piquante et réfléchie rappelle sans cesse qu'il a été formé par le grand Frédéric; c'est son esprit et celui de sa mère qui ont attiré les hommes de lettres les plus distingués à Weimar. L'Allemagne, pour la première fois, eut une capitale littéraire; mais comme cette capitale était en même temps une très-petite ville, elle n'avait d'ascendant que par ses lumières; car la mode, qui amène toujours l'uniformité dans tout, ne pouvait partir d'un cercle aussi étroit.

Herder venait de mourir quand je suis arrivée à Weimar; mais Wieland, Goethe et Schiller y étaient encore. Je peindrai chacun de ces hommes séparément, dans la section suivante; je les peindrai surtout par leurs ouvrages, car leurs livres ressemblent parfaitement à leur caractère et à leur entretien. Cet accord très-rare est une preuve de sincérité : quand on a pour premier but, en écrivant, de faire effet sur les autres, on ne se montre jamais à eux tel qu'on est réellement; mais quand on écrit pour satisfaire à l'inspiration intérieure dont l'âme est saisie, on fait connaître par ses écrits, même sans le vouloir, jusques aux moindres nuances de sa manière d'être et de penser.

Le séjour des petites villes m'a toujours paru très-ennuyeux. L'esprit des hommes s'y rétrécit, le cœur des femmes s'y glace; on y vit tellement en présence les uns des autres, qu'on est oppressé par ses semblables; ce n'est plus cette opinion à distance, qui vous anime et retentit de loin comme le bruit de la gloire; c'est un examen minutieux de toutes les actions de votre vie, une observation de chaque détail, qui rend incapable de comprendre l'ensemble de votre caractère; et plus on a d'indépendance et d'élévation, moins on peut respirer à travers ces petits barreaux. Cette pénible gêne n'existait point à Weimar, ce n'était point une petite ville, mais un grand château; un cercle choisi s'entretenait avec intérêt de chaque production nouvelle des arts. Des femmes, disciples aimables de quelques hommes supérieurs, s'occupaient sans cesse des ouvrages littéraires, comme des événements publics les plus importants. On appelait l'univers à soi par la lecture et l'étude; on échappait par l'étendue de la pensée aux bornes des circonstances; en réfléchissant souvent ensemble sur les grandes questions que fait naître la destinée commune à tous, on oubliait les anecdotes particulières de chacun. On ne rencontrait aucun de ces merveilleux de province, qui prennent si facilement le dédain pour de la grâce, et de l'affectation pour de l'élégance.

Dans la même principauté, à côté de la première réunion littéraire de l'Allemagne, se trouvait Iena, l'un des foyers de science les plus remarquables. Un espace bien resserré rassemblait ainsi d'étonnantes lumières en tout genre.

L'imagination, constamment excitée à Weimar par l'entretien des poëtes, éprouvait moins le besoin des distractions extérieures; ces distractions soulagent du fardeau de l'existence, mais elles en dissipent souvent les forces. On menait dans cette campagne, appelée ville, une vie régulière, occupée et sérieuse; on pouvait s'en fatiguer quelquefois, mais on n'y dégradait pas son esprit par des intérêts futiles et vulgaires; et si l'on manquait de plaisirs, on ne sentait pas du moins déchoir ses facultés.

Le seul luxe du prince, c'est un jardin ravissant, et on lui sait gré de cette jouissance populaire, qu'il partage avec tous les habitants de la ville. Le théâtre, dont je parlerai dans la seconde partie de cet ouvrage, est dirigé par le plus grand poëte de l'Allemagne, Goethe; et ce spectacle intéresse assez tout le monde pour préserver de ces assemblées qui mettent en évidence les ennuis cachés. On appelait Weimar l'Athènes de l'Allemagne, et c'était, en effet, le seul lieu dans lequel l'intérêt des beaux-arts fût pour ainsi dire national, et servît de lien fraternel entre les rangs divers. Une cour libérale recherchait habituellement la société des hommes de lettres; et la littérature gagnait singulièrement à l'influence du bon goût qui régnait dans cette cour. L'on pouvait juger, par ce petit cercle, du bon effet que produirait en Allemagne un tel mélange, s'il était généralement adopté.

CHAPITRE XVI.

La Prusse.

Il faut étudier le caractère de Frédéric II, quand

on veut connaître la Prusse. Un homme a créé cet empire que la nature n'avait point favorisé, et qui n'est devenu une puissance que parce qu'un guerrier en a été le maître. Il y a deux hommes très-distincts dans Frédéric II : un Allemand par la nature, et un Français par l'éducation. Tout ce que l'Allemand a fait dans un royaume allemand y a laissé des traces durables; tout ce que le Français a tenté n'a point germé d'une manière féconde.

Frédéric II était formé par la philosophie française du dix-huitième siècle; cette philosophie fait du mal aux nations lorsqu'elle tarit en elles la source de l'enthousiasme ; mais quand il existe telle chose qu'un monarque absolu, il est à souhaiter que des principes libéraux tempèrent en lui l'action du despotisme. Frédéric introduisit la liberté de penser dans le nord de l'Allemagne; la réformation y avait amené l'examen, mais non pas la tolérance ; et, par un contraste singulier, on ne permettait d'examiner qu'en prescrivant impérieusement d'avance le résultat de cet examen. Frédéric mit en honneur la liberté de parler et d'écrire, soit par ces plaisanteries piquantes et spirituelles qui ont tant de pouvoir sur les hommes quand elles viennent d'un roi, soit par son exemple, plus puissant encore; car il ne punit jamais ceux qui disaient ou imprimaient du mal de lui, et il montra dans presque toutes ses actions la philosophie dont il professait les principes. Il établit dans l'administration un ordre et une économie qui ont fait la force intérieure de la Prusse, malgré tous ses désavantages naturels. Il n'est point de roi qui se soit montré aussi simple que lui dans sa vie privée, et même dans sa cour : il se croyait chargé de ménager, autant qu'il était possible, l'argent de ses sujets. Il avait en toutes choses un sentiment de justice que les malheurs de sa jeunesse et la dureté de son père avaient gravé dans son cœur. Ce sentiment est peut-être le plus rare de tous dans les conquérants, car ils aiment mieux être généreux que justes; parce que la justice suppose un rapport quelconque d'égalité avec les autres.

Frédéric avait rendu les tribunaux si indépendants, que, pendant sa vie, et sous le règne de ses successeurs, on les a vus souvent décider en faveur des sujets contre le roi, dans des procès qui tenaient à des intérêts politiques. Il est vrai qu'il serait presque impossible, en Allemagne, d'introduire l'injustice dans les tribunaux. Les Allemands sont assez disposés à se faire des systèmes pour abandonner la politique à l'arbitraire; mais quand il s'agit de jurisprudence ou d'administration, on

ne peut faire entrer dans leur tête d'autres principes que ceux de la justice. Leur esprit de méthode, même sans parler de la droiture de leur cœur, réclame l'équité comme mettant de l'ordre dans tout. Néanmoins, il faut louer Frédéric de sa probité dans le gouvernement intérieur de son pays : c'est un de ses premiers titres à l'admiration de la postérité.

Frédéric n'était point sensible, mais il avait de la bonté; or, les qualités universelles sont celles qui conviennent le mieux aux souverains. Néanmoins, cette bonté de Frédéric était inquiétante comme celle du lion, et l'on sentait la griffe du pouvoir, même au milieu de la grâce et de la coquetterie de l'esprit le plus aimable. Les hommes d'un caractère indépendant ont eu de la peine à se soumettre à la liberté que ce maître croyait donner, à la familiarité qu'il croyait permettre ; et, tout en l'admirant, ils sentaient qu'ils respiraient mieux loin de lui.

Le grand malheur de Frédéric fut de n'avoir point assez de respect pour la religion ni pour les mœurs. Ses goûts étaient cyniques. Bien que l'amour de la gloire ait donné de l'élévation à ses pensées, sa manière licencieuse de s'exprimer sur les objets les plus sacrés était cause que ses vertus mêmes n'inspiraient pas de confiance : on en jouissait, on les approuvait, mais on les croyait un calcul. Tout semblait devoir être de la politique dans Frédéric ; ainsi donc, ce qu'il faisait de bien rendait l'état du pays meilleur, mais ne perfectionnait pas la moralité de la nation. Il affichait l'incrédulité, et se moquait de la vertu des femmes ; et rien ne s'accordait moins avec le caractère allemand que cette manière de penser. Frédéric, en affranchissant ses sujets de ce qu'il appelait leurs préjugés, éteignait en eux le patriotisme ; car, pour s'attacher aux pays naturellement sombres et stériles, il faut qu'il y règne des opinions et des principes d'une grande sévérité. Dans ces contrées sablonneuses, où la terre ne produit que des sapins et des bruyères, la force de l'homme consiste dans son âme; et si vous lui ôtez ce qui fait la vie de cette âme, les sentiments religieux, il n'aura plus que du dégoût pour sa triste patrie.

Le penchant de Frédéric pour la guerre peut être excusé par de grands motifs politiques. Son royaume, tel qu'il le reçut de son père, ne pouvait subsister, et c'est presque pour le conserver qu'il l'agrandit : il avait deux millions et demi de sujets en arrivant au trône; il en laissa six à sa mort. Le besoin qu'il avait de l'armée l'empêcha d'encourager dans la nation un esprit public dont l'énergie et l'unité fussent imposantes. Le gouvernement de Frédéric était fondé sur la force militaire et la justice civile : il les conciliait l'une et l'autre par sa sagesse; mais il était difficile de mêler ensemble deux esprits d'une nature si opposée. Frédéric voulait que ses soldats fussent des machines militaires, aveuglément soumises, et que ses sujets fussent des citoyens éclairés capables de patriotisme. Il n'établit point dans les villes de Prusse des autorités secondaires, des municipalités telles qu'il en existait dans le reste de l'Allemagne, de peur que l'action immédiate du service militaire ne pût être arrêtée par elles; et cependant il souhaitait qu'il y eût assez d'esprit de liberté dans son empire pour que l'obéissance y parût volontaire. Il voulait que l'état militaire fût le premier de tous, puisque c'était celui qui lui était le plus nécessaire; mais il aurait désiré que l'état civil se maintînt indépendant à côté de la force. Frédéric, enfin, voulait rencontrer partout des appuis, mais nulle part des obstacles.

L'amalgame merveilleux de toutes les classes de la société ne s'obtient guère que par l'empire de la loi, la même pour tous. Un homme peut faire marcher ensemble des éléments opposés, mais « à sa mort ils se séparent [1]. » L'ascendant de Frédéric, entretenu par la sagesse de ses successeurs, s'est manifesté quelque temps encore; cependant on sentait toujours en Prusse les deux nations, qui en composaient mal une seule : l'armée, et l'état civil. Les préjugés nobiliaires subsistaient à côté des principes libéraux les plus prononcés. Enfin, l'image de la Prusse offrait un double aspect, comme celle de Janus : l'un militaire, et l'autre philosophe.

Un des plus grands torts de Frédéric fut de se prêter au partage de la Pologne. La Silésie avait été acquise par les armes, la Pologne fut une conquête machiavélique, « et l'on ne pouvait jamais « espérer que des sujets ainsi dérobés fussent « fidèles à l'escamoteur qui se disait leur souve- « rain [2]. » D'ailleurs, les Allemands et les Esclavons ne sauraient s'unir entre eux par des liens indissolubles; et quand une nation admet dans son sein, pour sujets des étrangers ennemis, elle se fait presque autant de mal que quand elle les reçoit pour maîtres; car il n'y a plus dans le corps politique cet ensemble qui personnifie l'État, et constitue le patriotisme.

Ces observations sur la Prusse portent toutes sur les moyens qu'elle avait de se maintenir et de se défendre : car rien, dans le gouvernement intérieur, n'y nuisait à l'indépendance et à la sécurité; c'était l'un des pays de l'Europe où l'on honorait le plus les lumières ; où la liberté de fait, si ce n'est de droit, était le plus scrupuleusement respectée. Je n'ai pas rencontré dans toute la Prusse un seul individu qui se plaignît d'actes arbitraires dans le gouvernement, et cependant il n'y aurait pas eu le moindre danger à s'en plaindre; mais quand dans un état social le bonheur lui-même n'est, pour ainsi dire, qu'un accident heureux, et qu'il n'est pas fondé sur des institutions durables, qui garantissent à l'espèce humaine sa force et sa dignité, le patriotisme a peu de persévérance, et l'on abandonne facilement au hasard les avantages qu'on croit ne devoir qu'à lui. Frédéric II, l'un des plus beaux dons de ce hasard, qui semblait veiller sur la Prusse, avait su se faire aimer sincèrement dans son pays, et depuis qu'il n'est plus, on le chérit autant que pendant sa vie. Toutefois sort de la Prusse n'a que trop appris ce que c'est que l'influence même d'un grand homme, alors que durant son règne il ne travaille point généreusement à se rendre inutile : la nation tout entière s'en reposait sur son roi de son principe d'existence, et semblait devoir finir avec lui.

Frédéric II aurait voulu que la littérature française fût la seule de ses États. Il ne faisait aucun cas de la littérature allemande. Sans doute elle n'était pas de son temps à beaucoup près aussi remarquable qu'à présent; mais il faut qu'un prince allemand encourage tout ce qui est allemand. Frédéric avait le projet de rendre Berlin un peu semblable à Paris, et se flattait de trouver dans les réfugiés français quelques écrivains assez distingués pour avoir une littérature française. Une telle espérance devait nécessairement être trompée; les cultures factices ne prospèrent jamais; quelques individus peuvent lutter contre les difficultés que présentent les choses, mais les grandes masses suivent toujours la pente naturelle. Frédéric a fait un mal véritable à son pays en professant du mépris pour le génie des Allemands. Il en est résulté que le corps germanique a souvent conçu d'injustes soupçons contre la Prusse.

Plusieurs écrivains allemands, justement célèbres, se firent connaître vers la fin du règne de Frédéric; mais l'opinion défavorable que ce grand monarque avait conçue dans sa jeunesse contre la littérature de son pays, ne s'effaça point, et il composa peu d'années avant sa mort un petit écrit, dans lequel il propose, entre autres changements, d'ajouter

---

[1] Supprimé par la censure.
[2] Supprimé par la censure.

une voyelle à la fin de chaque verbe pour adoucir la langue tudesque. Cet allemand masqué en italien produirait le plus comique effet du monde; mais nul monarque, même en Orient, n'aurait assez de puissance pour influer ainsi, non sur le sens, mais sur le son de chaque mot qui se prononcerait dans son empire.

Klopstock a noblement reproché à Frédéric de négliger les muses allemandes, qui, à son insu, s'essayaient à proclamer sa gloire. Frédéric n'a pas du tout deviné ce que sont les Allemands en littérature et en philosophie; il ne les croyait pas inventeurs. Il voulait discipliner les hommes de lettres comme ses armées. « Il faut, écrivait-il en mauvais « allemand, dans ses instructions à l'académie, se « conformer à la méthode de Boerhaave dans la « médecine, à celle de Locke dans la métaphysique, « et à celle de Thomasius pour l'histoire naturelle.» Ses conseils n'ont pas été suivis. Il ne se doutait guère que de tous les hommes les Allemands étaient ceux qu'on pouvait le moins assujettir à la routine littéraire et philosophique : rien n'annonçait en eux l'audace qu'ils ont montrée depuis dans le champ de l'abstraction.

Frédéric considérait ses sujets comme des étrangers, et les hommes d'esprit français comme ses compatriotes. Rien n'était plus naturel, il faut en convenir, que de se laisser séduire par tout ce qu'il y avait de brillant et de solide dans les écrivains français à cette époque; néanmoins Frédéric aurait contribué plus efficacement encore à la gloire de son pays, s'il avait compris et développé les facultés particulières à la nation qu'il gouvernait. Mais comment résister à l'influence de son temps? et quel est l'homme dont le génie même n'est pas, à beaucoup d'égards, l'ouvrage de son siècle?

CHAPITRE XVII.

Berlin.

Berlin est une grande ville, dont les rues sont très-larges, parfaitement bien alignées, les maisons belles, et l'ensemble régulier : mais comme il n'y a pas longtemps qu'elle est rebâtie, on n'y voit rien qui retrace les temps antérieurs. Aucun monument gothique ne subsiste au milieu des habitations modernes; et ce pays, nouvellement formé, n'est gêné par l'ancien en aucun genre. Que peut-il y avoir de mieux, dira-t-on, soit pour les édifices, soit pour les institutions, que de n'être pas embarrassé par des ruines? Je sens que j'aimerais en Amérique les nouvelles villes et les nouvelles lois : la nature et la liberté y parlent assez

à l'âme pour qu'on n'y ait pas besoin de souvenirs; mais sur notre vieille terre il faut du passé. Berlin, cette ville toute moderne, quelque belle qu'elle soit, ne fait pas une impression assez sérieuse; on n'y aperçoit point l'empreinte de l'histoire du pays, ni du caractère des habitants, et ces magnifiques demeures, nouvellement construites, ne semblent destinées qu'aux rassemblements commodes des plaisirs et de l'industrie. Les plus beaux palais de Berlin sont bâtis en briques; on trouverait à peine une pierre de taille dans les arcs de triomphe. La capitale de la Prusse ressemble à la Prusse elle-même; les édifices et les institutions y ont âge d'homme, et rien de plus, parce qu'un homme seul en est l'auteur.

La cour, présidée par une reine belle et vertueuse, était imposante et simple tout à la fois; la famille royale, qui se répandait volontiers dans la société, savait se mêler noblement à la nation, et s'identifiait dans tous les cœurs avec la patrie. Le roi avait su fixer à Berlin J. de Müller, Ancillon, Fichte, Humboldt, Hufeland, une foule d'hommes distingués dans des genres différents; enfin, tous les éléments d'une société charmante et d'une nation forte étaient là : mais ces éléments n'étaient point encore combinés ni réunis. L'esprit réussissait cependant d'une façon plus générale à Berlin qu'à Vienne; le héros du pays, Frédéric, ayant été un homme prodigieusement spirituel, le reflet de son nom faisait encore aimer tout ce qui pouvait lui ressembler. Marie-Thérèse n'a point donné une impulsion semblable aux Viennois, et ce qui, dans Joseph, ressemblait à de l'esprit, les en a dégoûtés.

Aucun spectacle en Allemagne n'égalait celui de Berlin. Cette ville, étant au centre du nord de l'Allemagne, peut être considérée comme le foyer de ses lumières. On y cultive les sciences et les lettres, et dans les dîners d'hommes, chez les ministres et ailleurs, on ne s'astreint point à la séparation de rang si nuisible à l'Allemagne, et l'on sait rassembler les gens de talent de toutes les classes. Cet heureux mélange ne s'étend pas encore néanmoins jusqu'à la société des femmes : il en est quelques-unes dont les qualités et les agréments attirent autour d'elles tout ce qui se distingue; mais en général, à Berlin comme dans le reste de l'Allemagne, la société des femmes n'est pas bien amalgamée avec celle des hommes. Le grand charme de la vie sociale, en France, consiste dans l'art de concilier parfaitement ensemble les avantages que l'esprit des femmes et celui des hommes réunis peuvent apporter dans la conversation. A Berlin, les hommes ne causent guère qu'entre eux ; l'état militaire leur donne une certaine rudesse, qui leur inspire le besoin de ne pas se gêner pour les femmes.

Quand il y a, comme en Angleterre, de grands intérêts politiques à discuter, les sociétés d'hommes sont toujours animées par un noble intérêt commun : mais dans les pays où il n'y a pas de gouvernement représentatif, la présence des femmes est nécessaire pour maintenir tous les sentiments de délicatesse et de pureté sans lesquels l'amour du beau doit se perdre. L'influence des femmes est plus salutaire aux guerriers qu'aux citoyens ; le règne de la loi se passe mieux d'elles que celui de l'honneur ; car ce sont elles qui conservent l'esprit chevaleresque dans une monarchie purement militaire. L'ancienne France a dû tout son éclat à cette puissance de l'opinion publique, dont l'ascendant des femmes était la cause.

Il n'y avait qu'un très-petit nombre d'hommes dans la société à Berlin, ce qui gâte presque toujours ceux qui s'y trouvent, en leur ôtant l'inquiétude et le besoin de plaire. Les officiers qui obtenaient un congé pour venir passer quelques mois à la ville, n'y cherchaient que la danse et le jeu. Le mélange des deux langues nuisait à la conversation, et les grandes assemblées n'offraient pas plus d'intérêt à Berlin qu'à Vienne : on doit trouver même, dans tout ce qui tient aux manières, plus d'usage du monde à Vienne qu'à Berlin. Néanmoins la liberté de la presse, la réunion des hommes d'esprit, la connaissance de la littérature et de la langue allemande, qui s'était généralement répandue dans les derniers temps, faisaient de Berlin la vraie capitale de l'Allemagne nouvelle, de l'Allemagne éclairée. Les réfugiés français affaiblissaient un peu l'impulsion toute allemande dont Berlin est susceptible ; ils conservaient encore un respect superstitieux pour le siècle de Louis XIV ; leurs idées sur la littérature se flétrissaient et se pétrifiaient, à distance du pays d'où elles étaient tirées ; mais en général Berlin aurait pris un grand ascendant sur l'esprit public en Allemagne, si l'on n'avait pas conservé, je le répète, du ressentiment contre le dédain que Frédéric avait montré pour la nation germanique.

Les écrivains philosophes ont eu souvent d'injustes préjugés contre la Prusse ; ils ne voyaient en elle qu'une vaste caserne, et c'était sous ce rapport qu'elle valait le moins : ce qui doit intéresser à ce pays, ce sont les lumières, l'esprit de justice et les sentiments d'indépendance qu'on rencontre dans une foule d'individus de toutes les classes ;

mais le lien de ces belles qualités n'était pas encore formé. L'État, nouvellement constitué, ne reposait ni sur le temps ni sur le peuple.

Les punitions humiliantes, généralement admises parmi les troupes allemandes, froissaient l'honneur dans l'âme des soldats. Les habitudes militaires ont plutôt nui que servi à l'esprit guerrier des Prussiens ; ces habitudes étaient fondées sur de vieilles méthodes qui séparaient l'armée de la nation, tandis que, de nos jours, il n'y a de véritable force que dans le caractère national. Ce caractère en Prusse est plus noble et plus exalté que les derniers événements ne pourraient le faire supposer ; « et l'ardent héroïsme du malheureux prince « Louis doit jeter encore quelque gloire sur ses « compagnons d'armes [1]. »

CHAPITRE XVIII.
Des universités allemandes.

Tout le nord de l'Allemagne est rempli d'universités les plus savantes de l'Europe. Dans aucun pays, pas même en Angleterre, il n'y a autant de moyens de s'instruire et de perfectionner ses facultés. A quoi tient donc que la nation manque d'énergie, et qu'elle paraisse en général lourde et bornée, quoiqu'elle renferme un petit nombre d'hommes peut-être les plus spirituels de l'Europe ? C'est à la nature des gouvernements, et non à l'éducation, qu'il faut attribuer ce singulier contraste. L'éducation intellectuelle est parfaite en Allemagne, mais tout s'y passe en théorie : l'éducation pratique dépend uniquement des affaires ; c'est par l'action seule que le caractère acquiert la fermeté nécessaire pour se guider dans la conduite de la vie. Le caractère est un instinct ; il tient de plus près à la nature que l'esprit, et néanmoins les circonstances donnent seules aux hommes l'occasion de le développer. Les gouvernements sont les vrais instituteurs des peuples ; et l'éducation publique elle-même, quelque bonne qu'elle soit, peut former des hommes de lettres, mais non des citoyens, des guerriers, ou des hommes d'État.

En Allemagne, le génie philosophique va plus loin que partout ailleurs ; rien ne l'arrête, et l'absence même de carrière politique, si funeste à la masse, donne encore plus de liberté aux penseurs.

[1] Supprimé par la censure. Je luttai pendant plusieurs jours pour obtenir la liberté de rendre cet hommage au prince Louis, et je représentai que c'était relever la gloire des Français que de louer la bravoure de ceux qu'ils avaient vaincus ; mais il parut plus simple aux censeurs de ne rien permettre en ce genre.

Mais une distance immense sépare les esprits du premier et du second ordre, parce qu'il n'y a point d'intérêt, ni d'objet d'activité, pour les hommes qui ne s'élèvent pas à la hauteur des conceptions les plus vastes. Celui qui ne s'occupe pas de l'univers, en Allemagne, n'a vraiment rien à faire.

Les universités allemandes ont une ancienne réputation qui date de plusieurs siècles avant la réformation. Depuis cette époque, les universités protestantes sont incontestablement supérieures aux universités catholiques, et toute la gloire littéraire de l'Allemagne tient à ces institutions [1]. Les universités anglaises ont singulièrement contribué à répandre parmi les Anglais cette connaissance des langues et de la littérature ancienne, qui donne aux orateurs et aux hommes d'État en Angleterre une instruction si libérale et si brillante. Il est de bon goût de savoir autre chose que les affaires, quand on le sait bien; et, d'ailleurs, l'éloquence des nations libres se rattache à l'histoire des Grecs et des Romains, comme à celle d'anciens compatriotes. Mais les universités allemandes, quoique fondées sur des principes analogues à ceux d'Angleterre, en diffèrent à beaucoup d'égards : la foule des étudiants qui se réunissaient à Gœttingue, Hall, Iena, etc., formaient presque un corps libre dans l'État : les écoliers riches et pauvres ne se distinguaient entre eux que par leur mérite personnel, et les étrangers, qui venaient de tous les coins du monde, se soumettaient avec plaisir à cette égalité que la supériorité naturelle pouvait seule altérer.

Il y avait de l'indépendance, et même de l'esprit militaire, parmi les étudiants; et si, en sortant de l'université, ils avaient pu se vouer aux intérêts publics, leur éducation eût été très-favorable à l'énergie du caractère : mais ils rentraient dans les habitudes monotones et casanières qui dominent en Allemagne, et perdaient par degrés l'élan et la résolution que la vie de l'université leur avait inspirés; il ne leur en restait qu'une instruction très-étendue.

Dans chaque université allemande plusieurs professeurs étaient en concurrence pour chaque branche d'enseignement; ainsi, les maîtres avaient eux-mêmes de l'émulation, intéressés qu'ils étaient à l'emporter les uns sur les autres, en attirant un plus grand nombre d'écoliers. Ceux qui se destinaient à telle ou telle carrière en particulier, la médecine, le droit, etc., se trouvaient naturellement appelés à s'instruire sur d'autres sujets; et de là vient l'universalité de connaissances que l'on remarque dans presque tous les hommes instruits de l'Allemagne. Les universités possédaient des biens en propre, comme le clergé; elles avaient une juridiction à elles; et c'est une belle idée de nos pères que d'avoir rendu les établissements d'éducation tout à fait libres. L'âge mûr peut se soumettre aux circonstances; mais à l'entrée de la vie, au moins, le jeune homme doit puiser ses idées dans une source non altérée.

L'étude des langues, qui fait la base de l'instruction en Allemagne, est beaucoup plus favorable aux progrès des facultés dans l'enfance, que celle des mathématiques ou des sciences physiques. Pascal, ce grand géomètre, dont la pensée profonde planait sur la science dont il s'occupait spécialement, comme sur toutes les autres, a reconnu lui-même les défauts inséparables des esprits formés d'abord par les mathématiques : cette étude, dans le premier âge, n'exerce que le mécanisme de l'intelligence; les enfants que l'on occupe de si bonne heure à calculer, perdent toute cette séve de l'imagination, alors si belle et si féconde, et n'acquièrent point à la place une justesse d'esprit transcendante : car l'arithmétique et l'algèbre se bornent à nous apprendre de mille manières des propositions toujours identiques. Les problèmes de la vie sont plus compliqués; aucun n'est positif, aucun n'est absolu : il faut deviner, il faut choisir, à l'aide d'aperçus et de suppositions qui n'ont aucun rapport avec la marche infaillible du calcul.

Les vérités démontrées ne conduisent point aux vérités probables, les seules qui servent de guide dans les affaires, comme dans les arts, comme dans la société. Il y a sans doute un point où les mathématiques elles-mêmes exigent cette puissance lumineuse de l'invention, sans laquelle on ne peut pénétrer dans les secrets de la nature : au sommet de la pensée, l'imagination d'Homère et celle de Newton semblent se réunir; mais combien d'enfants sans génie pour les mathématiques, ne consacrent-ils pas tout leur temps à cette science! On n'exerce chez eux qu'une seule faculté, tandis qu'il faut développer tout l'être moral, dans une époque où l'on peut si facilement déranger l'âme comme le corps, en ne fortifiant qu'une partie.

Rien n'est moins applicable à la vie qu'un raisonnement mathématique. Une proposition, en

[1] On peut en voir une esquisse dans l'ouvrage que M. de Villers vient de publier sur ce sujet. On trouve toujours M. de Villers à la tête de toutes les opinions nobles et généreuses; et il semble appelé, par la grâce de son esprit et la profondeur de ses études, à représenter la France en Allemagne, et l'Allemagne en France.

fait de chiffres, est décidément fausse ou vraie; sous tous les autres rapports le vrai se mêle avec le faux d'une telle manière, que souvent l'instinct peut seul nous décider entre des motifs divers, quelquefois aussi puissants d'un côté que de l'autre. L'étude des mathématiques, habituant à la certitude, irrite contre toutes les opinions opposées à la nôtre; tandis que ce qu'il y a de plus important pour la conduite de ce monde, c'est d'apprendre les autres, c'est-à-dire, de concevoir tout ce qui les porte à penser et à sentir autrement que nous. Les mathématiques induisent à ne tenir compte que de ce qui est prouvé, tandis que les vérités primitives, celles que le sentiment et le génie saisissent, ne sont pas susceptibles de démonstration.

Enfin les mathématiques, soumettant tout au calcul, inspirent trop de respect pour la force; et cette énergie sublime qui ne compte pour rien les obstacles et se plaît dans les sacrifices, s'accorde difficilement avec le genre de raison que développent les combinaisons algébriques.

Il me semble donc que, pour l'avantage de la morale, aussi bien que pour celui de l'esprit, il vaut mieux placer l'étude des mathématiques dans son temps, et comme une portion de l'instruction totale, mais non en faire la base de l'éducation, et par conséquent le principe déterminant du caractère et de l'âme.

Parmi les systèmes d'éducation, il en est aussi qui conseillent de commencer l'enseignement par les sciences naturelles; elles ne sont dans l'enfance qu'un simple divertissement; ce sont des hochets savants qui accoutument à s'amuser avec méthode et à étudier superficiellement. On s'est imaginé qu'il fallait, autant qu'on le pouvait, épargner de la peine aux enfants, changer en délassement toutes leurs études, leur donner de bonne heure des collections d'histoire naturelle pour jouets, des expériences de physique pour spectacle. Il me semble que cela aussi est un système erroné. S'il était possible qu'un enfant apprît bien quelque chose en s'amusant, je regretterais encore pour lui le développement d'une faculté, l'attention, faculté qui est beaucoup plus essentielle qu'une connaissance de plus. Je sais qu'on me dira que les mathématiques rendent particulièrement appliqué; mais elles n'habituent pas à rassembler, à apprécier, à concentrer : l'attention qu'elles exigent est, pour ainsi dire, en ligne droite : l'esprit humain agit en mathématiques comme un ressort qui suit une direction toujours la même.

L'éducation faite en s'amusant disperse la pen-sée; la peine en tout genre est un des grands secrets de la nature : l'esprit de l'enfant doit s'accoutumer aux efforts de l'étude, comme notre âme à la souffrance. Le perfectionnement du premier âge tient au travail, comme le perfectionnement du second à la douleur : il est à souhaiter sans doute que les parents et la destinée n'abusent pas trop de ce double secret; mais il n'y a d'important, à toutes les époques de la vie, que ce qui agit sur le centre même de l'existence, et l'on considère trop souvent l'être moral en détail. Vous enseignerez avec des tableaux, avec des cartes, une quantité de choses à votre enfant, mais vous ne lui apprendrez pas à apprendre; et l'habitude de s'amuser, que vous dirigez sur les sciences, suivra bientôt un autre cours, quand l'enfant ne sera plus dans votre dépendance.

Ce n'est donc pas sans raison que l'étude des langues anciennes et modernes a été la base de tous les établissements d'éducation qui ont formé les hommes les plus capables en Europe : le sens d'une même phrase dans une langue étrangère est à la fois un problème grammatical et intellectuel; ce problème est tout à fait proportionné à l'intelligence de l'enfant : d'abord il n'entend que les mots, puis il s'élève jusqu'à la conception de la phrase; et bientôt après, le charme de l'expression, sa force, son harmonie, tout ce qui se trouve enfin dans le langage de l'homme, se fait sentir par degrés à l'enfant qui traduit. Il s'essaye tout seul avec les difficultés que lui présentent deux langues à la fois; il s'introduit dans les idées successivement, compare et combine divers genres d'analogies et de vraisemblances; et l'activité spontanée de l'esprit, la seule qui développe vraiment la faculté de penser, est vivement excitée par cette étude. Le nombre des facultés qu'elle fait mouvoir à la fois lui donne l'avantage sur tout autre travail, et l'on est trop heureux d'employer la mémoire flexible de l'enfant à retenir un genre de connaissances sans lequel il serait borné toute sa vie au cercle de sa propre nation, cercle étroit comme tout ce qui est exclusif.

L'étude de la grammaire exige la même suite et la même force d'attention que les mathématiques, mais elle tient de beaucoup plus près à la pensée. La grammaire lie les idées l'une à l'autre, comme le calcul enchaîne les chiffres; la logique grammaticale est aussi précise que celle de l'algèbre, et cependant elle s'applique à tout ce qu'il y a de vivant dans notre esprit : les mots sont en même temps des chiffres et des images; ils sont esclaves et libres, soumis à la discipline de la syntaxe, et tout-puissants par leur signification naturelle; ainsi l'on trouve dans la métaphysique de la grammaire l'exactitude du raisonnement et l'indépendance de la pensée réunies ensemble; tout a passé par les mots et tout s'y retrouve quand on sait les examiner : les langues sont inépuisables pour l'enfant comme pour l'homme, et chacun en peut tirer tout ce dont il a besoin.

L'impartialité naturelle à l'esprit des Allemands les porte à s'occuper des littératures étrangères, et l'on ne trouve guère d'hommes un peu au-dessus de la classe commune, en Allemagne, à qui la lecture de plusieurs langues ne soit familière. En sortant des écoles on sait déjà d'ordinaire très-bien le latin et même le grec. *L'éducation des universités allemandes*, dit un écrivain français, *commence où finit celle de plusieurs nations de l'Europe.* Non-seulement les professeurs sont des hommes d'une instruction étonnante, mais ce qui les distingue surtout, c'est un enseignement très-scrupuleux. En Allemagne, on met de la conscience dans tout, et rien en effet ne peut s'en passer. Si l'on examine le cours de la destinée humaine, on verra que la légèreté peut conduire à tout ce qu'il y a de mauvais dans ce monde. Il n'y a que l'enfance dans qui la légèreté soit un charme; il semble que le Créateur tienne encore l'enfant par la main, et l'aide à marcher doucement sur les nuages de la vie. Mais quand le temps livre l'homme à lui-même, ce n'est que dans le sérieux de son âme qu'il trouve des pensées, des sentiments et des vertus.

CHAPITRE XIX.

Des institutions particulières d'éducation et de bienfaisance.

Il paraîtra d'abord inconséquent de louer l'ancienne méthode, qui faisait de l'étude des langues la base de l'éducation, et de considérer l'école de Pestalozzi comme l'une des meilleures institutions de notre siècle; je crois cependant que ces deux manières de voir peuvent se concilier. De toutes les études, celle qui donne chez Pestalozzi les résultats les plus brillants, ce sont les mathématiques. Mais il me paraît que sa méthode pourrait s'appliquer à plusieurs autres parties de l'instruction, et qu'elle y ferait faire des progrès sûrs et rapides. Rousseau a senti que les enfants, avant l'âge de douze à treize ans, n'avaient point l'intelligence nécessaire pour les études qu'on exigeait d'eux, ou plutôt pour la méthode d'enseignement à laquelle on les soumettait. Ils répétaient sans comprendre,

ils travaillaient sans s'instruire, et ne recueillaient souvent de l'éducation que l'habitude de faire leur tâche sans la concevoir, et d'esquiver le pouvoir du maître par la ruse de l'écolier. Tout ce que Rousseau a dit contre cette éducation routinière est parfaitement vrai; mais, comme il arrive souvent, ce qu'il propose comme remède est encore plus mauvais que le mal.

Un enfant qui, d'après le système de Rousseau, n'aurait rien appris jusqu'à l'âge de douze ans, aurait perdu six années précieuses de sa vie; ses organes intellectuels n'acquerraient jamais la flexibilité que l'exercice, dès la première enfance, pouvait seul leur donner. Les habitudes d'oisiveté seraient tellement enracinées en lui, qu'on le rendrait bien plus malheureux en lui parlant de travail, pour la première fois, à l'âge de douze ans, qu'en l'accoutumant depuis qu'il existe à le regarder comme une condition nécessaire de la vie. D'ailleurs, l'espèce de soin que Rousseau exige de l'instituteur, pour suppléer à l'instruction, et pour la faire arriver par la nécessité, obligerait chaque homme à consacrer sa vie entière à l'éducation d'un autre, et les grands-pères seuls se trouveraient libres de commencer une carrière personnelle. De tels projets sont chimériques, tandis que la méthode de Pestalozzi est réelle, applicable, et peut avoir une grande influence sur la marche future de l'esprit humain.

Rousseau dit avec raison que les enfants ne comprennent pas ce qu'ils apprennent, et il en conclut qu'ils ne doivent rien apprendre. Pestalozzi a profondément étudié ce qui fait que les enfants ne comprennent pas, et sa méthode simplifie et gradue les idées de telle manière qu'elles sont mises à la portée de l'enfance, et que l'esprit de cet âge arrive sans se fatiguer aux résultats les plus profonds. En passant avec exactitude par tous les degrés du raisonnement, Pestalozzi met l'enfant en état de découvrir lui-même ce qu'on veut lui enseigner.

Il n'y a point d'à peu près dans la méthode de Pestalozzi : on entend bien, ou l'on n'entend pas; car toutes les propositions se touchent de si près, que le second raisonnement est toujours la conséquence immédiate du premier. Rousseau a dit que l'on fatiguait la tête des enfants par les études que l'on exigeait d'eux; Pestalozzi les conduit toujours par une route si facile et si positive, qu'il ne leur en coûte pas plus de s'initier dans les sciences les plus abstraites que dans les occupations les plus simples : chaque pas dans ces sciences est aussi aisé, par rapport à l'antécédent, que la conséquence la plus naturelle tirée des circonstances les plus ordinaires. Ce qui lasse les enfants, c'est de leur faire sauter les intermédiaires, de les faire avancer sans qu'ils sachent ce qu'ils croient avoir appris. Il y a dans leur tête alors une sorte de confusion qui leur rend tout examen redoutable, et leur inspire un invincible dégoût pour le travail. Il n'existe pas de trace de ces inconvénients chez Pestalozzi : les enfants s'amusent de leurs études, non pas qu'on leur en fasse un jeu, ce qui, comme je l'ai déjà dit, met l'ennui dans le plaisir et la frivolité dans l'étude, mais parce qu'ils goûtent dès l'enfance le plaisir des hommes faits, savoir, comprendre, et terminer ce dont ils sont chargés.

La méthode de Pestalozzi, comme tout ce qui est vraiment bon, n'est pas une découverte entièrement nouvelle, mais une application éclairée et persévérante de vérités déjà connues. La patience, l'observation, et l'étude philosophique des procédés de l'esprit humain, lui ont fait connaître ce qu'il y a d'élémentaire dans les pensées, et de successif dans leur développement; et il a poussé plus loin qu'un autre la théorie et la pratique de la gradation dans l'enseignement. On a appliqué avec succès sa méthode à la grammaire, à la géographie, à la musique; mais il serait fort à désirer que les professeurs distingués qui ont adopté ses principes, les fissent servir à tous les genres de connaissances. Celle de l'histoire en particulier n'est pas encore bien conçue. On n'a point observé la gradation des impressions dans la littérature, comme celle des problèmes dans les sciences. Enfin, il reste beaucoup de choses à faire pour porter au plus haut point l'éducation, c'est-à-dire, l'art de se placer en arrière de ce qu'on sait pour le faire comprendre aux autres.

Pestalozzi se sert de la géométrie pour apprendre aux enfants le calcul arithmétique; c'était aussi la méthode des anciens. La géométrie parle plus à l'imagination que les mathématiques abstraites. C'est bien fait de réunir autant qu'il est possible la précision de l'enseignement à la vivacité des impressions, si l'on veut se rendre maître de l'esprit humain tout entier; car ce n'est pas la profondeur même de la science, mais l'obscurité dans la manière de la présenter, qui seule peut empêcher les enfants de la saisir : ils comprennent tout de degrés en degrés : l'essentiel est de mesurer les progrès sur la marche de la raison dans l'enfance. Cette marche lente, mais sûre, conduit aussi loin qu'il est possible, dès qu'on s'astreint à ne la jamais hâter.

C'est chez Pestalozzi un spectacle attachant et singulier que ces visages d'enfants dont les traits arrondis, vagues et délicats, prennent naturellement une expression réfléchie : ils sont attentifs par eux-mêmes, et considèrent leurs études comme un homme d'un âge mûr s'occuperait de ses propres affaires. Une chose remarquable, c'est que ni la punition ni la récompense ne sont nécessaires pour les exciter dans leurs travaux. C'est peut-être la première fois qu'une école de cent cinquante enfants va sans le ressort de l'émulation et de la crainte. Combien de mauvais sentiments sont épargnés à l'homme, quand on éloigne de son cœur la jalousie et l'humiliation, quand il ne voit point dans ses camarades des rivaux, ni dans ses maîtres des juges! Rousseau voulait soumettre l'enfant à la loi de la destinée; Pestalozzi crée lui-même cette destinée, pendant le cours de l'éducation de l'enfant, et dirige ses décrets pour son bonheur et son perfectionnement. L'enfant se sent libre, parce qu'il se plaît dans l'ordre général qui l'entoure, et dont l'égalité parfaite n'est point dérangée même par les talents plus ou moins distingués de quelques-uns. Il ne s'agit pas là de succès, mais de progrès vers un but auquel tous tendent avec une même bonne foi. Les écoliers deviennent maîtres quand ils en savent plus que leurs camarades; les maîtres redeviennent écoliers quand ils y trouvent quelques imperfections dans leur méthode, et recommencent leur propre éducation pour mieux juger des difficultés de l'enseignement.

On craint assez généralement que la méthode de Pestalozzi n'étouffe l'imagination, et ne s'oppose à l'originalité de l'esprit; il est difficile qu'il y ait une éducation pour le génie, et ce n'est guère que la nature et le gouvernement qui l'inspirent ou l'excitent. Mais ce ne peut être un obstacle au génie, que des connaissances primitives parfaitement claires et sûres; elles donnent à l'esprit un genre de fermeté qui lui rend ensuite faciles toutes les études les plus hautes. Il faut considérer l'école de Pestalozzi comme bornée jusqu'à présent à l'enfance. L'éducation qu'il donne n'est définitive que pour les gens du peuple; mais c'est par cela même qu'elle peut exercer une influence très-salutaire sur l'esprit national. L'éducation, pour les hommes riches, doit être partagée en deux époques : dans la première, les enfants sont guidés par leurs maîtres; dans la seconde, ils s'instruisent volontairement, et cette éducation de choix, c'est dans les grandes universités qu'il faut la recevoir. L'instruction qu'on acquiert chez Pestalozzi donne à chaque homme, de quelque classe qu'il soit, une base sur laquelle il peut bâtir à son gré la chaumière du pauvre ou les palais des rois.

On aurait tort si l'on croyait en France qu'il n'y a rien de bon à prendre dans l'école de Pestalozzi, que sa méthode rapide pour apprendre à calculer. Pestalozzi lui-même n'est pas mathématicien; il sait mal les langues; il n'a que le génie et l'instinct du développement intérieur de l'intelligence des enfants; il voit quel chemin leur pensée suit pour arriver au but. Cette loyauté de caractère qui répand un si noble calme sur les affections du cœur, Pestalozzi l'a jugée nécessaire aussi dans les opérations de l'esprit. Il pense qu'il y a un plaisir de moralité dans des études complètes. En effet, nous voyons sans cesse que les connaissances superficielles inspirent une sorte d'arrogance dédaigneuse, qui fait repousser comme inutile, ou dangereux, ou ridicule, tout ce qu'on ne sait pas. Nous voyons aussi que ces connaissances superficielles obligent à cacher habilement ce qu'on ignore. La candeur souffre de tous ces défauts d'instruction, dont on ne peut s'empêcher d'être honteux. Savoir parfaitement ce qu'on sait, donne un repos à l'esprit, qui ressemble à la satisfaction de la conscience. La bonne foi de Pestalozzi, cette bonne foi portée dans la sphère de l'intelligence, et qui traite avec les idées aussi scrupuleusement qu'avec les hommes, est le principal mérite de son école; c'est par là qu'il rassemble autour de lui des hommes consacrés au bien-être des enfants d'une façon tout à fait désintéressée. Quand, dans un établissement public, aucun des calculs personnels des chefs n'est satisfait, il faut chercher le mobile de cet établissement dans leur amour de la vertu : les jouissances qu'elle donne peuvent seules se passer de trésors et de pouvoir.

On n'imiterait point l'institut de Pestalozzi, en transportant ailleurs sa méthode d'enseignement; il faut établir avec elle la persévérance dans les maîtres, la simplicité dans les écoliers, la régularité dans le genre de vie, enfin surtout, les sentiments religieux qui animent cette école. Les pratiques du culte n'y sont pas suivies avec plus d'exactitude qu'ailleurs; mais tout s'y passe au nom de la Divinité, au nom de ce sentiment élevé, noble et pur, qui est la religion habituelle du cœur. La vérité, la bonté, la confiance, l'affection, entourent les enfants; c'est dans cette atmosphère qu'ils vivent, et, pour quelque temps du moins, ils restent étrangers à toutes les passions haineuses, à tous les préjugés orgueilleux du monde. Un éloquent philosophe, Fichte, a dit *qu'il attendait la régénération de la nation allemande, de l'ins-titut de Pestalozzi :* il faut convenir au moins qu'une révolution fondée sur de pareils moyens ne serait ni violente ni rapide; car l'éducation, quelque bonne qu'elle puisse être, n'est rien en comparaison de l'influence des événements publics : l'instruction perce goutte à goutte le rocher, mais le torrent l'enlève en un jour.

Il faut rendre surtout hommage à Pestalozzi pour le soin qu'il a pris de mettre son institut à la portée des personnes sans fortune, en réduisant le prix de sa pension autant qu'il était possible. Il s'est constamment occupé de la classe des pauvres, et veut lui assurer le bienfait des lumières pures et de l'instruction solide. Les ouvrages de Pestalozzi sont, sous ce rapport, une lecture très-curieuse : il a fait des romans dans lesquels les situations de la vie des gens du peuple sont peintes avec un intérêt, une vérité et une moralité parfaites. Les sentiments qu'il exprime dans ces écrits sont, pour ainsi dire, aussi élémentaires que les principes de sa méthode. On est étonné de pleurer pour un mot, pour un détail si simple, si vulgaire même, que la profondeur seule des émotions le relève. Les gens du peuple sont un état intermédiaire entre les sauvages et les hommes civilisés; quand ils sont vertueux, ils ont un genre d'innocence et de bonté qui ne peut se rencontrer dans le monde. La société pèse sur eux, ils luttent avec la nature, et leur confiance en Dieu est plus animée, plus constante que celle des riches. Sans cesse menacés par le malheur, recourant sans cesse à la prière, inquiets chaque jour, sauvés chaque soir, les pauvres se sentent sous la main immédiate de celui qui protége ce que les hommes ont délaissé, et leur probité, quand ils en ont, est singulièrement scrupuleuse.

Je me rappelle, dans un roman de Pestalozzi, la restitution de quelques pommes de terre par un enfant qui les avait volées : sa grand'mère mourante lui ordonne de les reporter au propriétaire du jardin où il les a prises, et cette scène attendrit jusqu'au fond du cœur. Ce pauvre crime, si l'on peut s'exprimer ainsi, causant de tels remords; la solennité de la mort, à travers les misères de la vie; la vieillesse et l'enfance rapprochées par la voix de Dieu, qui parle également à l'une et à l'autre, tout cela fait mal, et bien mal : car dans nos fictions poétiques, les pompes de la destinée soulagent un peu de la pitié que causent les revers; mais l'on croit voir dans ces romans populaires une faible lampe éclairer une petite cabane, et la bonté de l'âme ressort au milieu de toutes les douleurs qui la mettent à l'épreuve.

L'art du dessin pouvant être considéré sous des rapports d'utilité, l'on peut dire que, parmi les arts d'agrément, le seul introduit dans l'école de Pestalozzi, c'est la musique, et il faut le louer encore de ce choix. Il y a tout un ordre de sentiments, je dirais même tout un ordre de vertus, qui appartiennent à la connaissance, ou du moins au goût de la musique; et c'est une grande barbarie que de priver de telles impressions une portion nombreuse de la race humaine. Les anciens prétendaient que les nations avaient été civilisées par la musique, et cette allégorie a un sens très-profond; car il faut toujours supposer que le lien de la société s'est formé par la sympathie ou par l'intérêt, et certes la première origine est plus noble que l'autre.

Pestalozzi n'est pas le seul, dans la Suisse allemande, qui s'occupe avec zèle de cultiver l'âme du peuple : c'est sous ce rapport que l'établissement de M. de Fellemberg m'a frappée. Beaucoup de gens y sont venus chercher de nouvelles lumières sur l'agriculture, et l'on dit qu'à cet égard ils ont été satisfaits; mais ce qui mérite principalement l'estime des amis de l'humanité, c'est le soin que prend M. de Fellemberg de l'éducation des gens du peuple; il fait instruire, selon la méthode de Pestalozzi, les maîtres d'école des villages, afin qu'ils enseignent à leur tour les enfants; les ouvriers qui labourent ses terres apprennent la musique des psaumes, et bientôt on entendra dans la campagne les louanges divines chantées avec des voix simples, mais harmonieuses, qui célébreront à la fois la nature et son auteur. Enfin M. de Fellemberg cherche, par tous les moyens possibles, à former entre la classe inférieure et la nôtre un lien libéral, un lien qui ne soit pas uniquement fondé sur les intérêts pécuniaires des riches et des pauvres. L'exemple de l'Angleterre et de l'Amérique nous apprend qu'il suffit des institutions libres pour développer l'intelligence et la sagesse du peuple; mais c'est un pas de plus que de lui donner par delà le nécessaire, en fait d'instruction. Le nécessaire en tout genre a quelque chose de révoltant quand ce sont les possesseurs du superflu qui le mesurent. Ce n'est pas assez de s'occuper des gens du peuple sous un point de vue d'utilité, il faut aussi qu'ils participent aux jouissances de l'imagination et du cœur. C'est dans le même esprit que des philanthropes très-éclairés se sont occupés de la mendicité à Hambourg. Ils n'ont mis dans leurs établissements de charité, ni despotisme, ni spéculation économique; ils ont voulu que les hommes malheureux souhaitassent eux-mêmes le travail qu'on leur demande, autant que les bienfaits qu'on leur accorde. Comme ils ne faisaient point des pauvres un moyen, mais un but, ils ne leur ont pas ordonné l'occupation, mais ils la leur ont fait désirer. Sans cesse on voit, dans les différents comptes rendus de ces établissements de charité, qu'il importait bien plus à leurs fondateurs de rendre les hommes meilleurs que de les rendre plus utiles; et c'est ce haut point de vue philosophique qui caractérise l'esprit de sagesse et de liberté de cette ancienne ville anséatique.

Il y a beaucoup de bienfaisance dans le monde, et celui qui n'est pas capable de servir ses semblables par le sacrifice de son temps et de ses penchants, leur fait volontiers du bien avec de l'argent: c'est toujours quelque chose, et nulle vertu n'est à dédaigner. Mais la masse considérable des aumônes particulières n'est point sagement dirigée dans la plupart des pays, et l'un des services les plus éminents que le baron de Voght et ses excellents compatriotes aient rendus à l'humanité, c'est de montrer que, sans nouveaux sacrifices, sans que l'État intervînt, la bienfaisance particulière suffisait au soulagement du malheur. Ce qui s'opère par les individus convient singulièrement à l'Allemagne, où chaque chose, prise séparément, vaut mieux que l'ensemble.

Les entreprises charitables doivent prospérer dans la ville de Hambourg; il y a tant de moralité parmi ses habitants, que, pendant longtemps, on y a payé les impôts dans une espèce de tronc, sans que jamais personne surveillât ce qu'on y portait : ces impôts devaient être proportionnés à la fortune de chacun, et, calcul fait, ils ont toujours été scrupuleusement acquittés. Ne croit-on pas raconter un trait de l'âge d'or, si, toutefois, dans l'âge d'or, il y avait des richesses privées et des impôts publics? On ne saurait assez admirer combien, sous le rapport de l'enseignement comme sous celui de l'administration, la bonne foi rend tout facile. On devrait bien lui accorder tous les honneurs qu'obtient l'habileté; car en résultat elle s'entend mieux même aux affaires de ce monde.

CHAPITRE XX.

La fête d'Interlaken.

Il faut attribuer au caractère germanique une grande partie des vertus de la Suisse allemande. Néanmoins il y a plus d'esprit public en Suisse qu'en Allemagne, plus de patriotisme, plus d'énergie, plus d'accord dans les opinions et les sentiments; mais aussi la petitesse des États et la pauvreté du pays n'y excitent en aucune manière le génie; on y trouve bien moins de savants et de penseurs que dans le nord de l'Allemagne, où le relâchement même des liens politiques donne l'essor à toutes les nobles rêveries, à tous les systèmes hardis qui ne sont point soumis à la nature des choses. Les Suisses ne sont pas une nation poétique, et l'on s'étonne, avec raison, que l'admirable aspect de leur contrée n'ait pas enflammé davantage leur imagination. Toutefois un peuple religieux et libre est toujours susceptible d'un genre d'enthousiasme, et les occupations matérielles de la vie ne sauraient l'étouffer entièrement. Si l'on en avait pu douter, on s'en serait convaincu par la fête des bergers, qui a été célébrée l'année dernière, au milieu des lacs, en mémoire du fondateur de Berne.

Cette ville de Berne mérite plus que jamais le respect et l'intérêt des voyageurs : il semble que depuis ses derniers malheurs elle ait repris toutes ses vertus avec une ardeur nouvelle, et qu'en perdant ses trésors, elle ait redoublé de largesse envers les infortunés. Ses établissements de charité sont peut-être les mieux soignés de l'Europe : l'hôpital est l'édifice le plus beau, le seul magnifique de la ville. Sur la porte est écrite cette inscription : CHRISTO IN PAUPERIBUS, *au Christ dans les pauvres*. Il n'en est point de plus admirable. La religion chrétienne ne nous a-t-elle pas dit que c'était pour ceux qui souffrent que le Christ était descendu sur la terre? et qui de nous, dans quelque époque de sa vie, n'est pas un de ces pauvres en bonheur, en espérances, un de ces infortunés, enfin, qu'on doit soulager au nom de Dieu?

Tout, dans la ville et le canton de Berne, porte l'empreinte d'un ordre sérieux et calme, d'un gouvernement digne et paternel. Un air de probité se fait sentir dans chaque objet que l'on aperçoit; on se croit en famille au milieu de deux cent mille hommes, que l'on appelle nobles, bourgeois ou paysans, mais qui sont tous également dévoués à la patrie.

Pour aller à la fête, il fallait s'embarquer sur l'un de ces lacs dans lesquels les beautés de la nature se réfléchissent, et qui semblent placés au pied des Alpes pour en multiplier les ravissants aspects. Un temps orageux nous dérobait la vue distincte des montagnes; mais, confondues avec les nuages, elles n'en étaient que plus redoutables. La tempête grossissait, et bien qu'un sentiment de terreur s'emparât de mon âme, j'aimais cette foudre du ciel, qui confond l'orgueil de l'homme.

Nous nous reposâmes un moment dans une espèce de grotte, avant de nous hasarder à traverser la partie du lac de Thun, qui est entourée de rochers inabordables. C'est dans un lieu pareil que Guillaume Tell sut braver les abîmes, et s'attacher à des écueils pour échapper à ses tyrans. Nous aperçûmes alors dans le lointain cette montagne qui porte le nom de Vierge (*Jungfrau*), parce qu'aucun voyageur n'a jamais pu gravir jusqu'à son sommet : elle est moins haute que le mont Blanc, et cependant elle inspire plus de respect, parce qu'on la sait inaccessible.

Nous arrivâmes à Unterseen, et le bruit de l'Aar, qui tombe en cascades autour de cette petite ville, disposait l'âme à des impressions rêveuses. Les étrangers, en grand nombre, étaient logés dans des maisons de paysans fort propres, mais rustiques. Il était assez piquant de voir se promener dans la rue d'Unterseen de jeunes Parisiens tout à coup transportés dans les vallées de la Suisse; ils n'entendaient plus que le bruit des torrents; ils ne voyaient plus que des montagnes, et cherchaient si dans ces lieux solitaires ils pourraient s'ennuyer assez pour retourner avec plus de plaisir encore dans le monde.

On a beaucoup parlé d'un air joué par les cors des Alpes, et dont les Suisses recevaient une impression si vive qu'ils quittaient leurs régiments, quand ils l'entendaient, pour retourner dans leur patrie. On conçoit l'effet que peut produire cet air quand l'écho des montagnes le répète : mais il est fait pour retentir dans l'éloignement; de près il ne cause pas une sensation très-agréable. S'il était chanté par des voix italiennes, l'imagination en serait tout à fait enivrée; mais peut-être que ce plaisir ferait naître des idées étrangères à la simplicité du pays. On y souhaiterait les arts, la poésie, l'amour, tandis qu'il faut pouvoir s'y contenter du repos et de la vie champêtre.

Le soir qui précéda la fête, on alluma des feux sur les montagnes; c'est ainsi que jadis les libérateurs de la Suisse se donnèrent le signal de leur sainte conspiration. Ces feux, placés sur les sommets, ressemblaient à la lune, lorsqu'elle se lève derrière les montagnes, et qu'elle se montre à la fois ardente et paisible. On eût dit que des astres nouveaux venaient assister au plus touchant spectacle que notre monde puisse encore offrir. L'un de ces signaux enflammés semblait placé dans le ciel, d'où il éclairait les ruines du château d'Unspunnen, autrefois possédé par Berthold, le fondateur de Berne, en mémoire de qui se donnait la fête. Des ténèbres profondes environnaient ce point lumineux, et les montagnes, qui, pendant la nuit, ressemblent à de grands fantômes, apparaissaient comme l'ombre gigantesque des morts qu'on voulait célébrer.

Le jour de la fête, le temps était doux, mais nébuleux; il fallait que la nature répondît à l'attendrissement de tous les cœurs. L'enceinte choisie pour les jeux est entourée de collines parsemées d'arbres, et des montagnes à perte de vue sont derrière ces collines. Tous les spectateurs, au nombre de près de six mille, s'assirent sur les hauteurs en pente, et les couleurs variées des habillements ressemblaient, dans l'éloignement, à des fleurs répandues sur la prairie. Jamais un aspect plus riant ne put annoncer une fête; mais quand les regards s'élevaient, des rochers suspendus semblaient, comme la destinée, menacer les humains au milieu de leurs plaisirs. Cependant s'il est une joie de l'âme assez pure pour ne pas provoquer le sort, c'était celle-là.

Lorsque la foule des spectateurs fut réunie, on entendit venir de loin la procession de la fête, procession solennelle en effet, puisqu'elle était consacrée au culte du passé. Une musique agréable l'accompagnait; les magistrats paraissaient à la tête des paysans; les jeunes paysannes étaient vêtues selon le costume ancien et pittoresque de chaque canton; les hallebardes et les bannières de chaque vallée étaient portées en avant de la marche par des hommes à cheveux blancs, habillés précisément comme on l'était il y a cinq siècles, lors de la conjuration du Rutli. Une émotion profonde s'emparait de l'âme en voyant ces drapeaux si pacifiques qui avaient pour gardiens des vieillards. Le vieux temps était représenté par ces hommes âgés pour nous, mais si jeunes en présence des siècles! Je ne sais quel air de confiance dans tous ces êtres faibles touchait profondément, parce que cette confiance ne leur était inspirée que par la loyauté de leur âme. Les yeux se remplissaient de larmes au milieu de la fête, comme dans ces jours heureux et mélancoliques où l'on célèbre la convalescence de ce qu'on aime.

Enfin, les jeux commencèrent, et les hommes de la vallée et les hommes de la montagne montrèrent, en soulevant d'énormes poids, en luttant les uns contre les autres, une agilité et une force de corps très-remarquables. Cette force rendait autrefois les nations plus militaires; aujourd'hui que la tactique et l'artillerie disposent du sort des armées, on ne voit dans ces exercices que des jeux agricoles. La terre est mieux cultivée par des hommes si robustes; mais la guerre ne se fait qu'à l'aide de la discipline et du nombre, et les mouvements mêmes de l'âme ont moins d'empire sur la destinée humaine, depuis que les individus ont disparu dans les masses, et que le genre humain semble dirigé, comme la nature inanimée, par des lois mécaniques.

Après que les jeux furent terminés, et que le bon bailli du lieu eut distribué les prix aux vainqueurs, on dîna sous des tentes, et l'on chanta des vers à l'honneur de la tranquille félicité des Suisses. On faisait passer à la ronde pendant le repas des coupes en bois, sur lesquelles étaient sculptés Guillaume Tell et les trois fondateurs de la liberté helvétique. On buvait avec transport au repos, à l'ordre, à l'indépendance; et le patriotisme du bonheur s'exprimait avec une cordialité qui pénétrait toutes les âmes.

« Les prairies sont aussi fleuries que jadis, les « montagnes aussi verdoyantes : quand toute la « nature sourit, le cœur seul de l'homme pourrait-il « n'être qu'un désert [1]? »

Non, sans doute, il ne l'était pas; il s'épanouissait avec confiance au milieu de cette belle contrée, en présence de ces hommes respectables, animés tous par les sentiments les plus purs. Un pays pauvre, d'une étendue très-bornée, sans luxe, sans éclat, sans puissance, est chéri par ses habitants comme un ami qui cache ses vertus dans l'ombre, et les consacre toutes au bonheur de ceux qui l'aiment. Depuis cinq siècles que dure la prospérité de la Suisse, on compte plutôt de sages générations que de grands hommes. Il n'y a point de place pour l'exception quand l'ensemble est si heureux. On dirait que les ancêtres de cette nation règnent encore au milieu d'elle : toujours elle les respecte, les imite, et les recommence. La simplicité des mœurs et l'attachement aux anciennes coutumes, la sagesse et l'uniformité dans la manière de vivre, rapprochent de nous le passé, et nous rendent l'avenir présent. Une histoire, toujours la même, ne semble qu'un seul moment dont la durée est de plusieurs siècles.

La vie coule dans ces vallées comme les rivières qui les traversent; ce sont des ondes nouvelles, mais qui suivent le même cours : puisse-t-il n'être point interrompu! puisse la même fête être souvent célébrée au pied de ces mêmes montagnes! L'étranger les admire comme une merveille, l'Helvétien les chérit comme un asile où les magistrats et les pères soignent ensemble les citoyens et les enfants.

[1] Ces paroles étaient le refrain d'un chant plein de grâce et de talent, composé pour cette fête. L'auteur de ce chant, c'est madame Harmès, très-connue en Allemagne par ses écrits, sous le nom de madame de Berlepsch.

SECONDE PARTIE.

DE LA LITTÉRATURE ET DES ARTS.

———◦◦◦———

CHAPITRE PREMIER.

*Pourquoi les Français ne rendent-ils pas justice
à la littérature allemande?*

Je pourrais répondre d'une manière fort simple
à cette question, en disant que très-peu de personnes en France savent l'allemand, et que les
beautés de cette langue, surtout en poésie, ne
peuvent être traduites en français. Les langues
teutoniques se traduisent facilement entre elles;
il en est de même des langues latines : mais celles-ci ne sauraient rendre la poésie des peuples
germaniques. Une musique composée pour un
instrument n'est point exécutée avec succès sur
un instrument d'un autre genre. D'ailleurs, la littérature allemande n'existe guère dans toute son
originalité qu'à dater de quarante à cinquante ans;
et les Français, depuis vingt années, sont tellement préoccupés par les événements politiques,
que toutes leurs études en littérature ont été suspendues.

Ce serait toutefois traiter bien superficiellement
la question que de s'en tenir à dire que les Français sont injustes envers la littérature allemande,
parce qu'ils ne la connaissent pas; ils ont, il est
vrai, des préjugés contre elle, mais ces préjugés
tiennent au sentiment confus des différences prononcées qui existent entre la manière de voir et
de sentir des deux nations.

En Allemagne, il n'y a de goût fixe sur rien,
tout est indépendant, tout est individuel. L'on
juge d'un ouvrage par l'impression qu'on en reçoit, et jamais par les règles, puisqu'il n'y en a
point de généralement admises : chaque auteur
est libre de se créer une sphère nouvelle. En
France, la plupart des lecteurs ne veulent jamais
être émus, ni même s'amuser aux dépens de leur
conscience littéraire : leur scrupule s'est réfugié
là. Un auteur allemand forme son public; en
France, le public commande aux auteurs. Comme
on trouve en France un beaucoup plus grand
nombre de gens d'esprit qu'en Allemagne, le public y est beaucoup plus imposant, tandis que les
écrivains allemands, éminemment élevés au-dessus de leurs juges, les gouvernent au lieu d'en recevoir la loi. De là vient que ces écrivains ne se

perfectionnent guère par la critique : l'impatience
des lecteurs, ou celle des spectateurs, ne les
oblige point à retrancher les longueurs de leurs
ouvrages, et rarement ils s'arrêtent à temps,
parce qu'un auteur, ne se lassant presque jamais
de ses propres conceptions, ne peut être averti
que par les autres du moment où elles cessent
d'intéresser. Les Français pensent et vivent dans
les autres, au moins sous le rapport de l'amour-
propre; et l'on sent, dans la plupart de leurs ouvrages, que leur principal but n'est pas l'objet
qu'ils traitent, mais l'effet qu'ils produisent. Les
écrivains français sont toujours en société, alors
même qu'ils composent; car ils ne perdent pas de
vue les jugements, les moqueries et le goût à la
mode, c'est-à-dire, l'autorité littéraire sous laquelle on vit, à telle ou telle époque.

La première condition pour écrire, c'est une
manière de sentir vive et forte. Les personnes qui
étudient dans les autres ce qu'elles doivent éprouver, et ce qu'il leur est permis de dire, littéraire-
ment parlant, n'existent pas. Sans doute, nos
écrivains de génie (et quelle nation en possède
plus que la France!) ne se sont asservis qu'aux
liens qui ne nuisaient pas à leur originalité; mais
il faut comparer les deux pays en masse, et dans
le temps actuel, pour connaître à quoi tient leur
difficulté de s'entendre.

En France, on ne lit guère un ouvrage que pour
en parler; en Allemagne, où l'on vit presque seul,
on veut que l'ouvrage même tienne compagnie;
et quelle société de l'âme peut-on faire avec un
livre qui ne serait lui-même que l'écho de la société ! Dans le silence de la retraite, rien ne semble plus triste que l'esprit du monde. L'homme
solitaire a besoin qu'une émotion intime lui tienne
lieu du mouvement extérieur qui lui manque.

La clarté passe en France pour l'un des premiers mérites d'un écrivain; car il s'agit, avant
tout, de ne pas se donner de la peine, et d'attra-
per, en lisant le matin, ce qui fait briller le soir
en causant. Mais les Allemands savent que la clarté
ne peut jamais être qu'un mérite relatif : un livre
est clair selon le sujet et selon le lecteur. Montesquieu ne peut être compris aussi facilement que
Voltaire, et néanmoins il est aussi lucide que l'objet de ses méditations le permet. Sans doute, il
faut porter la lumière dans la profondeur; mais
ceux qui s'en tiennent aux grâces de l'esprit, et
aux jeux des paroles, sont bien plus sûrs d'être
compris : ils n'approchent d'aucun mystère, comment donc seraient-ils obscurs ? Les Allemands,
par un défaut opposé, se plaisent dans les ténè-

bres; souvent ils remettent dans la nuit ce qui était au jour, plutôt que de suivre la route battue; ils ont un tel dégoût pour les idées communes, que, lorsqu'ils se trouvent dans la nécessité de les retracer, ils les environnent d'une métaphysique abstraite qui peut les faire croire nouvelles jusqu'à ce qu'on les ait reconnues. Les écrivains allemands ne se gênent point avec leurs lecteurs; leurs ouvrages étant reçus et commentés comme des oracles, ils peuvent les entourer d'autant de nuages qu'il leur plaît; la patience ne manquera point pour écarter ces nuages; mais il faut qu'à la fin on aperçoive une divinité : car ce que les Allemands tolèrent le moins, c'est l'attente trompée; leurs efforts mêmes et leur persévérance leur rendent les grands résultats nécessaires. Dès qu'il n'y a pas dans un livre des pensées fortes et nouvelles, il est bien vite dédaigné; et si le talent fait tout pardonner, l'on n'apprécie guère les divers genres d'adresse par lesquels on peut essayer d'y suppléer.

La prose des Allemands est souvent trop négligée. L'on attache beaucoup plus d'importance au style en France qu'en Allemagne; c'est une suite naturelle de l'intérêt qu'on met à la parole, et du prix qu'elle doit avoir dans un pays où la société domine. Tous les hommes d'un peu d'esprit sont juges de la justesse et de la convenance de telle ou telle phrase, tandis qu'il faut beaucoup d'attention et d'étude pour saisir l'ensemble et l'enchaînement d'un ouvrage. D'ailleurs les expressions prêtent bien plus à la plaisanterie que les pensées, et dans tout ce qui tient aux mots, l'on rit avant d'avoir réfléchi. Cependant, la beauté du style n'est point, il faut en convenir, un avantage purement extérieur; car les sentiments vrais inspirent presque toujours les expressions les plus nobles et les plus justes; et, s'il est permis d'être indulgent pour le style d'un écrit philosophique, on ne doit pas l'être pour celui d'une composition littéraire; dans la sphère des beaux-arts, la forme appartient autant à l'âme que le sujet même.

L'art dramatique offre un exemple frappant des facultés distinctes des deux peuples. Tout ce qui se rapporte à l'action, à l'intrigue, à l'intérêt des événements, est mille fois mieux combiné, mille fois mieux conçu chez les Français; tout ce qui tient au développement des impressions du cœur, aux orages secrets des passions fortes, est beaucoup plus approfondi chez les Allemands.

Il faut, pour que les hommes supérieurs de l'un et de l'autre pays atteignent au plus haut point de perfection, que le Français soit religieux, et que l'Allemand soit un peu mondain. La piété s'oppose à la dissipation d'âme, qui est le défaut et la grâce de la nation française; la connaissance des hommes et de la société donnerait aux Allemands, en littérature, le goût et la dextérité qui leur manquent. Les écrivains des deux pays sont injustes les uns envers les autres : les Français cependant se rendent plus coupables à cet égard que les Allemands; ils jugent sans connaître, ou n'examinent qu'avec un parti pris : les Allemands sont plus impartiaux. L'étendue des connaissances fait passer sous les yeux tant de manières de voir diverses, qu'elle donne à l'esprit la tolérance qui naît de l'universalité.

Les Français gagneraient plus néanmoins à concevoir le génie allemand, que les Allemands à se soumettre au bon goût français. Toutes les fois que, de nos jours, on a pu faire entrer dans la régularité française un peu de séve étrangère, les Français y ont applaudi avec transport. J. J. Rousseau, Bernardin de Saint-Pierre, Châteaubriand, etc., dans quelques-uns de leurs ouvrages, sont tous, même à leur insu, de l'école germanique, c'est-à-dire, qu'ils ne puisent leur talent que dans le fond de leur âme. Mais si l'on voulait discipliner les écrivains allemands d'après les lois prohibitives de la littérature française, ils ne sauraient comment naviguer au milieu des écueils qu'on leur aurait indiqués; ils regretteraient la pleine mer, et leur esprit serait plus troublé qu'éclairé. Il ne s'ensuit pas qu'ils doivent tout hasarder, et qu'ils ne feraient pas bien de s'imposer quelquefois des bornes; mais il leur importe de les placer d'après leur manière de voir. Il faut, pour leur faire adopter de certaines restrictions nécessaires, remonter au principe de ces restrictions, sans jamais employer l'autorité du ridicule contre laquelle ils sont tout à fait révoltés.

Les hommes de génie de tous les pays sont faits pour se comprendre et pour s'estimer; mais le vulgaire des écrivains et des lecteurs allemands et français rappelle cette fable de la Fontaine, où la cigogne ne peut manger dans le plat, ni le renard dans la bouteille. Le contraste le plus parfait se fait voir entre les esprits développés dans la solitude et ceux qui sont formés par la société. Les impressions du dehors et le recueillement de l'âme, la connaissance des hommes et l'étude des idées abstraites, l'action et la théorie donnent des résultats tout à fait opposés. La littérature, les arts, la philosophie, la religion des deux peuples, attestent cette différence; et l'éternelle barrière du Rhin sépare deux régions intellectuelles qui, non moins que les deux contrées, sont étrangères l'une à l'autre.

CHAPITRE II.

Du jugement qu'on porte en Angleterre sur la littérature allemande.

La littérature allemande est beaucoup plus connue en Angleterre qu'en France. On y étudie davantage les langues étrangères, et les Allemands ont plus de rapports naturels avec les Anglais qu'avec les Français; cependant il y a des préjugés, même en Angleterre, contre la philosophie et la littérature des Allemands. Il peut être intéressant d'en examiner la cause.

Le goût de la société, le plaisir et l'intérêt de la conversation ne sont point ce qui forme les esprits en Angleterre : les affaires, le parlement, l'administration, remplissent toutes les têtes, et les intérêts politiques sont le principal objet des méditations. Les Anglais veulent à tout des résultats immédiatement applicables, et de là naissent leurs préventions contre une philosophie qui a pour objet le beau plutôt que l'utile.

Les Anglais ne séparent point, il est vrai, la dignité de l'utilité, et toujours ils sont prêts, quand il le faut, à sacrifier ce qui est utile à ce qui est honorable; mais ils ne se prêtent pas volontiers, comme il est dit dans *Hamlet*, à ces *conversations avec l'air*, dont les Allemands sont très-épris. La philosophie des Anglais est dirigée vers les résultats avantageux au bien-être de l'humanité. Les Allemands s'occupent de la vérité pour elle-même, sans penser au parti que les hommes peuvent en tirer. La nature de leurs gouvernements ne leur ayant point offert des occasions grandes et belles de mériter la gloire et de servir la patrie, ils s'attachent en tout genre à la contemplation, et cherchent dans le ciel l'espace que leur étroite destinée leur refuse sur la terre. Ils se plaisent dans l'idéal, parce qu'il n'y a rien dans l'état actuel des choses qui parle à leur imagination. Les Anglais s'honorent avec raison de tout ce qu'ils possèdent, de tout ce qu'ils sont, de tout ce qu'ils peuvent être; ils placent leur admiration et leur amour sur leurs lois, leurs mœurs et leur culte. Ces nobles sentiments donnent à l'âme plus de force et d'énergie; mais la pensée va peut-être encore plus loin, quand elle n'a point de bornes, ni même de but déterminé, et que, sans cesse en rapport avec l'immense et l'infini, aucun intérêt ne la ramène aux choses de ce monde.

Toutes les fois qu'une idée se consolide, c'est-à-dire, qu'elle se change en institution, rien de mieux que d'en examiner attentivement les résultats et les conséquences, de la circonscrire et de la fixer : mais quand il s'agit d'une théorie, il faut la considérer en elle-même ; il n'est plus question de pratique, il n'est plus question d'utilité; et la recherche de la vérité dans la philosophie, comme l'imagination dans la poésie, doit être indépendante de toute entrave.

Les Allemands sont comme les éclaireurs de l'armée de l'esprit humain; ils essayent des routes nouvelles, ils tentent des moyens inconnus ; comment ne serait-on pas curieux de savoir ce qu'ils disent, au retour de leurs excursions dans l'infini? Les Anglais, qui ont tant d'originalité dans le caractère, redoutent néanmoins assez généralement les nouveaux systèmes. La sagesse d'esprit leur a fait tant de bien dans les affaires de la vie, qu'ils aiment à la retrouver dans les études intellectuelles; et c'est là cependant que l'audace est inséparable du génie. Le génie, pourvu qu'il respecte la religion et la morale, doit aller aussi loin qu'il veut : c'est l'empire de la pensée qu'il agrandit.

La littérature, en Allemagne, est tellement empreinte de la philosophie dominante, que l'éloignement qu'on aurait pour l'une pourrait influer sur le jugement qu'on porterait sur l'autre : cependant les Anglais, depuis quelque temps, traduisent avec plaisir les poëtes allemands, et ne méconnaissent point l'analogie qui doit résulter d'une même origine. Il y a plus de sensibilité dans la poésie anglaise, et plus d'imagination dans la poésie allemande. Les affections domestiques exerçant un grand empire sur le cœur des Anglais, leur poésie se sent de la délicatesse et de la fixité de ces affections : les Allemands, plus indépendants en tout, parce qu'ils ne portent l'empreinte d'aucune institution politique, peignent les sentiments comme les idées, à travers des nuages : on dirait que l'univers vacille devant leurs yeux, et l'incertitude même de leurs regards multiplie les objets dont leur talent peut se servir.

Le principe de la terreur, qui est un des grands moyens de la poésie allemande, a moins d'ascendant sur l'imagination des Anglais de nos jours; ils décrivent la nature avec charme, mais elle n'agit plus sur eux comme une puissance redoutable qui renferme dans son sein les fantômes, les présages, et tient chez les modernes la même place dans la destinée parmi les anciens. L'imagination, en Angleterre, est presque toujours inspirée par la sensibilité; l'imagination des Allemands est quelquefois rude et bizarre : la religion de l'Angleterre est plus sévère, celle de l'Allemagne est plus vague; et la poésie des nations doit nécessairement porter l'empreinte de leurs sentiments religieux. La convenance ne règne point dans les arts en Angleterre comme en France; cependant l'opinion publique y a plus d'empire qu'en Allemagne; l'unité nationale en est la cause. Les Anglais veulent mettre d'accord en toutes choses les actions et les principes; c'est un peuple sage et bien ordonné, qui a compris dans la sagesse la gloire, et dans l'ordre la liberté : les Allemands, n'ayant fait que rêver l'une et l'autre, ont examiné les idées indépendamment de leur application, et se sont ainsi nécessairement élevés plus haut en théorie.

Les littérateurs allemands actuels se montrent (ce qui doit paraître singulier) beaucoup plus opposés que les Anglais à l'introduction des réflexions philosophiques dans la poésie. Les premiers génies de la littérature anglaise, il est vrai, Shakspeare, Milton, Dryden dans ses odes, etc., sont des poètes qui ne se livrent point à l'esprit de raisonnement; mais Pope et plusieurs autres doivent être considérés comme didactiques et moralistes. Les Allemands se sont refaits jeunes, les Anglais sont devenus mûrs [1]. Les Allemands professent une doctrine qui tend à ranimer l'enthousiasme dans les arts comme dans la philosophie, et il faut les louer s'ils la maintiennent; car le siècle pèse aussi sur eux, et il n'en est point où l'on soit plus enclin à dédaigner ce qui n'est que beau; il n'en est point où l'on répète plus souvent cette question, la plus vulgaire de toutes : *A quoi bon?*

CHAPITRE III.

Des principales époques de la littérature allemande.

La littérature allemande n'a point eu ce qu'on a coutume d'appeler un siècle d'or, c'est-à-dire, une époque où les progrès des lettres sont encouragés par la protection des chefs de l'État. Léon X, en Italie, Louis XIV, en France, et dans les temps anciens, Périclès et Auguste, ont donné leur nom à leur siècle. On peut aussi considérer le règne de la reine Anne comme l'époque la plus brillante de la littérature anglaise : mais cette nation, qui existe par elle-même, n'a jamais dû ses grands hommes à ses rois. L'Allemagne était divisée; elle ne trouvait dans l'Autriche aucun amour pour les lettres,

[1] Les poëtes anglais de notre temps, sans s'être concertés avec les Allemands, ont adopté le même système. La poésie didactique fait place aux fictions du moyen âge, aux couleurs pourprées de l'Orient; le raisonnement et même l'éloquence ne sauraient suffire à un art essentiellement créateur.

et dans Frédéric II, qui était à lui seul toute la Prusse, aucun intérêt pour les écrivains allemands; les lettres en Allemagne n'ont donc jamais été réunies dans un centre, et n'ont point trouvé d'appui dans l'État. Peut-être la littérature a-t-elle dû à cet isolement comme à cette indépendance plus d'originalité et d'énergie.

« On a vu, dit Schiller, la poésie, dédaignée par « le plus grand des fils de la patrie, par Frédéric, « s'éloigner du trône puissant qui ne la protégeait « pas; mais elle osa se dire allemande; mais elle « se sentit fière de créer elle-même sa gloire. Les « chants des bardes germains retentirent sur le « sommet des montagnes, se précipitèrent comme « un torrent dans les vallées; le poëte indépendant « ne reconnut pour loi que les impressions de son « âme, et pour souverain que son génie. »

Il a dû résulter cependant de ce que les hommes de lettres allemands n'ont point été encouragés par le gouvernement, que pendant longtemps ils ont fait des essais individuels dans les sens les plus opposés, et qu'ils sont arrivés tard à l'époque vraiment remarquable de leur littérature.

La langue allemande, depuis mille ans, a été cultivée d'abord par les moines, puis par les chevaliers, puis par les artisans, tels que Hans-Sachs, Sébastien Brand, et d'autres, à l'approche de la réformation; et dernièrement enfin par les savants, qui en ont fait un langage propre à toutes les subtilités de la pensée.

En examinant les ouvrages dont se compose la littérature allemande, on y retrouve, suivant le génie de l'auteur, les traces de ces différentes cultures, comme on voit dans les montagnes les couches des minéraux divers que les révolutions de la terre y ont apportés. Le style change presque entièrement de nature suivant l'écrivain, et les étrangers ont besoin de faire une nouvelle étude, à chaque livre nouveau qu'ils veulent comprendre.

Les Allemands ont eu, comme la plupart des nations de l'Europe, du temps de la chevalerie, des troubadours et des guerriers qui chantaient l'amour et les combats. On vient de retrouver un poëme épique intitulé *les Nibelungs*, et composé dans le treizième siècle. On y voit l'héroïsme et la fidélité qui distinguaient les hommes d'alors, lorsque tout était vrai, fort, et décidé comme les couleurs primitives de la nature. L'allemand, dans ce poëme, est plus clair et plus simple qu'à présent; les idées générales ne s'y étaient point encore introduites, et l'on ne faisait que raconter des traits de caractère. La nation germanique pouvait être considérée alors comme la plus belliqueuse de toutes les nations européennes, et ses anciennes traditions ne parlent que des châteaux forts, et des belles maîtresses pour lesquelles on donnait sa vie. Lorsque Maximilien essaya plus tard de ranimer la chevalerie, l'esprit humain n'avait plus cette tendance, et déjà commençaient les querelles religieuses, qui tournent la pensée vers la métaphysique, et placent la force de l'âme dans les opinions plutôt que dans les exploits.

Luther perfectionna singulièrement sa langue, en la faisant servir aux discussions théologiques : sa traduction des Psaumes et de la Bible est encore un beau modèle. La vérité et la concision poétique qu'il donne à son style sont tout à fait conformes au génie de l'allemand, et le son même des mots a je ne sais quelle franchise énergique sur laquelle on se repose avec confiance. Les guerres politiques et religieuses, où les Allemands avaient le malheur de se combattre les uns les autres, détournèrent les esprits de la littérature ; et quand on s'en occupa de nouveau, ce fut sous les auspices du siècle de Louis XIV, à l'époque où le désir d'imiter les Français s'empara de la plupart des cours et des écrivains de l'Europe.

Les ouvrages de Hagedorn, de Gellert, de Weiss, etc., n'étaient que du français appesanti ; rien d'original, rien qui fût conforme au génie naturel de la nation. Ces auteurs voulaient atteindre à la grâce française, sans que leur genre de vie ni leurs habitudes leur en donnassent l'inspiration ; ils s'asservissaient à la règle, sans avoir ni l'élégance, ni le goût, qui peuvent donner de l'agrément à ce despotisme même. Une autre école succéda bientôt à l'école française, et ce fut dans la Suisse allemande qu'elle s'éleva ; cette école était d'abord fondée sur l'imitation des écrivains anglais. Bodmer, appuyé par l'exemple du grand Haller, tâcha de démontrer que la littérature anglaise s'accordait mieux avec le génie des Allemands que la littérature française. Gottsched, un savant sans goût et sans génie, combattit cette opinion. Il jaillit une grande lumière de la dispute de ces deux écoles. Quelques hommes alors commencèrent à se frayer une route par eux-mêmes. Klopstock tint le premier rang dans l'école anglaise, comme Wieland dans l'école française ; mais Klopstock ouvrit une carrière nouvelle à ses successeurs, tandis que Wieland fut à la fois le premier et le dernier dans l'école française du dix-huitième siècle : le premier, parce que nul n'a pu dans ce genre s'égaler à lui ; le dernier, parce qu'après lui les écrivains allemands suivirent une route tout à fait différente.

Comme il y a dans toutes les nations teutoniques des étincelles de ce feu sacré que le temps a recouvert de cendre, Klopstock, en imitant d'abord les Anglais, parvint à réveiller l'imagination et le caractère particuliers aux Allemands ; et presqu'au même moment, Winkelmann dans les arts, Lessing dans la critique, et Goethe dans la poésie, fondèrent une véritable école allemande, si toutefois on peut appeler de ce nom ce qui admet autant de différences qu'il y a d'individus et de talents divers. J'examinerai séparément la poésie, l'art dramatique, les romans et l'histoire ; mais chaque homme de génie formant, pour ainsi dire, une école à part en Allemagne, il m'a semblé nécessaire de commencer par faire connaître les traits principaux qui distinguent chaque écrivain en particulier, et de caractériser personnellement les hommes de lettres les plus célèbres, avant d'analyser leurs ouvrages.

CHAPITRE IV.

Wieland.

De tous les Allemands qui ont écrit dans le genre français, Wieland est le seul dont les ouvrages aient du génie ; et quoiqu'il ait presque toujours imité les littératures étrangères, on ne peut méconnaître les grands services qu'il a rendus à sa propre littérature, en perfectionnant sa langue, en lui donnant une versification plus facile et plus harmonieuse.

Il y avait en Allemagne une foule d'écrivains qui tâchaient de suivre les traces de la littérature française du siècle de Louis XIV ; Wieland est le premier qui ait introduit avec succès celle du dix-huitième siècle. Dans ses écrits en prose, il a quelques rapports avec Voltaire, et dans ses poésies, avec l'Arioste. Mais ces rapports, qui sont volontaires, n'empêchent pas que sa nature au fond ne soit tout à fait allemande. Wieland est infiniment plus instruit que Voltaire ; il a étudié les anciens d'une façon plus érudite qu'aucun poëte ne l'a fait en France. Les défauts, comme les qualités de Wieland, ne lui permettent pas de donner à ses écrits la grâce et la légèreté françaises.

Dans ses romans philosophiques, Agathon, Pérégrinus Protée, il arrive tout de suite à l'analyse, à la discussion, à la métaphysique ; il se fait un devoir d'y mêler ce qu'on appelle communément *des fleurs*, mais l'on sent que son penchant naturel serait d'approfondir tous les sujets qu'il essaye de parcourir. Le sérieux et la gaieté sont l'un et l'autre trop prononcés, dans les romans de Wieland, pour être réunis ; car, en toute chose, les contrastes sont piquants, mais les extrêmes opposés fatiguent.

Il faut, pour imiter Voltaire, une insouciance moqueuse et philosophique qui rende indifférent à tout, excepté à la manière piquante d'exprimer cette insouciance. Jamais un Allemand ne peut arriver à cette brillante liberté de plaisanterie ; la vérité l'attache trop, il veut savoir et expliquer ce que les choses sont, et lors même qu'il adopte des opinions condamnables, un repentir secret ralentit sa marche malgré lui. La philosophie épicurienne ne convient pas à l'esprit des Allemands ; ils donnent à cette philosophie un caractère dogmatique, tandis qu'elle n'est séduisante que lorsqu'elle se présente sous des formes légères : dès qu'on lui prête des principes, elle déplaît à tous également.

Les ouvrages de Wieland en vers ont beaucoup plus de grâce et d'originalité que ses écrits en prose : l'Obéron et les autres poëmes dont je parlerai à part, sont pleins de charme et d'imagination. On a cependant reproché à Wieland d'avoir traité l'amour avec trop peu de sévérité, et il doit être ainsi jugé chez ces Germains qui respectent encore un peu les femmes à la manière de leurs ancêtres ; mais quels qu'aient été les écarts d'imagination que Wieland se soit permis, on ne peut s'empêcher de reconnaître en lui une sensibilité véritable ; il a souvent eu bonne ou mauvaise intention de plaisanter sur l'amour, mais une nature sérieuse l'empêche de s'y livrer hardiment ; il ressemble à ce prophète qui bénit au lieu de maudire ; il finit par s'attendrir, en commençant par l'ironie.

L'entretien de Wieland a beaucoup de charme, précisément parce que ses qualités naturelles sont en opposition avec sa philosophie. Ce désaccord peut lui nuire comme écrivain, mais rend sa société très-piquante : il est animé, enthousiaste, et, comme tous les hommes de génie, jeune encore dans sa vieillesse ; et cependant il veut être sceptique, et s'impatiente quand on se sert de sa belle imagination même, pour le porter à la croyance. Naturellement bienveillant, il est néanmoins susceptible d'humeur ; quelquefois parce qu'il n'est pas content de lui, quelquefois parce qu'il n'est pas content des autres : il n'est pas content de lui, parce qu'il voudrait arriver à un degré de perfection dans la manière d'exprimer ses pensées à laquelle les choses et les mots ne se prêtent pas ; il ne veut pas s'en tenir à ces à peu près qui conviennent mieux à l'art de causer que la perfection même ; il est quelquefois mécontent des autres, parce que sa doctrine un peu relâchée et ses sentiments exaltés ne sont pas faciles à concilier ensemble. Il y a en lui un poëte allemand et un philosophe français, qui se fâchent alternativement l'un pour l'autre ; mais ses colères cependant sont très-douces à supporter ; et sa conversation, remplie d'idées et de connaissances, servirait de fonds à l'entretien de beaucoup d'hommes d'esprit en divers genres.

Les nouveaux écrivains, qui ont exclu de la littérature allemande toute influence étrangère, ont été souvent injustes envers Wieland : c'est lui dont les ouvrages, même dans la traduction, ont excité l'intérêt de toute l'Europe ; c'est lui qui a fait servir la science de l'antiquité au charme de la littérarature ; c'est lui qui a donné, dans les vers, à sa langue féconde, mais rude, une flexibilité musicale et gracieuse : il est vrai cependant qu'il n'était pas avantageux à son pays que ses écrits eussent des imitateurs ; l'originalité nationale vaut mieux, et l'on devait, tout en reconnaissant Wieland pour un grand maître, souhaiter qu'il n'eût pas de disciples.

CHAPITRE V.

Klopstock.

Il y a eu en Allemagne beaucoup plus d'hommes remarquables dans l'école anglaise que dans l'école française. Parmi les écrivains formés par la littérature anglaise, il faut compter d'abord cet admirable Haller, dont le génie poétique le servit si efficacement, comme savant, en lui inspirant plus d'enthousiasme pour la nature, et des vues plus générales sur ses phénomènes ; Gessner, que l'on goûte en France, plus même qu'en Allemagne ; Gleim, Ramler, etc., et avant eux tous Klopstock.

Son génie s'était enflammé par la lecture de Milton et de Young ; mais c'est avec lui que l'école vraiment allemande a commencé. Il exprime d'une manière fort heureuse, dans une de ses odes, l'émulation des deux muses.

« J'ai vu... Oh ! dites-moi, était-ce le présent, « ou contemplais-je l'avenir ? J'ai vu la muse de la « Germanie entrer en lice avec la muse anglaise, « s'élancer pleine d'ardeur à la victoire.

« Deux termes élevés à l'extrémité de la carrière « se distinguaient à peine, l'un ombragé de chêne, « l'autre entouré de palmiers [1].

« Accoutumée à de tels combats, la muse d'Albion descendit fièrement dans l'arène ; elle recon-

[1] Le chêne est l'emblème de la poésie patriotique, et le palmier celui de la poésie religieuse, qui vient de l'Orient.

« nut ce champ qu'elle parcourut déjà, dans sa lutte
« sublime avec le fils de Méon, avec le chantre du
« Capitole.

« Elle vit sa rivale, jeune, tremblante; mais son
« tremblement était noble : l'ardeur de la victoire
« colorait son visage, et sa chevelure d'or flottait
« sur ses épaules.

« Déjà, retenant à peine sa respiration pressée
« dans son sein ému, elle croyait entendre la trom-
« pette, elle dévorait l'arène, elle se penchait vers
« le terme.

« Fière d'une telle rivale, plus fière d'elle-même,
« la noble Anglaise mesure d'un regard la fille de
« Thuiskon. Oui, je m'en souviens, dit-elle, dans
« les forêts de chênes, près des bardes antiques,
« ensemble nous naquîmes.

« Mais on m'avait dit que tu n'étais plus. Par-
« donne, ô muse! si tu revis pour l'immortalité,
« pardonne-moi de ne l'apprendre qu'à cette
« heure..... Cependant je le saurai mieux au but.

« Il est là.... le vois-tu dans ce lointain? par
« delà le chêne, vois-tu les palmes, peux-tu dis-
« cerner la couronne? Tu te tais.... Oh! ce fier
« silence, ce courage contenu, ce regard de feu
« fixé sur la terre.... je le connais.

« Cependant.... pense encore avant le dange-
« reux signal, pense.... n'est-ce pas moi qui déjà
« luttai contre la muse des Thermopyles, contre
« celle des Sept Collines?

« Elle dit : le moment décisif est venu, le héraut
« s'approche. O fille d'Albion! s'écria la muse de
« la Germanie, je t'aime, en t'admirant je t'aime...
« mais l'immortalité, les palmes me sont encore
« plus chères que toi. Saisis cette couronne, si ton
« génie le veut; mais qu'il me soit permis de la
« partager avec toi.

« Comme mon cœur bat!....Dieux immortels....
« si même j'arrivais plus tôt au but sublime....
« Oh! alors tu me suivras de près....ton souffle
« agitera mes cheveux flottants.

« Tout à coup la trompette retentit, elles volent
« avec la rapidité de l'aigle, un nuage de poussière
« s'élève sur la vaste carrière; je les vis près du
« chêne, mais le nuage s'épaissit, et bientôt je les
« perdis de vue. »

C'est ainsi que finit l'ode, et il y a de la grâce à
ne pas désigner le vainqueur.

Je renvoie au chapitre sur la poésie allemande
l'examen des ouvrages de Klopstock sous le point
de vue littéraire, et je me borne à les indiquer
maintenant comme des actions de sa vie. Tous
ses ouvrages ont eu pour but, ou de réveiller le
patriotisme dans son pays, ou de célébrer la religion : si la poésie avait ses saints, Klopstock devrait être compté comme l'un des premiers.

La plupart de ses odes peuvent être considérées
comme des psaumes chrétiens; c'est le David du
Nouveau Testament que Klopstock; mais ce qui
honore surtout son caractère, sans parler de son
génie, c'est l'hymne religieuse, sous la forme d'un
poëme épique, à laquelle il a consacré vingt années,
la Messiade. Les chrétiens possédaient deux
poëmes, l'Enfer, du Dante, et le Paradis perdu,
de Milton : l'un était plein d'images et de fantômes,
comme la religion extérieure des Italiens. Milton,
qui avait vécu au milieu des guerres civiles, excel-
lait surtout dans la peinture des caractères, et son
Satan est un factieux gigantesque, armé contre la
monarchie du ciel. Klopstock a conçu le sentiment
chrétien dans toute sa pureté; c'est au divin Sauveur des hommes que son âme a été consacrée.
Les Pères de l'Église ont inspiré le Dante; la Bible,
Milton : les plus grandes beautés du poëme de
Klopstock sont puisées dans le Nouveau Testament; il sait faire ressortir de la simplicité divine
de l'Évangile, un charme de poésie qui n'en altère
point la pureté.

Lorsqu'on commence ce poëme, on croit entrer
dans une grande église, au milieu de laquelle un
orgue se fait entendre, et l'attendrissement et le
recueillement qu'inspirent les temples du Seigneur,
s'emparent de l'âme en lisant la Messiade.

Klopstock se proposa, dès sa jeunesse, ce poëme
pour but de son existence : il me semble que les
hommes s'acquitteraient tous dignement envers la
vie, si, dans un genre quelconque, un noble objet,
une grande idée, signalaient leur passage sur la
terre; et c'est déjà une preuve honorable de caractère que de diriger vers une même entreprise les
rayons épars de ses facultés, et les résultats de
ses travaux. De quelque manière qu'on juge les
beautés et les défauts de la Messiade, on devrait
en lire souvent quelques vers : la lecture entière
de l'ouvrage peut fatiguer; mais chaque fois qu'on
y revient, l'on respire comme un parfum de l'âme,
qui fait sentir de l'attrait pour toutes les choses
célestes.

Après de longs travaux, après un grand nombre
d'années, Klopstock enfin termina son poëme.
Horace, Ovide, etc., ont exprimé de diverses manières le noble orgueil qui leur répondait de la
durée immortelle de leurs ouvrages : *Exegi mo-
numentum ære perennius* : et, *nomenque erit
indelebile nostrum* [1]. Un sentiment d'une tout

---

[1] J'ai érigé un monument plus durable que l'airain... le
souvenir de mon nom sera ineffaçable.

autre nature pénétra l'âme de Klopstock, quand la Messiade fut achevée. Il l'exprime ainsi dans l'ode au Rédempteur, qui est à la fin de son poëme :

« Je l'espérais de toi, ô Médiateur céleste ! j'ai « chanté le cantique de la nouvelle alliance. La « redoutable carrière est parcourue, et tu m'as « pardonné mes pas chancelants.

« Reconnaissance, sentiment éternel, brûlant, « exalté, fais retentir les accords de ma harpe; « hâte-toi; mon cœur est inondé de joie, et je verse « des pleurs de ravissement.

« Je ne demande aucune récompense; n'ai-je « pas déjà goûté les plaisirs des anges, puisque « j'ai chanté mon Dieu? L'émotion pénétra mon « âme jusque dans ses profondeurs, et ce qu'il y « a de plus intime en mon être fut ébranlé.

« Le ciel et la terre disparurent à mes regards; « mais bientôt l'orage se calma : le souffle de ma « vie ressemblait à l'air pur et serein d'un jour de « printemps.

« Ah! que je suis récompensé! n'ai-je pas vu « couler les larmes des chrétiens? et dans un autre « monde, peut-être m'accueilleront-ils encore avec « ces célestes larmes!

« J'ai senti aussi les joies humaines; mon cœur, « je voudrais en vain te le cacher, mon cœur fut « animé par l'ambition de la gloire : dans ma jeu- « nesse, il battit pour elle; maintenant, il bat en- « core, mais d'un mouvement plus contenu

« Ton apôtre n'a-t-il pas dit aux fidèles : *Que* « *tout ce qui est vertueux, et digne de louange* « *soit l'objet de vos pensées!....* C'est cette flamme « céleste que j'ai choisie pour guide; elle apparaît « au-devant de mes pas, et montre à mon œil « ambitieux une route plus sainte.

« C'est par elle que le prestige des plaisirs ter- « restres ne m'a point trompé; quand j'étais près « de m'égarer, le souvenir des heures saintes où « mon âme fut initiée, les douces voix des anges, « leurs harpes, leurs concerts, me rappelèrent à « moi-même.

« Je suis au but, oui, j'y suis arrivé, et je « tremble de bonheur; ainsi (pour parler humai- « nement des choses célestes), ainsi nous serons « émus, quand nous nous trouverons un jour « auprès de celui qui mourut et ressuscita pour « nous.

« C'est mon Seigneur et mon Dieu dont la main « puissante m'a conduit à ce but, à travers les « tombeaux; il m'a donné la force et le courage « contre la mort qui s'approchait; et des dangers « inconnus, mais terribles, furent écartés du poëte « que protégeait le bouclier céleste.

« J'ai terminé le chant de la nouvelle alliance; « la redoutable carrière est parcourue. O Médiateur « céleste! je l'espérais de toi ! »

Ce mélange d'enthousiasme poétique et de con- fiance religieuse inspire l'admiration et l'attendris- sement tout ensemble. Les talents s'adressaient jadis à des divinités de la Fable. Klopstock les a consacrés, ces talents, à Dieu même; et, par l'heureuse union de la religion chrétienne et de la poésie, il montre aux Allemands comment ils peuvent avoir des beaux-arts qui leur appartiénnent, et ne relèvent pas seulement des anciens en vas- saux imitateurs.

Ceux qui ont connu Klopstock le respectent autant qu'ils l'admirent. La religion, la liberté, l'amour, ont occupé toutes ses pensées; il professa la religion par l'accomplissement de tous ses de- voirs; il abdiqua la cause même de la liberté, quand le sang innocent l'eut souillée, et la fidélité consacra ses attachements de son cœur. Jamais il ne s'appuya de son imagination pour justifier au- cun écart; elle exaltait son âme, sans l'égarer.

On dit que sa conversation était pleine d'esprit et même de goût; qu'il aimait l'entretien des femmes, et surtout celui des Françaises, et qu'il était bon juge de ce genre d'agréments que la pé- danterie réprouve. Je le crois facilement; car il y a toujours quelque chose d'universel dans le génie, et peut-être même tient-il par des rapports secrets à la grâce, du moins à celle que donne la nature.

Combien un tel homme était loin de l'envie, de l'égoïsme, des fureurs de vanité, dont plusieurs écrivains se sont excusés au nom de leurs talents! S'ils en avaient eu davantage, aucun de ces défauts ne les aurait agités. On est orgueilleux, irritable, étonné de soi-même, quand un peu d'esprit vient se mêler à la médiocrité du caractère; mais le vrai génie inspire de la reconnaissance et de la mo- destie : car on sent qui l'a donné, et l'on sent aussi quelles bornes celui qui l'a mises.

On trouve, dans la seconde partie de la Mes- siade, un très-beau morceau sur la mort de Marie, sœur de Marthe et de Lazare, et désignée dans l'Évangile comme l'image de la vertu contempla- tive. Lazare, qui a reçu de Jésus-Christ une seconde fois la vie, dit adieu à sa sœur avec un mélange de douleur et de confiance profondément sensible. Klopstock a fait des derniers moments de Marie le tableau de la mort du juste. Lorsqu'à son tour il était aussi sur son lit de mort, il ré- pétait d'une voix expirante ses vers sur Marie; il se les rappelait à travers les ombres du cercueil, et les prononçait tout bas, pour s'exhorter lui-

4.

même à bien mourir : ainsi, les sentiments exprimés par le jeune homme étaient assez purs pour consoler le vieillard.

Ah! qu'il est beau, le talent, quand on ne l'a jamais profané, quand il n'a servi qu'à révéler aux hommes, sous la forme attrayante des beaux-arts, les sentiments généreux et les espérances religieuses obscurcies au fond de leur cœur ! Ce même chant de la mort de Marie fut lu à la cérémonie funèbre de l'enterrement de Klopstock. Le poëte était vieux quand il cessa de vivre; mais l'homme vertueux saisissait déjà les palmes immortelles qui rajeunissent l'existence, et fleurissent sur les tombeaux. Tous les habitants de Hambourg rendirent au patriarche de la littérature les honneurs qu'on n'accorde guère ailleurs qu'au rang ou au pouvoir, et les mânes de Klopstock reçurent la récompense que méritait sa belle vie.

CHAPITRE VI

Lessing et Winckelmann.

La littérature allemande est peut-être la seule qui ait commencé par la critique; partout ailleurs la critique est venue après les chefs-d'œuvre : mais en Allemagne elle les a produits. L'époque où les lettres y ont eu le plus d'éclat est cause de cette différence. Diverses nations s'étant illustrées depuis plusieurs siècles dans l'art d'écrire, les Allemands arrivèrent après toutes les autres, et crurent n'avoir rien de mieux à faire que de suivre la route déjà tracée; il fallait donc que la critique écartât d'abord l'imitation, pour faire place à l'originalité. Lessing écrivit en prose avec une netteté et une précision tout à fait nouvelles : la profondeur des pensées embarrasse souvent le style des écrivains de la nouvelle école; Lessing, non moins profond, avait quelque chose d'âpre dans le caractère, qui lui faisait trouver les paroles les plus précises et les plus mordantes. Lessing était toujours animé dans ses écrits par un mouvement hostile contre les opinions qu'il attaquait, et l'humeur donne du relief aux idées.

Il s'occupa tour à tour du théâtre, de la philosophie, des antiquités, de la théologie, poursuivant partout la vérité, comme un chasseur qui trouve encore plus de plaisir dans la course que dans le but. Son style a quelque rapport avec la concision vive et brillante des Français; il tendait à rendre l'allemand classique : les écrivains de la nouvelle école embrassent plus de pensées à la fois, mais Lessing doit être plus généralement admiré; c'est un esprit neuf et hardi, et qui reste néan-

moins à la portée du commun des hommes; sa manière de voir est allemande, sa manière de s'exprimer européenne. Dialecticien spirituel et serré dans ses arguments, l'enthousiasme pour le beau remplissait cependant le fond de son âme; il avait une ardeur sans flamme, une véhémence philosophique toujours active, et qui produisait, par des coups redoublés, des effets durables.

Lessing analysa le théâtre français, alors généralement à la mode dans son pays, et prétendit que le théâtre anglais avait plus de rapport avec le génie de ses compatriotes. Dans ses jugements sur Mérope, Zaïre, Sémiramis et Rodogune, ce n'est point telle ou telle invraisemblance particulière qu'il relève; il s'attaque à la sincérité des sentiments et des caractères, et prend à partie les personnages de ces fictions comme des êtres réels : sa critique est un traité sur le cœur humain, autant qu'une poétique théâtrale. Pour apprécier avec justice les observations de Lessing sur le système dramatique en général, il faut examiner, comme nous le ferons dans les chapitres suivants, les principales différences de la manière de voir des Français et des Allemands à cet égard. Mais ce qui importe à l'histoire de la littérature, c'est qu'un Allemand ait eu le courage de critiquer un grand écrivain français, et de plaisanter avec esprit le prince des moqueurs, Voltaire lui-même.

C'était beaucoup pour une nation sous le poids de l'anathème qui lui refusait le goût et la grâce, de s'entendre dire qu'il existait dans chaque pays un goût national, une grâce naturelle, et que la gloire littéraire pouvait s'acquérir par des chemins divers. Les écrits de Lessing donnèrent une impulsion nouvelle; on lut Shakspeare, on osa se dire Allemand en Allemagne, et les droits de l'originalité s'établirent à la place du joug de la correction.

Lessing a composé des pièces de théâtre et des ouvrages philosophiques qui méritent d'être examinés à part; il faut toujours considérer les auteurs allemands sous plusieurs points de vue. Comme ils sont encore plus distingués par la faculté de penser que par le talent, ils ne se vouent point exclusivement à tel ou tel genre; la réflexion les attire successivement dans des carrières différentes.

Parmi les écrits de Lessing, l'un des plus remarquables, c'est le Laocoon; il caractérise les sujets qui conviennent à la poésie et à la peinture, avec autant de philosophie dans les principes que de sagacité dans les exemples. Toutefois, l'homme qui fit une véritable révolution en Allemagne dans la manière de considérer les arts, et par les arts la littérature, c'est Winckelmann; je parlerai de lui ailleurs sous le rapport de son influence sur les arts; mais la beauté de son style est telle, qu'il doit être mis au premier rang des écrivains allemands.

Cet homme, qui n'avait connu d'abord l'antiquité que par les livres, voulut aller considérer ses nobles restes; il se sentit attiré vers le Midi avec ardeur; on retrouve encore souvent dans les imaginations allemandes quelques traces de cet amour du soleil, de cette fatigue du Nord qui entraîna les peuples septentrionaux dans les contrées méridionales. Un beau ciel fait naître des sentiments semblables à l'amour de la patrie. Quand Winckelmann, après un long séjour en Italie, revint en Allemagne, l'aspect de la neige, des toits pointus qu'elle couvre, et des maisons enfumées, le remplissait de tristesse. Il lui semblait qu'il ne pouvait plus goûter les arts, quand il ne respirait plus l'air qui les a fait naître. Quelle éloquence contemplative dans ce qu'il écrit sur l'Apollon du Belvédère, sur le Laocoon! Son style est calme et majestueux comme l'objet qu'il considère. Il donne à l'art d'écrire l'imposante dignité des monuments, et sa description produit la même sensation que la statue. Nul, avant lui, n'avait réuni des observations exactes et profondes et une admiration si pleine de vie; c'est ainsi seulement qu'on peut comprendre les beaux-arts. Il faut que l'attention qu'ils excitent vienne de l'amour, et qu'on découvre dans les chefs-d'œuvre du talent, comme dans les traits d'un être chéri, mille charmes révélés par les sentiments qu'ils inspirent.

Des poëtes, avant Winckelmann, avaient étudié les tragédies des Grecs, pour les adapter à nos théâtres. On connaissait des érudits qu'on pouvait consulter comme des livres; mais personne ne s'était fait, pour ainsi dire, païen pour pénétrer l'antiquité. Winckelmann a les défauts et les avantages d'un Grec amateur des arts, et l'on sent, dans ses écrits, le culte de la beauté, tel qu'il existait chez un peuple où, si souvent, elle obtint les honneurs de l'apothéose.

L'imagination et l'érudition prêtaient également à Winckelmann leurs lumières différentes; on était persuadé jusqu'à lui qu'elles s'excluaient mutuellement. Il a fait voir que, pour deviner les anciens, l'une était aussi nécessaire que l'autre. On ne peut donner de la vie aux objets de l'art que par la connaissance intime du pays et de l'époque dans laquelle ils ont existé. Les traits vagues ne captivent point l'intérêt. Pour animer les récits et les fictions dont les siècles passés sont le théâtre, il faut que l'érudition même seconde l'imagination, et la rende, s'il est possible, témoin de ce qu'elle doit peindre, et contemporaine de ce qu'elle raconte.

Zadig devinait, par quelques traces confuses, par quelques mots à demi déchirés, des circonstances qu'il déduisait toutes des plus légers indices. C'est ainsi qu'il faut prendre l'érudition pour guide à travers l'antiquité; les vestiges qu'on aperçoit sont interrompus, effacés, difficiles à saisir: mais, en s'aidant à la fois de l'imagination et de l'étude, on recompose le temps, et l'on refait la vie.

Quand les tribunaux sont appelés à décider sur l'existence d'un fait, c'est quelquefois une légère circonstance qui les éclaire. L'imagination est, à cet égard, comme un juge; un mot, un usage, une allusion saisie dans les ouvrages des anciens, lui sert de lueur pour arriver à la connaissance de la vérité tout entière.

Winckelmann sut appliquer à l'examen des monuments des arts l'esprit de jugement qui sert à la connaissance des hommes; il étudia la physionomie d'une statue comme celle d'un être vivant. Il saisit avec une grande justesse les moindres observations, dont il sait tirer des conclusions frappantes. Telle physionomie, tel attribut, tel vêtement, peut tout à coup jeter un jour inattendu sur de longues recherches. Les cheveux de Cérès sont relevés avec un désordre qui ne convient pas à Minerve; la perte de Proserpine a pour jamais troublé l'âme de sa mère. Minos, fils et disciple de Jupiter, a, dans les médailles, les mêmes traits que son père; cependant, la majesté calme de l'un, et l'expression sévère de l'autre, distinguent le souverain des dieux du juge des hommes. Le torse est un fragment de la statue d'Hercule divinisé, de celui qui reçoit d'Hébé la coupe de l'immortalité, tandis que l'Hercule Farnèse ne possède encore que les attributs d'un mortel; chaque contour du torse, aussi énergique, mais plus arrondi, caractérise encore la force du héros, mais du héros qui, placé dans le ciel, est désormais absous des rudes travaux de la terre. Tout est symbolique dans les arts, et la nature se montre sous mille apparences diverses dans ces statues, dans ces tableaux, dans ces poésies, où l'immobilité doit indiquer le mouvement, où l'extérieur doit révéler le fond de l'âme, où l'existence d'un instant doit être éternisée.

Winckelmann a banni des beaux-arts, en Europe, le mélange du goût antique et du goût moderne. En Allemagne, son influence s'est encore plus montrée dans la littérature que dans les arts. Nous serons conduits à examiner par la suite si l'imitation scrupuleuse des anciens est compatible avec l'originalité naturelle, ou plutôt si nous devons sacrifier cette originalité naturelle, pour nous astreindre à choisir des sujets dans lesquels la poésie, comme la peinture, n'ayant pour modèle rien de vivant, ne peuvent représenter que des statues; mais cette discussion est étrangère au mérite de Winckelmann; il a fait connaître en quoi consistait le goût antique dans les beaux-arts; c'était aux modernes à sentir ce qu'il leur convenait d'adopter ou de rejeter à cet égard. Lorsqu'un homme de talent parvient à manifester les secrets d'une nature antique ou étrangère, il rend service par l'impulsion qu'il trace : l'émotion reçue doit se transformer en nous-mêmes : et plus cette émotion est vraie, moins elle inspire une servile imitation.

Winckelmann a développé les vrais principes admis maintenant dans les arts sur l'idéal, sur cette nature perfectionnée dont le type est dans notre imagination, et non au dehors de nous. L'application de ces principes à la littérature est singulièrement féconde.

La poétique de tous les arts est rassemblée sous un même point de vue dans les écrits de Winckelmann, et tous y ont gagné. On a mieux compris la poésie par la sculpture, la sculpture par la poésie, et l'on a été conduit par les arts des Grecs à leur philosophie. La métaphysique idéaliste, chez les Allemands comme chez les Grecs, a pour origine le culte de la beauté par excellence, que notre âme seule peut concevoir et reconnaître; c'est un souvenir du ciel, notre ancienne patrie, que cette beauté merveilleuse; les chefs-d'œuvre de Phidias, les tragédies de Sophocle et la doctrine de Platon, s'accordent pour nous en donner la même idée sous des formes différentes.

CHAPITRE VII.

Goethe.

Ce qui manquait à Klopstock, c'était une imagination créatrice; il mettait de grandes pensées et de nobles sentiments en beaux vers, mais il n'était pas ce qu'on peut appeler artiste. Ses inventions sont faibles, et les couleurs dont il les revêt n'ont presque jamais cette plénitude de force qu'on aime à rencontrer dans la poésie, et dans tous les arts qui devaient donner à la fiction l'énergie et l'originalité de la nature. Klopstock s'égare dans l'idéal : Goethe ne perd jamais terre, tout en atteignant aux conceptions les plus sublimes. Il y a dans son esprit une vigueur que la sensibilité n'a point affaibli. Goethe pourrait représenter la lit-

térature allemande tout entière; non qu'il n'y ait d'autres écrivains supérieurs à lui, sous quelques rapports, mais seul il réunit tout ce qui distingue l'esprit allemand, et nul n'est aussi remarquable par un genre d'imagination dont les Italiens, les Anglais ni les Français ne peuvent réclamer aucune part.

Goethe ayant écrit dans tous les genres, l'examen de ses ouvrages remplira la plus grande partie des chapitres suivants; mais la connaissance personnelle de l'homme qui a le plus influé sur la littérature de son pays, sert, ce me semble, à mieux comprendre cette littérature.

Goethe est un homme d'un esprit prodigieux en conversation; et l'on a beau dire, l'esprit doit savoir causer. On peut présenter quelques exemples d'hommes de génie taciturnes : la timidité, le malheur, le dédain ou l'ennui, en sont souvent la cause; mais en général l'étendue des idées et la chaleur de l'âme doivent inspirer le besoin de se communiquer aux autres; et ces hommes, qui ne veulent pas être jugés par ce qu'ils disent, pourraient bien ne pas mériter plus d'intérêt pour ce qu'ils pensent. Quand on sait faire parler Goethe, il est admirable; son éloquence est nourrie de pensées; sa plaisanterie est en même temps pleine de grâce et de philosophie; son imagination est frappée par les objets extérieurs, comme l'était celle des artistes chez les anciens; et néanmoins sa raison n'a que trop la maturité de notre temps. Rien ne trouble la force de sa tête; et les inconvénients mêmes de son caractère, l'humeur, l'embarras, la contrainte, passent comme des nuages au bas de la montagne sur le sommet de laquelle son génie est placé.

Ce qu'on nous raconte de l'entretien de Diderot pourrait donner quelque idée de celui de Goethe; mais, si l'on en juge par les écrits de Diderot, la distance doit être infinie entre ces deux hommes. Diderot est sous le joug de son esprit; Goethe domine même son talent : Diderot est affecté, à force de vouloir faire effet; on aperçoit le dédain du succès dans Goethe, à un degré qui plaît singulièrement, alors même qu'on s'impatiente de sa négligence. Diderot a besoin de suppléer, à force de philanthropie, aux sentiments religieux qui lui manquent, Goethe serait plus volontiers amer que doucereux; mais ce qu'il est avant tout, c'est naturel; et sans cette qualité, en effet, qu'y a-t-il dans un homme qui puisse en intéresser un autre?

Goethe n'a plus cette ardeur entraînante qui lui inspira Werther; mais la chaleur de ses pensées suffit encore pour tout animer. On dirait qu'il n'est pas atteint par la vie, et qu'il la décrit seulement en peintre : il attache plus de prix maintenant aux tableaux qu'il nous présente qu'aux émotions qu'il éprouve; le temps l'a rendu spectateur. Quand il avait encore une part active dans les scènes des passions, quand il souffrait lui-même par le cœur, ses écrits produisaient une impression plus vive.

Comme on se fait toujours la poétique de son talent, Goethe soutient à présent qu'il faut que l'auteur soit calme, alors même qu'il compose un ouvrage passionné, et que l'artiste doit conserver son sang-froid pour agir plus fortement sur l'imagination de ses lecteurs : peut-être n'aurait-il pas eu cette opinion dans sa première jeunesse; peut-être alors était-il possédé par son génie, au lieu d'en être le maître; peut-être sentait-il alors que le sublime et le divin étant momentanés dans le cœur de l'homme, le poëte est inférieur à l'inspiration qui l'anime, et ne peut la juger sans la perdre.

Au premier moment, on s'étonne de trouver de la froideur et même quelque chose de roide à l'auteur de Werther; mais quand on obtient de lui qu'il se mette à l'aise, le mouvement de son imagination fait disparaître en entier la gêne qu'on a d'abord sentie : c'est un homme dont l'esprit est universel, et impartial parce qu'il est universel; car il n'y a point d'indifférence dans son impartialité : c'est une double existence, une double force, une double lumière qui éclaire à la fois dans toute chose les deux côtés de la question. Quand il s'agit de penser, rien ne l'arrête, ni son siècle, ni ses habitudes, ni ses relations; il fait tomber à plomb son regard d'aigle sur les objets qu'il observe : s'il avait eu une carrière politique, si son âme s'était développée par les actions, son caractère serait plus décidé, plus ferme, plus patriote; mais son esprit ne planerait pas si librement sur toutes les manières de voir; les passions ou les intérêts lui traceraient une route positive.

Goethe se plaît, dans ses écrits comme dans ses discours, à briser les fils qu'il a tissus lui-même, à déjouer les émotions qu'il excite, à renverser les statues qu'il a fait admirer. Lorsque dans ses fictions il inspire de l'intérêt pour un caractère, bientôt il montre les inconséquences qui doivent en détacher. Il dispose du monde poétique comme un conquérant du monde réel, et se croit assez fort pour introduire, comme la nature, le génie destructeur dans ses propres ouvrages. S'il n'était pas un homme estimable, on aurait peur d'un genre de supériorité qui s'élève au-dessus de tout, dégrade et relève, attendrit et persifle, affirme et

doute alternativement, et toujours avec le même succès.

J'ai dit que Goethe possédait à lui seul les traits principaux du génie allemand; on les trouve tous en lui à un degré éminent : une grande profondeur d'idées, la grâce qui naît de l'imagination, grâce plus originale que celle que donne l'esprit de société, enfin une sensibilité quelquefois fantastique, mais par cela même plus faite pour intéresser des lecteurs qui cherchent dans les livres de quoi varier leur destinée, et veulent que la poésie leur tienne lieu d'événements véritables. Si Goethe était Français, on le ferait parler du matin au soir : tous les auteurs contemporains de Diderot allaient puiser des idées dans son entretien, et lui donnaient une jouissance habituelle par l'admiration qu'il inspirait. En Allemagne, on ne sait pas dépenser son talent dans la conversation; et si peu de gens, même parmi les plus distingués, ont l'habitude d'interroger et de répondre, que la société n'y compte pour presque rien; mais l'influence de Goethe n'en est pas moins extraordinaire. Il y a une foule d'hommes en Allemagne qui croiraient trouver du génie dans l'adresse d'une lettre, si c'était lui qui l'eût mise. L'admiration pour Goethe est une espèce de confrérie dont les mots de ralliement servent à faire connaître les adeptes les uns aux autres. Quand les étrangers veulent aussi l'admirer, ils sont rejetés avec dédain, si quelques restrictions laissent supposer qu'ils se sont permis d'examiner des ouvrages qui gagnent cependant beaucoup à l'examen. Un homme ne peut exciter un tel fanatisme sans avoir de grandes facultés pour le bien et pour le mal; car il n'y a que la puissance, dans quelque genre que ce soit, que les hommes craignent assez pour l'aimer de cette manière.

CHAPITRE VIII.

Schiller.

Schiller était un homme d'un génie rare et d'une bonne foi parfaite; ces deux qualités devraient être inséparables, au moins dans un homme de lettres. La pensée ne peut être mise à l'égal de l'action que quand elle réveille en nous l'image de la vérité; le mensonge est plus dégoûtant encore dans les écrits que dans la conduite. Les actions, même trompeuses, restent encore des actions, et l'on sait à quoi se prendre pour les juger ou pour les haïr; mais les ouvrages ne sont qu'un amas fastidieux de vaines paroles, quand ils ne partent pas d'une conviction sincère.

Il n'y a pas une plus belle carrière que celle des lettres, quand on la suit comme Schiller. Il est vrai qu'il y a tant de sérieux et de loyauté dans tout, en Allemagne, que c'est là seulement qu'on peut connaître d'une manière complète le caractère et les devoirs de chaque vocation. Néanmoins Schiller était admirable entre tous, par ses vertus autant que par ses talents. La conscience était sa muse : celle-là n'a pas besoin d'être invoquée, car on l'entend toujours quand on l'écoute une fois. Il aimait la poésie, l'art dramatique, l'histoire, la littérature pour elle-même. Il aurait été résolu à ne point publier ses ouvrages, qu'il y aurait donné le même soin ; et jamais aucune considération tirée, ni du succès, ni de la mode, ni des préjugés, ni de tout ce qui vient des autres enfin, n'auriat pu lui faire altérer ses écrits; car ses écrits étaient lui ; ils exprimaient son âme, et il ne concevait pas la possibilité de changer une expression, si le sentiment intérieur qui l'inspirait n'était pas changé. Sans doute Schiller ne pouvait pas être exempt d'amour-propre. S'il en faut pour aimer la gloire, il en faut même pour être capable d'une activité quelconque; mais rien ne diffère autant dans ses conséquences que la vanité et l'amour de la gloire; l'une tâche d'escamoter le succès, l'autre veut le conquérir ; l'une est inquiète d'elle-même et ruse avec l'opinion, l'autre ne compte que sur la nature et s'y fie pour tout soumettre. Enfin, au-dessus même de l'amour de la gloire, il y a encore un sentiment plus pur, l'amour de la vérité, qui fait des hommes de lettres comme les prêtres guerriers d'une noble cause ; ce sont eux qui désormais doivent garder le feu sacré, car de faibles femmes ne suffiraient plus comme jadis pour le défendre.

C'est une belle chose que l'innocence dans le génie, et la candeur dans la force. Ce qui nuit à l'idée qu'on se fait de la bonté, c'est qu'on la croit de la faiblesse; mais quand elle est unie au plus haut degré de lumières et d'énergie, elle nous fait comprendre comment la Bible a pu nous dire que Dieu fit l'homme à son image. Schiller s'était fait tort, à son entrée dans le monde, par des égarements d'imagination; mais avec la force de l'âge il reprit cette pureté sublime qui naît des hautes pensées. Jamais il n'entrait en négociation avec les mauvais sentiments. Il vivait. il parlait, il agissait comme si les méchants n'existaient pas; et quand il les peignait dans ses ouvrages, c'était avec plus d'exagération et moins de profondeur que s'il les avait vraiment connus. Les méchants s'offraient à son imagination comme un obstacle,

comme un fléau physique ; et peut-être en effet qu'à beaucoup d'égards ils n'ont pas une nature intellectuelle; l'habitude du vice a changé leur âme en un instinct perverti.

Schiller était le meilleur ami, le meilleur père, le meilleur époux; aucune qualité ne manquait à ce caractère doux et paisible que le talent seul enflammait; l'amour de la liberté, le respect pour les femmes, l'enthousiasme des beaux-arts, l'adoration pour la Divinité, animaient son génie; et, dans l'analyse de ses ouvrages, il sera facile de montrer à quelle vertu ses chefs-d'œuvre se rapportent. On dit beaucoup que l'esprit peut suppléer à tout; je le crois, dans les écrits où le savoir-faire domine; mais quand on veut peindre la nature humaine dans ses orages et dans ses abîmes, l'imagination même ne suffit pas; il faut avoir une âme que la tempête ait agitée, mais où le ciel soit descendu pour ramener le calme.

La première fois que j'ai vu Schiller, c'était dans le salon du duc et de la duchesse de Weimar, en présence d'une société aussi éclairée qu'imposante ; il lisait très-bien le français, mais il ne l'avait jamais parlé; je soutins avec chaleur la supériorité de notre système dramatique sur tous les autres; il ne se refusa point à me combattre, et, sans s'inquiéter des difficultés et des lenteurs qu'il éprouvait en s'exprimant en français, sans redouter non plus l'opinion des auditeurs, qui était contraire à la sienne, sa conviction intime le fit parler. Je me servis d'abord, pour le réfuter, des armes françaises, la vivacité et la plaisanterie; mais bientôt je démêlai, dans ce que disait Schiller, tant d'idées à travers l'obstacle des mots; je fus si frappée de cette simplicité de caractère, qui portait un homme de génie à s'engager ainsi dans une lutte où les paroles manquaient à ses pensées; je le trouvai si modeste et si insouciant dans ce qui ne concernait que ses propres succès, si fier et si animé dans la défense de ce qu'il croyait la vérité, que je lui vouai, dès cet instant, une amitié pleine d'admiration.

Atteint, jeune encore, par une maladie sans espoir, ses enfants, sa femme, qui méritait par mille qualités touchantes l'attachement qu'il avait pour elle, ont adouci ses derniers moments. Madame de Wollzogen, une amie digne de le comprendre, lui demanda, quelques heures avant sa mort, comment il se trouvait : *Toujours plus tranquille*, lui répondit-il. En effet, n'avait-il pas raison de se confier à la Divinité, dont il avait secondé le règne sur la terre? n'approchait-il pas du séjour des justes ? n'est-il pas dans ce moment auprès de ses pareils, et n'a-t-il pas déjà retrouvé les amis qui nous attendent?

CHAPITRE IX.

Du style et de la versification de la langue allemande.

En apprenant la prosodie d'une langue, on entre plus intimement dans l'esprit de la nation qui la parle, que par quelque genre d'étude que ce puisse être. De là vient qu'il est amusant de prononcer des mots étrangers : on s'écoute comme si c'était un autre qui parlât : mais il n'y a rien de si délicat, de si difficile à saisir, que l'accent : on apprend mille fois plus aisément les airs de musique les plus compliqués que la prononciation d'une seule syllabe. Une longue suite d'années, ou les premières impressions de l'enfance, peuvent seules rendre capable d'imiter cette prononciation, qui appartient à ce qu'il y a de plus subtil et de plus indéfinissable dans l'imagination et dans le caractère national.

Les dialectes germaniques ont pour origine une langue mère, dans laquelle ils puisent tous. Cette source commune renouvelle et multiplie les expressions d'une façon toujours conforme au génie des peuples. Les nations d'origine latine ne s'enrichissent, pour ainsi dire, que par l'extérieur; elles doivent avoir recours aux langues mortes, aux richesses pétrifiées, pour étendre leur empire. Il est donc naturel que les innovations, en fait de mots, leur plaisent moins qu'aux nations qui font sortir les rejetons d'une tige toujours vivante. Mais les écrivains français ont besoin d'animer et de colorer leur style par toutes les hardiesses qu'un sentiment naturel peut leur inspirer, tandis que les Allemands, au contraire, gagnent à se restreindre. La réserve ne saurait détruire en eux l'originalité; ils ne courent risque de la perdre que par l'excès même de l'abondance.

L'air que l'on respire a beaucoup d'influence sur les sons que l'on articule : la diversité du sol et du climat produit dans la même langue des manières de prononcer très-différentes. Quand on se rapproche de la mer, les mots s'adoucissent; le climat y est plus tempéré; peut-être aussi que le spectacle habituel de cette image de l'infini porte à la rêverie, et donne à la prononciation plus de mollesse et d'indolence : mais quand on s'élève vers les montagnes, l'accent devient plus fort, et l'on dirait que les habitants de ces lieux élevés veulent se faire entendre au reste du monde, du haut de leurs tribunes naturelles. On retrouve dans les dialectes germaniques les traces des diverses influences que je viens d'indiquer.

L'allemand est en lui-même une langue aussi primitive, et d'une construction presque aussi savante que le grec. Ceux qui ont fait des recherches sur les grandes familles des peuples, ont cru trouver les raisons historiques de cette ressemblance : toujours est-il vrai qu'on remarque dans l'allemand un rapport grammatical avec le grec; il en a la difficulté sans en avoir le charme; car la multitude des consonnes dont les mots sont composés les rendent plus bruyants que sonores. On dirait que ces mots sont par eux-mêmes plus forts que ce qu'ils expriment, et cela donne souvent une monotonie d'énergie au style. Il faut se garder cependant de vouloir trop adoucir la prononciation allemande : il en résulte alors un certain gracieux maniéré tout à fait désagréable : on entend des sons rudes au fond, malgré la gentillesse qu'on essaye d'y mettre, et ce genre d'affectation déplaît singulièrement.

J. J. Rousseau a dit *que les langues du Midi étaient filles de la joie, et les langues du Nord, du besoin.* L'italien et l'espagnol sont modulés comme un chant harmonieux; le français est éminemment propre à la conversation; les débats parlementaires et l'énergie naturelle à la nation ont donné à l'anglais quelque chose d'expressif qui supplée à la prosodie de la langue. L'allemand est plus philosophique de beaucoup que l'italien, plus poétique par sa hardiesse que le français, plus favorable au rhythme des vers que l'anglais : mais il lui reste encore une sorte de roideur, qui vient peut-être de ce qu'on ne s'en est guère servi ni dans la société, ni en public.

La simplicité grammaticale est un des grands avantages des langues modernes; cette simplicité, fondée sur des principes de logique communs à toutes les nations, fait qu'on s'entend plus facilement; une étude très-légère suffit pour apprendre l'italien et l'anglais; mais c'est une science que l'allemand. La période allemande entoure la pensée comme des serres qui s'ouvrent et se referment pour la saisir. Une construction de phrases à peu près telle qu'elle existe chez les anciens, s'y est introduite plus aisément que dans aucun autre dialecte européen; mais les inversions ne conviennent guère aux langues modernes. Les terminaisons éclatantes des mots grecs et latins faisaient sentir quels étaient parmi les mots ceux qui devaient se joindre ensemble, lors même qu'ils étaient séparés; les signes des déclinaisons chez les Allemands sont tellement sourds, qu'on a beaucoup de peine à retrouver les paroles qui dépendent les unes des autres sous ces uniformes couleurs.

Lorsque les étrangers se plaignent du travail qu'exige l'étude de l'allemand, on leur répond qu'il est très-facile d'écrire dans cette langue avec la simplicité de la grammaire française, tandis qu'il est impossible, en français, d'adopter la période allemande, et qu'ainsi donc il faut la considérer comme un moyen de plus; mais ce moyen séduit les écrivains, et ils en usent trop. L'allemand est peut-être la seule langue dans laquelle les vers soient plus faciles à comprendre que la prose; la phrase poétique, étant nécessairement coupée par la mesure même du vers, ne saurait se prolonger au delà.

Sans doute, il y a plus de nuances, plus de liens entre les pensées, dans ces périodes qui forment un tout, et rassemblent sous un même point de vue les divers rapports qui tiennent au même sujet; mais, si l'on se laissait aller à l'enchaînement naturel des différentes pensées entre elles, on finirait par vouloir les mettre toutes dans une même phrase. L'esprit humain a besoin de morceler pour comprendre; et l'on risque de prendre des lueurs pour des vérités, quand les formes mêmes du langage sont obscures.

L'art de traduire est poussé plus loin en allemand que dans aucun autre dialecte européen. Voss a transporté dans sa langue les poëtes grecs et latins avec une étonnante exactitude, et W. Schlegel, les poëtes anglais, italiens et espagnols, avec une vérité de coloris dont il n'y avait point d'exemple avant lui. Lorsque l'allemand se prête à la traduction de l'anglais, il ne perd pas son caractère naturel, puisque ces langues sont toutes deux d'origine germanique : mais quelque mérite qu'il y ait dans la traduction d'Homère par Voss, elle fait de l'Iliade et de l'Odyssée des poëmes dont le style est grec, bien que les mots soient allemands. La connaissance de l'antiquité y gagne; l'originalité propre à l'idiome de chaque nation y perd nécessairement. Il semble que ce soit une contradiction d'accuser la langue allemande tout à la fois de trop de flexibilité et de trop de rudesse; mais ce qui se concilie dans les caractères, peut aussi se concilier dans les langues; et souvent, dans la même personne, les inconvénients de la rudesse n'empêchent pas ceux de la flexibilité.

Ces défauts se font sentir beaucoup plus rarement dans les vers que dans la prose, et dans les compositions originales que dans les traductions; je crois donc qu'on peut dire, avec vérité, qu'il n'y a point aujourd'hui de poésie plus frappante et plus variée que celle des Allemands.

La versification est un art singulier, dont l'examen est inépuisable; les mots qui, dans les rapports ordinaires de la vie, servent seulement de signes à la pensée, arrivent à notre âme par le rhythme des sons harmonieux, et nous causent une double jouissance qui naît de la sensation et de la réflexion réunies; mais si toutes les langues sont également propres à dire ce que l'on pense, toutes ne le sont pas également à faire partager ce que l'on éprouve, et les effets de la poésie tiennent encore plus à la mélodie des paroles qu'aux idées qu'elles expriment.

L'allemand est la seule langue moderne qui ait des syllabes longues et brèves, comme le grec et le latin; tous les autres dialectes européens sont plus ou moins accentués, mais les vers ne sauraient s'y mesurer à la manière des anciens d'après la longueur des syllabes : l'accent donne de l'unité aux phrases comme aux mots, il a du rapport avec la signification de ce qu'on dit; l'on insiste sur ce qui doit déterminer le sens, et la prononciation, en faisant ressortir telle ou telle parole, rapporte tout à l'idée principale. Il n'en est pas ainsi de la durée musicale des sons dans le langage; elle est bien plus favorable à la poésie que l'accent, parce qu'elle n'a point d'objet positif et qu'elle donne seulement un plaisir noble et vague, comme toutes les jouissances sans but. Chez les anciens, les syllabes étaient scandées d'après la nature des voyelles et les rapports des sons entre eux, l'harmonie seule en décidait : en allemand, tous les mots accessoires sont brefs, et c'est la dignité grammaticale, c'est-à-dire, l'importance de la syllabe radicale qui détermine sa quantité; il y a moins de charme dans cette espèce de prosodie que dans celle des anciens, parce qu'elle tient plus aux combinaisons abstraites qu'aux sensations involontaires; néanmoins, c'est toujours un grand avantage pour une langue d'avoir dans sa prosodie de quoi suppléer à la rime.

C'est une découverte moderne que la rime, elle tient à tout l'ensemble de nos beaux-arts; et ce serait s'interdire de grands effets que d'y renoncer; elle est l'image de l'espérance et du souvenir. Un son nous fait désirer celui qui doit lui répondre, et quand le second retentit, il rappelle celui qui vient de nous échapper. Néanmoins, cette agréable régularité doit nécessairement nuire au naturel dans l'art dramatique, et à la hardiesse dans le poëme épique. On ne saurait guère se passer de la rime dans les idiomes dont la prosodie est peu marquée;

et cependant la gêne de la construction peut être telle, dans certaines langues, qu'un poëte audacieux et penseur aurait besoin de faire goûter l'harmonie des vers sans l'asservissement de la rime. Klopstock a banni les alexandrins de la poésie allemande; il les a remplacés par les hexamètres et les vers ïambiques non rimés, en usage aussi chez les Anglais, et qui donnent à l'imagination beaucoup de liberté. Les vers alexandrins convenaient très-mal à la langue allemande; on peut s'en convaincre par les poésies du grand Haller lui-même, quelque mérite qu'elles aient; une langüe dont la prononciation est si forte étourdit par le retour et l'uniformité des hémistiches. D'ailleurs cette forme de vers appelle les sentences et les antithèses, et l'esprit allemand est trop scrupuleux et trop vrai pour se prêter à ces antithèses qui ne présentent jamais les idées ni les images dans leur parfaite sincérité, ni dans leurs plus exactes nuances. L'harmonie des hexamètres, et surtout des vers ïambiques non rimés, n'est que l'harmonie naturelle inspirée par le sentiment : c'est une déclamation notée, tandis que le vers alexandrin impose un certain genre d'expressions et de tournures dont il est bien difficile de sortir. La composition de ce genre de vers est un art tout à fait indépendant même du génie poétique; on peut posséder cet art sans avoir ce génie, et l'on pourrait au contraire être un grand poëte et ne pas se sentir capable de s'astreindre à cette forme.

Nos meilleurs poëtes lyriques, en France, ce sont peut-être nos grands prosateurs, Bossuet, Pascal, Fénélon, Buffon, Jean-Jacques, etc. Le despotisme des alexandrins force souvent à ne point mettre en vers ce qui serait pourtant de la véritable poésie; tandis que, chez les nations étrangères, la versification étant beaucoup plus facile et plus naturelle, toutes les pensées poétiques inspirent des vers, et l'on ne laisse en général à la prose que le raisonnement. On pourrait défier Racine lui-même de traduire en vers français Pindare, Pétrarque ou Klopstock, sans dénaturer entièrement leur caractère. Ces poëtes ont un genre d'audace qui ne se trouve guère que dans les langues où l'on peut réunir tout le charme de la versification à l'originalité que la prose permet seule en français.

Un des grands avantages des dialectes germaniques en poésie, c'est la variété et la beauté de leurs épithètes. L'allemand, sous ce rapport aussi, peut se comparer au grec; l'on sent dans un seul mot plusieurs images, comme, dans la note fonda-mentale d'un accord, on entend les autres sons dont il est composé, ou comme de certaines couleurs renouvellent en nous la sensation de celles qui en dépendent. L'on ne dit en français que ce qu'on veut dire, et l'on ne voit point errer autour des paroles ces nuages à mille formes qui entourent la poésie des langues du Nord et réveillent une foule de souvenirs. A la liberté de former une seule épithète de deux ou trois, se joint celle d'animer le langage, en faisant des noms avec les verbes : *le vivre, le vouloir, le sentir*, sont des expressions moins abstraites que la vie, la volonté, le sentiment; et tout ce qui tend à changer la pensée en action donne toujours plus de mouvement au style. La facilité de renverser à son gré la construction de la phrase est aussi très-favorable à la poésie, et permet d'exciter, par les moyens variés de la versification, des impressions analogues à celles de la peinture et de la musique. Enfin l'esprit général des dialectes teutoniques, c'est l'indépendance; les écrivains cherchent avant tout à transmettre ce qu'ils sentent; ils diraient volontiers à la poésie, comme Héloïse à son amant: *S'il y a un mot plus vrai, plus tendre, plus profond encore pour exprimer ce que j'éprouve, c'est celui-là que je veux choisir.* Le souvenir des convenances de société poursuit en France le talent jusque dans ses émotions les plus intimes; et la crainte du ridicule est l'épée de Damoclès, qu'aucune fête de l'imagination ne peut faire oublier.

On parle souvent dans les arts du mérite de la difficulté vaincue; néanmoins on l'a dit avec raison : *ou cette difficulté ne se sent pas, et alors elle est nulle; ou elle se sent, et alors elle n'est pas vaincue.* Les entraves font ressortir l'habileté de l'esprit; mais il y a souvent dans le vrai génie une sorte de maladresse, semblable, à quelques égards, à la duperie des belles âmes; et l'on aurait tort de vouloir l'asservir à des gênes arbitraires, car il s'en tirerait beaucoup moins bien que des talents du second ordre.

CHAPITRE X.

De la poésie.

Ce qui est vraiment divin dans le cœur de l'homme ne peut être défini; s'il y a des mots pour quelques traits, il n'y en a point pour exprimer l'ensemble, et surtout le mystère de la véritable beauté dans tous les genres. Il est difficile de dire ce qui n'est pas de la poésie; mais si l'on veut comprendre ce qu'elle est, il faut appeler à son secours les impressions qu'excitent une belle contrée, une musique harmonieuse, le regard d'un objet chéri, et par-dessus tout un sentiment religieux qui nous fait éprouver en nous-mêmes la présence de la Divinité. La poésie est le langage naturel à tous les cultes. La Bible est pleine de poésie; Homère est plein de religion. Ce n'est pas qu'il y ait des fictions dans la Bible, ni des dogmes dans Homère; mais l'enthousiasme rassemble dans un même foyer des sentiments divers; l'enthousiasme est l'encens de la terre vers le ciel; il les réunit l'un à l'autre.

Le don de révéler par la parole ce qu'on ressent au fond du cœur est très-rare; il y a pourtant de la poésie dans tous les êtres capables d'affections vives et profondes; l'expression manque à ceux qui ne sont pas exercés à la trouver. Le poëte ne fait, pour ainsi dire, que dégager le sentiment prisonnier au fond de l'âme; le génie poétique est une disposition intérieure, de la même nature que celle qui rend capable d'un généreux sacrifice : c'est rêver l'héroïsme que de composer une belle ode. Si le talent n'était pas mobile, il inspirerait aussi souvent les belles actions que les touchantes paroles; car elles partent toutes également de la conscience du beau, qui se fait sentir en nous mêmes.

Un homme d'un esprit supérieur disait que *la prose était factice, et la poésie naturelle :* en effet, les nations peu civilisées commencent toujours par la poésie, et, dès qu'une passion forte agite l'âme, les hommes les plus vulgaires se servent, à leur insu, d'images et de métaphores; ils appellent à leur secours la nature extérieure pour exprimer ce qui se passe en eux d'inexprimable. Les gens du peuple sont beaucoup plus près d'être poëtes que les hommes de bonne compagnie; car la convenance et le persiflage ne sont propres qu'à servir de bornes, ils ne peuvent rien inspirer.

Il y a lutte interminable dans ce monde entre la poésie et la prose, et la plaisanterie doit toujours se mettre du côté de la prose; car c'est rabattre que de plaisanter. L'esprit de société est cependant très-favorable à la poésie de la grâce et de la gaieté, dont l'Arioste, la Fontaine, Voltaire, sont les plus brillants modèles. La poésie dramatique est admirable dans nos premiers écrivains; la poésie descriptive, et surtout la poésie didactique, ont été portées chez les Français à un très-haut degré de perfection; mais il me paraît que qu'ils soient appelés jusqu'à présent à se distinguer dans la poésie lyrique ou épique, telle que les anciens et les étrangers la conçoivent.

La poésie lyrique s'exprime au nom de l'auteur même; ce n'est plus dans un personnage qu'il se transporte, c'est en lui-même qu'il trouve les divers mouvements dont il est animé : J. B. Rousseau dans ses Odes religieuses, Racine dans Athalie, se sont montrés poëtes lyriques; ils étaient nourris des psaumes et pénétrés d'une foi vive; néanmoins les difficultés de la langue et de la versification française s'opposent presque toujours à l'abandon de l'enthousiasme. On peut citer des strophes admirables dans quelques-unes de nos odes; mais y en a-t-il une entière dans laquelle le dieu n'ait point abandonné le poëte? De beaux vers ne sont pas de la poésie; l'inspiration, dans les arts, est une source inépuisable, qui vivifie depuis la première parole jusqu'à la dernière : amour, patrie, croyance, tout doit être divinisé dans l'ode, c'est l'apothéose du sentiment : il faut, pour concevoir la vraie grandeur de la poésie lyrique, errer par la rêverie dans les régions éthérées, oublier le bruit de la terre en écoutant l'harmonie céleste, et considérer l'univers entier comme un symbole des émotions de l'âme.

L'énigme de la destinée humaine n'est de rien pour la plupart des hommes; le poëte l'a toujours présente à l'imagination. L'idée de la mort, qui décourage les esprits vulgaires, rend le génie plus audacieux, et le mélange des beautés de la nature et des terreurs de la destruction excite je ne sais quel délire de bonheur et d'effroi, sans lequel l'on ne peut ni comprendre ni décrire le spectacle de ce monde. La poésie lyrique ne raconte rien, ne s'astreint en rien à la succession des temps, ni aux limites des lieux; elle plane sur les pays et sur les siècles; elle donne de la durée à ce moment sublime pendant lequel l'homme s'élève au-dessus des peines et des plaisirs de la vie. Il se sent au milieu des merveilles du monde comme un être à la fois créateur et créé, qui doit mourir et qui ne peut cesser d'être, et dont le cœur tremblant, et fort en même temps, s'enorgueillit en lui-même et se prosterne devant Dieu.

Les Allemands, réunissant tout à la fois, ce qui est très-rare, l'imagination et le recueillement contemplatif, sont plus capables que la plupart des autres nations de la poésie lyrique. Les modernes ne peuvent se passer d'une certaine profondeur d'idées dont une religion spiritualiste leur a donné l'habitude; et si cependant cette profondeur n'était point revêtue d'images, ce ne serait pas de la poésie : il faut que la nature grandisse aux yeux de l'homme, pour qu'il puisse s'en servir comme de l'emblème de ses pensées. Les bosquets, les fleurs et les ruisseaux, suffisaient aux poëtes du paganisme; la solitude des forêts, l'Océan sans bornes, le ciel étoilé, peuvent à peine exprimer l'éternel et l'infini dont l'âme des chrétiens est remplie.

Les Allemands n'ont pas plus que nous de poëme épique; cette admirable composition ne paraît pas accordée aux modernes, et peut-être n'y a-t-il que l'Iliade qui réponde entièrement à l'idée qu'on se fait de ce genre d'ouvrage : il faut, pour le poëme épique, un concours singulier de circonstances qui ne s'est rencontré que chez les Grecs, l'imagination des temps héroïques et la perfection du langage des temps civilisés. Dans le moyen âge, l'imagination était forte, mais le langage imparfait; de nos jours, le langage est pur, mais l'imagination est en défaut. Les Allemands ont beaucoup d'audace dans les idées et dans le style, et peu d'invention dans le fond du sujet; leurs essais épiques se rapprochent presque toujours du genre lyrique. Ceux des Français rentrent plutôt dans le genre dramatique, et l'on y trouve plus d'intérêt que de grandeur. Quand il s'agit de plaire au théâtre, l'art de se circonscrire dans un cadre donné, de deviner le goût des spectateurs, et de s'y plier avec adresse, fait une partie du succès, tandis que rien ne doit tenir aux circonstances extérieures et passagères, dans la composition d'un poëme épique. Il exige des beautés absolues, des beautés qui frappent le lecteur solitaire, lorsque ses sentiments sont plus naturels, et son imagination plus hardie. Celui qui voudrait trop hasarder dans un poëme épique, pourrait bien encourir le blâme sévère du bon goût français; mais celui qui ne hasarderait rien n'en serait pas moins dédaigné.

Boileau, tout en perfectionnant le goût et la langue, a donné à l'esprit français, l'on ne saurait le nier, une disposition très-défavorable à la poésie. Il n'a parlé que de ce qu'il fallait éviter, il n'a insisté que sur des préceptes de raison et de sagesse, qui ont introduit dans la littérature une sorte de pédanterie très-nuisible au sublime élan des arts. Nous avons en français des chefs-d'œuvre de versification; mais comment peut-on appeler la versification de la poésie! Traduire en vers ce qui était fait pour rester en prose, exprimer en dix syllabes, comme Pope, les jeux de cartes et leurs moindres détails, ou, comme les derniers poëmes qui ont paru chez nous, le trictac, les échecs, la chimie : c'est un tour de passe-passe en fait de paroles; c'est composer avec les mots, comme avec les notes, des sonates sous le nom de poëme.

Il faut cependant une grande connaissance de la langue poétique pour décrire ainsi noblement les objets qui prêtent le moins à l'imagination, et l'on a raison d'admirer quelques morceaux détachés de ces galeries de tableaux; mais les transitions qui les lient entre eux sont nécessairement prosaïques, comme ce qui se passe dans la tête de l'écrivain. Il s'est dit : « Je ferai des vers sur ce sujet, puis sur celui-ci, puis sur celui-là; » et, sans s'en apercevoir, il nous met dans la confidence de sa manière de travailler. Le véritable poëte conçoit, pour ainsi dire, tout son poëme à la fois au fond de son âme; sans les difficultés du langage, il improviserait, comme la sibylle et les prophètes, les hymnes saints du génie. Il est ébranlé par ses conceptions comme par un événement de sa vie; un monde nouveau s'offre à lui; l'image sublime de chaque situation, de chaque caractère, de chaque beauté de la nature, frappe ses regards, et son cœur bat pour un bonheur céleste qui traverse comme un éclair l'obscurité du sort. La poésie est une possession momentanée de tout ce que notre âme souhaite; le talent fait disparaître les bornes de l'existence, et change en images brillantes le vague espoir des mortels.

Il serait plus aisé de décrire les symptômes du talent que de lui donner des préceptes; le génie se sent comme l'amour, par la profondeur même de l'émotion dont il pénètre celui qui en est doué : mais si l'on osait donner des conseils à ce génie, dont la nature veut être le seul guide, ce ne seraient pas des conseils purement littéraires qu'on devrait lui adresser : il faudrait parler aux poëtes comme à des citoyens, comme à des héros; il faudrait leur dire : « Soyez vertueux, soyez croyants, soyez libres; respectez ce que vous aimez, cherchez l'immortalité dans l'amour, et la Divinité dans la nature; enfin, sanctifiez votre âme comme un temple et l'ange des nobles pensées ne dédaignera pas d'y apparaître. »

CHAPITRE XI.

De la poésie classique et de la poésie romantique.

Le nom de *romantique* a été introduit nouvellement en Allemagne pour désigner la poésie dont les chants des troubadours ont été l'origine, celle qui est née de la chevalerie et du christianisme. Si l'on n'admet pas que le paganisme et le christianisme, le Nord et le Midi, l'antiquité et le moyen âge, la chevalerie et les institutions grecques et romaines, se sont partagé l'empire de la littérature, l'on ne parviendra jamais à juger sous un point de vue philosophique le goût antique et le goût moderne.

On prend quelquefois le mot classique comme synonyme de perfection. Je m'en sers ici dans une autre acception, en considérant la poésie classique comme celle des anciens, et la poésie romantique comme celle qui tient de quelque manière aux traditions chevaleresques. Cette division se rapporte également aux deux ères du monde ; celle qui a précédé l'établissement du christianisme, et celle qui l'a suivi.

On a comparé aussi dans divers ouvrages allemands la poésie antique à la sculpture, et la poésie romantique à la peinture ; enfin, l'on a caractérisé de toutes les manières la marche de l'esprit humain, passant des religions matérialistes aux religions spiritualistes, de la nature à la Divinité.

La nation française, la plus cultivée des nations latines, penche vers la poésie classique, imitée des Grecs et des Romains. La nation anglaise, la plus illustre des nations germaniques, aime la poésie romantique et chevaleresque, et se glorifie des chefs-d'œuvre qu'elle possède en ce genre. Je n'examinerai point ici lequel de ces deux genres de poésie mérite la préférence ; il suffit de montrer que la diversité des goûts, à cet égard, dérive non-seulement de causes accidentelles, mais aussi des sources primitives de l'imagination et de la pensée.

Il y a dans les poëmes épiques, et dans les tragédies des anciens, un genre de simplicité qui tient à ce que les hommes étaient identifiés à cette époque avec la nature, et croyaient dépendre du destin, comme elle dépend de la nécessité. L'homme, réfléchissant peu, portait toujours l'action de son âme au dehors ; la conscience elle-même était figurée par des objets extérieurs, et les flambeaux des Furies secouaient les remords sur la tête des coupables. L'événement était tout dans l'antiquité ; le caractère tient plus de place dans les temps modernes ; et cette réflexion inquiète, qui nous dévore souvent comme le vautour de Prométhée, n'eût semblé que de la folie, au milieu des rapports clairs et prononcés qui existaient dans l'état civil et social des anciens.

On ne faisait en Grèce, dans le commencement de l'art, que des statues isolées ; les groupes ont été composés plus tard. On pourrait dire de même, avec vérité, que dans tous les arts il n'y avait point de groupes : les objets représentés se succédaient comme dans les bas-reliefs, sans combinaison, sans complication d'aucun genre. L'homme personnifiait la nature ; des nymphes habitaient les eaux, des hamadryades les forêts : mais la nature, à son tour, s'emparait de l'homme, et l'on eût dit qu'il ressemblait au torrent, à la foudre, au volcan, tant il agissait par une impulsion involontaire, et sans que la réflexion pût en rien altérer les motifs ni les suites de ses actions. Les anciens avaient, pour ainsi dire, une âme corporelle, dont tous les mouvements étaient forts, directs et conséquents ; il n'en est pas de même du cœur humain développé par le christianisme : les modernes ont puisé dans le repentir chrétien l'habitude de se replier continuellement sur eux-mêmes.

Mais, pour manifester cette existence tout intérieure, il faut qu'une grande variété dans les faits présente sous toutes les formes les nuances infinies de ce qui se passe dans l'âme. Si de nos jours les beaux-arts étaient astreints à la simplicité des anciens, nous n'atteindrions pas à la force primitive qui les distingue, et nous perdrions les émotions intimes et multipliées dont notre âme est susceptible. La simplicité de l'art, chez les modernes, tournerait facilement à la froideur et à l'abstraction, tandis que celle des anciens était pleine de vie. L'honneur et l'amour, la bravoure et la pitié sont les sentiments qui signalent le christianisme chevaleresque ; et ces dispositions de l'âme ne peuvent se faire voir que par les dangers, les exploits, les amours, les malheurs, l'intérêt romantique enfin, qui varie sans cesse les tableaux. Les sources des effets de l'art sont donc différentes, à beaucoup d'égards, dans la poésie classique et dans la poésie romantique ; dans l'une, c'est le sort qui règne, dans l'autre, c'est la Providence ; le sort ne compte pour rien les sentiments des hommes, la Providence ne juge les actions que d'après les sentiments. Comment la poésie ne créerait-elle pas un monde d'une tout autre nature, quand il faut peindre l'œuvre d'un destin aveugle et sourd, toujours en lutte avec les mortels, ou cet ordre intelligent auquel préside un Être suprême, que notre cœur interroge, et qui répond à notre cœur !

La poésie païenne doit être simple et saillante comme les objets extérieurs ; la poésie chrétienne a besoin des mille couleurs de l'arc-en-ciel pour ne pas se perdre dans les nuages. La poésie des anciens est plus pure comme art, celle des modernes fait verser plus de larmes ; mais la question pour nous n'est pas entre la poésie classique et la poésie romantique, mais entre l'imitation de l'une et l'inspiration de l'autre. La littérature des anciens est chez les modernes une littérature transplantée : la littérature romantique ou chevaleresque est chez nous indigène, et c'est notre religion et nos institutions qui l'ont fait éclore. Les écrivains imitateurs des anciens se sont soumis aux règles du goût les plus sévères; car ne pouvant consulter ni leur propre nature, ni leurs propres souvenirs, il a fallu qu'ils se conformassent aux lois d'après lesquelles les chefs-d'œuvre des anciens peuvent être adaptés à notre goût, bien que toutes les circonstances politiques et religieuses qui ont donné le jour à ces chefs-d'œuvre soient changées. Mais ces poésies d'après l'antique, quelque parfaites qu'elles soient, sont rarement populaires, parce qu'elles ne tiennent, dans le temps actuel, à rien de national.

La poésie française, étant la plus classique de toutes les poésies modernes, est la seule qui ne soit pas répandue parmi le peuple. Les stances du Tasse sont chantées par les gondoliers de Venise; les Espagnols et les Portugais de toutes les classes savent par cœur les vers de Calderon et de Camoëns. Shakspeare est autant admiré par le peuple en Angleterre que par la classe supérieure. Des poëmes de Goethe et de Bürger sont mis en musique, et vous les entendez répéter des bords du Rhin jusqu'à la Baltique. Nos poëtes français sont admirés par tout ce qu'il y a d'esprits cultivés chez nous et dans le reste de l'Europe, mais ils sont tout à fait inconnus aux gens du peuple et aux bourgeois même des villes, parce que les arts en France ne sont pas, comme ailleurs, natifs du pays même où leurs beautés se développent.

Quelques critiques français ont prétendu que la littérature des peuples germaniques était encore dans l'enfance de l'art; cette opinion est tout à fait fausse; les hommes les plus instruits dans la connaissance des langues et des ouvrages des anciens n'ignorent certainement pas les inconvénients et les avantages du genre qu'ils adoptent, ou de celui qu'ils rejettent; mais leur caractère, leurs habitudes et leurs raisonnements les ont conduits à préférer la littérature fondée sur les souvenirs de la chevalerie, sur le merveilleux du moyen âge, à celle dont la mythologie des Grecs est la base. La littérature romantique est la seule qui soit susceptible encore d'être perfectionnée, parce qu'ayant ses racines dans notre propre sol, elle est la seule qui puisse croître et se vivifier de nouveau; elle exprime notre religion; elle rappelle notre histoire; son origine est ancienne, mais non antique.

La poésie classique doit passer par les souvenirs du paganisme pour arriver jusqu'à nous : la poésie des Germains est l'ère chrétienne des beaux-arts : elle se sert de nos impressions personnelles pour nous émouvoir : le génie qui l'inspire s'adresse immédiatement à notre cœur, et semble évoquer notre vie elle-même comme un fantôme, le plus puissant et le plus terrible de tous.

CHAPITRE XII.

Des poëmes allemands.

On doit conclure, ce me semble, des diverses réflexions que contient le chapitre précédent, qu'il n'y a guère de poésie classique en Allemagne, soit que l'on considère cette poésie comme imitée des anciens, ou qu'on entende seulement par ce mot le plus haut degré possible de perfection. La fécondité de l'imagination des Allemands les appelle à produire plutôt qu'à corriger; aussi peut-on difficilement citer, dans leur littérature, des écrits généralement reconnus pour modèles. La langue n'est pas fixée; le goût change à chaque nouvelle production des hommes de talent; tout est progressif, tout marche, et le point stationnaire de perfection n'est point encore atteint; mais est-ce un mal? Chez toutes les nations où l'on s'est flatté d'y être parvenu, l'on a vu presque immédiatement après commencer la décadence, et les imitateurs succéder aux écrivains classiques, comme pour dégoûter d'eux.

Il y a en Allemagne un aussi grand nombre de poëtes qu'en Italie : la multitude des essais, dans quelque genre que ce soit, indique quel est le penchant naturel d'une nation. Quand l'amour de l'art y est universel, les esprits prennent d'eux-mêmes la direction de la poésie, comme ailleurs celle de la politique, ou des intérêts mercantiles. Il y avait chez les Grecs une foule de poëtes, et rien n'est plus favorable au génie que d'être environné d'un grand nombre d'hommes qui suivent la même carrière. Les artistes sont des juges indulgents pour les fautes, parce qu'ils connaissent les difficultés; mais ce sont aussi des approbateurs exigeants; il faut de grandes beautés, et des beautés nouvelles, pour égaler à leurs yeux les chefs-d'œuvre dont ils s'occupent sans cesse. Les Allemands improvisent, pour ainsi dire, en écrivant; et cette grande facilité est le véritable signe du talent dans les beaux-arts; car ils doivent, comme les fleurs du Midi, naître sans culture; le travail les perfectionne, mais l'imagination est abondante, lorsqu'une généreuse nature en a fait don aux hommes. Il est impossible de citer tous les poëtes allemands qui mériteraient un éloge à part; je me bornerai à considérer seulement, d'une manière générale, les trois écoles que j'ai distinguées, en indiquant la marche historique de la littérature allemande.

Wieland a imité Voltaire dans ses romans; souvent Lucien, qui, sous le rapport philosophique, est le Voltaire de l'antiquité, quelquefois l'Arioste, et malheureusement aussi, Crébillon. Il a mis en vers plusieurs contes de chevalerie, *Gandalin*, *Gérion le Courtois*, *Obéron*, etc., dans lesquels il y a plus de sensibilité que dans l'Arioste, mais toujours moins de grâce et de gaieté. L'allemand ne se meut pas, sur tous les sujets, avec la légèreté de l'italien; et les plaisanteries qui conviennent à cette langue, un peu surchargée de consonnes, ce sont plutôt celles qui tiennent à l'art de caractériser fortement qu'à celui d'indiquer à demi. *Idris* et *le Nouvel Amadis* sont des contes de fées dans lesquels la vertu des femmes est à chaque page l'objet de ces éternelles plaisanteries qui ont cessé d'être immorales à force d'être ennuyeuses. Les contes de chevalerie de Wieland me semblent beaucoup meilleurs que ses poëmes imités du grec, *Musarion*, *Endymion*, *Ganimède*, *le Jugement de Páris*, etc. Les histoires chevaleresques sont nationales en Allemagne. Le génie naturel du langage et des poëtes se prête à peindre les exploits et les amours de ces chevaliers et de ces belles, dont les sentiments étaient tout à la fois si forts et si naïfs, si bienveillants et si décidés; mais en voulant mettre des grâces modernes dans les sujets grecs, Wieland a rendus nécessairement maniérés. Ceux qui prétendent modifier le goût antique par le goût moderne, ou le goût moderne par le goût antique, sont presque toujours affectés. Pour être à l'abri de ce danger, il faut prendre chaque chose pleinement dans sa nature.

: L'*Obéron* passe en Allemagne presque pour un poëme épique. Il est fondé sur une histoire de chevalerie française, *Huon de Bordeaux*, dont M. de Tressan a donné l'extrait; le génie Obéron et la fée Titania, tels que Shakspeare les a peints, dans sa pièce intitulée *Rêve d'une nuit d'été*, servent de mythologie à ce poëme. Le sujet en est donné par nos anciens romanciers; mais on ne saurait trop louer la poésie dont Wieland l'a enrichi. La plaisanterie tirée du merveilleux y est maniée avec beaucoup de grâce et d'originalité. Huon est envoyé en Palestine, par suite de diverses aventures, pour demander en mariage la fille du sultan, et quand le son du cor singulier qu'il possède met en danse tous les personnages les plus graves qui s'opposent au mariage, on ne se lasse point de cet effet comique, habilement répété; et mieux le poëte a su peindre le sérieux pédantesque des

imans et des vizirs de la cour du sultan, plus leur danse involontaire amuse les lecteurs. Quand Obéron emporte sur un char ailé les deux amants dans les airs, l'effroi de ce prodige est dissipé par la sécurité que l'amour leur inspire. « En vain la « terre, dit le poëte, disparaît à leurs yeux; en « vain la nuit couvre l'atmosphère de ses ailes « obscures : une lumière céleste rayonne dans leurs « regards pleins de tendresse; leurs âmes se ré- « fléchissent l'une dans l'autre; la nuit n'est pas « la nuit pour eux; l'Élysée les entoure; le soleil « éclaire le fond de leur cœur; et l'amour, à cha- « que instant, leur fait voir des objets toujours « délicieux et toujours nouveaux. »

La sensibilité ne s'allie guère en général avec le merveilleux; il y a quelque chose de si sérieux dans les affections de l'âme, qu'on n'aime pas à les voir compromises au milieu des jeux de l'imagination; mais Wieland a l'art de réunir ces fictions fantastiques avec des sentiments vrais, d'une manière qui n'appartient qu'à lui.

Le baptême de la fille du sultan, qui se fait chrétienne pour épouser Huon, est encore un morceau de la plus grande beauté : changer de religion par amour est un peu profane; mais le christianisme est tellement la religion du cœur, qu'il suffit d'aimer avec dévouement et pureté pour être déjà converti. Obéron a fait promettre aux deux jeunes époux de ne pas se donner l'un à l'autre avant leur arrivée à Rome : ils sont seuls dans le même vaisseau, et séparés du monde; l'amour les fait manquer à leur vœu. Alors la tempête se déchaîne, les vents sifflent, les vagues grondent, et les voiles sont déchirées; la foudre brise les mâts; les passagers se lamentent, les matelots crient au secours. Enfin le vaisseau s'entr'ouvre, les flots menacent de tout engloutir, et la présence de la mort peut à peine arracher les deux époux au sentiment du bonheur de cette vie. Ils sont précipités dans la mer : un pouvoir invisible les sauve, et les fait aborder dans une île inhabitée, où ils trouvent un solitaire que ses malheurs et sa religion ont conduit dans cette retraite.

Amanda, l'épouse de Huon, après de longues traverses, met au monde un fils, et rien n'est ravissant comme le tableau de la maternité dans le désert : ce nouvel être qui vient animer la solitude, ces regards incertains de l'enfance, que la tendresse passionnée de la mère cherche à fixer sur elle, tout est plein de sentiment et de vérité. Les épreuves auxquelles Obéron et Titania veulent soumettre les deux époux continuent; mais à la fin leur constance est récompensée. Quoiqu'il y ait des longueurs dans ce poëme, il est impossible de ne pas le considérer comme un ouvrage charmant, et s'il était bien traduit en vers français, il serait jugé tel.

Avant et après Wieland, il y a eu des poëtes qui ont essayé d'écrire dans le genre français et italien : mais ce qu'ils ont fait ne vaut guère la peine d'être cité; et si la littérature allemande n'avait pas pris un caractère à elle, sûrement elle ne ferait pas époque dans l'histoire des beaux-arts. C'est à *la Messiade* de Klopstock qu'il faut fixer l'époque de la poésie en Allemagne.

Le héros de ce poëme, selon notre langage mortel, inspire au même degré l'admiration et la pitié, sans que jamais l'un de ces sentiments soit affaibli par l'autre. Un poëte généreux a dit, en parlant de Louis XVI :

> Jamais tant de respect n'admit tant de pitié [1].

Ce vers si touchant et si délicat pourrait exprimer l'attendrissement que le Messie fait éprouver dans Klopstock. Sans doute le sujet est bien au-dessus de toutes les inventions du génie; il en faut beaucoup cependant pour montrer avec tant de sensibilité l'humanité dans l'être divin, et avec tant de force la divinité dans l'être mortel. Il faut aussi bien du talent pour exciter l'intérêt et l'anxiété, dans le récit d'un événement décidé d'avance par une volonté toute-puissante. Klopstock a su réunir avec beaucoup d'art tout ce que la fatalité des anciens et la providence des chrétiens peuvent inspirer à la fois de terreur et d'espérance.

J'ai parlé ailleurs du caractère d'Abbadona, de ce démon repentant qui cherche à faire du bien aux hommes : un remords dévorant s'attache à sa nature immortelle; ses regrets ont le ciel même pour objet, le ciel qu'il a connu, les célestes sphères qui furent sa demeure : quelle situation que ce retour vers la vertu, quand la destinée est irrévocable ! il manquait aux tourments de l'enfer d'être habité par une âme redevenue sensible. Notre religion ne nous est pas familière en poésie, et Klopstock est l'un des poëtes modernes qui ont su le mieux personnifier la spiritualité du christianisme par des situations et des tableaux analogues à sa nature.

Il n'y a qu'un épisode d'amour dans tout l'ouvrage, et c'est un amour entre deux ressuscités, Cidli et Semida; Jésus-Christ leur a rendu la vie à tous les deux, et ils s'aiment d'une affection pure

[1] M. de Sabran.

et céleste comme leur nouvelle existence; ils ne se croient plus sujets à la mort; ils espèrent qu'ils passeront ensemble de la terre au ciel, sans que l'horrible douleur d'une séparation apparente soit éprouvée par l'un d'eux. Touchante conception qu'un tel amour dans un poëme religieux! elle seule pouvait être en harmonie avec l'ensemble de l'ouvrage. Il faut l'avouer cependant, il résulte un peu de monotonie d'un sujet continuellement exalté; l'âme se fatigue par trop de contemplation, et l'auteur aurait quelquefois besoin d'avoir affaire à des lecteurs déjà ressuscités, comme Cidli et Semida.

On aurait pu, ce me semble, éviter ce défaut sans introduire dans *la Messiade* rien de profane : il eût mieux valu peut-être prendre pour sujet la vie entière de Jésus-Christ, que de commencer au moment où ses ennemis demandent sa mort. L'on aurait pu se servir avec plus d'art des couleurs de l'Orient pour peindre la Syrie, et caractériser d'une manière forte l'état du genre humain sous l'empire de Rome. Il y a trop de discours, et des discours trop longs dans *la Messiade;* l'éloquence elle-même frappe moins l'imagination qu'une situation, un caractère, un tableau qui nous laisse quelque chose à deviner. Le Verbe, ou la parole divine, existait avant la création de l'univers; mais, pour les poëtes, il faut que la création précède la parole.

On a reproché aussi à Klopstock de n'avoir pas fait de ses anges des portraits assez variés; il est vrai que dans la perfection les différences sont difficiles à saisir, et que ce sont d'ordinaire les défauts qui caractérisent les hommes : néanmoins on aurait pu donner plus de variété à ce grand tableau; enfin, surtout, il n'aurait pas fallu, ce me semble, ajouter encore dix chants à celui qui termine l'action principale, la mort du Sauveur. Ces dix chants renferment sans doute de grandes beautés lyriques; mais quand un ouvrage, quel qu'il soit, excite l'intérêt dramatique, il doit finir au moment où cet intérêt cesse. Des réflexions, des sentiments, qu'on lirait ailleurs avec le plus grand plaisir, lassent presque toujours, lorsqu'un mouvement plus vif les a précédés. On est pour les livres à peu près comme pour les hommes; on exige d'eux toujours ce qu'ils nous ont accoutumés à en attendre.

Il règne dans tout l'ouvrage de Klopstock une âme élevée et sensible; toutefois les impressions qu'il excite sont trop uniformes, et les images funèbres y sont trop multipliées. La vie ne va que parce que nous oublions la mort; et c'est pour cela, sans doute, que cette idée, quand elle reparaît, cause un frémissement si terrible. Dans *la Messiade*, comme dans Young, on nous ramène trop souvent au milieu des tombeaux; c'en serait fait des arts, si l'on se plongeait toujours dans ce genre de méditation; car il faut un sentiment très-énergique de l'existence pour sentir le monde animé de la poésie. Les païens, dans leurs poëmes, comme sur les bas-reliefs des sépulcres, représentaient toujours des tableaux variés, et faisaient ainsi de la mort une action de la vie; mais les pensées vagues et profondes dont les derniers instants des chrétiens sont environnés, prêtent plus à l'attendrissement qu'aux vives couleurs de l'imagination.

Klopstock à composé des odes religieuses, des odes patriotiques, et d'autres poésies pleines de grâce sur divers sujets. Dans ses odes religieuses, il sait revêtir d'images visibles les idées sans bornes; mais quelquefois ce genre de poésie se perd dans l'incommensurable qu'elle voudrait embrasser.

Il est difficile de citer tel ou tel vers dans ses odes religieuses, qui puisse se répéter comme une maxime détachée. La beauté de ces poésies consiste dans l'impression générale qu'elles produisent. Demanderait-on à l'homme qui contemple la mer, cette immensité toujours en mouvement et toujours inépuisable, cette immensité qui semble donner l'idée de tous les temps présents à la fois, de toutes les successions devenues simultanées; lui demanderait-on de compter, vague après vague, le plaisir qu'il éprouve en rêvant sur le rivage? Il en est de même des méditations religieuses embellies par la poésie; elles sont dignes d'admiration, si elles inspirent un élan toujours nouveau vers une destinée toujours plus haute, si l'on se sent meilleur après s'en être pénétré: c'est là le jugement littéraire qu'il faut porter sur de tels écrits.

Parmi les odes de Klopstock, celles qui ont la révolution de France pour objet ne valent pas la peine d'être citées: le moment présent inspire presque toujours mal les poëtes; il faut qu'ils se placent à la distance des siècles pour bien juger, et même pour bien peindre: mais ce qui fait un grand honneur à Klopstock, ce sont ses efforts pour ranimer le patriotisme chez les Allemands. Parmi les poésies composées dans ce respectable but, je vais essayer de faire connaître le chant des bardes, après la mort d'Hermann, que les Romains appellent Arminius : il fut assassiné par les princes de la Germanie, jaloux de ses succès et de son pouvoir.

Hermann, chanté par les bardes Werdomar, Kerding et Darmond.

« *W.* Sur le rocher de la mousse antique, asseyons-nous, ô bardes! et chantons l'hymne funèbre. Que nul ne porte ses pas plus loin, que nul ne regarde sous ces branches, où repose le plus noble fils de la patrie.

« Il est là, étendu dans son sang, lui, le secret effroi des Romains, alors même qu'au milieu des danses guerrières et des chants de triomphe, ils emmenaient sa Thusnelda captive : non, ne regarde pas! Qui pourrait le voir sans pleurer? et là la lyre ne doit pas faire entendre des sons plaintifs, mais des chants de gloire pour l'immortel.

« *K.* J'ai encore la blonde chevelure de l'enfance, je n'ai ceint le glaive qu'en ce jour; mes mains sont, pour la première fois, armées de la lance et de la lyre, comment pourrais-je chanter Hermann?

« N'attendez pas trop du jeune homme, ô pères; je veux essuyer avec mes cheveux dorés mes joues inondées de pleurs, avant d'oser chanter le plus grand des fils de Mana [1].

« *D.* Et moi aussi, je verse des pleurs de rage; non, je ne les retiendrai pas : coulez, larmes brûlantes; larmes de la fureur, vous n'êtes pas muettes, vous appelez la vengeance sur des guerriers perfides; ô mes compagnons! entendez ma malédiction terrible : que nul des traîtres à la patrie, assassins du héros, ne meure dans les combats!

« *W.* Voyez-vous le torrent qui s'élance de la montagne, et se précipite sur ces rochers; il roule avec ses flots des pins déracinés; il les amène, il les amène pour le bûcher d'Hermann. Bientôt le héros sera poussière, bientôt il reposera dans la tombe d'argile; mais que sur cette poussière sainte soit placé le glaive par lequel il a juré la perte du conquérant.

« Arrête-toi, esprit du mort, avant de rejoindre ton père Siegmar! tarde encore, et regarde comme il est plein de toi, le cœur de ton peuple.

« *K.* Taisons, oh! taisons à Thusnelda que son Hermann est ici tout sanglant. Ne dites pas à cette noble femme, à cette mère désespérée, que le père de son Thumeliko a cessé de vivre.

« Qui pourrait le dire à celle qui a déjà marché chargée de fers devant le char redoutable de l'orgueilleux vainqueur, qui pourrait le dire à cette infortunée, aurait un cœur de Romain.

[1] Mana, l'un des héros tutélaires de la nation germanique.

« *D*. Malheureuse fille, quel père t'a donné le
« jour? Segeste [1], un traître, qui dans l'ombre ai-
« guisait le fer homicide! Oh! ne le maudissez
« pas. Héla [2] déjà l'a marqué de son sceau.

« *W*. Que le crime de Segeste ne souille point
« nos chants, et que plutôt l'éternel oubli étende
« ses ailes pesantes sur ses cendres; les cordes de
« la lyre qui retentissent au nom d'Hermann se-
« raient profanées, si leurs frémissements accu-
« saient le coupable. Hermann! Hermann! toi le
« favori des cœurs nobles, le chef des plus bra-
« ves; le sauveur de la patrie, c'est toi dont nos
« bardes, en chœur, répètent les louanges aux
« échos sombres des mystérieuses forêts.

« O bataille de Winfeld [3], sœur sanglante de la
« victoire de Cannes, je t'ai vue, les cheveux épars,
« l'œil en feu, les mains sanglantes, apparaître au
« milieu des harpes de Walhalla; en vain le fils de
« Drusus, pour effacer tes traces, voulait cacher
« les ossements blanchis des vaincus dans la val-
« lée de la mort. Nous ne l'avons pas souffert,
« nous avons renversé leurs tombeaux, afin que
« leurs restes épars servissent de témoignage à ce
« grand jour; à la fête du printemps, d'âge en âge,
« ils entendront les cris de joie des vainqueurs.

« Il voulait, notre héros, donner encore des
« compagnons de mort à Varus; déjà, sans la len-
« teur jalouse des princes, Cæcina rejoignait son
« chef.

« Une pensée plus noble encore roulait dans
« l'âme ardente d'Hermann : à minuit, près de
« l'autel du dieu Thor [4], au milieu des sacrifices,
« il se dit en secret : « Je le ferai. »

« Ce dessein le poursuit jusque dans vos jeux,
« quand la jeunesse guerrière forme des danses,
« franchit les épées nues, anime les plaisirs par
« les dangers.

« Le pilote, vainqueur de l'orage, raconte que,
« dans une île éloignée [5], la montagne brûlante
« annonce longtemps d'avance, par de noirs tour-
« billons de fumée, la flamme et les rochers terri-
« bles qui vont jaillir de son sein; ainsi, les pre-
« miers combats d'Hermann nous présageaient
« qu'un jour il traverserait les Alpes, pour des-
« cendre dans la plaine de Rome.

« C'est là que le héros devait ou périr ou mon-
« ter au Capitole, et, près du trône de Jupiter, qui
« tient dans sa main la balance des destinées; in-

[1] Segeste, auteur de la conspiration qui fit périr Hermann.
[2] Héla, la divinité de l'Enfer.
[3] Nom donné par les Germains à la bataille qu'ils gagnèrent
contre Varus.
[4] Le dieu de la guerre.
[5] L'Islande.

« terroger Tibère et les ombres de ses ancêtres
« sur la justice de leurs guerres.

« Mais, pour accomplir son hardi projet, il fal-
« lait porter entre tous les princes l'épée du chef
« des batailles; alors ses rivaux ont conspiré sa
« mort, et maintenant il n'est plus, celui dont le
« cœur avait conçu la pensée grande et patriotique.

« *D*. As-tu recueilli mes larmes brûlantes? as-tu
« entendu mes accents de fureur, ô Héla! déesse
« qui punit?

« *K*. Voyez dans Walhalla, sous les ombrages
« sacrés, au milieu des héros, la palme de la vic-
« toire à la main, Siegmar s'avance pour recevoir
« son Hermann; le vieillard rajeuni salue le jeune
« héros; mais un nuage de tristesse obscurcit son
« accueil, car Hermann n'ira plus, il n'ira plus au
« Capitole interroger Tibère devant le tribunal des
« dieux. »

Il y a plusieurs autres poëmes de Klopstock,
dans lesquels, de même que dans celui-ci, il rappelle aux Allemands les hauts faits de leurs ancêtres les Germains; mais ces souvenirs n'ont presque aucun rapport avec la nation actuelle. On
sent, dans ces poésies, un enthousiasme vague,
un désir qui ne peut atteindre son but; et la moindre chanson nationale d'un peuple libre cause une
émotion plus vraie. Il ne reste guère de traces de
l'histoire ancienne des Germains; l'histoire moderne est trop divisée et trop confuse pour qu'elle
puisse produire des sentiments populaires : c'est
dans leur cœur seul que les Allemands peuvent
trouver la source des chants vraiment patriotiques.

Klopstock a souvent beaucoup de grâce sur des
sujets moins sérieux : sa grâce tient à l'imagination et à la sensibilité; car dans ses poésies il n'y
a pas beaucoup de ce que nous appelons de l'esprit; le genre lyrique ne le comporte pas. Dans
l'ode sur le rossignol, le poète allemand a su ra-
jeunir un sujet bien usé, en prêtant à l'oiseau des
sentiments si doux et si vifs pour la nature et
pour l'homme, qu'il semble un médiateur ailé qui
porte de l'une à l'autre des tributs de louange et
d'amour. Une ode sur le vin du Rhin est très-originale : les rives du Rhin sont pour les Allemands
une image vraiment nationale; ils n'ont rien de
plus beau dans toute leur contrée; les pampres
croissent dans les mêmes lieux où tant d'actions
guerrières se sont passées, et le vin de cent années, contemporain de jours plus glorieux, semble
recéler encore la généreuse chaleur des temps passés.

Non-seulement Klopstock a tiré du christianisme les plus grandes beautés de ses ouvrages re-

ligieux, mais comme il voulait que la littérature de son pays fût tout à fait indépendante de celle des anciens, il a tâché de donner à la poésie allemande une mythologie toute nouvelle, empruntée des Scandinaves. Quelquefois il l'emploie d'une manière trop savante; mais quelquefois aussi il en a tiré un parti très-heureux, et son imagination a senti les rapports qui existent entre les dieux du Nord et l'aspect de la nature à laquelle ils président.

Il y a une ode de lui, charmante, intitulée *l'Art de Tialf*, c'est-à-dire l'art d'aller en patins sur la glace, qu'on dit inventé par le géant Tialf. Il peint une jeune et belle femme, revêtue d'une fourrure d'hermine, et placée sur un traîneau en forme de char; les jeunes gens qui l'entourent font avancer ce char comme l'éclair, en le poussant légèrement. On choisit pour sentier le torrent glacé qui, pendant l'hiver, offre la route la plus sûre. Les cheveux des jeunes hommes sont parsemés des flocons brillants des frimas; les jeunes filles, à la suite du traîneau, attachent à leurs petits pieds des ailes d'acier, qui les transportent au loin dans un clin d'œil : le chant des bardes accompagne cette danse septentrionale; la marche joyeuse passe sous des ormeaux dont les fleurs sont de neige; on entend craquer le cristal sous les pas; un instant de terreur trouble la fête ; mais bientôt les cris d'allégresse, la violence de l'exercice, qui doit conserver au sang la chaleur que lui ravirait le froid de l'air, enfin la lutte contre le climat, raniment tous les esprits, et l'on arrive au terme de la course, dans une grande salle illuminée, où le feu, le bal et les festins, font succéder des plaisirs faciles aux plaisirs conquis sur les rigueurs mêmes de la nature.

L'ode à Ébert sur les amis qui ne sont plus, mérite aussi d'être citée. Klopstock est moins heureux quand il écrit sur l'amour ; il a, comme Dorat, adressé des vers *à sa maîtresse future*, et ce sujet maniéré n'a pas bien inspiré sa muse : il faut n'avoir pas souffert pour se jouer avec le sentiment; et quand une personne sérieuse essaye un semblable jeu, toujours une contrainte secrète l'empêche de s'y montrer naturelle. On doit compter dans l'école de Klopstock, non comme disciples, mais comme confrères en poésie, le grand Haller, qu'on ne peut nommer sans respect; Gessner, et plusieurs autres qui s'approchaient du génie anglais par la vérité des sentiments, mais qui ne portaient pas encore l'empreinte vraiment caractéristique de la littérature allemande.

Klopstock lui-même n'avait pas complétement

réussi à donner à l'Allemagne un poëme épique sublime et populaire tout à la fois, tel qu'un ouvrage de ce genre doit être. La traduction de l'Iliade et de l'Odyssée par Voss fit connaître Homère, autant qu'une copie calquée peut rendre l'original ; chaque épithète y est conservée, chaque mot y est mis à la même place, et l'impression de l'ensemble est très-grande, quoiqu'on ne puisse trouver dans l'allemand tout le charme que doit avoir le grec, la plus belle langue du Midi. Les littérateurs allemands, qui saisissent avec avidité chaque nouveau genre, s'essayèrent à composer des poëmes avec la couleur homérique, et l'Odyssée, renfermant beaucoup de détails de la vie privée, parut plus facile à imiter que l'Iliade.

Le premier essai dans ce genre fut une idylle en trois chants, de Voss lui-même, intitulée *Louise ;* elle est écrite en hexamètres, que tout le monde s'accorde à trouver admirables; mais la pompe même du vers hexamètre paraît souvent peu d'accord avec l'extrême naïveté du sujet. Sans les émotions pures et religieuses qui animent tout le poëme, on ne s'intéresserait guère au très-paisible mariage de la fille du *vénérable pasteur de Grünau.* Homère, fidèle à réunir les épithètes avec les noms, dit toujours, en parlant de Minerve, *la fille de Jupiter aux yeux bleus ;* de même aussi Voss répète sans cesse le *vénérable pasteur de Grünau (der ehrwürdige pfarrer von Grünau).* Mais la simplicité d'Homère ne produit un si grand effet que parce qu'elle est noblement en contraste avec la grandeur imposante de son héros et du sort qui le poursuit; tandis que, quand il s'agit d'un pasteur de campagne et de la très-bonne ménagère sa femme, qui marient leur fille à celui qu'elle aime, la simplicité a moins de mérite. L'on admire beaucoup en Allemagne les descriptions qui se trouvent dans la *Louise* de Voss, sur la manière de faire le café, d'allumer la pipe; ces détails sont présentés avec beaucoup de talent et de vérité; c'est un tableau flamand très-bien fait : mais il me semble qu'on peut difficilement introduire dans nos poëmes, comme dans ceux des anciens, les usages communs de la vie : ces usages chez nous ne sont pas poétiques, et notre civilisation a quelque chose de bourgeois. Les anciens vivaient toujours à l'air, toujours en rapport avec la nature, à leur manière d'exister était champêtre, mais jamais vulgaire.

Les Allemands mettent trop peu d'importance au sujet d'un poëme, et croient que tout consiste dans la manière dont il est traité. D'abord la forme donnée par la poésie ne se transporte presque jamais dans une langue étrangère; et la réputation européenne n'est cependant pas à dédaigner; d'ailleurs le souvenir des détails les plus intéressants s'efface quand il n'est point rattaché à une fiction dont l'imagination puisse se saisir. La pureté touchante, qui est le principal charme du poëme de Voss, se fait sentir surtout, ce me semble, dans la bénédiction nuptiale du pasteur, en mariant sa fille : « Ma fille, lui dit-il avec une voix émue, que « la bénédiction de Dieu soit avec toi. Aimable et « vertueux enfant, que la bénédiction de Dieu t'ac- « compagne sur la terre et dans le ciel. J'ai été « jeune et je suis devenu vieux, et dans cette vie « incertaine le Tout-Puissant m'a envoyé beaucoup « de joie et de douleur. Qu'il soit béni pour toutes « deux ! Je vais bientôt reposer sans regret ma « tête blanchie dans le tombeau de mes pères, car « ma fille est heureuse; elle l'est, parce qu'elle sait « qu'un Dieu paternel soigne notre âme par la dou- « leur comme par le plaisir. Quel spectacle plus tou- « chant que celui de cette jeune et belle fiancée ! « Dans la simplicité de son cœur, elle s'appuie sur « la main de l'ami qui doit la conduire dans le sen- « tier de la vie; c'est avec lui que, dans une inti- « mité sainte, elle partagera le bonheur et l'infor- « tune; c'est celle qui, si Dieu le veut, doit essuyer « la dernière sueur sur le front de son époux mor- « tel. Mon âme était aussi remplie de pressenti- « ments, lorsque, le jour de mes noces, j'amenai « dans ces lieux ma timide compagne : content, « mais sérieux, je lui montrai de loin la borne de « nos champs, la tour de l'église, et l'habitation du « pasteur où nous avons éprouvé tant de biens et « de maux. Mon unique enfant, car il ne me reste « que toi, d'autres à qui j'avais donné la vie dor- « ment là-bas sous le gazon du cimetière : mon « unique enfant, tu vas t'en aller en suivant la « route par laquelle je suis venu. La chambre de « ma fille sera déserte; sa place à notre table ne « sera plus occupée; c'est en vain que je prêterai « l'oreille à ses pas, à sa voix. Oui, quand ton « époux t'emmènera loin de moi, des sanglots m'é- « chapperont, et mes yeux mouillés de pleurs te « suivront longtemps encore; car je suis homme « et père, et j'aime avec tendresse cette fille qui « m'aime aussi sincèrement. Mais bientôt, répri- « mant mes larmes, j'élèverai vers le ciel mes mains « suppliantes, et je me prosternerai devant la vo- « lonté de Dieu, qui commande à la femme de « quitter sa mère et son père pour suivre son époux. « Va donc en paix, mon enfant, abandonne ta fa- « mille et la maison paternelle; suis le jeune « homme qui maintenant te tiendra lieu de ceux à

« qui tu dois le jour; sois dans sa maison comme « une vigne féconde, entoure-la de nobles rejetons. « Un mariage religieux est la plus belle des féli- « cités terrestres; mais si le Seigneur ne fonde pas « lui-même l'édifice de l'homme, qu'importent ses « vains travaux ! »

Voilà de la vraie simplicité, celle de l'âme, celle qui convient au peuple comme aux rois, aux pauvres comme aux riches, enfin à toutes les créatures de Dieu. On se lasse promptement de la poésie descriptive, quand elle s'applique à des objets qui n'ont rien de grand en eux-mêmes; mais les sentiments descendent du ciel, et dans quelque humble séjour que pénètrent leurs rayons, ils ne perdent rien de leur beauté.

L'extrême admiration qu'inspire Goethe en Allemagne a fait donner à son poëme d'*Hermann et Dorothée* le nom de poëme épique; et l'un des hommes les plus spirituels en tout pays, M. de Humboldt, le frère du célèbre voyageur, a composé sur ce poëme un ouvrage qui contient les remarques les plus philosophiques et les plus piquantes. Hermann et Dorothée est traduit en français et en anglais; toutefois on ne peut avoir l'idée, par la traduction, du charme qui règne dans cet ouvrage : une émotion douce, mais continuelle, se fait sentir depuis le premier vers jusqu'au dernier, et il y a, dans les moindres détails, une dignité naturelle qui ne déparerait par les héros d'Homère. Néanmoins, il faut en convenir, les personnages et les événements sont de trop peu d'importance; le sujet suffit à l'intérêt quand on le lit dans l'original; dans la traduction cet intérêt se dissipe. En fait de poëme épique, il me semble qu'il est permis d'exiger une certaine aristocratie littéraire; la dignité des personnages et des souvenirs historiques qui s'y rattachent, peut seule élever l'imagination à la hauteur de ce genre d'ouvrage.

Un poëme ancien du treizième siècle, *les Niebelungs*, dont j'ai déjà parlé, paraît avoir eu dans son temps tous les caractères d'un véritable poëme épique. Les grandes actions du héros de l'Allemagne du Nord, Sigefroi, assassiné par un roi bourguignon, la vengeance que les siens en tirèrent dans le camp d'Attila, et qui mit fin au premier royaume de Bourgogne, sont le sujet de ce poëme. Un poëme épique n'est presque jamais l'ouvrage d'un homme, et les siècles mêmes, pour ainsi dire, y travaillent : le patriotisme, la religion, enfin la totalité de l'existence d'un peuple ne peut être mise en action que par quelques-uns de ces événements immenses que le poëte ne crée pas, mais qui lui apparaissent agrandis par la nuit des temps :

les personnages du poëme épique doivent repré-senter le caractère primitif de la nation. Il faut trouver en eux le moule indestructible dont est sortie toute l'histoire.

Ce qu'il y avait de beau en Allemagne, c'était l'ancienne chevalerie, sa force, sa loyauté, sa bonhomie, et la rudesse du Nord, qui s'alliait avec une sensibilité sublime. Ce qu'il y avait aussi de beau, c'était le christianisme enté sur la mythologie scandinave; cet honneur sauvage que la foi rendait pur et sacré; ce respect pour les femmes, qui devenait plus touchant encore par la protection accordée à tous les faibles; cet enthousiasme de la mort, ce paradis guerrier où la religion la plus humaine a pris place. Tels sont les éléments d'un poëme épique en Allemagne. Il faut que le génie s'en empare, et qu'il sache, comme Médée, ranimer par un nouveau sang d'anciens souvenirs.

CHAPITRE XIII.

De la poésie allemande.

Les poésies allemandes détachées sont, ce me semble, plus remarquables encore que les poëmes, et c'est surtout dans ce genre que le cachet de l'originalité est empreint : il est vrai aussi que les auteurs les plus cités à cet égard, Goethe, Schiller, Bürger, etc., sont de l'école moderne, qui seule porte un caractère vraiment national. Goethe a plus d'imagination, Schiller plus de sensibilité, et Bürger est de tous celui qui possède le talent le plus populaire. En examinant successivement quelques poésies de ces trois hommes, on se fera mieux l'idée de ce qui les distingue. Schiller a de l'analogie avec le goût français; toutefois on ne trouve dans ses poésies détachées rien qui ressemble aux poésies fugitives de Voltaire; cette élégance de conversation et presque de manières, transportée dans la poésie, n'appartient qu'à la France; et Voltaire, en fait de grâce, était le premier des écrivains français. Il serait intéressant de comparer les stances de Schiller sur la perte de la jeunesse, intitulées l'Idéal, avec celles de Voltaire :

> Si vous voulez que j'aime encore,
> Rendez-moi l'âge des amours, etc.

On voit, dans le poëte français, l'expression d'un regret aimable, dont les plaisirs de l'amour et les joies de la vie sont l'objet : le poëte allemand pleure la perte de l'enthousiasme et de l'innocente pureté des pensées du premier âge; et c'est par la poésie et la pensée qu'il se flatte d'embellir encore le déclin de ses ans. Il n'y a pas dans les stances de Schiller cette clarté facile et brillante que permet un genre d'esprit à la portée de tout le monde; mais on y peut puiser des consolations qui agissent sur l'âme intérieurement. Schiller ne présente jamais les réflexions les plus profondes que revêtues de nobles images : il parle à l'homme comme la nature elle-même; car la nature est tout à la fois penseur et poëte. Pour peindre l'idée du temps, elle fait couler devant nos yeux les flots d'un fleuve inépuisable; et, pour que sa jeunesse éternelle nous fasse songer à notre existence passagère, elle se revêt de fleurs qui doivent périr, elle fait tomber en automne les feuilles des arbres que le printemps a vues dans tout leur éclat : la poésie doit être le miroir terrestre de la Divinité, et réfléchir, par les couleurs, les sons et les rhythmes, toutes les beautés de l'univers.

La pièce de vers intitulée la Cloche consiste en deux parties parfaitement distinctes : les strophes en refrain expriment le travail qui se fait dans la forge, et entre chacune de ces strophes il y a des vers ravissants sur les circonstances solennelles, ou sur les événements extraordinaires annoncés par les cloches, tels que la naissance, le mariage, la mort, l'incendie, la révolte, etc. On pourrait traduire en français les pensées fortes, les images belles et touchantes qu'inspirent à Schiller les grandes époques de la destinée humaine; mais il est impossible d'imiter noblement les strophes en petits vers, et composées de mots dont le son bizarre et précipité semble faire entendre les coups redoublés et les pas rapides des ouvriers qui dirigent la lave brûlante de l'airain. Peut-on avoir l'idée d'un poëme de ce genre par une traduction en prose? c'est lire la musique au lieu de l'entendre; encore est-il plus aisé de se figurer, par l'imagination, l'effet des instruments que l'on connaît, que les accords et les contrastes d'un rhythme et d'une langue qu'on ignore. Tantôt la brièveté régulière du mètre fait sentir l'activité des forgerons, l'énergie bornée, mais continue, qui s'exerce dans les occupations matérielles; et tantôt, à côté de ce bruit dur et fort, l'on entend les chants aériens de l'enthousiasme et de la mélancolie.

L'originalité de ce poëme est perdue quand on le sépare de l'impression que produisent une mesure de vers habilement choisie, et des rimes qui se répondent comme des échos intelligents que la pensée modifie; et cependant ces effets pittoresques des sons seraient très-hasardés en français. L'ignoble nous menace sans cesse : nous n'avons pas, comme presque tous les autres peuples, deux langues, celle de la prose et celle des vers; et il en est des mots comme des personnes, là où les rangs sont confondus, la familiarité est dangereuse.

Une autre pièce de Schiller, *Cassandre*, pourrait plus facilement se traduire en français, quoique le langage poétique y soit d'une grande hardiesse. Cassandre, au moment où la fête des noces de Polyxène avec Achille va commencer, est saisie par le pressentiment des malheurs qui résulteront de cette fête : elle se promène triste et sombre dans les bois d'Apollon, et se plaint de connaître l'avenir qui trouble toutes les jouissances. On voit dans cette ode le mal que fait éprouver à un être mortel la prescience d'un dieu. La douleur de la prophétesse n'est-elle pas ressentie par tous ceux dont l'esprit est supérieur et le caractère passionné ? Schiller a su montrer, sous une forme toute poétique, une grande idée morale : c'est que le véritable génie, celui du sentiment, est victime de lui-même, quand il ne le serait pas des autres. Il n'y a point d'hymen pour Cassandre, non qu'elle soit insensible, non qu'elle soit dédaignée ; mais son âme pénétrante dépasse en peu d'instants et la vie et la mort, et ne se reposera que dans le ciel.

Je ne finirais point si je voulais parler de toutes les poésies de Schiller, qui renferment des pensées et des beautés nouvelles. Il a fait sur le départ des Grecs, après la prise de Troie, un hymne qu'on pourrait croire d'un poëte d'alors, tant la couleur du temps y est fidèlement observée. J'examinerai, sous le rapport de l'art dramatique, le talent admirable des Allemands pour se transporter dans les siècles, dans les pays, dans les caractères les plus différents du leur : superbe faculté, sans laquelle les personnages qu'on met en scène ressemblent à des marionnettes qu'un même fil remue, et qu'une même voix, celle de l'auteur, fait parler. Schiller mérite surtout d'être admiré comme poëte dramatique : Goethe est tout seul au premier rang, dans l'art de composer des élégies, des romances, des stances, etc. ; ses poésies détachées ont un mérite très-différent de celles de Voltaire. Le poëte français a su mettre en vers l'esprit de la société la plus brillante ; le poëte allemand réveille dans l'âme, par quelques traits rapides, des impressions solitaires et profondes.

Goethe, dans ce genre d'ouvrages, est naturel au suprême degré ; non-seulement il est naturel quand il parle d'après ses propres impressions, mais aussi quand il se transporte dans des pays, des mœurs et des situations toutes nouvelles ; sa poésie prend facilement la couleur des contrées étrangères ; il saisit avec un talent unique ce qui plaît dans les chansons nationales de chaque peuple ;

il devient, quand il le veut, un Grec, un Indien, un Morlaque. Nous avons souvent parlé de ce qui caractérise les poëtes du Nord, la mélancolie et la méditation : Goethe, comme tous les hommes de génie, réunit en lui d'étonnants contrastes ; on retrouve dans ses poésies beaucoup de traces du caractère des habitants du Midi ; il est plus en train de l'existence que les Septentrionaux ; il sent la nature avec plus de vigueur et de sérénité ; son esprit n'en a pas moins de profondeur, mais son talent a plus de vie ; on y trouve un certain genre de naïveté qui réveille à la fois le souvenir de la simplicité antique et de celle du moyen âge : ce n'est pas la naïveté de l'innocence, c'est celle de la force. On aperçoit dans les poésies de Goethe qu'il dédaigne une foule d'obstacles, de convenances, de critiques et d'observations qui pourraient lui être opposées : il suit son imagination où elle le mène, et un certain orgueil en masse l'affranchit des scrupules de l'amour-propre. Goethe est en poésie un artiste puissamment maître de la nature, et plus admirable encore quand il n'achève pas ses tableaux ; car ses esquisses renferment toutes le germe d'une belle fiction : mais ses fictions terminées ne supposent pas toujours une heureuse esquisse.

Dans ses élégies, composées à Rome, il ne faut pas chercher des descriptions de l'Italie ; Goethe ne fait presque jamais ce qu'on attend de lui, et quand il y a de la pompe dans une idée, elle lui déplaît ; il veut produire de l'effet par une route détournée, et comme à l'insu de l'auteur et du lecteur. Ses élégies peignent l'effet de l'Italie sur toute son existence, cette ivresse du bonheur, dont un beau ciel le pénètre. Il raconte ses plaisirs, même les plus vulgaires, à la manière de Properce, et de temps en temps quelques beaux souvenirs de la ville maîtresse du monde donnent à l'imagination un élan d'autant plus vif qu'elle n'y était pas préparée.

Une fois il raconte comment il rencontra, dans la campagne de Rome, une jeune femme qui allaitait son enfant, assise sur un débris de colonne antique : il voulut la questionner sur les ruines dont sa cabane était environnée ; elle ignorait ce dont il lui parlait ; tout entière aux affections dont son âme était remplie, elle aimait, et le moment présent existait seul pour elle.

On lit dans un auteur grec, qu'une jeune fille, habile dans l'art de tresser les fleurs, lutta contre son amant Pausias qui savait les peindre. Goethe a composé sur ce sujet une idylle charmante. L'auteur de cette idylle est aussi celui de Werther. Depuis le sentiment qui donne de la grâce, jusqu'au désespoir qui exalte le génie, Goethe a parcouru toutes les nuances de l'amour.

Après s'être fait Grec dans Pausias, Goethe nous conduit en Asie, par une romance pleine de charmes, *la Bayadère*. Un dieu de l'Inde (Mahadoeh) se revêt de la forme mortelle, pour juger des peines et des plaisirs des hommes, après les avoir éprouvés. Il voyage à travers l'Asie, observe les grands et le peuple; et comme un soir, au sortir d'une ville, il se promène sur les bords du Gange, une bayadère l'arrête, et l'engage à se reposer dans sa demeure. Il y a tant de poésie, une couleur si orientale, dans la peinture des danses de cette bayadère, des parfums et des fleurs dont elle s'entoure, qu'on ne peut juger d'après nos mœurs un tableau qui leur est tout à fait étranger. Le dieu de l'Inde inspire un amour véritable à cette femme égarée, et, touché du retour vers le bien qu'une affection sincère doit toujours inspirer, il veut épurer l'âme de la bayadère par l'épreuve du malheur.

A son réveil elle trouve son amant mort à ses côtés : les prêtres de Brama emportent le corps sans vie que le bûcher doit consumer. La bayadère veut s'y précipiter avec celui qu'elle aime; mais les prêtres la repoussent, parce que, n'étant pas son épouse, elle n'a pas le droit de mourir avec lui. La bayadère, après avoir ressenti toutes les douleurs de l'amour et de la honte, se précipite dans le bûcher malgré les brames. Le dieu la reçoit dans ses bras; il s'élance hors des flammes, et porte au ciel l'objet de sa tendresse qu'il a rendu digne de son choix.

Zelter, un musicien original, a mis sur cette romance un air tour à tour voluptueux et solennel, qui s'accorde singulièrement bien avec les paroles. Quand on l'entend, on se croit au milieu de l'Inde et de ses merveilles; et qu'on ne dise pas qu'une romance est un poëme trop court pour produire un tel effet. Les premières notes d'un air, les premiers vers d'un poëme, transportent l'imagination dans la contrée et dans le siècle qu'on veut peindre; mais si quelques mots ont cette puissance, quelques mots aussi peuvent détruire l'enchantement. Les sorciers jadis faisaient ou empêchaient les prodiges, à l'aide de quelques paroles magiques. Il en est de même du poëte; il peut évoquer le passé ou faire reparaître le présent, selon qu'il se sert d'expressions conformes ou non au temps ou au pays qu'il chante, selon qu'il observe ou néglige les couleurs locales, et ces petites circonstances ingénieusement inventées, qui exercent l'esprit,

dans la fiction comme dans la réalité, à découvrir la vérité sans qu'on vous la dise.

Une autre romance de Goethe produit un effet délicieux par les moyens les plus simples : c'est *le Pêcheur*. Un pauvre homme s'assied sur le bord d'un fleuve, un soir d'été; et, tout en jetant sa ligne, il contemple l'eau claire et limpide qui vient baigner doucement ses pieds nus. La nymphe de ce fleuve l'invite à s'y plonger; elle lui peint les délices de l'onde pendant la chaleur, le plaisir que le soleil trouve à se rafraîchir la nuit dans la mer, le calme de la lune, quand ses rayons se reposent et s'endorment au sein des flots; enfin, le pêcheur, attiré, séduit, entraîné, s'avance vers la nymphe, et disparaît pour toujours. Le fond de cette romance est peu de chose; mais ce qui est ravissant, c'est l'art de faire sentir le pouvoir mystérieux que peuvent exercer les phénomènes de la nature. On dit qu'il y a des personnes qui découvrent les sources cachées sous la terre, par l'agitation nerveuse qu'elles leur causent : on croit souvent reconnaître dans la poésie allemande ces miracles de la sympathie entre l'homme et les éléments. Le poëte allemand comprend la nature, non pas seulement en poëte, mais en frère; et l'on dirait que des rapports de famille lui parlent pour l'air, l'eau, les fleurs, les arbres, enfin pour toutes les beautés primitives de la création.

Il n'est personne qui n'ait senti l'attrait indéfinissable que les vagues font éprouver, soit par le charme de la fraîcheur, soit par l'ascendant qu'un mouvement uniforme et perpétuel pourrait prendre insensiblement sur une existence passagère et périssable. La romance de Goethe exprime admirablement le plaisir toujours croissant qu'on trouve à considérer les ondes pures d'un fleuve : le balancement du rhythme et de l'harmonie imite celui des flots, et produit sur l'imagination un effet analogue. L'âme de la nature se fait connaître à nous de toutes parts et sous mille formes diverses. La campagne fertile, comme les déserts abandonnés, la mer, comme les étoiles, sont soumises aux mêmes lois; et l'homme renferme en lui-même des sensations, des puissances occultes qui correspondent avec le jour, avec la nuit, avec l'orage : c'est cette alliance secrète de notre être avec les merveilles de l'univers qui donne à la poésie sa véritable grandeur. Le poëte sait rétablir l'unité du monde physique avec le monde moral : son imagination forme un lien entre l'un et l'autre.

Plusieurs pièces de Goethe sont remplies de gaieté; mais on y trouve rarement le genre de plaisanterie auquel nous sommes accoutumés : il est plutôt frappé par les images que par les ridicules; il saisit avec un instinct singulier l'originalité des animaux, toujours nouvelle et toujours la même. *La Ménagerie de Lily, le Chant de noce dans le vieux château*, peignent ces animaux, non comme des hommes, à la manière de la Fontaine, mais comme des créatures bizarres dans lesquelles la nature s'est égayée. Goethe sait aussi trouver dans le merveilleux une source de plaisanteries d'autant plus aimables, qu'aucun but sérieux ne s'y fait apercevoir.

Une chanson intitulée *l'Élève du Sorcier* mérite d'être citée sous ce rapport. Le disciple d'un sorcier a entendu son maître murmurer quelques paroles magiques, à l'aide desquelles il se fait servir par un manche à balai : il les retient, et commande au balai d'aller lui chercher de l'eau à la rivière pour laver sa maison. Le balai part et revient, apporte un seau, puis un autre, puis un autre encore, et toujours ainsi sans discontinuer. L'élève voudrait l'arrêter, mais il a oublié les mots dont il faut se servir pour cela : le manche à balai, fidèle à son office, va toujours à la rivière, et toujours y puise de l'eau, dont il arrose et bientôt submergera la maison. L'élève, dans sa fureur, prend une hache et coupe en deux le manche à balai : alors les deux morceaux du bâton deviennent deux domestiques au lieu d'un, et vont chercher de l'eau et la répandent à l'envi dans les appartements avec plus de zèle que jamais. L'élève a beau dire des injures à ces stupides bâtons, ils agissent sans relâche; et la maison eût été perdue si le maître ne fût pas arrivé à temps pour secourir l'élève, en se moquant de sa ridicule présomption. L'imitation maladroite des grands secrets de l'art est très-bien peinte dans cette petite scène.

Il nous reste à parler de la source inépuisable des effets poétiques en Allemagne, la terreur : les revenants et les sorciers plaisent au peuple comme aux hommes éclairés : c'est un reste de la mythologie du Nord; c'est une disposition qu'inspirent assez naturellement les longues nuits des climats septentrionaux : et d'ailleurs, quoique le christianisme combatte toutes les craintes non fondées, les superstitions populaires ont toujours une analogie quelconque avec la religion dominante. Presque toutes les opinions vraies ont à leur suite une erreur; elle se place dans l'imagination, comme l'ombre à côté de la réalité : c'est un luxe de croyance qui s'attache d'ordinaire à la religion comme à l'histoire; je ne sais pourquoi l'on dédaignerait d'en faire usage. Shakspeare a tiré des effets prodigieux des spectres et de la magie, et la poésie ne saurait être populaire quand elle méprise ce qui exerce un empire irréfléchi sur l'imagination. Le génie et le goût peuvent présider à l'emploi de ces contes : il faut qu'il y ait d'autant plus de talent dans la manière de les traiter, que le fond en est vulgaire; mais peut-être que c'est dans cette réunion seule que consiste la grande puissance d'un poëme. Il est probable que les événements racontés dans l'Iliade et dans l'Odyssée étaient chantés par les nourrices, avant qu'Homère en fît le chef-d'œuvre de l'art.

Bürger est de tous les Allemands celui qui a le mieux saisi cette veine de superstition qui conduit si loin dans le fond du cœur; aussi ses romances sont-elles connues de tout le monde en Allemagne. La plus fameuse de toutes, *Lenore*, n'est pas, je crois, traduite en français, ou du moins il serait bien difficile qu'on pût en exprimer tous les détails, ni par notre prose, ni par nos vers. Une jeune fille s'effraye de n'avoir point de nouvelles de son amant, parti pour l'armée; la paix se fait; tous les soldats retournent dans leurs foyers. Les mères retrouvent leurs fils, les sœurs leurs frères, les époux leurs épouses; les trompettes guerrières accompagnent les chants de la paix, et la joie règne dans tous les cœurs. Lenore parcourt en vain les rangs des guerriers; elle n'y voit point son amant; nul ne peut lui dire ce qu'il est devenu. Elle se désespère : sa mère voudrait la calmer; mais le jeune cœur de Lenore se révolte contre la douleur; et, dans son égarement, elle renie la Providence. Au moment où le blasphème est prononcé, l'on sent dans l'histoire quelque chose de funeste, et dès cet instant l'âme est constamment ébranlée.

A minuit, un chevalier s'arrête à la porte de Lenore : elle entend le hennissement du cheval et le cliquetis des éperons : le chevalier frappe; elle descend et reconnaît son amant. Il lui demande de le suivre à l'instant, car il n'a pas un moment à perdre, dit-il, avant de retourner à l'armée. Elle s'élance; il la place derrière lui sur son cheval, et part avec la promptitude de l'éclair. Il traverse au galop, pendant la nuit; des pays arides et déserts; la jeune fille est pénétrée de terreur, et lui demande sans cesse raison de la rapidité de sa course; le chevalier presse encore plus les pas de son cheval par ses cris sombres et sourds, et prononce à voix basse ces mots : *Les morts vont vite, les morts vont vite.* Lenore lui répond : *Ah! laisse en paix les morts!* Mais toutes les fois qu'elle lui adresse des questions inquiètes, il lui répète les mêmes paroles funestes.

En approchant de l'église où il la menait, disait-il, pour s'unir avec elle, l'hiver et les frimas semblent changer la nature elle-même en un affreux présage : des prêtres portent en pompe un cercueil, et leur robe noire traîne lentement sur la neige, linceul de la terre; l'effroi de la jeune fille augmente, et toujours son amant la rassure avec un mélange d'ironie et d'insouciance qui fait frémir. Tout ce qu'il dit est prononcé avec une précipitation monotone, comme si déjà, dans son langage, l'on ne sentait plus l'accent de la vie; il lui promet de la conduire dans la demeure étroite et silencieuse où leurs noces doivent s'accomplir. On voit de loin le cimetière, à côté de la porte de l'église : le chevalier frappe à cette porte, elle s'ouvre; il s'y précipite avec son cheval, qu'il fait passer au milieu des pierres funéraires; alors le chevalier perd par degrés l'apparence d'un être vivant; il se change en squelette, et la terre s'entr'ouvre pour engloutir sa maîtresse et lui.

Je ne me suis assurément pas flattée de faire connaître, par ce récit abrégé, le mérite étonnant de cette romance : toutes les images, tous les bruits, en rapport avec la situation de l'âme, sont merveilleusement exprimés par la poésie : les syllabes, les rimes, tout l'art des paroles et de leurs sons est employé pour exciter la terreur. La rapidité des pas du cheval semble plus solennelle et plus lugubre que la lenteur même d'une marche funèbre. L'énergie avec laquelle le chevalier hâte sa course, cette pétulance de la mort cause un trouble inexprimable; et l'on se croit emporté par le fantôme, comme la malheureuse qu'il entraîne avec lui dans l'abîme.

Il y a quatre traductions de la romance de Lenore en anglais; mais la première de toutes, sans comparaison, c'est celle de M. Spencer, le poëte anglais qui connaît le mieux le véritable esprit des langues étrangères. L'analogie de l'anglais avec l'allemand permet d'y faire sentir en entier l'originalité du style et de la versification de Bürger; et non-seulement on peut retrouver dans la traduction les mêmes idées que dans l'original, mais aussi les mêmes sensations; et rien n'est plus nécessaire pour connaître un ouvrage des beaux-arts. Il serait difficile d'obtenir le même résultat en français, où rien de bizarre n'est naturel.

Bürger a fait une autre romance moins célèbre, mais aussi très-originale, intitulée : *le féroce Chasseur*. Suivi de ses valets et de sa meute nombreuse, il part pour la chasse un dimanche, au moment où les cloches du village annoncent le service divin. Un chevalier, dont l'armure est blanche, se présente à lui, et le conjure de ne pas profaner

le jour du Seigneur; un autre chevalier, revêtu d'armes noires, lui fait honte de se soumettre à des préjugés qui ne conviennent qu'aux vieillards et aux enfants : le chasseur cède aux mauvaises inspirations; il part, et arrive près du champ d'une pauvre veuve; elle se jette à ses pieds pour le supplier de ne pas dévaster la moisson, en traversant les blés avec sa suite; le chevalier aux armes blanches supplie le chasseur d'écouter là pitié; le chevalier noir se moque de ce puéril sentiment; le chasseur prend la férocité pour de l'énergie, et ses chevaux foulent aux pieds l'espoir du pauvre et de l'orphelin. Enfin, le cerf poursuivi se réfugie dans la cabane d'un vieil ermite; le chasseur veut y mettre le feu pour en faire sortir sa proie; l'ermite embrasse ses genoux, il veut attendrir le furieux qui menace son humble demeure : une dernière fois, le bon génie, sous la forme du chevalier blanc, parle encore; le mauvais génie, sous celle du chevalier noir, triomphe; le chasseur tue l'ermite, et tout à coup il est changé en fantôme, et sa propre meute veut le dévorer. Une superstition populaire a donné lieu à cette romance : l'on prétend qu'à minuit, dans de certaines saisons de l'année, on voit au-dessus de la forêt où cet événement doit s'être passé, un chasseur dans les nuages, poursuivi jusqu'au jour par ses chiens furieux.

Ce qu'il y a de vraiment beau dans cette poésie de Bürger, c'est la peinture de l'ardente volonté du chasseur : elle était d'abord innocente, comme toutes les facultés de l'âme; mais elle se déprave toujours de plus en plus, chaque fois qu'il résiste à sa conscience, et cède à ses passions. Il n'avait d'abord que l'enivrement de la force; il arrive enfin à celui du crime, et la terre ne peut plus le porter. Les bons et les mauvais penchants de l'homme sont très-bien caractérisés par les deux chevaliers blanc et noir; les mots, toujours les mêmes, que le chevalier blanc prononce pour arrêter le chasseur, sont aussi très-ingénieusement combinés. Les anciens et les poëtes du moyen âge ont parfaitement connu l'effroi que cause, dans de certaines circonstances, le retour des mêmes paroles; il semble qu'on réveille ainsi le sentiment de l'inflexible nécessité. Les ombres, les oracles, toutes les puissances surnaturelles, doivent être monotones; ce qui est immuable est uniforme; et c'est un grand art dans certaines fictions, que d'imiter par les paroles la fixité solennelle que l'imagination se représente dans l'empire des ténèbres et de la mort.

On remarque aussi, dans Bürger, une certaine

familiarité d'expressions qui ne nuit point à la dignité de la poésie, et qui en augmente singulièrement l'effet. Quand on parvient à rapprocher de nous la terreur ou l'admiration, sans affaiblir ni l'une ni l'autre, ces sentiments deviennent nécessairement beaucoup plus forts : c'est mêler, dans l'art de peindre, ce que nous voyons tous les jours, à ce que nous ne voyons jamais, et ce qui nous est connu nous fait croire à ce qui nous étonne.

Goethe s'est essayé aussi dans ces sujets, qui effrayent à la fois les enfants et les hommes; mais il y a mis des vues profondes, et qui donnent pour longtemps à penser. Je vais tâcher de rendre compte de celle de ses poésies de revenants; la *Fiancée de Corinthe*, qui a le plus de réputation en Allemagne. Je ne voudrais assurément défendre en aucune manière ni le but de cette fiction, ni la fiction en elle-même; mais il me semble difficile de n'être pas frappé de l'imagination qu'elle suppose.

Deux amis, l'un d'Athènes et l'autre de Corinthe, ont résolu d'unir ensemble leur fils et leur fille. Le jeune homme part pour aller voir à Corinthe celle qui lui est promise, et qu'il ne connaît pas encore : c'était au moment où le christianisme commençait à s'établir. La famille de l'Athénien a gardé son ancienne religion; celle du Corinthien adopte la croyance nouvelle; et la mère, pendant une longue maladie, a consacré sa fille aux autels. La sœur cadette est destinée à remplacer sa sœur aînée qu'on a faite religieuse.

Le jeune homme arrive tard dans la maison; toute la famille est endormie; les valets apportent à souper dans son appartement, et l'y laissent seul; peu de temps après, un hôte singulier entre chez lui; il voit s'avancer jusqu'au milieu de la chambre une jeune fille revêtue d'un voile et d'un habit blanc; le front ceint d'un ruban noir et or, et quand elle aperçoit le jeune homme, elle recule intimidée, et s'écrie, en élevant au ciel ses blanches mains : « Hélas! suis-je donc devenue déjà si étrangère à la maison, dans l'étroite cellule où je suis renfermée, que j'ignore l'arrivée d'un nouvel hôte! »

Elle veut s'enfuir, le jeune homme la retient; il apprend que c'est elle qui lui était destinée pour épouse. Leurs pères avaient juré de les unir; tout autre serment lui paraît nul. « Reste, mon enfant, lui dit-il, reste, et ne sois pas si pâle d'effroi; partage avec moi les dons de Cérès et de Bacchus; tu amènes l'amour, et bientôt nous éprouverons combien nos dieux sont favorables aux plaisirs. » Le jeune homme conjure la jeune fille de se donner à lui

« Je n'appartiens plus à la joie, lui répond-elle, « le dernier pas est accompli; la troupe brillante « de nos dieux a disparu, et dans cette maison si-« lencieuse on n'adore plus qu'un Être invisible « dans le ciel, et qu'un Dieu mourant sur la croix. « On ne sacrifie plus des taureaux, ni des brebis; « mais on m'a choisie pour victime humaine; ma « jeunesse et la nature furent immolées aux au-« tels : éloigne-toi, jeune homme, éloigne-toi; « blanche comme la neige, et glacée comme elle, « est la maîtresse infortunée que ton cœur s'est « choisie. »

A l'heure de minuit, qu'on appelle l'heure des spectres, la jeune fille semble plus à l'aise; elle boit avidement d'un vin couleur de sang, semblable à celui que prenaient les ombres, dans l'Odyssée, pour se retracer leurs souvenirs; mais elle refuse obstinément le moindre morceau de pain; elle donne une chaîne d'or à celui dont elle devait être l'épouse, et lui demande une boucle de ses cheveux; le jeune homme, que ravit la beauté de la jeune fille, la serre dans ses bras avec transport, mais il ne sent point de cœur battre dans son sein; ses membres sont glacés. « N'importe, s'écrie-t-il, je saurai te ranimer, quand le tombeau même t'aurait envoyée vers moi. »

Et alors commence la scène la plus extraordinaire que l'imagination en délire ait pu se figurer; un mélange d'amour et d'effroi, une union redoutable de la mort et de la vie. Il y a comme une volupté funèbre dans ce tableau, où l'amour fait alliance avec la tombe, où la beauté même ne semble qu'une apparition effrayante.

Enfin, la mère arrive, et, convaincue qu'une de ses esclaves s'est introduite chez l'étranger, elle veut se livrer à son juste courroux; mais tout à coup la jeune fille grandit jusqu'à la voûte comme une ombre, et reproche à sa mère d'avoir causé sa mort, en lui faisant prendre le voile. « Oh! ma « mère, s'écrie-t-elle d'une voix sombre, pourquoi « troublez-vous cette belle nuit de l'hymen? n'é-« tait-ce pas assez que, si jeune, vous m'eussiez « fait couvrir d'un linceul, et porter dans le tom-« beau? Une malédiction funeste m'a poussée hors « de ma froide demeure; les chants murmurés par « vos prêtres n'ont pas soulagé mon cœur; le sel « et l'eau n'ont point apaisé ma jeunesse : ah! la « terre elle-même ne refroidit point l'amour.

« Ce jeune homme me fut promis quand le tem-« ple serein de Vénus n'était point encore renversé. « Ma mère, deviez-vous manquer à votre parole, « pour obéir à des vœux insensés? Aucun Dieu « n'a reçu vos serments; quand vous avez juré de

« refuser l'hymen à votre fille. Et toi, beau jeune
« homme, maintenant tu ne peux plus vivre; tu
« languiras dans ces mêmes lieux où tu as reçu
« ma chaîne, où j'ai pris une boucle de ta cheve-
« lure : demain tes cheveux blanchiront, et tu ne
« retrouveras ta jeunesse que dans l'empire des
« ombres.

« Écoute au moins, ma mère, la prière dernière
« que je t'adresse : ordonne qu'un bûcher soit pré-
« paré; fais ouvrir le cercueil étroit qui me ren-
« ferme; conduis les amants au repos à travers
« les flammes; et quand l'étincelle brillera, et
« quand les cendres seront brûlantes, nous nous
« hâterons d'aller ensemble rejoindre nos anciens
« dieux. »

Sans doute un goût pur et sévère doit blâmer
beaucoup de choses dans cette pièce; mais quand
on la lit dans l'original, il est impossible de ne
pas admirer l'art avec lequel chaque mot produit
une terreur croissante : chaque mot indique, sans
l'expliquer, l'horrible merveilleux de cette situation. Une histoire, dont rien ne peut donner l'idée,
est peinte avec des détails frappants et naturels,
comme s'il s'agissait de quelque chose qui fût arrivé; et la curiosité est constamment excitée, sans
qu'on voulût sacrifier une seule circonstance pour
qu'elle fût plus tôt satisfaite.

Néanmoins cette pièce est la seule, parmi les
poésies détachées des auteurs célèbres de l'Allemagne, contre laquelle le goût français eût quelque chose à redire : dans toutes les autres, les
deux nations paraissent d'accord. Le poëte Jacobi
a presque dans ses vers le piquant et la légèreté
de Gresset. Mattisson a donné à la poésie descriptive, dont les traits étaient souvent trop vagues,
le caractère d'un tableau aussi frappant par le coloris que par la ressemblance. Le charme pénétrant des poésies de Salis fait aimer leur auteur,
comme si l'on était de ses amis. Tiedge est un
poëte moral et pur, dont les écrits portent à l'âme
au sentiment le plus religieux. Enfin, une foule de
poëtes devraient encore être cités, s'il était possible d'indiquer tous les noms dignes de louange,
dans un pays où la poésie est si naturelle à tous
les esprits cultivés.

A. W. Schlegel, dont les opinions littéraires ont
fait tant de bruit en Allemagne, ne se permet pas
dans ses poésies la moindre expression, la moindre nuance que la théorie du goût le plus sévère
pût attaquer. Ses élégies sur la mort d'une jeune
personne, ses stances sur l'union de l'Église avec
les beaux-arts, son élégie sur Rome, sont écrites
avec la délicatesse et la noblesse la plus soutenue.

On n'en pourra juger que bien imparfaitement
par les deux exemples que je vais citer; ils servi-
ront du moins à faire connaître le caractère de ce
poëte. L'idée du sonnet l'Attachement à la terre
m'a paru pleine de charme.

« Souvent l'âme, fortifiée par la contemplation
« des choses divines, voudrait déployer ses ailes
« vers le ciel. Dans le cercle étroit qu'elle par-
« court, son activité lui semble vaine, et sa science
« du délire; un désir invincible la presse de s'élan-
« cer vers des régions élevées, vers des sphères
« plus libres; elle croit qu'au terme de sa carrière
« un rideau va se lever pour lui découvrir des
« scènes de lumière; mais quand la mort touche
« son corps périssable, elle jette un regard en ar-
« rière, vers les plaisirs terrestres et vers ses
« compagnes mortelles. Ainsi, lorsque jadis Pro-
« serpine fut enlevée dans les bras de Pluton, loin
« des prairies de la Sicile, enfantine dans ses
« plaintes, elle pleurait pour les fleurs qui s'é-
« chappaient de son sein. »

La pièce de vers suivante doit perdre encore
plus à la traduction que le sonnet; elle est intitulée Mélodies de la vie : le cygne y est mis en
opposition avec l'aigle, l'un comme l'emblème de
l'existence contemplative, l'autre comme l'image
de l'existence active : le rhythme du vers change
quand le cygne parle et quand l'aigle lui répond,
et les chants de tous les deux sont pourtant renfermés dans la même stance où la rime les réunit :
les véritables beautés de l'harmonie se trouvent
aussi dans cette pièce, non l'harmonie imitative,
mais la musique intérieure de l'âme. L'émotion la
trouve sans réfléchir, et le talent qui réfléchit en
fait de la poésie.

« Le cygne : Ma vie tranquille se passe sur les
« ondes, elle n'y trace que de légers sillons qui se
« perdent au loin, et les flots à peine agités répètent,
« comme un miroir pur, mon image sans l'al-
« térer.

« L'aigle : Les rochers escarpés sont ma de-
« meure; je plane dans les airs au milieu de l'orage;
« à la chasse, dans les combats, dans les dangers,
« je me fie à mon vol audacieux.

« Le cygne : L'azur du ciel serein me réjouit,
« le parfum des plantes m'attire doucement vers
« le rivage, quand au coucher du soleil je balance
« mes ailes blanches sur les vagues pourprées.

« L'aigle : Je triomphe dans la tempête, quand
« elle déracine les chênes des forêts, et je demande
« au tonnerre si c'est avec plaisir qu'il anéantit.

« Le cygne : Invité par le regard d'Apollon, j'ose
« aussi me baigner dans les flots de l'harmonie;

« et, reposant à ses pieds, j'écoute les chants qui
« retentissent dans la vallée de Tempé.

« *L'aigle :* Je réside sur le trône même de Ju-
« piter; il me fait signe, et je vais lui chercher la
« foudre; et pendant mon sommeil, mes ailes ap-
« pesanties couvrent le sceptre du souverain de
« l'univers.

« *Le cygne :* Mes regards prophétiques contem-
« plent souvent les étoiles et la voûte azurée qui
« se réfléchit dans les flots, et le regret le plus
« intime m'appelle vers ma patrie, dans le pays
« des cieux.

« *L'aigle :* Dès mes jeunes années, c'est avec
« délices que dans mon vol j'ai fixé le soleil im-
« mortel; je ne puis m'abaisser à la poussière ter-
« restre, je me sens l'allié des dieux.

« *Le cygne :* Une douce vie cède volontiers à la
« mort; quand elle viendra me dégager de mes
« liens, et rendre à ma voix sa mélodie, mes chants,
« jusqu'à mon dernier souffle, célébreront l'instant
« solennel.

« *L'aigle :* L'âme, comme un phénix brillant,
« s'élève du bûcher, libre et dévoilée; elle salue sa
« destinée divine; le flambeau de la mort la rejeunit[1].

C'est une chose digne d'être observée, que le
goût des nations, en général, diffère bien plus
dans l'art dramatique que dans toute autre branche
de la littérature. Nous analyserons les motifs de
ces différences dans les chapitres suivants; mais
avant d'entrer dans l'examen du théâtre allemand,
quelques observations générales sur le goût me
semblent nécessaires. Je ne le considérerai pas
abstraitement comme une faculté intellectuelle;
plusieurs écrivains, et Montesquieu en particulier,
ont épuisé ce sujet. J'indiquerai seulement pourquoi le goût en littérature est compris d'une manière différente par les Français et par les nations
germaniques.

CHAPITRE XIV.

Du goût.

Ceux qui se croient du goût en sont plus orgueilleux que ceux qui se croient du génie. Le goût est
en littérature comme le bon ton en société; on le
considère comme une preuve de la fortune, de la
naissance, ou du moins des habitudes qui tiennent
à toutes les deux, tandis que le génie peut naître
dans la tête d'un artisan qui n'aurait jamais eu de
rapport avec la bonne compagnie. Dans tout pays

[1] Chez les anciens, l'aigle qui s'envolait du bûcher, était
l'emblème de l'immortalité de l'âme, et souvent même de
l'apothéose.

où il y aura de la vanité, le goût sera mis au premier rang, parce qu'il sépare les classes, et qu'il
est un signe de ralliement entre tous les individus
de la première. Dans tous les pays où s'exercera
la puissance du ridicule, le goût sera compté comme
l'un des premiers avantages, car il sert surtout à
connaître ce qu'il faut éviter. Le tact des convenances est une partie du goût, et c'est une arme
excellente pour parer les coups, entre les divers
amours-propres; enfin, il peut arriver qu'une nation entière se place en aristocratie de bon goût,
par rapport aux autres, et qu'elle soit ou qu'elle
se croie la seule bonne compagnie de l'Europe; et
c'est ce qui peut s'appliquer à la France, où l'esprit
de société régnait si éminemment, qu'elle avait
quelque excuse pour cette prétention.

Mais le goût, dans son application aux beaux-
arts, diffère singulièrement du goût dans son application aux convenances sociales : lorsqu'il s'agit
de forcer les hommes à nous accorder une considération éphémère comme notre vie, ce qu'on ne
fait pas est au moins aussi nécessaire que ce qu'on
fait; car le grand monde est si facilement hostile,
qu'il faut des agréments bien extraordinaires pour
qu'ils compensent l'avantage de ne donner prise
sur soi à personne : mais le goût en poésie tient
à la nature, et doit être créateur comme elle; les
principes de ce goût sont donc tout autres que ceux
qui dépendent des relations de la société.

C'est la confusion de ces deux genres qui est la
cause des jugements si opposés en littérature; les
Français jugent les beaux-arts comme des convenances, et les Allemands les convenances comme
des beaux-arts : dans les rapports avec la société
il faut se défendre, dans les rapports avec la poésie
il faut se livrer. Si vous considérez tout en homme
du monde, vous ne sentirez point la nature; si
vous considérez tout en artiste, vous manquerez
du tact que la société seule peut donner. S'il ne
faut transporter dans les arts que l'imitation de
la bonne compagnie, les Français seuls en sont
vraiment capables; mais plus de latitude dans la
composition est nécessaire pour remuer fortement
l'imagination et l'âme. Je sais qu'on peut m'objecter avec raison que nos trois grands tragiques,
sans manquer aux règles établies, se sont élevés à
la plus sublime hauteur. Quelques hommes de
génie, ayant à moissonner dans un champ tout
nouveau, ont su se rendre illustres, malgré les
difficultés qu'ils avaient à vaincre; mais la cessa-
tion des progrès de l'art, depuis eux, n'est-elle
pas une preuve qu'il y a trop de barrières dans la
route qu'ils ont suivie?

« Le bon goût en littérature est, à quelques
« égards, comme l'ordre sous le despotisme; il im-
« porte d'examiner à quel prix on l'achète [1]. » *En
politique*, disait M. Necker, *il faut toute la liberté
qui est conciliable avec l'ordre.* Je retournerais
la maxime, en disant : Il faut, en littérature, tout
le goût qui est conciliable avec le génie : car si
l'important dans l'état social, c'est le repos, l'important dans la littérature, au contraire, c'est
l'intérêt, le mouvement, l'émotion, dont le goût
à lui tout seul est souvent l'ennemi.

On pourrait proposer un traité de paix entre
les façons de juger, artistes et mondaines, des
Allemands et des Français. Les Français devraient
s'abstenir de condamner, même une faute de convenance, si elle avait pour excuse une pensée forte
ou un sentiment vrai. Les Allemands devraient
s'interdire tout ce qui offense le goût naturel,
tout ce qui retrace des images que les sensations
repoussent : aucune théorie philosophique, quelque ingénieuse qu'elle soit, ne peut aller contre
les répugnances des sensations, comme aucune poétique des convenances ne saurait empêcher les
émotions involontaires. Les écrivains allemands
les plus spirituels auraient beau soutenir que, pour
comprendre la conduite des filles du roi Lear envers leur père, il faut montrer la barbarie des
temps dans lesquels elles vivaient, et tolérer que
le duc de Cornouaille, excité par Régane, écrase
avec son talon, sur le théâtre, l'œil de Glocester;
notre imagination se révoltera toujours contre ce
spectacle, et demandera qu'on arrive à de grandes
beautés par d'autres moyens. Mais les Français
aussi dirigeraient toutes leurs critiques littéraires
contre la prédiction des sorcières de Macbeth,
l'apparition de l'ombre de Banquo, etc., qu'on
n'en serait pas moins ébranlé jusqu'au fond de
l'âme, par les terribles effets qu'ils voudraient
proscrire.

On ne saurait enseigner le bon goût dans les
arts, comme le bon ton en société; car le bon ton
sert à cacher ce qui nous manque, tandis qu'il faut
avant tout, dans les arts, un esprit créateur : le
bon goût ne peut tenir lieu du talent en littérature,
car la meilleure preuve de goût, lorsqu'on n'a pas
de talent, serait de ne point écrire. Si l'on osait
le dire, peut-être trouverait-on qu'en France il y
a maintenant trop de freins pour des coursiers si
peu fougueux, et qu'en Allemagne beaucoup d'indépendance littéraire ne produit pas encore des
résultats assez brillants.

[1] Supprimé par la censure.

CHAPITRE XV

De l'art dramatique.

Le théâtre exerce beaucoup d'empire sur les
hommes; une tragédie qui élève l'âme, une comédie qui peint les mœurs et les caractères, agissent sur l'esprit d'un peuple presque comme un
événement réel; mais pour obtenir un grand succès
sur la scène, il faut avoir étudié le public auquel
on s'adresse, et les motifs de toute espèce sur lesquels son opinion se fonde. La connaissance des
hommes est aussi nécessaire que l'imagination
même à un auteur dramatique; il doit atteindre
aux sentiments d'un intérêt général, sans perdre
de vue les rapports particuliers qui influent sur
les spectateurs; c'est la littérature en action,
qu'une pièce de théâtre, et le génie qu'elle exige
n'est si rare, que parce qu'il se compose de l'étonnante réunion du tact des circonstances et de l'inspiration poétique. Rien ne serait donc plus absurde
que de vouloir à cet égard imposer à toutes les
nations le même système; quand il s'agit d'adapter
l'art universel au goût de chaque pays, l'art immortel aux mœurs du temps, des modifications
très-importantes sont inévitables; et de là viennent
tant d'opinions diverses sur ce qui constitue le
talent dramatique; dans toutes les autres branches
de la littérature, on est plus facilement d'accord.

On ne peut nier, ce me semble, que les Français
ne soient la nation du monde la plus habile dans
la combinaison des effets du théâtre; ils l'emportent
aussi sur toutes les autres par la dignité des situations et du style tragique. Mais, tout en reconnaissant cette double supériorité, on peut éprouver
des émotions plus profondes par des ouvrages
moins bien ordonnés; la conception des pièces
étrangères est quelquefois plus frappante et plus
hardie, et souvent elle renferme je ne sais quelle
puissance qui parle plus intimement à notre cœur,
et touche de plus près aux sentiments qui nous ont
personnellement agités.

Comme les Français s'ennuient facilement, ils
évitent les longueurs en toutes choses. Les Allemands, en allant au théâtre, ne sacrifient d'ordinaire qu'une triste partie de jeu, dont les chances
monotones remplissent à peine les heures; ils ne
demandent donc pas mieux que de s'établir tranquillement au spectacle, et de donner à l'auteur
tout le temps qu'il veut pour préparer les événements et développer les personnages : l'impatience
française ne tolère pas cette lenteur.

Les pièces allemandes ressemblent d'ordinaire

aux tableaux des anciens peintres : les physionomies sont belles, expressives, recueillies; mais toutes les figures sont sur le même plan, quelquefois confuses, ou quelquefois placées l'une à côté de l'autre, comme dans les bas-reliefs, sans être réunies en groupes aux yeux des spectateurs. Les Français pensent, avec raison, que le théâtre, comme la peinture, doit être soumis aux lois de la perspective. Si les Allemands étaient habiles dans l'art dramatique, ils le seraient aussi dans tout le reste; mais en aucun genre ils ne sont capables même d'une adresse innocente : leur esprit est pénétrant en ligne droite, les choses belles d'une manière absolue sont de leur domaine; mais les beautés relatives, celles qui tiennent à la connaissance des rapports et à la rapidité des moyens, ne sont pas d'ordinaire du ressort de leurs facultés.

Il est singulier qu'entre ces deux peuples les Français soient celui qui exige la gravité la plus soutenue dans le ton de la tragédie; mais c'est précisément parce que les Français sont plus accessibles à la plaisanterie qu'ils ne veulent pas y donner lieu, tandis que rien ne dérange l'imperturbable sérieux des Allemands : c'est toujours dans son ensemble qu'ils jugent une pièce de théâtre, et ils attendent, pour la blâmer comme pour l'applaudir, qu'elle soit finie. Les impressions des Français sont plus promptes; et c'est en vain qu'on les préviendrait qu'une scène comique est destinée à faire ressortir une situation tragique; ils se moqueraient de l'une, sans attendre l'autre; chaque détail doit être pour eux aussi intéressant que le tout : ils ne font pas crédit d'un moment au plaisir qu'ils attendent des beaux-arts.

La différence du théâtre français et du théâtre allemand peut s'expliquer par celle du caractère des deux nations; mais il se joint à ces différences naturelles des oppositions systématiques dont il importe de connaître la cause. Ce que j'ai déjà dit sur la poésie classique et romantique s'applique aussi aux pièces de théâtre. Les tragédies puisées dans la mythologie sont d'une tout autre nature que les tragédies historiques; les sujets tirés de la Fable étaient si connus, l'intérêt qu'ils inspiraient était si universel, qu'il suffisait de les indiquer pour frapper d'avance l'imagination. Ce qu'il y a d'éminemment poétique dans les tragédies grecques, l'intervention des dieux et l'action de la fatalité, rend leur marche beaucoup plus facile; le détail des motifs, le développement des caractères, la diversité des faits, deviennent moins nécessaires, quand l'événement est expliqué par une puissance surnaturelle; le miracle abrége tout. Aussi l'action

de la tragédie, chez les Grecs, est-elle d'une étonnante simplicité; la plupart des événements sont prévus et même annoncés dès le commencement : c'est une cérémonie religieuse qu'une tragédie grecque. Le spectacle se donnait en l'honneur des dieux, et des hymnes, interrompus par des dialogues et des récits, peignaient tantôt les dieux cléments, tantôt les dieux terribles, mais toujours le destin planant sur la vie de l'homme. Lorsque ces mêmes sujets ont été transportés au théâtre français, nos grands poëtes leur ont donné plus de variété; ils ont multiplié les incidents, ménagé les surprises, et resserré le nœud. Il fallait en effet suppléer de quelque manière à l'intérêt national et religieux que les Grecs prenaient à ces pièces, et que nous n'éprouvions pas; toutefois, non contents d'animer les pièces grecques, nous avons prêté aux personnages nos mœurs et nos sentiments, la politique et la galanterie modernes; et c'est pour cela qu'un si grand nombre d'étrangers ne conçoivent pas l'admiration que nos chefs-d'œuvre nous inspirent. En effet, quand on les entend dans une autre langue, quand ils sont dépouillés de la beauté magique du style, on est surpris du peu d'émotion qu'ils produisent, et des inconvénances qu'on y trouve; car ce qui ne s'accorde ni avec le siècle, ni avec les mœurs nationales des personnages que l'on représente, n'est-il pas aussi une inconvenance? et n'y a-t-il pas de ridicule que ce qui ne nous ressemble pas?

Les pièces dont les sujets sont grecs ne perdent rien à la sévérité de nos règles dramatiques; mais si nous voulions goûter, comme les Anglais, le plaisir d'avoir un théâtre historique, d'être intéressés par nos souvenirs, émus par notre religion, comment serait-il possible de se conformer rigoureusement, d'une part, aux trois unités, et de l'autre, au genre de pompe dont on se fait une loi dans nos tragédies?

C'est une question si rabattue que celle des trois unités, qu'on n'ose presque pas en reparler; mais de ces trois unités, il n'y en a qu'une d'importante, celle de l'action, et l'on ne peut jamais considérer les autres que comme lui étant subordonnées. Or, si la vérité de l'action perd à la nécessité puérile de ne pas changer de lieu, et de se borner à vingt-quatre heures, imposer cette nécessité, c'est soumettre le génie dramatique à une gêne dans le genre de celle des acrostiches, gêne qui sacrifie le fond de l'art à sa forme.

Voltaire est celui de nos grands poëtes tragiques qui a le plus souvent traité des sujets modernes. Il s'est servi, pour émouvoir, du christianisme et de la chevalerie; et si l'on est de bonne foi, l'on conviendra, ce me semble, qu'*Alzire, Zaïre et Tancrède* font verser plus de larmes que tous les chefs-d'œuvre grecs et romains de notre théâtre. Dubelloy, avec un talent bien subalterne, est pourtant parvenu à réveiller des souvenirs français sur la scène française; et, quoiqu'il ne sût point écrire, on éprouve, par ses pièces, un intérêt semblable à celui que les Grecs devaient ressentir quand ils voyaient représenter devant eux les faits de leur histoire. Quel parti le génie ne peut-il pas tirer de cette disposition? Et cependant il n'est presque point d'événements qui datent de notre ère, dont l'action puisse se passer ou dans un même jour, ou dans un même lieu; la diversité des faits qu'entraîne un ordre social plus compliqué, les délicatesses de sentiment qu'inspire une religion plus tendre, enfin, la vérité de mœurs, qu'on doit observer dans les tableaux plus rapprochés de nous, exigent une grande latitude dans les compositions dramatiques.

On peut citer un exemple récent de ce qu'il en coûte pour se conformer, dans les sujets tirés de l'histoire moderne, à notre orthodoxie dramatique. *Les Templiers* de M. Raynouard sont certainement l'une des pièces les plus dignes de louange qui aient paru depuis longtemps; cependant, qu'y a-t-il de plus étrange que la nécessité où l'auteur s'est trouvé, de représenter l'ordre des Templiers accusé, jugé, condamné et brûlé, le tout dans vingt-quatre heures? Les tribunaux révolutionnaires allaient vite; mais quelle que fût leur atroce bonne volonté, ils ne seraient jamais parvenus à marcher aussi rapidement qu'une tragédie française. Je pourrais montrer les inconvénients de l'unité de temps avec non moins d'évidence, dans presque toutes nos tragédies tirées de l'histoire moderne; mais j'ai choisi la plus remarquable de préférence, pour faire ressortir ces inconvénients.

L'un des mots les plus sublimes qu'on puisse entendre au théâtre se trouve dans cette noble tragédie. A la dernière scène, l'on raconte que les templiers chantent des psaumes sur leur bûcher; un messager est envoyé pour leur apporter leur grâce, que le roi se détermine à leur accorder;

Mais il n'était plus temps, les chants avaient cessé.

C'est ainsi que le poëte nous apprend que ces généreux martyrs ont enfin péri dans les flammes. Dans quelle tragédie païenne pourrait-on trouver l'expression d'un tel sentiment? et pourquoi les Français seraient-ils privés au théâtre de tout ce qui est vraiment en harmonie avec eux, leurs ancêtres et leur croyance?

Les Français considèrent l'unité de temps et de lieu comme une condition indispensable de l'illusion théâtrale; les étrangers font consister cette illusion dans la peinture des caractères, dans la vérité du langage, et dans l'exacte observation des mœurs du siècle et du pays qu'on veut peindre. Il faut s'entendre sur le mot d'illusion dans les arts : puisque nous consentons à croire que des acteurs séparés de nous par quelques planches sont des héros grecs morts il y a trois mille ans, il est bien certain que ce qu'on appelle l'illusion, ce n'est pas s'imaginer que ce qu'on voit existe véritablement; une tragédie ne peut nous paraître vraie que par l'émotion qu'elle nous cause. Or, si, par la nature des circonstances représentées, le changement de lieu et la prolongation supposée du temps ajoutent à cette émotion, l'illusion en devient plus vive.

On se plaint de ce que les plus belles tragédies de Voltaire, *Zaïre* et *Tancrède*, sont fondées sur des malentendus; mais comment ne pas avoir recours aux moyens de l'intrigue, quand les développements sont censés avoir lieu dans un espace aussi court? l'art dramatique est alors un tour de force; et pour faire passer les plus grands événements à travers tant de gênes, il faut une dextérité semblable à celle des charlatans, qui escamotent aux regards des spectateurs les objets qu'ils leur présentent.

Les sujets historiques se prêtent encore moins que les sujets d'invention aux conditions imposées à nos écrivains : l'étiquette tragique, qui est de rigueur sur notre théâtre, s'oppose souvent aux beautés nouvelles dont les pièces tirées de l'histoire moderne seraient susceptibles.

Il y a dans les mœurs chevaleresques une simplicité de langage, une naïveté de sentiment pleine de charme; mais ni ce charme, ni le pathétique qui résulte du contraste des circonstances communes et des impressions fortes, ne peut être admis dans nos tragédies : elles exigent des situations royales en tout, et néanmoins l'intérêt pittoresque du moyen âge tient à toute cette diversité de scènes et de caractères, dont les romans des troubadours ont fait sortir des effets si touchants.

La pompe des alexandrins est un plus grand obstacle encore que la routine même du bon goût, à tout changement dans la forme et le fond des tragédies françaises : on ne peut dire en vers alexandrins qu'on entre ou qu'on sort, qu'on dort ou qu'on veille, sans qu'il faille chercher pour cela une tournure poétique; et une foule de sentiments et d'effets sont bannis du théâtre, non par les règles de la tragédie, mais par l'exigence même de la versification. Racine est le seul écrivain français qui, dans la scène de Joas avec Athalie, se soit une fois joué de ces difficultés : il a su donner une simplicité aussi noble que naturelle au langage d'un enfant; mais cet admirable effort d'un génie sans pareil n'empêche pas que les difficultés trop multipliées dans l'art ne soient souvent un obstacle aux inventions les plus heureuses.

M. Benjamin Constant, dans la préface si justement admirée qui précède sa tragédie de *Walstein*, a fait observer que les Allemands peignaient les caractères dans leurs pièces, et les Français seulement les passions. Pour peindre les caractères, il faut nécessairement s'écarter du ton majestueux exclusivement admis dans la tragédie française; car il est impossible de faire connaître les défauts et les qualités d'un homme, si ce n'est en le présentant sous divers rapports; le vulgaire, dans la nature, se mêle souvent au sublime, et quelquefois en relève l'effet : enfin, on ne peut se figurer l'action d'un caractère que pendant un espace de temps un peu long, et dans vingt-quatre heures il ne saurait être vraiment question que d'une catastrophe. L'on soutiendra peut-être que les catastrophes conviennent mieux au théâtre que les tableaux nuancés; le mouvement excité par les passions vives plaît à la plupart des spectateurs plus que l'attention qu'exige l'observation du cœur humain. C'est le goût national qui seul peut décider de ces différents systèmes dramatiques; mais il est juste de reconnaître que, si les étrangers conçoivent l'art théâtral autrement que nous, ce n'est ni par ignorance, ni par barbarie, mais d'après des réflexions profondes et qui sont dignes d'être examinées.

Shakspeare, qu'on veut appeler un barbare, a peut-être un esprit trop philosophique, une pénétration trop subtile pour le point de vue de la scène; il juge les caractères avec l'impartialité d'un être supérieur, et les représente quelquefois avec une ironie presque machiavélique; ses compositions ont tant de profondeur, que la rapidité de l'action théâtrale fait perdre une grande partie des idées qu'elles renferment : sous ce rapport, il vaut mieux lire ses pièces que de les voir. A force d'esprit, Shakspeare refroidit souvent l'action, et les Français s'entendent beaucoup mieux à peindre les personnages ainsi que les décorations, avec ces grands traits qui font effet à distance. Quoi! dira-t-on, peut-on reprocher à Shakspeare trop de

finesse dans les aperçus, lui qui se permit des situations si terribles? Shakspeare réunit souvent des qualités et même des défauts contraires; il est quelquefois en deçà, quelquefois en delà de la sphère de l'art; mais il possède encore plus la connaissance du cœur humain que celle du théâtre.

Dans les drames, dans les opéras comiques et dans les comédies, les Français montrent une sagacité et une grâce que seuls ils possèdent à ce degré; et d'un bout de l'Europe à l'autre, on ne joue guère que des pièces françaises traduites : mais il n'en est pas de même des tragédies. Comme les règles sévères auxquelles on les soumet font qu'elles sont toutes plus ou moins renfermées dans un même cercle, elles ne sauraient se passer de la perfection du style pour être admirées. Si l'on voulait risquer en France, dans une tragédie, une innovation quelconque, aussitôt on s'écrierait que c'est un mélodrame; mais n'importe-t-il pas de savoir pourquoi les mélodrames font plaisir à tant de gens? En Angleterre, toutes les classes sont également attirées par les pièces de Shakspeare. Nos plus belles tragédies en France n'intéressent pas le peuple; sous prétexte d'un goût trop pur et d'un sentiment trop délicat pour supporter de certaines émotions, on divise l'art en deux; les mauvaises pièces contiennent des situations touchantes mal exprimées, et les belles pièces peignent admirablement des situations souvent froides, à force d'être dignes : nous possédons peu de tragédies qui puissent ébranler à la fois l'imagination des hommes de tous les rangs.

Ces observations n'ont assurément pas pour objet le moindre blâme contre nos grands maîtres. Quelques scènes produisent des impressions plus vives dans les pièces étrangères; mais rien ne peut être comparé à l'ensemble imposant et bien combiné de nos chefs-d'œuvre dramatiques : la question seulement est de savoir si, en se bornant, comme on le fait maintenant, à l'imitation de ces chefs-d'œuvre, il y en aura jamais de nouveaux. Rien dans la vie ne doit être stationnaire, et l'art est pétrifié quand il ne change plus. Vingt ans de révolution ont donné à l'imagination d'autres besoins que ceux qu'elle éprouvait, quand les romans de Crébillon peignaient l'amour et la société du temps. Les sujets grecs sont épuisés; un seul homme, Lemercier, a su mériter encore une nouvelle gloire dans un sujet antique, Agamemnon; mais la tendance naturelle du siècle, c'est la tragédie historique.

Tout est tragédie dans les événements qui intéressent les nations; et cet immense drame, que le genre humain représente depuis six mille ans, fournirait des sujets sans nombre pour le théâtre, si l'on donnait plus de liberté à l'art dramatique. Les règles ne sont que l'itinéraire du génie; elles nous apprennent seulement que Corneille, Racine et Voltaire ont passé par là; mais si l'on arrive au but; pourquoi chicaner sur la route? et le but n'est-il pas d'émouvoir l'âme en l'ennoblissant?

La curiosité est un des grands mobiles du théâtre : néanmoins l'intérêt qu'excite la profondeur des affections est le seul inépuisable. On s'attache à la poésie, qui révèle l'homme à l'homme; on aime à voir comment la créature semblable à nous se débat avec la souffrance, y succombe, en triomphe, s'abat et se relève sous la puissance du sort. Dans quelques-unes de nos tragédies, il y a des situations tout aussi violentes que dans les tragédies anglaises ou allemandes; mais ces situations ne sont pas présentées dans toute leur force, et quelquefois c'est par l'affectation qu'on en adoucit l'effet, ou plutôt qu'on l'efface. L'on sort rarement d'une certaine nature convenue, qui revêt de ses couleurs les mœurs anciennes comme les mœurs modernes, le crime comme la vertu, l'assassinat comme la galanterie. Cette nature est belle et soigneusement parée, mais on s'en fatigue à la longue; et le besoin de se plonger dans des mystères plus profonds doit s'emparer invinciblement du génie.

Il serait donc à désirer qu'on pût sortir de l'enceinte que les hémistiches et les rimes ont tracée autour de l'art; il faut permettre plus de hardiesse, il faut exiger plus de connaissance de l'histoire; car si l'on s'en tient exclusivement à ces copies toujours plus pâles des mêmes chefs-d'œuvre, on finira par ne plus voir au théâtre que des marionnettes héroïques, sacrifiant l'amour au devoir, préférant la mort à l'esclavage, inspirées par l'antithèse, dans leurs actions comme dans leurs paroles, mais sans aucun rapport avec cette étonnante créature qu'on appelle l'homme, avec la destinée redoutable qui tour à tour l'entraîne et le poursuit.

Les défauts du théâtre allemand sont faciles à remarquer : tout ce qui tient au manque d'usage du monde, dans les arts comme dans la société, frappe d'abord les esprits les plus superficiels; mais, pour sentir les beautés qui viennent de l'âme, il est nécessaire d'apporter dans l'appréciation des ouvrages qui nous sont présentés, un genre de bonhomie tout à fait d'accord avec une haute supériorité. La moquerie n'est souvent qu'un sentiment vulgaire traduit en impertinence. La faculté d'admirer la véritable grandeur, à travers les fautes de goût en littérature, comme à travers les inconséquences dans la vie, cette faculté est la seule qui honore celui qui juge.

En faisant connaître un théâtre fondé sur des principes très-différents des nôtres, je ne prétends assurément, ni que ces principes soient les meilleurs, ni surtout qu'on doive les adopter en France : mais des combinaisons étrangères peuvent exciter des idées nouvelles; et quand on voit de quelle stérilité notre littérature est menacée, il me paraît difficile de ne pas désirer que nos écrivains reculent un peu les bornes de la carrière; ne feraient-ils pas bien de devenir à leur tour conquérants dans l'empire de l'imagination? Il n'en doit guère coûter à des Français pour suivre un semblable conseil.

CHAPITRE XVI.

Des drames de Lessing.

Le théâtre allemand n'existait pas avant Lessing; on n'y jouait que des traductions ou des imitations des pièces étrangères. Le théâtre a plus besoin encore que les autres branches de la littérature d'une capitale où les ressources de la richesse et des arts soient réunies; et tout est dispersé en Allemagne. Dans une ville, il y a des acteurs; dans l'autre, des auteurs; dans une troisième des spectateurs, et nulle part un foyer où tous les moyens soient rassemblés. Lessing employa l'activité naturelle de son caractère à donner un théâtre national à ses compatriotes; et il écrivit un journal intitulé la Dramaturgie, dans lequel il examina la plupart des pièces traduites du français qu'on représentait en Allemagne : la parfaite justesse d'esprit qu'il montre dans ces critiques suppose encore plus de philosophie que de connaissance de l'art. Lessing, en général, pensait comme Diderot sur l'art dramatique. Il croyait que la sévère régularité des tragédies françaises s'opposait à ce qu'on pût traiter un grand nombre de sujets simples et touchants, et qu'il fallait faire des drames pour y suppléer. Mais Diderot, dans ses pièces, mettait l'affectation du naturel à la place de l'affectation de convention, tandis que le talent de Lessing est vraiment simple et sincère. Il a donné le premier aux Allemands l'honorable impulsion de travailler pour le théâtre d'après leur propre génie. L'originalité de son caractère se manifeste dans ses pièces : cependant elles sont soumises aux mêmes principes que les nôtres; leur forme n'a rien de particulier, et quoiqu'il ne s'embarrassât guère de d'unité de temps ni de lieu, il ne s'est point élevé, comme Goethe et Schiller, à la conception d'un système nouveau. *Minna de Barnhelm, Émilia Galotti*, et *Nathan le Sage*, sont les trois drames de Lessing qui méritent d'être cités.

Un officier d'un noble caractère, après avoir reçu plusieurs blessures à l'armée, se voit tout à coup menacé dans son honneur par un procès injuste; il ne veut pas laisser voir à la femme qu'il aime, et dont il est aimé, l'amour qu'il a pour elle, déterminé qu'il est à ne pas lui faire partager son malheur en l'épousant. Voilà tout le sujet de *Minna de Barnhelm*. Avec des moyens aussi simples, Lessing a su produire un grand intérêt; le dialogue est plein d'esprit et de charme, le style très-pur, et chaque personnage se fait si bien connaître, que les moindres nuances de ses impressions intéressent comme la confidence d'un ami. Le caractère d'un vieux sergent, dévoué de toute son âme au jeune officier qu'on persécute, offre un mélange heureux de gaieté et de sensibilité; ce genre de rôle réussit toujours au théâtre; la gaieté plaît davantage quand on est assuré qu'elle ne tient pas à l'insouciance, et la sensibilité paraît plus naturelle quand elle ne se montre que par intervalles. Dans cette même pièce, il y a un rôle d'aventurier français tout à fait manqué; il faut avoir la main légère pour trouver ce qui peut prêter à la moquerie dans les Français; et la plupart des étrangers ne les ont peints qu'avec des traits lourds, et dont la ressemblance n'est ni délicate ni frappante.

Émilia Galotti n'est que le sujet de Virginie transporté dans une circonstance moderne et particulière; ce sont des sentiments trop forts pour le cadre, c'est une action trop énergique pour qu'on puisse l'attribuer à un nom inconnu. Lessing avait sans doute un sentiment d'humeur assez républicain contre les courtisans, car il se complaît dans la peinture de celui qui veut aider son maître à déshonorer une jeune fille innocente; ce courtisan, Martinelli, est presque trop vil pour la vraisemblance, et les traits de sa bassesse n'ont pas assez d'originalité: l'on sent que Lessing l'a représenté ainsi dans un but hostile, et rien ne nuit à la beauté d'une fiction comme une intention quelconque qui n'a pas cette beauté même pour objet. Le personnage du prince est traité par l'auteur avec plus de finesse; les passions tumultueuses et la légèreté du caractère, dont la réunion est si funeste dans un homme puissant, se font sentir dans toute sa conduite; un vieux ministre lui apporte des papiers parmi lesquels se trouve une sentence de mort: dans son impatience d'aller voir celle qu'il aime,

le prince est prêt à la signer sans y regarder; le ministre prend un prétexte pour ne la pas donner, frémissant de voir exercer avec cette irréflexion une telle puissance. Le rôle de la comtesse Orsina, jeune maîtresse du prince, qu'il abandonne pour Émilie, est fait avec le plus grand talent; c'est un mélange de frivolité et de violence qui peut très-bien se rencontrer dans une Italienne attachée à une cour. On voit dans cette femme ce que la société a produit, et ce que cette société même n'a pu détruire, la nature du Midi, combinée avec ce qu'il y a de plus factice dans les mœurs du grand monde, et le singulier assemblage de la fierté dans le vice, et de la vanité dans la sensibilité. Une telle peinture ne pourrait entrer ni dans nos vers, ni dans nos formes convenues, mais elle n'en est pas moins tragique.

La scène dans laquelle la comtesse Orsina excite le père d'Émilie à tuer le prince, pour dérober sa fille à la honte qui la menace, est de la plus grande beauté; le vice y arme la vertu, la passion y suggère tout ce que la plus austère sévérité pourrait dire pour enflammer l'honneur jaloux d'un vieillard; c'est le cœur humain présenté dans une situation nouvelle, et c'est en cela que consiste le vrai génie dramatique. Le vieillard prend le poignard, et, ne pouvant assassiner le prince, il s'en sert pour immoler sa propre fille. Orsina, sans le savoir, est l'auteur de cette action terrible; elle a gravé ses passagères fureurs dans une âme profonde, et les plaintes insensées de son amour coupable ont fait verser le sang innocent.

On remarque dans les rôles principaux des pièces de Lessing un air de famille, qui ferait croire que c'est lui-même qu'il a peint dans ses personnages; le major Tellheim, dans *Minna*, Odoard, le père d'Émilie, et le templier, dans *Nathan*, ont tous les trois une sensibilité fière, dont la teinte est misanthropique.

Le plus beau des ouvrages de Lessing, c'est *Nathan le Sage;* on ne peut voir dans aucune pièce la tolérance religieuse mise en action avec plus de naturel et de dignité. Un Turc, un templier et un juif sont les principaux personnages de ce drame; la première idée en est puisée dans le conte des trois Anneaux de Bocace; mais l'ordonnance de l'ouvrage appartient en entier à Lessing. Le Turc, c'est le sultan Saladin, que l'histoire représente comme un homme plein de grandeur; le jeune templier a dans le caractère toute la sévérité de l'état religieux qu'il professe, et le juif est un vieillard qui a acquis une grande fortune dans le commerce, mais dont les lumières et la bienfaisance rendent les habitudes généreuses. Il comprend toutes les croyances sincères, et voit la Divinité dans le cœur de tout homme vertueux. Ce caractère est d'une admirable simplicité. L'on s'étonne de l'attendrissement qu'il cause, quoiqu'il ne soit agité ni par des passions vives, ni par des circonstances fortes. Une fois cependant, on veut enlever à Nathan une jeune fille à laquelle il a servi de père, et qu'il a comblée de soins depuis sa naissance : la douleur de s'en séparer lui serait amère ; et, pour se défendre de l'injustice qui veut la lui ravir, il raconte comment elle est tombée entre ses mains.

Les chrétiens immolèrent tous les juifs à Gaza, et dans la même nuit Nathan vit périr sa femme et ses sept enfants ; il passa trois jours prosterné dans la poussière, jurant une haine implacable aux chrétiens ; peu à peu la raison lui revint, et il s'écria : « Il y a pourtant un Dieu ; que sa volonté soit faite ! » Dans ce moment, un prêtre vint le prier de se charger d'un enfant chrétien, orphelin dès le berceau, et le vieillard hébreu l'adopta. L'attendrissement de Nathan, en faisant ce récit, émeut d'autant plus, qu'il cherche à se contenir, et que la pudeur de la vieillesse lui fait désirer de cacher ce qu'il éprouve. Sa sublime patience ne se dément point, quoiqu'on le blesse dans sa croyance et dans sa fierté, en l'accusant comme d'un crime d'avoir élevé Reca dans la religion juive ; et sa justification n'a pour but que d'obtenir le droit de faire encore du bien à l'enfant qu'il a recueilli.

La pièce de Nathan est plus attachante encore par la peinture des caractères que par les situations. Le templier a dans l'âme quelque chose de farouche qui vient de la crainte d'être sensible. La prodigalité orientale de Saladin fait contraste avec l'économie généreuse de Nathan. Le trésorier du sultan, un derviche vieux et sévère, l'avertit que ses revenus sont épuisés par ses largesses. « Je « m'en afflige, dit Saladin, parce que je serai forcé « de retrancher de mes dons ; quant à moi, j'aurai « toujours ce qui fait toute ma fortune, un cheval, « une épée et un seul Dieu. » Nathan est un ami des hommes ; mais la défaveur dans laquelle le nom de juif l'a fait vivre au milieu de la société, mêle une sorte de dédain pour la nature humaine à l'expression de sa bonté. Chaque scène ajoute quelques traits piquants et spirituels au développement de ces divers personnages ; mais leurs relations ensemble ne sont pas assez vives pour exciter une forte émotion.

A la fin de la pièce, on découvre que le templier et la fille adoptée par le juif sont frère et sœur, et que le sultan est leur oncle. L'intention de l'auteur a visiblement été de donner dans sa famille dramatique l'exemple d'une fraternité religieuse plus étendue. Le but philosophique vers lequel tend toute la pièce en diminue l'intérêt au théâtre ; il est presque impossible qu'il n'y ait pas une certaine froideur dans un drame qui a pour objet de développer une idée générale, quelque belle qu'elle soit ; cela tient de l'apologue, et l'on dirait que les personnages ne sont pas là pour leur compte, mais pour servir à l'avancement des lumières. Sans doute, il n'y a pas de fiction, il n'y a pas même d'événement réel dont on ne puisse tirer une pensée ; mais il faut que ce soit l'événement qui amène la réflexion, et non pas la réflexion qui fasse inventer l'événement : l'imagination dans les beaux-arts doit toujours agir la première.

Il a paru depuis Lessing un nombre infini de drames en Allemagne ; maintenant on commence à s'en lasser. Le genre mixte du drame ne s'introduit guère qu'à cause de la contrainte qui existe dans les tragédies : c'est une espèce de contrebande de l'art ; mais lorsque l'entière liberté est admise, on ne sent plus la nécessité d'avoir recours aux drames, pour faire usage des circonstances simples et naturelles. Le drame ne conserverait donc qu'un avantage, celui de peindre, comme les romans, les situations de notre propre vie, les mœurs du temps où nous vivons ; néanmoins, quand on n'entend prononcer au théâtre que des noms inconnus, on perd l'un des plus grands plaisirs que la tragédie puisse donner, les souvenirs historiques qu'elle retrace. On croit trouver plus d'intérêt dans le drame, parce qu'il nous représente ce que nous voyons tous les jours : mais une imitation trop rapprochée du vrai n'est pas ce que l'on recherche dans les arts. Le drame est à la tragédie ce que les figures de cire sont aux statues ; il y a trop de vérité et pas assez d'idéal ; c'est trop, si c'est de l'art, et jamais assez pour que ce soit de la nature.

Lessing ne peut être considéré comme un auteur dramatique du premier rang ; il s'était occupé de trop d'objets divers pour avoir un grand talent en quelque genre que ce fût. L'esprit est universel ; mais l'aptitude naturelle à l'un des beaux-arts est nécessairement exclusive. Lessing était, avant tout, un dialecticien de la plus grande force, et c'est un obstacle à l'éloquence dramatique : car le sentiment dédaigne les transitions, les gradations et les motifs ; c'est une inspiration continuelle et spontanée, qui ne peut se rendre compte d'elle-même. Lessing était bien loin sans doute de la sécheresse philosophique ; mais il avait dans le caractère plus de vivacité que de sensibilité ; le génie dramatique est plus bizarre, plus sombre, plus inattendu, que ne pouvait l'être un homme qui avait consacré la plus grande partie de sa vie au raisonnement.

CHAPITRE XVII.

Les Brigands, et Don Carlos, de Schiller.

Schiller, dans sa première jeunesse, avait une verve de talent, une sorte d'ivresse de pensée qui le dirigeait mal. *La Conjuration de Fiesque, l'Intrigue et l'Amour*, enfin, *les Brigands*, qu'on a joués sur le théâtre français, sont des ouvrages que les principes de l'art, comme ceux de la morale, [peuvent réprouver; mais, depuis l'âge de vingt-cinq ans, les écrits de Schiller furent tous purs et sévères. L'éducation de la vie déprave les hommes légers, et perfectionne ceux qui réfléchissent.

Les Brigands ont été traduits en français, mais singulièrement altérés; d'abord on n'a pas tiré parti de l'époque qui donne un intérêt historique à cette pièce. La scène se passe dans le quinzième siècle, au moment où l'on publia dans l'Empire l'édit de paix perpétuelle, qui défendait tous les défis particuliers. Cet édit fut très-avantageux, sans doute, au repos de l'Allemagne; mais les jeunes gentilshommes, accoutumés à vivre au milieu des périls et à s'appuyer sur leur force individuelle, crurent tomber dans une sorte d'inertie honteuse, quand il fallut se soumettre à l'empire des lois. Rien n'était plus absurde que cette manière de voir; toutefois, comme les hommes ne sont d'ordinaire gouvernés que par l'habitude, il est naturel que le mieux même puisse les révolter, par cela seul que c'est un changement. Le chef des brigands de Schiller est moins odieux qu'il ne le serait dans le temps actuel, car il n'y avait pas une bien grande différence entre l'anarchie féodale sous laquelle il vivait, et l'existence de bandit qu'il adopte; mais c'est précisément le genre d'excuse que l'auteur lui donne, qui rend sa pièce plus dangereuse. Elle a produit, il faut en convenir, un mauvais effet en Allemagne. Des jeunes gens, enthousiastes du caractère et de la vie du chef des brigands, ont essayé de l'imiter. Ils honoraient leur goût pour une vie licencieuse du nom d'amour de la liberté, et se croyaient indignés contre les abus de l'ordre social, quand ils n'étaient que fatigués de leur situation particulière. Leurs essais de révolte ne furent que ridicules; néanmoins les tragédies et les romans ont beaucoup plus d'importance en Allemagne que dans aucun autre pays. On y fait tout sérieusement, et lire tel ouvrage, ou voir telle

pièce, influe sur le sort de la vie. Ce qu'on admire comme art, on veut l'introduire dans l'existence réelle. Werther a causé plus de suicides que la plus belle femme du monde; et la poésie, la philosophie, l'idéal enfin, ont souvent plus d'empire sur les Allemands que la nature et les passions même.

Le sujet des *Brigands* est comme celui d'un grand nombre de fictions, qui toutes ont pour origine la parabole de l'Enfant prodigue. Un fils hypocrite se conduit bien en apparence; un fils coupable a de bons sentiments, malgré ses fautes. Cette opposition est très-belle sous le point de vue religieux, parce qu'elle nous atteste que Dieu lit dans les cœurs; mais elle a de grands inconvénients, lorsqu'on veut inspirer trop d'intérêt pour le fils qui a quitté la maison paternelle. Tous les jeunes gens dont la tête est mauvaise s'attribuent en conséquence un bon cœur, et rien n'est plus absurde cependant que de se supposer des qualités, parce qu'on se sent des défauts; cette garantie négative est très-peu certaine, car de ce que l'on manque de raison, il ne s'ensuit pas du tout qu'on ait de la sensibilité : la folie n'est souvent qu'un égoïsme impétueux.

Le rôle du fils hypocrite, tel que Schiller l'a représenté, est beaucoup trop haïssable. C'est un des défauts des écrivains très-jeunes de dessiner avec des traits trop brusques; on prend les nuances dans les tableaux pour de la timidité de caractère, tandis qu'elles sont la preuve de la maturité du talent. Si les personnages en seconde ligne ne sont pas peints avec assez de vérité dans la pièce de Schiller, les passions du chef des brigands y sont exprimées d'une manière admirable. L'énergie de ce caractère se manifeste tour à tour par l'incrédulité, la religion, l'amour et la barbarie : ne trouvant point à se placer dans l'ordre, il se fait jour à travers le crime; l'existence est pour lui comme une sorte de délire qui s'exalte tantôt par la fureur, et tantôt par le remords.

Les scènes d'amour entre la jeune fille et le chef des brigands qui devait être son époux, sont admirables d'enthousiasme et de sensibilité; il est peu de situations plus touchantes que celle de cette femme parfaitement vertueuse, s'intéressant toujours, au fond du cœur, à celui qu'elle aimait avant qu'il se fût rendu criminel. Le respect qu'une femme est accoutumée de ressentir pour l'homme qu'elle aime, se change en une sorte de terreur et de pitié, et l'on dirait que l'infortunée se flatte encore d'être, dans le ciel, l'ange protecteur de son coupable ami, alors qu'elle ne peut plus devenir son heureuse compagne sur la terre.

On ne peut juger de la pièce de Schiller dans la traduction française. On n'y a conservé, pour ainsi dire, que la pantomime de l'action; l'originalité des caractères a disparu, et c'est elle qui seule peut rendre une fiction vivante; les plus belles tragédies deviendraient des mélodrames, si l'on en ôtait la peinture animée des sentiments et des passions. La force des événements ne suffit pas pour lier le spectateur avec les personnages; qu'ils s'aiment ou qu'ils se tuent, peu nous importe, si l'auteur n'a pas excité notre sympathie pour eux.

Don Carlos est aussi un ouvrage de la jeunesse de Schiller, et cependant on le considère comme une composition du premier rang. Ce sujet de don Carlos est un des plus dramatiques que l'histoire puisse offrir. Une jeune princesse, fille de Henri II, quitte la France et la cour brillante et chevaleresque du roi son père, pour s'unir à un vieux tyran tellement sombre et sévère, que le caractère même des Espagnols fut altéré par son règne, et que, pendant longtemps, la nation porta l'empreinte de son maître. Don Carlos, fiancé d'abord à Élisabeth, l'aime encore quoiqu'elle soit devenue sa belle-mère. La réformation et la révolte des Pays-Bas, ces grands événements politiques, se mêlent à la catastrophe tragique de la condamnation du fils par le père : l'intérêt individuel et l'intérêt public se trouvent réunis au plus haut degré dans cette tragédie.

Plusieurs écrivains ont traité ce sujet en France; mais on n'a pu, dans l'ancien régime, le mettre sur le théâtre; on croyait que c'était manquer d'égards à l'Espagne que de représenter ce fait de son histoire. On demandait à M. d'Aranda, cet ambassadeur d'Espagne connu par tant de traits qui prouvent la force de son caractère et les bornes de son esprit, la permission de faire jouer une tragédie de *Don Carlos*, que l'auteur venait d'achever, et dont il espérait une grande gloire. « Que ne prend-il un autre sujet? répondit M. d'Aranda. — M. l'ambassadeur, lui disait-on, faites attention que la pièce est terminée, que l'auteur y a consacré trois ans de sa vie. — Mais, mon Dieu, reprenait l'ambassadeur, n'y a-t-il donc que cet événement dans l'histoire? Qu'il en choisisse un autre. » Jamais on ne put le faire sortir de cet ingénieux raisonnement, qu'appuyait une volonté forte.

Les sujets historiques exercent le talent d'une tout autre manière que les sujets d'invention; néanmoins, il faut peut-être encore plus d'imagination pour représenter l'histoire dans une tragédie, que pour créer à volonté les situations et les personnages. Altérer essentiellement les faits, en les transportant sur la scène, c'est toujours produire une impression désagréable; on s'attend à la vérité, et l'on est péniblement surpris quand l'auteur y substitue la fiction quelconque qu'il lui a plu de choisir; cependant l'histoire a besoin d'être artistement combinée pour faire effet au théâtre, et il faut réunir tout à la fois, dans la tragédie, le talent de peindre le vrai et celui de le rendre poétique. Des difficultés d'un autre genre se présentent quand l'art dramatique parcourt le vaste champ de l'invention; on dirait qu'il est plus libre, cependant rien n'est plus rare que de caractériser assez des personnages inconnus, pour qu'ils aient autant de consistance que des noms déjà célèbres. Lear, Othello, Orosmane, Tancrède, ont reçu de Shakspeare et de Voltaire l'immortalité, sans avoir joui de la vie; toutefois les sujets d'invention sont d'ordinaire l'écueil du poëte, par l'indépendance même qu'ils lui laissent. Les sujets historiques semblent imposer de la gêne; mais quand on saisit bien le point d'appui que offrent de certaines bornes, la carrière qu'elles tracent et l'élan qu'elles permettent, ces bornes mêmes sont favorables au talent. La poésie fidèle fait ressortir la vérité comme le rayon du soleil les couleurs, et donne aux événements qu'elle retrace l'éclat que les ténèbres du temps leur avaient ravi.

L'on préfère en Allemagne les tragédies historiques, lorsque l'art s'y manifeste, comme le *Prophète du passé* [1]. L'auteur qui veut composer un tel ouvrage doit se transporter tout entier dans le siècle et dans les mœurs des personnages qu'il représente, et l'on aurait raison de critiquer plus sévèrement un anachronisme dans les sentiments et dans les pensées que dans les dates.

C'est d'après ces principes que quelques personnes ont blâmé Schiller d'avoir inventé le caractère du marquis de Posa, noble espagnol, partisan de la liberté, de la tolérance, passionné pour toutes les idées nouvelles qui commençaient alors à fermenter en Europe. Je crois qu'on peut reprocher à Schiller d'avoir fait énoncer ses propres opinions par le marquis de Posa; mais ce n'est pas, comme on l'a prétendu, l'esprit philosophique du dix-huitième siècle qu'il lui a donné. Le marquis de Posa, tel que l'a peint Schiller, est un enthousiaste allemand; et ce caractère est si étranger à notre temps, qu'on peut aussi bien le croire du seizième siècle que du nôtre. Une plus grande er-

[1] Expression de Frédéric Schlegel, sur la pénétration d'un grand historien.

reur, peut-être, c'est de supposer que Philippe II pût écouter longtemps avec plaisir un tel homme, et qu'il lui ait donné même pour un instant sa confiance. Posa dit avec raison, en parlant de Philippe II : « Je faisais d'inutiles efforts pour exal- « ter son âme, et, dans cette terre refroidie, les « fleurs de ma pensée ne pouvaient prospérer. » Mais Philippe II ne se fût jamais entretenu avec un jeune homme tel que le marquis de Posa. Le vieux fils de Charles-Quint ne devait voir, dans la jeunesse et l'enthousiasme, que le tort de la nature et le crime de la réformation; s'il avait pu se confier un jour à un être généreux, il eût démenti son caractère et mérité le pardon des siècles.

Il y a des inconséquences dans le caractère de tous les hommes, même dans celui des tyrans; mais elles tiennent par des liens invisibles à leur nature. Dans la pièce de Schiller, une de ces inconséquences est singulièrement bien saisie. Le duc de Medina-Sidonia, général avancé en âge, qui a commandé l'invincible *Armada* dissipée par la flotte anglaise et les orages, revient, et tout le monde croit que le courroux de Philippe II va l'anéantir. Les courtisans s'écartent de lui, nul n'ose l'approcher; il se jette aux genoux de Philippe, et lui dit : « Sire, vous voyez en moi tout ce qui « reste de la flotte et de l'intrépide armée que vous « m'aviez confiées. — Dieu est au-dessus de moi, « répond Philippe; je vous ai envoyé contre des « hommes, mais non pas contre des tempêtes; « soyez considéré comme mon digne serviteur. » Voilà de la magnanimité; et cependant à quoi tient-elle? à un certain respect pour la vieillesse, dans un monarque étonné que la nature se soit permis de le faire vieux; à l'orgueil, qui ne permet pas à Philippe de s'attribuer à lui-même ses revers, en s'accusant d'un mauvais choix; à l'indulgence qu'il se sent pour un homme abaissé par le sort, lui qui voudrait qu'un joug quelconque courbât tous les genres de fierté, excepté la sienne; enfin, au caractère même d'un despote, que les obstacles naturels révoltent moins que la plus faible résistance volontaire. Cette scène jette une lueur profonde sur le caractère de Philippe II.

Sans doute le personnage du marquis de Posa peut être considéré comme l'œuvre d'un jeune poëte qui a besoin de donner son âme à son personnage favori; mais c'est une belle chose en soi-même que ce caractère pur et exalté, au milieu d'une cour où le silence et la terreur ne sont troublés que par le bruit souterrain de l'intrigue. Don Carlos ne peut être un grand homme; son père doit l'avoir opprimé dès l'enfance : le marquis de Posa est un intermédiaire qui semble indispensable entre Philippe et son fils. Don Carlos a tout l'enthousiasme des affections du cœur; Posa, celui des vertus publiques : l'un devrait être le roi, l'autre l'ami; et ce déplacement même dans les caractères est une idée ingénieuse : car serait-il possible que le fils d'un despote sombre et cruel fût un héros citoyen? où aurait-il appris à estimer les hommes? Est-ce par son père, qui les méprise, ou par les courtisans de son père, qui méritent ce mépris? Don Carlos doit être faible pour être bon, et la place même que son amour tient dans sa vie, exclut de son âme toutes les pensées politiques. Je le répète donc, l'invention du personnage du marquis de Posa me paraît nécessaire pour représenter dans la pièce les grands intérêts des nations, et cette force chevaleresque qui se transformait tout à coup par les lumières du temps en amour de la liberté. De quelque manière qu'on eût pu modifier ces sentiments, ils ne convenaient pas au prince royal; ils auraient pris en lui le caractère de la générosité, et il ne faut pas que la liberté soit jamais représentée comme un don du pouvoir.

La gravité cérémonieuse de la cour de Philippe II est caractérisée d'une manière bien frappante, dans la scène d'Élisabeth avec ses dames d'honneur. Elle demande à l'une d'elles ce qu'elle aime le mieux, du séjour d'Aranjuez ou de Madrid; la dame d'honneur répond que les reines d'Espagne ont coutume, depuis des temps immémoriaux, de rester trois mois à Madrid, et trois mois à Aranjuez. Elle ne se permet pas le moindre signe de préférence pour un séjour ou pour un autre; elle se croit faite pour ne rien éprouver, en aucun genre, qui ne lui soit commandé. Élisabeth demande sa fille; on lui répond que l'heure fixée pour qu'elle la voie n'est pas encore arrivée. Enfin, le roi paraît, et il exile pour dix ans cette même dame d'honneur si résignée, parce qu'elle a laissé la reine une demi-heure seule.

Philippe II se réconcilie un moment avec don Carlos, et reprend sur lui, par une parole de bonté, tout l'ascendant paternel. « Voyez, lui dit « Carlos, les cieux s'abaissent pour assister à la « réconciliation d'un père avec son fils. »

C'est un beau moment que celui où le marquis de Posa, n'espérant plus échapper à la vengeance de Philippe II, prie Élisabeth de recommander à don Carlos l'accomplissement des projets qu'ils ont formés ensemble pour la gloire et le bonheur de la nation espagnole. « Rappelez-lui, dit-il, quand il « sera dans l'âge mûr, rappelez-lui qu'il doit por-

« ter respect aux rêves de sa jeunesse. » En effet, quand on avance dans la vie, la prudence prend à tort le pas sur toutes les autres vertus ; on dirait que tout est folie dans la chaleur de l'âme ; et cependant, si l'homme pouvait la conserver encore quand l'expérience l'éclaire, s'il héritait du temps sans se courber sous son poids, il n'insulterait jamais aux vertus exaltées, dont le premier conseil est toujours le sacrifice de soi-même.

Le marquis de Posa, par une suite de circonstances trop embrouillées, a cru servir don Carlos auprès de Philippe, en paraissant le sacrifier à la fureur de son père. Il n'a pu réussir dans ses projets ; le prince est conduit en prison, le marquis de Posa va l'y trouver, lui explique les motifs de sa conduite, et, pendant qu'il se justifie, un assassin envoyé par Philippe II le fait tomber, atteint d'une balle meurtrière, aux pieds de son ami. La douleur de don Carlos est admirable ; il redemande le compagnon de sa jeunesse à son père qui l'a tué, comme si l'assassin conservait encore le pouvoir de rendre la vie à sa victime. Les regards fixés sur ce corps immobile qu'animaient naguère tant de pensées, don Carlos, condamné lui-même à périr, apprend tout ce qu'est la mort dans les traits glacés de son ami.

Il y a dans cette tragédie deux moines, dont les caractères et le genre de vie sont en contraste : l'un, c'est Domingo, le confesseur du roi ; et l'autre, un prêtre retiré dans un couvent solitaire, à la porte de Madrid. Domingo n'est qu'un moine intrigant, perfide et courtisan, confident du duc d'Albe, dont le caractère disparaît nécessairement à côté de celui de Philippe ; car Philippe prend à lui seul tout ce qu'il y a de beau dans le terrible. Le moine solitaire reçoit, sans les connaître, don Carlos et Posa, qui se sont donné rendez-vous dans son couvent, au milieu de leurs plus grandes agitations. Le calme, la résignation du prieur qui les accueille, produisent un effet touchant. « A ces « murs, dit le pieux solitaire, finit le monde. » Mais rien dans toute la pièce n'égale l'originalité de l'avant-dernière scène du cinquième acte, entre le roi et le grand inquisiteur. Philippe, poursuivi par sa jalouse haine contre son propre fils, et par la terreur du crime qu'il va commettre, Philippe envie ses pages qui dorment paisiblement au pied de son lit, tandis que l'enfer de son propre cœur le prive de tout repos. Il envoie chercher le grand inquisiteur, pour le consulter sur la condamnation de don Carlos. Ce moine cardinal a quatre-vingt-dix ans ; il est plus âgé que ne le serait Charles-Quint, dont il a été le précepteur ; il est aveugle,

et vit dans une solitude absolue ; les seuls espions de l'inquisition viennent lui apporter des nouvelles de ce qui se passe dans le monde ; il s'informe seulement s'il y a des crimes, des fautes ou des pensées à punir. A ses yeux, Philippe II, âgé de soixante ans, est encore jeune. Le plus sombre, le plus prudent des despotes, lui paraît un souverain inconsidéré, dont la tolérance introduira la réformation en Espagne ; c'est un homme de bonne foi, mais tellement desséché par le temps, qu'il apparaît comme un spectre vivant que la mort a oublié de frapper, parce qu'elle le croyait depuis longtemps dans le tombeau.

Il demande compte à Philippe II de la mort du marquis de Posa : il la lui reproche, parce que c'était à l'inquisition à le faire périr ; et, s'il regrette la victime, c'est parce qu'on l'a privé du droit de l'immoler. Philippe II l'interroge sur la condamnation de son fils : « Ferez-vous passer en « moi, lui dit-il, une croyance qui dépouille de « son horreur le meurtre d'un fils ? » Le grand inquisiteur lui répond : « Pour apaiser l'éternelle « justice, le fils de Dieu mourut sur la croix. » Quel mot ! quelle application sanguinaire du dogme le plus touchant !

Ce vieillard aveugle fait apparaître avec lui tout un siècle. La terreur profonde que l'inquisition et le fanatisme même de ce temps devaient faire peser sur l'Espagne, tout est peint par cette scène laconique et rapide ; nulle éloquence ne pourrait exprimer ainsi une telle foule de pensées mises habilement en action.

Je sais que l'on pourrait relever beaucoup d'inconvenances dans la pièce de *Don Carlos*, mais je ne me suis pas chargée de ce travail, pour lequel il y a beaucoup de concurrents. Les littérateurs les plus ordinaires peuvent trouver des fautes de goût dans Shakspeare, Schiller, Goethe, etc. ; mais, quand il ne s'agit, dans les ouvrages de l'art, que de retrancher, cela n'est pas difficile : c'est l'âme et le talent qu'aucune critique ne peut donner ; c'est là ce qu'il faut respecter partout où on le trouve, de quelque nuage que ces rayons célestes soient environnés. Loin de se réjouir des erreurs du génie, l'on sent qu'elles diminuent le patrimoine de la race humaine, et les titres de gloire dont elle s'enorgueillit. L'ange tutélaire que Sterne a peint avec tant de grâce, ne pourrait-il pas verser une larme sur les défauts d'un bel ouvrage, comme sur les torts d'une noble vie, afin d'en effacer le souvenir ?

Je ne m'arrêterai pas davantage sur les pièces de la jeunesse de Schiller ; d'abord, parce qu'elles sont traduites en français, et secondement, parce qu'il n'y manifeste pas encore ce génie historique qui l'a fait si justement admirer dans les tragédies de son âge mûr. *Don Carlos* même, quoique fondé sur un fait historique, est presqu'un ouvrage d'imagination. L'intrigue en est trop compliquée; un personnage de pure invention, le marquis de Posa, y joue un trop grand rôle; on dirait que cette tragédie passe entre l'histoire et la poésie, sans satisfaire entièrement ni l'une ni l'autre : il n'en est certainement pas ainsi de celle dont je vais essayer de donner une idée.

CHAPITRE XVIII.

Walstein et Marie Stuart.

Walstein est la tragédie la plus nationale qui ait été représentée sur le théâtre allemand; la beauté des vers et la grandeur du sujet transportèrent d'enthousiasme tous les spectateurs à Weimar, où elle a d'abord été donnée, et l'Allemagne se flatta de posséder un nouveau Shakspeare. Lessing, en blâmant le goût français, et en se ralliant à Diderot dans la manière de concevoir l'art dramatique, avait banni la poésie du théâtre, et l'on n'y voyait plus que des romans dialogués, où l'on continuait la vie telle qu'elle est d'ordinaire, en multipliant seulement sur les planches les événements qui arrivent plus rarement dans la réalité.

Schiller imagina de mettre sur la scène une circonstance remarquable de la guerre de trente ans, de cette guerre civile et religieuse qui a fixé pour plus d'un siècle, en Allemagne, l'équilibre des deux partis protestant et catholique. La nation allemande est tellement divisée, qu'on ne sait jamais si les exploits d'une moitié de cette nation sont un malheur ou une gloire pour l'autre; néanmoins, le *Walstein* de Schiller a fait éprouver à tous un égal enthousiasme. Le même sujet est partagé en trois pièces différentes; le *Camp de Walstein*, qui est la première des trois, représente les effets de la guerre sur la masse du peuple et de l'armée; la seconde, *les Piccolomini*, montre les causes politiques qui préparèrent les dissensions entre les chefs; et la troisième, *la Mort de Walstein*, est le résultat de l'enthousiasme et de l'envie que la réputation de Walstein avait excités.

J'ai vu jouer le prologue, intitulé le *Camp de Walstein;* on se croyait au milieu d'une armée, et d'une armée de partisans, bien plus vive et bien moins disciplinée que les troupes réglées. Les paysans, les recrues, les vivandières, les soldats, tout concourait à l'effet de ce spectacle; l'impression qu'il produit est si guerrière, que lorsqu'on le donna sur le théâtre de Berlin, devant des officiers qui partaient pour l'armée, des cris d'enthousiasme se firent entendre de toutes parts. Il faut une imagination bien puissante dans un homme de lettres pour se figurer ainsi la vie des camps, l'indépendance, la joie turbulente excitée par le danger même. L'homme, dégagé de tous ses liens, sans regrets et sans prévoyance, fait des années un jour, et des jours un instant; il joue tout ce qu'il possède, obéit au hasard sous la forme de son général : la mort, toujours présente, le délivre gaiement des soucis de la vie. Rien n'est plus original, dans le camp de Walstein, que l'arrivée d'un capucin au milieu de la bande tumultueuse des soldats qui croient défendre la cause du catholicisme. Le capucin leur prêche la modération et la justice dans un langage plein de quolibets et de calembours, et qui ne diffère de celui des camps que par la recherche et l'usage de quelques paroles latines : l'éloquence bizarre et soldatesque du prêtre, la religion rude et grossière de ceux qui l'écoutent, tout cela présente un spectacle de confusion très-remarquable. L'état social en fermentation montre l'homme sous un singulier aspect; ce qu'il a de sauvage reparaît, et les restes de la civilisation errent, comme un vaisseau brisé, sur les vagues agitées.

Le camp de Walstein est une ingénieuse introduction aux deux autres pièces; il pénètre d'admiration pour ce général dont les soldats parlent sans cesse, dans leurs jeux comme dans leurs périls; et quand la tragédie commence, on conserve l'impression du prologue qui l'a précédée, comme si l'on avait été témoin de l'histoire que la poésie doit embellir.

La seconde des pièces, intitulée les *Piccolomini*, contient les discordes qui s'élèvent entre l'empereur et son général, entre le général et ses compagnons d'armes, lorsque le chef d'armée veut substituer son ambition personnelle à l'autorité qu'il représente, ainsi qu'à la cause qu'il soutient. Walstein combattait au nom de l'Autriche, contre les nations qui voulaient introduire la réformation en Allemagne; mais séduit par l'espérance de se créer à lui-même un pouvoir indépendant, il cherche à s'approprier tous les moyens qu'il devait faire servir au bien public. Les généraux qui s'opposent à ses désirs ne les contrarient point par vertu, mais par jalousie; et dans ces cruelles luttes, tout se trouve, si ce n'est des hommes dévoués à leur opinion et se battant pour leur conscience. A qui s'intéresser? dira-t-on : au tableau de la vérité. Peut-être l'art exige-t-il que ce tableau soit modifié d'après l'effet théâtral; mais c'est toujours une belle chose que l'histoire sur la scène.

Néanmoins, Schiller a su créer des personnages faits pour exciter un intérêt romanesque. Il a peint Max. Piccolomini et Thécla comme des créatures célestes, qui traversent tous les orages des passions politiques en conservant dans leur âme l'amour et la vérité. Thécla est la fille de Walstein; Max., le fils du perfide ami qui le trahit. Les deux amants, malgré leurs pères, malgré le sort, malgré tout, excepté leurs cœurs, s'aiment, se cherchent et se retrouvent dans la vie et dans la mort. Ces deux êtres apparaissent au milieu des fureurs de l'ambition, comme des prédestinés; ce sont de touchantes victimes que le ciel s'est choisies, et rien n'est beau comme le contraste du dévouement le plus pur avec les passions des hommes, acharnés sur cette terre comme sur leur unique partage.

Il n'y a point de dénoûment à la pièce des *Piccolomini;* elle finit comme une conversation interrompue. Les Français auraient de la peine à supporter ces deux prologues, l'un burlesque, et l'autre sérieux, qui préparent la véritable tragédie, la mort de Walstein.

Un écrivain d'un grand talent a resserré la *trilogie* de Schiller en une tragédie selon la forme et la régularité française. Les éloges et les critiques dont cet ouvrage a été l'objet nous donneront une occasion naturelle d'achever de faire connaître les différences qui caractérisent le système dramatique des Français et des Allemands. On a reproché à l'écrivain français de n'avoir pas mis assez de poésie dans ses vers. Les sujets mythologiques permettent tout l'éclat des images et de la verve lyrique; mais comment pourrait-on admettre, dans un sujet tiré de l'histoire moderne, la poésie du récit de Théramène? Toute cette pompe antique convient à la famille de Minos ou d'Agamemnon; elle ne serait qu'une affectation ridicule dans les pièces d'un autre genre. Il y a des moments, dans les tragédies historiques, où l'exaltation de l'âme amène naturellement une poésie plus élevée : telle est, par exemple, la vision de Walstein [1], sa ha-

rangue, après la révolte, son monologue avant sa mort, etc. Toutefois la contexture et le développement de la pièce, en allemand comme en francais, exigent un style simple, dans lequel on ne sente que la pureté du langage, et rarement sa magnificence. Nous voulons en France qu'on fasse effet, non-seulement à chaque scène, mais à chaque vers, et cela est inconciliable avec la vérité. Rien n'est si aisé que de composer ce qu'on appelle des vers brillants; il y a des moules tout faits pour cela; ce qui est difficile, c'est de subordonner chaque détail à l'ensemble, et de retrouver chaque partie dans le tout, comme le reflet du tout dans chaque partie. La vivacité française a donné à la marche des pièces de théâtre un mouvement rapide très-agréable; mais elle nuit à la beauté de l'art quand elle exige des succès instantanés aux dépens de l'impression générale.

A côté de cette impatience qui ne tolère aucun retard, il y a une patience singulière pour tout ce que la convenance exige; et quand un ennui quelconque est dans l'étiquette des arts, ces mêmes Français, qu'irritait la moindre lenteur, supportent tout ce qu'on veut par respect pour l'usage. Par exemple, les expositions en récit sont indispensables dans les tragédies françaises; et certainement elles ont beaucoup moins d'intérêt que les expositions en action. On dit que les spectateurs italiens crièrent une fois, pendant le récit d'une bataille, qu'on levât la toile du fond, pour qu'ils vissent la bataille elle-même. On a très-souvent ce désir dans nos tragédies, on voudrait assister à ce qu'on nous raconte. L'auteur du Walstein français a été obligé de fondre dans sa pièce l'exposition qui se fait d'une manière si originale par le prologue du camp. La dignité des premières scènes s'accorde parfaitement avec le ton imposant d'une tragédie française : mais il y a un genre de mouvement dans l'irrégularité allemande, auquel on ne peut jamais suppléer.

[1] Il est, pour les mortels, des jours mystérieux,
Où, des liens du corps notre âme dégagée,
Au sein de l'avenir est tout à coup plongée,
Et saisit, je ne sais par quel heureux effort,
Le droit inattendu d'interroger le sort.
La nuit qui précéda la sanglante journée
Qui du héros du Nord trancha la destinée,
Je veillais au milieu des guerriers endormis;
Un trouble involontaire agitait mes esprits.
Je parcourus le camp. On voyait dans la plaine

Briller des feux lointains la lumière incertaine.
Les appels de la garde et les pas des chevaux,
Troublaient seuls, d'un bruit sourd, l'universel repos.
Le vent qui gémissait à travers les vallées
Agitait lentement nos tentes ébranlées.
Les astres, à regret perçant l'obscurité,
Versaient sur nos drapeaux une pâle clarté.
Que de mortels, me dis-je, à ma voix obéissent !
Qu'avec empressement sous mon ordre ils fléchissent!
Ils ont, sur mes succès, placé tout leur espoir.
Mais, si le sort jaloux m'arrachait le pouvoir,
Que bientôt je verrais s'évanouir leur zèle!
En est-il un du moins qui me restât fidèle!
Ah! s'il en est un seul, je t'invoque, ô destin!
Daigne me l'indiquer par un signe certain.
WALSTEIN, par M. Benjamin Constant de Rebecque.
Acte II, scène 1re, page 43.

On a reproché aussi à l'auteur français le dou-ble intérêt qu'inspirent l'amour d'Alfred (Picco-lomini) pour Thécla, et la conspiration de Wal-stein. En France, on veut qu'une pièce soit toute d'amour ou toute de politique, on n'aime pas le mélange des sujets; et depuis quelque temps sur-tout, quand il s'agit des affaires d'État, on ne peut concevoir comment il resterait dans l'âme place pour une autre pensée. Néanmoins le grand tableau de la conspiration de Walstein n'est com-plet que par les malheurs mêmes qui en résultent pour sa famille; il importe de nous rappeler com-bien les événements publics peuvent déchirer les affections privées; et cette manière de présenter la politique comme un monde à part dont les sen-timents sont bannis, est immorale, dure et sans effet dramatique.

Une circonstance de détail a été blâmée dans la pièce française. Personne n'a nié que les adieux d'Alfred (Max. Piccolomini), en quittant Walstein et Thécla, ne fussent de la plus grande beauté; mais on s'est scandalisé de ce qu'on faisait enten-dre, à cette occasion, de la musique dans une tra-gédie : il est assurément très-facile de la suppri-mer; mais pourquoi donc se refuser à l'effet qu'elle produit? Lorsqu'on entend cette musique militaire qui appelle au combat, le spectateur partage l'émo-tion qu'elle doit causer aux amants, menacés de ne plus se revoir : la musique fait ressortir la si-tuation; un art nouveau redouble l'impression qu'un autre art a préparée; les sons et les paroles ébranlent tour à tour notre imagination et notre cœur.

Deux scènes aussi tout à fait nouvelles sur no-tre théâtre ont excité l'étonnement des lecteurs français : lorsque Alfred (Max.) s'est fait tuer, Thécla demande à l'officier saxon qui en apporte la nouvelle, tous les détails de cette horrible mort; et quand elle a rassasié son âme de douleur, elle annonce la résolution qu'elle a prise d'aller vivre et mourir près du tombeau de son amant. Chaque expression, chaque mot, dans ces deux scènes, est d'une sensibilité profonde; mais on a prétendu que l'intérêt dramatique ne pouvait plus exister quand il n'y a plus d'incertitude. En France, on se hâte, en tout genre, d'en finir avec l'irréparable. Les Allemands, au contraire, sont plus curieux de ce que les personnages éprouvent, que de ce qui leur arrive; ils ne craignent point de s'arrêter sur une situation terminée comme événement, mais qui subsiste encore comme souffrance. Il faut plus de poésie, plus de sensibilité, plus de justesse dans les expressions, pour émouvoir dans le repos de l'action, que lorsqu'elle excite une anxiété toujours croissante : on remarque à peine les paroles quand les faits nous tiennent en suspens; mais lorsque tout se tait, excepté la douleur, quand il n'y a plus de changement au dehors et que l'intérêt s'at-tache seulement à ce qui se passe dans l'âme, une nuance d'affectation, un mot hors de place frap-perait comme un son faux dans un air simple et mélancolique. Rien n'échappe alors par le bruit, et tout s'adresse directement au cœur.

Enfin la critique la plus universellement répétée contre le Walstein français, c'est que le caractère de Walstein lui-même est superstitieux, incertain, irrésolu, et ne s'accorde pas avec le modèle héroï-que admis pour ce genre de rôle. Les Français se privent d'une source infinie d'effets et d'émotions, en réduisant les caractères tragiques, comme les notes de musique ou les couleurs du prisme, à quelques traits saillants, toujours les mêmes; cha-que personnage doit se conformer à l'un des prin-cipaux types reconnus. On dirait que chez nous la logique est le fondement des arts, et cette nature *ondoyante* dont parle Montaigne est bannie de nos tragédies; on n'y admet que des sentiments tout bons ou tout mauvais, et cependant il n'y a rien qui ne soit mélangé dans l'âme humaine.

On raisonne en France sur un personnage tra-gique comme sur un ministre d'État, et l'on se plaint de ce qu'il fait ou de ce qu'il ne fait pas, comme si l'on tenait une gazette à la main pour le juger. Les inconséquences des passions sont permises sur le théâtre français, mais non pas les inconséquences des caractères. La passion étant connue plus ou moins de tous les cœurs, on s'at-tend à ses égarements, et l'on peut, en quelque sorte, fixer d'avance ses contradictions mêmes; mais le caractère a toujours quelque chose d'inat-tendu, qu'on ne peut renfermer dans aucune règle. Tantôt il se dirige vers son but, tantôt il s'en éloi-gne. Quand on dit d'un personnage en France : « Il ne sait pas ce qu'il veut, » on ne s'y intéresse plus : tandis que c'est précisément l'homme qui ne sait pas ce qu'il veut, dans lequel la nature se montre avec une force et une indépendance vrai-ment tragiques.

Les personnages de Shakspeare font éprouver plusieurs fois dans la même pièce des impressions tout à fait différentes aux spectateurs. Richard II, dans les trois premiers actes de la tragédie de ce nom, inspire de l'aversion et du mépris; mais quand le malheur l'atteint, quand on le force à céder son trône à son ennemi, au milieu du parle-ment, sa situation et son courage arrachent des larmes. On aime cette noblesse royale qui reparaît dans l'adversité, et la couronne semble planer encore sur la tête de celui qu'on en dépouille. Il suffit à Shakspeare de quelques paroles pour disposer de l'âme des auditeurs, et les faire passer de la haine à la pitié. Les diversités sans nombre du cœur humain renouvellent sans cesse la source où le talent peut puiser.

Dans la réalité, pourra-t-on dire, les hommes sont inconséquents et bizarres, et souvent les plus belles qualités se mêlent à de misérables défauts; mais de tels caractères ne conviennent pas au théâtre; l'art dramatique exigeant la rapidité de l'action, l'on ne peut, dans ce cadre, peindre les hommes que par des traits forts et des circonstances frappantes. Mais s'ensuit-il cependant qu'il faille se borner à ces personnages tranchés dans le mal et dans le bien, qui sont comme les éléments invariables de la plupart de nos tragédies? Quelle influence le théâtre pourrait-il exercer sur la moralité des spectateurs, si l'on ne leur faisait voir qu'une nature de convention? Il est vrai que sur ce terrain factice la vertu triomphe toujours, et le vice est toujours puni; mais comment cela s'appliquerait-il jamais à ce qui se passe dans la vie, puisque les hommes qu'on montre sur la scène ne sont pas les hommes tels qu'ils sont?

Il serait curieux de voir représenter la pièce de Walstein sur notre théâtre; et si l'auteur français ne s'était pas si rigoureusement asservi à la régularité française, ce serait plus curieux encore : mais, pour bien juger des innovations, il faudrait porter dans les arts une jeunesse d'âme qui cherchât des plaisirs nouveaux. S'en tenir aux chefs-d'œuvre anciens est un excellent régime pour le goût, mais non pour le talent : il faut des impressions inattendues pour l'exciter; les ouvrages que nous savons par cœur dès l'enfance se changent en habitudes, et n'ébranlent plus fortement notre imagination.

Marie Stuart est, ce me semble, de toutes les tragédies allemandes la plus pathétique et la mieux conçue. Le sort de cette reine, qui commença sa vie par tant de prospérités, qui perdit son bonheur par tant de fautes, et que dix-neuf ans de prison conduisirent à l'échafaud, cause autant de terreur et de pitié qu'OEdipe, Oreste ou Niobé; mais la beauté même de cette histoire si favorable au génie écraserait la médiocrité.

La scène s'ouvre dans le château de Fotheringay, où Marie Stuart est renfermée. Dix-neuf ans de prison se sont déjà passés, et le tribunal institué par Élisabeth est au moment de prononcer sur le sort de l'infortunée reine d'Écosse. La nourrice de Marie se plaint au commandant de la forteresse des traitements qu'il fait endurer à sa prisonnière. Le commandant, vivement attaché à la reine Élisabeth, parle de Marie avec une sévérité cruelle : on voit que c'est un honnête homme, mais qui juge Marie comme ses ennemis l'ont jugée : il annonce sa mort prochaine, et cette mort lui paraît juste, parce qu'il croit qu'elle a conspiré contre Élisabeth.

J'ai déjà eu l'occasion de parler, à propos de Walstein, du grand avantage des expositions en mouvement. On a essayé les prologues, les chœurs, les confidents, tous les moyens possibles, pour expliquer sans ennuyer; et il me semble que le mieux c'est d'entrer d'abord dans l'action, et de faire connaître le principal personnage par l'effet qu'il produit sur ceux qui l'environnent. C'est apprendre au spectateur de quel point de vue il doit regarder ce qui va se passer devant lui; c'est le lui apprendre sans le lui dire : car un seul mot qui paraît prononcé pour le public, dans une pièce de théâtre, en détruit l'illusion. Quand Marie Stuart arrive, on est déjà curieux et ému; on la connaît, non par un portrait, mais par son influence sur ses amis et sur ses ennemis. Ce n'est plus un récit qu'on écoute, c'est un événement dont on est devenu contemporain.

Le caractère de Marie Stuart est admirablement bien soutenu, et ne cesse point d'intéresser pendant toute la pièce. Faible, passionnée, orgueilleuse de sa figure, et repentante de sa vie, on l'aime et on la blâme. Ses remords et ses fautes font pitié. De toutes parts on aperçoit l'empire de son admirable beauté, si renommée dans son temps. Un homme qui veut la sauver, ose lui avouer qu'il ne se dévoue pour elle que par enthousiasme pour ses charmes. Élisabeth en est jalouse; enfin, l'amant d'Élisabeth, Leicester, est devenu amoureux de Marie, et lui a promis en secret son appui. L'attrait et l'envie que fait naître la grâce enchanteresse de l'infortunée, rendent sa mort mille fois plus touchante.

Elle aime Leicester. Cette femme malheureuse éprouve encore le sentiment qui a déjà plus d'une fois répandu tant d'amertume sur son sort. Sa beauté, presque surnaturelle, semble la cause et l'excuse de cette ivresse habituelle du cœur, fatalité de sa vie.

Le caractère d'Élisabeth excite l'attention d'une manière bien différente; c'est une peinture toute nouvelle que celle d'une femme tyran. Les petitesses des femmes en général, leur vanité, leur désir de plaire, tout ce qui leur vient de l'esclavage, enfin, sert au despotisme dans Élisabeth ; et la dissimulation qui naît de la faiblesse est l'un des instruments de son pouvoir absolu. Sans doute tous les tyrans sont dissimulés. Il faut tromper les hommes pour les asservir ; on leur doit, au moins dans ce cas, la politesse du mensonge. Mais ce qui caractérise Élisabeth, c'est le désir de plaire uni à la volonté la plus despotique, et tout ce qu'il y a de plus fin dans l'amour-propre d'une femme, manifesté par les actes les plus violents de l'autorité souveraine. Les courtisans aussi ont avec une reine un genre de bassesse qui tient de la galanterie. Ils veulent se persuader qu'ils l'aiment, pour lui obéir plus noblement, et cacher la crainte servile d'un sujet sous le servage d'un chevalier.

Élisabeth était une femme d'un grand génie, l'éclat de son règne en fait foi : toutefois, dans une tragédie où la mort de Marie est représentée, on ne peut voir Élisabeth que comme la rivale qui fait assassiner sa prisonnière ; et le crime qu'elle commet est trop atroce pour ne pas effacer tout le bien qu'on pourrait dire de son génie politique. Ce serait peut-être une perfection de plus dans Schiller, que d'avoir eu l'art de rendre Élisabeth moins odieuse, sans diminuer l'intérêt pour Marie Stuart : car il y a plus de vrai talent dans les contrastes nuancés que dans les oppositions extrêmes, et la figure principale elle-même gagne à ce qu'aucun des personnages du tableau dramatique ne lui soit sacrifié.

Leicester conjure Élisabeth de voir Marie ; il lui propose de s'arrêter, au milieu d'une chasse, dans le jardin du château de Fotheringay, et de permettre à Marie de s'y promener. Élisabeth y consent, et le troisième acte commence par la joie touchante de Marie, en respirant l'air libre après dix-neuf ans de prison : tous les dangers qu'elle court ont disparu à ses yeux ; en vain sa nourrice cherche à les lui rappeler pour modérer ses transports, Marie a tout oublié en retrouvant le soleil et la nature. Elle ressent le bonheur de l'enfance à l'aspect, nouveau pour elle, des fleurs, des arbres, des oiseaux ; et l'ineffable impression de ces merveilles extérieures, quand on en a été longtemps séparé, se peint dans l'émotion enivrante de l'infortunée prisonnière.

Le souvenir de la France vient la charmer. Elle charge les nuages que le vent du nord semble pousser vers cette heureuse patrie de son choix, elle les charge de porter à ses amis ses regrets et ses désirs : « Allez, leur dit-elle, vous, mes seuls messagers, l'air libre vous appartient ; vous n'êtes « pas les sujets d'Élisabeth. » Elle aperçoit dans le lointain un pêcheur qui conduit une frêle barque, et déjà elle se flatte qu'il pourra la sauver : tout lui semble espérance quand elle a revu le ciel.

Elle ne sait point encore qu'on l'a laissée sortir afin qu'Élisabeth pût la rencontrer ; elle entend la musique de la chasse, et les plaisirs de sa jeunesse se retracent à son imagination en l'écoutant. Elle voudrait monter un cheval fougueux, parcourir, avec la rapidité de l'éclair, les vallées et les montagnes ; le sentiment du bonheur se réveille en elle, sans nulle raison, sans nul motif, mais parce qu'il faut que le cœur respire, et qu'il se ranime quelquefois tout à coup, à l'approche des plus grands malheurs, comme il y a presque toujours un moment de mieux avant l'agonie.

On vient avertir Marie qu'Élisabeth va venir. Elle avait souhaité cette entrevue ; mais quand l'instant approche, tout son être en frémit. Leicester est avec Élisabeth : ainsi, toutes les passions de Marie sont à la fois excitées : elle se contient quelque temps ; mais l'arrogante Élisabeth la provoque par ses dédains ; et ces deux reines ennemies finissent par s'abandonner l'une et l'autre à la haine mutuelle qu'elles ressentent. Élisabeth reproche à Marie ses fautes ; Marie lui rappelle les soupçons de Henri VIII contre sa mère, et ce que l'on a dit de sa naissance illégitime. Cette scène est singulièrement belle, par cela même que la fureur fait dépasser aux deux reines les bornes de leur dignité naturelle. Elles ne sont plus que deux femmes, deux rivales de figure, bien plus que de puissance ; il n'y a plus de souveraine, il n'y a plus de prisonnière ; et bien que l'une puisse envoyer l'autre à l'échafaud, la plus belle des deux, celle qui se sent plus faite pour plaire, jouit encore du plaisir d'humilier la toute-puissante Élisabeth aux yeux de Leicester, aux yeux de l'amant qui leur est si cher à toutes deux.

Ce qui ajoute singulièrement aussi à l'effet de cette situation, c'est la crainte que l'on éprouve pour Marie, à chaque mot de ressentiment qui lui échappe ; et lorsqu'elle s'abandonne à toute sa fureur, ses paroles injurieuses, dont les suites seront irréparables, font frémir, comme si l'on était déjà témoin de sa mort.

Les émissaires du parti catholique veulent assassiner Élisabeth, à son retour à Londres. Talbot, le plus vertueux des amis de la reine, désarme l'assassin qui voulait la poignarder, et le peuple demande à grands cris la mort de Marie. C'est une scène admirable que celle où le chancelier Burleigh presse Élisabeth de signer la sentence de Marie, tandis que Talbot, qui vient de sauver la vie de sa souveraine, se jette à ses pieds pour la conjurer de faire grâce à son ennemie.

« On vous répète, lui dit-il, que le peuple de-
« mande sa mort; on croit vous plaire par cette
« feinte violence; on croit vous déterminer à ce
« que vous souhaitez; mais prononcez que vous
« voulez la sauver, et dans l'instant vous verrez
« la prétendue nécessité de sa mort s'évanouir : ce
« qu'on trouvait juste passera pour injuste, et les
« mêmes hommes qui l'accusent prendront haute-
« ment sa défense. Vous la craignez vivante : ah!
« craignez-la surtout quand elle ne sera plus. C'est
« alors qu'elle sera vraiment redoutable; elle re-
« naîtra de son tombeau, comme la déesse de la
« discorde, comme l'esprit de la vengeance, pour
« détourner de vous le cœur de vos sujets. Ils ne
« verront plus en elle l'ennemie de leur croyance,
« mais la petite-fille de leurs rois. Le peuple ap-
« pelle avec fureur cette résolution sanglante, mais
« il ne la jugera qu'après l'événement. Traversez
« alors les rues de Londres, et vous y verrez ré-
« gner le silence de la terreur; vous y verrez un
« autre peuple, une autre Angleterre : ce ne seront
« plus ces transports de joie qui célébraient la
« sainte équité dont votre trône était environné;
« mais la crainte, cette sombre compagne de la ty-
« rannie, ne vous quittera plus; les rues seront
« désertes à votre passage; vous aurez fait ce qu'il
« y a de plus fort, de plus redoutable. Quel homme
« sera sûr de sa propre vie, quand la tête royale de
« Marie n'aura point été respectée! »

La réponse d'Élisabeth à ce discours est d'une adresse bien remarquable : un homme, dans une pareille situation, aurait certainement employé le mensonge pour pallier l'injustice; mais Élisabeth fait plus, elle veut intéresser pour elle-même, en se livrant à la vengeance; elle voudrait presque obtenir la pitié, en commettant l'action la plus cruelle. Elle a de la coquetterie sanguinaire, si l'on peut s'exprimer ainsi, et le caractère de femme se montre à travers celui de tyran.

« Ah! Talbot, s'écrie Élisabeth, vous m'avez
« sauvée aujourd'hui, vous avez détourné de moi
« le poignard; pourquoi ne le laissiez-vous pas ar-
« river jusqu'à mon cœur? le combat était fini;
« et, délivrée de tous mes doutes, pure de toutes
« mes fautes, je descendais dans mon paisible
« tombeau : croyez-moi, je suis fatiguée du trône
« et de la vie; si l'une des deux reines doit tom-
« ber pour que l'autre vive (et cela est ainsi, j'en
« suis convaincue), pourquoi ne serait-ce pas moi
« qui résignerais l'existence? Mon peuple peut

« choisir, je lui rends son pouvoir; Dieu m'est
« témoin que ce n'est pas pour moi, mais le bien
« seul de la nation, que j'ai vécu. Espère-t-on de
« cette séduisante Stuart, de cette reine plus
« jeune, des jours plus heureux? alors je descends
« du trône, je retourne dans la solitude de Wood-
« stock, où j'ai passé mon humble jeunesse, où,
« loin des vanités de ce monde, je trouvais ma
« grandeur en moi-même. Non, je ne suis pas
« faite pour être souveraine; un maître doit
« être dur, et mon cœur est faible. J'ai bien gou-
« verné cette île, tant qu'il ne s'agissait que de
« faire des heureux : mais voici la tâche cruelle
« imposée par le devoir royal, et je me sens inca-
« pable de l'accomplir. »

A ce mot, Burleigh interrompt Élisabeth, et lui reproche tout ce dont elle veut être blâmée, sa faiblesse, son indulgence, sa pitié : il semble courageux, parce qu'il demande à sa souveraine avec force ce qu'elle désire en secret plus que lui-même. La flatterie brusque réussit en général mieux que la flatterie obséquieuse, et c'est bien fait aux courtisans, quand ils le peuvent, de se donner l'air d'être entraînés, dans le moment où ils réfléchissent le plus à ce qu'ils disent.

Élisabeth signe la sentence, et, seule avec le secrétaire de ses commandements, la timidité de femme, qui se mêle à la persévérance du despotisme, lui fait désirer que cet homme subalterne prenne sur lui la responsabilité de l'action qu'elle a commise : il veut l'ordre positif d'envoyer cette sentence; elle le refuse, et lui répète qu'il doit faire son devoir; elle laisse ce malheureux dans une affreuse incertitude, dont le chancelier Burleigh le tire en lui arrachant le papier qu'Élisabeth a laissé entre ses mains.

Leicester est très-compromis par les amis de la reine d'Écosse; ils viennent lui demander de les aider à la sauver. Il découvre qu'il est accusé auprès d'Élisabeth, et prend tout à coup l'affreux parti d'abandonner Marie, et de révéler à la reine d'Angleterre, avec hardiesse et ruse, une partie des secrets qu'il doit à la confiance de sa malheureuse amie. Malgré tous ces lâches artifices, il ne rassure Élisabeth qu'à demi, et elle exige qu'il conduise lui-même Marie à l'échafaud, pour prouver qu'il ne l'aime pas. La jalousie de femme se manifestant par le supplice qu'Élisabeth ordonne comme monarque, doit inspirer à Leicester une profonde haine pour elle : la reine le fait trembler, quand par les lois de la nature il devrait être son maître; et ce contraste singulier produit une situation très-originale : mais rien n'égale le cinquième acte. C'est à Weimar que j'assistai à la représentation de Marie Stuart, et je ne puis penser encore, sans un profond attendrissement, à l'effet des dernières scènes.

On voit d'abord paraître les femmes de Marie vêtues de noir, et dans une morne douleur; sa vieille nourrice, la plus affligée de toutes, porte ses diamants royaux; elle lui a ordonné de les rassembler pour qu'elle pût les distribuer à ses femmes. Le commandant de la prison, suivi de plusieurs de ses valets, vêtus de noir aussi comme lui, remplissent le théâtre de deuil. Melvil, autrefois gentilhomme de la cour de Marie, arrive de Rome en cet instant. Anna, la nourrice de la reine, le reçoit avec joie; elle lui peint le courage de Marie, qui, tout à coup résignée à son sort, n'est plus occupée que de son salut, et s'afflige seulement de ne pas obtenir un prêtre de sa religion, pour recevoir de lui l'absolution de ses fautes et la communion sainte.

La nourrice raconte comment pendant la nuit la reine et elle avaient entendu des coups redoublés, et que toutes deux espéraient que c'étaient leurs amis qui venaient pour les délivrer; mais qu'enfin elles avaient su que ce bruit était celui que faisaient les ouvriers en élevant l'échafaud dans la salle au-dessous d'elles. Melvil demande comment Marie a supporté cette terrible nouvelle : Anna lui dit que l'épreuve la plus dure pour elle a été d'apprendre la trahison du comte Leicester, mais qu'après cette douleur elle a repris le calme et la dignité d'une reine.

Les femmes de Marie entrent et sortent, pour exécuter les ordres de leur maîtresse; l'une d'elles apporte une coupe de vin que Marie a demandée pour marcher d'un pas plus ferme à l'échafaud; une autre arrive chancelante sur la scène, parce qu'à travers la porte de la salle où l'exécution doit avoir lieu, elle a vu les murs tendus de noir, l'échafaud, le bloc et la hache. L'effroi toujours croissant du spectateur est déjà presqu'à son comble, quand Marie paraît dans toute la magnificence d'une parure royale, seule vêtue de blanc au milieu de sa suite en deuil, un crucifix à la main, la couronne sur sa tête; et déjà rayonnante du pardon céleste que ses malheurs ont obtenu pour elle.

Marie console ses femmes, dont les sanglots l'émeuvent vivement : « Pourquoi, leur dit-elle, « vous affligez-vous de ce que mon cachot s'est « ouvert? La mort, ce sévère ami, vient à moi, « et couvre de ses ailes noires les fautes de ma « vie : le dernier arrêt du sort relève la créature « accablée; je sens de nouveau le diadème sur « mon front. Un juste orgueil est rentré dans mon « âme purifiée. »

Marie aperçoit Melvil, et se réjouit de le voir dans ce moment solennel; elle l'interroge sur ses parents de France, sur ses anciens serviteurs, et le charge de ses derniers adieux pour tout ce qui lui fut cher.

« Je bénis, lui dit-elle, le roi très-chrétien mon « beau-frère, et toute la royale famille de France; « je bénis mon oncle le cardinal, et Henri de « Guise, mon noble cousin; je bénis aussi le saint- « père, pour qu'il me bénisse à son tour, et le roi « catholique, qui s'est offert généreusement pour « mon sauveur et vengeur. Ils retrouveront tous « leur nom dans mon testament, et de quelque « faible valeur que soient les présents de mon « amour, ils voudront bien ne pas les dédaigner. »

Marie se retourne alors vers ses serviteurs, et leur dit : « Je vous ai recommandés à mon royal « frère de France; il aura soin de vous, il vous « donnera une nouvelle patrie. Si ma dernière « prière vous est sacrée, ne restez pas en Angle- « terre. Que le cœur orgueilleux de l'Anglais ne « se repaisse pas du spectacle de votre malheur; « que ceux qui m'ont servie ne soient pas dans la « poussière. Jurez-moi, par l'image du Christ, « que, dès que je ne serai plus, vous quitterez « pour jamais cette île funeste. »

(Melvil le jure au nom de tous.)

La reine distribue ses diamants à ses femmes, et rien n'est plus touchant que les détails dans lesquels elle entre sur le caractère de chacune d'elles, et les conseils qu'elle leur donne pour leur sort futur : elle se montre surtout généreuse envers celle dont le mari a été un traître, en accusant formellement Marie elle-même auprès d'Élisabeth; elle veut consoler cette femme de ce malheur, et lui prouver qu'elle n'en conserve aucun ressentiment.

« Toi, dit-elle à sa nourrice, toi, ma fidèle « Anna, l'or et les diamants ne t'attirent point; « mon souvenir est le don le plus précieux que je « puisse te laisser. Prends ce mouchoir que j'ai « brodé pour toi dans les heures de ma tristesse, « et que mes larmes ont inondé; tu t'en serviras « pour me bander les yeux, quand il en sera « temps; j'attends ce dernier service de toi. Venez « toutes, dit-elle en tendant la main à ses femmes, « venez toutes, et recevez mon dernier adieu : « recevez-le, Marguerite, Alise, Rosamonde; et « toi, Gertrude, je sens sur ma main tes lèvres « brûlantes. J'ai été bien haïe, mais aussi bien

« aimée! Qu'un époux d'une âme noble rende
« heureuse ma Gertrude, car un cœur si sensible
« a besoin d'amour ! Berthe, tu as choisi la meil-
« leure part, tu veux être la chaste épouse du ciel,
« hâte-toi d'accomplir ton vœu. Les biens de la
« terre sont trompeurs, la destinée de ta reine te
« l'apprend. C'en est assez; adieu pour toujours,
« adieu. »

Marie reste seule avec Melvil, et c'est alors que
commence une scène dont l'effet est bien grand,
quoiqu'on puisse la blâmer à plusieurs égards. La
seule douleur qui reste à Marie, après avoir
pourvu à tous les soins terrestres, c'est de ne
pouvoir obtenir un prêtre de sa religion, pour
l'assister dans ses derniers moments. Melvil, après
avoir reçu la confidence de ses pieux regrets, lui
apprend qu'il a été à Rome, qu'il y a pris les
ordres ecclésiastiques, pour acquérir le droit de
l'absoudre et de la consoler : il découvre sa tête
pour lui montrer la tonsure sacrée, et tire de son
sein une hostie que le pape lui-même a bénite pour
elle.

« Un bonheur céleste, s'écrie la reine, m'est
« donc encore préparé sur le seuil même de la
« mort! le messager de Dieu descend vers moi,
« comme un immortel sur des nuages d'azur :
« ainsi jadis l'apôtre fut délivré de ses liens. Et
« tandis que tous les appuis terrestres m'ont
« trompée, ni les verrous, ni les épées n'ont ar-
« rêté le secours divin. Vous, jadis mon serviteur,
« soyez maintenant le serviteur de Dieu et son
« saint interprète ; et comme vos genoux se sont
« courbés devant moi, je me prosterne maintenant
« à vos pieds, dans la poussière. »

La belle, la royale Marie se jette aux genoux
de Melvil, et son sujet, revêtu de toute la dignité
de l'Église, l'y laisse et l'interroge.

(Il ne faut pas oublier que Melvil lui-même
croyait Marie coupable du dernier complot qui
avait eu lieu contre la vie d'Élisabeth ; je dois dire
aussi que la scène suivante est faite seulement
pour être lue, et que, sur la plupart des théâtres
de l'Allemagne, on supprime l'acte de la communion, quand la tragédie de Marie Stuart est représentée.)

MELVIL.

« Au nom du Père, du Fils et du Saint-Esprit,
« Marie, reine, as-tu sondé ton cœur, et jures-tu
« de confesser la vérité devant le Dieu de vérité?

MARIE.

« Mon cœur va s'ouvrir sans mystère devant toi
« comme devant lui.

MELVIL.

« Dis-moi, de quel péché ta conscience t'accuse-
« t-elle, depuis que tu as approché pour la der-
« nière fois de la table sainte?

MARIE.

« Mon âme a été remplie d'une haine envieuse,
« et des pensées de vengeance s'agitaient dans
« mon sein. Pécheresse, j'implorais le pardon de
« Dieu, et je ne pouvais pardonner à mon en-
« nemie.

MELVIL.

« Te repens-tu de cette faute, et ta résolution
« sincère est-elle de pardonner à tous, avant que
« de quitter ce monde?

MARIE.

« Aussi vrai que j'espère la miséricorde de
« Dieu.

MELVIL.

« N'est-il point d'autre tort que tu doives te
« reprocher?

MARIE.

« Ah! ce n'est pas la haine seule qui m'a rendue
« coupable, j'ai encore plus offensé le Dieu de
« bonté par un amour criminel; ce cœur trop
« vain s'est laissé séduire par un homme sans foi,
« qui m'a trompée et abandonnée.

MELVIL.

« Te repens-tu de cette erreur, et ton cœur
« a-t-il quitté cette fragile idole pour se tourner
« vers son Dieu?

MARIE.

« Ce fut le plus cruel de mes combats, mais
« enfin j'ai déchiré ce dernier lien terrestre.

MELVIL.

« De quelle autre faute te sens-tu coupable?

MARIE.

« Ah! d'une faute sanglante, depuis longtemps
« confessée. Mon âme frémit en approchant du
« jugement solennel qui m'attend, et les portes
« du ciel semblent se couvrir de deuil à mes yeux.
« J'ai fait périr le roi mon époux, quand j'ai con-
« senti à donner mon cœur et ma main au séduc-
« teur son meurtrier. Je me suis imposé toutes
« les expiations ordonnées par l'Église; mais le
« ver rongeur du remords ne me laisse point de
« repos.

MELVIL.

« Ne te reste-t-il rien de plus au fond de l'âme,
« que tu doives confesser ?

MARIE.

« Non, tu sais maintenant tout ce qui pèse sur
« mon cœur.

MELVIL.

« Songe à la présence du scrutateur des pensées,
« à l'anathème dont l'Église menace une confes-
« sion trompeuse : c'est un péché qui donne la
« mort éternelle, et que le Saint-Esprit a frappé
« de sa malédiction.

MARIE.

« Puissé-je obtenir dans mon dernier combat la
« clémence divine, aussi vrai qu'en cet instant so-
« lennel je ne t'ai rien déguisé !

MELVIL.

« Comment ! tu caches à ton Dieu le crime pour
« la punition duquel les hommes te condamnent :
« tu ne me parles point de la part que tu as eue
« dans la haute trahison des assassins d'Élisabeth ;
« tu subis la mort terrestre pour cette action ;
« veux-tu donc qu'elle entraîne aussi la perdition
« de ton âme ?

MARIE.

« Je suis près de passer du temps à l'éternité :
« avant que l'aiguille de l'heure ait accompli son
« tour, je me présenterai devant le trône de mon
« juge ; et je le répète ici, ma confession est en-
« tière.

MELVIL.

« Examine-toi bien. Notre cœur est souvent
« pour nous-mêmes un confident trompeur : tu as
« peut-être évité avec adresse le mot qui te ren-
« dait coupable, quoique tu partageasses la vo-
« lonté du crime ; mais apprends qu'aucun art
« humain ne peut faire illusion à l'œil de feu qui
« regarde dans le fond de l'âme.

MARIE.

« J'ai prié tous les princes de se réunir pour
« m'affranchir de mes liens, mais jamais je n'ai
« menacé ni par mes projets, ni par mes actions,
« la vie de mon ennemie.

MELVIL.

« Quoi ! ton secrétaire t'a faussement accusée ?

MARIE.

« Que Dieu le juge ! Ce que j'ai dit est vrai.

II.

MELVIL.

« Ainsi donc tu montes sur l'échafaud convain-
« cue de ton innocence ?

MARIE.

« Dieu m'accorde d'expier par cette mort non
« méritée le crime dont ma jeunesse fut coupable !

MELVIL (la bénissant).

« Que cela soit ainsi, et que ta mort serve à
« t'absoudre ! Tombe sur l'autel comme une vic-
« time résignée. Le sang peut purifier ce que le
« sang avait souillé : tu n'es plus coupable main-
« tenant que des fautes d'une femme, et les fai-
« blesses de l'humanité ne suivent point l'âme
« bienheureuse dans le ciel. Je t'annonce donc, en
« vertu de la puissance qui m'a été donnée de lier
« et de délier sur la terre, l'absolution de tes pé-
« chés : ainsi que tu as cru qu'il t'arrive ! » (Il
lui présente l'hostie.) « Prends ce corps, il a été
« sacrifié pour toi. » (Il prend la coupe qui est
sur la table, il la consacre avec une prière recueillie, et l'offre à la reine, qui semble hésiter
encore et ne pas oser l'accepter.) « Prends la
« coupe remplie de ce sang qui a été répandu pour
« toi ; prends-la, le pape t'accorde cette grâce au
« moment de ta mort. C'est le droit suprême des
« rois dont tu jouis (Marie reçoit la coupe) ; et
« comme tu es maintenant unie mystérieusement
« avec ton Dieu sur cette terre, ainsi revêtue d'un
« éclat angélique, tu le seras dans le séjour de
« béatitude, où il n'y aura plus ni faute, ni dou-
« leur. » (Il remet la coupe, entend du bruit au
dehors, recouvre sa tête, et va vers la porte ;
Marie reste à genoux, plongée dans la méditation.)

MELVIL.

« Il vous reste encore une rude épreuve à sup-
« porter, madame ; vous sentez-vous assez de
« force pour triompher de tous les mouvements
« d'amertume et de haine ?

MARIE (se relève).

« Je ne crains point de rechute ; j'ai sacrifié à
« Dieu ma haine et mon amour.

MELVIL.

« Préparez-vous donc à recevoir lord Leicester
« et le chancelier Burleigh : ils sont là. » (Leicester reste dans l'éloignement, sans lever les yeux ;
Burleigh s'avance entre la reine et lui.)

BURLEIGH.

« Je viens, lady Stuart, pour recevoir vos der-
« niers ordres.

MARIE.

« Je vous en remercie, milord.

BURLEIGH.

« C'est la volonté de la reine, qu'aucune demande
« équitable ne vous soit refusée.

MARIE.

« Mon testament indique mes derniers souhaits;
« je l'ai déposé dans les mains du chevalier Pau-
« let; j'espère qu'il sera fidèlement exécuté.

PAULET.

« Il le sera.

MARIE.

« Comme mon corps ne peut pas reposer en
« terre sainte, je demande qu'il soit accordé à ce
« fidèle serviteur de porter mon cœur en France,
« auprès des miens. Hélas! il a toujours été là.

BURLEIGH.

« Ce sera fait. Ne voulez-vous plus rien?

MARIE.

« Portez mon salut de sœur à la reine d'Angle-
« terre; dites-lui que je lui pardonne ma mort du
« fond de mon âme. Je me repens d'avoir été trop
« vive hier, dans mon entretien avec elle. Que
« Dieu la conserve et lui accorde un règne heu-
« reux! » (Dans ce moment le shérif arrive; Anna
et les femmes de Marie entrent avec lui.) « Anna,
« calme-toi, le moment est venu, voilà le shérif
« qui doit me conduire à la mort. Tout est décidé.
« Adieu, adieu. » (A Burleigh.) « Je souhaite que
« ma fidèle nourrice m'accompagne sur l'échafaud,
« milord : accordez-moi ce bienfait.

BURLEIGH.

« Je n'ai point de pouvoirs à cet égard.

MARIE.

« Quoi! l'on me refuserait cette prière si sim-
« ple! Qui donc me rendrait les derniers services?
« Ce ne peut être la volonté de ma sœur qu'on
« blesse en ma personne le respect dû à une femme.

BURLEIGH.

« Aucune femme ne doit monter avec vous sur
« l'échafaud; ses cris, sa douleur...

MARIE.

« Elle ne fera pas entendre ses plaintes, je suis

« garant de la force d'âme de mon Anna. Soyez
« bon, milord; ne me séparez pas, en mourant,
« de ma fidèle nourrice. Elle m'a reçue dans ses
« bras sur le seuil de la vie; que sa douce main
« me conduise à la mort!

PAULET.

« Il faut y consentir.

BURLEIGH.

« Soit.

MARIE.

« Il ne me reste plus rien à vous demander. »
(Elle prend le crucifix et le baise). « Mon Ré-
« dempteur, mon Sauveur, que tes bras me reçoi-
« vent! » (Elle se retourne pour partir, et, dans
cet instant, elle rencontre le comte de Leicester :
elle tremble, ses genoux fléchissent; et, près de
tomber, le comte de Leicester la soutient; puis il
détourne la tête, et ne peut soutenir sa vue.)
« Vous me tenez parole, comte de Leicester; vous
« m'aviez promis votre appui pour sortir de ce ca-
« chot, et vous me l'offrez maintenant. » (Le comte
de Leicester semble anéanti; elle continue avec
un accent plein de douceur.) « Oui, Leicester; et
« ce n'est pas seulement la liberté que je voulais
« vous devoir, mais une liberté qui me devînt plus
« chère en la tenant de vous. Maintenant que je
« suis sur la route de la terre au ciel, et que je
« vais devenir un esprit bienheureux, affranchi
« des affections terrestres, j'ose vous avouer, sans
« rougir, la faiblesse dont j'ai triomphé. Adieu,
« et, si vous le pouvez, vivez heureux. Vous avez
« voulu plaire à deux reines, et vous avez trahi le
« cœur aimant pour obtenir le cœur orgueilleux.
« Prosternez-vous aux pieds d'Élisabeth, et puisse
« votre récompense ne pas devenir votre punition!
« Adieu, je n'ai plus de lien avec la terre. »

Leicester reste seul après le départ de Marie; le
sentiment de désespoir et de honte qui l'accable
peut à peine s'exprimer; il entend, il écoute ce
qui se passe dans la salle de l'exécution, et quand
elle est accomplie il tombe sans connaissance. On
apprend ensuite qu'il est parti pour la France, et
la douleur qu'Élisabeth éprouve, en perdant celui
qu'elle aime, commence la punition de son crime.

Je ferai quelques observations sur cette imparfaite analyse d'une pièce dans laquelle le charme
des vers ajoute beaucoup à tous les autres genres
de mérite. Je ne sais si l'on se permettrait en France
de faire un acte tout entier sur une situation décidée; mais ce repos de la douleur, qui naît de la
privation même de l'espérance, produit les émo-

tions les plus vraies et les plus profondes. Ce repos solennel permet au spectateur, comme à la victime, de descendre en lui-même, et d'y sentir tout ce que révèle le malheur.

La scène de la confession, et surtout de la communion, serait, avec raison, tout à fait condamnée; mais ce n'est, certes, pas comme manquant d'effet qu'on pourrait la blâmer : le pathétique qui se fonde sur la religion nationale touche de si près le cœur, que rien ne saurait émouvoir davantage. Le pays le plus catholique, l'Espagne, et son poëte le plus religieux, Caldéron, qui était lui-même entré dans l'état ecclésiastique, ont admis sur le théâtre les sujets et les cérémonies du christianisme.

Il me semble que, sans manquer au respect qu'on doit à la religion chrétienne, on pourrait se permettre de la faire entrer dans la poésie et les beaux-arts, dans tout ce qui élève l'âme et embellit la vie. L'en exclure, c'est imiter ces enfants qui croient ne pouvoir rien faire que de grave et de triste dans la maison de leur père. Il y a de la religion dans tout ce qui nous cause une émotion désintéressée; la poésie, l'amour, la nature et la Divinité se réunissent dans notre cœur, quelques efforts qu'on fasse pour les séparer; et si l'on interdit au génie de faire résonner toutes ces cordes à la fois, l'harmonie complète de l'âme ne se fera jamais sentir.

Cette reine Marie, que la France a vue si brillante, et l'Angleterre si malheureuse, a été l'objet de mille poésies diverses, qui célèbrent ses charmes et son infortune. L'histoire l'a peinte comme assez légère; Schiller a donné plus de sérieux à son caractère, et le moment dans lequel il la représente motive bien ce changement. Vingt années de prison, et même vingt années de vie, de quelque manière qu'elles se soient passées, sont presque toujours une sévère leçon.

Les adieux de Marie au comte de Leicester me paraissent l'une des plus belles situations qui soient au théâtre. Il y a quelque douceur pour Marie dans cet instant. Elle a pitié de Leicester, tout coupable qu'il est : elle sent quel souvenir elle lui laisse, et cette vengeance du cœur est permise. Enfin, au moment de mourir, et de mourir parce qu'il n'a pas voulu la sauver, elle lui dit encore qu'elle l'aime; et si quelque chose peut consoler de la séparation terrible à laquelle la mort nous condamne, c'est la solennité qu'elle donne à nos dernières paroles : aucun but, aucun espoir ne s'y mêle, et la vérité la plus pure sort de notre sein avec la vie.

CHAPITRE XIX.

Jeanne d'Arc et la Fiancée de Messine.

Schiller, dans une pièce de vers pleine de charmes, reproche aux Français de n'avoir pas montré de reconnaissance pour Jeanne d'Arc. L'une des plus belles époques de l'histoire, celle où la France et son roi Charles VII furent délivrés du joug des étrangers, n'a point encore été célébrée par un écrivain digne d'effacer le souvenir du poëme de Voltaire; et c'est un étranger qui a tâché de rétablir la gloire d'une héroïne française, d'une héroïne dont le sort malheureux intéresserait pour elle, quand ses exploits n'exciteraient pas un juste enthousiasme. Shakspeare devait juger Jeanne d'Arc avec partialité, puisqu'il était Anglais, et néanmoins il la représente, dans sa pièce historique de Henri VI, comme une femme inspirée d'abord par le ciel, et corrompue ensuite par le démon de l'ambition. Ainsi, les Français seuls ont laissé déshonorer sa mémoire : c'est un grand tort de notre nation que de ne pas résister à la moquerie, quand elle lui est présentée sous des formes piquantes. Cependant il y a tant de place dans ce monde, et pour le sérieux et pour la gaieté, qu'on pourrait se faire une loi de ne pas se jouer de ce qui est digne de respect, sans se priver, pour cela, de la liberté de la plaisanterie.

Le sujet de Jeanne d'Arc étant tout à la fois historique et merveilleux, Schiller a entremêlé sa pièce de morceaux lyriques, et ce mélange produit un très-bel effet, même à la représentation. Nous n'avons guère en français que le monologue de Polyeucte, ou les chœurs d'Athalie et d'Esther, qui puissent nous en donner l'idée. La poésie dramatique est inséparable de la situation qu'elle doit peindre; c'est le récit en action, c'est le débat de l'homme avec le sort. La poésie lyrique convient presque toujours aux sujets religieux; elle élève l'âme vers le ciel, elle exprime je ne sais quelle résignation sublime qui nous saisit souvent au milieu des passions les plus agitées, et nous délivre des inquiétudes personnelles pour nous faire goûter un instant la paix divine.

Sans doute, il faut prendre garde que la marche progressive de l'intérêt ne puisse en souffrir; mais le but de l'art dramatique n'est pas uniquement de nous apprendre si le héros est tué, ou s'il se marie : le principal objet des événements représentés, c'est de servir à développer les sentiments et les caractères. Le poëte a donc raison de suspendre quelquefois l'action théâtrale pour faire entendre la musique céleste de l'âme. On peut se recueillir dans l'art comme dans la vie, et planer un moment au-dessus de tout ce qui se passe en nous-mêmes et autour de nous.

L'époque historique dans laquelle Jeanne d'Arc a vécu est particulièrement propre à faire ressortir le caractère français dans toute sa beauté, lorsqu'une fôi inaltérable, un respect sans bornes pour les femmes, une générosité presque imprudente à la guerre, signalaient cette nation en Europe.

Il faut se représenter une jeune fille de seize ans, d'une taille majestueuse, mais avec des traits encore enfantins, un extérieur délicat, et n'ayant d'autre force que celle qui lui vient d'en-haut : inspirée par la religion, poëte dans ses actions, poëte aussi dans ses paroles, quand l'esprit divin l'anime; montrant dans ses discours tantôt un génie admirable, tantôt l'ignorance absolue de tout ce que le ciel ne lui a pas révélé. C'est ainsi que Schiller a conçu le rôle de Jeanne d'Arc. Il la fait voir d'abord à Vaucouleurs, dans l'habitation rustique de son père, entendant parler des revers de la France, et s'enflammant à ce récit. Son vieux père blâme sa tristesse, sa rêverie, son enthousiasme. Il ne pénètre pas le secret de l'extraordinaire, et croit qu'il y a du mal dans tout ce qu'il n'a pas l'habitude de voir. Un paysan apporte un casque qu'une Bohémienne lui a remis d'une façon toute mystérieuse. Jeanne d'Arc s'en saisit, elle le place sur sa tête, et sa famille elle-même est étonnée de l'expression de ses regards.

Elle prophétise le triomphe de la France et la défaite de ses ennemis. Un paysan, esprit fort, lui dit qu'il n'y a plus de miracle dans ce monde. « Il y en aura encore un, s'écrie-t-elle ; une blanche « colombe va paraître ; et, avec la hardiesse d'un « aigle, elle combattra les vautours qui déchirent « la patrie. Il sera renversé cet orgueilleux duc de « Bourgogne, traître à la France; ce Talbot aux « cent bras, le fléau du ciel; ce Salisbury blasphé- « mateur : toutes ces hordes insulaires seront dis- « persées comme un troupeau de brebis. Le Seigneur, « le Dieu des combats, sera toujours avec la co- « lombe. Il daignera choisir une créature trem- « blante, et triomphera par une faible fille, car il « est le Tout-Puissant. »

Les sœurs de Jeanne d'Arc s'éloignent, et son père lui commande de s'occuper de ses travaux champêtres, et de rester étrangère à tous ces grands événements, dont les pauvres bergers ne doivent pas se mêler. Il sort, Jeanne d'Arc reste seule, et, prête à quitter pour jamais le séjour de son enfance, un sentiment de regret la saisit.

« Adieu, dit-elle, vous, contrées qui me fûtes

« si chères; vous, montagnes; vous, tranquilles « et fidèles vallées, adieu ! Jeanne d'Arc ne viendra « plus parcourir vos riantes prairies. Vous, fleurs « que j'ai plantées, prospérez loin de moi. Je vous « quitte, grotte sombre, fontaines rafraîchissantes. « Écho, toi, la voix pure de la vallée, qui répon- « dais à mes chants, jamais ces lieux ne me re- « verront. Vous, l'asile de toutes mes innocentes « joies, je vous laisse pour toujours : que mes « agneaux se dispersent dans les bruyères, un « autre troupeau me réclame; l'esprit saint m'ap- « pelle à la sanglante carrière du péril.

« Ce n'est point un désir vaniteux ni terrestre « qui m'attire, c'est la voix de celui qui s'est mon- « tré à Moïse dans le buisson ardent du mont Ho- « reb, et lui a commandé de résister à Pharaon. « C'est lui qui, toujours favorable aux bergers, « appela le jeune David pour combattre le géant. « Il m'a dit aussi : « Pars et rends témoignage à « mon nom sur la terre. Tes membres doivent être « renfermés dans le rude airain. Le fer doit cou- « vrir ton sein délicat. Aucun homme ne doit faire « éprouver à ton cœur les flammes de l'amour. La « couronne de l'hyménée n'ornera jamais ta che- « velure. Aucun enfant chéri ne reposera sur ton « sein; mais, parmi toutes les femmes de la terre, « tu recevras seule en partage les lauriers des com- « bats. Quand les plus courageux se lassent, quand « l'heure fatale de la France semble approcher, « c'est toi qui porteras mon oriflamme, et tu abat- « tras les orgueilleux conquérants, comme les épis « tombent au jour de la moisson. Tes exploits « changeront la roue de la fortune, tu vas apporter « le salut aux héros de la France, et, dans Reims « délivrée, placer la couronne sur la tête de ton « roi. »

« C'est ainsi que le ciel s'est fait entendre à moi. « Il m'a envoyé un casque comme un signe de sa « volonté. La trempe miraculeuse de ce fer me « communique sa force, et l'ardeur des anges « guerriers m'enflamme; je vais me précipiter dans « le tourbillon des combats; il m'entraîne avec « l'impétuosité de l'orage. J'entends la voix des « héros qui m'appelle, le cheval belliqueux frappe « la terre, et la trompette résonne. »

Cette première scène est un prologue, mais elle est inséparable de la pièce; il fallait mettre en action l'instant où Jeanne d'Arc prend sa résolution solennelle : se contenter d'en faire un récit, ce serait ôter le mouvement et l'impulsion qui transportent le spectateur dans la disposition qu'exigent les merveilles auxquelles il doit croire.

La pièce de Jeanne d'Arc marche toujours d'après l'histoire, jusqu'au couronnement à Reims. Le caractère d'Agnès Sorel est peint avec élévation et délicatesse; il fait ressortir la pureté de Jeanne d'Arc : car toutes les qualités de ce monde disparaissent à côté des vertus vraiment religieuses. Il y a un troisième caractère de femme qu'on ferait bien de supprimer en entier, c'est celui d'Isabeau de Bavière; il est grossier, et le contraste est beaucoup trop fort pour produire de l'effet. Il faut opposer Jeanne d'Arc à Agnès Sorel, l'amour divin à l'amour terrestre; mais la haine et la perversité, dans une femme, sont au-dessous de l'art; il se dégrade en les peignant.

Shakspeare a donné l'idée de la scène dans laquelle Jeanne d'Arc ramène le duc de Bourgogne à la fidélité qu'il doit à son roi; mais Schiller l'a exécutée d'une façon admirable. La vierge d'Orléans veut réveiller dans l'âme du duc cet attachement à la France qui était si puissant alors dans tous les généreux habitants de cette belle contrée.

« Que prétends-tu? lui dit-elle : quel est donc « l'ennemi que cherche ton regard meurtrier? Ce « prince que tu veux attaquer, est comme toi de « la race royale; tu fus son compagnon d'armes. « Son pays est le tien : moi-même, ne suis-je pas « une fille de ta patrie? Nous tous que tu veux « anéantir, ne sommes-nous pas tes amis? Nos « bras sont prêts à s'ouvrir pour te recevoir, nos « genoux à se plier humblement devant toi. Notre « épée est sans pointe contre ton cœur; ton aspect « nous intimide, et, sous un casque ennemi, nous « respectons encore dans tes traits la ressemblance « avec nos rois. »

Le duc de Bourgogne repousse les prières de Jeanne d'Arc, dont il craint la séduction surnaturelle

« Ce n'est point, lui dit-elle, ce n'est point la « nécessité qui me courbe à tes pieds, je n'y viens « point comme une suppliante. Regarde autour de « toi. Le camp des Anglais est en cendres, et vos « morts couvrent le champ de bataille; tu entends « de toutes parts les trompettes guerrières des « Français : Dieu a décidé, la victoire est à nous. « Nous voulons partager avec notre ami les lau- « riers que nous avons conquis. Oh! viens avec « nous, noble transfuge; viens, c'est avec nous « que tu trouveras la justice et la victoire : moi, « l'envoyée de Dieu, je tends vers toi ma main de « sœur. Je veux, en te sauvant, t'attirer de notre « côté. Le ciel est pour la France. Des anges que « tu ne vois pas combattent pour notre roi; ils « sont tous parés de lis. L'étendard de notre noble

« cause est blanc aussi comme le lis, et la vierge « pure est son chaste symbole.

LE DUC DE BOURGOGNE.

« Les mots trompeurs du mensonge sont pleins « d'artifices; mais le langage de cette femme est « simple comme celui d'un enfant, et si le mauvais « génie l'inspire, il sait lui souffler les paroles de « l'innocence : non, je ne veux plus l'entendre. « Aux armes! je me défendrai mieux en la com- « battant qu'en l'écoutant.

JEANNE.

« Tu m'accuses de magie! tu crois voir en moi « les artifices de l'enfer! Fonder la paix, réconci- « lier les haines, est-ce donc là l'œuvre de l'enfer? « La concorde viendrait-elle du séjour des damnés? « Qu'y a-t-il d'innocent, de sacré, d'humainement « bon, si ce n'est de se dévouer pour sa patrie? « Depuis quand la nature est-elle si fort en combat « avec elle-même, que le ciel abandonne la bonne « cause, et que le démon la défende? Si ce que je « te dis est vrai, dans quelle source l'ai-je puisé? « qui fut la compagne de ma vie pastorale? qui donc « instruisit la simple fille d'un berger dans les cho- « ses royales? Jamais je ne m'étais présentée de- « vant les souverains, l'art de la parole m'est étran- « ger; mais à présent que j'ai besoin de t'émou- « voir, une pénétration profonde m'éclaire; je « m'élève aux pensées les plus hautes; la destinée « des empires et des rois apparaît lumineuse à « mes regards, et, à peine sortie de l'enfance, je « puis diriger la foudre du ciel contre ton cœur. »

À ces mots le duc de Bourgogne est ému, troublé. Jeanne d'Arc s'en aperçoit, et s'écrie : « Il a « pleuré, il est vaincu; il est à nous. » Les Français inclinent devant lui leurs épées et leurs drapeaux. Charles VII paraît, et le duc de Bourgogne se précipite à ses pieds.

Je regrette pour nous que ce ne soit pas un Français qui ait conçu cette scène; mais que de génie, et surtout que de naturel ne faut-il pas pour s'identifier ainsi avec tout ce qu'il y a de beau et de vrai dans tous les pays et dans tous les siècles !

Talbot, que Schiller représente comme un guerrier athée, intrépide contre le ciel même, méprisant la mort, bien qu'il la trouve horrible; Talbot, blessé par Jeanne d'Arc, meurt sur le théâtre, en blasphémant. Peut-être eût-il mieux valu suivre la tradition, qui dit que Jeanne d'Arc n'avait jamais versé le sang humain, et triomphait sans tuer. Un critique, d'un goût pur et sévère, a reproché aussi à Schiller d'avoir montré Jeanne d'Arc

sensible à l'amour, au lieu de la faire mourir martyre, sans qu'aucun sentiment l'eût jamais distraite de sa mission divine : c'est ainsi qu'il aurait
fallu la peindre dans un poëme; mais je ne sais si
une âme tout à fait sainte ne produirait pas dans
une pièce de théâtre le même effet que des êtres
merveilleux ou allégoriques, dont on prévoit d'a-
vance toutes les actions, et qui n'étant point agités par les passions humaines, ne nous présentent
point le combat ni l'intérêt dramatique.

Parmi les nobles chevaliers de la cour de France,
le preux Dunois s'empresse le premier à demander
à Jeanne d'Arc de l'épouser, et, fidèle à ses vœux,
elle le refuse. Un jeune Montgommery, au milieu
d'une bataille, la supplie de l'épargner, et lui peint
la douleur que sa mort va causer à son vieux père;
Jeanne d'Arc rejette sa prière, et montre dans
cette occasion plus d'inflexibilité que son devoir
ne l'exige; mais au moment de frapper un jeune
Anglais, Lionel, elle se sent tout à coup attendrir
par sa figure, et l'amour entre dans son cœur.
Alors toute sa puissance est détruite. Un chevalier noir comme le destin lui apparaît dans le combat, et lui conseille de ne pas aller à Reims. Elle
y va néanmoins; la pompe solennelle du couronnement passe sur le théâtre : Jeanne d'Arc marche
au premier rang, mais ses pas sont chancelants;
elle porte en tremblant l'étendard sacré, et l'on
sent que l'esprit divin ne la protége plus.

Avant d'entrer dans l'église, elle s'arrête et reste
seule sur la scène. On entend de loin les instruments de fête qui accompagnent la cérémonie du
sacre, et Jeanne d'Arc prononce des plaintes harmonieuses, pendant que le son des flûtes et des
hautbois plane doucement dans les airs.

« Les armes sont déposées, la tempête de la
« guerre se tait, les chants et les danses succèdent
« aux combats sanguinaires. Des refrains joyeux
« se font entendre dans les rues; l'autel et l'église
« sont parés dans tout l'éclat d'une fête; des cou-
« ronnes de fleurs sont suspendues aux colonnes :
« cette vaste ville ne contient qu'à peine le nombre
« des hôtes étrangers qui se précipitent pour être
« les témoins de l'allégresse populaire; un même
« sentiment remplit tous les cœurs; et ceux que
« séparait jadis une haine meurtrière, se réunis-
« sent maintenant dans la félicité universelle : ce-
« lui qui peut se nommer Français en est fier; l'an-
« tique éclat de la couronne est renouvelé, et la
« France obéit avec gloire au petit-fils de ses rois.

« C'est par moi que ce jour magnifique est arri-
« vé, et cependant je ne partage point le bonheur
« public. Mon cœur est changé, mon coupable

« cœur s'éloigne de cette solennité sainte, et c'est
« vers le camp des Anglais, c'est vers nos ennemis
« que se tournent toutes mes pensées. Je dois me
« dérober au cercle joyeux qui m'entoure, pour
« cacher à tous la faute qui pèse sur mon cœur.
« Qui? moi! libératrice de mon pays, animée par
« le rayon du ciel, dois-je sentir une flamme ter-
« restre! Moi, guerrière du Très-Haut, brûler
« pour l'ennemi de la France! Puis-je encore re-
« garder la chaste lumière du soleil!

« Hélas! comme cette musique m'enivre! Les
« sons les plus doux me rappellent sa voix, et leur
« enchantement semble m'offrir ses traits. Que
« l'orage de la guerre éclate de nouveau; que le
« bruit des lances retentisse autour de moi; dans
« l'ardeur du combat je retrouverai mon courage;
« mais ces accords harmonieux s'insinuent dans
« mon sein, et changent en mélancolie toutes les
« puissances de mon cœur.

« Ah! pourquoi donc ai-je vu ce noble visage?
« Dès cet instant j'ai été coupable. Malheureuse!
« Dieu veut un instrument aveugle; c'est avec des
« yeux aveugles que tu devais obéir. Tu l'as regar-
« dé, c'en est fait, la paix de Dieu s'est retirée de
« toi, et les piéges de l'enfer t'ont saisie. Ah! sim-
« ple houlette des bergers, pourquoi vous ai-je
« échangée contre une épée? Pourquoi, reine du
« ciel, m'es-tu jamais apparue? Pourquoi donc ai-
« je entendu ta voix dans la forêt des chênes? Re-
« prends ta couronne, je ne puis la mériter. Oui,
« je vois le ciel ouvert, je vois les bienheureux, et
« mes espérances sont dirigées vers la terre! O
« Vierge sainte, tu m'imposas cette vocation cruelle;
« pouvais-je endurcir ce cœur que le ciel avait créé
« pour aimer? Si tu veux manifester ta puissance,
« prends pour organes ceux qui, dégagés du péché,
« habitent dans ta demeure éternelle; envoie tes
« esprits immortels et purs, étrangers aux pas-
« sions comme aux larmes. Mais ne choisis pas la
« faible fille, ne choisis point le cœur sans force
« d'une bergère. Que me faisaient les destins des
« combats et les querelles des rois! Tu as troublé
« ma vie, tu m'as entraînée dans les palais des prin-
« ces, et là j'ai trouvé la séduction et l'erreur. Ah!
« ce n'était pas moi qui avais voulu ce sort. »

Ce monologue est un chef-d'œuvre de poésie;
un même sentiment ramène naturellement aux
mêmes expressions; et c'est en cela que les vers
s'accordent si bien avec les affections de l'âme :
car ils transforment en une harmonie délicieuse ce
qui pourrait paraître monotone dans le simple langage de la prose. Le trouble de Jeanne d'Arc va
toujours croissant. Les honneurs qu'on lui rend,

la reconnaissance qu'on lui témoigne, rien ne peut la rassurer, quand elle se sent abandonnée par la main toute-puissante qui l'avait élevée. Enfin, ses funestes pressentiments s'accomplissent, et de quelle manière!

Il faut, pour concevoir l'effet terrible de l'accusation de sorcellerie, se transporter dans les siècles où le soupçon de ce crime mystérieux planait sur toutes les choses extraordinaires. La croyance au mauvais principe, telle qu'elle existait alors, supposait la possibilité d'un culte affreux envers l'enfer; les objets effrayants de la nature en étaient le symbole, et des signes bizarres le langage. On attribuait à cette alliance avec le démon toutes les prospérités de la terre dont la cause n'était pas bien connue. Le mot de magie désignait l'empire du mal sans bornes, comme la Providence le règne du bonheur infini. Cette imprécation, *elle est sorcière, il est sorcier*, devenue ridicule de nos jours, faisait frissonner il y a quelques siècles; tous les liens les plus sacrés se brisaient, quand ces paroles étaient prononcées; nul courage ne les bravait, et le désordre qu'elles mettaient dans les esprits était tel, qu'on eût dit que les démons de l'enfer apparaissaient réellement, quand on croyait les voir apparaître.

Le malheureux fanatique, père de Jeanne d'Arc, est saisi par la superstition du temps; et, loin d'être fier de la gloire de sa fille, il se présente lui-même au milieu des chevaliers et des seigneurs de la cour, pour accuser Jeanne d'Arc de sorcellerie. A l'instant, tous les cœurs se glacent d'effroi; les chevaliers, compagnons d'armes de Jeanne d'Arc, la pressent de se justifier, et elle se tait. Le roi l'interroge, et elle se tait. L'archevêque la supplie de jurer sur le crucifix qu'elle est innocente, et elle se tait. Elle ne veut pas se défendre du crime dont elle est faussement accusée, quand elle se sent coupable d'un autre crime que son cœur ne peut se pardonner. Le tonnerre se fait entendre, l'épouvante s'empare du peuple, Jeanne d'Arc est bannie de l'empire qu'elle vient de sauver. Nul n'ose s'approcher d'elle. La foule se disperse; l'infortunée sort de la ville; elle erre dans la campagne; et lorsque, abîmée de fatigue, elle accepte une boisson rafraîchissante, un enfant qui la reconnaît arrache de ses mains ce faible soulagement. On dirait que le souffle infernal dont on la croit environnée peut souiller tout ce qu'elle touche, et précipiter dans l'abîme éternel quiconque oserait la secourir. Enfin, poursuivie d'asile en asile, la libératrice de la France tombe au pouvoir de ses ennemis

Jusque-là cette *tragédie romantique*, c'est ainsi que Schiller l'a nommée, est remplie de beautés du premier ordre : on peut bien y trouver quelques longueurs (jamais les auteurs allemands ne sont exempts de ce défaut); mais on voit passer devant soi des événements si remarquables, que l'imagination s'exalte à leur hauteur, et que, ne jugeant plus cette pièce comme ouvrage de l'art, on considère le merveilleux tableau qu'elle renferme comme un nouveau reflet de la sainte inspiration de l'héroïne. Le seul défaut grave qu'on puisse reprocher à ce drame lyrique, c'est le dénoûment : au lieu de prendre celui qui était donné par l'histoire, Schiller suppose que Jeanne d'Arc, enchaînée par les Anglais, brise miraculeusement ses fers, va rejoindre le camp des Français, décide la victoire en leur faveur, et reçoit une blessure mortelle. Le merveilleux d'invention, à côté du merveilleux transmis par l'histoire, ôte à ce sujet quelque chose de sa gravité. D'ailleurs, qu'y avait-il de plus beau que la conduite et les réponses mêmes de Jeanne d'Arc, lorsqu'elle fut condamnée à Rouen par les grands seigneurs anglais et les évêques normands?

L'histoire raconte que cette jeune fille réunit le courage le plus inébranlable à la douleur la plus touchante; elle pleurait comme une femme, mais elle se conduisait comme un héros. On l'accusa de s'être livrée à des pratiques superstitieuses, et elle repoussa cette inculpation avec les arguments dont une personne éclairée pourrait se servir de nos jours; mais elle persista toujours à déclarer qu'elle avait eu des révélations intimes, qui l'avaient décidée dans le choix de sa carrière. Abattue par l'horreur du supplice qui la menaçait, elle rendit constamment témoignage devant les Anglais à l'énergie des Français, aux vertus du roi de France, qui cependant l'avait abandonnée. Sa mort ne fut ni celle d'un guerrier ni celle d'un martyr; mais, à travers la douceur et la timidité de son sexe, elle montra dans les derniers moments une force d'inspiration presque aussi étonnante que celle dont on l'accusait comme d'une sorcellerie. Quoi qu'il en soit, le simple récit de sa fin émeut bien plus que le dénoûment de Schiller. Lorsque la poésie veut ajouter à l'éclat d'un personnage historique, il faut du moins qu'elle lui conserve avec soin la physionomie qui le caractérise; car la grandeur n'est vraiment frappante que quand on sait lui donner l'air naturel. Or, dans le sujet de Jeanne d'Arc, c'est le fait véritable qui non-seulement a plus de naturel, mais plus de grandeur que la fiction.

La Fiancée de Messine a été composée d'après
un système dramatique tout à fait différent de celui que Schiller avait suivi jusqu'alors, et auquel
il est heureusement revenu. C'est pour faire admettre les chœurs sur la scène qu'il a choisi un
sujet dans lequel il n'y a de nouveau que les noms ;
car c'est, au fond, la même chose que *les Frères
ennemis.* Seulement Schiller a introduit de plus
une sœur dont les deux frères deviennent amoureux, sans savoir qu'elle est leur sœur, et l'un tue
l'autre par jalousie. Cette situation, terrible en
elle-même, est entremêlée de chœurs qui font partie de la pièce. Ce sont les serviteurs des deux
frères qui interrompent et glacent l'intérêt par
leurs discussions mutuelles. La poésie lyrique qu'ils
récitent tous à la fois est superbe ; mais ils n'en
sont pas moins, quoi qu'ils disent, des chœurs de
chambellans. Le peuple entier peut seul avoir cette
dignité indépendante, qui lui permet d'être un spectateur impartial. Le chœur doit représenter la
postérité. Si des affections personnelles l'animaient, il serait nécessairement ridicule ; car on
ne concevrait pas comment plusieurs personnes
diraient la même chose en même temps, si leurs
voix n'étaient pas censées être l'interprète impas-
sible des vérités éternelles.

Schiller, dans la préface qui précède la *Fiancée
de Messine,* se plaint avec raison de ce que nos
usages modernes n'ont plus ces formes populaires
qui les rendaient si poétiques chez les anciens.

« Les palais, dit-il, sont fermés ; les tribunaux
« ne se tiennent plus en plein air, devant les portes
« des villes ; les écrits ont pris la place de la parole
« vivante ; le peuple lui-même, cette masse si forte
« et si visible, n'est presque plus qu'une idée abs-
« traite, et les divinités des mortels n'existent plus
« que dans leur cœur. Il faut que le poëte ouvre
« les palais, replace les juges sous la voûte du ciel,
« relève les statues des dieux, ranime enfin les
« images qui partout ont fait place aux idées. »

Ce désir d'un autre temps, d'un autre pays, est
un sentiment poétique. L'homme religieux a besoin
du ciel, et le poëte d'une autre terre : mais on
ignore quel culte et quel siècle la *Fiancée de Messine* nous représente : elle sort des usages modernes, sans nous placer dans les temps antiques. Le
poëte y a mêlé toutes les religions ensemble ; et
cette confusion détruit la haute unité de la tragédie, celle de la destinée qui conduit tout. Les événements sont atroces, et cependant l'horreur qu'ils
inspirent est tranquille. Le dialogue est aussi long,
aussi développé que si l'affaire de tous était de
parler en beaux vers, et qu'on aimât, qu'on fût

jaloux, qu'on haît son frère, qu'on le tuât, sans
quitter la sphère des réflexions générales et des
sentiments philosophiques.

Il y a néanmoins dans la *Fiancée de Messine*
des traces admirables du beau génie de Schiller.
Quand l'un des frères a été tué par son frère jaloux, on apporte le mort dans le palais de la mère ;
elle ne sait point encore qu'elle a perdu son fils,
et c'est ainsi que le chœur qui précède le cercueil
le lui annonce :

« De tout côté le malheur parcourt les villes. Il
« erre en silence autour des habitations des hom-
« mes : aujourd'hui c'est à celle-ci qu'il frappe,
« demain c'est à celle-là ; aucune n'est épargnée.
« Le messager douloureux et funeste tôt ou tard
« passera le seuil de la porte où demeure un vi-
« vant. Quand les feuilles tombent dans la saison
« prescrite, quand les vieillards affaiblis descendent
« dans le tombeau, la nature obéit en paix à ses
« antiques lois, à son éternel usage, l'homme n'en
« est point effrayé ; mais sur cette terre, c'est le
« malheur imprévu qu'il faut craindre. Le meurtre,
« d'une main violente, brise les liens les plus sa-
« crés, et la mort vient enlever dans la barque du
« Styx le jeune homme florissant. Quand les nua-
« ges amoncelés couvrent le ciel de deuil, quand le
« tonnerre retentit dans les abîmes, tous les cœurs
« sentent la force redoutable de la destinée ; mais
« la foudre enflammée peut partir des hauteurs
« sans nuages, et le malheur s'approche comme
« un ennemi rusé, au milieu des jours de fête.
« N'attache donc point ton cœur à ces biens dont
« la vie passagère est ornée. Si tu jouis, apprends
« à perdre, et si la fortune est avec toi, songe à
« la douleur. »

Quand le frère apprend que celle dont il était
amoureux, et pour laquelle il a tué son frère, est
sa sœur, son désespoir n'a point de bornes, il se
résout à mourir. Sa mère veut lui pardonner, sa
sœur lui demande de vivre ; mais il se mêle à ses
remords un sentiment d'envie qui le rend encore
jaloux de celui qui n'est plus.

« Ma mère, dit-il, quand le même tombeau ren-
« fermera le meurtrier et la victime, quand une
« même voûte couvrira nos cendres réunies, ta
« malédiction sera désarmée. Tes pleurs couleront
« également pour tes deux fils : la mort est un puis-
« sant médiateur ! elle éteint les flammes de la co-
« lère, elle réconcilie les ennemis, et la pitié se
« penche comme une sœur attendrie sur l'urne
« qu'elle embrasse. »

Sa mère le presse encore de ne pas l'abandonner. « Non, lui dit-il, je ne peux vivre avec un.

« cœur brisé. Il faut que je retrouve la joie, et que
« je m'unisse avec les esprits libres de l'air. L'en-
« vie a empoisonné ma jeunesse; cependant tu par-
« tageais justement ton amour entre nous deux.
« Penses-tu que je pusse supporter maintenant
« l'avantage que tes regrets donnent à mon frère
« sur moi? La mort nous sanctifie; dans son pa-
« lais indestructible, ce qui était mortel et souillé
« se change en un cristal pur et brillant; les er-
« reurs de la misérable humanité disparaissent. Mon
« frère serait au-dessus de moi dans ton cœur,
« comme les étoiles sont au-dessus de la terre,
« et l'ancienne rivalité qui nous a séparés pendant
« la vie, renaîtrait pour me dévorer sans relâche.
« Il serait par delà ce monde, il serait dans ton
« souvenir l'enfant chéri, l'enfant immortel. »

La jalousie qu'inspire un mort est un sentiment
plein de délicatesse et de vérité. Qui pourrait en
effet triompher des regrets? Les vivants égaleront-
ils jamais la beauté de l'image céleste que l'ami qui
n'est plus a laissée dans notre cœur? Ne nous a-t-il
pas dit : « Ne m'oubliez pas. » N'est-il pas là sans
défense? Où vit-il sur cette terre, si ce n'est dans
le sanctuaire de notre âme? Et qui, parmi les
heureux de ce monde, s'unirait jamais à nous aussi
intimement que son souvenir?

CHAPITRE XX.

Guillaume Tell.

Le *Guillaume Tell* de Schiller est revêtu de ces
couleurs vives et brillantes qui transportent l'imagination dans les contrées pittoresques où la respectable conjuration du Rütli s'est passée. Dès les
premiers vers, on croit entendre résonner les cors
des Alpes. Ces nuages qui partagent les montagnes,
et cachent la terre d'en bas à la terre plus voisine
du ciel; ces chasseurs de chamois poursuivant leur
proie légère à travers les abîmes; cette vie tout
à la fois pastorale et guerrière, qui combat avec
la nature et reste en paix avec les hommes : tout
inspire un intérêt animé pour la Suisse; et l'unité
d'action, dans cette tragédie, tient à l'art d'avoir
fait de la nation même un personnage dramatique.

La hardiesse de Tell est brillamment signalée au
premier acte de la pièce. Un malheureux proscrit,
que l'un des tyrans subalternes de la Suisse a dévoué à la mort, veut se sauver de l'autre côté du
rivage, où il peut trouver un asile. L'orage est si
violent qu'aucun batelier n'ose se risquer à traverser le lac pour le conduire. Tell voit sa détresse,
se hasarde avec lui sur les flots, et le fait heureusement aborder à l'autre rive. Tell est étranger à

la conjuration que l'insolence de Gessler fait naître. Stauffacher, Walther Fürst et Arnold de Melchtal préparent la révolte. Tell en est le héros,
mais non pas l'auteur; il ne pense point à la politique, il ne songe à la tyrannie que quand elle
trouble sa vie paisible; il la repousse de son bras,
quand il éprouve son atteinte; il la juge, il la condamne à son propre tribunal, mais il ne conspire
pas.

Arnold de Melchtal, l'un des conjurés, s'est retiré chez Walther; il a été obligé de quitter son
père, pour échapper aux satellites de Gessler; il
s'inquiète de l'avoir laissé seul; il demande avec
anxiété de ses nouvelles, quand tout à coup il apprend que, pour punir le vieillard de ce que son
fils s'est soustrait au décret lancé contre lui, les
barbares, avec un fer brûlant, l'ont privé de la
vue. Quel désespoir, quelle rage peut égaler ce
qu'il éprouve! Il faut qu'il se venge. S'il délivre sa
patrie, c'est pour tuer les tyrans qui ont aveuglé
son père; et quand les trois conjurés se lient par
le serment solennel de mourir ou d'affranchir leurs
citoyens du joug affreux de Gessler, Arnold s'é-
crie :

« Oh! mon vieux père aveugle, tu ne peux plus
« voir le jour de la liberté; mais nos cris de ral-
« liement parviendront jusqu'à toi. Quand des Al-
« pes aux Alpes des signaux de feu nous appelle-
« ront aux armes, tu entendras tomber les cita-
« delles de la tyrannie. Les Suisses, en se pressant
« autour de ta cabane, feront retentir à ton oreille
« leurs transports de joie, et les rayons de cette
« fête pénétreront encore jusque dans la nuit qui
« t'environne. »

Le troisième acte est rempli par l'action principale de l'histoire et de la pièce. Gessler a fait élever un chapeau sur une pique, au milieu de la
place publique, avec ordre que tous les paysans
le saluent. Tell passe devant ce chapeau sans se
conformer à la volonté du gouverneur autrichien;
mais, c'est seulement par inadvertance qu'il ne s'y
soumet pas, car il n'était pas dans le caractère de
Tell, au moins dans celui que Schiller lui a donné,
de manifester aucune opinion politique : sauvage
et indépendant comme les chevreuils des montagnes, il vivait libre, mais il ne s'occupait point du
droit qu'il avait de l'être. Au moment où Tell est
accusé de n'avoir pas salué le chapeau, Gessler
arrive, portant un faucon sur sa main : déjà cette
circonstance fait tableau et transporte dans le
moyen âge. Le pouvoir terrible de Gessler est
singulièrement en contraste avec les mœurs si
simples de la Suisse, et l'on s'étonne de cette ty-

rannie en plein air, dont les vallées et les montagnes sont les solitaires témoins.

On raconte à Gessler la désobéissance de Tell, et Tell s'excuse en affirmant que ce n'est point avec intention, mais par ignorance, qu'il n'a point fait le salut commandé. Gessler, toujours irrité, lui dit, après quelques moments de silence : « Tell, on assure que tu es maître dans l'art de tirer de l'arbalète, et que jamais ta flèche n'a manqué d'atteindre au but. » Le fils de Tell, âgé de douze ans, s'écrie, tout orgueilleux de l'habileté de son père : « Cela est vrai, seigneur; il perce une pomme sur l'arbre à cent pas. — Est-ce là ton enfant? dit Gessler. — Oui, seigneur, répond Tell. — En as-tu d'autres? — TELL : Deux garçons, seigneur. — GESSLER : Lequel des deux t'est le plus cher? — TELL : Tous les deux sont mes enfants. — GESSLER : Eh bien, Tell, puisque tu perces une pomme sur l'arbre à cent pas, exerce ton talent devant moi; prends ton arbalète, aussi bien tu l'as déjà dans ta main, et prépare-toi à tirer une pomme sur la tête de ton fils; mais, je te le conseille, vise bien; car si tu n'atteins pas ou la pomme ou ton fils, tu périras. — TELL : Seigneur, quelle action monstrueuse me commandez-vous! Qui! moi, lancer une flèche contre mon enfant! Non, non, vous ne le voulez pas, Dieu vous en préserve! ce n'est pas sérieusement, seigneur, que vous exigez cela d'un père. — GESSLER : Tu tireras la pomme sur la tête de ton fils; je le demande et je le veux. — TELL : Moi viser la tête chérie de mon enfant! ah! plutôt mourir. — GESSLER : Tu dois tirer, ou périr à l'instant même avec ton fils. — TELL : Je serais le meurtrier de mon fils! Seigneur, vous n'avez pas d'enfants, vous ne savez point ce qu'il y a dans le cœur d'un père. — GESSLER : Ah. Tell! te voilà tout à coup bien prudent; on m'avait dit que tu étais un rêveur, que tu aimais l'extraordinaire; eh bien, je t'en donne l'occasion, essaye ce coup hardi, vraiment digne de toi. »

Tous ceux qui entourent Gessler ont pitié de Tell, et tâchent d'attendrir le barbare qui le condamne au plus affreux supplice; le vieillard, grand-père de l'enfant, se jette aux pieds de Gessler; l'enfant sur la tête duquel la pomme doit être tirée le relève et lui dit : « Ne vous mettez point à genoux devant cet homme; qu'on me dise seulement où je dois me placer : je ne crains rien pour moi; mon père atteint l'oiseau dans son vol, il ne manquera pas son coup quand il s'agit du cœur de son enfant. » Stauffacher s'avance, et dit : « Seigneur, l'innocence de cet enfant ne vous touche-t-elle pas? — GESSLER : Qu'on l'attache à ce tilleul. —

L'ENFANT : Pourquoi me lier? laissez-moi libre, je me tiendrai tranquille comme un agneau; mais si l'on veut m'enchaîner je me débattrai avec violence. » Rodolphe, l'écuyer de Gessler, dit à l'enfant : « Consens au moins à ce qu'on te bande les yeux. — Non, répond l'enfant, non; crois-tu que je redoute le trait qui va partir de la main de mon père? Je ne sourcillerai pas en l'attendant. Allons, mon père, montre comme tu sais tirer de l'arc; ils ne le croient pas, ils se flattent de nous perdre; eh bien, trompe leur méchant espoir; que la flèche soit lancée, et qu'elle atteigne au but. — Allons. »

L'enfant se place sous le tilleul, et l'on pose la pomme sur sa tête; alors les Suisses se pressent de nouveau autour de Gessler pour en obtenir la grâce de Tell. « Pensais-tu, dit Gessler en s'adressant à Tell, pensais-tu que tu pourrais te servir impunément des armes meurtrières? Elles sont dangereuses aussi pour celui qui les porte; ce droit insolent d'être armé, que les paysans s'arrogent, offense le maître de ces contrées; celui qui commande doit seul être armé. Vous vous réjouissez tant de votre arc et de vos flèches, c'est à moi de vous donner un but pour les exercer. — Faites place, s'écrie Tell, faites place. » Tous les spectateurs frémissent. Il veut tendre son arc, la force lui manque; un vertige l'empêche de voir; il conjure Gessler de lui accorder la mort. Gessler est inflexible. Tell hésite encore longtemps, dans une affreuse anxiété : tantôt il regarde Gessler, tantôt le ciel, puis tout à coup il tire de son carquois une seconde flèche et la met dans sa ceinture. Il se penche en avant comme s'il voulait suivre le trait qu'il lance; la flèche part, le peuple s'écrie : « Vive l'enfant! » Le fils s'élance dans les bras de son père, et lui dit : « Mon père, voici la pomme que ta flèche a percée; je savais bien que tu ne me blesserais pas. « Le père anéanti tombe à terre, tenant son enfant dans ses bras. Les compagnons de Tell le relèvent, et le félicitent. Gessler s'approche, et lui demande dans quel dessein il avait préparé une seconde flèche. Tell refuse de le dire. Gessler insiste. Tell demande une sauvegarde pour sa vie, s'il répond avec vérité; Gessler l'accorde. Tell alors, le regardant avec des yeux vengeurs, lui dit : « Je voulais lancer contre vous cette flèche, si la première avait frappé mon fils; et, croyez-moi, celle-là ne vous aurait pas manqué. » Gessler, furieux à ces mots, ordonne que Tell soit conduit en prison.

Cette scène a, comme on peut le voir, toute la simplicité d'une histoire racontée dans une ancienne chronique. Tell n'est point représenté comme un héros de tragédie, il n'avait point voulu braver Gessler : il ressemble en tout à ce que sont d'ordinaire les paysans de l'Helvétie, calmes dans leurs habitudes, amis du repos, mais terribles quand on agite dans leur âme les sentiments que la vie champêtre y tient assoupis. On voit encore près d'Altorf, dans le canton d'Uri, une statue de pierre grossièrement travaillée, qui représente Tell et son fils, après que la pomme a été tirée. Le père tient d'une main son fils, et de l'autre il presse son arc sur son cœur, pour le remercier de l'avoir si bien servi.

Tell est conduit enchaîné sur la même barque dans laquelle Gessler traverse le lac de Lucerne ; l'orage éclate pendant le passage ; l'homme barbare a peur, et demande du secours à sa victime : on détache les liens de Tell, il conduit lui-même la barque au milieu de la tempête, et s'approchant des rochers il s'élance sur le rivage escarpé. Le récit de cet événement commence le quatrième acte. A peine arrivé dans sa demeure, Tell est averti qu'il ne peut espérer d'y vivre en paix avec sa femme et ses enfants, et c'est alors qu'il prend la résolution de tuer Gessler. Il n'a point pour but d'affranchir son pays du joug étranger, il ne sait pas si l'Autriche doit ou non gouverner la Suisse : il sait qu'un homme a été injuste envers un homme ; il sait qu'un père a été forcé de lancer une flèche près du cœur de son enfant, et il pense que l'auteur d'un tel forfait doit périr.

Son monologue est superbe : il frémit du meurtre, et cependant il n'a pas le moindre doute sur la légitimité de sa résolution. Il compare l'innocent usage qu'il a fait jusqu'à ce jour de sa flèche, à la chasse et dans les jeux, avec la sévère action qu'il va commettre : il s'assied sur un banc de pierre, pour attendre au détour d'un chemin Gessler qui doit passer. « Ici, dit-il, s'arrête le pèlerin, « qui continue son voyage après un court repos ; « le moine pieux qui va pour accomplir sa mission « sainte, le marchand qui vient des pays lointains, « et traverse cette route pour aller à l'autre extré-« mité du monde : tous poursuivent leur chemin « pour achever leurs affaires, et mon affaire à « moi, c'est le meurtre ! Jadis le père ne rentrait « jamais dans sa maison sans réjouir ses enfants, « en leur rapportant quelque fleur des Alpes, un « oiseau rare, un coquillage précieux, tel qu'on en « trouve sur les montagnes ; et maintenant ce père « est assis sur le rocher, et des pensées de mort « l'occupent, il veut la vie de son ennemi ; mais « il la veut pour vous, mes enfants, pour vous

« protéger, pour vous défendre ; c'est pour sauver « vos jours et votre douce innocence qu'il tend « son arc vengeur. »

Peu de temps après, on aperçoit de loin Gessler descendre de la montagne. Une malheureuse femme dont il fait languir le mari dans les prisons, se jette à ses pieds et le conjure de lui accorder sa délivrance ; il la méprise et la repousse : elle insiste encore ; elle saisit la bride de son cheval, et lui demande de l'écraser sous ses pas, ou de lui rendre celui qu'elle aime. Gessler, indigné contre ses plaintes, se reproche de laisser encore trop de liberté au peuple suisse. « Je veux, dit-il, bri-ser leur résistance opiniâtre ; je veux courber leur audacieux esprit d'indépendance ; je veux pu-blier une loi nouvelle dans ce pays ; je veux... » Comme il prononce ce mot, la flèche mortelle l'at-teint ; il tombe en s'écriant : « C'est le trait de Tell. — Tu dois le reconnaître, » s'écrie Tell du haut du rocher. Les acclamations du peuple se font bientôt entendre, et les libérateurs de la Suisse remplissent le serment qu'ils avaient fait de s'affranchir du joug de l'Autriche.

Il semble que la pièce devrait finir naturelle-ment là, comme celle de Marie Stuart à sa mort ; mais dans l'une et l'autre Schiller a ajouté une espèce d'appendice ou d'explication, qu'on ne peut plus écouter quand la catastrophe principale est terminée. Élisabeth reparaît après l'exécution de Marie ; on est témoin de son trouble et de sa dou-leur en apprenant le départ de Leicester pour la France. Cette justice poétique doit se supposer, et non se représenter ; le spectateur ne soutient pas la vue d'Élisabeth, après avoir été témoin des derniers moments de Marie. Dans Guillaume Tell, au cinquième acte, Jean le Parricide, qui assas-sina son oncle l'empereur Albert, parce qu'il lui refusait son héritage, vient, déguisé en moine, demander un asile à Tell ; il se persuade que leurs actions sont pareilles, et Tell le repousse avec horreur, en lui montrant combien leurs motifs sont différents. C'est une idée juste et ingénieuse que de mettre en opposition ces deux hommes ; toutefois ce contraste, qui plaît à la lecture, ne réussit point au théâtre. L'esprit est de très-peu de chose dans les effets dramatiques ; il en faut pour les préparer, mais s'il en fallait pour les sen-tir, le public même le plus spirituel s'y refuserait.

On supprime au théâtre l'acte accessoire de Jean le Parricide, et la toile tombe au moment où la flèche perce le cœur de Gessler. Peu de temps après la première représentation de Guillaume Tell, le trait mortel atteignit aussi le digne auteur de ce bel ouvrage. Gessler périt au moment où les desseins les plus cruels l'occupaient; Schiller n'avait dans son âme que de généreuses pensées. Ces deux volontés si contraires, la mort, ennemie de tous les projets de l'homme, les a de même brisées.

CHAPITRE XXI.

Goetz de Berlichingen, et le comte d'Egmont.

La carrière dramatique de Goethe peut être considérée sous deux rapports différents. Dans les pièces qu'il a faites pour être représentées, il y a beaucoup de grâce et d'esprit, mais rien de plus. Dans ceux de ses ouvrages dramatiques, au contraire, qu'il est très-difficile de jouer, on trouve un talent extraordinaire. Il paraît que le génie de Goethe ne peut se renfermer dans les limites du théâtre; quand il veut s'y soumettre, il perd une portion de son originalité, et ne la retrouve tout entière que quand il peut mêler à son gré tous les genres. Un art, quel qu'il soit, ne saurait être sans bornes; la peinture, la sculpture, l'architecture, sont soumises à des lois qui leur sont particulières, et de même l'art dramatique ne produit de l'effet qu'à de certaines conditions : ces conditions restreignent quelquefois le sentiment et la pensée; mais l'ascendant du spectacle est tel sur les hommes rassemblés, qu'on a tort de ne pas se servir de cette puissance, sous prétexte qu'elle exige des sacrifices que ne ferait pas l'imagination livrée à elle-même. Comme il n'y a pas en Allemagne une capitale où l'on trouve réuni tout ce qu'il faut pour avoir un bon théâtre, les ouvrages dramatiques sont beaucoup plus souvent lus que joués; et de là vient que les auteurs composent leurs ouvrages d'après le point de vue de la lecture, et non pas d'après celui de la scène.

Goethe fait presque toujours de nouveaux essais en littérature. Quand le goût allemand lui paraît pencher vers un excès quelconque, il tente aussitôt de lui donner une direction opposée. On dirait qu'il administre l'esprit de ses contemporains comme son empire, et que ses ouvrages sont des décrets, qui tour à tour autorisent ou bannissent les abus qui s'introduisent dans l'art.

Goethe était fatigué de l'imitation des pièces françaises en Allemagne, et il avait raison; car un Français même le serait aussi. En conséquence il composa un drame historique à la manière de Shakspeare, *Goetz de Berlichingen.* Cette pièce n'était pas destinée au théâtre; mais on pouvait cependant la représenter, comme toutes celles de Shakspeare du même genre. Goethe a choisi la même époque de l'histoire que Schiller dans ses Brigands; mais, au lieu de montrer un homme qui s'affranchit de tous les liens de la morale et de la société, il a peint un vieux chevalier, sous le règne de Maximilien, défendant encore la vie chevaleresque, et l'existence féodale des seigneurs, qui donnaient tant d'ascendant à leur valeur personnelle.

Goetz de Berlichingen fut surnommé *la Main de fer,* parce que, ayant perdu sa main droite à la guerre, il s'en fit faire une à ressort, avec laquelle il saisissait très-bien la lance; c'était un chevalier célèbre dans son temps par son courage et sa loyauté. Ce modèle est heureusement choisi pour représenter quelle était l'indépendance des nobles, avant que l'autorité du gouvernement pesât sur tous. Dans le moyen âge, chaque château était une forteresse, chaque seigneur un souverain. L'établissement des troupes de ligne et l'invention de l'artillerie changèrent tout à fait l'ordre social; il s'introduisit une espèce de force abstraite qu'on nomme État ou nation; mais les individus perdirent graduellement toute leur importance. Un caractère tel que celui de Goetz dut souffrir de ce changement, lorsqu'il s'opéra.

L'esprit militaire a toujours été plus rude en Allemagne que partout ailleurs, et c'est là qu'on peut se figurer véritablement ces hommes de fer, dont on voit encore les images dans les arsenaux de l'Empire. Néanmoins la simplicité des mœurs chevaleresques est peinte dans la pièce de Goethe avec beaucoup de charmes. Ce vieux Goetz, vivant dans les combats, dormant avec son armure, sans cesse à cheval, ne se reposant que quand il est assiégé, employant tout pour la guerre, ne voyant qu'elle; ce vieux Goetz, dis-je, donne la plus haute idée de l'intérêt et de l'activité que la vie avait alors. Ses qualités comme ses défauts sont fortement prononcés; rien n'est plus généreux que son attachement pour Weislingen, autrefois son ami, depuis son adversaire, et souvent même traître envers lui. La sensibilité que montre un intrépide guerrier remue l'âme d'une façon toute nouvelle; nous avons du temps pour aimer, dans notre vie oisive; mais ces éclairs d'émotion qui font lire au fond du cœur, à travers une existence orageuse, causent un attendrissement profond. On a si peur de rencontrer l'affectation dans le plus beau don du ciel, dans la sensibilité, que l'on préfère quelquefois la rudesse elle-même, comme garant de la franchise.

La femme de Goetz s'offre à l'imagination telle

qu'un ancien portrait de l'école flamande, où le vêtement, le regard, la tranquillité même de l'attitude, annoncent une femme soumise à son époux, ne connaissant que lui, n'admirant que lui, et se croyant destinée à le servir, comme il l'est à la défendre. On voit en contraste avec cette femme par excellence, une créature tout à fait perverse, Adelaïde, qui séduit Weislingen, et le fait manquer à ce qu'il avait promis à son ami; elle l'épouse, et bientôt lui devient infidèle. Elle se fait aimer avec passion de son page, et trouble ce malheureux jeune homme au point de l'entraîner à donner à son maître une coupe empoisonnée. Ces traits sont forts, mais peut-être est-il vrai que, quand les mœurs sont très-pures en général, celle qui s'en écarte est bientôt entièrement corrompue; le désir de plaire n'est de nos jours qu'un lien d'affection et de bienveillance; mais dans la vie sévère et domestique d'autrefois, c'était un égarement qui pouvait entraîner à tous les autres. Cette criminelle Adelaïde donne lieu à l'une des plus belles scènes de la pièce, la séance du tribunal secret.

Des juges mystérieux, inconnus l'un à l'autre, toujours masqués, et se rassemblant pendant la nuit, punissaient dans le silence, et gravaient seulement sur le poignard qu'ils enfonçaient dans le sein du coupable ce mot terrible : TRIBUNAL SECRET. Ils prévenaient le condamné, en faisant crier trois fois sous les fenêtres de sa maison : *Malheur, malheur, malheur!* Alors l'infortuné savait que partout, dans l'étranger, dans son concitoyen, dans son parent même, il pouvait trouver son meurtrier. La solitude, la foule, les villes, les campagnes, tout était rempli par la présence invisible de cette conscience armée qui poursuivait les criminels. On conçoit comment cette terrible institution pouvait être nécessaire, dans un temps où chaque homme était fort contre tous, au lieu que tous doivent être forts contre chacun. Il fallait que la justice surprît le criminel avant qu'il pût s'en défendre : mais cette punition, qui planait dans les airs comme une ombre vengeresse, cette sentence mortelle, que pouvait receler le sein même d'un ami, frappait d'une invincible terreur.

C'est encore un beau moment que celui où Goetz, voulant se défendre dans son château, ordonne qu'on arrache le plomb de ses fenêtres pour en faire des balles. Il y a dans cet homme un mépris de l'avenir, et une intensité de force dans le présent, tout à fait admirables. Enfin, Goetz voit périr tous ses compagnons d'armes; il reste blessé, captif, et n'ayant auprès de lui que son épouse et

sa sœur. Il n'est plus entouré que de femmes, lui qui voulait vivre au milieu d'hommes, et d'hommes indomptables, pour exercer avec eux la puissance de son caractère et de son bras. Il songe au nom qu'il doit laisser après lui; il réfléchit, puisqu'il va mourir. Il demande à voir encore une fois le soleil, pense à Dieu dont il ne s'est point occupé, mais dont il n'a jamais douté, et meurt courageux et sombre, regrettant la guerre plus que la vie.

On aime beaucoup cette pièce en Allemagne; les mœurs et les costumes nationaux de l'ancien temps y sont fidèlement représentés, et tout ce qui tient à la chevalerie ancienne remue le cœur des Allemands. Goethe, le plus insouciant de tous les hommes, parce qu'il est sûr de gouverner son public, ne s'est pas donné la peine de mettre sa pièce en vers; c'est le dessin d'un grand tableau, mais un dessin à peine achevé. On sent dans l'écrivain une telle impatience de tout ce qui pourrait ressembler à l'affectation, qu'il dédaigne même l'art nécessaire pour donner une forme durable à ce qu'il compose. Il y a des traits de génie çà et là dans son drame, comme des coups de pinceau de Michel-Ange; mais c'est un ouvrage qui laisse ou plutôt qui fait désirer beaucoup de choses. Le règne de Maximilien, pendant lequel l'événement principal se passe, n'y est pas assez caractérisé. Enfin on oserait reprocher à Goethe de n'avoir pas mis assez d'imagination dans la forme et dans le langage de cette pièce. C'est volontairement et par système qu'il s'y est refusé; il a voulu que ce drame fût la chose même, et il faut que le charme de l'idéal préside à tout dans les ouvrages dramatiques. Les personnages des tragédies sont toujours en danger d'être vulgaires ou factices, et le génie doit les préserver également de l'un et de l'autre inconvénient. Shakspeare ne cesse pas d'être poëte dans ses pièces historiques, ni Racine d'observer exactement les mœurs des Hébreux, dans sa tragédie lyrique d'Athalie. Le talent dramatique ne saurait se passer ni de la nature, ni de l'art; l'art ne tient en rien à l'artifice, c'est une inspiration parfaitement vraie et spontanée, qui répand sur les circonstances particulières l'harmonie universelle, et sur les moments passagers la dignité des souvenirs durables.

————

Le comte d'Egmont me paraît la plus belle des tragédies de Goethe; il l'a écrite, sans doute, lorsqu'il composait Werther : la même chaleur d'âme se retrouve dans ces deux ouvrages. La pièce commence au moment où Philippe II, fatigué de la douceur du gouvernement de Marguerite de Parme, dans les Pays-Bas, envoie le duc d'Albe pour la remplacer. Le roi est inquiet de la popularité qu'ont acquise le prince d'Orange et le comte d'Egmont; il les soupçonne de favoriser en secret les partisans de la réformation. Tout est réuni pour donner l'idée la plus séduisante du comte d'Egmont; on le voit adoré de ses soldats, à la tête desquels il a remporté tant de victoires. La princesse espagnole se fie à sa fidélité, bien qu'elle sache par lui-même combien il blâme la sévérité dont on use envers les protestants; les citoyens de la ville de Bruxelles le considèrent comme le défenseur de leurs libertés auprès du trône; enfin, le prince d'Orange, dont la politique profonde et la prudence silencieuse sont si connues dans l'histoire, relève encore la généreuse imprudence du comte d'Egmont, en le suppliant vainement de partir avec lui avant l'arrivée du duc d'Albe. Le prince d'Orange est un caractère noble et sage; un dévouement héroïque, mais inconsidéré, peut seul résister à ses conseils. Le comte d'Egmont ne veut pas abandonner les habitants de Bruxelles; il se confie à son sort, parce que ses victoires lui ont appris à compter sur les faveurs de la fortune, et que toujours il conserve dans les affaires publiques les qualités qui ont rendu sa vie militaire si brillante. Ces belles et dangereuses qualités intéressent à sa destinée; on ressent pour lui des craintes que son âme intrépide ne saurait jamais éprouver; tout l'ensemble de son caractère est peint avec beaucoup d'art, par l'impression même qu'il produit sur les diverses personnes dont il est entouré. Il est aisé de tracer un portrait spirituel du héros d'une pièce; il faut plus de talent pour le faire agir et parler conformément à ce portrait; il en faut plus encore pour le faire connaître par l'admiration qu'il inspire aux soldats, au peuple, aux grands seigneurs, à tous ceux enfin qui se trouvent en relation avec lui.

Le comte d'Egmont aime une jeune fille, Clara, née dans la classe des bourgeois de Bruxelles; il va la voir dans son obscure retraite. Cet amour tient plus de place dans le cœur de la jeune fille que dans le sien; l'imagination de Clara est tout entière subjuguée par l'éclat du comte d'Egmont, par le prestige éblouissant de son héroïque valeur et de sa brillante renommée. Egmont a dans son amour de la bonté et de la douceur; il se repose auprès de cette jeune personne des inquiétudes et des affaires. « On te parle, lui dit-il, de cet Eg- « mont, silencieux, sévère, imposant; c'est lui qui « doit lutter avec les événements et les hommes; « mais celui qui est simple, aimant, confiant,

« heureux; cet Egmont-là, Clara, c'est le tien. » L'amour d'Egmont pour Clara ne suffirait pas à l'intérêt de la pièce; mais quand le malheur vient s'y mêler, ce sentiment, qui ne paraissait que dans le lointain, acquiert une admirable force.

On apprend l'arrivée des Espagnols, ayant le duc d'Albe à leur tête; la terreur que répand ce peuple sévère, au milieu de la nation joyeuse de Bruxelles, est supérieurement décrite. A l'approche d'un grand orage, les hommes rentrent dans leurs maisons, les animaux tremblent, les oiseaux volent près de la terre, et semblent y chercher un asile; la nature entière se prépare au fléau qui la menace : ainsi l'effroi s'empare des malheureux habitants de la Flandre. Le duc d'Albe ne veut point faire arrêter le comte d'Egmont au milieu de Bruxelles; il craint le soulèvement du peuple, et voudrait attirer sa victime dans son propre palais, qui domine la ville et touche à la citadelle. Il se sert de son jeune fils, Ferdinand, pour décider celui qu'il veut perdre à venir chez lui. Ferdinand est plein d'admiration pour le héros de la Flandre; il ne soupçonne point les terribles desseins de son père, et montre au comte d'Egmont un enthousiasme qui persuade à ce franc chevalier que le père d'un tel fils n'est pas son ennemi. Egmont consent à se rendre chez le duc d'Albe; le perfide et fidèle représentant de Philippe II l'attend avec une impatience qui fait frémir; il se met à la fenêtre, et l'aperçoit de loin, monté sur un superbe cheval qu'il a conquis dans l'une des batailles dont il est sorti vainqueur. Le duc d'Albe est rempli d'une cruelle joie, à chaque pas que fait Egmont vers son palais; il se trouble quand le cheval s'arrête; son misérable cœur bat pour le crime; et quand Egmont entre dans la cour, il s'écrie : « Un pied dans la tombe, deux; la grille se referme, il est à moi. »

Le comte d'Egmont paraît; le duc d'Albe s'entretient assez longtemps avec lui sur le gouvernement des Pays-Bas, et la nécessité d'employer la rigueur pour contenir les opinions nouvelles. Il n'a plus d'intérêt à tromper Egmont, et cependant il se plaît dans sa ruse, et veut la savourer encore quelques instants; à la fin il révolte l'âme généreuse du comte d'Egmont, et l'irrite par la dispute, pour arracher de lui quelques paroles violentes. Il veut se donner l'air d'être provoqué, et de faire par un premier mouvement ce qu'il a combiné d'avance. D'où viennent tant de précautions envers l'homme qui est en sa puissance, et qu'il fera périr dans quelques heures? C'est qu'il y a toujours dans l'assassin politique un désir confus de se justifier, même auprès de sa victime; il veut dire quelque chose pour son excuse, alors même que ce qu'il dit ne peut persuader ni lui-même ni personne. Peut-être aucun homme n'est-il capable d'aborder le crime sans subterfuge; aussi la véritable moralité des ouvrages dramatiques ne consiste-t-elle pas dans la justice poétique dont l'auteur dispose à son gré, et que l'histoire a si souvent démentie, mais dans l'art de peindre le vice et la vertu de manière à inspirer la haine pour l'un et l'amour pour l'autre.

A peine le bruit de l'arrestation du comte d'Egmont est-il répandu dans Bruxelles, qu'on sait qu'il va périr. Personne ne s'attend plus à la justice, ses partisans épouvantés n'osent plus dire un mot pour sa défense; bientôt le soupçon sépare ceux qu'un même intérêt réunit. Une apparente soumission naît de l'effroi que chacun inspire, en le ressentant à son tour, et la terreur que tous font éprouver à tous, cette lâcheté populaire qui succède si vite à l'exaltation, est admirablement peinte dans cette circonstance.

La seule Clara, cette jeune fille timide, qui ne sortait jamais de sa maison, vient sur la place publique de Bruxelles, rassemble par ses cris les citoyens dispersés, et leur rappelle leur enthousiasme pour Egmont, leur serment de mourir pour lui; tous ceux qui l'entendent frémissent. « Jeune fille, « lui dit un citoyen de Bruxelles, ne parle pas « d'Egmont; son nom donne la mort. — Moi, s'é-« crie Clara, je ne prononcerais pas son nom! ne « l'avez-vous pas tous invoqué mille fois? n'est-il « pas écrit en tout lieu? n'ai-je pas vu les étoiles « du ciel même en former les lettres brillantes? « Moi, ne pas le nommer! Que faites-vous, hommes « honnêtes? votre esprit est-il troublé, votre rai-« son perdue? Ne me regardez donc pas avec cet « air inquiet et craintif, ne baissez donc pas les « yeux avec effroi : ce que je demande, c'est ce « que vous désirez; ma voix n'est-elle pas la voix « de votre cœur? qui de vous, cette nuit même, « ne se prosternera pas devant Dieu pour lui de-« mander la vie d'Egmont? Interrogez-vous l'un « l'autre; qui de vous, dans sa maison, ne dira « pas : *La liberté d'Egmont ou la mort?*

UN CITOYEN DE BRUXELLES.

« Dieu nous préserve de vous écouter plus long-« temps! il en résulterait quelque malheur.

CLARA.

« Restez, restez! ne vous éloignez point, parce « que je parle de celui au-devant duquel vous vous « pressiez avec tant d'ardeur, quand la rumeur « publique annonçait son arrivée, quand chacun « s'écriait : *Egmont vient, il vient.* Alors les habi-« tants des rues par lesquelles il devait passer s'es-« timaient heureux : dès qu'on entendait les pas de « son cheval, chacun abandonnait son travail pour « courir à sa rencontre, et le rayon qui partait de « son regard colorait d'espérance et de joie vos vi-« sages abattus. Quelques-uns d'entre vous por-« taient leurs enfants sur le seuil de la porte, et « les élevant dans leurs bras, s'écriaient : Voyez, « c'est le grand Egmont, c'est lui, lui qui vous « vaudra des temps plus heureux que ceux qu'ont « supportés vos pauvres pères. Vos enfants vous « demanderont ce que sont devenus ces temps que « vous leur avez promis. Eh quoi! nous perdons « nos moments en paroles, vous êtes oisifs, vous « le trahissez! » Brackenbourg, l'ami de Clara, la conjure de s'en aller. « Que dira votre mère? » s'é-crie-t-il.

CLARA.

« Penses-tu que je sois un enfant ou une insen-« sée? Non, il faut qu'ils m'entendent. Écoutez-« moi, citoyens : je vois que vous êtes troublés, « et que vous ne pouvez vous-mêmes vous recon-« naître à travers les dangers qui vous menacent; « laissez-moi porter vos regards sur le passé, « hélas! le passé d'hier. Songez à l'avenir; pouvez-« vous vivre, vous laissera-t-on vivre, s'il périt? « C'est avec lui que s'éteint le dernier souffle de « votre liberté. Que n'était-il pas pour vous! Pour « qui s'est-il donc exposé à des périls sans nombre? « Ses blessures, il les a reçues pour vous; cette « grande âme tout entière occupée de vous est « maintenant renfermée dans un cachot, et les « piéges du meurtre l'environnent; il pense à vous, « il espère peut-être en vous. Il a besoin pour la « première fois de vos secours, lui qui jusqu'à ce « jour n'a fait que vous combler de ses dons.

UN CITOYEN DE BRUXELLES (*à Brackenbourg.*)

« Éloignez-la; elle nous afflige.

CLARA.

« Eh quoi! je n'ai point de force, point de bras « habiles aux armes comme les vôtres; mais j'ai ce « qui vous manque, le courage et le mépris du pé-« ril : ne puis-je donc pas vous pénétrer de mon « âme? Je veux aller au milieu de vous : un éten-« dard sans défense a rallié souvent une noble ar-« mée; mon esprit sera comme une flamme en « avant de vos pas; l'enthousiasme, l'amour, réu-« niront enfin ce peuple chancelant et dispersé. »

Brackenbourg avertit Clara que l'on aperçoit non loin d'eux des soldats espagnols qui pourraient l'entendre. « Mon amie, lui dit-il, voyez dans quel « lieu nous sommes.

CLARA.

« Dans quel lieu! sous le ciel, dont la voûte ma-« gnifique semblait s'incliner avec complaisance « sur la tête d'Egmont quand il paraissait. Condui-« sez-moi dans sa prison, vous connaissez la route « du vieux château: guidez mes pas, je vous sui-« vrai. » Brackenbourg entraîne Clara chez elle, et sort de nouveau pour s'informer du comte d'Eg-mont: il revient; et Clara, dont la dernière réso-lution est prise, exige qu'il lui raconte ce qu'il a pu savoir.

« Est-il condamné? s'écrie-t-elle.

BRACKENBOURG.

« Il l'est, je n'en puis douter.

CLARA.

« Vit-il encore?

BRACKENBOURG.

« Oui.

CLARA.

« Et comment peux-tu me l'assurer? la tyrannie « tue dans la nuit l'homme généreux, et cache son « sang aux yeux de tous. Ce peuple accablé repose, « et rêve qu'il le sauvera; et, pendant ce temps, « son âme indignée a déjà quitté ce monde. Il n'est « plus, ne me trompe pas; il n'est plus.

BRACKENBOURG.

« Non, je vous le répète, hélas! il vit, parce que « les Espagnols destinent au peuple qu'ils veulent « opprimer un effrayant spectacle, un spectacle « qui doit briser tous les cœurs où respire encore « la liberté.

CLARA.

« Tu peux parler maintenant: moi aussi j'en-« tendrai tranquillement ma sentence de mort; je « m'approche de la région des bienheureux; déjà « la consolation me vient de cette contrée de paix : « parle.

BRACKENBOURG.

« Les bruits qui circulent et la garde doublée « m'ont fait soupçonner qu'on préparait cette nuit « sur la place publique quelque chose de redouta-« ble. Je suis arrivé par des détours dans une « maison dont la fenêtre donnait sur cette place; « le vent agitait les flambeaux qu'un cercle nom-« breux de soldats espagnols portaient dans leurs « mains; et comme je m'efforçais de regarder à « travers cette lueur incertaine, j'aperçois en fré-« missant un échafaud élevé; plusieurs étaient oc-« cupés à couvrir les planches d'un drap noir, et « déjà les marches de l'escalier étaient revêtues de « ce deuil funèbre : on eût dit qu'on célébrait la « consécration d'un sacrifice horrible. Un crucifix « blanc, qui brillait pendant la nuit comme de l'ar-« gent, était placé sur l'un des côtés de l'échafaud. « La terrible certitude était là devant mes yeux; « mais les flambeaux par degrés s'éteignirent; bien-« tôt tous les objets disparurent, et l'œuvre cri-« minelle de la nuit rentra dans le sein des ténè-« bres » .

Le fils du duc d'Albe découvre qu'on s'est servi de lui pour perdre Egmont; il veut le sauver à tout prix; Egmont ne lui demande qu'un service, c'est de protéger Clara, quand il ne sera plus; mais on apprend qu'elle s'est donné la mort pour ne pas survivre à celui qu'elle aime. Egmont périt, et l'amer ressentiment de Ferdinand contre son père est la punition du duc d'Albe, qui, dit-on, n'aima rien sur la terre que ce fils.

Il me semble qu'avec quelques changements il serait possible d'adapter ce plan à la forme fran-çaise. J'ai passé sous silence quelques scènes qu'on ne pourrait point introduire sur notre théâtre. D'abord celle qui commence la tragédie : des sol-dats d'Egmont et des bourgeois de Bruxelles s'en-tretiennent entre eux de ses exploits; ils racontent, dans un dialogue naturel et piquant, les principales actions de sa vie, et font sentir dans leur langage et leurs récits la haute confiance qu'il leur inspire. C'est ainsi que Shakspeare prépare l'entrée de Jules-César, et le camp de Walstein est composé dans le même but. Mais nous ne supporterions pas en France le mélange du ton populaire avec la dignité tragique, et c'est ce qui donne souvent de la monotonie à nos tragédies du second ordre. Les mots pompeux et les situations toujours hé-roïques sont nécessairement en petit nombre : d'ailleurs l'attendrissement pénètre rarement jus-qu'au fond de l'âme, quand on ne captive pas l'i-magination par des détails simples, mais vrais, qui donnent de la vie aux moindres circonstances.

Clara est représentée au milieu d'un intérieur singulièrement bourgeois, sa mère est très-vul-gaire; celui qui doit l'épouser a pour elle un sen-timent passionné, mais on n'aime pas à se repré-senter Egmont comme le rival d'un homme du peuple; tout ce qui entoure Clara sert, il est vrai, à relever la pureté de son âme; néanmoins on n'admettrait pas en France dans l'art dramatique l'un des principes de l'art pittoresque, l'ombre qui fait ressortir la lumière. Comme on voit l'une et l'autre simultanément dans un tableau, on reçoit tout à la fois l'effet de toutes deux; il n'en est pas ainsi dans une pièce de théâtre, où l'action est successive; la scène qui blesse n'est pas tolérée, en considération du reflet avantageux qu'elle doit jeter sur la scène suivante; et l'on exige que l'opposition consiste dans des beautés différentes, mais qui soient toujours des beautés.

La fin de la tragédie de Goethe n'est point en harmonie avec l'ensemble : le comte d'Egmont s'endort quelques instants avant de marcher à l'échafaud; Clara, qui n'est plus, lui apparaît, pendant son sommeil, environnée d'un éclat céleste, et lui annonce que la cause de la liberté qu'il a servie doit triompher un jour : ce dénoûment merveilleux ne peut convenir à une pièce historique. Les Allemands, en général, sont embarrassés lorsqu'il s'agit de finir; et c'est surtout à eux que pourrait s'appliquer ce proverbe des Chinois : *Quand on a dix pas à faire, neuf est la moitié du chemin.* L'esprit nécessaire pour terminer quoi que ce soit, exige une sorte d'habileté et de mesure qui ne s'accorde guère avec l'imagination vague et indéfinie que les Allemands manifestent dans tous leurs ouvrages. D'ailleurs il faut de l'art, et beaucoup d'art, pour trouver un dénoûment, car il y en a rarement dans la vie; les faits s'enchaînent les uns aux autres, et leurs conséquences se perdent dans la suite des temps. La connaissance du théâtre seule apprend à circonscrire l'événement principal, et à faire concourir tous les accessoires au même but. Mais, combiner les effets semble presque aux Allemands de l'hypocrisie, et le calcul leur paraît inconciliable avec l'inspiration.

Goethe est cependant de tous leurs écrivains celui qui aurait le plus de moyens pour accorder ensemble l'habileté de l'esprit avec son audace; mais il ne daigne pas se donner la peine de ménager les situations dramatiques de manière à les rendre théâtrales. Quand elles sont belles en elles-mêmes, il ne s'embarrasse pas du reste. Le public allemand qu'il a pour spectateur à Weimar, ne demande pas mieux que de l'attendre et de le deviner; aussi patient, aussi intelligent que le chœur des Grecs, au lieu d'exiger seulement qu'on l'amuse, comme le font d'ordinaire les souverains, peuples ou rois, il se mêle lui-même de son plaisir, en analysant, en expliquant ce qui ne le frappe pas d'abord; un tel public est lui-même artiste dans ses jugements.

CHAPITRE XXII.

Iphigénie en Tauride, Torquato Tasso, etc.

On donnait en Allemagne des drames bourgeois, des mélodrames, des pièces à grand spectacle, remplies de chevaux et de chevalerie. Goethe voulut ramener la littérature à la sévérité de l'antique, et il composa son *Iphigénie en Tauride*, qui est le chef-d'œuvre de la poésie classique chez les Allemands. Cette tragédie rappelle le genre d'impression qu'on reçoit en contemplant les statues grecques; l'action en est si imposante et si tranquille, qu'alors même que la situation des personnages change, il y a toujours en eux une sorte de dignité qui fixe dans le souvenir chaque moment comme durable.

Le sujet d'*Iphigénie en Tauride* est si connu, qu'il était difficile de le traiter d'une manière nouvelle; Goethe y est parvenu néanmoins, en donnant un caractère vraiment admirable à son héroïne. L'Antigone de Sophocle est une sainte, telle qu'une religion plus pure que celle des anciens pourrait nous la représenter. L'Iphigénie de Goethe n'a pas moins de respect pour la vérité qu'Antigone; mais elle réunit le calme d'un philosophe à la ferveur d'une prêtresse : le chaste culte de Diane et l'asile d'un temple suffisent à l'existence rêveuse que lui laisse le regret d'être éloignée de la Grèce. Elle veut adoucir les mœurs du pays barbare qu'elle habite; et, bien que son nom soit ignoré, elle répand des bienfaits autour d'elle, en fille du roi des rois. Toutefois elle ne cesse point de regretter les belles contrées où se passa son enfance, et son âme est remplie d'une résignation forte et douce, qui tient, pour ainsi dire, le milieu entre le stoïcisme et le christianisme. Iphigénie ressemble un peu à la divinité qu'elle sert, et l'imagination se la représente environnée d'un nuage qui lui dérobe sa patrie. En effet l'exil, et l'exil loin de la Grèce, pouvait-il permettre aucune autre jouissance que celles qu'on trouve en soi-même! Ovide aussi, condamné à vivre non loin de la Tauride, parlait en vain son harmonieux langage aux habitants de ces rives désolées : il cherchait en vain les arts, un beau ciel, et cette sympathie de pensées qui fait goûter avec les indifférents mêmes quelques-uns des plaisirs de l'amitié. Son génie retombait sur lui-même, et sa lyre suspendue ne rendait plus que des accords plaintifs, lugubre accompagnement des vents du nord.

Aucun ouvrage moderne ne peint mieux, ce me semble, que l'*Iphigénie* de Goethe, la destinée qui pèse sur la race de Tantale, la dignité de ces malheurs causés par une fatalité invincible. Une crainte religieuse se fait sentir dans toute cette histoire, et les personnages eux-mêmes semblent parler prophétiquement, et n'agir que sous la main puissante des dieux.

Goethe a fait de Thoas le bienfaiteur d'Iphigénie. Un homme féroce, tel que divers auteurs l'ont représenté, n'aurait pu s'accorder avec la couleur générale de la pièce; il en aurait dérangé l'harmonie. Dans plusieurs tragédies on met un tyran, comme une espèce de machine qui est la cause de tout; mais un penseur tel que Goethe n'aurait jamais mis en scène un personnage, sans développer son caractère. Or, une âme criminelle est toujours si compliquée, qu'elle ne pouvait entrer dans un sujet traité d'une manière aussi simple. Thoas aime Iphigénie; il ne peut se résoudre à s'en séparer, en la laissant retourner en Grèce avec son frère Oreste. Iphigénie pourrait partir à l'insu de Thoas : elle débat avec son frère, et avec elle-même, si elle doit se permettre un tel mensonge, et c'est là tout le nœud de la dernière moitié de la pièce. Enfin, Iphigénie avoue tout à Thoas, combat sa résistance, et obtient de lui le mot *adieu*, sur lequel la toile tombe.

Certainement ce sujet ainsi conçu est pur et noble, et il serait bien à souhaiter qu'on pût émouvoir les spectateurs seulement par un scrupule de délicatesse; mais ce n'est peut-être pas assez pour le théâtre, et l'on s'intéresse plus à cette pièce quand on la lit que quand on la voit représenter. C'est l'admiration, et non le pathétique, qui est le ressort d'une telle tragédie; on croit entendre, en l'écoutant, un chant d'un poëme épique; et le calme qui règne dans tout l'ensemble gagne presque Oreste lui-même. La reconnaissance d'Iphigénie et d'Oreste n'est pas la plus animée, mais peut-être la plus poétique qu'il y ait. Les souvenirs de la famille d'Agamemnon y sont rappelés avec un art admirable, et l'on croit voir passer devant ses yeux les tableaux dont l'histoire et la fable ont enrichi l'antiquité. C'est un intérêt aussi que celui du plus beau langage et des sentiments les plus élevés. Une poésie si haute plonge l'âme dans une noble contemplation, qui lui rend moins nécessaire le mouvement et la diversité dramatiques.

Parmi le grand nombre des morceaux à citer dans cette pièce, il en est un dont il n'y a de modèle nulle part : Iphigénie, dans sa douleur, se rappelle un ancien chant connu dans sa famille, et que sa nourrice lui a appris dès le berceau; c'est le chant que les Parques font entendre à Tantale dans l'enfer. Elles lui retracent sa gloire passée,

lorsqu'il était le convive des dieux, à la table d'or. Elles peignent le moment terrible où il fut précipité de son trône, la punition que les dieux lui infligèrent, la tranquillité de ces dieux qui planent sur l'univers, et que les plaintes des enfers ne sauraient ébranler; ces Parques menaçantes annoncent aux petits-fils de Tantale que les dieux se détourneront d'eux, parce que leurs traits rappellent ceux de leur père. Le vieux Tantale entend ce chant funeste dans l'éternelle nuit, pense à ses enfants, et baisse sa tête coupable. Les images les plus frappantes, le rhythme qui s'accorde le mieux avec les sentiments, donnent à cette poésie la couleur d'un chant national. C'est le plus grand effort du talent que de se familiariser ainsi avec l'antiquité, et de saisir tout à la fois ce qui devait être populaire chez les Grecs, et ce qui produit, à la distance des siècles, une impression si solennelle.

L'admiration qu'il est impossible de ne pas ressentir pour l'*Iphigénie* de Goethe, n'est point en contradiction avec ce que j'ai dit sur l'intérêt plus vif et l'attendrissement plus intime que les sujets modernes peuvent faire éprouver. Les mœurs et les religions des siècles ont effacé la trace, présentent l'homme comme un être idéal qui touche à peine la terre sur laquelle il marche; mais dans les époques et dans les faits historiques dont l'influence subsiste encore, nous sentons la chaleur de notre propre existence, et nous voulons des affections semblables à celles qui nous agitent.

Il me semble donc que Goethe n'aurait pas dû mettre dans sa pièce de *Torquato Tasso* la même simplicité d'action et le même calme dans les discours qui convenaient à son Iphigénie. Ce calme et cette simplicité pourraient ne paraître que de la froideur et du manque de naturel, dans un sujet aussi moderne, sous tous les rapports, que le caractère personnel du Tasse et les intrigues de la cour de Ferrare.

Goethe a voulu peindre, dans cette pièce, l'opposition qui existe entre la poésie et les convenances sociales; entre le caractère d'un poëte et celui d'un homme du monde. Il a montré le mal que fait la protection d'un prince à l'imagination délicate d'un écrivain, lors même que ce prince croit aimer les lettres ou du moins met son orgueil à passer pour les aimer. Cette opposition entre la nature exaltée et cultivée par la poésie, et la nature refroidie et dirigée par la politique, est une idée mère de mille idées.

Un homme de lettres placé dans une cour doit se croire d'abord heureux d'y être; mais il est im-

possible qu'à la longue il n'éprouve pas quelques-
unes des peines qui rendirent la vie du Tasse si
malheureuse. Le talent qui ne serait pas indompté
cesserait d'être du talent; et cependant il est bien
rare que les princes reconnaissent les droits de
l'imagination, et sachent tout à la fois la considérer et la ménager. On ne pouvait choisir un sujet plus heureux que le Tasse à Ferrare, pour
mettre en évidence les différents caractères d'un
poëte, d'un homme de cour, d'une princesse et
d'un prince, agissant dans un petit cercle avec
toute l'âpreté d'amour-propre qui remuerait le
monde. L'on connaît la sensibilité maladive du
Tasse, et la rudesse polie de son protecteur Al-
phonse, qui, tout en professant la plus haute admiration pour ses écrits, le fit enfermer dans la
maison des fous, comme si le génie qui part de
l'âme devait être traité ainsi qu'un talent mécanique, dont on tire parti en estimant l'œuvre et
en dédaignant l'ouvrier.

Goethe a peint Léonore d'Est, la sœur du duc
de Ferrare, que le poëte aimait en secret, comme
appartenant par ses vœux à l'enthousiasme, et
par sa faiblesse à la prudence; il a introduit dans
sa pièce un courtisan sage, selon le monde, qui
traite le Tasse avec la supériorité que l'esprit d'affaires se croit sur l'esprit poétique, et qui l'irrite
par son calme, et par l'habileté qu'il emploie à le
blesser sans avoir précisément tort envers lui. Cet
homme de sang-froid conserve son avantage, en
provoquant son ennemi par des manières sèches
et cérémonieuses, qui offensent sans qu'on puisse
s'en plaindre. C'est le grand mal que fait une certaine science du monde; et, dans ce sens, l'éloquence et l'art de parler diffèrent extrêmement;
car, pour être éloquent, il faut dégager le vrai de
toutes ses entraves, et pénétrer jusqu'au fond de
l'âme où réside la conviction; mais l'habileté de la
parole consiste, au contraire, dans le talent d'esquiver, de parer adroitement avec quelques phrases
ce qu'on ne veut pas entendre, et de se servir de
ces mêmes armes pour tout indiquer, sans qu'on
puisse jamais vous prouver que vous ayez rien
dit.

Ce genre d'escrime fait beaucoup souffrir une
âme vive et vraie. L'homme qui s'en sert semble
votre supérieur, parce qu'il sait vous agiter, tandis
qu'il reste lui-même tranquille; mais il ne faut pas
pourtant se laisser imposer par ces forces néga-
tives. Le calme est beau quand il vient de l'énergie
qui fait supporter ses propres peines; mais quand
il naît de l'indifférence pour celles des autres, ce
calme n'est rien qu'une personnalité dédaigneuse.

Il suffit d'une année de séjour dans une cour ou
dans une capitale, pour apprendre très-facilement
à mettre de l'adresse et même de la grâce dans
l'égoïsme : mais pour être vraiment digne d'une
haute estime, il faudrait réunir en soi, comme dans
un bel ouvrage, des qualités opposées : la connaissance des affaires et l'amour du beau, la sagesse qu'exigent les rapports avec les hommes, et
l'essor qu'inspire le sentiment des arts. Il est vrai
qu'un tel individu en contiendrait deux : aussi
Goethe dit-il dans sa pièce, que les deux personnages
qu'il met en contraste, le politique et le poëte,
sont les deux moitiés d'un homme. Mais la sympathie ne peut exister entre ces deux moitiés, puisqu'il n'y a point de prudence dans le caractère du
Tasse, ni de sensibilité dans son concurrent.

La susceptibilité souffrante des hommes de
lettres s'est manifestée dans Rousseau, dans le
Tasse, et plus souvent encore dans les écrivains
allemands. Les écrivains français en ont été plus
rarement atteints. C'est quand on vit beaucoup avec
soi-même et dans la solitude qu'on a de la peine
à supporter l'air extérieur. La société est rude à
beaucoup d'égards pour qui n'y est pas fait dès
son enfance, et l'ironie du monde est plus funeste
aux gens à talent qu'à tous les autres : l'esprit
tout seul s'en tire mieux. Goethe aurait pu choisir
la vie de Rousseau pour exemple de cette lutte
entre la société telle qu'elle est, et la société telle
qu'une tête poétique la voit ou la désire; mais la
situation de Rousseau prêtait beaucoup moins à
l'imagination que celle du Tasse. Jean-Jacques a
traîné un grand génie dans des rapports très-su-
balternes. Le Tasse, brave comme ses chevaliers,
amoureux, aimé, persécuté, couronné, et, jeune
encore, mourant de douleur, à la veille de son
triomphe, est un superbe exemple de toutes les
splendeurs et de tous les revers d'un beau talent.

Il me semble que dans la pièce du Tasse les couleurs du Midi ne sont pas assez prononcées; peut-
être serait-il très-difficile de rendre en allemand
la sensation que produit la langue italienne. Néanmoins c'est dans les caractères surtout qu'on retrouve les traits de la nature germanique plutôt
qu'italienne. Léonore d'Est est une princesse allemande. L'analyse de son propre caractère et de
ses sentiments, à laquelle elle se livre sans cesse,
n'est point du tout dans l'esprit du Midi. Là, l'imagination ne se replie point sur elle-même, elle
avance sans regarder en arrière. Elle n'examine
point la source d'un événement; elle le combat ou
s'y livre, sans en rechercher la cause.

Le Tasse est aussi un poëte allemand. Cette

impossibilité de se tirer d'affaire dans toutes les circonstances habituelles de la vie commune, que Goethe attribue au Tasse, est un trait de la vie méditative et renfermée des écrivains du Nord. Les poëtes du Midi n'ont pas d'ordinaire une telle incapacité; ils ont vécu plus souvent hors de la maison, sur les places publiques; les choses, et surtout les hommes, leur sont plus familiers.

Le langage du Tasse, dans la pièce de Goethe, est souvent trop métaphysique. La folie de l'auteur de *la Jérusalem* ne venait pas de l'abus des réflexions philosophiques, ni de l'examen approfondi de ce qui se passe au fond du cœur; elle tenait plutôt à l'impression trop vive des objets extérieurs, à l'enivrement de l'orgueil et de l'amour; il ne se servait guère de la parole que comme d'un chant harmonieux. Le secret de son âme n'était point dans ses discours ni dans ses écrits : il ne s'était point observé lui-même, comment aurait-il pu se révéler aux autres? D'ailleurs il considérait la poésie comme un art éclatant, et non comme une confidence intime des sentiments du cœur. Il me semble manifeste, et par sa nature italienne, et par sa vie, et par ses lettres, et par les poésies même qu'il a composées dans sa captivité, que l'impétuosité de ses passions, plutôt que la profondeur de ses pensées, causait sa mélancolie; il n'y avait pas dans son caractère, comme dans celui des poëtes allemands, ce mélange habituel de réflexion et d'activité, d'analyse et d'enthousiasme, qui trouble singulièrement l'existence.

L'élégance et la dignité du style poétique sont incomparables dans la pièce du *Tasse*, et Goethe s'y est montré le Racine de l'Allemagne. Mais si l'on a reproché à Racine le peu d'intérêt de *Bérénice*, on pourrait, avec bien plus de raison, blâmer la froideur dramatique du *Tasse* de Goethe; le dessein de l'auteur était d'approfondir les caractères, en esquissant seulement les situations, mais cela est-il possible? Ces longs discours pleins d'esprit et d'imagination, que tiennent tour à tour les différents personnages, dans quelle nature sont-ils pris? qui parle ainsi de soi-même et de tout? qui épuise à ce point ce qu'on peut dire, sans qu'il soit question de rien faire? Quand il arrive un peu de mouvement dans cette pièce, on se sent soulagé de l'attention continuelle qu'exigent les idées. La scène du duel entre le poëte et le courtisan intéresse vivement; la colère de l'un et l'habileté de l'autre développent la situation d'une manière piquante. C'est trop exiger des lecteurs ou des spectateurs, que de leur demander de renoncer à l'intérêt des circonstances pour s'attacher uniquement aux images et aux pensées. Alors il ne faut pas prononcer les noms propres, ni supposer des scènes, des actes, un commencement, une fin, tout ce qui rend l'action nécessaire. La contemplation plaît dans le repos; mais lorsqu'on marche, la lenteur est toujours fatigante.

Par une singulière vicissitude dans les goûts, les Allemands ont d'abord attaqué nos écrivains dramatiques, comme transformant en Français tous leurs héros. Ils ont réclamé avec raison la vérité historique, pour animer les couleurs et vivifier la poésie; puis, tout à coup, ils se sont lassés de leurs propres succès en ce genre, et ils ont fait des pièces abstraites, si l'on peut s'exprimer ainsi, dans lesquelles les rapports des hommes entre eux sont indiqués d'une manière générale, sans que le temps, le lieu, ni les individus y soient pour rien. C'est ainsi, par exemple, que, dans *la Fille naturelle*, une autre pièce de Goethe, l'auteur appelle ses personnages le duc, le roi, le père, la fille, etc., sans aucune autre désignation; considérant l'époque pendant laquelle l'événement se passe, le pays et les noms propres presque comme des intérêts de ménage, dont la poésie ne doit pas s'occuper.

Une telle tragédie est véritablement faite pour être jouée dans le palais d'Odin, où les morts ont coutume de continuer les occupations qu'ils avaient pendant leur vie; là, le chasseur, ombre lui-même, poursuit l'ombre d'un cerf avec ardeur, et les fantômes des guerriers se battent sur le terrain des nuages. Il paraît que pendant quelque temps, Goethe s'est tout à fait dégoûté de l'intérêt dans les pièces de théâtre. L'on en trouvait dans de mauvais ouvrages; il a pensé qu'il fallait le bannir des bons. Néanmoins, un homme supérieur a tort de dédaigner ce qui plaît universellement; il ne faut pas qu'il abjure sa ressemblance avec la nature de tous, s'il veut faire valoir ce qui le distingue. Le point qu'Archimède cherchait pour soulever le monde est celui par lequel un génie extraordinaire se rapproche du commun des hommes. Ce point de contact lui sert à s'élever au-dessus des autres; il doit partir de ce que nous éprouvons tous, pour arriver à faire sentir ce que lui seul aperçoit. D'ailleurs, s'il est vrai que le despotisme des convenances mêle souvent quelque chose de factice aux plus belles tragédies françaises, il n'y a pas non plus de vérité dans les théories bizarres de l'esprit systématique. Si l'exagération est maniérée, un certain genre de calme est aussi une affectation. C'est une supériorité qu'on s'arroge sur les émotions de l'âme, et qui peut convenir dans la philosophie, mais point du tout dans l'art dramatique.

On peut sans crainte adresser ces critiques à Goethe, car presque tous ses ouvrages sont composés dans des systèmes différents : tantôt il s'abandonne à la passion, comme dans *Werther* et *le Comte d'Egmont;* une autre fois il ébranle toutes les cordes de l'imagination par ses poésies fugitives; une autre fois il peint l'histoire avec une vérité scrupuleuse, comme dans *Goetz de Berlichingen;* une autre fois il est naïf comme les anciens, dans *Hermann et Dorothée.* Enfin, il se plonge avec Faust dans le tourbillon de la vie; puis tout à coup, dans *le Tasse,* *la Fille naturelle,* et même dans *Iphigénie,* il conçoit l'art dramatique comme un monument élevé près des tombeaux. Ses ouvrages sont alors les belles formes, la splendeur et l'éclat du marbre; mais ils en ont aussi la froide immobilité. On ne saurait critiquer Goethe comme un auteur bon dans tel genre et mauvais dans tel autre. Il ressemble plutôt à la nature, qui produit tout et de tout; et l'on peut aimer mieux son climat du midi, que son climat du nord, sans méconnaître en lui les talents qui s'accordent avec ces diverses régions de l'âme.

CHAPITRE XXIII.

Faust.

Parmi les pièces des marionnettes, il y en a une intitulée *le Docteur Faust, ou la Science malheureuse,* qui a fait de tout temps une grande fortune en Allemagne. Lessing s'en est occupé avant Goethe. Cette histoire merveilleuse est une tradition généralement répandue. Plusieurs auteurs anglais ont écrit sur la vie de ce même docteur Faust, et quelques-uns même lui attribuent l'invention de l'imprimerie. Son savoir très-profond ne le préserva pas de l'ennui de la vie; il essaya, pour y échapper, de faire un pacte avec le diable, et le diable finit par l'emporter. Voilà le premier mot qui a fourni à Goethe l'étonnant ouvrage dont je vais essayer de donner l'idée.

Certes, il ne faut y chercher ni le goût, ni la mesure, ni l'art qui choisit et qui termine; mais si l'imagination pouvait se figurer un chaos intellectuel, tel que l'on a souvent décrit le chaos matériel, le *Faust* de Goethe devrait avoir été composé à cette époque. On ne saurait aller au-delà, en fait de hardiesse de pensée, et le souvenir qui reste de cet écrit tient toujours un peu du vertige. Le diable est le héros de cette pièce; l'auteur

ne l'a point conçu comme un fantôme hideux, tel qu'on a coutume de le représenter aux enfants; il en a fait, si l'on peut s'exprimer ainsi, le méchant par excellence, auprès duquel tous les méchants, et celui de Gresset, en particulier, ne sont que des novices, à peine dignes d'être les serviteurs de Méphistophélès (c'est le nom du démon qui se fait l'ami de Faust). Goethe a voulu montrer dans ce personnage, réel et fantastique tout à la fois, la plus amère plaisanterie que le dédain puisse inspirer, et néanmoins une audace de gaieté qui amuse. Il y a dans les discours de Méphistophélès une ironie infernale, qui porte sur la création tout entière, et juge l'univers comme un mauvais livre dont le diable se fait le censeur.

Méphistophélès se moque de l'esprit lui-même, comme du plus grand des ridicules, quand il fait prendre un intérêt sérieux à quoi que ce soit au monde, et surtout quand il nous donne de la confiance en nos propres forces. C'est une chose singulière, que la méchanceté suprême et la sagesse divine s'accordent en ceci; qu'elles reconnaissent également l'une et l'autre le vide et la faiblesse de tout ce qui existe sur la terre : mais l'une ne proclame cette vérité que pour dégoûter du bien, et l'autre que pour élever au-dessus du mal.

S'il n'y avait dans la pièce de *Faust* que de la plaisanterie piquante et philosophique, on pourrait trouver dans plusieurs écrits de Voltaire un genre d'esprit analogue; mais on sent dans cette pièce une imagination d'une tout autre nature. Ce n'est pas seulement le monde moral tel qu'il est qu'on y voit anéanti, mais c'est l'enfer qui est mis à sa place. Il y a une puissance de sorcellerie, une poésie du mauvais principe, un enivrement du mal, un égarement de la pensée, qui font frissonner, rire et pleurer tout à la fois. Il semble que, pour un moment, le gouvernement de la terre soit entre les mains du démon. Vous tremblez, parce qu'il est impitoyable; vous riez, parce qu'il humilie tous les amours-propres satisfaits; vous pleurez, parce que la nature humaine, ainsi vue des profondeurs de l'enfer, inspire une pitié douloureuse.

Milton a fait Satan plus grand que l'homme; Michel-Ange et le Dante lui ont donné les traits hideux de l'animal, combinés avec la figure humaine. Le Méphistophélès de Goethe est un diable civilisé. Il manie avec art cette moquerie légère en apparence, qui peut si bien s'accorder avec une grande profondeur de perversité; il traite de niaiserie ou d'affectation tout ce qui est sensible; sa figure est méchante, basse et fausse; il a **de la** gaucherie sans timidité, du dédain sans fierté, quelque chose de doucereux auprès des femmes, parce que, dans cette seule circonstance, il a besoin de tromper pour séduire : et ce qu'il entend par séduire, c'est servir les passions d'un autre; car il ne peut même faire semblant d'aimer : c'est la seule dissimulation qui lui soit impossible.

Le caractère de Méphistophélès suppose une inépuisable connaissance de la société, de la nature et du merveilleux. C'est le cauchemar de l'esprit que cette pièce de *Faust,* mais un cauchemar qui double sa force. On y trouve la révélation diabolique de l'incrédulité, de celle qui s'applique à tout ce qu'il peut y avoir de bon dans ce monde; et peut-être cette révélation serait-elle dangereuse, si les circonstances amenées par les perfides intentions de Méphistophélès n'inspiraient pas de l'horreur pour son arrogant langage, et ne faisaient pas connaître la scélératesse qu'il renferme.

Faust rassemble dans son caractère toutes les faiblesses de l'humanité : désir de savoir et fatigue du travail; besoin du succès, satiété du plaisir. C'est un parfait modèle de l'être changeant et mobile dont les sentiments sont plus éphémères encore que la courte vie dont il se plaint. Faust a plus d'ambition que de force; et cette agitation intérieure le révolte contre la nature, et le fait recourir à tous les sortiléges pour échapper aux conditions dures, mais nécessaires, imposées à l'homme mortel. On le voit, dans la première scène, au milieu de ses livres et d'un nombre infini d'instruments de physique et de fioles de chimie. Son père s'occupait aussi des sciences, et lui en a transmis le goût et l'habitude. Une seule lampe éclaire cette retraite sombre, et Faust étudie sans relâche la nature, et surtout la magie, dont il possède déjà quelques secrets.

Il veut faire apparaître un des génies créateurs du second ordre; le génie vient, et lui conseille de ne point s'élever au-dessus de la sphère de l'esprit humain. « C'est à nous, lui dit-il, c'est à nous « de nous plonger dans le tumulte de l'activité, « dans ces vagues éternelles de la vie, que la nais- « sance et la mort élèvent et précipitent, repous- « sent et ramènent : nous sommes faits pour tra- « vailler à l'œuvre que Dieu nous commande, et « dont le temps accomplit la trame. Mais toi, qui « ne peux concevoir que toi-même, toi, qui trem- « bles en approfondissant ta destinée, et que mon « souffle fait tressaillir, laisse-moi, ne me rappelle « plus. » Quand le génie disparaît, un désespoir profond s'empare de Faust, et il veut s'empoisonner.

« Moi, dit-il, l'image de la Divinité, je me croyais « si près de goûter l'éternelle vérité dans tout l'é- « clat de sa lumière céleste! je n'étais déjà plus le « fils de la terre; je me sentais l'égal des chérubins, « qui, créateurs à leur tour, peuvent goûter les « jouissances de Dieu même. Ah! combien je dois « expier mes pressentiments présomptueux! une « parole foudroyante les a détruits pour jamais. « Esprit divin, j'ai eu la force de t'attirer, mais je « n'ai pas eu celle de te retenir. Pendant l'instant « heureux où je t'ai vu, je me sentais à la fois si « grand et si petit! mais tu m'as repoussé violem- « ment dans le sort incertain de l'humanité.

« Qui m'instruira maintenant? que dois-je éviter? « dois-je céder à l'impulsion qui me presse? nos « actions, comme nos souffrances, arrêtent la mar- « che de la pensée. Des penchants grossiers s'op- « posent à ce que l'esprit conçoit de plus magnifi- « que. Quand nous atteignons un certain bonheur « ici-bas, nous traitons d'illusion et de mensonge « tout ce qui vaut mieux que ce bonheur; et les « sentiments que le Créateur nous avait donnés se « perdent dans les intérêts de la terre. D'abord l'i- « magination, avec ses ailes hardies, aspire à l'é- « ternité; puis un petit espace suffit bientôt aux « débris de toutes nos espérances trompées. L'in- « quiétude s'empare de notre cœur : elle y produit « des douleurs secrètes; elle y détruit le repos et le « plaisir. Elle se présente à nous sous mille formes; « tantôt la fortune, tantôt une femme, des enfants, « le poignard, le poison, le feu, la mer, nous agi- « tent. L'homme tremble devant tout ce qui n'ar- « rivera pas, et pleure sans cesse ce qu'il n'a point « perdu.

« Non, je ne me suis point comparé à la Divi- « nité; non, je sens ma misère : c'est à l'insecte « que je ressemble. Il s'agite dans la poussière, il « se nourrit d'elle, et le voyageur, en passant, l'é- « crase et le détruit.

« N'est-ce pas de la poussière en effet, que ces « livres dont je suis environné? Ne suis-je pas en- « fermé dans le cachot de la science? ces murs, « ces vitraux qui m'entourent, laissent-ils pénétrer « seulement jusqu'à moi la lumière du jour sans « l'altérer? Que dois-je faire de ces innombrables « volumes, de ces niaiseries sans fin qui remplis- « sent ma tête? Y trouverai-je ce qui me manque? « Si je parcours ces pages, qu'y lirai-je? Que par- « tout les hommes se sont tourmentés sur leur « sort; que de temps en temps un heureux a paru, « et qu'il a fait le désespoir du reste de la terre. « (*Une tête de mort est sur la table*). Et toi, qui « sembles m'adresser un ricanement si terrible, « l'esprit qui habitait jadis ton cerveau n'a-t-il pas

« erré comme le mien, n'a-t-il pas cherché la lu-
« mière, et succombé sous le poids des ténèbres ?
« Ces machines de tout genre que mon père avait
« rassemblées pour servir à ses vains travaux, ces
« roues, ces cylindres, ces leviers, me révèleront-
« ils le secret de la nature ? Non, elle est mysté-
« rieuse, bien qu'elle semble se montrer au jour ;
« et ce qu'elle veut cacher, tous les efforts de la
« science ne l'arracheront jamais de son sein.

« C'est donc vers toi que mes regards sont at-
« tirés, liqueur empoisonnée ! Toi qui donnes la
« mort, je te salue comme une pâle lueur dans la
« forêt sombre. En toi j'honore la science et l'es-
« prit de l'homme. Tu es la plus douce essence des
« sucs qui procurent le sommeil ; tu contiens toutes
« les forces qui tuent. Viens à mon secours. Je
« sens déjà l'agitation de mon esprit qui se calme ;
« je vais m'élancer dans la haute mer. Les flots
« limpides brillent comme un miroir à mes pieds.
« Un nouveau jour m'appelle vers l'autre bord. Un
« char de feu plane déjà sur ma tête ; j'y vais mon-
« ter ; je saurai parcourir les sphères éthérées, et
« goûter les délices des cieux.

« Mais dans mon abaissement, comment les mé-
« riter ? Oui, je le puis, si je l'ose, si j'enfonce avec
« courage ces portes de la mort, devant lesquelles
« chacun passe en frémissant. Il est temps de mon-
« trer la dignité de l'homme. Il ne faut plus qu'il
« tremble au bord de cet abîme, où son imagina-
« tion se condamne elle-même à ses propres tour-
« ments, et dont les flammes de l'enfer semblent
« défendre l'approche. C'est dans cette coupe d'un
« pur cristal que je vais verser le poison mortel.
« Hélas ! jadis elle servait pour un autre usage :
« on la passait de main en main dans les festins
« joyeux de nos pères, et le convive, en la prenant,
« célébrait en vers sa beauté. Coupe dorée ! tu me
« rappelles les nuits bruyantes de ma jeunesse. Je
« ne t'offrirai plus à mon voisin, je ne vanterai plus
« l'artiste qui sut t'embellir. Une liqueur sombre
« te remplit, je l'ai préparée, je la choisis. Ah !
« qu'elle soit pour moi la libation solennelle que je
« consacre au matin d'une nouvelle vie ! »

Au moment où Faust va prendre le poison, il
entend les cloches qui annoncent dans la ville le
jour de Pâques, et les chœurs qui, dans l'église
voisine, célèbrent cette sainte fête.

LE CHŒUR.

« Le Christ est ressuscité. Que les mortels dé-
« générés, faibles et tremblants, s'en réjouissent ! »

FAUST.

« Comme le bruit imposant de l'airain m'ébranle

« jusqu'au fond de l'âme ! Quelles voix pures font
« tomber la coupe empoisonnée de ma main ! An-
« noncez-vous, cloches retentissantes, la première
« heure du jour de Pâques ? Vous, chœur ! célé-
« brez-vous déjà les chants consolateurs, ces chants
« que, dans la nuit du tombeau, les anges firent
« entendre, quand ils descendirent du ciel pour
« commencer la nouvelle alliance ? »

Le chœur répète une seconde fois : Le Christ est
ressuscité, etc.

FAUST.

« Chants célestes, puissants et doux, pourquoi
« me cherchez-vous dans la poussière ! faites-vous
« entendre aux humains que vous pouvez consoler.
« J'écoute le message que vous m'apportez, mais
« la foi me manque pour y croire. Le miracle est
« l'enfant chéri de la foi. Je ne puis m'élancer dans
« la sphère d'où votre auguste nouvelle est descen-
« due ; et cependant, accoutumé dès l'enfance à ces
« chants, ils me rappellent à la vie. Autrefois un
« rayon de l'amour divin descendait sur moi, pen-
« dant la solennité tranquille du dimanche. Le
« bourdonnement sourd de la cloche remplissait
« mon âme du pressentiment de l'avenir, et ma
« prière était une jouissance ardente. Cette même
« cloche annonçait aussi les jeux de la jeunesse et
« la fête du printemps. Le souvenir ranime en moi
« les sentiments enfantins qui nous détournent de
« la mort. Oh ! faites-vous entendre encore, chants
« célestes ! la terre m'a reconquis. »

Ce moment d'exaltation ne dure pas ; Faust est
un caractère inconstant, les passions du monde le
reprennent. Il cherche à les satisfaire, il souhaite
de s'y livrer ; et le diable, sous le nom de Méphistophélès, vient et lui promet de le mettre en
possession de toutes les jouissances de la terre ;
mais en même temps il sait le dégoûter de toutes,
car la vraie méchanceté dessèche tellement l'âme,
qu'elle finit par inspirer une indifférence profonde
pour les plaisirs aussi bien que pour les vertus.

Méphistophélès conduit Faust chez une sorcière,
qui tient à ses ordres des animaux moitié singes
et moitié chats (*Meer-katzen*). On peut considérer
cette scène, à quelques égards, comme la parodie
des Sorcières de Macbeth. Les Sorcières de Macbeth chantent des paroles mystérieuses, dont les
sons extraordinaires font déjà l'effet d'un sorti-
lége ; les sorcières de Goethe prononcent aussi des
mots bizarres, dont les consonnances sont artistement multipliées ; ces mots excitent l'imagination
à la gaieté, par la singularité même de leur structure ; et le dialogue de cette scène, qui ne serait

que burlesque en prose, prend un caractère plus relevé par le charme de la poésie.

On croit découvrir, en écoutant le langage comique de ces chats-singes, quelles seraient les idées des animaux s'ils pouvaient les exprimer, quelle image grossière et ridicule ils se feraient de la nature et de l'homme.

Il n'y a guère d'exemples dans les pièces françaises de ces plaisanteries fondées sur le merveilleux, les prodiges, les sorcières, les métamorphoses, etc. : c'est jouer avec la nature, comme dans la comédie de mœurs on joue avec les hommes. Mais il faut, pour se plaire à ce comique, n'y point appliquer le raisonnement, et regarder les plaisirs de l'imagination comme un jeu libre et sans but. Néanmoins ce jeu n'en est pas pour cela plus facile, car les barrières sont souvent des appuis; et quand on se livre en littérature à des inventions sans bornes, il n'y a que l'excès et l'emportement même du talent qui puissent leur donner quelque mérite; l'union du bizarre et du médiocre ne serait pas tolérable.

Méphistophélès conduit Faust dans les sociétés des jeunes gens de toutes les classes, et subjugue de différentes manières les divers esprits qu'il rencontre. Il ne les subjugue jamais par l'admiration, mais par l'étonnement. Il captive toujours par quelque chose d'inattendu et de dédaigneux dans ses paroles et dans ses actions; car la plupart des hommes vulgaires font d'autant plus de cas d'un esprit supérieur qu'il ne se soucie pas d'eux. Un instinct secret leur dit que celui qui les méprise voit juste.

Un écolier de Leipsick, sortant de la maison maternelle, et niais comme on peut l'être à cet âge, dans les bons pays de l'Allemagne, vient consulter Faust sur ses études; Faust prie Méphistophélès de se charger de lui répondre. Il revêt la robe de docteur, et pendant qu'il attend l'écolier, il exprime seul son dédain pour Faust. « Cet homme, « dit-il, ne sera jamais qu'à demi pervers, et c'est « en vain qu'il se flatte de parvenir à l'être entiè- « rement. » En effet, une maladresse causée par des regrets invincibles entrave les honnêtes gens, quand ils se détournent de leur route naturelle, et les hommes radicalement mauvais se moquent de ces candidats du vice, qui ont bonne intention de faire le mal, mais qui sont sans talent pour l'accomplir.

Enfin l'écolier se présente, et rien n'est plus naïf que l'empressement gauche et confiant de ce jeune Allemand, qui arrive pour la première fois dans une grande ville, disposé à tout, et ne connaissant rien; ayant peur et envie de chaque chose qu'il voit; désirant de s'instruire, souhaitant fort de s'amuser, et s'approchant avec un sourire gracieux de Méphistophélès, qui le reçoit d'un air froid et moqueur; le contraste entre la bonhomie tout en dehors de l'un, et l'insolence contenue de l'autre, est admirablement spirituel.

Il n'y a pas une connaissance que l'écolier ne voulût acquérir, et ce qu'il lui convient d'apprendre, dit-il, c'est la science et la nature. Méphistophélès le félicite de la précision de son plan d'étude. Il s'amuse à décrire les quatre facultés : la jurisprudence, la médecine, la philosophie, et la théologie, de manière à embrouiller la tête de l'écolier pour toujours. Méphistophélès lui fait mille arguments divers, que l'écolier approuve tous les uns après les autres, mais dont la conclusion l'étonne, parce qu'il s'attend au sérieux et que le diable plaisante toujours. L'écolier de bonne volonté se prépare à l'admiration, et le résultat de tout ce qu'il entend n'est qu'un dédain universel. Méphistophélès convient lui-même que le doute vient de l'enfer, et que les démons, ce sont ceux, *qui nient;* mais il exprime le doute avec un ton décidé, qui, mêlant l'arrogance du caractère à l'incertitude de la raison, ne laisse de consistance qu'aux mauvais penchants. Aucune croyance, aucune opinion ne reste fixe dans la tête, après avoir entendu Méphistophélès, et l'on s'examine soi-même, pour savoir s'il y a quelque chose de vrai dans ce monde, ou si l'on ne pense que pour se moquer de tous ceux qui croient penser.

« Ne doit-il pas toujours y avoir une idée dans « un mot? dit l'écolier. — Oui, si cela se peut, ré- « pond Méphistophélès; mais il ne faut pourtant « pas trop se tourmenter là-dessus; car là où les « idées manquent, les mots viennent à propos pour « y suppléer. »

L'écolier quelquefois ne comprend pas Méphistophélès, mais n'en a que plus de respect pour son génie. Avant de le quitter, il le prie d'écrire quelques lignes sur son *Album;* c'est le livre dans lequel, selon les bienveillants usages de l'Allemagne, chacun se fait donner une marque de souvenir par ses amis. Méphistophélès écrit ce que Satan a dit à Ève pour l'engager à manger le fruit de l'arbre de vie : *Vous serez comme Dieu, connaissant le bien et le mal.* « Je peux bien, se dit-il à lui-même, « emprunter cette ancienne sentence à mon cousin « le serpent; il y a longtemps qu'on s'en sert dans « ma famille. » L'écolier reprend son livre, et s'en va parfaitement satisfait.

Faust s'ennuie, et Méphistophélès lui conseille

de devenir amoureux. Il le devient en effet d'une jeune fille du peuple, tout à fait innocente et naïve, qui vit dans la pauvreté avec sa vieille mère. Méphistophélès, pour introduire Faust auprès d'elle, imagine de faire connaissance avec une de ses voisines, Marthe, chez laquelle la jeune Marguerite va quelquefois. Cette femme a son mari dans les pays étrangers, et se désole de n'en point recevoir de nouvelles; elle serait bien triste de sa mort, mais au moins voudrait-elle en avoir la certitude; et Méphistophélès adoucit singulièrement sa douleur, en lui promettant un extrait mortuaire de son époux, bien en règle, qu'elle pourra, suivant la coutume, faire publier dans la gazette.

La pauvre Marguerite est livrée à la puissance du mal; l'esprit infernal s'acharne sur elle, et la rend coupable, sans lui ôter cette droiture de cœur qui ne peut trouver de repos que dans la vertu. Un méchant habile se garde bien de pervertir entièrement les honnêtes gens qu'il veut gouverner : car son ascendant sur eux se compose des fautes et des remords qui les troublent tour à tour. Faust, aidé par Méphistophélès, séduit cette jeune fille, singulièrement simple d'esprit et d'âme. Elle est pieuse, bien qu'elle soit coupable, et, seule avec Faust, elle lui demande s'il a de la religion. « Mon enfant, lui dit-il, tu le sais, je t'aime. Je « donnerais pour toi mon sang et ma vie; je ne « voudrais troubler la foi de personne. N'est-ce « pas là tout ce que tu peux désirer?

MARGUERITE.

« Non, il faut croire.

FAUST.

« Le faut-il?

MARGUERITE.

« Ah! si je pouvais quelque chose sur toi! tu ne « respectes pas assez les saints sacrements.

FAUST.

« Je les respecte.

MARGUERITE.

« Mais sans en approcher; depuis longtemps « tu ne t'es point confessé, tu n'as point été à la « messe; crois-tu en Dieu?

FAUST.

« Ma chère amie, qui ose dire : Je crois en Dieu? « Si tu fais cette question aux prêtres et aux « sages, ils répondront comme s'ils voulaient se « moquer de celui qui les interroge.

MARGUERITE.

« Ainsi donc, tu ne crois rien?

FAUST.

« N'interprète pas mal ce que je dis, charmante « créature : qui peut nommer la Divinité et dire : « Je la conçois? qui peut être sensible et ne pas y « croire? Le soutien de cet univers n'embrasse-t-il « pas toi, moi, la nature entière? Le ciel ne s'a- « baisse-t-il pas en pavillon sur nos têtes? la terre « n'est-elle pas inébranlable sous nos pieds, et les « étoiles éternelles, du haut de leur sphère, ne « nous regardent-elles pas avec amour? Tes yeux « ne se réfléchissent-ils pas dans mes yeux atten- « dris? Un mystère éternel, invisible et visible, « n'attire-t-il pas mon cœur vers le tien? Remplis « ton âme de ce mystère, et quand tu éprouves la « félicité suprême du sentiment, appelle-la, cette « félicité, cœur, amour, Dieu, n'importe. Le sen- « timent est tout, les noms ne sont qu'un vain « bruit, une vaine fumée, qui obscurcit la clarté « des cieux. »

Ce morceau, d'une éloquence inspirée, ne conviendrait pas à la disposition de Faust, si dans ce moment il n'était pas meilleur, parce qu'il aime, et si l'intention de l'auteur n'avait pas été, sans doute, de montrer combien une croyance ferme et positive est nécessaire, puisque ceux même que la nature a faits sensibles et bons, n'en sont pas moins capables des plus funestes égarements, quand ce secours leur manque.

Faust se lasse de l'amour de Marguerite comme de toutes les jouissances de la vie; rien n'est plus beau, en allemand, que les vers dans lesquels il exprime tout à la fois l'enthousiasme de la science et la satiété du bonheur.

FAUST, seul.

« Esprit sublime! tu m'as accordé tout ce que « je t'ai demandé. Ce n'est pas en vain que tu as « tourné vers moi ton visage entouré de flammes; « tu m'as donné la magique nature pour empire, « tu m'as donné la force de la sentir et d'en jouir. « Ce n'est pas une froide admiration que tu m'as « permise, mais une intime connaissance, et tu « m'as fait pénétrer dans le sein de l'univers, comme « dans celui d'un ami; tu as conduit devant moi « la troupe variée des vivants, et tu m'as appris à « connaître mes frères dans les habitants des bois, « des airs et des eaux. Quand l'orage gronde dans « la forêt, quand il déracine et renverse les pins « gigantesques dont la chute fait retentir la mon- « tagne, tu me guides dans un sûr asile, et tu me

« révèles les secrètes merveilles de mon propre
« cœur. Lorsque la lune tranquille monte lente-
« ment vers les cieux, les ombres argentées des
« temps antiques planent à mes yeux sur les ro-
« chers, dans les bois, et semblent m'adoucir le
« sévère plaisir de la méditation.

« Mais je le sens, hélas! l'homme ne peut at-
« teindre à rien de parfait; à côté de ces délices
« qui me rapprochent des dieux, il faut que je
« supporte ce compagnon froid, indifférent, hau-
« tain, qui m'humilie à mes propres yeux, et d'un
« mot réduit au néant tous les dons que tu m'as
« faits. Il allume dans mon sein un feu désordonné
« qui m'attire vers la beauté; je passe avec ivresse
« du désir au bonheur; mais au sein du bonheur
« même, bientôt un vague ennui me fait regretter
« le désir. »

L'histoire de Marguerite serre douloureusement
le cœur. Son état vulgaire, son esprit borné, tout
ce qui la soumet au malheur, sans qu'elle puisse y
résister, inspire encore plus de pitié pour elle.
Goethe, dans ses romans et dans ses pièces, n'a
presque jamais donné des qualités supérieures aux
femmes, mais il peint à merveille le caractère de
faiblesse qui leur rend la protection si nécessaire.
Marguerite veut recevoir chez elle Faust à l'insu
de sa mère, et donne à cette pauvre femme, d'a-
près le conseil de Méphistophélès, une potion as-
soupissante qu'elle ne peut supporter, et qui la fait
mourir. La coupable Marguerite devient grosse,
sa honte est publique, tout le quartier qu'elle habite la montre au doigt. Le déshonneur semble
avoir plus de prise sur les personnes d'un rang
élevé, et peut-être cependant est-il encore plus
redoutable dans la classe du peuple. Tout est
si tranché, si positif, si irréparable parmi les
hommes qui n'ont pour rien des paroles nuancées! Goethe saisit admirablement ces mœurs,
tout à la fois si près et loin de nous; il possède
au suprême degré l'art d'être parfaitement naturel
dans mille natures différentes.

Valentin, soldat, frère de Marguerite, arrive de
la guerre pour la revoir; et quand il apprend sa
honte, la souffrance qu'il éprouve, et dont il rougit, se trahit par un langage âpre et touchant tout
à la fois. L'homme dur en apparence, et sensible
au fond de l'âme, cause une émotion inattendue
et poignante. Goethe a peint avec une admirable
vérité le courage qu'un soldat peut employer contre la douleur morale, contre cet ennemi nouveau
qu'il sent en lui-même, et que ses armes ne sauraient
combattre. Enfin, le besoin de la vengeance le

saisit, et porte vers l'action tous les sentiments
qui le dévoraient intérieurement. Il rencontre Méphistophélès et Faust, au moment où ils vont donner un concert sous les fenêtres de sa sœur. Valentin provoque Faust, se bat avec lui, et reçoit
une blessure mortelle. Ses adversaires disparaissent, pour éviter la fureur du peuple.

Marguerite arrive, demande qui est là, tout sanglant sur la terre. Le peuple lui répond : *Le fils de
ta mère*. Et son frère, en mourant, lui adresse
des reproches plus terribles et plus déchirants que
jamais la langue policée n'en pourrait exprimer.
La dignité de la tragédie ne saurait permettre d'enfoncer si avant les traits de la nature dans le
cœur.

Méphistophélès oblige Faust à quitter la ville,
et le désespoir que lui fait éprouver le sort de
Marguerite intéresse à lui de nouveau.

« Hélas! s'écrie Faust, elle eût été si facilement
« heureuse! une simple cabane dans une vallée des
« Alpes, quelques occupations domestiques, au-
« raient suffi pour satisfaire ses désirs bornés, et
« remplir sa douce vie : mais moi l'ennemi de Dieu,
« je n'ai pas eu de repos que je n'eusse brisé son
« cœur, et fait tomber en ruine sa pauvre desti-
« née. Ainsi donc la paix doit lui être ravie pour
« toujours. Il faut qu'elle soit la victime de l'enfer.
« Eh bien! démon, abrége mon angoisse, fais arri-
« ver ce qui doit arriver. Que le sort de cette infor-
« tunée s'accomplisse, et précipite-moi du moins
« avec elle dans l'abîme. »

L'amertume et le sang-froid de la réponse de
Méphistophélès sont vraiment diaboliques.

« Comme tu t'enflammes! lui dit-il; comme tu
« bouillonnes! je ne sais comment te consoler, et
« sur mon honneur je me donnerais au diable, si
« je ne l'étais pas moi-même : mais penses-tu donc,
« ô insensé, que parce que ton pauvre tête ne voit
« plus d'issue, il n'y en ait plus véritablement?
« Vive celui qui sait tout supporter avec courage!
« Je t'ai déjà rendu passablement semblable à moi,
« et songe, je t'en prie, qu'il n'y a rien de plus
« fastidieux dans ce monde qu'un diable qui se dé-
« sespère. »

Marguerite va seule à l'église, l'unique refuge
qui lui reste : une foule immense remplit le temple, et le service des morts est célébré dans ce
lieu solennel. Marguerite est couverte d'un voile :
elle prie avec ardeur; et lorsqu'elle commence à se
flatter de la miséricorde divine, le mauvais esprit
lui parle d'une voix basse, et lui dit :

« Te souviens-tu, Marguerite, de ce temps où
« tu venais ici te prosterner devant l'autel? tu étais

« alors pleine d'innocence, tu balbutiais timide-
« ment les psaumes, et Dieu régnait dans ton
« cœur. Marguerite, qu'as-tu fait? que de crimes
« tu as commis! Viens-tu prier pour l'âme de ta
« mère, dont la mort pèse sur ta tête? Sur le seuil
« de ta porte, vois-tu quel est ce sang? c'est celui
« de ton frère, et ne sens-tu pas s'agiter dans ton
« sein une créature infortunée qui te présage déjà
« de nouvelles douleurs?

MARGUERITE.

« Malheur! malheur! comment échapper aux
« pensées qui naissent dans mon âme et se soulè-
« vent contre moi?

LE CHŒUR *chante dans l'église.*

« Dies iræ, dies illa,
« Solvet sœclum in favilla [1].

LE MAUVAIS ESPRIT.

« Le courroux céleste te menace, Marguerite;
« les trompettes de la résurrection retentissent :
« les tombeaux s'ébranlent, et ton cœur va se ré-
« veiller pour sentir les flammes éternelles.

MARGUERITE.

« Ah! si je pouvais m'éloigner d'ici! les sons de
« cet orgue m'empêchent de respirer, et les chants
« des prêtres font pénétrer dans mon âme une
« émotion qui la déchire.

LE CHŒUR.

« Judex ergo cum sedebit,
« Quidquid latet apparebit,
« Nil inultum remanebit [2].

MARGUERITE.

« On dirait que ces murs se rapprochent pour
« m'étouffer; la voûte du temple m'oppresse : de
« l'air! de l'air!

LE MAUVAIS ESPRIT.

« Cache-toi; le crime et la honte te poursuivent.
« Tu demandes de l'air et de la lumière, misérable!
« qu'en espères-tu?

LE CHŒUR.

« Quid sum miser tunc dicturus?
« Quem patronum rogaturus?
« Cum vix justus sit securus [3]?

LE MAUVAIS ESPRIT.

« Les saints détournent leur visage de ta pré-

[1] Il viendra le jour de la colère, et le siècle sera réduit en
cendres.
[2] Quand le juge suprême paraîtra, il découvrira tout ce
qui est caché, et rien ne pourra demeurer impuni.
[3] Malheureux! qui dirai-je alors? A quel protecteur m'a-
dresserai-je, lorsqu'à peine le juste peut se croire sauvé?

« sence; ils rougiraient de tendre leurs mains pures
« vers toi.

LE CHŒUR.

« Quid sum miser tunc dicturus? »

Marguerite crie au secours et s'évanouit.

Quelle scène! Cette infortunée qui, dans l'asile
de la consolation, trouve le désespoir; cette foule
rassemblée, priant Dieu avec confiance, tandis
qu'une malheureuse femme, dans le temple même
du Seigneur, rencontre l'esprit de l'enfer! Les
paroles sévères de l'hymne sainte sont interprétées
par l'inflexible méchanceté du mauvais génie. Quel
désordre dans le cœur! que de maux entassés sur
une faible et pauvre tête! et quel talent que celui
qui sait ainsi représenter à l'imagination ces moments où la vie s'allume en nous comme un feu
sombre, et jette sur nos jours passagers la terrible lueur de l'éternité des peines!

Méphistophélès imagine de transporter Faust
dans le sabbat des sorcières, pour le distraire de
ses peines; et il y a là une scène dont il est impossible de donner l'idée, quoiqu'il s'y trouve un
grand nombre de pensées à retenir : ce sont vraiment les saturnales de l'esprit, que cette fête du
sabbat. La marche de la pièce est suspendue par
cet intermède, et plus on trouve la situation forte,
plus il est impossible de se soumettre même aux
inventions du génie, lorsqu'elles interrompent ainsi
l'intérêt. Au milieu du tourbillon de tout ce qu'on
peut imaginer et dire, quand les images et les
idées se précipitent, se confondent, et semblent
retomber dans les abîmes dont la raison les a fait
sortir, il vient une scène qui se rattache à la situation d'une manière terrible. Les conjurations
de la magie font apparaître divers tableaux, et tout
à coup Faust s'approche de Méphistophélès, et lui
dit : « Ne vois-tu pas là-bas une jeune fille belle
« et pâle, qui se tient seule dans l'éloignement?
« Elle s'avance lentement, ses pieds semblent at-
« tachés l'un à l'autre; ne trouves-tu pas qu'elle
« ressemble à Marguerite?

MÉPHISTOPHÉLÈS.

« C'est un effet de la magie, rien qu'une illusion.
« Il n'est pas bon d'y arrêter tes regards. Ces yeux
« fixes glacent le sang des hommes. C'est ainsi que
« la tête de Méduse changeait jadis en pierre ceux
« qui la considéraient.

FAUST.

« Il est vrai que cette image a les yeux ouverts
« comme un mort à qui la main d'un ami ne les

« aurait pas fermés. Voilà le sein sur lequel j'ai
« reposé ma tête ; voilà les charmes que mon cœur
« a possédés.

MÉPHISTOPHÉLÈS.

« Insensé ! tout cela n'est que de la sorcellerie ;
« chacun dans ce fantôme croit voir sa bien-aimée.

FAUST.

« Quel délire ! quelle souffrance ! Je ne peux
« m'éloigner de ce regard ; mais autour de ce beau
« cou, que signifie ce collier rouge, large comme
« le tranchant d'un couteau ?

MÉPHISTOPHÉLÈS.

« C'est vrai : mais qu'y veux-tu faire ? Ne t'abîme
« pas dans tes rêveries ; viens sur cette montagne,
« on t'y prépare une fête. Viens. »

Faust apprend que Marguerite a tué l'enfant
qu'elle a mis au jour, espérant ainsi se dérober à
la honte. Son crime a été découvert ; on l'a mise
en prison, et le lendemain elle doit périr sur l'échafaud. Faust maudit Méphistophélès avec fureur ;
Méphistophélès accuse Faust avec sang-froid, et
lui prouve que c'est lui qui a désiré le mal, et qu'il
ne l'a aidé que parce qu'il l'avait appelé. Une sentence de mort est portée contre Faust, parce qu'il
a tué le frère de Marguerite. Néanmoins, il s'introduit en secret dans la ville, obtient de Méphistophélès les moyens de délivrer Marguerite, et pénètre de nuit dans son cachot, dont il a dérobé
les clefs.

Il l'entend de loin murmurer une chanson qui
prouve l'égarement de son esprit ; les paroles de
cette chanson sont très-vulgaires, et Marguerite
était naturellement pure et délicate. On peint d'ordinaire les folles comme si la folie s'arrangeait
avec les convenances, et donnait seulement le droit
de ne pas finir les phrases commencées, et de briser à propos le fil des idées ; mais cela n'est pas
ainsi : le véritable désordre de l'esprit se montre
presque toujours sous des formes étrangères à la
cause même de la folie, et la gaieté des malheureux
est bien plus déchirante que leur douleur.

Faust entre dans la prison : Marguerite croit
qu'on vient la chercher pour la conduire à la mort.

MARGUERITE, *se soulevant de son lit de paille,*
s'écrie :

« Ils viennent ! ils viennent ! oh ! que la mort est
« amère !

FAUST, *bas.*

« Doucement, doucement : je vais te délivrer.
(*Il s'approche d'elle pour briser ses fers.*)

MARGUERITE.

« Si tu es un homme, mon désespoir te tou-
« chera.

FAUST.

« Plus bas, plus bas ; tu éveilleras la garde par
« tes cris.

MARGUERITE, *se jette à genoux.*

« Qui t'a donné, barbare, cette puissance sur
« moi ? Il n'est que minuit : pourquoi viens-tu déjà
« me chercher ? Aie pitié de mes larmes, laisse-
« moi vivre encore : demain matin, n'est-ce pas
« assez tôt ? (*Marguerite se relève.*) Je suis pour-
« tant si jeune, si jeune ! et dois-je déjà mourir ?
« J'étais belle aussi : c'est ce qui a fait ma perte.
« Mon ami était alors près de moi : il est mainte-
« nant bien loin. Les fleurs de ma guirlande sont
« dispersées. Ne me prends pas la main avec tant
« de violence. Ménage-moi. Ne me laisse pas pleu-
« rer en vain. Jamais, jusqu'à ce jour, je ne t'ai
« vu.

FAUST.

« Comment supporter sa douleur !

MARGUERITE.

« Je suis tout à fait en ton pouvoir. Seulement
« laisse-moi allaiter mon enfant ; je l'ai pressé sur
« mon cœur toute la nuit. Ils me l'ont ôté pour
« m'affliger. N'ont-ils pas prétendu que je l'avais
« tué ? Jamais je ne redeviendrai ce que j'étais. N'ont-
« ils pas chanté des chansons contre moi, ces mé-
« chants ! que voulaient-ils donc dire ?

FAUST *se jette à ses pieds.*

« Ton amant est à tes pieds ; il vient ouvrir les
« portes de cette horrible prison.

MARGUERITE.

« Oui, mettons-nous à genoux ; appelons les
« saints à notre secours. Les cris de l'enfer se font
« entendre, et les mauvais génies nous attendent
« sur le seuil de mon cachot.

FAUST.

« Marguerite ! Marguerite !

MARGUERITE, *attentive.*

« C'était la voix de mon ami. (*Elle se précipite*
vers Faust, et ses fers tombent.) Où est-il ? Je
« l'ai entendu m'appeler. Je suis libre. Personne
« né pourra plus me retenir en prison. Je m'ap-
« puierai sur son bras, je me reposerai sur son
« sein. Il appelle Marguerite : il est là, devant la
« porte. Au milieu des hurlements de l'impitoyable

« mort, j'entends la douce et touchante harmonie
« de sa voix!

FAUST.

« Oui, c'est moi, Marguerite!

MARGUERITE.

« C'est toi! dis-le encore une fois. (*Elle le serre*
« contre son cœur.) C'est lui; c'est lui! Qu'est de-
« venue l'angoisse des fers et de l'échafaud? C'est
« toi! Je suis sauvée! j'aperçois devant moi la
« route où je te vis pour la première fois, le jardin
« si riant où Marthe et moi nous t'attendions.

FAUST.

« Viens, viens.

MARGUERITE.

« Il m'est si doux de rester quand tu demeures!
« Ah! ne t'éloigne pas!

FAUST.

« Hâte-toi; nous payerions bien cher le moindre
« retard.

MARGUERITE.

« Quoi! tu ne réponds point à mes embrasse-
« ments? Mon ami, il y a si peu de temps que nous
« nous sommes quittés! as-tu donc déjà désappris
« à me serrer contre ton cœur? Jadis tes paroles,
« tes regards, appelaient sur moi tout le ciel!
« Embrasse-moi, de grâce; embrasse-moi! ton
« cœur est donc froid et muet? Qu'as-tu fait de
« ton amour? qui me l'a ravi?

FAUST.

« Viens, suis-moi, chère amie : prends courage :
« je t'aime avec transport; mais suis-moi, c'est ma
« seule prière.

MARGUERITE.

« Es-tu bien Faust? es-tu bien toi?

FAUST.

« Oui, sans doute; oui, viens.

MARGUERITE.

« Tu me délivres de mes chaînes, tu me reprends
« de nouveau dans tes bras. D'où vient que tu
« n'as pas horreur de Marguerite? Sais-tu bien,
« mon ami, sais-tu bien qui tu délivres?

FAUST.

« Viens, viens; déjà la nuit est moins profonde.

MARGUERITE.

« Ma mère! c'est moi qui l'ai tuée? Mon enfant!

« c'est moi qui l'ai noyé! N'appartenait-il pas à
« toi comme à moi? Est-il donc vrai, Faust, que
« je te voie? N'est-ce pas un rêve? Donne-moi ta
« main, ta main chérie. O ciel! elle est humide.
« Essuie-la. Je crois qu'il y a du sang! Cache-moi
« ton épée; où est mon frère? je t'en prie, cache-
« la-moi!

FAUST.

« Laisse donc dans l'oubli l'irréparable passé;
« tu me fais mourir.

MARGUERITE.

« Non, il faut que tu restes. Je veux te décrire
« les tombeaux que tu feras préparer dès demain.
« Il faut donner la meilleure place à ma mère;
« mon frère doit être près d'elle. Moi, tu me met-
« tras un peu plus loin; mais cependant pas trop
« loin, et mon enfant à droite, sur mon sein :
« mais personne ne doit reposer à mes côtés. J'au-
« rais voulu que tu fusses près de moi; mais c'était
« un bonheur doux et pur, il ne m'appartient plus.
« Je me sens entraînée vers toi, et il me semble
« que tu me repousses avec violence; cependant
« tes regards sont pleins de tendresse et de bonté.

FAUST.

« Ah! si tu me reconnais, viens.

MARGUERITE.

« Où donc irais-je?

FAUST.

« Tu seras libre.

MARGUERITE.

« La tombe est là dehors. La mort épie mes pas.
« Viens; mais conduis-moi dans la demeure éter-
« nelle : je ne puis aller que là. Tu veux partir? O
« mon ami! si je pouvais.....

FAUST.

« Tu le peux, si tu le veux; les portes sont ou-
« vertes.

MARGUERITE.

« Je n'ose pas sortir; il n'est plus pour moi d'es-
« pérance. Que me sert-il de fuir? Mes persécuteurs
« m'attendent. Mendier est si misérable, et surtout
« avec une mauvaise conscience! Il est triste aussi
« d'errer dans l'étranger; et d'ailleurs partout ils
« me saisiront.

FAUST.

« Je resterai près de toi.

MARGUERITE.

« Vite, vite, sauve ton pauvre enfant. Pars,

« sùis le chemin qui borde le ruisseau ; traverse
« le sentier qui conduit à la forêt, à gauche, près
« de l'écluse, dans l'étang ; saisis-le tout de suite :
« il tendra ses mains vers le ciel ; des convulsions
« les agitent. Sauve-le! sauve-le!

FAUST.

« Reprends tes sens ; encore un pas, et tu n'as
« plus rien à craindre.

MARGUERITE.

« Si seulement nous avions déjà passé la mon-
« tagne.... L'air est si froid près de la fontaine!
« Là, ma mère est assise sur un rocher, et sa
« vieille tête est branlante. Elle ne m'appelle pas ;
« elle ne me fait pas signe de venir : seulement ses
« yeux sont appesantis ; elle ne s'éveillera plus.
« Autrefois, nous nous réjouissions quand elle dor-
« mait.... Ah! quel souvenir!

FAUST.

« Puisque tu n'écoutes pas ma prière, je veux
« t'entraîner malgré toi.

MARGUERITE.

« Laisse-moi. Non., je ne souffrirai point la vio-
« lence ; ne me saisis pas ainsi avec ta force meur-
« trière. Ah! je n'ai que trop fait ce que tu as
« voulu.

FAUST.

« Le jour paraît, chère amie! chère amie!

MARGUERITE.

« Oui, bientôt il fera jour ; mon dernier jour
« pénètre dans ce cachot ; il vient pour célébrer
« mes noces éternelles : ne dis à personne que tu
« as vu Marguerite cette nuit. Malheur à ma cou-
« ronne! elle est flétrie : nous nous reverrons,
« mais non pas dans les fêtes. La foule va se pres-
« ser, le bruit sera confus ; la place, les rues suf-
« firont à peine à la multitude. La cloche sonne,
« le signal est donné. Ils vont lier mes mains,
« bander mes yeux ; je monterai sur l'échafaud san-
« glant, et le tranchant du fer tombera sur ma
« tête.... Ah! le monde est déjà silencieux comme
« le tombeau.

FAUST.

« Ciel! pourquoi donc suis-je né?

MÉPHISTOPHÉLÈS *paraît à la porte.*

« Hâtez-vous, ou vous êtes perdus : vos délais,
« vos incertitudes sont funestes ; mes cheveux fris-
« sonnent ; le froid du matin se fait sentir.

MARGUERITE.

« Qui sort ainsi de la terre? C'est lui, c'est lui ;
« renvoyez-le. Que ferait-il dans le saint lieu? C'est
« moi qu'il veut enlever.

FAUST.

« Il faut que tu vives.

MARGUERITE.

« Tribunal de Dieu , je m'abandonne à toi !

MÉPHISTOPHÉLÈS, *à Faust.*

« Viens, viens, ou je te livre à la mort avec
« elle.

MARGUERITE.

« Père céleste, je suis à toi ; et vous, anges,
« sauvez-moi ; troupes sacrées, entourez-moi, dé-
« fendez-moi. Faust, c'est ton sort qui m'afflige....

MÉPHISTOPHÉLÈS.

« Elle est jugée.

DES VOIX DU CIEL S'ÉCRIENT :

« Elle est sauvée.

MÉPHISTOPHÉLÈS, *à Faust.*

« Suis-moi.

Méphistophélès disparaît avec Faust ; on entend encore dans
le fond du cachot la voix de Marguerite qui rappelle vainement son ami :

« Faust! Faust! »

La pièce est interrompue après ces mots. L'intention de l'auteur est sans doute que Marguerite
périsse, et que Dieu lui pardonne ; que la vie de
Faust soit sauvée, mais que son âme soit perdue.

Il faut suppléer par l'imagination au charme
qu'une très-belle poésie doit ajouter aux scènes que
j'ai essayé de traduire ; il y a toujours dans l'art de
la versification un genre de mérite reconnu de
tout le monde, et qui est indépendant du sujet auquel il est appliqué. Dans la pièce de Faust, le
rhythme change suivant la situation, et la variété
brillante qui en résulte est admirable. La langue
allemande présente un plus grand nombre de combinaisons que la nôtre, et Goethe semble les avoir
toutes employées pour exprimer, avec les sons
comme avec les images, la singulière exaltation
d'ironie et d'enthousiasme, de tristesse et de
gaieté, qui l'a porté à composer cet ouvrage. Il serait véritablement trop naïf de supposer qu'un tel
homme ne sache pas toutes les fautes de goût
qu'on peut reprocher à sa pièce ; mais il est curieux
de connaître les motifs qui l'ont déterminé à les y
laisser, ou plutôt à les y mettre.

Goethe ne s'est astreint, dans cet ouvrage, à aucun genre ; ce n'est ni une tragédie ni un roman. L'auteur a voulu abjurer dans cette composition toute manière sobre de penser et d'écrire : on y trouverait quelques rapports avec Aristophane, si des traits du pathétique de Shakspeare n'y mêlaient des beautés d'un tout autre genre. Faust étonne, émeut, attendrit, mais il ne laisse pas une douce impression dans l'âme. Quoique la présomption et le vice y soient cruellement punis, on ne sent pas dans cette punition une main bienfaisante ; on dirait que le mauvais principe dirige lui-même la vengeance contre le crime qu'il fait commettre ; et le remords, tel qu'il est peint dans cette pièce, semble venir de l'enfer aussi bien que la faute.

La croyance aux mauvais esprits se retrouve dans un grand nombre de poésies allemandes ; la nature du Nord s'accorde assez bien avec cette terreur ; il est donc beaucoup moins ridicule en Allemagne, que cela ne le serait en France, de se servir du diable dans les fictions. A ne considérer toutes ces idées que sous le rapport littéraire, il est certain que notre imagination se figure quelque chose qui répond à l'idée d'un mauvais génie, soit dans le cœur humain, soit dans la nature : l'homme fait quelquefois le mal d'une manière, pour ainsi dire, désintéressée, sans but et même contre son but, et seulement pour satisfaire une certaine âpreté intérieure, qui donne le besoin de nuire. Il y avait à côté des divinités du paganisme d'autres divinités de la race des Titans, qui représentaient les forces révoltées de la nature ; et dans le christianisme, on dirait que les mauvais penchants de l'âme sont personnifiés sous la forme des démons.

Il est impossible de lire Faust sans qu'il excite la pensée de mille manières différentes : on se querelle avec l'auteur, on l'accuse, on le justifie, mais il fait réfléchir sur tout, et, pour emprunter le langage d'un savant naïf du moyen âge, *sur quelque chose de plus que tout* [1]. Les critiques dont un tel ouvrage doit être l'objet sont faciles à prévoir, ou plutôt c'est le genre même de cet ouvrage qui peut encourir la censure, plus encore que la manière dont il est traité ; car une telle composition doit être jugée comme un rêve ; et si le bon goût veillait toujours à la porte d'ivoire des songes, pour les obliger à prendre la forme convenue, rarement ils frapperaient l'imagination.

La pièce de Faust cependant n'est certes pas un bon modèle. Soit qu'elle puisse être considérée

[1] De omnibus rebus et quibusdam aliis.

comme l'œuvre du délire de l'esprit, ou de la satiété de la raison, il est à désirer que de telles productions ne se renouvellent pas ; mais quand un génie tel que celui de Goethe s'affranchit de toutes les entraves, la foule de ses pensées est si grande, que de toutes parts elles dépassent et renversent les bornes de l'art.

CHAPITRE XXIV.

Luther, Attila, les Fils de la Vallée, la Croix sur la Baltique, le Vingt-Quatre Février, par Werner.

Depuis que Schiller est mort, et que Goethe ne compose plus pour le théâtre, le premier des écrivains dramatiques de l'Allemagne, c'est Werner : personne n'a su mieux que lui répandre sur les tragédies le charme et la dignité de la poésie lyrique ; néanmoins ce qui le rend si admirable comme poëte nuit à ses succès sur la scène. Ses pièces, d'une rare beauté, si l'on y cherche seulement des chants, des odes, des pensées religieuses et philosophiques, sont extrêmement attaquables quand on les juge comme des drames qui peuvent être représentés. Ce n'est pas que Werner n'ait du talent pour le théâtre, et qu'il n'en connaisse même les effets beaucoup mieux que la plupart des écrivains allemands ; mais on dirait qu'il veut propager un système mystique de religion et d'amour, à l'aide de l'art dramatique, et que ses tragédies sont le moyen dont il se sert, plutôt que le but qu'il se propose.

Luther, quoique composé toujours avec cette intention secrète, a eu le plus grand succès sur le théâtre de Berlin. La réformation est un événement d'une haute importance pour le monde, et particulièrement pour l'Allemagne, qui en a été le berceau. L'audace et l'héroïsme réfléchi du caractère de Luther font une vive impression, surtout dans le pays où la pensée remplit à elle seule toute l'existence : nul sujet ne pouvait donc exciter davantage l'attention des Allemands.

Tout ce qui concerne l'effet des nouvelles opinions sur les esprits est extrêmement bien peint dans la pièce de Werner. La scène s'ouvre dans les mines de Saxe, non loin de Wittemberg, où demeurait Luther : le chant des mineurs captive l'imagination ; le refrain de ces chants est toujours un appel à la terre extérieure, à l'air libre, au soleil. Ces hommes vulgaires, déjà saisis par la doctrine de Luther, s'entretiennent de lui et de la réformation ; et, dans leurs souterrains obscurs, ils s'occupent de la liberté de conscience, de l'examen de la vérité, enfin, de cet autre jour, de cette autre lumière qui doit pénétrer dans les ténèbres de l'ignorance.

Dans le second acte, les agents de l'électeur de Saxe viennent ouvrir la porte des couvents aux religieuses. Cette scène, qui pouvait être comique, est traitée avec une solennité touchante. Werner comprend avec son âme tous les cultes chrétiens; et s'il conçoit bien la noble simplicité du protestantisme, il sait aussi ce que les vœux au pied de la croix ont de sévère et de sacré. L'abbesse du couvent, en déposant le voile qui a couvert ses cheveux noirs dans sa jeunesse, et qui cache maintenant ses cheveux blanchis, éprouve un sentiment d'effroi, touchant et naturel; et des vers harmonieux et purs comme la solitude religieuse expriment son attendrissement. Parmi ces religieuses, il y a la femme qui doit s'unir à Luther, et c'est dans ce moment la plus opposée de toutes à son influence.

Au nombre des beautés de cet acte, il faut compter le portrait de Charles-Quint, de ce souverain dont l'âme s'est lassée de l'empire du monde. Un gentilhomme saxon attaché à son service s'exprime ainsi sur lui : « Cet homme gigantes-« que, dit-il, ne recèle point de cœur dans sa ter-« rible poitrine. La foudre de la toute-puissance « est dans sa main; mais il ne sait point y joindre « l'apothéose de l'amour. Il ressemble au jeune « aigle qui tient le globe entier dans l'une de ses « griffes, et doit le dévorer pour sa nourriture. » Ce peu de mots annonce dignement Charles-Quint; mais il est plus facile de peindre un tel homme que de le faire parler lui-même.

Luther se fie à la parole de Charles-Quint, quoique, cent ans auparavant, au concile de Constance, Jean Hus et Jérôme de Prague aient été brûlés vifs, malgré le sauf-conduit de l'empereur Sigismond. A la veille de se rendre à Worms, où se tient la diète de l'Empire, le courage de Luther faiblit pendant quelques instants; il se sent saisi par la terreur et le découragement. Son jeune disciple lui apporte la flûte dont il avait coutume de jouer pour ranimer ses esprits abattus; il la prend, et des accords harmonieux font rentrer dans son cœur toute cette confiance en Dieu, qui est la merveille de l'existence spirituelle. On dit que ce moment produisit beaucoup d'effet sur le théâtre de Berlin, et cela est facile à concevoir. Les paroles, quelque belles qu'elles soient, ne peuvent changer notre disposition intérieure aussi rapidement que la musique; Luther la considérait

comme un art qui appartenait à la théologie, et servait puissamment à développer les sentiments religieux dans le cœur de l'homme.

Le rôle de Charles-Quint, dans la diète de Worms, n'est pas exempt d'affectation, et par conséquent il manque de grandeur. L'auteur a voulu mettre en opposition l'orgueil espagnol et la simplicité rude des Allemands; mais, outre que Charles-Quint avait trop de génie pour être exclusivement de tel ou tel pays, il me semble que Werner aurait dû se garder de présenter un homme d'une volonté forte, proclamant ouvertement et surtout inutilement cette volonté. Elle se dissipe, pour ainsi dire, en l'exprimant; et les souverains despotiques ont toujours fait plus de peur par ce qu'ils cachaient que par ce qu'ils laissaient voir.

Werner, à travers le vague de son imagination, a l'esprit très-fin et très-observateur, mais il me semble que, dans le rôle de Charles-Quint, il a pris des couleurs qui ne sont pas nuancées comme la nature.

Un des beaux moments de la pièce de *Luther*, c'est lorsqu'on voit marcher à la diète, d'une part, les évêques, les cardinaux, toute la pompe enfin de la religion catholique; et de l'autre, Luther, Mélanchton, et quelques-uns des réformés leurs disciples, vêtus de noir, et chantant dans la langue nationale le cantique qui commence par ces mots : *Notre Dieu est notre forteresse*. La magnificence extérieure a été vantée souvent comme un moyen d'agir sur l'imagination; mais quand le christianisme se montre dans sa simplicité pure et vraie, la poésie du fond de l'âme l'emporte sur toutes les autres.

L'acte dans lequel se passe le plaidoyer de Luther, en présence de Charles-Quint, des princes de l'Empire et de la diète de Worms, commence par le discours de Luther; mais l'on n'entend que sa péroraison, parce qu'il est censé avoir déjà dit tout ce qui concerne sa doctrine. Après qu'il a parlé, l'on recueille les avis des princes et des députés sur son procès. Les divers intérêts qui meuvent les hommes, la peur, le fanatisme, l'ambition, sont parfaitement caractérisés dans ces avis. Un des votants, entre autres, dit beaucoup de bien de Luther et de sa doctrine; mais il ajoute en même temps « que, puisque tout le monde af-« firme que cela met du trouble dans l'Empire, il « opine, bien qu'à regret, pour que Luther soit « brûlé. » On ne peut s'empêcher d'admirer dans les ouvrages de Werner la connaissance parfaite qu'il a des hommes, et l'on voudrait que, sortant de ses rêveries, il mît plus souvent pied à terre, pour développer dans ses écrits dramatiques son esprit observateur.

Luther est renvoyé par Charles-Quint, et renfermé pendant quelque temps dans la forteresse de Wartbourg, parce que ses amis, à la tête desquels était l'électeur de Saxe, l'y croyaient plus en sûreté. Il reparaît enfin dans Wittemberg, où il a établi sa doctrine, ainsi que dans tout le nord de l'Allemagne.

Vers la fin du cinquième acte, Luther, au milieu de la nuit, prêche dans l'église contre les anciennes erreurs. Il annonce qu'elles disparaîtront bientôt, et que le nouveau jour de la raison va se lever. Dans ce moment, on vit, sur le théâtre de Berlin, les cierges s'éteindre par degrés, et l'aurore du jour percer à travers les vitraux de la cathédrale gothique.

La pièce de Luther est si animée, si variée, qu'il est aisé de concevoir comment elle a ravi tous les spectateurs ; néanmoins on est souvent distrait de l'idée principale par des singularités et des allégories qui ne conviennent ni à un sujet tiré de l'histoire, ni surtout au théâtre.

Catherine, en apercevant Luther qu'elle détestait, s'écrie : « Voilà mon idéal ! » et le plus violent amour s'empare d'elle à cet instant. Werner croit qu'il y a de la prédestination dans l'amour, et que les êtres créés l'un pour l'autre doivent se reconnaître à la première vue. C'est une très-agréable doctrine, en fait de métaphysique et de madrigal, mais qui ne saurait guère être comprise sur la scène ; d'ailleurs, il n'y a rien de plus étrange que cette exclamation : l'idéal, adressée à Martin Luther ; car on se le représente comme un gros moine savant et scolastique, à qui ne convient guère l'expression la plus romanesque qu'on puisse emprunter à la théorie moderne des beaux-arts.

Deux anges, sous la forme d'un jeune homme disciple de Luther, et d'une jeune fille amie de Catherine, semblent traverser la pièce avec des hyacinthes et des palmes, comme des symboles de la pureté et de la foi. Ces deux anges disparaissent à la fin, et l'imagination les suit dans les airs ; mais le pathétique est moins pressant, quand on se sert de tableaux fantastiques pour embellir la situation ; c'est un autre genre de plaisir, ce n'est plus celui qui naît des émotions de l'âme ; car l'attendrissement ne peut exister sans la sympathie. L'on veut juger, sur la scène, les personnages comme des êtres existants ; blâmer, approuver leurs actions, les deviner, les comprendre, et se transporter à leur place, pour éprouver tout l'intérêt de la vie réelle, sans en redouter les dangers.

Les opinions de Werner, sous le rapport de l'amour et de la religion, ne doivent pas être légèrement examinées. Ce qu'il sent est sûrement vrai pour lui ; mais comme dans ce genre surtout, la manière de voir et les impressions de chaque individu sont différentes, il ne faut pas qu'un auteur fasse servir à propager ses opinions personnelles un art essentiellement universel et populaire.

Une autre production de Werner, bien belle et bien originale, c'est *Attila*. L'auteur prend l'histoire de ce *fléau de Dieu* au moment de son arrivée devant Rome. Le premier acte commence par les gémissements des femmes et des enfants qui s'échappent d'Aquilée en cendres ; et cette exposition en mouvement, non-seulement excite l'intérêt dès les premiers vers de la pièce, mais donne une idée terrible de la puissance d'Attila. C'est un art nécessaire au théâtre, que de faire juger les principaux personnages, plutôt par l'effet qu'ils produisent sur les autres, que par un portrait, quelque frappant qu'il puisse être. Un seul homme, multiplié par ceux qui lui obéissent, remplit d'épouvante l'Asie et l'Europe. Quelle image gigantesque de la volonté absolue ce spectacle n'offre-t-il pas !

A côté d'Attila est une princesse de Bourgogne, Hildegonde, qui doit l'épouser, et dont il se croit aimé. Cette princesse nourrit un profond sentiment de vengeance contre lui, parce qu'il a tué son père et son amant. Elle ne veut s'unir à lui que pour l'assassiner ; et, par un raffinement singulier de haine, elle l'a soigné lorsqu'il était blessé, de peur qu'il ne mourût de l'honorable mort des guerriers. Cette femme est peinte comme la déesse de la guerre ; ses cheveux blonds et sa tunique écarlate semblent réunir en elle l'image de la faiblesse et de la fureur. C'est un caractère mystérieux, qui a d'abord un grand empire sur l'imagination ; mais quand ce mystère va toujours croissant, quand le poëte laisse supposer qu'une puissance infernale s'est emparée d'elle, et que non-seulement, à la fin de la pièce, elle immole Attila pendant la nuit de ses noces, mais poignarde à côté de lui son fils âgé de quatorze ans, il n'y a plus de trait de femme dans cette créature, et l'aversion qu'elle inspire l'emporte sur l'effroi qu'elle peut causer. Néanmoins, tout ce rôle d'Hildegonde est une invention originale ; et, dans un poëme épique, où l'on admettrait les personnages allégoriques, cette furie, sous des traits doux, attachée aux pas d'un tyran, comme la flatterie perfide, produirait sans doute un grand effet.

Enfin, il paraît, ce terrible Attila, au milieu

des flammes qui ont consumé la ville d'Aquilée; il s'assied sur les ruines des palais qu'il vient de renverser, et semble à lui seul chargé d'accomplir en un jour l'œuvre des siècles. Il a comme une sorte de superstition envers lui-même, il est l'objet de son culte, il croit en lui, il se regarde comme l'instrument des décrets du ciel, et cette conviction mêle un certain système d'équité à ses crimes. Il reproche à ses ennemis leurs fautes, comme s'il n'en avait pas commis plus qu'eux tous; il est féroce, et néanmoins c'est un barbare généreux; il est despote, et se montre pourtant fidèle à sa promesse; enfin, au milieu des richesses du monde, il vit comme un soldat, et ne demande à la terre que la jouissance de la conquérir.

Attila remplit les fonctions de juge dans la place publique, et là il prononce sur les délits portés devant son tribunal d'après un instinct naturel, qui va plus au fond des actions que les lois abstraites dont les décisions sont les mêmes pour tous les cas. Il condamne son ami, coupable de parjure, l'embrasse en pleurant, mais ordonne qu'à l'instant il soit déchiré par des chevaux : l'idée d'une nécessité inflexible le dirige; et sa propre volonté lui paraît à lui-même cette nécessité. Les mouvements de son âme ont une sorte de rapidité et de décision qui exclut toute nuance; il semble que cette âme se porte, comme une force physique, irrésistiblement et tout entière dans la direction qu'elle suit. Enfin on amène devant son tribunal un fratricide; et comme il a tué son frère, il se trouble, et refuse de juger le criminel. Attila, malgré tous ses forfaits, se croyait chargé d'accomplir la justice divine sur la terre, et près de condamner un homme pour un attentat pareil à celui dont sa propre vie a été souillée, quelque chose qui tient du remords le saisit au fond de l'âme.

Le second acte est une peinture vraiment admirable de la cour de Valentinien à Rome. L'auteur met en scène, avec autant de sagacité que de justesse, la frivolité du jeune empereur Valentinien, que le danger de son empire ne détourne pas de ses amusements accoutumés; l'insolence de l'impératrice mère, qui ne sait pas dompter la moindre de ses haines, quand il s'agit du bonheur de l'empire, et qui se prête à toutes les bassesses, dès qu'un danger personnel la menace. Les courtisans, infatigables dans leurs intrigues, cherchent encore à se nuire les uns aux autres, à la veille de la ruine de tous; et la vieille Rome est punie par un barbare, de s'être montrée elle-même si tyrannique envers le monde : ce tableau est d'un poëte historien comme Tacite.

Au milieu de ces caractères si vrais, apparaît le pape Léon, personnage sublime donné par l'histoire, et la princesse Honoria, dont Attila réclame l'héritage, afin de le lui rendre. Honoria éprouve en secret un amour passionné pour le fier conquérant qu'elle n'a jamais vu, mais dont la gloire l'enflamme. On voit que l'intention de l'auteur a été de faire d'Honoria et d'Hildegonde le bon et le mauvais génie d'Attila; et déjà l'allégorie qu'on croit entrevoir dans ces personnages refroidit l'intérêt dramatique qu'ils pourraient inspirer. Cet intérêt néanmoins se relève admirablement dans plusieurs scènes de la pièce, mais surtout lorsque Attila, après avoir défait les troupes de l'empereur Valentinien, marche à Rome, et rencontre sur sa route le pape Léon, porté sur un brancard, et précédé de la pompe sacerdotale.

Léon le somme, au nom de Dieu, de ne pas entrer dans la ville éternelle. Attila ressent tout à coup une terreur religieuse jusqu'alors étrangère à son âme. Il croit voir dans le ciel saint Pierre qui, l'épée nue, lui défend d'avancer. Cette scène est le sujet d'un admirable tableau de Raphaël. D'un côté, le plus grand calme règne sur la figure du vieillard sans défense, entouré par d'autres vieillards qui se confient, comme lui, à la protection de Dieu; de l'autre, l'effroi se peint sur la redoutable figure du roi des Huns; son cheval même se cabre à l'éclat de la lumière céleste, et les guerriers de l'invincible baissent les yeux devant les cheveux blancs du saint homme, qui passe sans crainte au milieu d'eux.

Les paroles du poëte expriment très-bien la sublime intention du peintre, le discours de Léon est une hymne inspirée; et la manière dont la conversion du guerrier du Nord est indiquée, me semble aussi vraiment belle. Attila, les yeux tournés vers le ciel, et contemplant l'apparition qu'il croit voir, appelle Édécon, l'un des chefs de son armée, et lui dit :

« Édécon, n'aperçois-tu pas là haut un géant « terrible? ne l'aperçois-tu pas là, au-dessus de la « place même où le vieillard s'est fait voir à la « clarté du soleil?

ÉDÉCON.

« Je ne vois que des corbeaux qui se précipitent « en troupe sur les morts qui vont leur servir de « pâture.

ATTILA.

« Non, c'est un fantôme: c'est peut-être l'image « de celui qui peut seul absoudre ou condamner. « Le vieillard ne l'a-t-il pas prédit? Voilà ce géant

« dont la tête est dans le ciel et dont les pieds
« touchent la terre; il menace de ses flammes la
« place où nous sommes; il est là devant nous,
« immobile; il dirige contre moi, comme un juge,
« son épée flamboyante.

ÉDÉCON.

« Ces flammes, ce sont les feux du ciel qui do-
« rent dans ce moment les coupoles des temples de
« Rome.

ATTILA.

« Oui, c'est un temple d'or, orné de perles, qu'il
« porte sur sa tête blanchie; d'une main il tient
« l'épée flamboyante, et de l'autre deux clefs d'ai-
« rain, entourées de fleurs et de rayons; deux clefs
« que le géant a reçues sans doute des mains de
« Wodan, pour ouvrir ou fermer les portes de
« Walhalla[1] ».

Dès cet instant, la religion chrétienne agit sur
l'âme d'Attila, malgré les croyances de ses ancêtres,
et il ordonne à son armée de s'éloigner de Rome.

On voudrait que la tragédie finît là, et il y aurait
déjà bien assez de beautés pour plusieurs pièces
bien ordonnées; mais il arrive un cinquième acte,
pendant lequel Léon, qui est un pape beaucoup
trop initié dans la théorie mystique de l'amour,
conduit la princesse Honoria dans le camp d'Attila, la nuit même où Hildegonde l'épouse et l'as-
sassine. Le pape, qui sait d'avance cet événement,
le prédit sans l'empêcher, parce qu'il faut que le
sort d'Attila s'accomplisse. Honoria et le pape
Léon prient pour Attila sur le théâtre. La pièce
finit par un alleluia, et s'élevant vers le ciel comme
un encens de poésie, elle s'évapore au lieu de se
terminer.

La versification de Werner est pleine des admirables secrets de l'harmonie, et l'on ne saurait
donner en français l'idée de son talent à cet égard.
Je me souviens, entre autres, dans une de ses
tragédies tirées de l'histoire de Pologne, de l'effet
merveilleux d'un chœur de jeunes ombres qui apparaissent dans les airs: le poëte sait changer l'allemand en une langue molle et douce, que ces ombres fatiguées et désintéressées articulent avec des
sons à demi formés; tous les mots qu'elles prononcent, toutes les rimes des vers sont, pour
ainsi dire, vaporeuses. Le sens aussi des paroles
est admirablement adapté à la situation; elles peignent si bien un froid repos, un terne regard! on
y entend le retentissement lointain de la vie, et le
pâle reflet des impressions effacées jette sur toute
la nature comme un voile de nuages.

_____
[1] Walhalla est le paradis des Scandinaves.

S'il y a dans les pièces de Werner des ombres
qui ont vécu, on y trouve aussi quelquefois des
personnages fantastiques qui semblent n'avoir pas
encore reçu l'existence terrestre. Dans le prologue
de _Tarare_ de Beaumarchais, un génie demande à
ces êtres imaginaires s'ils veulent naître; et l'un
d'entre eux répond : « Je ne m'y sens aucun empressement. » Cette spirituelle réponse pourrait
s'appliquer à la plupart de ces figures allégoriques
qu'on voudrait introduire sur le théâtre allemand.

Werner a composé sur les templiers une pièce
en deux volumes, _les Fils de la Vallée_, d'un grand
intérêt pour ceux qui sont initiés dans la doctrine
des ordres secrets; car c'est plutôt l'esprit de ces
ordres que la couleur historique qui s'y fait remarquer. Le poëte cherche à rattacher les francs-maçons aux templiers, et s'applique à faire voir que
les mêmes traditions et le même esprit se sont
toujours conservés parmi eux. L'imagination de
Werner se plaît singulièrement à ces associations,
qui ont l'air de quelque chose de surnaturel, parce
qu'elles multiplient d'une façon extraordinaire la
force de chacun, en donnant à tous une tendance
semblable. Cette pièce, ou ce poëme des _Fils de la
Vallée_, a produit une grande sensation en Allemagne; je doute qu'il obtînt autant de succès parmi
nous.

Une autre composition de Werner, très-digne
de remarque, c'est celle qui a pour sujet l'introduction du christianisme en Prusse et en Livonie.
Ce roman dramatique est intitulé, _la Croix sur la
Baltique_. Il y règne un sentiment très-vif de ce qui
caractérise le Nord : la pêche de l'ambre, les montagnes hérissées de glace, l'âpreté du climat, l'action
rapide de la belle saison, l'hostilité de la nature, la rudesse que cette lutte doit inspirer à
l'homme; l'on reconnaît dans ces tableaux un
poëte qui a puisé dans ses propres sensations ce
qu'il exprime et ce qu'il décrit.

J'ai vu jouer, sur un théâtre de société, une
pièce de la composition de Werner, intitulée, le
Vingt-Quatre février, pièce sur laquelle les opinions doivent être très-partagées. L'auteur suppose
que, dans les solitudes de la Suisse, il y avait une
famille de paysans qui s'était rendue coupable des
plus grands crimes, et que la malédiction paternelle poursuivait de père en fils. La troisième génération maudite présente le spectacle d'un homme
qui a été la cause de la mort de son père en l'ou-
trageant; le fils de ce malheureux a, dans son enfance, tué sa propre sœur par un jeu cruel, mais
sans savoir ce qu'il faisait. Après cet affreux événement il a disparu. Les travaux du père parricide

ont toujours été frappés de malheur depuis ce temps; ses champs sont devenus stériles, ses bestiaux ont péri, la pauvreté la plus horrible l'accable; ses créanciers le menacent de s'emparer de sa cabane, et de le jeter dans une prison; sa femme va se trouver seule, errante au milieu des neiges des Alpes. Tout à coup arrive le fils, absent depuis vingt années. Des sentiments doux et religieux l'animent; il est plein de repentir, quoique son intention n'ait pas été coupable. Il revient chez son père; et, ne pouvant en être reconnu, il veut d'abord lui cacher son nom, pour gagner son affection avant de se dire son fils; mais le père devient avide et jaloux, dans sa misère, de l'argent que porte avec lui cet hôte, qui lui paraît un étranger vagabond et suspect; et, quand l'heure de minuit sonne, le vingt-quatre février, anniversaire de la malédiction paternelle dont la famille entière est frappée, il plonge un couteau dans le sein de son fils. Celui-ci révèle, en expirant, son secret à l'homme doublement coupable, assassin de son père et de son enfant, et le misérable va se livrer au tribunal qui doit le condamner.

Ces situations sont terribles; elles produisent, on ne saurait le nier, un grand effet; cependant on admire bien plus la couleur poétique de cette pièce, et la gradation des motifs tirés des passions, que le sujet sur lequel elle est fondée.

Transporter la destinée funeste de la famille des Atrides chez des hommes du peuple, c'est trop rapprocher des spectateurs le tableau des crimes. L'éclat du rang et la distance des siècles donnent à la scélératesse elle-même un genre de grandeur qui s'accorde mieux avec l'idéal des arts; mais quand vous voyez le couteau au lieu du poignard; quand le site, les mœurs, les personnages, peuvent se rencontrer sous vos yeux, vous avez peur comme dans une chambre noire; mais ce n'est pas là le noble effroi qu'une tragédie doit causer.

Cependant, cette puissance de la malédiction paternelle, qui semble représenter la Providence sur la terre, remue l'âme fortement. La fatalité des anciens est un caprice du destin; mais la fatalité, dans le christianisme, est une vérité morale sous une forme effrayante. Quand l'homme ne cède pas au remords, l'agitation même que ce remords lui fait éprouver le précipite dans de nouveaux crimes, la conscience repoussée se change en un fantôme qui trouble la raison.

La femme du paysan criminel est poursuivie par le souvenir d'une romance qui raconte un parricide; et seule, pendant son sommeil, elle ne peut s'empêcher de la répéter à demi-voix, comme ces pensées confuses et involontaires dont le retour funeste semble un présage intime du sort.

La description des Alpes et de leur solitude est de la plus grande beauté; la demeure du coupable, la chaumière où se passe la scène, est loin de toute habitation; la cloche d'aucune église ne s'y fait entendre, et l'heure n'y est annoncée que par la pendule rustique, dernier meuble dont la pauvreté n'a pu se résoudre à se séparer: le son monotone de cette pendule, dans le fond de ces montagnes où le bruit de la vie n'arrive plus, produit un frémissement singulier. On se demande pourquoi du temps dans ce lieu; pourquoi la division des heures, quand nul intérêt ne les varie: et quand celle du crime se fait entendre, on se rappelle cette belle idée d'un missionnaire qui supposait que, dans l'enfer, les damnés demandaient sans cesse: « Quelle heure est-il? et qu'on leur répondait: — L'éternité. »

On a reproché à Werner de mettre dans ses tragédies des situations qui prêtent aux beautés lyriques, plutôt qu'au développement des passions théâtrales. On peut l'accuser d'un défaut contraire, dans la pièce du *Vingt-Quatre Février*. Le sujet de cette pièce, et les mœurs qu'elle représente, sont trop rapprochés de la vérité, et d'une vérité atroce, qui ne devrait point entrer dans le cercle des beaux-arts. Ils sont placés entre le ciel et la terre; et le beau talent de Werner quelquefois s'élève au-dessus, quelquefois descend au-dessous de la région dans laquelle les fictions doivent rester.

CHAPITRE XXV.

Diverses pièces du théâtre allemand et danois.

Les ouvrages dramatiques de Kotzebue sont traduits dans plusieurs langues. Il serait donc superflu de s'occuper à les faire connaître. Je dirai seulement qu'aucun juge impartial ne peut lui refuser une intelligence parfaite des effets du théâtre. *Les Deux Frères, Misanthropie et Repentir, les Hussites, les Croisés, Hugo Grotius, Jeanne de Montfaucon, la Mort de Rolla*, etc., excitent l'intérêt le plus vif, partout où ces pièces sont jouées. Toutefois, il faut avouer que Kotzebue ne sait donner à ses personnages, ni la couleur des siècles dans lesquels ils ont vécu, ni les traits nationaux, ni le caractère que l'histoire leur assigne. Ces personnages, à quelque pays, à quelque siècle qu'ils appartiennent, se montrent toujours contemporains et compatriotes; ils ont les mêmes opinions philosophiques, les mêmes mœurs modernes, et, soit qu'il s'agisse d'un homme de nos jours ou de la fille du Soleil, l'on ne voit jamais dans ces pièces qu'un tableau naturel et pathétique du temps présent. Si le talent théâtral de Kotzebue, unique en Allemagne, pouvait être réuni avec le don de peindre les caractères tels que l'histoire nous les transmet, et si son style poétique s'élevait à la hauteur des situations dont il est l'ingénieux inventeur, le succès de ses pièces serait aussi durable qu'il est brillant.

Au reste, rien n'est si rare que de trouver dans le même homme les deux facultés qui constituent un grand auteur dramatique : l'habileté dans son métier, si l'on peut s'exprimer ainsi, et le génie dont le point de vue est universel : ce problème est la difficulté de la nature humaine tout entière ; et l'on peut toujours remarquer quels sont, parmi les hommes, ceux en qui le talent de la conception ou celui de l'exécution domine ; ceux qui sont en relation avec tous les temps, ou particulièrement propres au leur : cependant, c'est dans la réunion des qualités opposées que consistent les phénomènes en tout genre.

La plupart des pièces de Kotzebue renferment quelques situations d'une grande beauté. Dans les *Hussites*, lorsque Procope, successeur de Ziska, met le siége devant Nuambourg, les magistrats prennent la résolution d'envoyer tous les enfants de la ville au camp ennemi, pour demander la grâce des habitants. Ces pauvres enfants doivent aller seuls implorer les fanatiques soldats, qui n'épargnaient ni le sexe ni l'âge. Le bourgmestre offre le premier ses quatre fils, dont le plus âgé a douze ans, pour cette expédition périlleuse. La mère demande qu'au moins il y en ait un qui reste auprès d'elle ; le père a l'air d'y consentir, et il se met à rappeler successivement les défauts de chacun de ses enfants, afin que la mère déclare quels sont ceux qui lui inspirent le moins d'intérêt ; mais chaque fois qu'il commence à en blâmer un, la mère assure que c'est celui de tous qu'elle préfère, et l'infortunée est enfin obligée de convenir que le cruel choix est impossible, et qu'il vaut mieux que tous partagent le même sort.

Au second acte, on voit le camp des Hussites : tous ces soldats, dont la figure est si menaçante, reposent sous leurs tentes. Un léger bruit excite leur attention ; ils aperçoivent dans la plaine une foule d'enfants qui marchent en troupe, une branche de chêne à la main ; ils ne peuvent concevoir ce que cela signifie ; et, prenant leurs lances, ils se placent à l'entrée du camp pour en défendre l'approche. Les enfants avancent sans crainte au-devant des lances, et les Hussites reculent toujours

involontairement, irrités d'être attendris, et ne comprenant pas eux-mêmes ce qu'ils éprouvent. Procope sort de sa tente ; il se fait amener le bourgmestre, qui avait suivi de loin les enfants, et lui ordonne de désigner ses fils. Le bourgmestre s'y refuse, les soldats de Procope le saisissent, et, dans cet instant, les quatre enfants sortent de la foule et se précipitent dans les bras de leur père. « Tu les connais tous à présent, dit le bourgmestre à Procope : ils se sont nommés eux-mêmes. » La pièce finit heureusement, et le troisième acte se passe tout en félicitations ; mais le second acte est du plus grand intérêt théâtral.

Des scènes de roman font tout le mérite de la pièce des *Croisées*. Une jeune fille croyant que son amant a péri dans les guerres, s'est faite religieuse à Jérusalem, dans un ordre consacré à servir les malades. On amène dans son couvent un chevalier dangereusement blessé ; elle vient couverte de son voile, et, ne levant pas les yeux sur lui, elle se met à genoux pour le panser. Le chevalier, dans ce moment de douleur, prononce le nom de sa maîtresse ; l'infortunée reconnaît ainsi son amant. Il veut l'enlever ; l'abbesse du couvent découvre son dessein et le consentement que la religieuse y a donné. Elle la condamne, dans sa fureur, à être ensevelie vivante ; et le malheureux chevalier, errant vainement autour de l'église, entend l'orgue et les voix souterraines qui célèbrent le service des morts pour celle qui vit encore et qui l'aime. Cette situation est déchirante ; mais tout finit de même heureusement. Les Turcs, conduits par le jeune chevalier, viennent délivrer la religieuse. Un couvent d'Asie, dans le treizième siècle, est traité comme les *victimes cloîtrées*, pendant la révolution de France ; et des maximes douces, mais un peu faciles, terminent la pièce à la satisfaction de tout le monde.

Kotzebue a fait un drame de l'anecdote de Grotius mis en prison par le prince d'Orange, et délivré par ses amis, qui trouvent le moyen de l'emporter de sa forteresse, caché dans une caisse de livres. Il y a des situations très-remarquables dans cette pièce : un jeune officier, amoureux de la fille de Grotius, apprend d'elle qu'elle cherche à faire évader son père, et lui promet de la seconder dans ce projet ; mais le commandant, son ami, obligé de s'éloigner pour vingt-quatre heures, lui confie les clefs de la citadelle. Il y a peine de mort contre le commandant lui-même, si le prisonnier s'échappe en son absence. Le jeune lieutenant, responsable de la vie de son ami, empêche le père de sa maîtresse de se sauver, en le forçant à rentrer dans sa prison, au moment où il était prêt à monter dans la barque préparée pour le délivrer. Le sacrifice que fait ce jeune lieutenant, en s'exposant ainsi à l'indignation de sa maîtresse, est vraiment héroïque; lorsque le commandant revient, et que l'officier n'occupe plus la place de son ami, il trouve le moyen d'attirer sur lui, par un noble mensonge, la peine capitale portée contre ceux qui ont tenté une seconde fois de faire sauver Grotius, et qui ont enfin réussi. La joie du jeune homme, lorsque son arrêt de mort lui garantit le retour de l'estime de sa maîtresse, est de la plus touchante beauté; mais, à la fin, il y a tant de magnanimité dans Grotius, qui revient se constituer prisonnier pour sauver le jeune homme, dans le prince d'Orange, dans la fille, dans l'auteur même, qu'on n'a plus qu'à dire *amen* à tout. On a pris les situations de cette pièce dans un drame français, mais elles sont attribuées à des personnages inconnus, et Grotius ni le prince d'Orange n'y sont nommés. C'est très-sagement fait, car il n'y a rien dans l'allemand qui convienne spécialement au caractère de ces deux hommes, tels que l'histoire nous les représente.

Jeanne de Montfaucon étant une aventure de chevalerie, de l'invention de Kotzebue, il a été plus libre que dans toute autre pièce, de traiter le sujet à sa manière. Une actrice charmante, madame Unzelmann, jouait le principal rôle; et la manière dont elle défendait son cœur et son château contre un chevalier discourtois, faisait au théâtre une impression très-agréable. Tour à tour guerrière et désespérée, son casque ou ses cheveux épars servaient à l'embellir; mais les situations de ce genre prêtent bien plus à la pantomime qu'à la parole, et les mots ne sont là que pour achever les gestes.

La Mort de Rolla est d'un mérite supérieur à tout ce que je viens de citer; le célèbre Shéridan en a fait une pièce intitulée *Pizarre*, qui a eu le plus grand succès en Angleterre; un mot à la fin de la pièce est d'un effet admirable. Rolla, chef des Péruviens, a longtemps combattu contre les Espagnols; il aimait Cora, la fille du Soleil, et néanmoins il a généreusement travaillé à vaincre les obstacles qui la séparaient d'Alonzo. Un an après leur hymen, les Espagnols enlèvent le fils de Cora qui venait de naître; Rolla s'expose à tous les périls pour le retrouver; il le rapporte enfin couvert de sang dans son berceau; Rolla voit la terreur de la mère à cet aspect. « Rassure-toi, lui dit-il; « ce sang-là, c'est le mien! » et il expire.

Quelques écrivains allemands n'ont pas été jus-

tes, ce me semble, envers le talent dramatique de Kotzebue; mais il faut reconnaître les motifs estimables de cette prévention; Kotzebue n'a pas toujours respecté dans ses pièces la vertu sévère et la religion positive; il s'est permis un tel tort, non par système, ce me semble, mais pour produire, selon l'occasion, plus d'effet au théâtre; il n'en est pas moins vrai que des critiques austères ont dû l'en blâmer. Il paraît lui-même, depuis quelques années, se conformer à des principes plus réguliers; et, loin que son talent y perde, il y a beaucoup gagné. La hauteur et la fermeté de la pensée tiennent toujours par des liens secrets à la pureté de la morale.

Kotzebue, et la plupart des auteurs allemands, avaient emprunté de Lessing l'opinion qu'il fallait écrire en prose pour le théâtre, et rapprocher toujours le plus possible la tragédie du drame; Goethe et Schiller, par leurs derniers ouvrages, et les écrivains de la nouvelle école, ont renversé ce système : l'on pourrait plutôt reprocher à ces écrivains l'excès contraire, c'est-à-dire, une poésie trop exaltée, et qui détourne l'imagination de l'effet théâtral. Dans les auteurs dramatiques qui, comme Kotzebue, ont adopté les principes de Lessing, on trouve presque toujours de la simplicité et de l'intérêt; *Agnès de Bernau, Jules de Tarente, Don Diégo et Léonore*, ont été représentés avec beaucoup de succès, et un succès mérité; comme ces pièces sont traduites dans le recueil de Friedel, il est inutile d'en rien citer. Il me semble que *Don Diégo et Léonore* surtout pourraient, avec quelques changements, réussir sur le théâtre français. Il faudrait y conserver la touchante peinture de cet amour profond et mélancolique qui pressent le malheur avant même qu'aucun revers ne l'annonce : les Écossais appellent ces pressentiments du cœur *la seconde vue de l'homme;* ils ont tort de l'appeler la seconde; c'est la première, et peut-être la seule vraie.

Parmi les tragédies en prose qui s'élèvent au-dessus du genre du drame, il faut compter quelques essais de Gerstenberg. Il a imaginé de choisir la mort d'Ugolin pour sujet d'une tragédie; l'unité de lieu y est forcée, puisque la pièce commence et finit dans la tour où périt Ugolin avec ses trois fils; quant à l'unité de temps, il faut plus de vingt-quatre heures pour mourir de faim; mais, du reste, l'événement est toujours le même, et seulement l'horreur croissante en marque le progrès. Il n'y a rien de plus sublime dans *le Dante* que la peinture du malheureux père, qui a vu périr ses trois enfants à côté de lui, et s'acharne dans les enfers sur le crâne du farouche ennemi dont il fut la victime; mais cet épisode ne saurait être le sujet d'un drame; il ne suffit pas d'une catastrophe pour faire une tragédie. La pièce de Gerstenberg contient des beautés énergiques, et le moment où l'on entend murer la prison cause la plus terrible impression que l'âme puisse éprouver; c'est la mort vivante : mais le désespoir ne peut se soutenir pendant cinq actes; le spectateur doit en mourir ou se consoler; et l'on pourrait appliquer à cette tragédie ce qu'un spirituel Américain, M. G. Morris, disait des Français en 1790 : *Ils ont traversé la liberté.* Traverser le pathétique, c'est-à-dire, aller au delà de l'émotion que les forces de l'âme sont capables de supporter, c'est en manquer l'effet.

Klinger, connu par d'autres écrits pleins de profondeur et de sagacité, a composé une tragédie d'un grand intérêt, intitulée *les Jumeaux.* La rage qu'éprouve celui des deux frères qui passe pour le cadet, sa révolte contre un droit d'aînesse, l'effet d'un instant, est admirablement peinte dans cette pièce : quelques écrivains ont prétendu que c'est à ce genre de jalousie qu'il faut attribuer le destin du masque de fer : quoi qu'il en soit, on comprend très-bien comment la haine que le droit d'aînesse peut exciter doit être plus vive entre des jumeaux. Les deux frères sortent tous les deux à cheval; on attend leur retour; le jour se passe sans qu'ils reparaissent; mais le soir on aperçoit de loin le cheval de l'aîné qui revient seul dans la maison du père : une circonstance aussi simple ne pourrait guère se raconter dans nos tragédies, et cependant elle glace le sang dans les veines : le frère a tué le frère; et le père, indigné, venge la mort d'un fils sur le dernier qui lui reste. Cette tragédie, pleine de chaleur et d'éloquence, ferait, ce me semble, un effet prodigieux, s'il s'agissait de personnages célèbres; mais on a de la peine à concevoir des passions si violentes pour l'héritage d'un château sur le bord du Tibre. On ne saurait trop le répéter, il faut, pour la tragédie, des sujets historiques ou des traditions religieuses qui réveillent de grands souvenirs dans l'âme des spectateurs; car, dans les fictions, comme dans la vie, l'imagination réclame le passé, quelque avide qu'elle soit de l'avenir.

Les écrivains de la nouvelle école littéraire en Allemagne ont plus que tous les autres *du grandiose,* dans la manière de concevoir les beaux-arts, et toutes leurs productions, soit qu'elles réussissent ou non sur la scène, sont combinées d'après des réflexions et des pensées dont l'analyse intéresse; mais on n'analyse pas au théâtre, et l'on a beau démontrer que telle pièce devrait réussir, si

le spectateur reste froid, la bataille dramatique est perdue; le succès, à quelques exceptions près, est dans les arts la preuve du talent; le public est presque toujours un juge de beaucoup d'esprit, quand des circonstances passagères n'altèrent pas son opinion.

La plupart de ces tragédies allemandes, que leurs auteurs mêmes ne destinent point à la représentation, sont néanmoins de très-beaux poëmes. L'un des plus remarquables, c'est *Geneviève de Brabant,* dont Tieck est l'auteur : l'ancienne légende qui fait vivre cette sainte dix ans dans un désert, avec des herbes et des fruits, n'ayant pour son enfant d'autre secours que le lait d'une biche fidèle, est admirablement bien traitée dans ce roman dialogué. La pieuse résignation de Geneviève est peinte avec les couleurs de la poésie sacrée; et le caractère de l'homme qui l'accuse, après avoir voulu vainement la séduire, est tracé de main de maître; ce coupable conserve au milieu de ses crimes une sorte d'imagination poétique qui donne à ses actions, comme à ses remords, une originalité sombre. L'exposition de cette pièce se fait par saint Boniface, qui raconte ce dont il s'agit, et débute en ces termes : « Je suis saint Boniface, qui viens « ici pour vous dire, etc. » Ce n'est point par hasard que cette forme a été choisie par l'auteur; il montre trop de profondeur et de finesse dans ses autres écrits, et en particulier dans l'ouvrage même qui commence ainsi, pour qu'on ne voie pas clairement qu'il a voulu se faire naïf comme un contemporain de Geneviève; mais, à force de prétendre ressusciter l'ancien temps, on arrive à un certain charlatanisme de simplicité qui fait rire, quelque grave raison qu'on ait d'ailleurs pour être touché. Sans doute il faut savoir se transporter dans le siècle que l'on veut peindre, mais il ne faut pas non plus entièrement oublier le sien. La perspective des tableaux, quel que soit l'objet qu'ils représentent, doit toujours être prise d'après le point de vue des spectateurs.

Parmi les auteurs qui sont restés fidèles à l'imitation des anciens, il faut placer Collin au premier rang. Vienne s'honore de ce poëte, l'un des plus estimés en Allemagne, et peut-être depuis longtemps l'unique en Autriche. Sa tragédie de *Régulus* réussirait en France, si elle y était connue. Il y a, dans la manière d'écrire de Collin, un mélange d'élévation et de sensibilité, de sévérité romaine et de douceur religieuse, fait pour concilier le goût des anciens et celui des modernes. La scène de sa tragédie de *Polyxène,* où Calchas commande à Néoptolème d'immoler la fille de Priam sur le tombeau d'Achille, est une des plus belles choses qu'on puisse entendre. L'appel des divinités infernales, réclamant une victime pour apaiser les morts, est exprimé avec une force ténébreuse, une terreur souterraine qui semble nous révéler des abîmes sous nos pas. Sans doute on est sans cesse ramené à l'admiration des sujets antiques, et jusqu'à présent tous les efforts des modernes, pour tirer de leur propre fonds de quoi égaler les Grecs, n'ont point encore réussi; cependant il faut atteindre à cette noble gloire; car non-seulement l'imitation s'épuise, mais l'esprit de notre temps se fait toujours sentir dans la manière dont nous traitons les fables ou les faits de l'antiquité. Collin lui-même, par exemple, quoiqu'il ait conduit sa pièce de *Polyxène* avec une grande simplicité dans les premiers actes, la complique vers la fin par une multitude d'incidents. Les Français ont mêlé la galanterie du siècle de Louis XIV aux sujets antiques; les Italiens les traitent souvent avec une affectation ampoulée; les Anglais, naturels en tout, n'ont imité, sur leur théâtre, que les Romains, parce qu'ils se sentaient des rapports avec eux. Les Allemands font entrer la philosophie métaphysique, ou la variété des événements romanesques, dans leurs tragédies tirées des sujets grecs. Jamais un écrivain de nos jours ne pourra parvenir à composer de la poésie antique. Il vaudrait donc mieux que notre religion et nos mœurs nous créassent une poésie moderne, belle aussi par sa propre nature, comme celle des anciens.

Un Danois, Œhlenschlæger, a traduit lui-même ses pièces en allemand. L'analogie des deux langues permet d'écrire également bien dans toutes les deux, et déjà Baggesen, aussi Danois, avait donné l'exemple d'un grand talent de versification dans un idiome étranger. On trouve dans les tragédies d'Œhlenschlæger une belle imagination dramatique. On dit qu'elles ont eu beaucoup de succès sur le théâtre de Copenhague : à la lecture, elles excitent l'intérêt sous deux rapports principaux; d'abord, parce que l'auteur a su quelquefois réunir la régularité française à la diversité de situations qui plaît aux Allemands, et secondement, parce qu'il a représenté d'une manière à la fois poétique et vraie l'histoire et les fables des pays habités jadis par les Scandinaves.

Nous connaissons à peine le Nord, qui touche aux confins de la terre vivante : les longues nuits des contrées septentrionales, pendant lesquelles le reflet de la neige sert seul de lumière à la terre; ces ténèbres qui bordent l'horizon dans le lointain, lors même que la voûte des cieux est éclairée par les étoiles, tout semble donner l'idée d'un espace inconnu, d'un univers nocturne dont notre monde est environné. Cet air si froid qu'il congèle le souffle de la respiration, fait rentrer la chaleur dans l'âme; et la nature, dans ces climats, ne paraît faite que pour repousser l'homme en lui-même.

Les héros, dans les fictions de la poésie du Nord, ont quelque chose de gigantesque. La superstition est réunie, dans leur caractère, à la force, tandis que partout ailleurs elle semble le partage de la faiblesse. Des images tirées de la rigueur du climat caractérisent la poésie des Scandinaves : ils appellent les vautours les loups de l'air; les lacs bouillants formés par les volcans conservent pendant l'hiver les oiseaux qui se retirent dans l'atmosphère dont ces lacs sont environnés : tout porte, dans ces contrées nébuleuses, un caractère de grandeur et de tristesse.

Les nations scandinaves avaient une sorte d'énergie physique qui semblait exclure la délibération, et faisait mouvoir la volonté comme un rocher qui se précipite en bas de la montagne. Ce n'est pas assez des hommes de fer de l'Allemagne, pour se faire l'idée de ces habitants de l'extrémité du monde; ils réunissent l'irritabilité de la colère à la froideur persévérante de la résolution; et la nature elle-même n'a pas dédaigné de les peindre en poète, lorsqu'elle a placé dans l'Islande le volcan qui vomit des torrents de feu du sein d'une neige éternelle.

Œhlenschlæger s'est créé une carrière toute nouvelle, en prenant pour sujet de ses pièces les traditions héroïques de sa patrie; et, si l'on suit cet exemple, la littérature du Nord pourra devenir un jour aussi célèbre que celle de l'Allemagne.

C'est ici que je termine l'aperçu que j'ai voulu donner des pièces du théâtre allemand, qui tenaient de quelque manière à la tragédie. Je ne ferai point le résumé des défauts et des qualités que ce tableau peut présenter. Il y a tant de diversité dans les talents et dans les systèmes des poètes dramatiques allemands, que le même jugement ne saurait être applicable à tous. Au reste, le plus grand éloge qu'on puisse leur donner, c'est cette diversité même; car, dans l'empire de la littérature, comme dans beaucoup d'autres, l'unanimité est presque toujours un signe de servitude.

CHAPITRE XXVI.

De la comédie.

L'idéal du caractère tragique consiste, dit

W. Schlegel, *dans le triomphe que la volonté remporte sur le destin, ou sur nos passions ; le comique exprime au contraire l'empire de l'instinct physique sur l'existence morale : de là vient que partout la gourmandise et la poltronnerie sont un sujet inépuisable de plaisanteries.* Aimer la vie paraît à l'homme ce qu'il y a de plus ridicule et de plus vulgaire, et c'est un noble attribut de l'âme que ce rire qui saisit les créatures mortelles, quand on leur offre le spectacle d'une d'entre elles pusillanime devant la mort.

Mais quand on sort du cercle un peu commun de ces plaisanteries universelles, lorsqu'on arrive aux ridicules de l'amour-propre, ils se varient à l'infini, selon les habitudes et les goûts de chaque nation. La gaieté peut tenir aux inspirations de la nature ou aux rapports de la société ; dans le premier cas, elle convient aux hommes de tous les pays ; dans le second, elle diffère selon les temps, les lieux et les mœurs ; car les efforts de la vanité ayant toujours pour objet de faire impression sur les autres, il faut savoir ce qui vaut le plus de succès dans telle époque et dans tel lieu, pour connaître vers quel but les prétentions se dirigent : il y a même des pays où c'est la mode qui rend ridicule, elle qui semble avoir pour but de mettre chacun à l'abri de la moquerie, en donnant à tous une manière d'être semblable.

Dans les comédies allemandes, la peinture du grand monde est, en général, assez médiocre ; il y a peu de bons modèles qu'on puisse suivre à cet égard : la société n'attire point les hommes distingués, et son plus grand charme, l'art agréable de se plaisanter mutuellement, ne réussirait point parmi eux ; on froisserait bien vite quelque amour-propre accoutumé à vivre en paix, et l'on pourrait facilement aussi flétrir quelque vertu, qui s'effaroucherait même d'une innocente ironie.

Les Allemands mettent très-rarement en scène dans leurs comédies des ridicules tirés de leur propre pays ; ils n'observent pas les autres, encore moins sont-ils capables de s'examiner eux-mêmes sous les rapports extérieurs ; ils croiraient presque manquer ainsi à la loyauté qu'ils se doivent. D'ailleurs la susceptibilité, qui est un des traits distinctifs de leur nature, rend très-difficile de manier avec légèreté la plaisanterie ; souvent ils ne l'entendent pas, et quand ils l'entendent, ils s'en fâchent, et n'osent pas s'en servir à leur tour : elle est pour eux une arme à feu qu'ils craignent de voir éclater dans leurs propres mains.

On n'a donc pas beaucoup d'exemples en Allemagne de comédies dont les ridicules que la société développe soient l'objet. L'originalité naturelle y serait mieux sentie, car chacun vit à sa manière, dans un pays où le despotisme de l'usage ne tient pas ses assises dans une grande capitale ; mais quoique l'on soit plus libre sous le rapport de l'opinion en Allemagne qu'en Angleterre même, l'originalité anglaise a des couleurs plus vives, parce que le mouvement qui existe dans l'état politique en Angleterre, donne plus d'occasions à chaque homme de se montrer ce qu'il est.

Dans le midi de l'Allemagne, à Vienne surtout, on trouve assez de verve de gaieté dans les farces. Le bouffon tyrolien Casperle a un caractère qui lui est propre ; et dans toutes ces pièces dont le comique est un peu vulgaire, les auteurs et les acteurs prennent leur parti de ne prétendre en aucune manière à l'élégance, et s'établissent dans le naturel avec une énergie et un aplomb qui déjoue très-bien les grâces recherchées. Les Allemands préfèrent dans la gaieté ce qui est fort à ce qui est nuancé ; ils cherchent la vérité dans les tragédies, et les caricatures dans les comédies. Toutes les délicatesses du cœur leur sont connues ; mais la finesse de l'esprit social n'excite point en eux la gaieté ; la peine qu'il leur faut pour la saisir leur en ôte la jouissance.

J'aurai l'occasion de parler ailleurs d'Iffland, le premier des acteurs de l'Allemagne, et l'un de ses écrivains les plus spirituels ; il a composé plusieurs pièces qui excellent par la peinture des caractères ; les mœurs domestiques y sont très-bien représentées, et toujours des personnages d'un vrai comique rendent ces tableaux de famille plus piquants : néanmoins l'on pourrait faire quelquefois à ces comédies le reproche d'être trop raisonnables ; elles remplissent trop bien le but de toutes les épigraphes des salles de spectacle : *Corriger les mœurs en riant.* Il y a trop souvent des jeunes gens endettés, des pères de famille qui se dérangent. Les leçons de morale ne sont pas du ressort de la comédie, et il y a même de l'inconvénient à les y faire entrer ; car lorsqu'elles y ennuient, on peut prendre l'habitude de transporter dans la vie réelle cette impression causée par les beaux-arts.

Kotzebue a emprunté d'un poëte danois, Holberg, une comédie qui a eu beaucoup de succès en Allemagne. elle est intitulée *Don Ranudo Colibrados ;* c'est un gentilhomme ruiné qui tâche de se faire passer pour riche, et consacre à des choses d'apparat le peu d'argent qui suffirait à peine pour nourrir sa famille et lui. Le sujet de cette pièce sert de pendant et de contraste au Bourgeois de Molière, qui veut se faire passer pour gentilhomme : il y a des scènes très-spirituelles dans *le Noble pauvre*, et même très-comiques, mais d'un comique barbare. Le ridicule saisi par Molière n'est que gai ; mais au fond de celui que le poëte danois représente, il y a un malheur réel : sans doute il faut presque toujours une grande intrépidité d'esprit pour prendre la vie humaine en plaisanterie, et la force comique suppose un caractère au moins insouciant ; mais on aurait tort de pousser cette force jusqu'à braver la pitié ; l'art même en souffrirait, sans parler de la délicatesse ; car la plus légère impression d'amertume suffit pour tenir ce qu'il y a de poétique dans l'abandon de la gaieté.

Dans les comédies dont Kotzebue est l'inventeur, il porte en général le même talent que dans ses drames, la connaissance du théâtre et l'imagination qui fait trouver des situations frappantes. Depuis quelque temps on a prétendu que pleurer ou rire ne prouve rien, en faveur d'une tragédie ou d'une comédie ; je suis loin d'être de cet avis : le besoin des émotions vives est la source des plus grands plaisirs causés par les beaux-arts ; il ne faut pas en conclure qu'on doive changer les tragédies en mélodrames, ni les comédies en farces des boulevards ; mais le véritable talent consiste à composer de manière qu'il y ait dans le même ouvrage, dans la même scène, ce qui fait pleurer ou rire même le peuple, et ce qui fournit aux penseurs un sujet inépuisable de réflexion.

La parodie proprement dite ne peut guère avoir lieu sur le théâtre des Allemands ; leurs tragédies offrant presque toujours le mélange des personnages héroïques et des personnages subalternes, prêtent beaucoup moins à ce genre. La majesté pompeuse du théâtre français peut seule rendre piquant le contraste des parodies. On remarque dans Shakspeare, et quelquefois aussi dans les écrivains allemands, une façon hardie et singulière de montrer dans la tragédie même le côté ridicule de la vie humaine ; et lorsqu'on sait opposer à cette impression la puissance du pathétique, l'effet total de la pièce en devient plus grand. La scène française est la seule où les limites des deux genres, du comique et du tragique, soient fortement prononcées ; partout ailleurs le talent, comme le sort, se sert de la gaieté pour accélérer la douleur.

J'ai vu à Weimar des pièces de Térence exactement traduites en allemand, et jouées avec des masques à peu près semblables à ceux des anciens ; ces masques ne couvrent pas le visage entier, mais seulement substituent un trait plus comique ou plus régulier aux véritables traits de l'acteur, et

donnent à sa figure une expression analogue à celle du personnage qu'il doit représenter. La physionomie d'un acteur vaut mieux que tout cela, mais les acteurs médiocres y gagnent. Les Allemands cherchent à s'approprier les inventions anciennes et modernes de chaque pays ; néanmoins il n'y a de vraiment national chez eux, en fait de comédie, que la bouffonnerie populaire, et les pièces où le merveilleux fournit à la plaisanterie.

On peut citer à cette occasion un opéra que l'on donne sur tous les théâtres, d'un bout de l'Allemagne à l'autre, et qu'on appelle *la Nymphe du Danube*, ou *la Nymphe de la Sprée*, selon que la pièce se joue à Vienne ou à Berlin. Un chevalier s'est fait aimer d'une fée, et les circonstances l'ont séparé d'elle ; il se marie longtemps après, et choisit pour femme une excellente personne, mais qui n'a rien de séduisant ni dans l'imagination ni dans l'esprit : le chevalier s'accommode assez bien de cette situation, et elle lui paraît d'autant plus naturelle qu'elle est commune ; car peu de gens savent que c'est la supériorité de l'âme et de l'esprit qui rapproche le plus intimement de la nature. La fée ne peut oublier le chevalier, et le poursuit par les merveilles de son art ; chaque fois qu'il commence à s'établir dans son ménage, elle attire son attention par des prodiges, et réveille ainsi le souvenir de leur affection passée.

Si le chevalier s'approche d'une rivière, il entend les flots murmurer les romances que la fée lui chantait ; s'il invite des convives à sa table, des génies ailés viennent s'y placer, et font singulièrement peur à la prosaïque société de sa femme. Partout des fleurs, des danses et des concerts viennent troubler comme des fantômes la vie de l'infidèle amant ; et d'autre part, des esprits malins s'amusent à tourmenter son valet qui, dans son genre aussi, voudrait bien ne plus entendre parler de poésie : enfin, la fée se réconcilie avec le chevalier, à condition qu'il passera tous les trois ans trois jours avec elle, et sa femme consent volontiers à ce que son époux aille puiser dans l'entretien de la fée l'enthousiasme qui sert si bien à mieux aimer ce qu'on aime. Le sujet de cette pièce semble plus ingénieux que populaire ; mais les scènes merveilleuses y sont mêlées et variées avec tant d'art, qu'elle amuse également toutes les classes de spectateurs.

La nouvelle école littéraire, en Allemagne, a un système sur la comédie comme sur tout le reste ; la peinture des mœurs ne suffit pas pour l'intéresser, elle veut de l'imagination dans la conception des pièces et dans l'invention des personnages ; le merveilleux, l'allégorie, l'histoire, rien ne lui paraît de trop pour diversifier les situations comiques. Les écrivains de cette école ont donné le nom de *comique arbitraire* à ce libre essor de toutes les pensées, sans frein et sans but déterminé. Ils s'appuient à cet égard de l'exemple d'Aristophane, non assurément qu'ils approuvent la licence de ses pièces, mais ils sont frappés de la verve de gaieté qui s'y fait sentir, et ils voudraient introduire chez les modernes cette comédie audacieuse qui se joue de l'univers, au lieu de s'en tenir aux ridicules de telle ou telle classe de la société. Les efforts de la nouvelle école tendent, en général, à donner plus de force et d'indépendance à l'esprit dans tous les genres, et les succès qu'ils obtiendraient à cet égard seraient une conquête, et pour la littérature; et plus encore pour l'énergie même du caractère allemand; mais il est toujours difficile d'influer par des idées générales sur les productions spontanées de l'imagination; et de plus, une comédie démagogique comme celle des Grecs ne pourrait pas convenir à l'état actuel de la société européenne.

Aristophane vivait sous un gouvernement tellement républicain, que l'on y communiquait tout au peuple, et que les affaires d'État passaient facilement de la place publique au théâtre. Il vivait dans un pays où les spéculations philosophiques étaient presque aussi familières à tous les hommes que les chefs-d'œuvre de l'art, parce que les écoles se tenaient en plein air, et que les idées les plus abstraites étaient revêtues des couleurs brillantes que leur prêtaient la nature et le ciel; mais comment recréer toute cette séve de vie, sous nos frimas et dans nos maisons? La civilisation moderne a multiplié les observations sur le cœur humain: l'homme connaît mieux l'homme, et l'âme, pour ainsi dire, disséminée, offre à l'écrivain mille nuances nouvelles. La comédie saisit ces nuances, et quand elle peut les faire ressortir par des situations dramatiques, le spectateur est ravi de retrouver au théâtre des caractères tels qu'il en peut rencontrer dans le monde; mais l'introduction du peuple dans la comédie, des chœurs dans la tragédie, des personnages allégoriques, des sectes philosophiques, enfin de tout ce qui présente les hommes en masse, et d'une manière abstraite, ne saurait plaire aux spectateurs de nos jours. Il leur faut des noms et des individus; ils cherchent l'intérêt romanesque, même dans la comédie, et la société sur la scène.

Parmi les écrivains de la nouvelle école, Tieck est celui qui a le plus de sentiment de la plaisante-

rie; ce n'est pas qu'il ait fait aucune comédie qui puisse se jouer, et que celles qu'il a écrites soient bien ordonnées, mais on y voit des traces brillantes d'une gaieté très-originale. D'abord il saisit d'un façon qui rappelle la Fontaine les plaisanteries auxquelles les animaux peuvent donner lieu. Il a fait une comédie intitulée *le Chat botté*, qui est admirable en ce genre. Je ne sais quel effet produiraient sur la scène des animaux parlants; peut-être est-il plus amusant de se les figurer que de les voir: mais toutefois ces animaux personnifiés, et agissant à la manière des hommes, semblent la vraie comédie donnée par la nature. Tous les rôles comiques, c'est-à-dire égoïstes et sensuels, tiennent toujours en quelque chose de l'animal. Peu importe donc si dans la comédie c'est l'animal qui imite l'homme, ou l'homme qui imite l'animal.

Tieck intéresse aussi par la direction qu'il sait donner à son talent de moquerie: il le tourne tout entier contre l'esprit calculateur et prosaïque; et comme la plupart des plaisanteries de société ont pour but de jeter du ridicule sur l'enthousiasme, on aime l'auteur qui ose prendre corps à corps la prudence, l'égoïsme, toutes ces choses prétendues raisonnables derrière lesquelles les gens médiocres se croient en sûreté pour lancer des traits contre les caractères ou les talents supérieurs. Ils s'appuient sur ce qu'ils appellent une juste mesure, pour blâmer tout ce qui se distingue; et tandis que l'élégance consiste dans l'abondance superflue des objets de luxe extérieur, on dirait que cette même élégance interdit le luxe dans l'esprit, l'exaltation dans les sentiments, enfin tout ce qui ne sert pas immédiatement à faire prospérer les affaires de ce monde. L'égoïsme moderne a l'art de louer toujours dans chaque chose la réserve et la modération, afin de se masquer en sagesse, et ce n'est qu'à la longue qu'on s'est aperçu que de telles opinions pourraient bien anéantir le génie des beaux-arts, la générosité, l'amour et la religion: que resterait-il après, qui valût la peine de vivre!

Deux comédies de *Tieck*, *Octavien*, et *le Prince Zerbin*, sont l'une et l'autre ingénieusement combinées. Un fils de l'empereur Octavien (personnage imaginaire, qu'un conte de fée place sous le règne du roi Dagobert) est égaré, encore au berceau, dans une forêt. Un bourgeois de Paris le trouve, l'élève avec son propre fils, et le fait passer pour son père. A vingt ans, les inclinations héroïques du jeune prince le trahissent dans chaque circonstance, et rien n'est plus piquant que le contraste de son caractère et de celui de son prétendu frère, dont le sang ne contredit point l'éducation qu'il a reçue. Les efforts du sage bourgeois, pour mettre dans la tête de son fils adoptif quelques leçons d'économie domestique, sont tout à fait inutiles : il l'envoie au marché pour acheter des bœufs dont il a besoin; le jeune homme, en revenant, voit, dans la main d'un chasseur, un faucon, et, ravi de sa beauté, il donne les bœufs pour le faucon, et revient tout fier d'avoir acquis, à ce prix, un tel oiseau. Une autre fois, il rencontre un cheval dont l'air martial le transporte : il veut savoir ce qu'il coûte, on le lui dit, et, s'indignant de ce qu'on demande si peu de chose pour un si bel animal, il en paye deux fois la valeur.

Le prétendu père résiste longtemps aux dispositions naturelles du jeune homme, qui s'élance avec ardeur vers le danger et la gloire; mais lorsque enfin on ne peut plus l'empêcher de prendre les armes contre les Sarrasins qui assiégent Paris, et que de toutes parts on vante ses exploits, le vieux bourgeois, à son tour, est saisi par une sorte de contagion poétique; et rien n'est plus plaisant que le bizarre mélange de ce qu'il était et de ce qu'il veut être, de son langage vulgaire et des images gigantesques dont il remplit ses discours. A la fin, le jeune homme est reconnu pour le fils de l'empereur, et chacun reprend le rang qui convient à son caractère. Ce sujet fournit une foule de scènes pleines d'esprit et de vrai comique; et l'opposition entre la vie commune et les sentiments chevaleresques ne saurait être mieux représentée.

Le prince Zerbin est une peinture très-spirituelle de l'étonnement de toute une cour, quand elle voit dans son souverain du penchant à l'enthousiasme, au dévouement, à toutes les nobles imprudences d'un caractère généreux. Tous les vieux courtisans soupçonnent leur prince de folie, et lui conseillent de voyager, pour qu'il apprenne comment les choses vont partout ailleurs. On donne à ce prince un gouverneur très-raisonnable, qui doit le ramener au positif de la vie. Il se promène avec son élève dans une belle forêt, un jour d'été, lorsque les oiseaux se font entendre, que le vent agite les feuilles, et que la nature animée semble adresser de toutes parts à l'homme un langage prophétique. Le gouverneur ne trouve dans ces sensations vagues et multipliées que de la confusion et du bruit; et lorsqu'il revient dans le palais, il se réjouit de voir les arbres transformés en meubles, toutes les productions de la nature asservies à l'utilité, et la régularité factice mise à la place du mouvement tumultueux de l'existence. Les courtisans se rassurent toutefois, quand, au

retour de ses voyages, le prince Zerbin, éclairé par l'expérience, promet de ne plus s'occuper des beaux-arts, de la poésie, des sentiments exaltés, de rien enfin qui ne tende à faire triompher l'égoïsme sur l'enthousiasme.

Ce que les hommes craignent le plus, pour la plupart, c'est de passer pour dupes, et il leur paraît beaucoup moins ridicule de se montrer occupés d'eux-mêmes dans toutes les circonstances, qu'attrapés dans une seule. Il y a donc de l'esprit, et un bel emploi de l'esprit, à tourner sans cesse en plaisanterie tout ce qui est calcul personnel, car il en restera toujours bien assez pour faire aller le monde, tandis que jusqu'au souvenir même d'une nature vraiment élevée, pourrait bien, un de ces jours, disparaître tout à fait.

On trouve dans les comédies de Tieck une gaieté qui naît des caractères, et ne consiste point en épigrammes spirituelles; une gaieté dans laquelle l'imagination est inséparable de la plaisanterie, mais quelquefois aussi cette imagination même fait disparaître le comique, et ramène la poésie lyrique dans les scènes où l'on ne voudrait trouver que des ridicules mis en action. Rien n'est si difficile aux Allemands que de ne pas se livrer dans tous leurs ouvrages au vague de la rêverie, et cependant la comédie et le théâtre en général n'y sont guère propres; car de toutes les impressions, la plus solitaire, c'est précisément la rêverie; à peine peut-on communiquer ce qu'elle inspire à l'ami le plus intime : comment serait-il donc possible d'y associer la multitude rassemblée?

Parmi ces pièces allégoriques, il faut compter le Triomphe de la sentimentalité, petite comédie de Goethe, dans laquelle il a saisi très-ingénieusement le double ridicule de l'enthousiasme affecté et de la nullité réelle. Le principal personnage de cette pièce paraît engoué de toutes les idées qui supposent une imagination forte et une âme profonde, et cependant il n'est dans le vrai qu'un prince très-bien élevé, très-poli, et très-soumis aux convenances; il s'est avisé de vouloir mêler à tout cela une sensibilité de commande, dont l'affectation se trahit sans cesse. Il croit aimer les sombres forêts, le clair de lune, les nuits étoilées; mais comme il craint le froid et la fatigue, il a fait faire des décorations qui représentent ces divers objets, et ne voyage jamais que suivi d'un grand chariot qui transporte en poste derrière lui les beautés de la nature. Ce prince sentimental se croit aussi amoureux d'une femme dont on lui a vanté l'esprit et les talents. Cette femme, pour l'éprouver, met à sa place un mannequin voilé qui, comme on le pense bien, ne dit jamais rien d'inconvenable, et dont le silence passe tout à la fois pour la réserve du bon goût, et la rêverie mélancolique d'une âme tendre.

Le prince, enchanté de cette compagne selon ses désirs, demande le mannequin en mariage, et ne découvre qu'à la fin qu'il est assez malheureux pour avoir choisi une véritable poupée pour épouse, tandis que sa cour lui offrait un si grand nombre de femmes qui en auraient réuni les principaux avantages.

L'on ne saurait le nier cependant, ces idées ingénieuses ne suffisent pas pour faire une bonne comédie, et les Français ont, comme auteurs comiques, l'avantage sur toutes les autres nations. La connaissance des hommes, et l'art d'user de cette connaissance, leur assure, à cet égard, le premier rang; mais peut-être pourrait-on souhaiter quelquefois, même dans les meilleures pièces de Molière, que la satire raisonnée tînt moins de place, et que l'imagination y eût plus de part. *Le Festin de Pierre* est, parmi ses comédies, celle qui se rapproche le plus du système allemand; un prodige qui fait frissonner sert de mobile aux situations les plus comiques, et les plus grands effets de l'imagination se mêlent aux nuances les plus piquantes de la plaisanterie. Ce sujet, aussi spirituel que poétique, est pris des Espagnols. Les conceptions hardies sont très-rares en France; l'on y aime, en littérature, à travailler en sûreté; mais quand des circonstances heureuses ont encouragé à se risquer, le goût y conduit l'audace avec une adresse merveilleuse, et ce sera presque toujours un chef-d'œuvre qu'une invention étrangère arrangée par un Français.

CHAPITRE XXVII.

De la déclamation.

L'art de la déclamation ne laissant après lui que des souvenirs, et ne pouvant élever aucun monument durable, il en est résulté que l'on n'a pas beaucoup réfléchi sur tout ce qui le compose. Rien n'est si facile que d'exercer cet art médiocrement, mais ce n'est pas à tort que dans sa perfection il excite tant d'enthousiasme; et, loin de déprécier cette impression comme un mouvement passager, je crois qu'on peut lui assigner de justes causes. Rarement on parvient, dans la vie, à pénétrer les sentiments secrets des hommes : l'affectation et la fausseté, la froideur et la modestie, exagèrent, altèrent, contiennent ou voilent ce qui se passe au fond du cœur. Un grand acteur met en évidence les symptômes de la vérité dans les sentiments et dans les caractères, et nous montre les signes certains des penchants et des émotions vraies. Tant d'individus traversent l'existence sans se douter des passions et de leur force, que souvent le théâtre révèle l'homme à l'homme, et lui inspire une sainte terreur des orages de l'âme. En effet, quelles paroles pourraient les peindre comme un accent, un geste, un regard! les paroles en disent moins que l'accent, l'accent moins que la physionomie, et l'inexprimable est précisément ce qu'un sublime acteur nous fait connaître.

Les mêmes différences qui existent entre le système tragique des Allemands et celui des Français, se retrouvent aussi dans leur manière de déclamer; les Allemands imitent le plus qu'ils peuvent la nature, ils n'ont d'affectation que celle de la simplicité; mais c'en est bien quelquefois une aussi dans les beaux-arts. Tantôt les acteurs allemands touchent profondément le cœur, et tantôt ils laissent le spectateur tout à fait froid; ils se confient alors à sa patience, et sont sûrs de ne pas se tromper. Les Anglais ont plus de majesté que les Allemands, dans leur manière de réciter les vers; mais ils n'ont pas pourtant cette pompe habituelle que les Français, et surtout les tragédies françaises, exigent des acteurs; notre genre ne supporte pas la médiocrité, car on n'y revient au naturel que par la beauté même de l'art. Les acteurs du second ordre, en Allemagne, sont froids et calmes; ils manquent souvent l'effet tragique, mais ils ne sont presque jamais ridicules : cela se passe sur le théâtre allemand comme dans la société; il y a là des gens qui quelquefois vous ennuient, et voilà tout, tandis que sur la scène française, on est impatienté quand on n'est pas ému : le sons ampoulés et faux dégoûtent tellement alors de la tragédie, qu'il n'y a pas de parodie, si vulgaire qu'elle soit, qu'on ne préfère à la fade impression du maniéré.

Les accessoires de l'art, les machines et les décorations, doivent être plus soignés en Allemagne qu'en France, puisque, dans les tragédies, on y a plus souvent recours à ces moyens. Iffland a su réunir à Berlin tout ce que l'on peut désirer à cet égard; mais à Vienne, on néglige même les moyens nécessaires pour représenter matériellement bien une tragédie. La mémoire est infiniment plus cultivée par les acteurs français que par les acteurs allemands. Le souffleur, à Vienne, disait d'avance à la plupart des acteurs chaque mot de leur rôle; et je l'ai vu suivant de coulisse en coulisse Othello, pour lui suggérer les vers qu'il devait prononcer au fond du théâtre, en poignardant Desdémona.

Le spectacle de Weimar est infiniment mieux

ordonné sous tous les rapports. Le prince, homme d'esprit, et l'homme de génie connaisseur des arts, qui y président, ont su réunir le goût et l'élégance à la hardiesse qui permet de nouveaux essais.

Sur ce théâtre, comme sur tous les autres en Allemagne, les mêmes acteurs jouent les rôles comiques et tragiques. On dit que cette diversité s'oppose à ce qu'ils soient supérieurs dans aucun. Cependant, les premiers génies du théâtre, Garrick et Talma, ont réuni les deux genres. La flexibilité d'organes, qui transmet également bien des impressions différentes, me semble le cachet du talent naturel, et, dans la fiction comme dans le vrai, c'est peut-être à la même source que l'on puise la mélancolie et la gaieté. D'ailleurs, en Allemagne, le pathétique et la plaisanterie se succèdent et se mêlent si souvent ensemble dans les tragédies, qu'il faut bien que les acteurs possèdent le talent d'exprimer l'un et l'autre; et le meilleur acteur allemand, Iffland, en donne l'exemple avec un succès mérité. Je n'ai pas vu en Allemagne de bons acteurs du haut comique, des marquis, des fats, etc. Ce qui fait la grâce de ce genre de rôle, c'est ce que les Italiens appellent la *disinvoltura*, et ce qui se traduirait en français par l'air dégagé. L'habitude qu'ont les Allemands de mettre à tout de l'importance, est précisément ce qui s'oppose le plus à cette facile légèreté. Mais il est impossible de porter plus loin l'originalité, la verve comique et l'art de peindre les caractères, que ne le fait Iffland dans ces rôles. Je ne crois pas que nous ayons jamais vu au Théâtre français un talent plus varié ni plus inattendu que le sien, ni un acteur qui se risque à rendre les défauts et les ridicules naturels avec une expression aussi frappante. Il y a dans la comédie des modèles donnés, les pères avares, les fils libertins, les valets fripons, les tuteurs dupés; mais les rôles d'Iffland, tels qu'il les conçoit, ne peuvent entrer dans aucun de ces moules : il faut les nommer tous par leur nom; car ce sont des individus qui diffèrent singulièrement l'un de l'autre, et dans lesquels Iffland paraît vivre comme chez lui.

Sa manière de jouer la tragédie est aussi, selon moi, d'un grand effet. Le calme et la simplicité de sa déclamation, dans le beau rôle de Walstein, ne peuvent s'effacer du souvenir. L'impression qu'il produit est graduelle : on croit d'abord que son apparente froideur ne pourra jamais remuer l'âme; mais en avançant, l'émotion s'accroît avec une progression toujours plus rapide, et le moindre mot exerce un grand pouvoir, quand il règne dans le ton général une noble tranquillité, qui fait res-

sortir chaque nuance, et conserve toujours la couleur du caractère au milieu des passions.

Iffland, qui est aussi supérieur dans la théorie que dans la pratique de son art, a publié plusieurs écrits extrêmement spirituels sur la déclamation : il donne d'abord une esquisse des différentes époques de l'histoire du théâtre allemand; l'imitation roide et empesée de la scène française, la sensibilité larmoyante des drames, dont le naturel prosaïque avait fait oublier jusqu'au talent de dire des vers; enfin le retour à la poésie et à l'imagination, qui constitue maintenant le goût universel en Allemagne. Il n'y a pas un accent, pas un geste dont Iffland ne sache trouver la cause, en philosophe et en artiste.

Un personnage de ses pièces lui fournit les observations les plus fines sur le jeu comique; c'est un homme âgé, qui tout à coup abandonne ses anciens sentiments et ses constantes habitudes, pour revêtir le costume et les opinions de la génération nouvelle. Le caractère de cet homme n'a rien de méchant, et cependant la vanité l'égare autant que s'il était vraiment pervers. Il a laissé faire à sa fille un mariage raisonnable, mais obscur, et tout à coup il lui conseille de divorcer. Une badine à la main, souriant gracieusement, se balançant sur un pied et sur l'autre, il propose à son enfant de briser les liens les plus sacrés; mais ce qu'on aperçoit de vieillesse à travers une élégance forcée, ce qu'il y a d'embarrassé dans son apparente insouciance, est saisi par Iffland avec une admirable sagacité.

A propos de Franz Moor, frère du chef des brigands de Schiller, Iffland examine de quelle manière les rôles de scélérats doivent être joués : « Il « faut, dit-il, que l'acteur s'attache à faire sentir « par quels motifs le personnage est devenu ce « qu'il est, quelles circonstances ont dépravé son « âme; enfin, l'acteur doit être comme le défen-« seur officieux du caractère qu'il représente. » En effet, il ne peut y avoir de vérité, même dans la scélératesse, que par les nuances qui font sentir que l'homme ne devient jamais méchant que par degrés.

Iffland rappelle aussi la sensation prodigieuse que produisait, dans la pièce d'*Émilia Galotti*, Eckhoff, ancien acteur allemand très-célèbre. Lorsque Odoard apprend par la maîtresse du prince que l'honneur de sa fille est menacé, il veut taire à cette femme, qu'il n'estime pas, l'indignation et la douleur qu'elle excite dans son âme, et ses mains, à son insu, arrachaient les plumes qu'il portait à son chapeau, avec un mouvement convulsif dont l'effet était terrible. Les acteurs qui succédèrent à Eckhoff avaient soin d'arracher comme lui les plumes du chapeau; mais elles tombaient à terre sans que personne y fît attention; car une émotion véritable ne donnait pas aux moindres actions cette vérité sublime qui ébranle l'âme des spectateurs.

La théorie d'Iffland sur les gestes est très-ingénieuse. Il se moque de ces bras en moulin à vent qui ne peuvent servir qu'à déclamer des sentences de morale, et croit que d'ordinaire les gestes en petit nombre, et rapprochés du corps, indiquent mieux les impressions vraies : mais, dans ce genre comme dans beaucoup d'autres, il y a deux parties très-distinctes dans le talent, celle qui tient à l'enthousiasme poétique, et celle qui naît de l'esprit observateur; selon la nature des pièces ou des rôles, l'une ou l'autre doit dominer. Les gestes que la grâce et le sentiment du beau inspirent ne sont pas ceux qui caractérisent tel ou tel personnage. La poésie exprime la perfection en général, plutôt qu'une manière d'être ou de sentir particulière. L'art de l'acteur tragique consiste donc à présenter dans ses attitudes l'image de la beauté poétique, sans négliger cependant ce qui distingue les différents caractères : c'est toujours dans l'union de l'idéal avec la nature que consiste tout le domaine des arts.

Lorsque je vis la pièce du *Vingt-Quatre Février* jouée par deux poëtes célèbres, A. W. Schlegel et Werner, je fus singulièrement frappée de leur genre de déclamation. Ils préparaient les effets longtemps d'avance, et l'on voyait qu'ils auraient été fâchés d'être applaudis dès les premiers vers. Toujours l'ensemble était présent à leur pensée, et le succès de détail, qui aurait pu y nuire, ne leur eût paru qu'une faute. Schlegel me fit découvrir, par sa manière de jouer dans la pièce de Werner, tout l'intérêt d'un rôle que j'avais à peine remarqué à la lecture. C'était l'innocence d'un homme coupable, le malheur d'un honnête homme, qui a commis un crime à l'âge de sept ans, lorsqu'il ne savait pas encore ce que c'était que le crime, et qui, bien qu'il soit en paix avec sa conscience, n'a pu dissiper le trouble de son imagination. Je jugeai l'homme qui était représenté devant moi, comme on pénètre un caractère dans la vie, d'après des mouvements, des regards, des accents qui le trahissent à son insu. En France, la plupart de nos acteurs n'ont jamais l'air d'ignorer ce qu'ils font; au contraire, il y a quelque chose d'étudié dans tous les moyens qu'ils emploient, et l'on en prévoit d'avance l'effet.

Schroeder, dont tous les Allemands parlent comme d'un acteur admirable, ne pouvait supporter qu'on dît qu'il avait bien joué tel ou tel moment, ou bien déclamé tel ou tel vers. « Ai-je bien joué le rôle? demandait-il; ai-je été le personnage? » Et en effet son talent semblait changer de nature chaque fois qu'il changeait de rôle. L'on n'oserait pas en France réciter, comme il le faisait souvent, la tragédie du ton habituel de la conversation. Il y a une couleur générale, un accent convenu, qui est de rigueur dans les vers alexandrins, et les mouvements les plus passionnés reposent sur ce piédestal, qui est comme la donnée nécessaire de l'art. Les acteurs français d'ordinaire visent à l'applaudissement, et le méritent presque pour chaque vers; les acteurs allemands y prétendent à la fin de la pièce, et ne l'obtiennent guère qu'alors.

La diversité des scènes et des situations qui se trouvent dans les pièces allemandes, donne lieu nécessairement à beaucoup plus de variété dans le talent des acteurs. Le jeu muet compte pour davantage, et la patience des spectateurs permet une foule de détails qui rendent le pathétique plus naturel. L'art d'un acteur, en France, consiste presque en entier dans la déclamation; en Allemagne, il y a beaucoup plus d'accessoires à cet art principal, et souvent la parole est à peine nécessaire pour attendrir.

Lorsque Schroeder, jouant le roi Lear, traduit en allemand, était apporté endormi sur la scène, on dit que ce sommeil du malheur et de la vieillesse arrachait des larmes avant qu'il se fût réveillé, avant même que ses plaintes eussent appris ses douleurs; et quand il portait dans ses bras le corps de sa jeune fille Cordélie, tuée parce qu'elle n'a pas voulu l'abandonner, rien n'était beau comme la force que lui donnait le désespoir. Un dernier doute le soutenait; il essayait si Cordélie respirait encore : lui, si vieux, ne pouvait se persuader qu'un être si jeune avait pu mourir. Une douleur passionnée dans un vieillard à demi détruit produisait l'émotion la plus déchirante.

Ce qu'on peut reprocher avec raison aux acteurs allemands en général, c'est de mettre rarement en pratique la connaissance des arts du dessin, si généralement répandue dans leur pays : leurs attitudes ne sont pas belles; l'excès de leur simplicité dégénère souvent en gaucherie, et presque jamais ils n'égalent les acteurs français dans la noblesse et l'élégance de la démarche et des mouvements. Néanmoins, depuis quelque temps les actrices allemandes ont étudié l'art des attitudes, et se perfectionnent dans cette sorte de grâce si nécessaire au théâtre.

On n'applaudit au spectacle, en Allemagne, qu'à la fin des actes, et très-rarement on interrompt l'acteur pour lui témoigner l'admiration qu'il inspire. Les Allemands regardent comme une espèce de barbarie, de troubler, par des signes tumultueux d'approbation, l'attendrissement dont ils aiment à se pénétrer en silence. Mais c'est une difficulté de plus pour leurs acteurs; car il faut une terrible force de talent pour se passer, en déclamant, de l'encouragement donné par le public. Dans un art tout d'émotion, les hommes rassemblés font éprouver une électricité toute-puissante, à laquelle rien ne peut suppléer.

Une grande habitude de la pratique de l'art peut faire qu'un bon acteur, en répétant une pièce, repasse par les mêmes traces et se serve des mêmes moyens, sans que les spectateurs l'animent de nouveau; mais l'inspiration première est presque toujours venue d'eux. Un contraste singulier mérite d'être remarqué. Dans les beaux-arts dont la création est solitaire et réfléchie, on perd tout naturel lorsqu'on pense au public, et l'amour-propre seul y fait songer. Dans les beaux-arts improvisés, dans la déclamation surtout, le bruit des applaudissements agit sur l'âme comme le son de la musique militaire. Ce bruit enivrant fait couler le sang plus vite, ce n'est pas la froide vanité qu'il satisfait.

Quand il paraît un homme de génie en France, dans quelque carrière que ce soit, il atteint presque toujours à un degré de perfection sans exemple; car il réunit l'audace qui fait sortir de la route commune, au tact du bon goût qu'il importe tant de conserver, lorsque l'originalité du talent n'en souffre pas. Il me semble donc que Talma peut être cité comme un modèle de hardiesse et de mesure, de naturel et de dignité. Il possède tous les secrets des arts divers; ses attitudes rappellent les belles statues de l'antiquité; son vêtement, sans qu'il y pense, est drapé dans tous ses mouvements, comme s'il avait eu le temps de l'arranger dans le plus parfait repos. L'expression de son visage, celle de son regard, doivent être l'étude de tous les peintres. Quelquefois il arrive les yeux à demi ouverts, et tout à coup le sentiment en fait jaillir des rayons de lumière qui semblent éclairer toute la scène.

Le son de sa voix ébranle dès qu'il parle, avant que le sens même des paroles qu'il prononce ait excité l'émotion. Lorsque dans les tragédies il s'est trouvé par hasard quelques vers descriptifs, il a fait sentir les beautés de ce genre de poésie, comme si Pindare avait récité lui-même ses chants.

D'autres ont besoin de temps pour émouvoir, et font bien d'en prendre; mais il y a dans la voix de cet homme je ne sais quelle magie qui, dès les premiers accents, réveille toute la sympathie du cœur. Le charme de la musique, de la peinture, de la sculpture, de la poésie, et, par-dessus tout, du langage de l'âme, voilà ses moyens pour développer dans celui qui l'écoute, toute la puissance des passions généreuses et terribles.

Quelle connaissance du cœur humain il montre dans sa manière de concevoir ses rôles! il en est le second auteur par ses accents et par sa physionomie. Lorsque Œdipe raconte à Jocaste comment il a tué Laïus, sans le connaître, son récit commence ainsi: *J'étais jeune et superbe;* la plupart des acteurs, avant lui, croyaient devoir jouer le mot *superbe*, et relevaient la tête pour le signaler: Talma, qui sent que tous les souvenirs de l'orgueilleux Œdipe commencent à devenir pour lui dès remords, prononce d'une voix timide ces mots faits pour rappeler une confiance qu'il n'a déjà plus. Phorbas arrive de Corinthe, au moment où Œdipe vient de concevoir des craintes sur sa naissance: il lui demande un entretien secret. Les autres acteurs, avant Talma, se hâtaient de se retourner vers leur suite, et de l'éloigner avec un geste majestueux: Talma reste les yeux fixés sur Phorbas, il ne peut le perdre de vue, et sa main agitée fait un signe pour écarter ce qui l'entoure. Il n'a rien dit encore, mais ses mouvements égarés trahissent le trouble de son âme; et quand, au dernier acte, il s'écrie en quittant Jocaste:

Oui, Laïus est mon père, et je suis votre fils,

on croit voir s'entr'ouvrir le séjour du Ténare, où le destin perfide entraîne les mortels.

Dans *Andromaque*, quand Hermione insensée accuse Oreste d'avoir assassiné Pyrrhus sans son aveu, Oreste répond:

Et ne m'avez-vous pas
Vous-même, ici, tantôt, ordonné son trépas?

on dit que le Kain, quand il récitait ces vers, appuyait sur chaque mot, comme pour rappeler à Hermione toutes les circonstances de l'ordre qu'il avait reçu d'elle. Ce serait vis-à-vis d'un juge; mais quand il s'agit de la femme qu'on aime, le désespoir de la trouver injuste et cruelle est l'unique sentiment qui remplisse l'âme. C'est ainsi que Talma conçoit la situation: un cri s'échappe du cœur d'Oreste; il dit les premiers mots avec force, et ceux qui suivent avec un abattement toujours croissant: ses bras tombent, son visage devient en un instant pâle comme la mort, et l'émotion des spectateurs s'augmente, à mesure qu'il semble perdre la force de s'exprimer.

La manière dont Talma récite le monologue suivant est sublime. L'espèce d'innocence qui rentre dans l'âme d'Oreste pour la déchirer, lorsqu'il dit ce vers :

> J'assassine à regret un roi que je révère,

inspire une pitié que le génie même de Racine n'a pu prévoir tout entière. Les grands acteurs se sont presque tous essayés dans les fureurs d'Oreste ; mais c'est là surtout que la noblesse des gestes et des traits ajoute singulièrement à l'effet du désespoir. La puissance de la douleur est d'autant plus terrible, qu'elle se montre à travers le calme même et la dignité d'une belle nature.

Dans les pièces tirées de l'histoire romaine, Talma développe un talent d'un tout autre genre, mais non moins remarquable. On comprend mieux Tacite, après l'avoir vu jouer le rôle de Néron ; il y manifeste un esprit d'une grande sagacité ; car c'est toujours avec de l'esprit qu'une âme honnête saisit les symptômes du crime ; néanmoins il produit encore plus d'effet, ce me semble, dans les rôles où l'on aime à s'abandonner, en l'écoutant, aux sentiments qu'il exprime. Il a rendu à Bayard, dans la pièce de du Belloy, le service de lui ôter ces airs de fanfaron que les autres acteurs croyaient devoir lui donner : ce héros gascon est redevenu, grâce à Talma, aussi simple dans la tragédie que dans l'histoire. Son costume dans ce rôle, ses gestes simples et rapprochés, rappellent les statues des chevaliers qu'on voit dans les anciennes églises, et l'on s'étonne qu'un homme qui a si bien le sentiment de l'art antique, sache aussi se transporter dans le caractère du moyen âge.

Talma joue quelquefois le rôle de Pharan dans une tragédie de Ducis sur un sujet arabe, Abufar. Une foule de vers ravissants répandent sur cette tragédie beaucoup de charme ; les couleurs de l'Orient, la mélancolie rêveuse du midi asiatique, la mélancolie des contrées où la chaleur consume la nature, au lieu de l'embellir, se font admirablement sentir dans cet ouvrage. Le même Talma, Grec, Romain et chevalier, est un Arabe du désert, plein d'énergie et d'amour ; ses regards sont voilés comme pour éviter l'ardeur des rayons du soleil ; il y a dans ses gestes une alternative admirable d'indolence et d'impétuosité ; tantôt le sort l'accable, tantôt il paraît plus puissant encore que la nature, et semble triompher d'elle : la passion qui le dévore, et dont une femme qu'il croit sa sœur est l'objet, est renfermée dans son sein ; on dirait, à sa marche incertaine, que c'est lui-même qu'il veut fuir ; ses yeux se détournent de ce qu'il aime, ses mains repoussent une image qu'il croit toujours voir à ses côtés ; et quand enfin il presse Saléma sur son cœur, en lui disant ce simple mot, « J'ai froid, » il sait exprimer tout à la fois le frisson de l'âme et la dévorante ardeur qu'il veut cacher.

On peut trouver beaucoup de défauts dans les pièces de Shakspeare adaptées par Ducis à notre théâtre ; mais il serait bien injuste de n'y pas reconnaître des beautés du premier ordre ; Ducis a son génie dans son cœur, et c'est là qu'il est bien. Talma joue ses pièces en ami du beau talent de ce noble vieillard. La scène des sorcières, dans Macbeth, est mise en récit dans la pièce française. Il faut voir Talma s'essayer à rendre quelque chose de vulgaire et de bizarre dans l'accent des sorcières, et conserver cependant dans cette imitation toute la dignité que notre théâtre exige.

> Par des mots inconnus, ces êtres monstrueux
> S'appelaient tour à tour, s'applaudissaient entre eux ;
> S'approchaient, me montraient avec un ris farouche :
> Leur doigt mystérieux se posait sur leur bouche :
> Je leur parle, et dans l'ombre ils s'échappent soudain ;
> L'un avec un poignard, l'autre un sceptre à la main,
> L'autre d'un long serpent serrait son corps livide ;
> Tous trois vers ce palais ont pris un vol rapide,
> Et tous trois dans les airs, en fuyant loin de moi,
> M'ont laissé pour adieu ces mots : « Tu seras roi. »

La voix basse et mystérieuse de l'acteur, en prononçant ces vers, la manière dont il plaçait son doigt sur sa bouche, comme la statue du Silence, son regard qui s'altérait pour exprimer un souvenir horrible et repoussant ; tout était combiné pour peindre un merveilleux nouveau sur notre théâtre, et dont aucune tradition antérieure ne pouvait donner l'idée.

Othello n'a pas réussi dernièrement sur la scène française ; il semble qu'Orosmane empêche qu'on ne comprenne bien Othello ; mais quand c'est Talma qui joue cette pièce, le cinquième acte émeut comme si l'assassinat se passait sous nos yeux ; j'ai vu Talma déclamer dans la chambre la dernière scène avec sa femme, dont la voix et la figure conviennent si bien à Desdemona ; il lui suffisait de passer sa main sur ses cheveux et de froncer le sourcil pour être le Maure de Venise, et la terreur saisissait à deux pas de lui, comme si toutes les illusions du théâtre l'avaient environné.

Hamlet est son triomphe parmi les tragédies du genre étranger. Les spectateurs ne voient pas l'ombre du père d'Hamlet sur la scène française,

II.

10

l'apparition se passe en entier dans la physionomie de Talma, et certes elle n'en est pas ainsi moins effrayante. Quand, au milieu d'un entretien calme et mélancolique, tout à coup il aperçoit le spectre, on suit tous ses mouvements dans les yeux qui le contemplent, et l'on ne peut douter de la présence du fantôme, quand un tel regard l'atteste.

Lorsque, au troisième acte, Hamlet arrive seul sur la scène, et qu'il dit en beaux vers français le fameux monologue : *To be or not to be :*

« La mort, c'est le sommeil, c'est un réveil peut-être.
« Peut-être ! — Ah ! c'est le mot qui glace, épouvanté,
« L'homme, au bord du cercueil, par le doute arrêté;
« Devant ce vaste abîme, il se jette en arrière,
« Ressaisit l'existence, et s'attache à la terre, »

Talma ne faisait pas un geste, quelquefois seulement il remuait la tête, pour questionner la terre et le ciel sur ce que c'est que la mort. Immobile, la dignité de la méditation absorbait tout son être. L'on voyait un homme, au milieu de deux mille hommes en silence, interroger la pensée sur le sort des mortels ! Dans peu d'années tout ce qui était là n'existera plus, mais d'autres hommes assisteront à leur tour aux mêmes incertitudes, et se plongeront de même dans l'abîme, sans en connaître la profondeur.

Lorsque Hamlet veut faire jurer à sa mère, sur l'urne qui renferme les cendres de son époux, qu'elle n'a point eu de part au crime qui l'a fait périr, elle hésite, se trouble, et finit par avouer le forfait dont elle est coupable. Alors Hamlet tire le poignard que son père lui commande d'enfoncer dans le sein maternel; mais au moment de frapper, la tendresse et la pitié l'emportent, et, se retournant vers l'ombre de son père, il s'écrie: *Grâce, grâce, mon père!* avec un accent où toutes les émotions de la nature semblent à la fois s'échapper du cœur, et, se jetant aux pieds de sa mère évanouie, il lui dit ces deux vers qui renferment une inépuisable pitié :

Votre crime est horrible, exécrable, odieux;
Mais il n'est pas plus grand que la bonté des cieux.

Enfin on ne peut penser à Talma sans se rappeler Manlius. Cette pièce faisait peu d'effet au théâtre : c'est le sujet de la *Venise sauvée*, d'Otway, transporté dans un événement de l'histoire romaine. Manlius conspire contre le sénat de Rome, il confie son secret à Servilius, qu'il aime depuis quinze ans : il le lui confie malgré les soupçons de ses autres amis, qui se défient de la faiblesse de Servilius et de son amour pour sa femme, fille du consul. Ce que les conjurés ont craint arrive. Servilius ne peut cacher à sa femme le danger de la vie de son père; elle court aussitôt le lui révéler. Manlius est arrêté, ses projets sont découverts, et le sénat le condamne à être précipité du haut de la roche Tarpéienne.

Avant Talma, l'on n'avait guère aperçu dans cette pièce faiblement écrite, la passion d'amitié que Manlius ressent pour Servilius. Quand un billet du conjuré Rutile apprend que le secret est trahi, et l'est par Servilius, Manlius arrive ce billet à la main; il s'approche de son coupable ami que déjà le repentir dévore, et, lui montrant les lignes qui l'accusent, il prononce ces mots : *Qu'en dis-tu?* Je le demande à tous ceux qui les ont entendus, la physionomie et le son de la voix peuvent-ils jamais exprimer à la fois plus d'impressions différentes ? cette fureur qu'amollit un sentiment intérieur de pitié, cette indignation que l'amitié rend tour à tour plus vive et plus faible, comment les faire comprendre, si ce n'est par cet accent qui va de l'âme à l'âme, sans l'intermédiaire même des paroles! Manlius tire son poignard pour en frapper Servilius, sa main cherche son cœur et tremble de le trouver : le souvenir de tant d'années pendant lesquelles Servilius lui fut cher, élève comme un nuage de pleurs entre sa vengeance et son ami.

On a moins parlé du cinquième acte, et peut-être Talma y est-il plus admirable encore que dans le quatrième. Servilius a tout bravé pour expier sa faute et sauver Manlius; dans le fond de son cœur il a résolu, si son ami périt, de partager son sort. La douleur de Manlius est adoucie par les regrets de Servilius; néanmoins il n'ose lui dire qu'il lui pardonne sa trahison effroyable; mais il prend à la dérobée la main de Servilius, et l'approche de son cœur; ses mouvements involontaires cherchent l'ami coupable qu'il veut embrasser encore, avant de le quitter pour jamais. Rien, ou presque rien dans la pièce, n'indiquait cette admirable beauté de l'âme sensible, respectant une longue affection, malgré la trahison qui l'a brisée. Les rôles de Pierre et de Jaffier, dans la pièce anglaise, indiquent cette situation avec une grande force. Talma sait donner à la tragédie de Manlius l'énergie qui lui manque, et rien n'honore plus son talent que la vérité avec laquelle il exprime ce qu'il y a d'invincible dans l'amitié. La passion peut haïr l'objet de son amour; mais quand le lien s'est formé par les rapports sacrés de l'âme, il semble que le crime même ne saurait l'anéantir, et qu'on attend le remords, comme après une longue absence on attendrait le retour.

En parlant avec quelque détail de Talma, je ne crois point m'être arrêtée sur un sujet étranger à mon ouvrage. Cet artiste donne, autant qu'il est possible, à la tragédie française, ce qu'à tort ou à raison les Allemands lui reprochent de n'avoir pas : l'originalité et le naturel. Il sait caractériser les mœurs étrangères dans les différents personnages qu'il représente, et nul acteur ne hasarde davantage de grands effets par des moyens simples. Il y a, dans sa manière de déclamer, Shakspeare et Racine artistement combinés. Pourquoi les écrivains dramatiques n'essayeraient-ils pas aussi de réunir dans leurs compositions ce que l'acteur a su si bien amalgamer par son jeu ?

CHAPITRE XXVIII.

Des Romans.

De toutes les fictions les romans étant la plus facile, il n'est point de carrière dans laquelle les écrivains des nations modernes se soient plus essayés. Le roman fait, pour ainsi dire, la transition entre la vie réelle et la vie imaginaire. L'histoire de chacun est, à quelques modifications près, un roman assez semblable à ceux qu'on imprime, et les souvenirs personnels tiennent souvent à cet égard lieu d'invention. On a voulu donner plus d'importance à ce genre en y mêlant la poésie, l'histoire et la philosophie ; il me semble que c'est le dénaturer. Les réflexions morales et l'éloquence passionnée peuvent trouver place dans les romans ; mais l'intérêt des situations doit être toujours le premier mobile de cette sorte d'écrits, et jamais rien ne peut en tenir lieu. Si l'effet théâtral est la condition indispensable de toute pièce représentée, il est également vrai qu'un roman ne serait ni un bon ouvrage, ni une fiction heureuse, s'il n'inspirait pas une curiosité vive ; c'est en vain que l'on voudrait y suppléer par des digressions spirituelles, l'attente de l'amusement trompée causerait une fatigue insurmontable.

La foule des romans d'amour publiés en Allemagne, a fait tourner un peu en plaisanterie les clairs de lune, les harpes qui retentissent le soir dans la vallée, enfin tous les moyens connus de bercer doucement l'âme ; mais néanmoins il y a en nous une disposition naturelle qui se plaît à ces faciles lectures ; c'est au génie à s'emparer de cette disposition qu'on voudrait encore combattre. Il est si beau d'aimer et d'être aimé, que cet hymne de la vie peut se moduler à l'infini, sans que le cœur en éprouve de lassitude ; ainsi l'on revient avec joie au motif d'un chant embelli par des notes brillantes. Je ne dissimulerai pas cependant que les romans, même les plus purs, font du mal ; ils nous ont trop appris ce qu'il y a de plus secret dans les sentiments. On ne peut plus rien éprouver sans se souvenir presque de l'avoir lu, et tous les voiles du cœur ont été déchirés. Les anciens n'auraient jamais fait ainsi de leur âme un sujet de fiction ; il leur restait un sanctuaire où même leur propre regard aurait craint de pénétrer ; mais enfin, le genre des romans admis, il y faut de l'intérêt, et c'est, comme le disait Cicéron de l'action dans l'orateur, la condition trois fois nécessaire.

Les Allemands, comme les Anglais, sont très-féconds en romans qui peignent la vie domestique. La peinture des mœurs est plus élégante dans les romans anglais ; elle a plus de diversité dans les romans allemands. Il y a en Angleterre, malgré l'indépendance des caractères, une manière d'être générale donnée par la bonne compagnie ; en Allemagne rien à cet égard n'est convenu. Plusieurs de ces romans fondés sur nos sentiments et nos mœurs, et qui tiennent parmi les livres le rang des drames au théâtre, méritent d'être cités ; mais ce qui est sans égal et sans pareil, c'est *Werther* : on voit là tout ce que le génie de Goethe pouvait produire quand il était passionné. L'on dit qu'il attache maintenant peu de prix à cet ouvrage de sa jeunesse ; l'effervescence d'imagination qui lui inspira presque de l'enthousiasme pour le suicide, doit lui paraître maintenant blâmable. Quand on est très-jeune, la dégradation de l'être n'ayant en rien commencé, le tombeau ne semble qu'une image poétique, qu'un sommeil environné de figures à genoux qui nous pleurent ; il n'en est plus ainsi même dès le milieu de la vie, et l'on apprend alors pourquoi la religion, cette science de l'âme, a mêlé l'horreur du meurtre à l'attentat contre soi-même.

Goethe néanmoins aurait grand tort de dédaigner l'admirable talent qui se manifeste dans *Werther* ; ce ne sont pas seulement les souffrances de l'amour, mais les maladies de l'imagination de notre siècle, dont il a su faire le tableau ; ces pensées qui se pressent dans l'esprit sans qu'on puisse les changer en acte de la volonté ; le contraste singulier d'une vie beaucoup plus monotone que celle des anciens, et d'une existence intérieure beaucoup plus agitée, causent une sorte d'étourdissement semblable à celui qu'on prend sur le bord de l'abîme, et la fatigue même qu'on éprouve, après l'avoir longtemps contemplé, peut entraîner à s'y précipiter. Goethe a su joindre à cette peinture des inquiétudes de l'âme, si philosophique dans ses résultats, une fiction simple, mais d'un intérêt prodigieux. Si l'on a cru nécessaire, dans toutes les sciences, de frapper les yeux par les signes extérieurs, n'est-il pas naturel d'intéresser le cœur pour y graver de grandes pensées?

Les romans par lettres supposent toujours plus de sentiments que de faits; jamais les anciens n'auraient imaginé de donner cette forme à leurs fictions; et ce n'est même que depuis deux siècles que la philosophie s'est assez introduite en nous-mêmes pour que l'analyse de ce qu'on éprouve tienne une si grande place dans les livres. Cette manière de concevoir les romans n'est pas aussi poétique, sans doute, que celle qui consiste tout entière dans des récits; mais l'esprit humain est maintenant bien moins avide des événements même les mieux combinés, que des observations sur ce qui se passe dans le cœur. Cette disposition tient aux grands changements intellectuels qui ont eu lieu dans l'homme; il tend toujours plus en général à se replier sur lui-même, et cherche la religion, l'amour et la pensée dans le plus intime de son être.

Plusieurs écrivains allemands ont composé des contes de revenants et de sorcières, et pensent qu'il y a plus de talent dans ces inventions que dans un roman fondé sur une circonstance de la vie commune: tout est bien si l'on y est porté par les dispositions naturelles; mais en général il faut des vers pour les choses merveilleuses, la prose n'y suffit pas. Quand les fictions représentent des siècles et des pays très-différents de ceux où nous vivons, il faut que le charme de la poésie supplée au plaisir que la ressemblance avec nous-mêmes nous ferait goûter. La poésie est le médiateur ailé qui transporte les temps passés et les nations étrangères dans une région sublime où l'admiration tient lieu de sympathie.

Les romans de chevalerie abondent en Allemagne; mais on aurait dû les rattacher plus scrupuleusement aux traditions anciennes: à présent on recherche ces sources précieuses, et, dans un livre appelé *le livre des héros*, on a trouvé une foule d'aventures racontées avec force et naïveté; il importe de conserver la couleur de ce style et de ces mœurs anciennes, et de ne pas prolonger, par l'analyse des sentiments, les récits de ce temps où l'honneur et l'amour agissaient sur le cœur de l'homme, comme la fatalité chez les anciens, sans qu'on réfléchît aux motifs des actions, ni que l'incertitude y fût admise.

Les romans philosophiques ont pris depuis quel-

que temps, en Allemagne, le pas sur tous les autres; ils ne ressemblent point à ceux des Français: ce n'est pas, comme dans Voltaire, une idée générale qu'on exprime par un fait en forme d'apologue, mais c'est un tableau de la vie humaine tout à fait impartial, un tableau dans lequel aucun intérêt passionné ne domine; des situations diverses se succèdent dans tous les rangs, dans tous les états, dans toutes les circonstances, et l'écrivain est là pour les raconter; c'est ainsi que Goethe a conçu *Wilhelm Meister*, ouvrage très-admiré en Allemagne, mais ailleurs peu connu.

Wilhelm Meister est plein de discussions ingénieuses et spirituelles; on en ferait un ouvrage philosophique du premier ordre, s'il ne s'y mêlait pas une intrigue de roman, dont l'intérêt ne vaut pas ce qu'elle fait perdre; on y trouve des peintures très-fines et très-détaillées d'une certaine classe de la société, plus nombreuse en Allemagne que dans les autres pays; classe dans laquelle les artistes, les comédiens et les aventuriers se mêlent avec les bourgeois qui aiment la vie indépendante, et avec les grands seigneurs qui croient protéger les arts: chacun de ces tableaux pris à part est charmant; mais il n'y a d'autre intérêt dans l'ensemble de l'ouvrage que celui qu'on doit mettre à savoir l'opinion de Goethe sur chaque sujet: le héros de son roman est un tiers importun, qu'il a mis, on ne sait pourquoi, entre son lecteur et lui.

Au milieu de ces personnages de *Wilhelm Meister*, plus spirituels que signifiants, et de ces situations plus naturelles que saillantes, un épisode charmant se retrouve dans plusieurs endroits de l'ouvrage, et réunit tout ce que la chaleur et l'originalité du talent de Goethe peuvent faire éprouver de plus animé. Une jeune fille italienne est l'enfant de l'amour, et d'un amour criminel et terrible, qui a entraîné un homme consacré par serment au culte de la Divinité; les deux époux, déjà si coupables, découvrent après leur hymen qu'ils étaient frère et sœur, et que l'inceste est pour eux la punition du parjure. La mère perd la raison, et le père parcourt le monde comme un malheureux errant qui ne veut d'asile nulle part. Le fruit infortuné de cet amour si funeste, sans appui dès sa naissance, est enlevé par des danseurs de corde; ils l'exercent jusqu'à l'âge de dix ans dans les misérables jeux dont ils tirent leur subsistance: les cruels traitements qu'on lui fait éprouver intéressent Wilhelm, et il prend à son service cette jeune fille, sous l'habit de garçon, qu'elle a porté depuis qu'elle est au monde.

Alors se développe dans cette créature extraordinaire un mélange singulier d'enfance et de profondeur, de sérieux et d'imagination; ardente comme les Italiennes, silencieuse et persévérante comme une personne réfléchie, la parole ne semble pas son langage. Le peu de mots qu'elle dit cependant est solennel, et répond à des sentiments bien plus forts que son âge, et dont elle-même n'a pas le secret. Elle s'attache à Wilhelm avec amour et respect; elle le sert comme un domestique fidèle, elle l'aime comme une femme passionnée : sa vie ayant toujours été malheureuse, on dirait qu'elle n'a point connu l'enfance, et que, souffrant dans l'âge auquel la nature n'a destiné que des jouissances, elle n'existe que pour une seule affection, avec laquelle les battements de son cœur commencent et finissent.

Le personnage de Mignon (c'est le nom de la jeune fille) est mystérieux comme un rêve; elle exprime ses regrets pour l'Italie dans des vers ravissants, que tout le monde sait par cœur en Allemagne : « Connais-tu cette terre où les citronniers « fleurissent, etc. » Enfin la jalousie, cette impression trop forte pour de si jeunes organes, brise la pauvre enfant, qui sentit la douleur avant que l'âge lui donnât la force de lutter contre elle. Il faudrait, pour comprendre tout l'effet de cet admirable tableau, en rapporter chaque détail. On ne peut se représenter sans émotion les moindres mouvements de cette jeune fille; il y a je ne sais quelle simplicité magique en elle, qui suppose des abîmes de pensées et de sentiments; l'on croit entendre gronder l'orage au fond de son âme, lors même que l'on ne saurait citer ni une parole ni une circonstance qui motive l'inquiétude inexprimable qu'elle fait éprouver.

Malgré ce bel épisode, on aperçoit dans *Wilhelm Meister* le système singulier qui s'est développé depuis quelque temps dans la nouvelle école allemande. Les récits des anciens, et même leurs poëmes, quelque animés qu'ils soient dans le fond, sont calmes par la forme; et l'on s'est persuadé que les modernes feraient bien d'imiter la tranquillité des écrivains antiques : mais en fait d'imagination, ce qui n'est commandé que par la théorie ne réussit guère dans la pratique. S'il s'agit d'événements tels que ceux de l'Iliade, ils intéressent d'eux-mêmes, et moins le sentiment personnel de l'auteur s'aperçoit, plus le tableau fait impression; mais si l'on se met à peindre les situations romanesques avec le calme impartial d'Homère, le résultat n'en saurait être très-attachant.

Goethe vient de faire paraître un roman intitulé *les Affinités de choix*, qu'on peut accuser surtout,

ce me semble, du défaut que je viens d'indiquer. Un ménage heureux s'est retiré à la campagne; les deux époux invitent, l'un son ami, l'autre sa nièce, à partager leur solitude; l'ami devient amoureux de la femme, et l'époux de la jeune fille, nièce de sa femme. Il se livre à l'idée de recourir au divorce pour s'unir à ce qu'il aime; la jeune fille est prête à y consentir : des événements malheureux la ramènent au sentiment du devoir; mais quand elle reconnaît la nécessité de sacrifier son amour, elle en meurt de douleur, et celui qu'elle aime ne tarde pas à la suivre.

La traduction des *Affinités de choix* n'a point eu de succès en France, parce que l'ensemble de cette fiction n'a rien de caractérisé, et qu'on ne sait pas dans quel but elle a été conçue : ce n'est point un tort en Allemagne que cette incertitude; comme les événements de ce monde ne présentent souvent que des résultats indécis, l'on consent à trouver dans les romans qui les peignent les mêmes contradictions et les mêmes doutes. Il y a, dans l'ouvrage de Goethe, une foule de pensées et d'observations fines, mais il est vrai que l'intérêt y languit souvent, et qu'on trouve presque autant de lacunes dans ce roman que dans la vie humaine telle qu'elle se passe ordinairement. Un roman cependant ne doit pas ressembler à des mémoires particuliers : car tout intéresse dans ce qui a existé réellement, tandis qu'une fiction ne peut égaler l'effet de la vérité qu'en la surpassant, c'est-à-dire en ayant plus de force, plus d'ensemble et plus d'action qu'elle.

La description du jardin du baron et des embellissements qu'y fait la baronne, absorbe plus du tiers du roman, et l'on a peine à partir de là pour être ému par une catastrophe tragique : la mort du héros et de l'héroïne ne semble plus qu'un accident fortuit, parce que le cœur n'est pas préparé longtemps d'avance à sentir et à partager la peine qu'ils éprouvent. Cet écrit offre un singulier mélange de l'existence commode et des sentiments orageux; une imagination pleine de grâce et de force s'approche des plus grands effets pour les délaisser tout à coup, comme s'il ne valait pas la peine de les produire; et l'on dirait que l'émotion fait du mal à l'écrivain de ce roman, et que, par paresse de cœur, il met de côté la moitié de son talent, de peur de se faire souffrir lui-même en attendrissant les autres.

Une question plus importante, c'est de savoir si un tel ouvrage est moral, c'est-à-dire si l'impression qu'on en reçoit est favorable au perfectionnement de l'âme; les événements ne sont de rien à cet égard dans une fiction; on sait si bien qu'ils dépendent de la volonté de l'auteur, qu'ils ne peuvent réveiller la conscience de personne : la moralité d'un roman consiste donc dans les sentiments qu'il inspire. On ne saurait nier qu'il n'y ait dans le livre de Goethe une profonde connaissance du cœur humain, mais une connaissance décourageante; la vie y est représentée comme une chose assez indifférente, de quelque manière qu'on la passe; triste quand on l'approfondit, assez agréable quand on l'esquive, susceptible de maladies morales qu'il faut guérir si l'on peut, et dont il faut mourir si l'on n'en peut guérir.

Les passions existent, les vertus existent; il y a des gens qui assurent qu'il faut combattre les unes par les autres; il y en a d'autres qui prétendent que cela ne se peut pas; voyez et jugez, semble dire l'écrivain qui raconte, avec impartialité, les arguments que le sort peut donner pour et contre chaque manière de voir.

On aurait tort cependant de se figurer que ce scepticisme soit inspiré par la tendance matérialiste du dix-huitième siècle; les opinions de Goethe ont bien plus de profondeur, mais elles ne donnent pas plus de consolations à l'âme. On aperçoit dans ses écrits une philosophie dédaigneuse, qui dit au bien comme au mal : « Cela doit être, puisque cela est; » un esprit prodigieux, qui domine toutes les autres facultés, et se lasse du talent même, comme ayant quelque chose de trop involontaire et de trop partial. Enfin, ce qui manque surtout à ce roman, c'est un sentiment religieux ferme et positif; les principaux personnages sont plus accessibles à la superstition qu'à la croyance; et l'on sent que dans le cœur, la religion, comme l'amour, n'est que l'effet des circonstances et pourrait varier avec elles.

Dans la marche de cet ouvrage, l'auteur se montre trop incertain; les figures qu'il dessine et les opinions qu'il indique ne laissent que des souvenirs vacillants : il faut en convenir, beaucoup penser conduit quelquefois à tout ébranler dans le fond de soi-même; mais un homme de génie tel que Goethe doit servir de guide à ses admirateurs dans une route assurée. Il n'est plus temps de douter, il n'est plus temps de mettre, à propos de toutes choses, des idées ingénieuses dans les deux côtés de la balance; il faut se livrer à la confiance, à l'enthousiasme, à l'admiration que la jeunesse immortelle de l'âme peut toujours entretenir en nous-mêmes; cette jeunesse renaît des cendres mêmes des passions : c'est le rameau d'or qui ne peut se flétrir, et qui donne à la Sibylle l'entrée dans les champs élysiens.

Tieck mérite d'être cité dans plusieurs genres; il est l'auteur d'un roman, *Sternbald*, dont la lecture est délicieuse; les événements y sont en petit nombre, et ce qu'il y en a n'est pas même conduit jusqu'au dénoûment; mais on ne trouve nulle part, je crois, une si agréable peinture de la vie d'un artiste. L'auteur place son héros dans le beau siècle des arts, et le suppose écolier d'Albert Dürer, contemporain de Raphaël; il le fait voyager dans diverses contrées de l'Europe, et peint avec un charme tout nouveau le plaisir que doivent causer les objets extérieurs, quand on n'appartient exclusivement à aucun pays, ni à aucune situation, et qu'on se promène librement à travers la nature pour y chercher des inspirations et des modèles. Cette existence voyageuse et rêveuse tout à la fois n'est bien sentie qu'en Allemagne. Dans les romans français nous décrivons toujours les mœurs et les relations sociales; mais il y a un grand secret de bonheur dans cette imagination qui plane sur la terre en la parcourant, et ne se mêle point aux intérêts actifs de ce monde.

Ce que le sort refuse presque toujours aux pauvres mortels, c'est une destinée heureuse dont les circonstances se succèdent et s'enchaînent selon nos souhaits; mais les impressions isolées sont pour la plupart assez douces, et le présent, quand on peut le considérer à part des souvenirs et des craintes, est encore le meilleur moment de l'homme. Il y a donc une philosophie poétique très-sage dans ces jouissances instantanées dont l'existence d'un artiste se compose; les sites nouveaux, les accidents de lumière qui les embellissent sont pour lui des événements qui commencent et finissent le même jour, et n'ont rien à faire avec le passé ni avec l'avenir; les affections du cœur dérobent l'aspect de la nature, et l'on s'étonne, en lisant le roman de Tieck, de toutes les merveilles qui nous environnent à notre insu.

L'auteur a mêlé à cet ouvrage des poésies détachées, dont quelques-unes sont des chefs-d'œuvre. Lorsqu'on met des vers dans un roman français, presque toujours ils interrompent l'intérêt, et détruisent l'harmonie de l'ensemble. Il n'en est pas ainsi dans *Sternbald*; le roman est si poétique en lui-même, que la prose y paraît comme un récitatif qui succède au chant, ou le prépare. On y trouve entre autres quelques stances sur le retour du printemps, qui sont enivrantes comme la nature à cette époque. L'enfance y est présentée sous mille formes différentes; l'homme, les plantes, la terre, le ciel, tout y est si jeune, tout y est si riche d'espérance, qu'on dirait que le poète célèbre les premiers beaux jours et les premières fleurs qui parèrent le monde.

Nous avons en français plusieurs romans comiques, et l'un des plus remarquables c'est *Gil Blas*. Je ne crois pas qu'on puisse citer chez les Allemands un ouvrage où l'on se joue si spirituellement des choses de la vie. Ils ont à peine un monde réel, comment pourraient-ils déjà s'en moquer? La gaieté sérieuse qui ne tourne rien en plaisanterie, mais amuse sans le vouloir, et fait rire sans avoir ri; cette gaieté que les Anglais appellent *humour*, se trouve aussi dans plusieurs écrits allemands; mais il est presque impossible de les traduire. Quand la plaisanterie consiste dans une pensée philosophique heureusement exprimée, comme le *Gulliver* de Swift, le changement de langue n'y fait rien, mais *Tristram Shandy* de Sterne perd en français presque toute sa grâce. Les plaisanteries qui consistent dans les formes du langage en disent peut-être à l'esprit mille fois plus que les idées, et cependant on ne peut transmettre aux étrangers ces impressions si vives, excitées par des nuances si fines.

Claudius est un des auteurs allemands qui ont le plus de cette gaieté nationale, partage exclusif de chaque littérature étrangère. Il a publié un recueil composé de plusieurs pièces détachées sur différents sujets; il en est quelques-unes de mauvais goût, quelques autres de peu d'importance; mais il y règne une originalité et une vérité qui rendent les moindres choses piquantes. Cet écrivain, dont le style est revêtu d'une apparence simple, et quelquefois même vulgaire, pénètre jusqu'au fond du cœur, par la sincérité de ses sentiments. Il vous fait pleurer comme il vous fait rire, parce qu'il excite en vous la sympathie, et que vous reconnaissez un semblable et un ami dans tout ce qu'il éprouve. On ne peut rien extraire des écrits de Claudius, son talent agit comme une sensation; il faut l'avoir éprouvée pour en parler. Il ressemble à ces peintres flamands qui s'élèvent quelquefois à représenter ce qu'il y a de plus noble dans la nature, ou à l'Espagnol Murillos qui peint des pauvres et des mendiants avec une vérité parfaite, mais qui leur donne souvent, même à son insu, quelques traits d'une expression noble et profonde. Il faut, pour mêler avec succès le comique et le pathétique, être éminemment naturel dans l'un et dans l'autre; dès que le factice s'aperçoit, tout contraste fait disparate; mais un grand talent plein de bonhomie peut réunir avec succès ce qui n'a du charme que sur le visage de l'enfance, le sourire au milieu des pleurs.

Un autre écrivain, plus moderne et plus célèbre que Claudius, s'est acquis une grande réputation en Allemagne par des ouvrages qu'on appellerait des romans, si une dénomination connue pouvait convenir à des productions si extraordinaires. J. Paul Richter a sûrement plus d'esprit qu'il n'en faut pour composer un ouvrage qui intéresserait les étrangers autant que les Allemands, et néanmoins rien de ce qu'il a publié ne peut sortir de l'Allemagne. Ses admirateurs diront que cela tient à l'originalité même de son génie; il me semble que ses défauts en sont autant la cause que ses qualités. Il faut, dans nos temps modernes, avoir l'esprit européen; les Allemands encouragent trop dans leurs auteurs cette hardiesse vagabonde qui, tout audacieuse qu'elle paraît, n'est pas toujours dénuée d'affectation. Madame de Lambert disait à son fils : « Mon ami, ne vous permettez que les sottises qui vous feront un grand plaisir. » On pourrait prier J. Paul de n'être bizarre que malgré lui : tout ce qu'on dit involontairement répond toujours à la nature de quelqu'un; mais quand l'originalité naturelle est gâtée par la prétention à l'originalité, le lecteur ne jouit pas complétement même de ce qui est vrai, par le souvenir et la crainte de ce qui ne l'est pas.

On trouve cependant des beautés admirables dans les ouvrages de J. Paul; mais l'ordonnance et le cadre de ses tableaux sont si défectueux, que les traits de génie les plus lumineux se perdent dans la confusion de l'ensemble. Les écrits de J. Paul doivent être considérés sous deux points de vue, la plaisanterie et le sérieux; car il mêle constamment l'une à l'autre. Sa manière d'observer le cœur humain est pleine de finesse et de gaieté, mais il ne connaît guère que le cœur humain tel qu'on peut le juger d'après les petites villes d'Allemagne, et il y a souvent dans la peinture de ces mœurs quelque chose de trop innocent pour notre siècle. Des observations si délicates et presque si minutieuses sur les affections morales rappellent un peu ce personnage des contes de fées surnommé *Fine-Oreille*, parce qu'il entendait les plantes pousser. Sterne a bien, à cet égard, quelque analogie avec J. Paul; mais si J. Paul lui est très-supérieur dans la partie sérieuse et poétique de ses ouvrages, Sterne a plus de goût et d'élégance dans la plaisanterie, et l'on voit qu'il a vécu dans une société dont les rapports étaient plus étendus et plus brillants.

Ce serait un ouvrage bien remarquable néanmoins que des pensées extraites des ouvrages de J. Paul; mais on s'aperçoit, en le lisant, de l'habitude singulière qu'il a de recueillir partout, dans de vieux livres inconnus, dans des ouvrages de sciences, etc., des métaphores et des allusions. Les rapprochements qu'il en tire sont presque toujours très-ingénieux ; mais quand il faut de l'étude et de l'attention pour saisir une plaisanterie, il n'y a guère que les Allemands qui consentent à rire à la longue, et se donnent autant de peine pour comprendre ce qui les amuse que ce qui les instruit.

Au fond de tout cela l'on trouve une foule d'idées nouvelles, et si l'on y parvient, l'on s'y enrichit beaucoup ; mais l'auteur a négligé l'empreinte qu'il fallait donner à ces trésors. La gaieté des Français vient de l'esprit de société ; celle des Italiens, de l'imagination ; celle des Anglais, de l'originalité du caractère ; la gaieté des Allemands est philosophique : ils plaisantent avec les choses et avec les livres plutôt qu'avec leurs semblables. Il y a dans leur tête un chaos de connaissances qu'une imagination indépendante et fantasque combine de mille manières, tantôt originales, tantôt confuses, mais où la vigueur de l'esprit et de l'âme se fait toujours sentir.

L'esprit de J. Paul ressemble souvent à celui de Montaigne. Les auteurs français de l'ancien temps ont en général plus de rapport avec les Allemands que les écrivains du siècle de Louis XIV ; car c'est depuis ce temps-là que la littérature française a pris une direction classique.

J. Paul Richter est souvent sublime dans la partie sérieuse de ses ouvrages, mais la mélancolie continuelle de son langage ébranle quelquefois jusqu'à la fatigue. Lorsque l'imagination nous balance trop longtemps dans le vague, à la fin les couleurs se confondent à nos regards, les contours s'effacent, et il ne reste de ce qu'on a lu qu'un retentissement, au lieu d'un souvenir. La sensibilité de J. Paul touche l'âme, mais ne la fortifie pas assez. La poésie de son style ressemble aux sons de l'harmonica, qui ravissent d'abord et font mal au bout de quelques instants, parce que l'exaltation qu'ils excitent n'a pas d'objet déterminé. L'on donne trop d'avantage aux caractères arides et froids, quand on leur présente la sensibilité comme une maladie, tandis que c'est de toutes les facultés morales la plus énergique, puisqu'elle donne le désir et la puissance de se dévouer aux autres.

Parmi les épisodes touchants qui abondent dans les romans de Jean Paul, dont le fond n'est presque jamais qu'un assez faible prétexte pour les épisodes, j'en vais citer trois, pris au hasard, pour donner l'idée du reste. Un seigneur anglais

devient aveugle par une double cataracte ; il se fait faire l'opération sur un de ses yeux ; on la manque, et cet œil est perdu sans ressource. Son fils, sans le lui dire, étudie chez un oculiste, et, au bout d'une année, il est jugé capable d'opérer l'œil que l'on peut encore sauver à son père. Le père, ignorant l'intention de son fils, croit se remettre entre les mains d'un étranger, et se prépare, avec fermeté, au moment qui va décider si le reste de sa vie se passera dans les ténèbres ; il recommande même qu'on éloigne son fils de sa chambre, afin qu'il ne soit pas trop ému en assistant à cette redoutable décision. Le fils s'approche en silence de son père ; sa main ne tremble pas ; car la circonstance est trop forte pour les signes ordinaires de l'attendrissement. Toute l'âme se concentre dans une seule pensée, et l'excès même de la tendresse donne cette présence d'esprit surnaturelle, à laquelle succéderait l'égarement, si l'espoir était perdu. Enfin l'opération réussit, et le père, en recouvrant la lumière, aperçoit le fer bienfaisant dans la main de son propre fils !

Un autre roman du même auteur présente aussi une situation très-touchante. Un jeune aveugle demande qu'on lui décrive le coucher du soleil, dont il sent les rayons doux et purs dans l'atmosphère, comme l'adieu d'un ami. Celui qu'il interroge lui raconte la nature dans toute sa beauté ; mais il mêle à cette peinture une impression de mélancolie qui doit consoler l'infortuné privé de la lumière. Sans cesse il en appelle à la Divinité, comme à la source vive des merveilles du monde ; et, ramenant tout à cette vue intellectuelle, dont l'aveugle jouit peut-être plus intimement encore que nous, il lui fait sentir dans l'âme ce que ses yeux ne peuvent plus voir.

Enfin, je risquerai la traduction d'un morceau très-bizarre, mais qui sert à faire connaître le génie de Jean Paul.

Bayle a dit quelque part que *l'athéisme ne devrait pas mettre à l'abri de la crainte des souffrances éternelles :* c'est une grande pensée, et sur laquelle on peut réfléchir longtemps. Le songe de Jean Paul, que je vais citer, peut être considéré comme cette pensée mise en action.

La vision dont il s'agit ressemble un peu au délire de la fièvre, et doit être jugée comme telle. Sous tout autre rapport que celui de l'imagination, elle serait singulièrement attaquable.

« Le but de cette fiction, dit Jean Paul, en ex- « cusera la hardiesse. Si mon cœur était jamais « assez malheureux, assez desséché pour que tous « les sentiments qui affirment l'existence d'un Dieu

« y fussent anéantis, je relirais ces pages ; j'en se-
« rais ébranlé profondément, et j'y retrouverais
« mon salut et ma foi. Quelques hommes nient
« l'existence de Dieu avec autant d'indifférence
« que d'autres l'admettent ; et tel y a cru pendant
« vingt années, qui n'a rencontré que dans la vingt
« et unième, la minute solennelle où il a découvert
« avec ravissement le riche apanage de cette
« croyance, la chaleur vivifiante de cette fontaine
« de naphte.

Un Songe.

« Lorsque, dans l'enfance, on nous raconte que
« vers minuit, à l'heure où le sommeil atteint notre
« âme de si près, les songes deviennent plus si-
« nistres, les morts se relèvent, et, dans les églises
« solitaires, contrefont les pieuses pratiques des
« vivants, la mort nous effraye à cause des morts.
« Quand l'obscurité s'approche, nous détournons
« nos regards de l'église et de ses noirs vitraux ;
« les terreurs de l'enfance, plus encore que ses
« plaisirs, reprennent des ailes pour voltiger autour
« de nous, pendant la nuit légère de l'âme assoupie.
« Ah ! n'éteignez pas ces étincelles ; laissez-nous
« nos songes, même les plus sombres. Ils sont
« encore plus doux que notre existence actuelle ;
« ils nous ramènent à cet âge où le fleuve de la
« vie réfléchit encore le ciel.
« Un soir d'été, j'étais couché sur le sommet
« d'une colline ; je m'endormis, et je rêvai que
« je me réveillais au milieu de la nuit dans un
« cimetière. L'horloge sonnait onze heures. Toutes
« les tombes étaient entr'ouvertes, et les portes
« de fer de l'église, agitées par une main invisible,
« s'ouvraient et se refermaient à grand bruit. Je
« voyais sur les murs s'enfuir des ombres, qui n'y
« étaient projetées par aucun corps : d'autres om-
« bres livides s'élevaient dans les airs, et les en-
« fants seuls reposaient encore dans les cercueils.
« Il y avait dans le ciel comme un nuage grisâtre,
« lourd, étouffant, qu'un fantôme gigantesque
« serrait et pressait à longs plis. Au-dessus de moi,
« j'entendais la chute lointaine des avalanches, et
« sous mes pas la première commotion d'un vaste
« tremblement de terre. Toute l'église vacillait, et
« l'air était ébranlé par des sons déchirants qui
« cherchaient vainement à s'accorder. Quelques
« pâles éclairs jetaient une lueur sombre. Je me
« sentis poussé par la terreur même, à chercher
« un abri dans le temple : deux basilics étincelants
« étaient placés devant ses portes redoutables.
« J'avançai parmi la foule des ombres inconnues,
« sur qui le sceau des vieux siècles était imprimé ;

« toutes ces ombres se pressaient autour de l'autel
« dépouillé, et leur poitrine seule respirait et s'agi-
« tait avec violence ; un mort seulement, qui de-
« puis peu était enterré dans l'église, reposait sur
« son linceul ; il n'y avait point encore de battement
« dans son sein, et un songe heureux faisait sou-
« rire son visage ; mais à l'approche d'un vivant il
« s'éveilla, cessa de sourire, ouvrit avec un pé-
« nible effort ses paupières engourdies ; la place de
« l'œil était vide, et à celle du cœur il n'y avait
« qu'une profonde blessure ; il souleva ses mains,
« les joignit pour prier ; mais ses bras s'allongèrent,
« se détachèrent du corps, et les mains jointes
« tombèrent à terre.
« Au bout de la voûte de l'église était le cadran
« de l'éternité ; on n'y voyait ni chiffres ni aiguilles,
« mais une main noire en faisait le tour avec len-
« teur, et les morts s'efforçaient d'y lire le temps.
« Alors descendit des hauts lieux sur l'autel une
« figure rayonnante, noble, élevée, et qui portait
« l'empreinte d'une impérissable douleur ; les morts
« s'écrièrent : « O Christ ! n'est-il point de Dieu ?
« — Il répondit : Il n'en est point. » Toutes les
« ombres se prirent à trembler avec violence, et
« le Christ continua ainsi : « J'ai parcouru les
« mondes, je me suis élevé au-dessus des soleils,
« et là aussi il n'est point de Dieu ; je suis des-
« cendu jusqu'aux dernières limites de l'univers,
« j'ai regardé dans l'abîme et je me suis écrié : Père,
« où es-tu ? Mais je n'ai entendu que la pluie qui
« tombait goutte à goutte dans l'abîme, et l'éter-
« nelle tempête, que nul ordre ne régit, m'a seule
« répondu. Relevant ensuite mes regards vers la
« voûte des cieux, je n'y ai trouvé qu'un orbite
« vide, noir et sans fond. L'éternité reposait sur
« le chaos et le rongeait, et se dévorait lentement
« elle-même. Redoublez vos plaintes amères et
« déchirantes ; que des cris aigus dispersent les
« ombres, car c'en est fait. »
« Les ombres désolées s'évanouirent comme la
« vapeur blanchâtre que le froid a condensée ;
« l'église fut bientôt déserte ; mais tout à coup,
« spectacle affreux ! les enfants morts, qui s'étaient
« réveillés à leur tour dans le cimetière, accou-
« rurent et se prosternèrent devant la figure ma-
« jestueuse qui était sur l'autel, et dirent : « Jésus,
« n'avons-nous pas de père ? » Et il répondit avec
« un torrent de larmes : « Nous sommes tous or-
« phelins ; moi et vous, nous n'avons point de
« père. » A ces mots, le temple et les enfants s'a-
« bîmèrent, et tout l'édifice du monde s'écroula
« devant moi dans son immensité. »
Je n'ajouterai point de réflexions à ce morceau,

dont l'effet dépend absolument du genre d'imagination des lecteurs. Le sombre talent qui s'y manifeste m'a frappée, et il me paraît beau de transporter ainsi au delà de la tombe l'horrible effroi
que doit éprouver la créature privée de Dieu.

On n'en finirait point, si l'on voulait analyser
la foule de romans spirituels et touchants que
l'Allemagne possède. Ceux de la Fontaine en particulier, que tout le monde lit au moins une fois
avec tant de plaisir, sont en général plus intéressants par les détails que par la conception même
du sujet. Inventer devient tous les jours plus rare,
et d'ailleurs il est très-difficile que les romans qui
peignent les mœurs puissent plaire d'un pays à
l'autre. Le grand avantage donc qu'on peut retirer
de l'étude de la littérature allemande, c'est le mouvement d'émulation qu'elle donne; il faut y chercher des forces pour composer soi-même, plutôt
que des ouvrages tout faits qu'on puisse transporter ailleurs.   —

CHAPITRE XXIX.

*Des historiens allemands, et de J. de Müller en
particulier.*

L'histoire est dans la littérature ce qui touche
de plus près à la connaissance des affaires publiques : c'est presque un homme d'État qu'un
grand historien; car il est difficile de bien juger
les événements politiques, sans être, jusqu'à un
certain point, capable de les diriger soi-même;
aussi voit-on que la plupart des historiens sont à
la hauteur du gouvernement de leur pays, et n'é-
crivent guère que comme ils pourraient agir. Les
historiens de l'antiquité sont les premiers de tous,
parce qu'il n'est point d'époque où les hommes
supérieurs aient exercé plus d'ascendant sur leur
patrie. Les historiens anglais occupent le second
rang; c'est la nation en Angleterre; plus encore
que tel ou tel homme, qui a de la grandeur; aussi
les historiens y sont-ils moins dramatiques, mais
plus philosophes que les anciens. Les idées générales ont, chez les Anglais, plus d'importance que
les individus. En Italie, le seul Machiavel, parmi
les historiens, a considéré les événements de son
pays d'une manière universelle, mais terrible; tous
les autres ont vu le monde dans leur ville : ce patriotisme, quelque resserré qu'il soit, donne encore de l'intérêt et du mouvement aux écrits des
Italiens [1]. On a remarqué de tout temps que les

[1] M. de Sismondi a su faire revivre ces intérêts partiels des
républiques italiennes, en les rattachant aux grandes questions
qui intéressent l'humanité tout entière.

mémoires valaient beaucoup mieux en France que
les histoires; les intrigues de cour disposaient jadis
du sort du royaume; il était donc naturel que dans
un tel pays les anecdotes particulières renfer-
massent le secret de l'histoire.

C'est sous le point de vue littéraire qu'il faut
considérer les historiens allemands; l'existence
politique du pays n'a point eu jusqu'à présent assez
de force pour donner en ce genre un caractère national aux écrivains. Le talent particulier à chaque
homme et les principes généraux de l'art d'écrire
l'histoire ont seuls influé sur les productions de
l'esprit humain dans cette carrière. On peut diviser,
ce me semble, en trois classes principales les différents écrits historiques publiés en Allemagne;
l'histoire savante, l'histoire philosophique, et l'histoire classique, en tant que l'acception de ce mot
est bornée à l'art de raconter, tel que les anciens
l'ont conçu.

L'Allemagne abonde en historiens savants, tels
que Mascou, Schœpflin, Schlœzer, Gatterer,
Schmidt, etc. Ils ont fait des recherches immenses,
et nous ont donné des ouvrages où tout se trouve
pour qui sait les étudier; mais de tels écrivains
ne sont bons qu'à consulter, et leurs travaux seraient les plus estimables et les plus généreux de
tous, s'ils avaient eu seulement pour but d'épargner
de la peine aux hommes de génie qui veulent écrire
l'histoire.

Schiller est à la tête des historiens philosophiques, c'est-à-dire, de ceux qui considèrent les faits
comme des raisonnements à l'appui de leurs opinions. La révolution des Pays-Bas se lit comme
un plaidoyer plein d'intérêt et de chaleur. La
guerre de trente ans est l'une des époques dans
laquelle la nation allemande a montré le plus d'é-
nergie. Schiller en a fait l'histoire avec un sentiment de patriotisme et d'amour pour les lumières
et pour la liberté, qui honore tout à la fois son
âme et son génie; les traits avec lesquels il caractérise les principaux personnages, sont d'une étonnante supériorité, et toutes ses réflexions naissent
du recueillement d'une âme élevée; mais les Allemands reprochent à Schiller de n'avoir pas assez
étudié les faits dans leurs sources; il ne pouvait
suffire à toutes les carrières auxquelles ses rares
talents l'appelaient, et son histoire n'est pas fondée sur une érudition assez étendue. Ce sont les
Allemands, j'ai souvent eu occasion de le dire,
qui ont senti les premiers tout le parti que l'imagination pouvait tirer de l'érudition; les circonstances de détail donnent seules de la couleur et de
la vie à l'histoire; on ne trouve guère à la super-

ficie des connaissances qu'un prétexte pour le raisonnement et l'esprit.

L'histoire de Schiller a été écrite dans cette époque du dix-huitième siècle où l'on faisait de tout des armes, et son style se sent un peu du genre polémique qui régnait alors dans la plupart des écrits. Mais quand le but qu'on se propose est la tolérance et la liberté, et que l'on y tend par des moyens et des sentiments aussi nobles que ceux de Schiller, on compose toujours un bel ouvrage, quand même on pourrait désirer, dans la part accordée aux faits et aux réflexions, quelque chose de plus ou de moins étendu [1].

Par un contraste singulier, c'est Schiller, le grand auteur dramatique, qui a mis peut-être trop de philosophie, et par conséquent trop d'idées générales dans ses récits, et c'est Müller, le plus savant des historiens, qui a été vraiment poète dans sa manière de peindre les événements et les hommes. Il faut distinguer dans l'Histoire de la Suisse l'érudit et l'écrivain d'un grand talent : ce n'est qu'ainsi, ce me semble, qu'on peut parvenir à rendre justice à Müller. C'était un homme d'un savoir inouï, et ses facultés en ce genre faisaient vraiment peur. On ne conçoit pas comment la tête d'un homme a pu contenir ainsi un monde de faits et de dates. Les six mille ans à nous connus étaient parfaitement rangés dans sa mémoire, et ses études avaient été si profondes qu'elles étaient vives comme des souvenirs. Il n'y a pas un village de Suisse, pas une famille noble dont il ne sût l'histoire. Un jour, en conséquence d'un pari, on lui demanda la suite des comtes souverains du Bugey; il les dit à l'instant même, seulement il ne se rappelait pas bien si l'un de ceux qu'il nommait avait été régent ou régnant en titre, et il se faisait sérieusement des reproches d'un tel manque de mémoire. Les hommes de génie, parmi les anciens, n'étaient point asservis à cet immense travail d'érudition qui s'augmente avec les siècles, et leur imagination n'était point fatiguée par l'étude. Il en coûte plus pour se distinguer de nos jours, et l'on doit du respect au labeur immense qu'il faut pour se mettre en possession du sujet que l'on veut traiter.

La mort de ce Müller, dont la vie peut être diversement jugée, est une perte irréparable, et l'on croit voir périr plus qu'un homme, quand de telles facultés s'éteignent [2].

Müller, qu'on peut considérer comme le véritable historien classique d'Allemagne, lisait habituellement les auteurs grecs et latins dans leur langue originale; il cultivait la littérature et les arts pour les faire servir à l'histoire. Son érudition sans bornes, loin de nuire à sa vivacité naturelle, était comme la base d'où son imagination prenait l'essor, et la vérité vivante de ses tableaux tenait à leur fidélité scrupuleuse; mais s'il savait admirablement se servir de l'érudition, il ignorait l'art de s'en dégager quand il le fallait. Son histoire est beaucoup trop longue, il n'en a pas assez resserré l'ensemble. Les détails sont nécessaires pour donner de l'intérêt au récit des événements; mais on doit choisir parmi les événements ceux qui méritent d'être racontés.

L'ouvrage de Müller est une chronique éloquente; si pourtant toutes les histoires étaient ainsi conçues, la vie de l'homme se consumerait tout entière à lire la vie des hommes. Il serait donc à souhaiter que Müller ne se fût pas laissé séduire par l'étendue même de ses connaissances. Néanmoins les lecteurs qui ont d'autant plus de temps à donner qu'ils l'emploient mieux, se pénétreront toujours avec un plaisir nouveau de ces illustres annales de la Suisse. Les discours préliminaires sont des chefs-d'œuvre d'éloquence. Nul n'a su mieux que Müller montrer dans ses écrits le patriotisme le plus énergique; et maintenant qu'il n'est plus, c'est par ses écrits seuls qu'il faut l'apprécier.

Il décrit en peintre la contrée où se sont passés les principaux événements de la confédération helvétique. On aurait tort de se faire l'historien d'un pays qu'on n'aurait pas vu soi-même. Les sites, les lieux, la nature, sont comme le fond du tableau; et les faits, quelque bien racontés qu'ils puissent être, n'ont pas tous les caractères de la vérité, quand on ne vous fait pas voir les objets extérieurs dont les hommes étaient environnés.

L'érudition qui a induit Müller à mettre trop d'importance à chaque fait, lui est bien utile, quand il s'agit d'un événement vraiment digne d'être animé par l'imagination. Il le raconte alors comme s'il s'était passé la veille, et sait lui donner l'intérêt qu'une circonstance encore présente ferait éprouver. Il faut, autant qu'on le peut, dans l'his-

---

[1] On ne peut oublier, parmi les historiens philosophiques, M. Heeren, qui vient de publier des *Considérations sur les Croisades*, dans lesquelles une parfaite impartialité est le résultat des connaissances les plus rares et de la force de la raison.

[2] Parmi les disciples de Müller, le baron de Hormayr, qui

a écrit le *Plutarque autrichien*, doit être considéré comme l'un des premiers; on sent que son histoire est composée, non d'après les livres, mais sur les manuscrits originaux. Le docteur Decarro, un savant Genevois établi à Vienne, et dont l'activité bienfaisante a porté la découverte de la vaccine jusqu'en Asie, va faire paraître une traduction de ces Vies des Grands Hommes d'Autriche, qui doit exciter le plus grand intérêt.

toire comme dans les fictions, laisser au lecteur le plaisir et l'occasion de pressentir lui-même les caractères et la marche des événements. Il se lasse facilement de ce qu'on lui dit, mais il est ravi de ce qu'il découvre ; et l'on assimile la littérature aux intérêts de la vie, quand on sait exciter par le récit l'anxiété de l'attente ; le jugement du lecteur s'exerce sur un mot, sur une action qui fait tout à coup comprendre un homme, et souvent l'esprit même d'une nation et d'un siècle.

La conjuration du Rütli, telle qu'elle est racontée dans l'histoire de Müller, inspire un intérêt prodigieux. Cette vallée paisible où des hommes paisibles aussi comme elle se déterminèrent aux plus périlleuses actions que la conscience puisse commander ; le calme dans la délibération, la solennité du serment, l'ardeur dans l'exécution ; l'irrévocable qui se fonde sur la volonté de l'homme, tandis qu'au dehors tout peut changer, quel tableau ! Les images seules y font naître les pensées : les héros de cet événement, comme l'auteur qui le rapporte, sont absorbés par la grandeur même de l'objet. Aucune idée générale ne se présente à leur esprit, aucune réflexion n'altère la fermeté de l'action ni la beauté du récit.

A la bataille de Granson, dans laquelle le duc de Bourgogne attaqua la faible armée des cantons suisses, un trait simple donne la plus touchante idée de ces temps et de ces mœurs. Charles occupait déjà les hauteurs, et se croyait maître de l'armée qu'il voyait de loin dans la plaine ; tout à coup, au lever du soleil, il aperçut les Suisses qui, suivant la coutume de leurs pères, se mettaient tous à genoux, pour invoquer avant le combat la protection du Seigneur des seigneurs ; les Bourguignons crurent qu'ils se mettaient à genoux ainsi pour rendre les armes, et poussèrent des cris de triomphe ; mais tout à coup ces chrétiens, fortifiés par la prière, se relèvent, se précipitent sur leurs adversaires, et remportent à la fin la victoire dont leur pieuse ardeur les avait rendus dignes. Des circonstances de ce genre se retrouvent souvent dans l'histoire de Müller, et son langage ébranle l'âme, lors même que ce qu'il dit n'est point pathétique : il y a quelque chose de grave, de noble et de sévère dans son style, qui réveille puissamment le souvenir des vieux siècles.

C'était cependant un homme mobile avant tout, que Müller ; mais le talent prend toutes les formes, sans avoir pour cela un moment d'hypocrisie. Il est ce qu'il paraît ; seulement il ne peut se maintenir toujours dans la même disposition, et les circonstances extérieures le modifient. C'est surtout à la couleur de son style que Müller doit sa puissance sur l'imagination ; les mots anciens dont il se sert si à propos ont un air de loyauté germanique qui inspire de la confiance. Néanmoins il a tort de vouloir quelquefois mêler la concision de Tacite à la naïveté du moyen âge : ces deux imitations se contredisent. Il n'y a même que Müller à qui les tournures du vieux allemand réussissent quelquefois ; pour tout autre ce serait de l'affectation. Salluste seul, parmi les écrivains de l'antiquité, a imaginé d'employer les formes et les termes d'un temps antérieur au sien ; en général le naturel s'oppose à cette sorte d'imitation ; cependant les chroniques du moyen âge étaient si familières à Müller, que c'est spontanément qu'il écrit souvent du même style. Il faut bien que ses expressions soient vraies, puisqu'elles inspirent ce qu'il veut faire éprouver.

On est bien aise de croire, en lisant Müller, que parmi toutes les vertus qu'il a si bien senties, il en est qu'il a possédées. Son testament, qu'on vient de publier, est au moins une preuve de son désintéressement. Il ne laisse point de fortune, et il demande que l'on vende ses manuscrits pour payer ses dettes. Il ajoute que si cela suffit pour les acquitter, il se permet de disposer de sa montre en faveur de son domestique. « Ce n'est pas sans attendrissement, dit-il, qu'il recevra la montre qu'il a montée pendant vingt années. » La pauvreté d'un homme d'un si grand talent est toujours une honorable circonstance de sa vie ; la millième partie de l'esprit qui rend illustre suffirait assurément pour faire réussir tous les calculs de l'avidité. Il est beau d'avoir consacré ses facultés au culte de la gloire, et l'on ressent toujours de l'estime pour ceux dont le but le plus cher est au delà du tombeau.

CHAPITRE XXX.

Herder.

Les hommes de lettres, en Allemagne, sont à beaucoup d'égards la réunion la plus respectable que le monde éclairé puisse offrir, et parmi ces hommes, Herder mérite encore une place à part : son âme, son génie et sa moralité tout ensemble, ont illustré sa vie. Ses écrits peuvent être considérés sous trois rapports différents, l'histoire, la littérature et la théologie. Il s'était fort occupé de l'antiquité en général, et des langues orientales en particulier. Son livre intitulé *la Philosophie de l'Histoire* est peut-être le livre allemand écrit avec le plus de charme. On n'y trouve pas la même profondeur d'observations politiques que dans l'ouvrage de Montesquieu, sur *les Causes de la grandeur et de la décadence des Romains ;* mais comme Herder s'attachait à pénétrer le génie des temps les plus reculés, peut-être que la qualité qu'il possédait au suprême degré, l'imagination, servait mieux que toute autre à les faire connaître. Il faut ce flambeau pour marcher dans les ténèbres : c'est une lecture délicieuse que les divers chapitres de Herder sur Persépolis et Babylone, sur les Hébreux et sur les Égyptiens ; il semble qu'on se promène au milieu de l'ancien monde avec un poëte historien, qui touche les ruines de sa baguette, et reconstruit à nos yeux les édifices abattus.

On exige en Allemagne, même des hommes du plus grand talent, une instruction si étendue, que des critiques ont accusé Herder de n'avoir pas une érudition assez approfondie. Mais ce qui nous frapperait, au contraire, c'est la variété de ses connaissances ; toutes les langues lui étaient connues, et celui de tous ses ouvrages où l'on reconnaît le plus jusqu'à quel point il portait le tact des nations étrangères, c'est son *Essai sur la poésie hébraïque.* Jamais on n'a mieux exprimé le génie d'un peuple prophète, pour qui l'inspiration poétique était un rapport intime avec la Divinité. La vie errante de ce peuple, ses mœurs, les pensées dont il était capable, les images qui lui étaient habituelles, sont indiquées par Herder avec une étonnante sagacité. A l'aide des rapprochements les plus ingénieux, il cherche à donner l'idée de la symétrie du verset des Hébreux, de ce retour du même sentiment ou de la même image en des termes différents, dont chaque stance offre l'exemple. Quelquefois il compare cette brillante régularité à deux rangs de perles qui entourent la chevelure d'une belle femme. « L'art et la nature, dit-il, « conservent toujours une imposante uniformité à « travers leur abondance. » A moins de lire les psaumes des Hébreux dans l'original, il est impossible de mieux pressentir leur charme que par ce qu'en dit Herder. Son imagination était à l'étroit dans les contrées de l'Occident ; il se plaisait à respirer les parfums de l'Asie, et transmettait dans ses ouvrages le pur encens que son âme y avait recueilli.

C'est lui qui le premier a fait connaître en Allemagne les poésies espagnoles et portugaises ; les traductions de W. Schlegel les y ont depuis naturalisées. Herder a publié un recueil intitulé *Chansons populaires ;* ce recueil contient les romances et les poésies détachées où sont empreints le ca-

ractère national et l'imagination des peuples. On y peut étudier la poésie naturelle, celle qui précède les lumières. La littérature cultivée devient si promptement factice, qu'il est bon de retourner quelquefois à l'origine de toute poésie, c'est-à-dire à l'impression de la nature sur l'homme, avant qu'il eût analysé l'univers et lui-même. La flexibilité de l'allemand permet seule peut-être de traduire ces naïvetés du langage de chaque pays sans lesquelles on ne reçoit aucune impression des poésies populaires ; les mots, dans ces poésies, ont par eux-mêmes une certaine grâce qui nous émeut comme une fleur que nous avons vue, comme un air que nous avons entendu dans notre enfance : ces impressions singulières contiennent non-seulement les secrets de l'art, mais ceux de l'âme où l'art les a puisés. Les Allemands, en littérature, analysent jusqu'à l'extrémité des sensations, jusqu'à ces nuances délicates qui se refusent à la parole, et l'on pourrait leur reprocher de s'attacher trop en tout genre à faire comprendre l'inexprimable.

Je parlerai dans la quatrième partie de cet ouvrage des écrits de Herder sur la théologie ; l'histoire et la littérature s'y trouvent aussi souvent réunies. Un homme d'un génie aussi sincère que Herder devait mêler la religion à toutes ses pensées, et toutes ses pensées à la religion. On a dit que ses écrits ressemblaient à une conversation animée : il est vrai qu'il n'a pas dans ses ouvrages la forme méthodique qu'on est convenu de donner aux livres. C'est sous les portiques et dans les jardins de l'Académie que Platon expliquait à ses disciples le système du monde intellectuel. On retrouve dans Herder cette noble négligence du talent, toujours impatient de marcher à des idées nouvelles. C'est une invention moderne que ce qu'on appelle un livre bien fait. La découverte de l'imprimerie a rendu nécessaires les divisions, les résumés, tout l'appareil enfin de la logique. La plupart des ouvrages philosophiques des anciens sont des traités ou des dialogues qu'on se représente comme des entretiens écrits. Montaigne aussi s'abandonnait de même au cours naturel de ses pensées. Il faut, il est vrai, pour un tel *laisser aller*, la supériorité la plus décidée : l'ordre supplée à la richesse, et si la médiocrité marchait au hasard, elle ne ferait d'ordinaire que nous ramener au même point, avec la fatigue de plus ; mais un homme de génie intéresse davantage, quand il se montre tel qu'il est, et que ses livres semblent plutôt improvisés que composés.

Herder avait, dit-on, une conversation admirable, et l'on sent dans ses écrits que cela devait être ainsi. L'on y sent bien aussi ce que tous ses amis attestent, c'est qu'il n'était point d'homme meilleur. Quand le talent littéraire peut inspirer à ceux qui ne nous connaissent point encore, du penchant à nous aimer, c'est le présent du ciel dont on recueille les plus doux fruits sur la terre.

CHAPITRE XXXI.

Des richesses littéraires de l'Allemagne, et de ses critiques les plus renommés, August Wilhelm et Frédéric Schlegel.

Dans le tableau que je viens de présenter de la littérature allemande, j'ai tâché de désigner les ouvrages principaux; mais il m'a fallu renoncer même à nommer un grand nombre d'hommes dont les écrits moins connus servent plus efficacement à l'instruction de ceux qui les lisent qu'à la gloire de leurs auteurs.

Les traités sur les beaux-arts, les ouvrages d'érudition et de philosophie, quoiqu'ils n'appartiennent pas immédiatement à la littérature, doivent pourtant être comptés parmi ses richesses. Il y a dans cette Allemagne des trésors d'idées et de connaissances que le reste des nations de l'Europe n'épuisera pas de longtemps.

Le génie poétique, si le ciel nous le rend, pourrait aussi recevoir une impulsion heureuse de l'amour pour la nature, les arts et la philosophie, qui fermente dans les contrées germaniques; mais au moins j'ose affirmer que tout homme qui voudra se vouer maintenant à quelque travail sérieux que ce soit, sur l'histoire, la philosophie ou l'antiquité, ne saurait se passer de connaître les écrivains allemands qui s'en sont occupés.

La France peut s'honorer d'un grand nombre d'érudits de la première force, mais rarement les connaissances et la sagacité philosophique y ont été réunies, tandis qu'en Allemagne elles sont maintenant presque inséparables. Ceux qui plaident en faveur de l'ignorance, comme d'un garant de la grâce, citent un grand nombre d'hommes de beaucoup d'esprit qui n'avaient aucune instruction; mais ils oublient que ces hommes ont profondément étudié le cœur humain tel qu'il se montre dans le monde, et que c'était sur ce sujet qu'ils avaient des idées. Mais si ces savants, en fait de société, voulaient juger la littérature sans la connaître, ils seraient ennuyeux comme les bourgeois quand ils parlent de la cour.

Lorsque j'ai commencé l'étude de l'allemand, il m'a semblé que j'entrais dans une sphère nouvelle, où se manifestaient les lumières les plus frappantes sur tout ce que je sentais auparavant d'une manière confuse. Depuis quelque temps on ne lit guère en France que des mémoires ou des romans, et ce n'est pas tout à fait par frivolité qu'on est devenu moins capable de lectures plus sérieuses, c'est parce que les événements de la révolution ont accoutumé à ne mettre de prix qu'à la connaissance des faits et des hommes : on trouve dans les livres allemands, sur les sujets les plus abstraits, le genre d'intérêt qui fait rechercher les bons romans, c'est-à-dire, ce qu'ils nous apprennent sur notre propre cœur. Le caractère distinctif de la littérature allemande est de rapporter tout à l'existence intérieure; et comme c'est là le mystère des mystères, une curiosité sans bornes s'y attache.

Avant de passer à la philosophie, qui fait toujours partie des lettres, dans les pays où la littérature est libre et puissante, je dirai quelques mots de ce qu'on peut considérer comme la législation de cet empire, la critique. Il n'est point de branche de la littérature allemande qui ait été portée plus loin, et comme dans de certaines villes l'on trouve plus de médecins que de malades, il y a quelquefois en Allemagne encore plus de critiques que d'auteurs; mais les analyses de Lessing, le créateur du style, dans la prose allemande, sont telles qu'on peut les considérer comme des ouvrages.

Kant, Goethe, J. de Müller, les plus grands écrivains de l'Allemagne, en tout genre, ont inséré dans les journaux ce qu'ils appellent les *recensions* des divers écrits qui ont paru, et ces *recensions* renferment la théorie philosophique et les connaissances positives les plus approfondies. Parmi les écrivains plus jeunes, Schiller et les deux Schlegel se sont montrés de beaucoup supérieurs à tous les autres critiques. Schiller est le premier, parmi les disciples de Kant, qui ait appliqué sa philosophie à la littérature; et en effet, partir de l'âme pour juger les objets extérieurs, ou des objets extérieurs pour savoir ce qui se passe dans l'âme, c'est une marche si différente que tout doit s'en ressentir. Schiller a écrit deux traités sur le *naïf et le sentimental*, dans lesquels le talent qui s'ignore et le talent qui s'observe lui-même sont analysés avec une sagacité prodigieuse; mais dans son essai sur *la Grâce et la Dignité*, et dans ses lettres sur l'*Esthétique*, c'est-à-dire la théorie du beau, il y a trop de métaphysique. Lorsqu'on veut parler des jouissances des arts, dont tous les hommes sont susceptibles, il faut s'appuyer toujours sur les impressions qu'ils ont reçues, et ne pas se permettre les formes abstraites qui font perdre la trace de ces impressions. Schiller tenait à la littérature par son talent, et à la philosophie par son penchant pour la réflexion ; ses écrits en prose sont aux confins des deux régions ; mais il empiète trop souvent sur la plus haute ; et, revenant sans cesse à ce qu'il y a de plus abstrait dans la théorie, il dédaigne l'application comme une conséquence inutile des principes qu'il a posés.

La description animée des chefs-d'œuvre donne bien plus d'intérêt à la critique que les idées générales qui planent sur tous les sujets, sans en caractériser aucun. La métaphysique est, pour ainsi dire, la science de l'immuable ; mais tout ce qui est soumis à la succession du temps ne s'explique que par le mélange des faits et des réflexions : les Allemands voudraient arriver sur tous les sujets à des théories complètes, et toujours indépendantes des circonstances ; mais comme cela est impossible, il ne faut pas renoncer aux faits, dans la crainte qu'ils ne circonscrivent les idées ; et les exemples seuls, dans la théorie comme dans la pratique, gravent les préceptes dans le souvenir.

La quintessence de pensées que présentent certains ouvrages allemands ne concentre pas, comme celle des fleurs, les parfums les plus odoriférants ; on dirait au contraire qu'elle n'est qu'un reste froid d'émotions pleines de vie. On pourrait extraire cependant de ces ouvrages une foule d'observations d'un grand intérêt ; mais elles se confondent les unes dans les autres. L'auteur, à force de pousser son esprit en avant, conduit ses lecteurs à ce point où les idées sont trop fines pour qu'on doive essayer de les transmettre.

Les écrits de A. W. Schlegel sont moins abstraits que ceux de Schiller ; comme il possède en littérature des connaissances rares, même dans sa patrie, il est ramené sans cesse à l'application, par le plaisir qu'il trouve à comparer les diverses langues et les différentes poésies entre elles. Un point de vue si universel devrait presque être considéré comme infaillible, si la partialité ne l'altérait pas quelquefois ; mais cette partialité n'est point arbitraire, et j'en indiquerai la marche et le but ; cependant, comme il y a des sujets dans lesquels elle ne se fait point sentir, c'est d'abord de ceux-là que je parlerai.

W. Schlegel a donné à Vienne un cours de littérature dramatique [1] qui embrasse ce qui a été composé de plus remarquable pour le théâtre, depuis les Grecs jusqu'à nos jours ; ce n'est point

une nomenclature stérile des travaux des divers auteurs ; l'esprit de chaque littérature y est saisi avec l'imagination d'un poëte ; l'on sent que, pour donner de tels résultats, il faut des études extraordinaires ; mais l'érudition ne s'aperçoit dans cet ouvrage que par la connaissance parfaite des chefs-d'œuvre. On jouit en peu de pages du travail de toute une vie ; chaque jugement porté par l'auteur, chaque épithète donnée aux écrivains dont il parle, est belle et juste, précise et animée. W. Schlegel a trouvé l'art de traiter les chefs-d'œuvre de la poésie comme des merveilles de la nature, et de les peindre avec des couleurs vives qui ne nuisent point à la fidélité du dessin ; car, on ne saurait trop le répéter, l'imagination, loin d'être ennemie de la vérité, la fait ressortir mieux qu'aucune autre faculté de l'esprit, et tous ceux qui s'appuient d'elle pour excuser des expressions exagérées ou des termes vagues, sont au moins aussi dépourvus de poésie que de raison.

L'analyse des principes sur lesquels se fondent la tragédie et la comédie, est traitée dans le cours de W. Schlegel avec une grande profondeur philosophique ; ce genre de mérite se retrouve souvent parmi les écrivains allemands ; mais Schlegel n'a point d'égal dans l'art d'inspirer de l'enthousiasme pour les grands génies qu'il admire ; il se montre en général partisan d'un goût simple et quelquefois même d'un goût rude ; mais il fait exception à cette façon de voir en faveur des peuples du Midi. Leurs jeux de mots et leurs *concetti* ne sont point l'objet de sa censure ; il déteste le maniéré qui naît de l'esprit de société, mais celui qui vient du luxe de l'imagination lui plaît en poésie, comme la profusion des couleurs et des parfums dans la nature. Schlegel, après s'être acquis une grande réputation par sa traduction de Shakspeare, a pris pour Calderon un amour aussi vif, mais d'un genre très-différent de celui que Shakspeare peut inspirer ; car autant l'auteur anglais est profond et sombre dans la connaissance du cœur humain, autant le poëte espagnol s'abandonne avec douceur et charme à la beauté de la vie, à la sincérité de la foi, à tout l'éclat des vertus que colore le soleil de l'âme.

J'étais à Vienne quand W. Schlegel y donna son cours public. Je n'attendais que de l'esprit et de l'instruction dans des leçons qui avaient l'enseignement pour but ; je fus confondue d'entendre un critique éloquent comme un orateur, et qui, loin de s'acharner aux défauts, éternel aliment de la médiocrité jalouse, cherchait seulement à faire revivre le génie créateur.

[1] Cet ouvrage est traduit en français. L'auteur anonyme de la traduction (madame Necker de Saussure) y a joint une préface pleine de pensées neuves et ingénieuses.

La littérature espagnole est peu connue, c'est elle qui fut l'objet d'un des plus beaux morceaux prononcés dans la séance à laquelle j'assistai. W. Schlegel nous peignit cette nation chevaleresque dont les poëtes étaient guerriers, et les guerriers poëtes. Il cita ce comte Ercilla « qui composa « sous une tente son poëme de l'Araucana, tantôt « sur les plages de l'Océan, tantôt au pied des « Cordilières, pendant qu'il faisait la guerre aux « sauvages révoltés. Garcilasse, un des descen- « dants des Incas, écrivait des poésies d'amour sur « les ruines de Carthage, et périt à l'assaut de Tu- « nis. Cervantes fut grièvement blessé à la bataille « de Lépante; Lopès de Vega échappa comme par « miracle à la défaite de la flotte invincible; et Cal- « deron servit en intrépide soldat dans les guer- « res de Flandre et d'Italie.

« La religion et la guerre se mêlèrent chez les « Espagnols plus que dans toute autre nation; ce « sont eux qui, par des combats continuels, re- « poussèrent les Maures de leur sein, et l'on pou- « vait les considérer comme l'avant-garde de la « chrétienté européenne; ils conquirent leurs égli- « ses sur les Arabes; un acte de leur culte était « un trophée pour leurs armes, et leur foi triom- « phante, quelquefois portée jusqu'au fanatisme, « s'alliait avec le sentiment de l'honneur, et don- « nait à leur caractère une imposante dignité. Cette « gravité mêlée d'imagination, cette gaieté même « qui ne fait rien perdre au sérieux de toutes les « affections profondes, se montrent dans la litté- « rature espagnole, toute composée de fictions et « de poésies, dont la religion, l'amour et les ex- « ploits guerriers sont l'objet. On dirait que dans « ces temps où le nouveau monde fut découvert, « les trésors d'un autre hémisphère servaient aux « richesses de l'imagination aussi bien qu'à celles « de l'État, et que dans l'empire de la poésie, « comme dans celui de Charles-Quint, le soleil ne « cessait jamais d'éclairer l'horizon. »

Les auditeurs de W. Schlegel furent vivement émus par ce tableau, et la langue allemande, dont il se servait avec élégance, entourait de pensées profondes et d'expressions sensibles, les noms retentissants de l'espagnol, ces noms qui ne peuvent être prononcés sans que déjà l'imagination croie voir les orangers du royaume de Grenade et les palais des rois maures [1].

On peut comparer la manière de W. Schlegel, en parlant de poésie, à celle de Winckelmann, en décrivant les statues; et c'est ainsi seulement qu'il est honorable d'être un critique; tous les hommes du métier suffisent pour enseigner les fautes ou les négligences qu'on doit éviter : mais après le génie, ce qu'il y a de plus semblable à lui, c'est la puissance de le connaître et de l'admirer.

Frédéric Schlegel, s'étant occupé de philosophie, s'est voué moins exclusivement que son frère à la littérature; cependant le morceau qu'il a écrit sur la culture intellectuelle des Grecs et des Romains, rassemble en un court espace des aperçus et des résultats du premier ordre. Frédéric Schlegel est l'un des hommes célèbres de l'Allemagne dont l'esprit a le plus d'originalité; et loin de se fier à cette originalité qui lui promettait tant de succès, il a voulu l'appuyer sur des études immenses : c'est une grande preuve de respect pour l'espèce humaine, que de ne jamais lui parler d'après soi seul, et sans s'être informé consciencieusement de tout ce que nos prédécesseurs nous ont laissé pour héritage. Les Allemands, dans les richesses de l'esprit humain, sont de véritables propriétaires : ceux qui s'en tiennent à leurs lumières naturelles ne sont que des prolétaires en comparaison d'eux.

Après avoir rendu justice aux rares talents des deux Schlegel, il faut examiner pourtant en quoi consiste la partialité qu'on leur reproche, et dont il est vrai que plusieurs de leurs écrits ne sont pas exempts : ils penchent visiblement pour le moyen âge, et pour les opinions de cette époque; la chevalerie sans taches, la foi sans bornes, et la poésie sans réflexions, leur paraissent inséparables, et ils s'appliquent à tout ce qui pourrait diriger dans ce sens les esprits et les âmes. W. Schlegel exprime son admiration pour le moyen âge dans plusieurs de ses écrits, et particulièrement dans deux stances dont voici la traduction :

« L'Europe était une dans ces grands siècles, et « le sol de cette patrie universelle était fécond en « généreuses pensées, qui peuvent servir de guide « dans la vie et dans la mort. Une même chevale- « rie changeait les combattants en frères d'armes : « c'était pour défendre une même foi qu'ils s'ar- « maient; un même amour inspirait tous les cœurs, « et la poésie qui chantait cette alliance exprimait « le même sentiment dans les langages divers.

« Ah! la noble énergie des âges anciens est per-

[1] Wilhelm Schlegel, que je cite ici comme le premier critique littéraire de l'Allemagne, est l'auteur d'une brochure française nouvellement publiée, sous le titre de *Réflexions sur le Système continental*. Ce même W. Schlegel a fait aussi imprimer à Paris, il y a quelques années, une comparaison de la Phèdre d'Euripide et de celle de Racine : elle excita une grande rumeur parmi les littérateurs parisiens; mais personne ne put nier que W. Schlegel, quoique Allemand, n'écrivît assez bien le français pour qu'il lui fût permis de parler de Racine.

« due : notre siècle est l'inventeur d'une étroite
« sagesse, et ce que les hommes faibles ne sauraient
« concevoir, n'est à leurs yeux qu'une chimère ;
« toutefois rien de divin ne peut réussir, entrepris
« avec un cœur profane. Hélas ! nos temps ne con-
« naissent plus ni la foi, ni l'amour ; comment
« pourrait-il leur rester l'espérance ! »

Des opinions dont la tendance est si marquée
doivent nécessairement altérer l'impartialité des
jugements sur les ouvrages de l'art : sans doute,
et je n'ai cessé de le répéter dans le cours de cet
écrit, il est à désirer que la littérature moderne
soit fondée sur notre histoire et sur notre croyance ;
néanmoins il ne s'ensuit pas que les productions
littéraires du moyen âge puissent être considérées
comme vraiment bonnes. Leur énergique simplicité, le caractère pur et loyal qui s'y manifeste,
excitent un vif intérêt ; mais la connaissance de
l'antique et les progrès de la civilisation, nous ont
valu des avantages qu'on ne doit pas dédaigner.
Il ne s'agit pas de faire reculer l'art, mais de réunir autant qu'on le peut les qualités diverses développées dans l'esprit humain à différentes époques.

On a fort accusé les deux Schlegel de ne pas
rendre justice à la littérature française ; il n'est
point d'écrivains cependant qui aient parlé avec
plus d'enthousiasme du génie de nos troubadours,
et de cette chevalerie française, sans pareille en
Europe, lorsqu'elle réunissait au plus haut point
l'esprit et la loyauté, la grâce et la franchise, le
courage et la gaieté, la simplicité la plus touchante
et la naïveté la plus ingénieuse ; mais les critiques
allemands ont prétendu que les traits distinctifs
du caractère français s'étaient effacés pendant le
cours du règne de Louis XIV : la littérature, disent-ils, dans les siècles appelés classiques, perd
en originalité ce qu'elle gagne en correction ; ils
ont attaqué nos poëtes en particulier, avec une
grande force d'argument et de moyens. L'esprit
général de ces critiques est le même que celui de
Rousseau, dans sa lettre contre la musique française. Ils croient trouver dans plusieurs de nos
tragédies l'espèce d'affectation pompeuse que Rousseau reproche à Lulli et à Rameau, et ils prétendent que le même goût qui faisait préférer Coypel
et Boucher dans la peinture, et le chevalier Ber-
nin dans la sculpture, interdit à la poésie l'élan
qui seul en fait une jouissance divine ; enfin ils
seraient tentés d'appliquer à notre manière de concevoir et d'aimer les beaux-arts, ces vers tant
cités de Corneille :

Othon à la princesse a fait un compliment,
Plus en homme d'esprit qu'en véritable amant.

W. Schlegel rend hommage cependant à la plupart de nos grands auteurs ; mais ce qu'il s'attache
à prouver seulement, c'est que depuis le milieu du
dix-septième siècle le genre maniéré a dominé dans
toute l'Europe, et que cette tendance a fait perdre
la verve audacieuse qui animait les écrivains et les
artistes à la renaissance des lettres. Dans les tableaux et les bas-reliefs où Louis XIV est peint,
tantôt en Jupiter, tantôt en Hercule, il est représenté nu, ou revêtu seulement d'une peau de lion,
mais avec sa grande perruque sur la tête. Les écrivains de la nouvelle école prétendent que l'on
pourrait appliquer cette grande perruque à la physionomie des beaux-arts, dans le dix-septième siècle : il s'y mêlait toujours une politesse affectée,
dont une grandeur factice était la cause.

Il est intéressant d'examiner cette manière de
voir, malgré les objections sans nombre qu'on
peut y opposer ; ce qui est certain au moins, c'est
que les aristarques allemands sont parvenus à leur
but, puisqu'ils sont de tous les écrivains, depuis
Lessing, ceux qui ont le plus efficacement contribué à rendre l'imitation de la littérature française
tout à fait hors de mode en Allemagne ; mais de
peur du goût français, ils n'ont pas assez perfectionné le goût allemand, et souvent ils ont rejeté
des observations pleines de justesse, seulement
parce que nos écrivains les avaient faites.

On ne sait pas faire un livre en Allemagne ; rarement on y met l'ordre et la méthode qui classent
les idées dans la tête du lecteur ; et ce n'est point
parce que les Français sont impatients, mais
parce qu'ils ont l'esprit juste, qu'ils se fatiguent
de ce défaut ; les fictions ne sont pas dessinées,
dans les poésies allemandes, avec ces contours
fermes et précis qui en assurent l'effet, et le vague
de l'imagination correspond à l'obscurité de la
pensée. Enfin, si les plaisanteries bizarres et vulgaires de quelques ouvrages prétendus comiques
manquent de goût, ce n'est pas à force de naturel,
c'est parce que l'affectation de l'énergie est au
moins aussi ridicule que celle de la grâce. *Je me
fais vif*, disait un Allemand en sautant par la fenêtre : quand on se fait, on n'est rien : il faut recourir au bon goût français, contre la vigoureuse
exagération de quelques Allemands, comme *à la*
profondeur des Allemands, contre la frivolité dogmatique de quelques Français.

& Les nations doivent se servir de guide les unes
aux autres, et toutes auraient tort de se priver des
lumières qu'elles peuvent mutuellement se prêter.
Il y a quelque chose de très-singulier dans la différence d'un peuple à un autre : le climat, l'aspect

de la nature, la langue, le gouvernement, enfin surtout les événements de l'histoire, puissance plus extraordinaire encore que toutes les autres, contribuent à ces diversités, et nul homme, quelque supérieur qu'il soit, ne peut deviner ce qui se développe naturellement dans l'esprit de celui qui vit sur un autre sol, et respire un autre air : on se trouvera donc bien en tout pays d'accueillir les pensées étrangères ; car, dans ce genre, l'hospitalité fait la fortune de celui qui reçoit.

CHAPITRE XXXII.

Des beaux-arts en Allemagne.

Les Allemands en général conçoivent mieux l'art qu'ils ne le mettent en pratique : à peine ont-ils une impression, qu'ils en tirent une foule d'idées. Ils vantent beaucoup le mystère, mais c'est pour le révéler, et l'on ne peut montrer aucun genre d'originalité en Allemagne, sans que chacun vous explique comment cette originalité vous est venue ; c'est un grand inconvénient, surtout pour les arts, où tout est sensation ; ils sont analysés avant d'être sentis, et l'on a beau dire après qu'il faut renoncer à l'analyse, l'on a goûté du fruit de l'arbre de la science, et l'innocence du talent est perdue.

Ce n'est pas assurément que je conseille, relativement aux arts, l'ignorance que je n'ai cessé de blâmer en littérature ; mais il faut distinguer les études relatives à la pratique de l'art, de celles qui ont uniquement pour objet la théorie du talent ; celles-ci, poussées trop loin, étouffent l'invention ; l'on est troublé par le souvenir de tout ce qui a été dit sur chaque chef-d'œuvre ; on croit sentir entre soi et l'objet que l'on veut peindre une foule de traités sur la peinture et la sculpture, l'idéal et le réel, et l'artiste n'est plus seul avec la nature. Sans doute l'esprit de ces divers traités est toujours l'encouragement ; mais à force d'encouragement on lasse le génie, comme à force de gêne on l'éteint ; et dans tout ce qui tient à l'imagination, il faut une si heureuse combinaison d'obstacles et de facilité, que des siècles peuvent s'écouler sans que l'on arrive à ce point juste qui fait éclore l'esprit humain dans toute sa force.

Avant l'époque de la réformation, les Allemands avaient une école de peinture que ne dédaignait pas l'école italienne. Albert Dürer, Lucas Cranach, Holbein, ont, dans leur manière de peindre, des rapports avec les prédécesseurs de Raphaël, Pérugin, André Mantegne, etc. Holbein se rapproche davantage de Léonard de Vinci ; en général

cependant, il y a plus de dureté dans l'école allemande que dans celle des Italiens, mais non moins d'expression et de recueillement dans les physionomies. Les peintres du quinzième siècle avaient peu de connaissance des moyens de l'art ; mais une bonne foi et une modestie touchantes se faisaient remarquer dans leurs ouvrages ; on n'y voit pas de prétentions à d'ambitieux effets, l'on n'y sent que cette émotion intime pour laquelle tous les hommes de talent cherchent un langage, afin de ne pas mourir sans avoir fait part de leur âme à leurs contemporains.

Dans ces tableaux du quatorzième et du quinzième siècle, les plis des vêtements sont tout droits, les coiffures un peu roides, les attitudes très-simples ; mais il y a quelque chose dans l'expression des figures qu'on ne se lasse point de considérer. Les tableaux inspirés par la religion chrétienne produisent une impression semblable à celle de ces psaumes qui mêlent avec tant de charmes la poésie à la pitié.

La seconde et la plus belle époque de la peinture fut celle où les peintres conservèrent la vérité du moyen âge, en y joignant toute la splendeur de l'art : rien ne correspond chez les Allemands au siècle de Léon X. Vers la fin du dix-septième siècle et jusqu'au milieu du dix-huitième, les beaux-arts tombèrent presque partout dans une singulière décadence ; le goût était dégénéré en affectation ; Winkelmann alors exerça la plus grande influence non-seulement sur son pays, mais sur le reste de l'Europe, et ce furent ses écrits qui tournèrent toutes les imaginations artistes vers l'étude et l'admiration des monuments antiques : il s'entendait bien mieux en sculpture qu'en peinture ; aussi porta-t-il les peintres à mettre dans leurs tableaux des statues coloriées, plutôt que de faire sentir en tout la nature vivante. Cependant la peinture perd la plus grande partie de son charme en se rapprochant de la sculpture ; l'illusion nécessaire à l'une est directement contraire aux formes immuables et prononcées de l'autre. Quand les peintres prennent exclusivement la beauté antique pour modèle, comme ils ne la connaissent que par des statues, il leur arrive ce qu'on reproche à la littérature classique des modernes, ce n'est point dans leur propre inspiration qu'ils puisent les effets de l'art.

Mengs, peintre allemand, s'est montré un penseur philosophe dans ses écrits sur son art : ami de Winkelmann, il partagea son admiration pour l'antique ; mais néanmoins il a souvent évité les défauts qu'on peut reprocher aux peintres formés par les écrits de Winkelmann, et qui se bornent pour la plupart à copier les chefs-d'œuvre anciens. Mengs s'était aussi proposé pour modèle le Corrége, celui de tous les peintres qui s'éloigne le plus dans ses tableaux du genre de la sculpture, et dont le clair-obscur rappelle les vagues et délicieuses impressions de la mélodie.

Les artistes allemands avaient presque tous adopté les opinions de Winkelmann, jusqu'au moment où la nouvelle école littéraire a étendu son influence aussi sur les beaux-arts. Goethe, dont nous retrouvons partout l'esprit universel, a montré dans ses ouvrages qu'il comprenait le vrai génie de la peinture bien mieux que Winkelmann ; toutefois, convaincu comme lui que les sujets du christianisme ne sont pas favorables à l'art, il cherche à faire revivre l'enthousiasme pour la mythologie, et c'est une tentative dont le succès est impossible ; peut-être ne sommes-nous capables, en fait de beaux-arts, ni d'être chrétiens ni d'être païens ; mais si, dans un temps quelconque, l'imagination créatrice renaît chez les hommes, ce ne sera sûrement pas en imitant les anciens qu'elle se fera sentir.

La nouvelle école soutient dans les beaux-arts le même système qu'en littérature, et proclame hautement le christianisme comme la source du génie des modernes ; les écrivains de cette école caractérisent aussi d'une façon toute nouvelle ce qui dans l'architecture gothique s'accorde avec les sentiments religieux des chrétiens. Il ne s'ensuit pas que les modernes puissent et doivent construire des églises gothiques ; ni l'art ni la nature ne se répètent : ce qui importe seulement, dans le silence actuel du talent, c'est de détruire le mépris qu'on a voulu jeter sur toutes les conceptions du moyen âge ; sans doute il ne nous convient pas de les adopter, mais rien ne nuit plus au développement du génie que de considérer comme barbare quoi que ce soit d'original.

J'ai déjà dit, en parlant de l'Allemagne, qu'il y avait peu d'édifices modernes remarquables ; on ne voit guère dans le Nord en général, que des monuments gothiques, et la nature et la poésie secondent les dispositions de l'âme que ces monuments font naître. Un écrivain allemand, Gœrres, a donné une description intéressante d'une ancienne église : « On voit, dit-il, des figures de chevaliers à genoux sur un tombeau, les mains jointes ; au-dessus sont placées quelques raretés merveilleuses de l'Asie, qui semblent là pour attester, comme des témoins muets, les voyages du mort dans la terre sainte. Les arcades obscures de l'église couvrent de leur ombre ceux qui reposent ; on se croirait au milieu d'une forêt dont la mort a pétrifié les branches et les feuilles, de manière qu'elles ne peuvent plus ni se balancer ni s'agiter, quand les siècles, comme le vent des nuits, s'engouffrent sous leurs voûtes prolongées. L'orgue fait entendre ses sons majestueux dans l'église ; des inscriptions en lettres de bronze, à demi détruites par l'humide vapeur du temps, indiquent confusément les grandes actions qui redeviennent de la fable, après avoir été si longtemps d'une éclatante vérité. »

En s'occupant des arts en Allemagne, on est conduit à parler plutôt des écrivains que des artistes. Sous tous les rapports, les Allemands sont plus forts dans la théorie que dans la pratique, et le Nord est si peu favorable aux arts qui frappent les yeux, qu'on dirait que l'esprit de réflexion lui a été donné seulement pour qu'il servît de spectateur au Midi.

On trouve en Allemagne un grand nombre de galeries de tableaux et de collections de dessins, qui supposent l'amour des arts dans toutes les classes. Il y a, chez les grands seigneurs et les hommes de lettres du premier rang, de très-belles copies des chefs-d'œuvre de l'antiquité ; la maison de Goethe est à cet égard fort remarquable ; il ne recherche pas seulement le plaisir que peut causer la vue des statues et des tableaux des grands maîtres, il croit que le génie et l'âme s'en ressentent. *« J'en deviendrais meilleur,* disait-il, *si j'avais sous les yeux la tête du Jupiter Olympien, que les anciens ont tant admirée. »* Plusieurs peintres distingués sont établis à Dresde ; les chefs-d'œuvre de la galerie y excitent le talent et l'émulation. Cette Vierge de Raphaël, que deux enfants contemplent, est à elle seule un trésor pour les arts : il y a dans cette figure une élévation et une pureté qui sont l'idéal de la religion et de la force intérieure de l'âme. La perfection des traits n'est dans ce tableau qu'un symbole ; les longs vêtements, expression de la pudeur, reportent tout l'intérêt sur le visage, et la physionomie plus admirable encore que les traits, est comme la beauté suprême qui se manifeste à travers la beauté terrestre. Le Christ, que sa mère tient dans ses bras, est tout au plus âgé de deux ans ; mais le peintre a su merveilleusement exprimer la force puissante de l'être divin dans un visage à peine formé. Le regard des anges enfants qui sont placés au bas du tableau est délicieux ; il n'y a que l'innocence de cet âge qui ait encore du charme à côté de la céleste candeur ; leur étonnement, à l'aspect de la Vierge rayonnante, ne ressemble point à la surprise que les hommes pourraient éprouver; ils ont l'air de l'adorer avec confiance, parce qu'ils reconnaissent en elle une habitante de ce ciel que naguère ils ont quitté.

La Nuit du Corrége est, après la Vierge de Raphaël, le plus beau chef-d'œuvre de la galerie de Dresde. On a représenté bien souvent l'adoration des bergers; mais comme la nouveauté du sujet n'est presque de rien dans le plaisir que cause la peinture, il suffit de la manière dont le tableau du Corrége est conçu pour l'admirer : c'est au milieu de la nuit que l'enfant sur les genoux de sa mère reçoit les hommages des pâtres étonnés. La lumière qui part de la sainte auréole dont sa tête est entourée a quelque chose de sublime; les personnages placés dans le fond du tableau, et loin de l'enfant divin, sont encore dans les ténèbres, et l'on dirait que cette obscurité est l'emblème de la vie humaine, avant que la révélation l'eût éclairée.

Parmi les divers tableaux des peintres modernes à Dresde, je me rappelle une tête du Dante qui avait un peu le caractère de la figure d'Ossian, dans le beau tableau de Gérard. Cette analogie est heureuse : le Dante et le fils de Fingal peuvent se donner la main à travers les siècles et les nuages. Un tableau de Hartmann représente la visite de Madeleine et de deux femmes nommées Marie au tombeau de Jésus-Christ; l'ange leur apparaît pour leur annoncer qu'il est ressuscité; ce cercueil ouvert qui ne renferme plus de restes mortels, ces femmes d'une admirable beauté levant les yeux vers le ciel, pour y apercevoir celui qu'elles venaient chercher dans les ombres du sépulcre, forment un tableau pittoresque et dramatique tout à la fois.

Schick, autre artiste allemand, maintenant établi à Rome, y a composé un tableau qui représente le premier sacrifice de Noé, après le déluge; la nature, rajeunie par les eaux, semble avoir acquis une fraîcheur nouvelle; les animaux ont l'air d'être familiarisés avec le patriarche et ses enfants, comme ayant échappé ensemble au déluge universel. La verdure, les fleurs et le ciel sont peints avec des couleurs vives et naturelles, qui retracent la sensation causée par les paysages de l'Orient. Plusieurs autres artistes s'essayent, de même que Schick, à suivre en peinture le nouveau système introduit, ou plutôt renouvelé dans la poétique littéraire; mais les arts ont besoin de richesses, et les grandes fortunes sont dispersées dans les différentes villes de l'Allemagne. D'ailleurs, jusqu'à présent, le véritable progrès qu'on a fait en Allemagne, c'est de sentir et de copier les anciens

maîtres selon leur esprit : le génie original ne s'y est pas encore fortement prononcé.

La sculpture n'a pas été cultivée avec un grand succès chez les Allemands, d'abord parce qu'il leur manque le marbre, qui rend les chefs-d'œuvre immortels, et parce qu'ils n'ont guère le tact ni la grâce des attitudes et des gestes, que la gymnastique ou la danse peuvent seules rendre faciles; néanmoins un Danois, Thorwaldsen, élevé en Allemagne, rivalise maintenant à Rome avec Canova, et son Jason ressemble à celui que décrit Pindare, comme le plus beau des hommes; une toison est sur son bras gauche; il tient une lance à la main, et le repos de la force caractérise le héros.

J'ai déjà dit que la sculpture en général perdait à ce que la danse fût entièrement négligée; le seul phénomène qu'il y ait dans cet art en Allemagne, c'est Ida Brunn, jeune fille que son existence sociale exclut de la vie d'artiste; elle a reçu de la nature et de sa mère un talent inconcevable pour représenter par de simples attitudes les tableaux les plus touchants, ou les plus belles statues; sa danse n'est qu'une suite de chefs-d'œuvre passagers, dont on voudrait fixer chacun pour toujours : il est vrai que la mère d'Ida a conçu, dans son imagination, tout ce que sa fille sait peindre aux regards. Les poésies de madame Brunn font découvrir dans l'art et la nature mille richesses nouvelles, que les regards distraits n'avaient point aperçues. J'ai vu la jeune Ida, encore enfant, représenter Althée prête à brûler le tison auquel est attachée la vie de son fils Méléagre; elle exprimait, sans paroles, la douleur, les combats et la terrible résolution d'une mère; ses regards animés servaient sans doute à faire comprendre ce qui se passait dans son cœur; mais l'art de varier ses gestes, et de draper en artiste le manteau de pourpre dont elle était revêtue, produisait au moins autant d'effet que sa physionomie même; souvent elle s'arrêtait longtemps dans la même attitude, et chaque fois un peintre n'aurait pu rien inventer de mieux que le tableau qu'elle improvisait; un tel talent est unique. Cependant je crois qu'on réussirait plutôt en Allemagne à la danse pantomime qu'à celle qui consiste uniquement, comme en France, dans la grâce et dans l'agilité du corps.

Les Allemands excellent dans la musique instrumentale; les connaissances qu'elle exige, et la patience qu'il faut pour la bien exécuter, leur sont tout à fait naturelles; ils ont aussi des compositeurs d'une imagination très-variée et très-féconde; je ne ferai qu'une objection à leur génie, comme musiciens; ils mettent trop d'esprit dans leurs ouvrages, ils réfléchissent trop à ce qu'ils font. Il faut dans les beaux-arts plus d'instinct que de pensées; les compositeurs allemands suivent trop exactement le sens des paroles; c'est un grand mérite, il est vrai, pour ceux qui aiment plus les paroles que la musique, et d'ailleurs l'on ne saurait nier que le désaccord entre le sens des unes et l'expression de l'autre ne fût désagréable : mais les Italiens, qui sont les vrais musiciens de la nature, ne conforment les airs aux paroles que d'une manière générale. Dans les romances, dans les vaudevilles, comme il n'y a pas beaucoup de musique, on peut soumettre aux paroles le peu qu'il y en a; mais dans les grands effets de la mélodie, il faut aller droit à l'âme par une sensation immédiate.

Ceux qui n'aiment pas beaucoup la peinture en elle-même attachent une grande importance aux sujets des tableaux; ils voudraient y retrouver les impressions que produisent les scènes dramatiques : il en est de même en musique; quand on la sent faiblement, on exige qu'elle se conforme avec fidélité aux moindres nuances des paroles; mais quand elle émeut jusqu'au fond de l'âme, toute attention donnée à ce qui n'est pas elle ne serait qu'une distraction importune; et pourvu qu'il n'y ait pas d'opposition entre le poëme et la musique, on s'abandonne à l'art qui doit toujours l'emporter sur tous les autres. Car la rêverie délicieuse dans laquelle il nous plonge, anéantit les pensées que les mots peuvent exprimer, et la musique réveillant en nous le sentiment de l'infini, tout ce qui tend à particulariser l'objet de la mélodie doit en diminuer l'effet.

Gluck, que les Allemands comptent avec raison parmi leurs hommes de génie, a su merveilleusement adapter le chant aux paroles, et dans plusieurs de ses opéras, il a rivalisé avec le poëte par l'expression de sa musique. Lorsque Alceste a résolu de mourir pour Admète, et que ce sacrifice, secrètement offert aux dieux, a rendu son époux à la vie, le contraste des airs joyeux qui célèbrent la convalescence du roi, et des gémissements étouffés de la reine condamnée à le quitter, est d'un grand effet tragique. Oreste, dans Iphigénie en Tauride, dit : *Le calme rentre dans mon âme*, et l'air qu'il chante exprime ce sentiment; mais l'accompagnement de cet air est sombre et agité. Les musiciens, étonnés de ce contraste, voulaient adoucir l'accompagnement en l'exécutant; Gluck s'en irritait, et leur criait : « N'écoutez pas Oreste : il dit qu'il est calme; il ment. » Le Poussin, en peignant les danses des bergères, place dans le paysage le tombeau d'une jeune fille, sur lequel

est écrit : *Et moi aussi, je vécus en Arcadie.* Il y a de la pensée dans cette manière de concevoir les arts, comme dans les combinaisons ingénieuses de Gluck; mais les arts sont au-dessus de la pensée; leur langage, ce sont les couleurs, ou les formes, ou les sons. Si l'on pouvait se figurer les impressions dont notre âme serait susceptible, avant quelle connût la parole, on concevrait mieux l'effet de la peinture et de la musique.

De tous les musiciens peut-être, celui qui a montré le plus d'esprit dans le talent de marier la musique avec les paroles, c'est Mozart. Il fait sentir dans ses opéras, et surtout dans le Festin de Pierre, toutes les gradations des scènes dramatiques; le chant est plein de gaieté, tandis que l'accompagnement bizarre et fort semble indiquer le sujet fantasque et sombre de la pièce. Cette spirituelle alliance du musicien avec le poëte donne aussi un genre de plaisir, mais un plaisir qui naît de la réflexion, et celui-là n'appartient pas à la sphère merveilleuse des arts.

J'ai entendu à Vienne la Création de Haydn, quatre cents musiciens l'exécutaient à la fois, c'était une digne fête en l'honneur de l'œuvre qu'elle célébrait; mais Haydn aussi nuisait quelquefois à son talent par son esprit même; à ces paroles du texte : *Dieu dit que la lumière soit, et la lumière fut,* les instruments jouaient d'abord très-doucement, et se faisaient à peine entendre, puis tout à coup ils se partaient tous avec un bruit terrible, qui devait signaler l'éclat du jour. Aussi un homme d'esprit disait-il *qu'à l'apparition de la lumière il fallait se boucher les oreilles.*

Dans plusieurs autres morceaux de la Création, la même recherche d'esprit peut être souvent blâmée; la musique se traîne quand les serpents sont créés; elle redevient brillante avec le chant des oiseaux; et dans les Saisons aussi de Haydn, ces allusions se multiplient plus encore. Ce sont des *concetti* en musique que des effets ainsi préparés; sans doute de certaines combinaisons de l'harmonie peuvent rappeler des merveilles de la nature, mais ces analogies ne tiennent en rien à l'imitation, qui n'est jamais qu'un jeu factice. Les ressemblances réelles des beaux-arts entre eux et des beaux-arts avec la nature, dépendent des sentiments du même genre qu'ils excitent dans notre âme par des moyens divers.

L'imitation et l'expression diffèrent extrêmement dans les beaux-arts : l'on est assez généralement d'accord, je crois, pour exclure la musique imitative; mais il reste toujours deux manières de voir sur la musique expressive; les uns veulent trouver en elle la traduction des paroles, les autres, et ce sont les Italiens, se contentent d'un rapport général entre les situations de la pièce et l'intention des airs, et cherchent les plaisirs de l'art uniquement en lui-même. La musique des Allemands est plus variée que celle des Italiens, et c'est en cela peut-être qu'elle est moins bonne ; l'esprit est condamné à la variété, c'est sa misère qui en est la cause ; mais les arts, comme le sentiment, ont une admirable monotonie, celle dont on voudrait faire un moment éternel.

La musique d'église est moins belle en Allemagne qu'en Italie, parce que les instruments y dominent toujours. Quand on a entendu à Rome le *Miserere* chanté par des voix seulement, toute musique instrumentale, même celle de la chapelle de Dresde, paraît terrestre. Les violons et les trompettes font partie de l'orchestre de Dresde, pendant le service divin, et la musique y est plus guerrière que religieuse ; le contraste des impressions vives qu'elle fait éprouver avec le recueillement d'une église n'est pas agréable ; il ne faut pas animer la vie auprès des tombeaux ; la musique militaire porte à sacrifier l'existence, mais non à s'en détacher.

La musique de la chapelle de Vienne mérite aussi d'être vantée ; celui de tous les arts que les Viennois apprécient le plus, c'est la musique ; cela fait espérer qu'un jour ils deviendront poëtes, car, malgré leurs goûts un peu prosaïques, quiconque aime la musique est enthousiaste, sans le savoir, de tout ce qu'elle rappelle. J'ai entendu à Vienne le *Requiem* que Mozart a composé quelques jours avant de mourir, et qui fut chanté dans l'église le jour de ses obsèques ; il n'est pas assez solennel pour la situation, et l'on y retrouve encore de l'ingénieux, comme dans tout ce qu'a fait Mozart ; néanmoins, qu'y a-t-il de plus touchant qu'un homme d'un talent supérieur, célébrant ainsi ses propres funérailles, inspiré tout à la fois par le sentiment de sa mort et de son immortalité ! Les souvenirs de la vie doivent décorer les tombeaux ; les armes d'un guerrier y sont suspendues, et les chefs-d'œuvre de l'art causent une impression solennelle dans le temple où reposent les restes de l'artiste.

TROISIÈME PARTIE.
LA PHILOSOPHIE ET LA MORALE.

CHAPITRE PREMIER.
De la Philosophie.

On a voulu jeter, depuis quelque temps, une grande défaveur sur le mot de philosophie. Il en est ainsi de tous ceux dont l'acception est très-étendue ; ils sont l'objet des bénédictions ou des malédictions de l'espèce humaine, suivant qu'on les emploie à des époques heureuses ou malheureuses ; mais, malgré les injures et les louanges accidentelles des individus et des nations, la philosophie, la liberté, la religion ne changent jamais de valeur. L'homme a maudit le soleil, l'amour et la vie ; il a souffert, il s'est senti consumé par ces flambeaux de la nature ; mais voudrait-il pour cela les éteindre ?

Tout ce qui tend à comprimer nos facultés est toujours une doctrine avilissante ; il faut les diriger vers le but sublime de l'existence, le perfectionnement moral ; mais ce n'est point par le suicide partiel de telle ou telle puissance de notre être que nous nous rendrons capables de nous élever vers ce but ; nous n'avons pas trop de tous nos moyens pour nous en rapprocher ; et si le ciel avait accordé à l'homme plus de génie, il en aurait d'autant plus de vertu.

Parmi les différentes branches de la philosophie, celle qui a particulièrement occupé les Allemands, c'est la métaphysique. Les objets qu'elle embrasse peuvent être divisés en trois classes. La première se rapporte au mystère de la création, c'est-à-dire, à l'infini en toutes choses ; la seconde à la formation des idées dans l'esprit humain ; et la troisième à l'exercice de nos facultés, sans remonter à leur source.

La première de ces études, celle qui s'attache à connaître le secret de l'univers, a été cultivée chez les Grecs comme elle l'est maintenant chez les Allemands. On ne peut nier qu'une telle recherche, quelque sublime qu'elle soit dans son principe, ne nous fasse sentir à chaque pas notre impuissance, et le découragement suit les efforts qui ne peuvent atteindre à un résultat. L'utilité de la troisième classe des observations métaphysiques, celle qui se renferme dans la connaissance des actes de notre entendement, ne saurait être contestée ; mais cette utilité se borne au cercle des expériences journalières. Les méditations philosophiques de la seconde classe, celles qui se dirigent sur la nature de notre âme et sur l'origine de nos idées, me paraissent de toutes les plus intéressantes. Il n'est pas probable que nous puissions jamais connaître les vérités éternelles qui expliquent l'existence de ce monde : le désir que nous en éprouvons est au nombre des nobles pensées qui nous attirent vers une autre vie; mais ce n'est pas pour rien que la faculté de nous examiner nous-mêmes nous a été donnée. Sans doute, c'est déjà se servir de cette faculté que d'observer la marche de notre esprit, tel qu'il est; toutefois, en s'élevant plus haut, en cherchant à savoir si cet esprit agit spontanément, ou s'il ne peut penser que provoqué par les objets extérieurs, nous aurons des lumières de plus sur le libre arbitre de l'homme, et par conséquent sur le vice et la vertu.

Une foule de questions morales et religieuses dépendent de la manière dont on considère l'origine de la formation de nos idées. C'est surtout la diversité des systèmes à cet égard qui sépare les philosophes allemands des philosophes français. Il est aisé de concevoir que si la différence est à la source, elle doit se manifester dans tout ce qui en dérive; il est donc impossible de faire connaître l'Allemagne, sans indiquer la marche de la philosophie, qui depuis Leibnitz jusqu'à nos jours n'a cessé d'exercer un si grand empire sur la république des lettres.

Il y a deux manières d'envisager la métaphysique de l'entendement humain, ou dans sa théorie, ou dans ses résultats. L'examen de la théorie exige une capacité qui m'est étrangère; mais il est facile d'observer l'influence qu'exerce telle ou telle opinion métaphysique sur le développement de l'esprit et de l'âme. L'Évangile nous dit *qu'il faut juger les prophètes par leurs œuvres :* cette maxime peut aussi nous guider entre les différentes philosophies; car tout ce qui tend à l'immoralité n'est jamais qu'un sophisme. Cette vie n'a quelque prix que si elle sert à l'éducation religieuse de notre cœur, que si elle nous prépare à une destinée plus haute, par le choix libre de la vertu sur la terre. La métaphysique, les institutions sociales, les arts, les sciences, tout doit être apprécié d'après le perfectionnement moral de l'homme; c'est la pierre de touche qui est donnée à l'ignorant comme au savant. Car si la connaissance des moyens n'appartient qu'aux initiés, les résultats sont à la portée de tout le monde.

Il faut avoir l'habitude de la méthode de raisonnement dont on se sert en géométrie, pour bien comprendre la métaphysique. Dans cette science, comme dans celle du calcul, le moindre chaînon sauté détruit toute la liaison qui conduit à l'évidence. Les raisonnements métaphysiques sont plus abstraits et non moins précis que ceux des mathématiques, et cependant leur objet est vague. L'on a besoin de réunir en métaphysique les deux facultés les plus opposées, l'imagination et le calcul : c'est un nuage qu'il faut mesurer avec la même exactitude qu'un terrain, et nulle étude n'exige une aussi grande intensité d'attention; néanmoins dans les questions les plus hautes il y a toujours un point de vue à la portée de tout le monde, et c'est celui-là que je me propose de saisir et de présenter.

Je demandais un jour à Fichte, l'une des plus fortes têtes pensantes de l'Allemagne, s'il ne pouvait pas me dire sa morale, plutôt que sa métaphysique. « L'une dépend de l'autre, » me répondit-il. Et ce mot était plein de profondeur : il renferme tous les motifs de l'intérêt qu'on peut prendre à la philosophie.

On s'est accoutumé à la considérer comme destructive de toutes les croyances du cœur; elle serait alors la véritable ennemie de l'homme; mais il n'en est point ainsi de la doctrine de Platon, ni de celle des Allemands; ils regardent le sentiment comme un fait, comme le fait primitif de l'âme, et la raison philosophique comme destinée seulement à rechercher la signification de ce fait.

L'énigme de l'univers a été l'objet des méditations perdues d'un grand nombre d'hommes, dignes aussi d'admiration, puisqu'ils se sentaient appelés à quelque chose de mieux que ce monde. Les esprits d'une haute lignée errent sans cesse autour de l'abîme des pensées sans fin; mais néanmoins il faut s'en détourner, car l'esprit se fatigue en vain dans ces efforts pour escalader le ciel.

L'origine de la pensée a occupé tous les véritables philosophes. Y a-t-il deux natures dans l'homme? S'il n'y en a qu'une, est-ce l'âme ou la matière? S'il y en a deux, les idées viennent-elles par les sens, ou naissent-elles dans notre âme, ou bien sont-elles un mélange de l'action des objets extérieurs sur nous et des facultés intérieures que nous possédons?

A ces trois questions, qui ont divisé de tout temps le monde philosophique, est attaché l'examen qui touche le plus immédiatement à la vertu; savoir si la fatalité ou le libre arbitre décide des résolutions des hommes.

Chez les anciens, la fatalité venait de la volonté des dieux; chez les modernes, on l'attribue au cours des choses. La fatalité, chez les anciens, faisait ressortir le libre arbitre, car la volonté de l'homme luttait contre l'événement, et la résistance morale était invincible; le fatalisme des modernes, au contraire, détruit nécessairement la croyance au libre arbitre; si les circonstances nous créent ce que nous sommes, nous ne pouvons pas nous opposer à leur ascendant; si les objets extérieurs sont la cause de tout ce qui se passe dans notre âme, quelle pensée indépendante nous affranchirait de leur influence? La fatalité qui descendait du ciel remplissait l'âme d'une sainte terreur, tandis que celle qui nous lie à la terre ne fait que nous dégrader. A quoi bon toutes ces questions? dira-t-on. A quoi bon ce qui n'est pas cela? pourrait-on répondre. Car qu'y a-t-il de plus important pour l'homme, que de savoir s'il a vraiment la responsabilité de ses actions, et dans quel rapport est la puissance de la volonté avec l'empire des circonstances sur elle? Que serait la conscience, si nos habitudes seules l'avaient fait naître, si elle n'était rien que le produit des couleurs, des sons, des parfums, enfin des circonstances de tout genre dont nous aurions été environnés pendant notre enfance?

La métaphysique, qui s'applique à découvrir quelle est la source de nos idées, influe puissamment par ses conséquences sur la nature et la force de notre volonté; cette métaphysique est à la fois la plus haute et la plus nécessaire de nos connaissances, et les partisans de l'utilité suprême, de l'utilité morale, ne peuvent la dédaigner.

CHAPITRE II.

De la philosophie anglaise.

Tout semble attester en nous-mêmes l'existence d'une double nature; l'influence des sens et celle de l'âme se partagent notre être; et, selon que la philosophie penche vers l'une ou l'autre, les opinions et les sentiments sont à tous égards diamétralement opposés. On peut aussi désigner l'empire des sens et celui de la pensée par d'autres termes : il y a dans l'homme ce qui périt avec l'existence terrestre et ce qui peut lui survivre, ce que l'expérience fait acquérir et ce que l'instinct moral nous inspire, le fini et l'infini; mais de quelque manière qu'on s'exprime, il faut toujours convenir qu'il y a deux principes de vie différents, dans la créature sujette à la mort et destinée à l'immortalité.

La tendance vers le spiritualisme a toujours été très-manifeste chez les peuples du Nord, et même avant l'introduction du christianisme, ce penchant s'est fait voir à travers la violence des passions guerrières. Les Grecs avaient foi aux merveilles extérieures; les nations germaniques croient aux miracles de l'âme. Toutes leurs poésies sont remplies de pressentiments, de présages, de prophéties du cœur; et tandis que les Grecs s'unissaient à la nature par les plaisirs, les habitants du Nord s'élevaient jusqu'au Créateur par les sentiments religieux. Dans le Midi, le paganisme divinisait les phénomènes physiques; dans le Nord, on était enclin à croire à la magie, parce qu'elle attribue à l'esprit de l'homme une puissance sans bornes sur le monde matériel. L'âme et la nature, la volonté et la nécessité se partagent le domaine de l'existence, et, selon que nous plaçons la force en nous-mêmes ou au-dehors de nous, nous sommes les fils du ciel ou les esclaves de la terre.

A la renaissance des lettres, les uns s'occupaient des subtilités de l'école en métaphysique, et les autres croyaient aux superstitions de la magie dans les sciences : l'art d'observer ne régnait pas plus dans l'empire des sens que l'enthousiasme dans l'empire de l'âme : à peu d'exceptions près, il n'y avait parmi les philosophes ni expérience ni inspiration. Un géant parut, c'était Bacon : jamais les merveilles de la nature, ni les découvertes de la pensée, n'ont été si bien conçues par la même intelligence. Il n'y a pas une phrase de ses écrits qui ne suppose des années de réflexion et d'étude; il anime la métaphysique par la connaissance du cœur humain, il sait généraliser les faits par la philosophie; dans les sciences physiques, il a créé l'art de l'expérience, mais il ne s'ensuit pas du tout, comme on voudrait le faire croire, qu'il ait été partisan exclusif du système qui fonde toutes les idées sur les sensations. Il admet l'inspiration dans tout ce qui tient à l'âme, et il la croit même nécessaire pour interpréter les phénomènes physiques d'après des principes généraux. Mais de son temps il y avait encore des alchimistes, des devins et des sorciers; on méconnaissait assez la religion dans la plus grande partie de l'Europe, pour croire qu'elle interdisait une vérité quelconque, elle qui conduit à toutes. Bacon fut frappé de ces erreurs; son siècle penchait vers la superstition comme le nôtre vers l'incrédulité; à l'époque où vivait Bacon, il devait chercher à mettre en honneur la philosophie expérimentale; à celle où nous sommes, il sentirait le besoin de ranimer la source intérieure du beau moral, et de rappeler sans cesse à l'homme qu'il existe en lui-même, dans son sentiment et dans sa volonté. Quand le siècle est superstitieux, le génie de l'observation est timide, le monde physique est mal connu; quand le siècle est incrédule, l'enthousiasme n'existe plus, et l'on ne sait plus rien de l'âme ni du ciel.

Dans un temps où la marche de l'esprit humain n'avait rien d'assuré dans aucun genre, Bacon rassembla toutes ses forces pour tracer la route que doit suivre la philosophie expérimentale, et ses écrits servent encore maintenant de guide à ceux qui veulent étudier la nature. Ministre d'État, il s'était longtemps occupé de l'administration et de la politique. Les plus fortes têtes sont celles qui réunissent le goût et l'habitude de la méditation à la pratique des affaires : Bacon était sous ce double rapport un esprit prodigieux; mais il a manqué à sa philosophie ce qui manquait à son caractère; il n'était pas assez vertueux pour sentir en entier ce que c'est que la liberté morale de l'homme : cependant on ne peut le comparer aux matérialistes du dernier siècle; et ses successeurs ont poussé la théorie de l'expérience bien au delà de son intention. Il est loin, je le répète, d'attribuer toutes nos idées à nos sensations, et de considérer l'analyse comme le seul instrument des découvertes. Il suit souvent une marche plus hardie, et s'il s'en tient à la logique expérimentale, pour écarter tous les préjugés qui encombrent sa route, c'est à l'élan seul du génie qu'il se fie pour marcher en avant.

« L'esprit humain, dit Luther, est comme un « paysan ivre à cheval, quand on le relève d'un « côté il retombe de l'autre. » Ainsi l'homme a flotté sans cesse entre ses deux natures; tantôt ses pensées le dégageaient de ses sensations, tantôt ses sensations absorbaient ses pensées, et successivement il voulait tout rapporter aux unes ou aux autres : il me semble néanmoins que le moment d'une doctrine stable est arrivé : la métaphysique doit subir une révolution semblable à celle qu'a faite Copernic dans le système du monde; elle doit replacer notre âme au centre, et la rendre en tout semblable au soleil, autour duquel les objets extérieurs tracent leur cercle, et dont ils empruntent la lumière.

L'arbre généalogique des connaissances humaines, dans lequel chaque science se rapporte à telle faculté, est sans doute l'un des titres de Bacon à l'admiration de la postérité; mais ce qui fait sa gloire, c'est qu'il a eu soin de proclamer qu'il fallait bien se garder de séparer d'une manière absolue les sciences l'une de l'autre, et que toutes se réunissaient dans la philosophie générale. Il n'est point l'auteur de cette méthode anatomique qui considère les forces intellectuelles chacune à part,

et semble méconnaître l'admirable unité de l'être moral. La sensibilité, l'imagination, la raison, servent l'une à l'autre. Chacune de ces facultés ne serait qu'une maladie, qu'une faiblesse au lieu d'une force, si elle n'était pas modifiée ou complétée par la totalité de notre être. Les sciences de calcul, à une certaine hauteur, ont besoin d'imagination. L'imagination à son tour doit s'appuyer sur la connaissance exacte de la nature. La raison semble de toutes les facultés celle qui se passerait le plus facilement du secours des autres, et cependant si l'on était entièrement dépourvu d'imagination et de sensibilité, l'on pourrait, à force de sécheresse, devenir, pour ainsi dire, fou de raison, et ne voyant plus dans la vie que des calculs et des intérêts matériels, se tromper autant sur les caractères et les affections des hommes, qu'un être enthousiaste qui se figurerait partout le désintéressement et l'amour.

On suit un faux système d'éducation, lorsqu'on veut développer exclusivement telle ou telle qualité de l'esprit; car se vouer à une seule faculté, c'est prendre un métier intellectuel. Milton dit avec raison *qu'une éducation n'est bonne que quand elle rend propre à tous les emplois de la guerre et de la paix :* tout ce qui fait de l'homme un homme, est le véritable objet de l'enseignement.

Ne savoir d'une science que ce qui lui est particulier, c'est appliquer aux études libérales la division du travail de Smith, qui ne convient qu'aux arts mécaniques. Quand on arrive à cette hauteur où chaque science touche par quelques points à toutes les autres, c'est alors qu'on approche de la région des idées universelles; et l'air qui vient de là vivifie toutes les pensées.

L'âme est un foyer qui rayonne dans tous les sens; c'est dans ce foyer que consiste l'existence; toutes les observations et tous les efforts des philosophes doivent se tourner vers ce *moi*, centre et mobile de nos sentiments et de nos idées. Sans doute l'incomplet du langage nous oblige à nous servir d'expressions erronées; il faut répéter suivant l'usage : *Tel individu a de la raison*, ou *de l'imagination*, ou *de la sensibilité*, etc; mais si l'on voulait s'entendre par un mot, on devrait dire seulement [1] : *Il a de l'âme, il a beaucoup d'âme.* C'est ce souffle divin qui fait tout l'homme.

Aimer en apprend plus sur ce qui tient aux mystères de l'âme que la métaphysique la plus

[1] M. Ancillon, dont j'aurai l'occasion de parler dans la suite de cet ouvrage, s'est servi de cette expression dans un livre qu'on ne saurait se lasser de méditer.

subtile. On ne s'attache jamais à telle ou telle qualité de la personne qu'on préfère, et tous les madrigaux disent un grand mot philosophique, en répétant que c'est pour *je ne sais quoi* qu'on aime, car ce je ne sais quoi, c'est l'ensemble et l'harmonie que nous reconnaissons par l'amour, par l'admiration, par tous les sentiments qui nous révèlent ce qu'il y a de plus profond et de plus intime dans le cœur d'un autre.

L'analyse, ne pouvant examiner qu'en divisant, s'applique, comme le scalpel, à la nature morte; mais c'est un mauvais instrument pour apprendre à connaître ce qui est vivant; et si l'on a de la peine à définir par des paroles la conception animée qui nous représente les objets tout entiers, c'est précisément parce que cette conception tient de plus près à l'essence des choses. Diviser pour comprendre est en philosophie un signe de faiblesse, comme en politique diviser pour régner.

Bacon tenait encore beaucoup plus qu'on ne croit à cette philosophie idéaliste qui, depuis Platon jusqu'à nos jours, a constamment reparu sous diverses formes; néanmoins le succès de sa méthode analytique dans les sciences exactes a nécessairement influé sur son système en métaphysique : l'on a compris d'une manière beaucoup plus absolue qu'il ne l'avait présentée lui-même, sa doctrine sur les sensations considérées comme l'origine des idées. Nous pouvons voir clairement l'influence de cette doctrine par les deux écoles qu'elle a produites, celle de Hobbes et celle de Locke. Certainement l'une et l'autre diffèrent beaucoup dans le but, mais leurs principes sont semblables à plusieurs égards.

Hobbes prit à la lettre la philosophie qui fait dériver toutes nos idées des impressions des sens; il n'en craignit point les conséquences, et il a dit hardiment *que l'âme était soumise à la nécessité, comme la société au despotisme;* il admet le fatalisme des sensations pour la pensée, et celui de la force pour les actions. Il anéantit la liberté morale comme la liberté civile, pensant avec raison qu'elles dépendent l'une de l'autre. Il fut athée et esclave, et rien n'est plus conséquent; car, s'il n'y a dans l'homme que l'empreinte des impressions du dehors, la puissance terrestre est tout, et l'âme en dépend autant que la destinée.

Le culte de tous les sentiments élevés et purs est tellement consolidé en Angleterre par les institutions politiques et religieuses, que les spéculations de l'esprit tournent autour de ces imposantes colonnes sans jamais les ébranler. Hobbes eut donc peu de partisans dans son pays; mais l'influence de Locke fut plus universelle. Comme son caractère était moral et religieux, il ne se permit aucun des raisonnements corrupteurs qui dérivaient nécessairement de sa métaphysique; et la plupart de ses compatriotes, en l'adoptant, ont eu comme lui la noble inconséquence de séparer les résultats des principes, tandis que Hume et les philosophes français, après avoir admis le système, l'ont appliqué d'une manière beaucoup plus logique.

La métaphysique de Locke n'a eu d'autre effet sur les esprits, en Angleterre, que de ternir un peu leur originalité naturelle; quand même elle dessécherait la source des grandes pensées philosophiques, elle ne saurait détruire le sentiment religieux, qui sait si bien y suppléer; mais cette métaphysique reçue dans le reste de l'Europe, l'Allemagne exceptée, a été l'une des principales causes de l'immoralité dont on s'est fait une théorie, pour en mieux assurer la pratique.

Locke s'est particulièrement attaché à prouver qu'il n'y avait rien d'inné dans l'âme : il avait raison, puisqu'il mêlait toujours au sens du mot idée un développement acquis par l'expérience; les idées ainsi conçues sont le résultat des objets qui les excitent, des comparaisons qui les rassemblent, et du langage qui en facilite la combinaison. Mais il n'en est pas de même des sentiments, ni des dispositions, ni des facultés qui constituent les lois de l'entendement humain, comme l'attraction et l'impulsion constituent celles de la nature physique.

Une chose vraiment digne de remarque, ce sont les arguments dont Locke a été obligé de se servir pour prouver que tout ce qui était dans l'âme nous venait par les sensations. Si ces arguments conduisaient à la vérité, sans doute il faudrait surmonter la répugnance morale qu'ils inspirent; mais on peut croire en général à cette répugnance, comme à un signe infaillible de ce que l'on doit éviter. Locke voulait démontrer que la conscience du bien et du mal n'était pas innée dans l'homme, et qu'il ne connaissait le juste et l'injuste, comme le rouge et le bleu, que par l'expérience; il a recherché avec soin, pour parvenir à ce but, tous les pays où les coutumes et les lois mettaient des crimes en honneur; ceux où l'on se faisait un devoir de tuer son ennemi, de mépriser le mariage, de faire mourir son père quand il était vieux. Il recueille attentivement tout ce que les voyageurs ont raconté des cruautés passées en usage. Qu'est-ce donc qu'un système qui inspire à un homme aussi vertueux que Locke de l'avidité pour de tels faits?

Que ces faits soient tristes ou non, pourra-t-on dire, l'important est de savoir s'ils sont vrais. Ils peuvent être vrais, mais que signifient-ils? Ne savons-nous pas, d'après notre propre expérience, que les circonstances, c'est-à-dire, les objets extérieurs, influent sur notre manière d'interpréter nos devoirs? Agrandissez ces circonstances, et vous y trouverez la cause des erreurs des peuples; mais y a-t-il des peuples, ou des hommes qui nient qu'il y ait des devoirs? A-t-on jamais prétendu qu'aucune signification n'était attachée à l'idée du juste et de l'injuste? L'explication qu'on en donne peut être diverse, mais la conviction du principe est partout la même; et c'est dans cette conviction que consiste l'empreinte primitive qu'on retrouve dans tous les humains.

Quand le sauvage tue son père, lorsqu'il est vieux, il croit lui rendre un service; il ne le fait pas pour son propre intérêt, mais pour celui de son père : l'action qu'il commet est horrible, et cependant il n'est pas pour cela dépourvu de conscience; et de ce qu'il manque de lumières, il ne s'ensuit pas qu'il manque de vertus. Les sensations, c'est-à-dire, les objets extérieurs dont il est environné l'aveuglent; le sentiment intime qui constitue la haine du vice et le respect pour la vertu n'existe pas moins en lui, quoique l'expérience l'ait trompé sur la manière dont ce sentiment doit se manifester dans la vie. Préférer les autres à soi quand la vertu le commande, c'est précisément ce qui fait l'essence du beau moral, et cet admirable instinct de l'âme, adversaire de l'instinct physique, est inhérent à notre nature; s'il pouvait être acquis, il pourrait aussi se perdre; mais il est immuable, parce qu'il est inné. Il est possible de faire le mal en croyant faire le bien, il est possible de se rendre coupable en le sachant et le voulant; mais il ne l'est pas d'admettre comme vérité une chose contradictoire, la justice de l'injustice.

L'indifférence au bien et au mal est le résultat ordinaire d'une civilisation, pour ainsi dire, pétrifiée, et cette indifférence est un beaucoup plus grand argument contre la conscience innée que les grossières erreurs des sauvages; mais les hommes les plus sceptiques, s'ils sont opprimés sous quelques rapports, en appellent à la justice, comme s'ils y avaient cru toute leur vie; et lorsqu'ils sont saisis par une affection vive et qu'on la tyrannise, ils invoquent le sentiment de l'équité avec autant de force que les moralistes les plus austères. Dès qu'une flamme quelconque, celle de l'indignation ou celle de l'amour, s'empare de notre âme, elle fait reparaître en nous les caractères sacrés des lois éternelles.

Si le hasard de la naissance et de l'éducation décidait de la moralité d'un homme, comment pourrait-on l'accuser de ses actions? Si tout ce qui compose notre volonté nous vient des objets extérieurs, chacun peut en appeler à des relations particulières pour motiver toute sa conduite; et souvent ces relations diffèrent autant entre les habitants d'un même pays qu'entre un Asiatique et un Européen. Si donc la circonstance devait être la divinité des mortels, il serait simple que chaque homme eût une morale qui lui fût propre, ou plutôt une absence de morale à son usage; et pour interdire le mal que les sensations pourraient conseiller, il n'y aurait de bonne raison à opposer que la force publique qui le punirait; or, si la force publique commandait l'injustice, la question se trouverait résolue : toutes les sensations feraient naître toutes les idées, qui conduiraient à la plus complète dépravation.

Les preuves de la spiritualité de l'âme ne peuvent se trouver dans l'empire des sens, le monde visible est abandonné à cet empire; mais le monde invisible ne saurait y être soumis; et si l'on n'admet pas des idées spontanées, si la pensée et le sentiment dépendent en entier des sensations, comment l'âme, dans une telle servitude, serait-elle immatérielle? Et si, comme personne ne le nie, la plupart des faits transmis par les sens sont sujets à l'erreur, qu'est-ce qu'un être moral qui n'agit que lorsqu'il est excité par des objets extérieurs, et par des objets même dont les apparences sont souvent fausses?

Un philosophe français a dit, en se servant de l'expression la plus rebutante, *que la pensée n'était autre chose qu'un produit matériel du cerveau.* Cette déplorable définition est le résultat le plus naturel de la métaphysique qui attribue à nos sensations l'origine de toutes nos idées. On a raison, si c'est ainsi, de se moquer de ce qui est intellectuel, et de trouver incompréhensible tout ce qui n'est pas palpable. Si notre âme n'est qu'une matière subtile mise en mouvement par d'autres éléments plus ou moins grossiers, auprès desquels même elle a le désavantage d'être passive; si nos impressions et nos souvenirs ne sont que les vibrations prolongées d'un instrument dont le hasard a joué, il n'y a rien que des fibres dans notre cerveau, que des forces physiques dans le monde, et tout peut s'expliquer d'après les lois qui les régissent. Il reste bien encore quelques petites difficultés sur l'origine des choses et le but de notre existence, mais on a bien simplifié la question, et la raison conseille de supprimer en nous-mêmes tous les désirs et toutes les espérances que le génie, l'amour et la religion font concevoir; car l'homme ne serait alors qu'une mécanique de plus dans le grand mécanisme de l'univers : ses facultés ne seraient que des rouages, sa morale un calcul, et son culte le succès.

Locke, croyant du fond de son âme à l'existence de Dieu, établit sa conviction, sans s'en apercevoir, sur des raisonnements qui sortent tous de la sphère de l'expérience : il affirme qu'il y a un principe éternel, une cause primitive de toutes les autres causes; il entre ainsi dans la sphère de l'infini, et l'infini est par delà toute expérience : mais Locke avait en même temps une telle peur que l'idée de Dieu ne pût passer pour innée dans l'homme; il lui paraissait si absurde que le Créateur eût daigné, comme un grand peintre, graver son nom sur le tableau de notre âme, qu'il s'est attaché à découvrir dans tous les récits des voyageurs quelques peuples qui n'eussent aucune croyance religieuse. On peut, je crois, l'affirmer hardiment, ces peuples n'existent pas. Le mouvement qui nous élève jusqu'à l'intelligence suprême se retrouve dans le génie de Newton comme dans l'âme du pauvre sauvage dévot envers la pierre sur laquelle il s'est reposé. Nul homme ne s'en est tenu au monde extérieur, tel qu'il est, et tous se sont senti au fond du cœur, dans une époque quelconque de leur vie, un indéfinissable attrait pour quelque chose de surnaturel; mais comment se peut-il qu'un être aussi religieux que Locke, s'attache à changer les caractères primitifs de la foi en une connaissance accidentelle que le sort peut nous ravir ou nous accorder? Je le répète, la tendance d'une doctrine quelconque doit toujours être comptée pour beaucoup dans le jugement que nous portons sur la vérité de cette doctrine; car, en théorie, le bon et le vrai sont inséparables.

Tout ce qui est invisible parle à l'homme de commencement et de fin, de décadence et de destruction. Une étincelle divine est seule en nous l'indice de l'immortalité. De quelle sensation vient-elle? Toutes les sensations là combattent, et cependant elle triomphe de toutes. Quoi! dira-t-on, les causes finales, les merveilles de l'univers, la splendeur des cieux qui frappe nos regards, ne nous attestent-elles pas la magnificence et la bonté du Créateur? Le livre de la nature est contradictoire, l'on y voit les emblèmes du bien et du mal presque en égale proportion; et il en est ainsi pour que l'homme puisse exercer sa liberté entre des probabilités opposées, entre des craintes et des espérances à peu près de même force. Le ciel étoilé nous apparaît comme les parvis de la Divinité; mais tous les maux et tous les vices des hommes obscurcissent ces feux célestes. Une seule voix sans parole, mais non pas sans harmonie, sans force, mais irrésistible, proclame un Dieu au fond de notre cœur : tout ce qui est vraiment beau dans l'homme naît de ce qu'il éprouve intérieurement et spontanément : toute action héroïque est inspirée par la liberté morale; l'acte de se dévouer à la volonté divine, cet acte que toutes les sensations combattent et que l'enthousiasme seul inspire, est si noble et si pur, que les anges eux-mêmes, vertueux par nature et sans obstacle, pourraient l'envier à l'homme.

La métaphysique qui déplace le centre de la vie, en supposant que son impulsion vient du dehors, dépouille l'homme de sa liberté, et se détruit elle-même; car il n'y a plus de nature spirituelle, dès qu'on l'unit tellement à la nature physique, que ce n'est plus que par respect humain qu'on les distingue encore : cette métaphysique n'est conséquente que lorsqu'on en fait dériver, comme en France, le matérialisme fondé sur les sensations, et la morale fondée sur l'intérêt. La théorie abstraite de ce système est née en Angleterre; mais aucune de ses conséquences n'y a été admise. En France, on n'a pas eu l'honneur de la découverte, mais bien celui de l'application. En Allemagne, depuis Leibnitz, on a combattu le système et les conséquences : et certes il est digne des hommes éclairés et religieux de tous les pays, d'examiner si des principes dont les résultats sont si funestes doivent être considérés comme des vérités incontestables.

Shafsbury, Hutcheson, Smith, Reid, Dugaldt Stuart, etc., ont étudié les opérations de notre entendement avec une rare sagacité; les ouvrages de Dugald Stuart en particulier contiennent une théorie si parfaite des facultés intellectuelles, qu'on peut la considérer, pour ainsi dire, comme l'histoire naturelle de l'être moral. Chaque individu doit y reconnaître une portion quelconque de lui-même. Quelque opinion qu'on ait adoptée sur l'origine des idées, l'on ne saurait nier l'utilité d'un travail qui a pour but d'examiner leur marche et leur direction; mais ce n'est point assez d'observer le développement de nos facultés, il faut remonter à leur source, afin de se rendre compte de la nature et de l'indépendance de la volonté dans l'homme.

On ne saurait considérer comme une question

oiseuse celle qui s'attache à connaître si l'âme a la faculté de sentir et de penser par elle-même. C'est la question d'Hamlet, *être ou n'être pas.*

CHAPITRE III.

De la philosophie française.

Descartes a été pendant longtemps le chef de la philosophie française; et si sa physique n'avait pas été reconnue pour mauvaise, peut-être sa méta-physique aurait-elle conservé un ascendant plus durable. Bossuet, Fénélon, Pascal, tous les grands hommes du siècle de Louis XIV, avaient adopté l'idéalisme de Descartes; et ce système s'accordait beaucoup mieux avec le catholicisme que la philosophie purement expérimentale; car il paraît singulièrement difficile de réunir la foi aux dogmes les plus mystiques avec l'empire souverain des sensations sur l'âme.

Parmi les métaphysiciens français qui ont professé la doctrine de Locke, il faut compter au premier rang Condillac, que son état de prêtre obligeait à des ménagements envers la religion, et Bonnet qui, naturellement religieux, vivait à Genève, dans un pays où les lumières et la piété sont inséparables. Ces deux philosophes, Bonnet surtout, ont établi des exceptions en faveur de la révélation; mais il me semble qu'une des causes de l'affaiblissement du respect pour la religion, c'est de l'avoir mise à part de toutes les sciences, comme si la philosophie, le raisonnement, enfin tout ce qui est estimé dans les affaires terrestres, ne pouvait s'appliquer à la religion : une vénération dérisoire l'écarte de tous les intérêts de la vie; c'est pour ainsi dire la reconduire hors du cercle de l'esprit humain à force de révérences. Dans tous les pays où règne une croyance religieuse, elle est le centre des idées, et la philosophie consiste à trouver l'interprétation raisonnée des vérités divines.

Lorsque Descartes écrivit, la philosophie de Bacon n'avait pas encore pénétré en France, et l'on était encore au même point d'ignorance et de superstition scolastique qu'à l'époque où le grand penseur de l'Angleterre publia ses ouvrages. Il y a deux manières de redresser les préjugés des hommes; le recours à l'expérience, et l'appel à la réflexion. Bacon prit le premier moyen, Descartes le second; l'un rendit d'immenses services aux sciences; l'autre à la pensée, qui est la source de toutes les sciences.

Bacon était un homme d'un beaucoup plus grand génie et d'une instruction plus vaste encore que Descartes; il a su fonder sa philosophie dans le monde matériel; celle de Descartes fut décréditée par les savants, qui attaquèrent avec succès ses opinions sur le système du monde : il pouvait raisonner juste dans l'examen de l'âme, et se tromper par rapport aux lois physiques de l'univers; mais les jugements des hommes étant presque tous fondés sur une aveugle et rapide confiance dans les analogies, l'on a cru que celui qui observait si mal au dehors ne s'entendait pas mieux à ce qui se passe en dedans de nous-mêmes. Descartes a, dans sa manière d'écrire, une simplicité pleine de bonhomie qui inspire de la confiance, et la force de son génie ne saurait être contestée. Néanmoins, quand on le compare, soit aux philosophes allemands, soit à Platon, on ne peut trouver dans ses ouvrages ni la théorie de l'idéalisme dans toute son abstraction, ni l'imagination poétique qui en fait la beauté. Un rayon lumineux cependant avait traversé l'esprit de Descartes, et c'est à lui qu'appartient la gloire d'avoir dirigé la philosophie moderne de son temps vers le développement intérieur de l'âme. Il produisit une grande sensation en appelant toutes les vérités reçues à l'examen de la réflexion; on admira ces axiomes : *Je pense, donc j'existe, donc j'ai un Créateur, source parfaite de mes incomplètes facultés; tout peut se révoquer en doute au dehors de nous, le vrai n'est que dans notre âme, et c'est elle qui en est le juge suprême.*

Le doute universel est l'*a b c* de la philosophie; chaque homme recommence à raisonner avec ses propres lumières, quand il veut remonter aux principes des choses; mais l'autorité d'Aristote avait tellement introduit les formes dogmatiques en Europe, qu'on fut étonné de la hardiesse de Descartes, qui soumettait toutes les opinions au jugement naturel.

Les écrivains de Port-Royal furent formés à son école; aussi les Français ont-ils eu, dans le dix-septième siècle, des penseurs plus sévères que dans le dix-huitième. A côté de la grâce et du charme de l'esprit, une certaine gravité dans le caractère annonçait l'influence que devait exercer une philosophie qui attribuait toutes nos idées à la puissance de la réflexion.

Malebranche, le premier disciple de Descartes, est un homme doué du génie de l'âme à un éminent degré : l'on s'est plu à le considérer, dans le dix-huitième siècle, comme un rêveur, et l'on est perdu en France quand on a la réputation de rêveur; car elle emporte avec elle l'idée qu'on n'est utile à rien, ce qui déplaît singulièrement à tout ce qu'on appelle les gens raisonnables ; mais ce mot d'utilité est-il assez noble pour s'appliquer aux besoins de l'âme?

Les écrivains français du dix-huitième siècle s'entendaient mieux à la liberté politique ; ceux du dix-septième à la liberté morale. Les philosophes du dix-huitième étaient des combattants ; ceux du dix-septième des solitaires. Sous un gouvernement absolu, tel que celui de Louis XIV, l'indépendance ne trouve d'asile que dans la méditation ; sous les règnes anarchiques du dernier siècle, les hommes de lettres étaient animés par le désir de conquérir le gouvernement de leur pays aux principes et aux idées libérales dont l'Angleterre donnait un si bel exemple. Les écrivains qui n'ont pas dépassé ce but sont très-dignes de l'estime de leurs concitoyens ; mais il n'en est pas moins vrai que les ouvrages composés dans le dix-septième siècle sont plus philosophiques, à beaucoup d'égards, que ceux qui ont été publiés depuis ; car la philosophie consiste surtout dans l'étude et la connaissance de notre être intellectuel.

Les philosophes du dix-huitième siècle se sont plus occupés de la politique sociale que de la nature primitive de l'homme ; les philosophes du dix-septième, par cela seul qu'ils étaient religieux, en savaient plus sur le fond du cœur. Les philosophes, pendant le déclin de la monarchie française, ont excité la pensée au dehors, accoutumés qu'ils étaient à s'en servir comme d'une arme ; les philosophes, sous l'empire de Louis XIV, se sont attachés davantage à la métaphysique idéaliste, parce que le recueillement leur était plus habituel et plus nécessaire. Il faudrait, pour que le génie français atteignît au plus haut degré de perfection, apprendre des écrivains du dix-huitième siècle à tirer parti de ses facultés, et des écrivains du dix-septième à en connaître la source.

Descartes, Pascal et Malebranche ont beaucoup plus de rapport avec les philosophes allemands que les écrivains du dix-huitième siècle ; mais Malebranche et les Allemands diffèrent en ceci, que l'un donne comme article de foi ce que les autres réduisent en théorie scientifique ; l'un cherche à revêtir de formes dogmatiques ce que l'imagination lui inspire, parce qu'il a peur d'être accusé d'exaltation ; tandis que les autres, écrivant à la fin d'un siècle où l'on a tout analysé, se savent enthousiastes, et s'attachent seulement à prouver que l'enthousiasme est d'accord avec la raison.

Si les Français avaient suivi la direction métaphysique de leurs grands hommes du dix-septième siècle, ils auraient aujourd'hui les mêmes opinions que les Allemands ; car Leibnitz est, dans la route philosophique, le successeur naturel de Descartes et de Malebranche, et Kant le successeur naturel de Leibnitz.

L'Angleterre influa beaucoup sur les écrivains du dix-huitième siècle : l'admiration qu'ils ressentaient pour ce pays leur inspira le désir d'introduire en France sa philosophie et sa liberté. La philosophie des Anglais n'était sans danger qu'avec leurs sentiments religieux, et leur liberté, qu'avec leur obéissance aux lois. Au sein d'une nation où Newton et Clarke ne prononçaient jamais le nom de Dieu sans s'incliner, les systèmes métaphysiques, fussent-ils erronés, ne pouvaient être funestes. Ce qui manque en France, en tout genre, c'est le sentiment et l'habitude du respect, et l'on y passe bien vite de l'examen qui peut éclairer, à l'ironie qui réduit tout en poussière.

Il me semble qu'on pourrait marquer dans le dix-huitième siècle, en France, deux époques parfaitement distinctes, celle dans laquelle l'influence de l'Angleterre s'est fait sentir, et celle où les esprits se sont précipités dans la destruction : alors les lumières se sont changées en incendie, et la philosophie, magicienne irritée, a consumé le palais où elle avait étalé ses prodiges.

En politique, Montesquieu appartient à la première époque, Raynal à la seconde ; en religion, les écrits de Voltaire, qui avaient la tolérance pour but, sont inspirés par l'esprit de la première moitié du siècle ; mais sa misérable et vaniteuse irréligion a flétri la seconde. Enfin, en métaphysique, Condillac et Helvétius, quoiqu'ils fussent contemporains, portent aussi l'un et l'autre l'empreinte de ces deux époques si différentes ; car, bien que le système entier de la philosophie des sensations soit mauvais dans son principe, cependant les conséquences qu'Helvétius en a tirées ne doivent pas être imputées à Condillac ; il était bien loin d'y donner son assentiment.

Condillac a rendu la métaphysique expérimentale plus claire et plus frappante qu'elle ne l'est dans Locke ; il l'a mise véritablement à la portée de tout le monde ; il dit avec Locke que l'âme ne peut avoir aucune idée qui ne lui vienne par les sensations ; il attribue à nos besoins l'origine des connaissances et du langage ; aux mots, celle de la réflexion ; et, nous faisant ainsi recevoir le développement entier de notre être moral par les objets extérieurs, il explique la nature humaine, comme une science positive, d'une manière nette, rapide, et, sous quelques rapports, incontestable ; car, si l'on ne sentait en soi ni des croyances natives du

cœur, ni une conscience indépendante de l'expérience, ni un esprit créateur, dans toute la force
de ce terme, on pourrait assez se contenter de
cette définition mécanique de l'âme humaine. Il est
naturel d'être séduit par la solution facile du plus
grand des problèmes, mais cette apparente simplicité n'existe que dans la méthode; l'objet auquel
on prétend l'appliquer n'en reste pas moins d'une
immensité inconnue, et l'énigme de nous-mêmes
dévore, comme le sphinx, les milliers de sytèmes
qui prétendent à la gloire d'en avoir deviné le mot.

L'ouvrage de Condillac ne devrait être considéré
que comme un livre de plus sur un sujet inépuisable, si l'influence de ce livre n'avait pas été funeste. Helvétius, qui tire de la philosophie des
sensations toutes les conséquences directes qu'elle
peut permettre, affirme que si l'homme avait les
mains faites comme le pied d'un cheval, il n'aurait
que l'intelligence d'un cheval. Certes, s'il en était
ainsi, il serait bien injuste de nous attribuer le
tort ou le mérite de nos actions; car la différence
qui peut exister entre les diverses organisations
des individus, autoriserait et motiverait bien celle
qui se trouve entre leurs caractères.

Aux opinions d'Helvétius succédèrent celles du
Système de la Nature, qui tendaient à l'anéantis-
sement de la Divinité dans l'univers, et du libre
arbitre dans l'homme. Locke, Condillac, Helvétius,
et le malheureux auteur du *Système de la Nature*,
ont marché progressivement dans la même route:
les premiers pas étaient innocents, ni Locke, ni
Condillac n'ont connu les dangers des principes de
leur philosophie; mais bientôt ce grain noir, qui
se remarquait à peine sur l'horizon intellectuel,
s'est étendu jusqu'au point de replonger l'univers
et l'homme dans les ténèbres.

Les objets extérieurs étaient, disait-on, le mobile de toutes nos impressions; rien ne semblait
donc plus doux que de se livrer au monde physique, et de s'inviter comme convive à la fête de la
nature; mais par degrés la source intérieure s'est
tarie, et jusqu'à l'imagination qu'il faut pour le
luxe et pour les plaisirs, va se flétrissant à tel
point, qu'on n'aura bientôt plus même assez d'âme
pour goûter un bonheur quelconque, si matériel
qu'il soit.

L'immortalité de l'âme et le sentiment du devoir
sont des suppositions tout à fait gratuites, dans
le système qui fonde toutes nos idées sur nos sensations; car nulle sensation ne nous révèle l'immortalité dans la mort. Si les objets extérieurs ont
seuls formé notre conscience, depuis la nourrice
qui nous reçoit dans ses bras jusqu'au dernier acte

d'une vieillesse avancée, toutes les impressions
s'enchaînent tellement l'une à l'autre, qu'on ne peut
en accuser avec équité la prétendue volonté, qui
n'est qu'une fatalité de plus.

Je tâcherai de montrer, dans la seconde partie
de cette section, que la morale fondée sur l'intérêt, si fortement prêchée par les écrivains français
du dernier siècle, est dans une connexion intime
avec la métaphysique qui attribue toutes nos idées
à nos sensations, et que les conséquences de l'une
sont aussi mauvaises dans la pratique que celles de
l'autre dans la théorie. Ceux qui ont pu lire les ouvrages licencieux qui ont été publiés en France
vers la fin du dix-huitième siècle, attesteront que
quand les auteurs de ces coupables écrits veulent
s'appuyer d'une espèce de raisonnement, ils en appellent tous à l'influence du physique sur le moral;
ils rapportent aux sensations toutes les opinions
les plus condamnables; ils développent enfin, sous
toutes les formes, la doctrine qui détruit le libre
arbitre et la conscience.

On ne saurait nier, dira-t-on peut-être, que cette
doctrine ne soit avilissante; mais néanmoins, si
elle est vraie, faut-il la repousser et s'aveugler à
dessein? Certes, ils auraient fait une déplorable
découverte, ceux qui auraient détrôné notre âme,
condamné l'esprit à s'immoler lui-même en employant ses facultés à démontrer que les lois communes à tout ce qui est physique lui conviennent;
mais grâce à Dieu, et cette expression est ici bien
placée, grâce à Dieu, dis-je, ce système est tout
à fait faux dans son principe, et le parti qu'en ont
tiré ceux qui soutenaient la cause de l'immoralité,
est une preuve de plus des erreurs qu'il renferme.

Si la plupart des hommes corrompus se sont ap-
puyés sur la philosophie matérialiste, lorsqu'ils
ont voulu s'avilir méthodiquement et mettre leurs
actions en théorie, c'est qu'ils croyaient, en soumettant l'âme aux sensations, se délivrer ainsi de
la responsabilité de leur conduite. Un être vertueux, convaincu de ce système, en serait profondément affligé, car il craindrait sans cesse que
l'influence toute-puissante des objets extérieurs
n'altérât la pureté de son âme et la force de ses
résolutions. Mais quand on voit des hommes se réjouir, en proclamant qu'ils sont en tout l'œuvre
des circonstances, et que ces circonstances sont
combinées par le hasard, on frémit au fond du
cœur de leur satisfaction perverse.

Lorsque les sauvages mettent le feu à des ca-
banes, l'on dit qu'ils se chauffent avec plaisir à
l'incendie qu'ils ont allumé; ils exercent alors du
moins une sorte de supériorité sur le désordre

dont ils sont coupables; ils font servir la destruction à leur usage : mais quand l'homme se plaît à dégrader la nature humaine, qui donc en profitera ?

CHAPITRE IV.

Du persiflage introduit par un certain genre de philosophie.

Le système philosophique adopté dans un pays exerce une grande influence sur la tendance des esprits; c'est le moule universel dans lequel se jettent toutes les pensées; ceux même qui n'ont point étudié ce système se conforment sans le savoir à la disposition générale qu'il inspire. On a vu naître et s'accroître depuis près de cent ans, en Europe, une sorte de scepticisme moqueur, dont la base est la philosophie qui attribue toutes nos idées à nos sensations. Le premier principe de cette philosophie est de ne croire que ce qui peut être prouvé comme un fait ou comme un calcul; à ce principe se joignent le dédain pour les sentiments qu'on appelle exaltés, et l'attachement aux jouissances matérielles. Ces trois points de la doctrine renferment tous les genres d'ironie dont la religion, la sensibilité et la morale peuvent être l'objet.

Bayle, dont le savant dictionnaire n'est guère lu par les gens du monde, est pourtant l'arsenal où l'on a puisé toutes les plaisanteries du scepticisme; Voltaire les a rendues piquantes par son esprit et par sa grâce; mais le fond de tout cela est toujours qu'on doit mettre au nombre des rêveries tout ce qui n'est pas aussi évident qu'une expérience physique. Il est adroit de faire passer l'incapacité d'attention pour une raison suprême qui repousse tout ce qui est obscur et douteux; en conséquence on tourne en ridicule les plus grandes pensées, s'il faut réfléchir pour les comprendre, ou s'interroger au fond du cœur pour les sentir. On parle encore avec respect de Pascal, de Bossuet, de J. J. Rousseau, etc., parce que l'autorité les a consacrés, et que l'autorité en tout genre est une chose très-claire. Mais un grand nombre de lecteurs étant convaincus que l'ignorance et la paresse sont les attributs d'un gentilhomme, en fait d'esprit, croient au-dessous d'eux de se donner de la peine, et veulent lire, comme un article de gazette, les écrits qui ont pour objet l'homme et la nature.

Enfin, si par hasard de tels écrits étaient composés par un Allemand dont le nom ne fût pas français, et qu'on eût autant de peine à prononcer ce nom que celui du baron, dans Candide, quelle foule de plaisanteries n'en tirerait-on pas? et ces plaisanteries veulent toutes dire : « J'ai de la grâce et de la légèreté, tandis que vous, qui avez le malheur de penser à quelque chose, et de tenir à quelques sentiments, vous ne vous jouez pas de tout avec la même élégance et la même facilité. »

La philosophie des sensations est une des principales causes de cette frivolité. Depuis qu'on a considéré l'âme comme passive, un grand nombre de travaux philosophiques ont été dédaignés. Le jour où l'on a dit qu'il n'existait pas de mystères dans ce monde, ou du moins qu'il ne fallait pas s'en occuper, que toutes les idées venaient par les yeux et par les oreilles, et qu'il n'y avait de vrai que le palpable, les individus qui jouissent en parfaite santé de tous leurs sens se sont crus les véritables philosophes. On entend sans cesse dire à ceux qui ont assez d'idées pour gagner de l'argent quand ils sont pauvres, et pour le dépenser quand ils sont riches, qu'ils ont la seule philosophie raisonnable, et qu'il n'y a que des rêveurs qui puissent songer à autre chose. En effet les sensations n'apprennent guère que cette philosophie, et si l'on ne peut rien savoir que par elles, il faut appeler du nom de folie tout ce qui n'est pas soumis à l'évidence matérielle.

Si l'on admettait au contraire que l'âme agit par elle-même, qu'il faut puiser en soi pour y trouver la vérité, et que cette vérité ne peut être saisie qu'à l'aide d'une méditation profonde, puisqu'elle n'est pas dans le cercle des expériences terrestres, la direction entière des esprits serait changée; on ne rejetterait pas avec dédain les plus hautes pensées, parce qu'elles exigent une attention réfléchie; mais ce qu'on trouverait insupportable, c'est le superficiel et le commun, car le vide est à la longue singulièrement lourd.

Voltaire sentait si bien l'influence que les systèmes métaphysiques exercent sur la tendance générale des esprits, que c'est pour combattre Leibnitz qu'il a composé Candide. Il prit une humeur singulière contre les causes finales, l'optimisme, le libre arbitre, enfin contre toutes les opinions philosophiques qui relèvent la dignité de l'homme, et il fit Candide, cet ouvrage d'une gaieté infernale; car il semble écrit par un être d'une autre nature que nous, indifférent à notre sort, content de nos souffrances, et riant comme un démon, ou comme un singe, des misères de cette espèce humaine avec laquelle il n'a rien de commun. Le plus grand poëte du siècle, l'auteur d'*Alzire*, de *Tancrède*, de *Mérope*, de *Zaïre* et de *Brutus*, méconnut dans cet écrit toutes les grandeurs morales qu'il avait si dignement célébrées.

Quand Voltaire, comme auteur tragique, sentait et pensait dans le rôle d'un autre, il était admirable; mais quand il reste dans le sien propre, il est persifleur et cynique. La même mobilité qui lui faisait prendre le caractère des personnages qu'il voulait peindre, ne lui a que trop bien inspiré le langage qui, dans de certains moments, convenait à celui de Voltaire.

Candide met en action cette philosophie moqueuse si indulgente en apparence, si féroce en réalité; il présente la nature humaine sous le plus déplorable aspect, et nous offre pour toute consolation le rire sardonique qui nous affranchit de la pitié envers les autres, en nous y faisant renoncer pour nous-mêmes.

C'est en conséquence de ce système que Voltaire a pour but, dans son Histoire universelle, d'attribuer les actions vertueuses, comme les grands crimes, à des événements fortuits qui ôtent aux unes tout leur mérite et tout leur tort aux autres. En effet, s'il n'y a rien dans l'âme que ce que les sensations y ont mis, l'on ne doit plus reconnaître que deux choses réelles et durables sur la terre, la force et le bien-être, la tactique et la gastronomie; mais si l'on fait grâce encore à l'esprit, tel que la philosophie moderne l'a formé, il sera bientôt réduit à désirer qu'un peu de nature exaltée reparaisse, pour avoir au moins contre quoi s'exercer.

Les stoïciens ont souvent répété qu'il fallait braver tous les coups du sort, et ne s'occuper que de ce qui dépend de notre âme, nos sentiments et nos pensées. La philosophie des sensations aurait un résultat tout à fait inverse; ce sont nos sentiments et nos pensées dont elle nous débarrasserait, pour tourner tous nos efforts vers le bien-être matériel; elle nous dirait : « Attachez-vous au moment présent, considérez comme des chimères tout ce qui sort du cercle des plaisirs ou des affaires de ce monde, et passez cette courte vie le mieux que vous pourrez, en soignant votre santé, qui est la base du bonheur. » On a connu de tout temps ces maximes, mais on les croyait réservées aux valets dans les comédies, et de nos jours on a fait la doctrine de la raison, fondée sur la nécessité, doctrine bien différente de la résignation religieuse, car l'une est aussi vulgaire que l'autre est noble et relevée.

Ce qui est singulier, c'est d'avoir su tirer d'une philosophie aussi commune la théorie de l'élégance; notre pauvre nature est souvent égoïste et vulgaire, il faut s'en affliger; mais c'est s'en vanter qui est nouveau. L'indifférence et le dédain pour les choses exaltées sont devenus le type de la grâce, et les plaisanteries ont été dirigées contre l'intérêt vif qu'on peut mettre à tout ce qui n'a pas dans ce monde un résultat positif.

Le principe raisonné de la frivolité du cœur et de l'esprit, c'est la métaphysique qui rapporte toutes nos idées à nos sensations; car il ne nous vient rien que de superficiel par le dehors, et la vie sérieuse est au fond de l'âme. Si la fatalité matérialiste, admise comme théorie de l'esprit humain, conduisait au dégoût de tout ce qui est extérieur, comme à l'incrédulité sur tout ce qui est intime, il y aurait encore dans ces systèmes une certaine noblesse inactive, une indolence orientale qui pourrait avoir quelque grandeur; et des philosophes grecs ont trouvé le moyen de mettre presque de la dignité dans l'apathie; mais l'empire des sensations, en affaiblissant par degrés le sentiment, a laissé subsister l'activité de l'intérêt personnel, et ce ressort des actions a été d'autant plus puissant, qu'on avait brisé tous les autres.

A l'incrédulité de l'esprit, à l'égoïsme du cœur, il faut encore ajouter la doctrine sur la conscience qu'Helvétius a développée, lorsqu'il a dit que les actions vertueuses en elles-mêmes avaient pour but d'obtenir les jouissances physiques qu'on peut goûter ici-bas; il en est résulté qu'on a considéré comme une espèce de duperie les sacrifices qu'on pourrait faire au culte idéal de quelque opinion ou de quelque sentiment que ce soit; et comme rien ne paraît plus redoutable aux hommes que de passer pour dupes, ils se sont hâtés de jeter du ridicule sur tous les enthousiasmes qui tournaient mal; car ceux qui étaient récompensés par les succès échappaient à la moquerie : le bonheur a toujours raison auprès des matérialistes.

L'incrédulité dogmatique, c'est-à-dire celle qui révoque en doute tout ce qui n'est pas prouvé par les sensations, est la source de la grande ironie de l'homme envers lui-même : toute la dégradation morale vient de là. Cette philosophie doit sans doute être considérée autant comme l'effet que comme la cause de la disposition actuelle des esprits; néanmoins il est un mal dont elle est le premier auteur, elle a donné à l'insouciance de la légèreté l'apparence d'un raisonnement réfléchi; elle fournit des arguments spécieux à l'égoisme, et fait considérer les sentiments les plus nobles comme une maladie accidentelle dont les circonstances extérieures seules sont la cause.

Il importe donc d'examiner si la nation qui s'est constamment défendue de la métaphysique dont on a tiré de telles conséquences, n'avait pas raison en principe, et plus encore dans l'application qu'elle a faite de ce principe au développement des facultés et à la conduite morale de l'homme.

CHAPITRE V.

Observations générales sur la philosophie allemande.

La philosophie spéculative a toujours trouvé beaucoup de partisans parmi les nations germaniques, et la philosophie expérimentale parmi les nations latines. Les Romains, très-habiles dans les affaires de la vie, n'étaient point métaphysiciens; ils n'ont rien su à cet égard que par leurs rapports avec la Grèce, et les nations civilisées par eux ont hérité, pour la plupart, de leurs connaissances dans la politique, et de leur indifférence pour les études qui ne pouvaient s'appliquer aux affaires de ce monde. Cette disposition se montre en France dans la plus grande force; les Italiens et les Espagnols y ont aussi participé : mais l'imagination du Midi a quelquefois dévié de la raison pratique, pour s'occuper des théories purement abstraites.

La grandeur d'âme des Romains donnait à leur patriotisme et à leur morale un caractère sublime; mais c'est aux institutions républicaines qu'il faut l'attribuer. Quand la liberté n'a plus existé à Rome, on y a vu régner presque sans partage un luxe égoïste et sensuel, une politique adroite qui devait porter tous les esprits vers l'observation et l'expérience. Les Romains ne gardèrent de l'étude qu'ils avaient faite de la littérature et de la philosophie des Grecs que le goût des arts, et ce goût même dégénéra bientôt en jouissances grossières.

L'influence de Rome ne s'exerça pas sur les peuples septentrionaux. Ils ont été civilisés presque en entier par le christianisme, et leur antique religion, qui contenait en elle les principes de la chevalerie, ne ressemblait en rien au paganisme du Midi. Il y avait un esprit de dévoûment héroïque et généreux, un enthousiasme pour les femmes qui faisait de l'amour un noble culte; enfin la rigueur du climat empêchant l'homme de se plonger dans les délices de la nature, il en goûtait d'autant mieux les plaisirs de l'âme.

On pourrait m'objecter que les Grecs avaient la même religion et le même climat que les Romains, et qu'ils se sont pourtant livrés plus qu'aucun autre peuple à la philosophie spéculative; mais ne peut-on pas attribuer aux Indiens quelques-uns des systèmes intellectuels développés chez les Grecs ? La philosophie idéaliste de Pythagore et de Platon ne s'accorde guère avec le paganisme tel que nous le connaissons; aussi les traditions historiques portent-elles à croire que c'est à travers l'Égypte que les peuples du midi de l'Europe ont reçu l'influence de l'Orient. La philosophie d'Épicure est la seule vraiment originaire de la Grèce.

Quoi qu'il en soit de ces conjectures, il est certain que la spiritualité de l'âme et toutes les pensées qui en dérivent ont été facilement naturalisées chez les nations du Nord, et que parmi ces nations les Allemands se sont toujours montrés plus enclins qu'aucun autre peuple à la philosophie contemplative. Leur Bacon et leur Descartes, c'est Leibnitz. On trouve dans ce beau génie toutes les qualités dont les philosophes allemands en général se font gloire d'approcher : érudition immense, bonne foi parfaite, enthousiasme caché sous des formes sévères. Il avait profondément étudié la théologie, la jurisprudence, l'histoire, les langues, les mathématiques, la physique, la chimie; car il était convaincu que l'universalité des connaissances est nécessaire pour être supérieur dans une partie quelconque : enfin tout manifestait en lui ces vertus qui tiennent à la hauteur de la pensée, et qui méritent à la fois l'admiration et le respect.

Ses ouvrages peuvent être divisés en trois branches : les sciences exactes, la philosophie théologique, et la philosophie de l'âme. Tout le monde sait que Leibnitz était le rival de Newton dans la théorie du calcul. La connaissance des mathématiques sert beaucoup aux études métaphysiques; le raisonnement abstrait n'existe dans sa perfection que dans l'algèbre et la géométrie : nous chercherons à démontrer ailleurs les inconvénients de ce raisonnement, quand on veut y soumettre ce qui tient d'une manière quelconque à la sensibilité; mais il donne à l'esprit humain une force d'attention qui le rend beaucoup plus capable de s'analyser lui-même. Il faut aussi connaître les lois et les forces de l'univers, pour étudier l'homme sous tous les rapports. Il y a une telle analogie et une telle différence entre le monde physique et le monde moral, les ressemblances et les diversités se prêtent de telles lumières, qu'il est impossible d'être un savant du premier ordre sans le secours de la philosophie spéculative, ni un philosophe spéculatif sans avoir étudié les sciences positives.

Locke et Condillac ne s'étaient pas assez occupés de ces sciences; mais Leibnitz avait à cet égard une supériorité incontestable. Descartes était aussi un très-grand mathématicien, et il est à remarquer que la plupart des philosophes partisans de l'idéalisme ont tous fait un immense usage de leurs facultés intellectuelles. L'exercice de l'esprit, comme celui du cœur, donne un sentiment de l'activité interne, dont tous les êtres qui s'abandonnent aux impressions qui viennent du dehors sont rarement capables.

La première classe des écrits de Leibnitz contient ceux qu'on pourrait appeler théologiques, parce qu'ils portent sur des vérités qui sont du ressort de la religion, et la théorie de l'esprit humain est renfermée dans la seconde. Dans la première classe, il s'agit de l'origine du bien et du mal, de la prescience divine, enfin de ces questions primitives qui dépassent l'intelligence humaine. Je ne prétends point blâmer, en m'exprimant ainsi, les grands hommes qui, depuis Pythagore et Platon jusqu'à nous, ont été attirés vers ces hautes spéculations philosophiques. Le génie ne s'impose de bornes à lui-même qu'après avoir lutté longtemps contre cette dure nécessité. Qui peut avoir la faculté de penser, et ne pas essayer à connaître l'origine et le but des choses de ce monde?

Tout ce qui a vie sur la terre, excepté l'homme, semble s'ignorer soi-même. Lui seul sait qu'il mourra, et cette terrible vérité réveille son intérêt pour toutes les grandes pensées qui s'y rattachent. Dès qu'on est capable de réflexion, on résout, ou plutôt on croit résoudre à sa manière les questions philosophiques qui peuvent expliquer la destinée humaine; mais il n'a été accordé à personne de la comprendre dans son ensemble. Chacun en saisit un côté différent, chaque homme a sa philosophie, comme sa poétique, comme son amour. Cette philosophie est d'accord avec la tendance particulière de son caractère et de son esprit. Quand on s'élève jusqu'à l'infini, mille explications peuvent être également vraies, quoique diverses, parce que des questions sans bornes ont des milliers de faces, dont une seule peut occuper la durée entière de l'existence.

Si le mystère de l'univers est au-dessus de la portée de l'homme, néanmoins l'étude de ce mystère donne plus d'étendue à l'esprit; il en est de la métaphysique comme de l'alchimie; en cherchant la pierre philosophale, en s'attachant à découvrir l'impossible, on rencontre sur la route des vérités qui nous seraient restées inconnues : d'ailleurs on ne peut empêcher un être méditatif de s'occuper au moins quelque temps de la philosophie transcendante; cet élan de la nature spirituelle ne saurait être combattu qu'en la dégradant.

On a réfuté avec succès l'harmonie préétablie de Leibnitz, qu'il croyait une grande découverte : il se flattait d'expliquer les rapports de l'âme et de la matière, en les considérant l'une et l'autre comme des instruments accordés d'avance qui se répètent, se répondent et s'imitent mutuellement. Ses monades, dont il fait les éléments simples de l'univers, ne sont qu'une hypothèse aussi gratuite que toutes celles dont on s'est servi pour expliquer l'origine des choses; néanmoins dans quelle perplexité singulière l'esprit humain n'est-il pas? Sans cesse attiré vers le secret de son être, il lui est également impossible, et de le découvrir, et de n'y pas songer toujours.

Les Persans disent que Zoroastre interrogea la Divinité, et lui demanda comment le monde avait commencé, quand il devait finir, quelle était l'origine du bien et du mal. La Divinité répondit à toutes ces questions : *Fais le bien, et gagne l'immortalité.* Ce qui rend surtout cette réponse admirable, c'est qu'elle ne décourage point l'homme des méditations les plus sublimes; elle lui enseigne seulement que c'est par la conscience et le sentiment qu'il peut s'élever aux plus profondes conceptions de la philosophie.

Leibnitz était un idéaliste qui ne fondait son système que sur le raisonnement; et de là vient qu'il a poussé trop loin les abstractions, et qu'il n'a point assez appuyé sa théorie sur la persuasion intime, seule véritable base de ce qui est supérieur à l'entendement; en effet, raisonnez sur la liberté de l'homme, et vous n'y croirez pas; mettez la main sur votre conscience, et vous n'en pourrez douter. La conséquence et la contradiction, dans le sens que nous attachons à l'une et à l'autre, n'existent pas dans la sphère des grandes questions sur la liberté de l'homme, sur l'origine du bien et du mal, sur la prescience divine, etc. Dans ces questions, le sentiment est presque toujours en opposition avec le raisonnement, afin que l'homme apprenne que ce qu'il appelle l'incroyable dans l'ordre des choses terrestres, est peut-être la vérité suprême sous des rapports universels.

Le Dante a exprimé une grande pensée philosophique par ce vers :

A guisa del ver primo che l'uom crede [1].

Il faut croire à de certaines vérités comme à l'existence; c'est l'âme qui nous les révèle, et les raisonnements de tout genre ne sont jamais que de faibles dérivés de cette source.

La *Théodicée* de Leibnitz traite de la prescience

[1] C'est ainsi que l'homme croit à la vérité primitive.

divine et de la cause du bien et du mal, c'est un des ouvrages les plus profonds et les mieux raisonnés sur la théorie de l'infini; toutefois l'auteur applique trop souvent à ce qui est sans bornes, une logique dont les objets circonscrits sont seuls susceptibles. Leibnitz était un homme très-religieux, mais par cela même il se croyait obligé de fonder les vérités de la foi sur des raisonnements mathématiques, afin de les appuyer sur les bases qui sont admises dans l'empire de l'expérience; cette erreur tient à un respect qu'on ne s'avoue pas pour les esprits froids et arides; on veut les convaincre à leur manière; on croit que des arguments dans la forme logique ont plus de certitude qu'une preuve de sentiment, et il n'en est rien.

Dans la région des vérités intellectuelles et religieuses que Leibnitz a traitées, il faut se servir de notre conscience intime comme d'une démonstration. Leibnitz, en voulant s'en tenir aux raisonnements abstraits, exige des esprits une sorte de tension dont la plupart sont incapables; des ouvrages métaphysiques qui ne sont fondés ni sur l'expérience, ni sur le sentiment, fatiguent singulièrement la pensée, et l'on peut en éprouver un malaise physique et moral tel, qu'en s'obstinant à le vaincre on briserait dans sa tête les organes de la raison. Un poëte, Baggesen, fait du Vertige une divinité; il faut se recommander à elle, quand on veut étudier ces ouvrages qui nous placent tellement au sommet des idées, que nous n'avons plus d'échelons pour redescendre à la vie.

Les écrivains métaphysiques et religieux, éloquents et sensibles tout à la fois, tels qu'il en existe quelques-uns, conviennent bien mieux à notre nature. Loin d'exiger de nous que nos facultés sensibles se taisent, afin que notre faculté d'abstraction soit plus nette, ils nous demandent de penser, de sentir, de vouloir, pour que toute la force de l'âme nous aide à pénétrer dans les profondeurs des cieux; mais s'en tenir à l'abstraction est un effort tel, qu'il est assez simple que la plupart des hommes y aient renoncé, et qu'il leur ait paru plus facile de ne rien admettre au delà de ce qui est visible.

La philosophie expérimentale est complète en elle-même : c'est un tout assez vulgaire, mais compacte, borné, conséquent; et quand on s'en tient au raisonnement, tel qu'il est reçu dans les affaires de ce monde, on doit s'en contenter; l'immortel et l'infini ne nous sont sensibles que par l'âme; elle seule peut répandre de l'intérêt sur la haute métaphysique. On se persuade bien à tort que plus une théorie est abstraite, plus elle doit préserver

de toute illusion, car c'est précisément ainsi qu'elle peut induire en erreur. On prend l'enchaînement des idées pour leur preuve, on aligne avec exactitude des chimères, et l'on se figure que c'est une armée. Il n'y a que le génie du sentiment qui soit au-dessus de la philosophie expérimentale, comme de la philosophie spéculative; il n'y a que lui qui puisse porter la conviction au delà des limites de la raison humaine.

Il me semble donc que, tout en admirant la force de tête et la profondeur du génie de Leibnitz, on désirerait, dans ses écrits les questions de théologie métaphysique, plus d'imagination et de sensibilité, afin de reposer de la pensée par l'émotion. Leibnitz se faisait presque scrupule d'y recourir, craignant d'avoir ainsi l'air de séduire en faveur de la vérité; il avait tort, car le sentiment est la vérité elle-même, dans des sujets de cette nature.

Les objections que je me suis permises sur les ouvrages de Leibnitz qui ont pour objet des questions insolubles par le raisonnement, ne s'appliquent point à ses écrits sur la formation des idées dans l'esprit humain; ceux-là sont d'une clarté lumineuse, ils portent sur un mystère que l'homme peut, jusqu'à un certain point, pénétrer, car il en sait plus sur lui-même que sur l'univers. Les opinions de Leibnitz à cet égard tendent surtout au perfectionnement moral, s'il est vrai, comme les philosophes allemands ont tâché de le prouver, que le libre arbitre repose sur la doctrine qui affranchit l'âme des objets extérieurs, et que la vertu ne puisse exister sans la parfaite indépendance du vouloir.

Leibnitz a combattu avec une force dialectique admirable le système de Locke, qui attribue toutes nos idées à nos sensations. On avait mis en avant cet axiome si connu, qu'il n'y avait rien dans l'intelligence qui n'eût été d'abord dans les sensations, et Leibnitz y ajouta cette sublime restriction, *si ce n'est l'intelligence elle-même* [1]. De ce principe dérive toute la philosophie nouvelle qui exerce tant d'influence sur les esprits en Allemagne. Cette philosophie est aussi expérimentale, car elle s'attache à connaître ce qui se passe en nous. Elle ne fait que mettre l'observation du sentiment intime à la place de celle des sensations extérieures.

La doctrine de Locke eut pour partisans en Allemagne des hommes qui cherchèrent, comme Bonnet à Genève, et plusieurs autres philosophes en Angleterre, à concilier cette doctrine avec les

---

[1] Nihil est in intellectu, quod non fuerit in sensu, nisi intellectus ipse.

sentiments religieux que Locke lui-même a toujours professés. Le génie de Leibnitz prévit toutes les conséquences de cette métaphysique ; et ce qui fonde à jamais sa gloire, c'est d'avoir su maintenir en Allemagne la philosophie de la liberté morale, contre celle de la fatalité sensuelle. Tandis que le reste de l'Europe adoptait les principes qui font considérer l'âme comme passive, Leibnitz fut avec constance le défenseur éclairé de la philosophie idéaliste, telle que son génie la concevait. Elle n'avait aucun rapport ni avec le système de Berkley, ni avec les rêveries des sceptiques grecs sur la non-existence de la matière, mais elle maintenait l'être moral dans son indépendance et dans ses droits.

CHAPITRE VI.

Kant.

Kant a vécu jusque dans un âge très-avancé, et jamais il n'est sorti de Kœnigsberg ; c'est là qu'au milieu des glaces du Nord, il a passé sa vie entière à méditer sur les lois de l'intelligence humaine. Une ardeur infatigable pour l'étude lui a fait acquérir des connaissances sans nombre. Les sciences, les langues, la littérature, tout lui était familier ; et sans rechercher la gloire, dont il n'a joui que très-tard, n'entendant que dans sa vieillesse le bruit de sa renommée, il s'est contenté du plaisir silencieux de la réflexion. Solitaire, il contemplait son âme avec recueillement ; l'examen de la pensée lui prêtait de nouvelles forces à l'appui de la vertu, et quoiqu'il ne se mêlât jamais avec les passions ardentes des hommes, il a su forger des armes pour ceux qui seraient appelés à les combattre.

On n'a guère d'exemple que chez les Grecs d'une vie aussi rigoureusement philosophique, et déjà cette vie répond de la bonne foi de l'écrivain. A cette bonne foi la plus pure, il faut encore ajouter un esprit fin et juste, qui servait de censeur au génie, quand il se laissait emporter trop loin. C'en est assez, ce me semble, pour qu'on doive juger au moins impartialement les travaux persévérants d'un tel homme.

Kant publia d'abord divers écrits sur les sciences physiques, et il montra dans ce genre d'études une telle sagacité que c'est lui qui prévit le premier l'existence de la planète Uranus. Herschel lui-même, après l'avoir découverte, a reconnu que c'était Kant qui l'avait annoncée. Son traité sur la nature de l'entendement humain, intitulé *Critique de la Raison pure*, parut il y a près de trente ans, et

cet ouvrage fut quelque temps inconnu ; mais lorsque enfin on découvrit les trésors d'idées qu'il renferme, il produisit une telle sensation en Allemagne, que presque tout ce qui s'est fait depuis, en littérature comme en philosophie, vient de l'impulsion donnée par cet ouvrage.

A ce traité sur l'entendement humain succédèrent la *Critique de la Raison pratique*, qui portait sur la morale, et la *Critique du Jugement*, qui avait la nature du beau pour objet ; la même théorie sert de base à ces trois traités, qui embrassent les lois de l'intelligence, les principes de la vertu, et la contemplation des beautés de la nature et des arts.

Je vais tâcher de donner un aperçu des idées principales que renferme cette doctrine ; quelque soin que je prenne pour l'exposer avec clarté, je ne me dissimule point qu'il faudra toujours de l'attention pour la comprendre. Un prince qui apprenait les mathématiques s'impatientait du travail qu'exigeait cette étude. « Il faut nécessairement, lui dit celui qui les enseignait, que Votre Altesse se donne la peine d'étudier pour savoir ; car il n'y a point de route royale en mathématiques. » Le public français, qui a tant de raisons de se croire un prince, permettra bien qu'on lui dise qu'il n'y a point de route royale en métaphysique, et que, pour arriver à la conception d'une théorie quelconque, il faut passer par les intermédiaires qui ont conduit l'auteur lui-même aux résultats qu'il présente.

La philosophie matérialiste livrait l'entendement humain à l'empire des objets extérieurs, la morale à l'intérêt personnel, et réduisait le beau à n'être que l'agréable. Kant voulut rétablir les vérités primitives et l'activité spontanée dans l'âme, la conscience dans la morale, et l'idéal dans les arts. Examinons maintenant de quelle manière il a atteint ces différents buts.

A l'époque où parut la *Critique de la Raison pure*, il n'existait que deux systèmes sur l'entendement humain parmi les penseurs : l'un, celui de Locke, attribuait toutes nos idées à nos sensations ; l'autre, celui de Descartes et de Leibnitz, s'attachait à démontrer la spiritualité et l'activité de l'âme, le libre arbitre, enfin toute la doctrine idéaliste ; mais ces deux philosophes appuyaient leur doctrine sur des preuves purement spéculatives. J'ai exposé, dans le chapitre précédent, les inconvénients qui résultent de ces efforts d'abstraction, qui arrêtent, pour ainsi dire, notre sang dans nos veines, afin que les facultés intellectuelles règnent seules en nous. La méthode algébrique appliquée à des objets qu'on ne peut saisir par le raisonnement seul, ne laisse aucune trace durable dans l'esprit. Pendant qu'on lit ces écrits sur les hautes conceptions philosophiques, on croit les comprendre, on croit les croire; mais les arguments qui ont paru les plus convaincants échappent bientôt au souvenir.

L'homme, lassé de ces efforts, se borne-t-il à ne rien connaître que par les sens : tout sera douleur pour son âme. Aura-t-il l'idée de l'immortalité, quand les avant-coureurs de la destruction sont si profondément gravés sur le visage des mortels, et que la nature vivante tombe sans cesse en poussière? Lorsque tous les sens parlent de mourir, quel faible espoir nous entretiendrait de renaître? Si l'on ne consultait que les sensations, quelle idée se ferait-on de la bonté suprême? Tant de douleurs se disputent notre vie, tant d'objets hideux déshonorent la nature, que la créature infortunée maudit cent fois l'existence, avant qu'une dernière convulsion la lui ravisse. L'homme, au contraire, rejette-t-il le témoignage des sens : comment se guidera-t-il sur cette terre? et s'il n'en croyait qu'eux cependant, quel enthousiasme, quelle morale, quelle religion résisteraient aux assauts réitérés que leur livreraient tour à tour la douleur et le plaisir?

La réflexion errait dans cette incertitude immense, lorsque Kant essaya de tracer les limites des deux empires, des sens et de l'âme, de la nature extérieure et de la nature intellectuelle. La puissance de méditation et la sagesse avec laquelle il marqua ces limites, n'avaient peut-être point eu d'exemple avant lui; il ne s'égara point dans de nouveaux systèmes sur la création de l'univers; il reconnut les bornes que les mystères éternels imposent à l'esprit humain; et ce qui sera nouveau peut-être pour ceux qui n'ont fait qu'entendre parler de Kant, c'est qu'il n'y a point eu de philosophe plus opposé, sous plusieurs rapports, à la métaphysique; il ne s'est rendu si profond dans cette science que pour employer les moyens mêmes qu'elle donne à démontrer son insuffisance. On dirait que, nouveau Curtius, il s'est jeté dans le gouffre de l'abstraction pour le combler.

Locke avait combattu victorieusement la doctrine des idées innées dans l'homme, parce qu'il a toujours représenté les idées comme faisant partie des connaissances expérimentales. L'examen de la raison pure, c'est-à-dire, des facultés primitives dont l'intelligence se compose, ne fixa pas son attention. Leibnitz, comme nous l'avons dit plus haut, prononça cet axiome sublime : « Il n'y a rien

« dans l'intelligence qui ne vienne par les sens, si « ce n'est l'intelligence elle-même. » Kant a reconnu, de même que Locke, qu'il n'y a point d'idées innées, mais il s'est proposé de pénétrer dans le sens de l'axiome de Leibnitz, en examinant quelles sont les lois et les sentiments qui constituent l'essence de l'âme humaine, indépendamment de toute expérience. La *Critique de la Raison pure* s'attache à montrer en quoi consistent ces lois, et quels sont les objets sur lesquels elles peuvent s'exercer.

Le scepticisme, auquel le matérialisme conduit presque toujours, était porté si loin, que Hume avait fini par ébranler la base du raisonnement même, en cherchant des arguments contre l'axiome « qu'il n'y a point d'effet sans cause. » Et telle est l'instabilité de la nature humaine, quand on ne place pas au centre de l'âme le principe de toute conviction, que l'incrédulité, qui commence par attaquer l'existence du monde moral, arrive à défaire aussi le monde matériel, dont elle s'était d'abord servie pour renverser l'autre.

Kant voulait savoir si la certitude absolue était possible à l'esprit humain, et il ne la trouva que dans les notions nécessaires, c'est-à-dire, dans toutes les lois de notre entendement, dont la nature est telle que nous ne puissions rien concevoir autrement que ces lois ne nous le représentent.

Au premier rang des formes impératives de notre esprit, sont l'espace et le temps. Kant démontre que toutes nos perceptions sont soumises à ces deux formes; il en conclut qu'elles sont en nous et non pas dans les objets, et qu'à cet égard, c'est notre entendement qui donne des lois à la nature extérieure, au lieu d'en recevoir d'elle. La géométrie, qui mesure l'espace, et l'arithmétique, qui divise le temps, sont des sciences d'une évidence complète, parce qu'elles reposent sur les notions nécessaires de notre esprit.

Les vérités acquises par l'expérience n'emportent jamais avec elles cette certitude absolue; quand on dit : *le soleil se lève chaque jour, tous les hommes sont mortels*, etc., l'imagination pourrait se figurer une exception à ces vérités, que l'expérience seule fait considérer comme indubitables; mais l'imagination elle-même ne saurait rien supposer hors de l'espace et du temps; et l'on ne peut considérer comme un résultat de l'habitude, c'est-à-dire de la répétition constante des mêmes phénomènes, ces formes de notre pensée que nous imposons aux choses; les sensations peuvent être douteuses, mais le prisme à travers lequel nous les recevons est immuable.

A cette intuition primitive de l'espace et du temps, il faut ajouter ou plutôt donner pour bases les principes du raisonnement, sans lesquels nous ne pouvons rien comprendre, et qui sont les lois de notre intelligence; la liaison des causes et des effets, l'unité, la pluralité, la totalité, la possibilité, la réalité, la nécessité, etc. [1]. Kant les considère également comme des notions nécessaires, et il n'élève au rang des siences que celles qui sont fondées immédiatement sur ces notions, parce que c'est dans celles-là seulement que la certitude peut exister. Les formes du raisonnement n'ont de résultat que quand on les applique au jugement des objets extérieurs; et dans cette application, elles sont sujettes à l'erreur : mais elles n'en sont pas moins nécessaires en elles-mêmes; c'est-à-dire que nous ne pouvons nous en départir dans aucune de nos pensées; il nous est impossible de nous rien figurer hors des relations de causes et d'effets, de possibilité, de quantité, etc.; et ces notions sont aussi inhérentes à notre conception que l'espace et le temps. Nous n'apercevons rien qu'à travers les lois immuables de notre manière de raisonner; donc ces lois aussi sont en nous-mêmes, et non au dehors de nous.

On appelle, dans la philosophie allemande, idées *subjectives* celles qui naissent de la nature de notre intelligence et de ses facultés, et idées *objectives* toutes celles qui sont excitées par les sensations. Quelle que soit la dénomination qu'on adopte à cet égard, il me semble que l'examen de notre esprit s'accorde avec la pensée dominante de Kant, c'est-à-dire, la distinction qu'il établit entre les formes de notre entendement et les objets que nous connaissons d'après ces formes; et soit qu'il s'en tienne aux conceptions abstraites, soit qu'il en appelle, dans la religion et dans la morale, aux sentiments qu'il considère aussi comme indépendants de l'expérience, rien n'est plus lumineux que la ligne de démarcation qu'il trace entre ce qui nous vient par les sensations, et ce qui tient à l'action spontanée de notre âme.

Quelques mots de la doctrine de Kant ayant été mal interprétés, on a prétendu qu'il croyait aux connaissances *à priori*, c'est-à-dire, à celles qui seraient gravées dans notre esprit avant que nous les eussions apprises. D'autres philosophes allemands, plus rapprochés du système de Platon, ont en effet pensé que le type du monde était dans l'esprit humain, et que l'homme ne pourrait concevoir l'univers s'il n'en avait pas l'image innée en

[1] Kant donne le nom de *catégorie* aux diverses notions nécessaires de l'entendement dont il présente le tableau.

lui-même; mais il n'est pas question de cette doctrine dans Kant : il réduit les sciences intellectuelles à trois, la logique, la métaphysique et les mathématiques. La logique n'enseigne rien par elle-même; mais comme elle repose sur les lois de notre entendement, elle est incontestable dans ses principes, abstraitement considérés; cette science ne peut conduire à la vérité que dans son application aux idées et aux choses; ses principes sont innés, son application est expérimentale. Quant à la métaphysique, Kant nie son existence, puisqu'il prétend que le raisonnement ne peut avoir lieu que dans la sphère de l'expérience. Les mathématiques seules lui paraissent dépendre immédiatement de la notion de l'espace et du temps, c'est-à-dire des lois de notre entendement antérieures à l'expérience. Il cherche à prouver que les mathématiques ne sont point une simple analyse, mais une science synthétique, positive, créatrice et certaine par elle-même, sans qu'on ait besoin de recourir à l'expérience pour s'assurer de sa vérité. On peut étudier dans le livre de Kant les arguments sur lesquels il appuie cette manière de voir; mais au moins est-il vrai qu'il n'y a point d'homme plus opposé à ce qu'on appelle la philosophie des rêveurs, et qu'il aurait plutôt du penchant pour une façon de penser sèche et didactique; quoique sa doctrine ait pour objet de relever l'espèce humaine, dégradée par la philosophie matérialiste.

Loin de rejeter l'expérience, Kant considère l'œuvre de la vie comme n'étant autre chose que l'action de nos facultés innées sur les connaissances qui nous viennent du dehors. Il croit que l'expérience ne serait qu'un chaos sans les lois de l'entendement, mais que les lois de l'entendement n'ont pour objet que les éléments donnés par l'expérience. Il s'ensuit qu'au delà de ses limites la métaphysique elle-même ne peut rien nous apprendre, et que c'est au sentiment que l'on doit attribuer la prescience et la conviction de tout ce qui sort du monde visible.

Lorsqu'on veut se servir du raisonnement seul pour établir les vérités religieuses, c'est un instrument pliable en tous sens, qui peut également les défendre et les attaquer, parce qu'on ne saurait à cet égard, trouver aucun point d'appui dans l'expérience. Kant place sur deux lignes parallèles les arguments pour et contre la liberté de l'homme, l'immortalité de l'âme, la durée passagère ou éternelle du monde; et c'est au sentiment qu'il en appelle pour faire pencher la balance, car les preuves métaphysiques lui paraissent en égale force de part et d'autre[1]. Peut-être a-t-il eu tort de pousser jusque-là le scepticisme du raisonnement; mais c'est pour anéantir plus sûrement ce scepticisme, en écartant de certaines questions les discussions abstraites qui l'ont fait naître.

Il serait injuste de soupçonner la piété sincère de Kant, parce qu'il a soutenu qu'il y avait parité entre les raisonnements pour et contre, dans les grandes questions de la métaphysique transcendante. Il me semble, au contraire, qu'il y a de la candeur dans cet aveu. Un si petit nombre d'esprits sont en état de comprendre de tels raisonnements, et ceux qui en sont capables ont une telle tendance à se combattre les uns les autres, que c'est rendre un grand service à la foi religieuse, que de bannir la métaphysique de toutes les questions qui tiennent à l'existence de Dieu, au libre arbitre, à l'origine du bien et du mal.

Quelques personnes respectables ont dit qu'il ne faut négliger aucune arme, et que les arguments métaphysiques aussi doivent être employés pour persuader ceux sur qui ils ont de l'empire; mais ces arguments conduisent à la discussion, et la discussion au doute, sur quelque sujet que ce soit.

Les belles époques de l'espèce humaine, dans tous les temps, ont été celles où des vérités d'un certain ordre n'étaient jamais contestées, ni par des écrits, ni par des discours. Les passions pouvaient entraîner à des actes coupables, mais nul ne révoquait en doute la religion même à laquelle il n'obéissait pas. Les sophismes de tout genre, abus d'une certaine philosophie, ont détruit, dans divers pays et dans différents siècles, cette noble fermeté de croyance, source du dévouement héroïque. N'est-ce donc pas une belle idée à un philosophe, que d'interdire à la science même qu'il professe l'entrée du sanctuaire, et d'employer toute la force de l'abstraction à prouver qu'il y a des régions dont elle doit être bannie?

Des despotes et des fanatiques ont essayé de défendre à la raison humaine l'examen de certains sujets, et toujours la raison s'est affranchie de ces injustes entraves. Mais les bornes qu'elle s'impose à elle-même, loin de l'asservir, lui donnent une nouvelle force, celle qui résulte toujours de l'autorité des lois librement consenties par ceux qui s'y mettent.

Un sourd-muet avant d'avoir été élevé par l'abbé Sicard, pourrait avoir une certitude intime de l'existence de la Divinité. Beaucoup d'hommes sont aussi loin des penseurs profonds que les sourds-muets le sont des autres hommes, et cependant ils n'en sont pas moins susceptibles d'éprouver, pour ainsi dire, en eux-mêmes, les vérités primitives, parce que ces vérités sont du ressort du sentiment.

Les médecins, dans l'étude physique de l'homme, reconnaissent le principe qui l'anime, et cependant nul ne sait ce que c'est que la vie; et si l'on se mettait à raisonner, on pourrait très-bien, comme l'ont fait quelques philosophes grecs, prouver aux hommes qu'ils ne vivent pas. Il en est de même de Dieu, de la conscience, du libre arbitre. Il faut croire, parce qu'on les sent: tout argument sera toujours d'un ordre inférieur à ce fait.

L'anatomie ne peut s'exercer sur un corps vivant sans le détruire; l'analyse, en s'essayant sur des vérités indivisibles, les dénature, par cela même qu'elle porte atteinte à leur unité. Il faut partager notre âme en deux, pour qu'une moitié de nous-mêmes observe l'autre. De quelque manière que ce partage ait lieu, il ôte à notre être l'identité sublime sans laquelle nous n'avons pas la force nécessaire pour croire ce que la conscience seule peut affirmer.

Réunissez un grand nombre d'hommes au théâtre ou dans la place publique, et dites-leur quelque vérité de raisonnement, quelque idée générale que ce puisse être; à l'instant vous verrez se manifester presque autant d'opinions diverses qu'il y aura d'individus rassemblés. Mais, si quelques traits de grandeur d'âme sont racontés, si quelques accents de générosité se font entendre, aussitôt des transports unanimes vous apprendront que vous avez touché à cet instinct de l'âme, aussi vif, aussi puissant dans notre être, que l'instinct conservateur de l'existence.

En rapportant au sentiment, qui n'admet point le doute, la connaissance des vérités transcendantes, en cherchant à prouver que le raisonnement n'est valable que dans la sphère des sensations, Kant est bien loin de considérer cette puissance du sentiment comme une illusion; il lui assigne, au contraire, le premier rang de la nature humaine; il fait de la conscience le principe inné de notre existence morale, et le sentiment du juste et de l'injuste est, selon lui, la loi primitive du cœur, comme l'espace et le temps celle de l'intelligence.

L'homme, à l'aide du raisonnement, n'a-t-il pas nié le libre arbitre? Et cependant il en est si convaincu, qu'il se surprend à éprouver de l'estime ou du mépris pour les animaux eux-mêmes, tant il croit au choix spontané du bien et du mal dans tous les êtres!

[1] Ces arguments opposés sur les grandes questions métaphysiques sont appelés *antinomies* dans le livre de Kant.

C'est le sentiment qui nous donne la certitude de notre liberté, et cette liberté est le fondement de la doctrine du devoir; car, si l'homme est libre, il doit se créer à lui-même des motifs tout-puissants qui combattent l'action des objets extérieurs, et dégagent la volonté de l'égoïsme. Le devoir est la preuve et la garantie de l'indépendance métaphysique de l'homme.

Nous examinerons dans les chapitres suivants les arguments de Kant contre la morale fondée sur l'intérêt personnel, et la sublime théorie qu'il met à la place de ce sophisme hypocrite, ou de cette doctrine perverse. Il peut exister deux manières de voir sur le premier ouvrage de Kant, *la Critique de la Raison pure :* précisément parce qu'il a reconnu lui-même le raisonnement pour insuffisant et pour contradictoire, il devait s'attendre à ce qu'on s'en servît contre lui; mais il me semble impossible de ne pas lire avec respect sa *Critique de la Raison pratique,* et les différents écrits qu'il a composés sur la morale.

Non-seulement les principes de la morale de Kant sont austères et purs, comme on devait les attendre de l'inflexibilité philosophique, mais il rallie constamment l'évidence du cœur à celle de l'entendement, et se complaît singulièrement à faire servir sa théorie abstraite sur la nature de l'intelligence, à l'appui des sentiments les plus simples et les plus forts.

Une conscience acquise par les sensations pourrait être étouffée par elles, et l'on dégrade la dignité du devoir, en le faisant dépendre des objets extérieurs. Kant revient donc sans cesse à montrer que le sentiment profond de cette dignité est la condition nécessaire de notre être moral, la loi par laquelle il existe. L'empire des sensations et les mauvaises actions qu'elles font commettre ne peuvent pas plus détruire en nous la notion du bien ou du mal, que celle de l'espace et du temps n'est altérée par les erreurs d'application que nous en pouvons faire. Il y a toujours, dans quelque situation qu'on soit, une force de réaction contre les circonstances, qui naît du fond de l'âme; et l'on sent bien que ni les lois de l'entendement, ni la liberté morale, ni la conscience, ne viennent en nous de l'expérience.

Dans son traité sur le sublime et le beau, intitulé *Critique du Jugement,* Kant applique aux plaisirs de l'imagination le même système dont il a tiré des développements si féconds dans la sphère de l'intelligence et du sentiment, ou plutôt c'est la même âme qu'il examine, et qui se manifeste dans les sciences, la morale et les beaux-arts. Kant soutient qu'il y a dans la poésie, et dans les arts dignes comme elle de peindre les sentiments par des images, deux genres de beauté, l'un qui peut se rapporter au temps et à cette vie, l'autre à l'éternel et à l'infini.

Et qu'on ne dise pas que l'infini et l'éternel sont inintelligibles, c'est le fini et le passager qu'on serait souvent tenté de prendre pour un rêve; car la pensée ne peut voir de terme à rien, et l'être ne saurait concevoir le néant. On ne peut approfondir les sciences exactes elles-mêmes, sans y rencontrer l'infini et l'éternel; et les choses les plus positives appartiennent autant, sous de certains rapports, à cet infini et à cet éternel, que le sentiment et l'imagination.

De cette application du sentiment de l'infini aux beaux-arts, doit naître l'idéal, c'est-à-dire le beau, considéré, non pas comme la réunion et l'imitation de ce qu'il y a de mieux dans la nature, mais comme l'image réalisée de ce que notre âme se représente. Les philosophes matérialistes jugent le beau sous le rapport de l'impression agréable qu'il cause, et le placent ainsi dans l'empire des sensations; les philosophes spiritualistes, qui rapportent tout à la raison, voient dans le beau le parfait, et lui trouvent quelque analogie avec l'utile et le bon, qui sont les premiers degrés du parfait. Kant a rejeté l'une et l'autre explication.

Le beau, considéré seulement comme l'agréable, serait renfermé dans la sphère des sensations, et soumis par conséquent à la différence des goûts; il ne pourrait mériter cet assentiment universel qui est le véritable caractère de la beauté. Le beau, défini comme la perfection, exigerait une sorte de jugement pareil à celui qui fonde l'estime. L'enthousiasme que le beau doit inspirer ne tient ni aux sensations, ni au jugement; c'est une disposition innée, comme le sentiment du devoir et les notions nécessaires de l'entendement, et nous reconnaissons la beauté quand nous la voyons, parce qu'elle est l'image extérieure de l'idéal, dont le type est dans notre intelligence. Là diversité des goûts peut s'appliquer à ce qui est agréable, car les sensations sont la source de ce genre de plaisir; mais tous les hommes doivent admirer ce qui est beau, soit dans les arts, soit dans la nature, parce qu'ils ont dans leur âme des sentiments d'origine céleste que la beauté réveille, et dont elle les fait jouir.

Kant passe de la théorie du beau à celle du sublime, et cette seconde partie de sa *Critique du Jugement* est plus remarquable encore que la première : il fait consister le sublime dans la liberté morale aux prises avec le destin ou avec la nature. La puissance sans bornes nous épouvante, la grandeur nous accable, toutefois nous échappons par la vigueur de la volonté au sentiment de notre faiblesse physique. Le pouvoir du destin et l'immensité de la nature sont dans une opposition infinie avec la misérable dépendance de la créature sur la terre; mais une étincelle du feu sacré dans notre sein triomphe de l'univers, puisqu'il suffit de cette étincelle pour résister à ce que toutes les forces du monde pourraient exiger de nous.

Le premier effet du sublime est d'accabler l'homme, et le second, de le relever. Quand nous contemplons l'orage qui soulève les flots de la mer, et semble menacer la terre et le ciel, l'effroi s'empare d'abord de nous à cet aspect, bien qu'aucun danger personnel ne puisse alors nous atteindre; mais quand les nuages s'amoncellent, quand toute la fureur de la nature se manifeste, l'homme se sent une énergie intérieure qui peut l'affranchir de toutes les craintes, par la volonté ou par la résignation, par l'exercice ou par l'abdication de sa liberté morale; et cette conscience de lui-même le ranime et l'encourage.

Quand on nous raconte une action généreuse, quand on nous apprend que des hommes ont supporté des douleurs inouïes, pour rester fidèles à leur opinion, jusque dans ses moindres nuances, d'abord l'image des supplices qu'ils ont soufferts confond notre pensée; mais, par degrés, nous reprenons des forces, et la sympathie que nous nous sentons avec la grandeur d'âme, nous fait espérer que nous aussi nous saurions triompher des misérables sensations de cette vie, pour rester vrais, nobles et fiers jusqu'à notre dernier jour.

Au reste, personne ne saurait définir ce qui est, pour ainsi dire, au sommet de notre existence; *nous sommes trop élevés à l'égard de nous-mêmes, pour nous comprendre*, dit saint Augustin. Il serait bien pauvre en imagination, celui qui croirait pouvoir épuiser la contemplation de la plus simple fleur; comment donc parviendrait-on à connaître tout ce que renferme l'idée du sublime?

Je ne me flatte assurément pas d'avoir pu rendre compte, en quelques pages, d'un système qui occupe, depuis vingt ans, toutes les têtes pensantes de l'Allemagne; mais j'espère en avoir dit assez pour indiquer l'esprit général de la philosophie de Kant, et pour pouvoir expliquer dans les chapitres suivants l'influence qu'elle a exercée sur la littérature, les sciences et la morale.

Pour bien concilier la philosophie expérimentale avec la philosophie idéaliste, Kant n'a point sou-

mis l'une à l'autre, mais il a su donner à chacune des deux séparément un nouveau degré de force. L'Allemagne était menacée de cette doctrine aride, qui considérait tout enthousiasme comme une erreur, et rangeait au nombre des préjugés les sentiments consolateurs de l'existence. Ce fut une satisfaction vive pour des hommes à la fois si philosophes et si poëtes, si capables d'étude et d'exaltation, de voir toutes les belles affections de l'âme défendues avec la rigueur des raisonnements les plus abstraits. La force de l'esprit ne peut jamais être longtemps négative, c'est-à-dire, consister principalement dans ce qu'on ne croit pas, dans ce qu'on ne comprend pas, dans ce qu'on dédaigne. Il faut une philosophie de croyance, d'enthousiasme; une philosophie qui confirme par la raison ce que le sentiment nous révèle.

Les adversaires de Kant l'ont accusé de n'avoir fait que répéter les arguments des anciens idéalistes; ils ont prétendu que la doctrine du philosophe allemand n'était qu'un ancien système dans un langage nouveau. Ce reproche n'est pas fondé. Il y a non-seulement des idées nouvelles, mais un caractère particulier dans la doctrine de Kant.

Elle se ressent de la philosophie du dix-huitième siècle, quoiqu'elle soit destinée à la réfuter, parce qu'il est dans la nature de l'homme d'entrer toujours en composition avec l'esprit de son temps, lors même qu'il veut le combattre. La philosophie de Platon est plus poétique que celle de Kant, la philosophie de Malebranche plus religieuse; mais le grand mérite du philosophe allemand a été de relever la dignité morale, en donnant pour base à tout ce qu'il y a de plus beau dans le cœur une théorie fortement raisonnée. L'opposition qu'on a voulu mettre entre la raison et le sentiment conduit nécessairement la raison à l'égoïsme et le sentiment à la folie; mais Kant, qui semblait appelé à conclure toutes les grandes alliances intellectuelles, a fait de l'âme un seul foyer où toutes les facultés sont d'accord entre elles.

La partie polémique des ouvrages de Kant, celle dans laquelle il attaque la philosophie matérialiste, serait à elle seule un chef-d'œuvre. Cette philosophie a jeté dans les esprits de si profondes racines, il en est résulté tant d'irréligion et d'égoïsme, qu'on devrait encore regarder comme les bienfaiteurs de leur pays ceux qui n'auraient fait que combattre ce système, et raviver les pensées de Platon, de Descartes et de Leibnitz : mais la philosophie de la nouvelle école allemande contient une foule d'idées qui lui sont propres; elle est fondée sur d'immenses connaissances scientifiques, qui se sont accrues chaque jour, et sur une méthode de raisonnement singulièrement abstraite et logique; car, bien que Kant blâme l'emploi de ces raisonnements dans l'examen des vérités hors du cercle de l'expérience, il montre dans ses écrits une force de tête en métaphysique, qui le place sous ce rapport au premier rang des penseurs.

On ne saurait nier que le style de Kant, dans sa *Critique de la Raison pure*, ne mérite presque tous les reproches que ses adversaires lui ont faits. Il s'est servi d'une terminologie très-difficile à comprendre, et du néologisme le plus fatigant. Il vivait seul avec ses pensées, et se persuadait qu'il fallait des mots nouveaux pour des idées nouvelles, et cependant il y a des paroles pour tout.

Dans les objets les plus clairs par eux-mêmes, Kant prend souvent pour guide une métaphysique fort obscure, et ce n'est que dans les ténèbres de la pensée qu'il porte un flambeau lumineux : il rappelle les Israélites, qui avaient pour guide une colonne de feu pendant la nuit, et une colonne nébuleuse pendant le jour.

Personne en France ne se serait donné la peine d'étudier des ouvrages aussi hérissés de difficultés que ceux de Kant, mais il avait affaire à des lecteurs patients et persévérants. Ce n'était pas sans doute une raison pour en abuser; peut-être toutefois n'aurait-il pas creusé si profondément dans la science de l'entendement humain, s'il avait mis plus d'importance aux expressions dont il se servait pour l'expliquer. Les philosophes anciens ont toujours divisé leur doctrine en deux parties distinctes, celle qu'ils réservaient pour les initiés, et celle qu'ils professaient en public. La manière d'écrire de Kant est tout à fait différente, lorsqu'il s'agit de sa théorie, ou de l'application de cette théorie.

Dans ses traités de métaphysique, il prend les mots comme des chiffres, et leur donne la valeur qu'il veut, sans s'embarrasser de celle qu'ils tiennent de l'usage. C'est, ce me semble, une grande erreur; car l'attention du lecteur s'épuise à comprendre le langage avant d'arriver aux idées, et le connu ne sert jamais d'échelon pour parvenir à l'inconnu.

Il faut néanmoins rendre à Kant la justice qu'il mérite même comme écrivain, quand il renonce à son langage scientifique. En parlant des arts, et surtout de la morale, son style est presque toujours parfaitement clair, énergique et simple. Combien sa doctrine paraît alors admirable! comme il exprime le sentiment du beau et l'amour du devoir! avec quelle force il les sépare tous les deux de tout calcul d'intérêt ou d'utilité! comme il ennoblit les actions par leur source, et non par leur succès! enfin, quelle grandeur morale ne sait-il pas donner à l'homme, soit qu'il l'examine en lui-même, soit qu'il le considère dans ses rapports extérieurs; l'homme, cet exilé du ciel, ce prisonnier de la terre, si grand comme exilé, si misérable comme captif!

On pourrait extraire des écrits de Kant une foule d'idées brillantes sur tous les sujets, et peut-être même est-ce de cette doctrine seule qu'il est possible de tirer maintenant des aperçus ingénieux et nouveaux; car le point de vue matérialiste en toutes choses n'offre plus rien d'intéressant ni d'original. Le piquant des plaisanteries contre ce qui est sérieux, noble et divin, est usé, et l'on ne rendra désormais quelque jeunesse à la race humaine, qu'en retournant à la religion par la philosophie, et au sentiment par la raison.

CHAPITRE VII.

Des philosophes les plus célèbres de l'Allemagne, avant et après Kant.

L'esprit philosophique, par sa nature, ne saurait être généralement répandu dans aucun pays. Cependant il y a en Allemagne une telle tendance vers la réflexion, que la nation allemande peut être considérée comme la nation métaphysique par excellence. Elle renferme tant d'hommes en état de comprendre les questions les plus abstraites, que le public même y prend intérêt aux arguments employés dans ce genre de discussions.

Chaque homme d'esprit a sa manière de voir à lui sur les questions philosophiques. Les écrivains du second et du troisième ordre en Allemagne ont encore des connaissances assez approfondies pour être chefs ailleurs. Les rivaux se haïssent dans ce pays comme dans tout autre, mais aucun n'oserait se présenter au combat, sans avoir prouvé, par des études solides, l'amour sincère de la science dont il s'occupe. Il ne suffit pas d'aimer le succès, il faut le mériter pour être admis seulement à concourir. Les Allemands, si indulgents quand il s'agit de ce qui peut manquer à la forme d'un ouvrage, sont impitoyables sur sa valeur réelle, et quand ils aperçoivent quelque chose de superficiel dans l'esprit, dans l'âme ou dans le savoir d'un écrivain, ils tâchent d'emprunter la plaisanterie française elle-même, pour tourner en ridicule ce qui est frivole.

Je me suis proposé de donner dans ce chapitre un aperçu rapide des principales opinions des philosophes célèbres, avant et après Kant; on ne pourrait pas bien juger la marche qu'ont suivie ses successeurs, si l'on ne retournait pas en arrière, pour se représenter l'état des esprits au moment où la doctrine *Kantienne* se répandit en Allemagne : elle combattait à la fois le système de Locke, comme tendant au matérialisme, et l'école de Leibnitz, comme ayant tout réduit à l'abstraction.

Les pensées de Leibnitz étaient hautes, mais ses disciples, Wolf à leur tête, les commentèrent avec des formes logiques et métaphysiques. Leibnitz avait dit que les notions qui nous viennent par les sens sont confuses, et que celles qui appartiennent aux perceptions immédiates de l'âme sont les seules claires : sans doute il voulait indiquer par là que les vérités invisibles sont plus certaines et plus en harmonie avec notre être moral que tout ce que nous apprenons par le témoignage des sens. Wolf et ses disciples en tirèrent pour conséquence qu'il fallait réduire en idées abstraites tout ce qui peut occuper notre esprit. Kant reporta l'intérêt et la chaleur dans cet idéalisme sans vie; il fit à l'expérience une juste part, comme aux facultés innées, et l'art avec lequel il appliqua sa théorie à tout ce qui intéresse les hommes, à la morale, à la poésie et aux beaux-arts, en étendit l'influence.

Trois hommes principaux, Lessing, Hemsterhuis et Jacobi, précédèrent Kant dans la carrière philosophique. Ils n'avaient point une école, puisqu'ils ne fondaient pas un système; mais ils commencèrent l'attaque contre la doctrine des matérialistes. Lessing est celui des trois dont les opinions à cet égard étaient les moins décidées; toutefois il avait trop d'étendue dans l'esprit pour se renfermer dans le cercle borné qu'on peut se tracer si facilement, en renonçant aux vérités les plus hautes. La toute-puissante polémique de Lessing réveillait le doute sur les questions les plus importantes, et portait à faire de nouvelles recherches en tout genre. Lessing lui-même ne peut être considéré ni comme matérialiste, ni comme idéaliste; mais le besoin d'examiner et d'étudier pour connaître était le mobile de son existence. « Si le « Tout-Puissant, disait-il, tenait dans une main la « vérité, et dans l'autre la recherche de la vérité, « c'est la recherche que je lui demanderais par pré- « férence. »

Lessing n'était point orthodoxe en religion. Le christianisme ne lui était point nécessaire comme sentiment, et toutefois il savait l'admirer philosophiquement. Il comprenait ses rapports avec le cœur humain, et c'est toujours d'un point de vue universel qu'il considère toutes les opinions. Rien d'intolérant, rien d'exclusif ne se trouve dans ses écrits. Quand on se place au centre des idées, on a toujours de la bonne foi, de la profondeur et de l'étendue. Ce qui est injuste, vaniteux et borné, vient du besoin de tout rapporter à quelques aperçus partiels qu'on s'est appropriés, et dont on se fait un objet d'amour-propre.

Lessing exprime avec un style tranchant et positif des opinions pleines de chaleur. Hemsterhuis, philosophe hollandais, fut le premier qui, au milieu du dix-huitième siècle, indiqua dans ses écrits la plupart des idées généreuses sur lesquelles la nouvelle école allemande est fondée. Ses ouvrages sont aussi très-remarquables par le contraste qui existe entre le caractère de son style et les pensées qu'il énonce. Lessing est enthousiaste avec des formes ironiques, Hemsterhuis avec un langage mathématicien. On ne trouve guère que parmi les nations germaniques le phénomène de ces écrivains qui consacrent la métaphysique la plus abstraite à la défense des systèmes les plus exaltés, et qui cachent une imagination vive sous une logique austère.

Les hommes qui se mettent toujours en garde contre l'imagination qu'ils n'ont pas, se confient plus volontiers aux écrivains qui bannissent des discussions philosophiques le talent et la sensibilité, comme s'il n'était pas au moins aussi facile de déraisonner sur de tels sujets avec des syllogismes qu'avec de l'éloquence. Car le syllogisme, posant toujours pour base qu'une chose est ou n'est pas, réduit dans chaque circonstance à une simple alternative la foule immense de nos impressions, tandis que l'éloquence en embrasse l'ensemble. Néanmoins, quoique Hemsterhuis ait trop souvent exprimé les vérités philosophiques avec des formes algébriques, un sentiment moral, un pur amour du beau se fait admirer dans ses écrits; il a senti, l'un des premiers, l'union qui existe entre l'idéalisme, ou, pour mieux dire, le libre arbitre de l'homme et la morale stoïque, et c'est sous ce rapport surtout que la nouvelle doctrine des Allemands acquiert une grande importance.

Avant même que les écrits de Kant eussent paru, Jacobi avait déjà combattu la philosophie des sensations, et plus victorieusement encore la morale fondée sur l'intérêt. Il ne s'était point astreint exclusivement, dans sa philosophie, aux formes abstraites du raisonnement. Son analyse de l'âme humaine est pleine d'éloquence et de charme. Dans les chapitres suivants, j'examinerai la plus belle partie de ses ouvrages, celle qui tient à la morale;

mais il mérite, comme philosophe, une gloire à part. Plus instruit que personne dans l'histoire de la philosophie ancienne et moderne, il a consacré ses études à l'appui des vérités les plus simples. Le premier, parmi les philosophes de son temps, il a fondé notre nature intellectuelle tout entière sur le sentiment religieux, et l'on dirait qu'il n'a si bien appris la langue des métaphysiciens et des savants que pour rendre hommage aussi dans cette langue à la vertu et à la Divinité.

Jacobi s'est montré l'adversaire de la philosophie de Kant; mais il ne l'attaque point en partisan de la philosophie des sensations[1]. Au contraire, ce qu'il lui reproche, c'est de ne pas s'appuyer assez sur la religion, considérée comme la seule philosophie possible dans les vérités au delà de l'expérience.

La doctrine de Kant a rencontré beaucoup d'autres adversaires en Allemagne, mais on ne l'a point attaquée sans la connaître, ou en lui opposant pour toute réponse les opinions de Locke et de Condillac. Leibnitz conservait encore trop d'ascendant sur les esprits de ses compatriotes pour qu'ils ne montrassent pas du respect pour toute opinion analogue à la sienne. Une foule d'écrivains, pendant dix ans, n'ont cessé de commenter les ouvrages de Kant. Mais aujourd'hui les philosophes allemands, d'accord avec Kant sur l'activité spontanée de la pensée, ont adopté néanmoins chacun un système particulier à cet égard. En effet, qui n'a pas essayé de se comprendre soi-même selon ses forces? Mais parce que l'homme a donné une innombrable diversité d'explications de son être, s'ensuit-il que cet examen philosophique soit inutile? non, sans doute. Cette diversité même est la preuve de l'intérêt qu'un tel examen doit inspirer.

On dirait de nos jours qu'on voudrait en finir avec la nature morale, et lui solder son compte en une fois, pour n'en plus entendre parler. Les uns déclarent que la langue a été fixée tel jour de tel mois, et que depuis ce moment l'introduction d'un mot nouveau serait une barbarie. D'autres affirment que les règles dramatiques ont été définitivement arrêtées dans telle année, et que le génie qui voudrait maintenant y changer quelque chose, a tort de n'être pas né avant cette année sans appel, où l'on a terminé toutes les discussions littéraires passées, présentes et futures. Enfin, dans la métaphysique surtout, l'on a décidé que depuis Condillac on ne peut faire un pas de

plus sans s'égarer. Les progrès sont encore permis aux sciences physiques, parce qu'on ne peut les leur nier; mais dans la carrière philosophique et littéraire, on voudrait obliger l'esprit humain à courir sans cesse la bague de la vanité autour du même cercle.

Ce n'est point simplifier le système de l'univers que de s'en tenir à cette philosophie expérimentale, qui présente un genre d'évidence faux dans le principe, quoique spécieux dans la forme. En considérant comme non existant tout ce qui dépasse les lumières des sensations, on peut mettre aisément beaucoup de clarté dans un système dont on trace soi-même les limites; c'est un travail qui dépend de celui qui le fait. Mais tout ce qui est au delà de ces limites en existe-t-il moins, parce qu'on le compte pour rien? L'incomplète vérité de la philosophie spéculative approche bien plus de l'essence même des choses, que cette lucidité apparente qui tient à l'art d'écarter les difficultés d'un certain ordre. Quand on lit dans les ouvrages philosophiques du dernier siècle ces phrases si souvent répétées : *Il n'y a que cela de vrai, tout le reste est chimère*, on se rappelle cette histoire connue d'un acteur français, qui, devant se battre avec un homme beaucoup plus gros que lui, proposa de tirer sur le corps de son adversaire une ligne au delà de laquelle les coups ne compteraient plus. Au delà de cette ligne cependant, comme en deçà, il y avait le même être qui pouvait recevoir des coups mortels. De même, ceux qui placent au terme de leur horizon les colonnes d'Hercule, ne sauraient empêcher qu'il n'y ait une nature par delà la leur, où l'existence est plus vive encore que dans la sphère matérielle à laquelle on veut nous borner.

Les deux philosophes les plus célèbres qui aient succédé à Kant, sont Fichte et Schelling : ils prétendirent aussi simplifier son système; mais c'était en mettant à sa place une philosophie plus transcendante encore que la sienne, qu'ils se flattèrent d'y parvenir.

Kant avait séparé d'une main ferme l'empire de l'âme et celui des sensations; ce *dualisme* philosophique était fatigant pour les esprits qui aiment à se reposer dans les idées absolues. Depuis les Grecs jusqu'à nos jours, on a souvent répété cet axiome, que *Tout est un*, et les efforts des philosophes ont toujours tendu à trouver dans un seul principe, dans l'âme ou dans la nature, l'explication du monde. J'oserai le dire cependant, il me semble qu'un des titres de la philosophie de Kant à la confiance des hommes éclairés, c'est d'avoir

[1] Cette philosophie a reçu généralement, en Allemagne, le nom de *philosophie empirique*.

affirmé, comme nous le sentons, qu'il existe une âme et une nature extérieure, et qu'elles agissent mutuellement l'une sur l'autre par telles ou telles lois. Je ne sais pourquoi l'on trouve plus de hauteur philosophique dans l'idée d'un seul principe, soit matériel, soit intellectuel; un ou deux ne rend pas l'univers plus facile à comprendre, et notre sentiment s'accorde mieux avec les systèmes qui reconnaissent comme distincts le physique et le moral.

Fichte et Schelling se sont partagé l'empire que Kant avait reconnu pour divisé, et chacun a voulu que sa moitié fût le tout. L'un et l'autre sont sortis de la sphère de nous-mêmes, et ont voulu s'élever jusqu'à connaître le système de l'univers; bien différents en cela de Kant, qui a mis autant de force d'esprit à montrer ce que l'esprit humain ne parviendra jamais à comprendre, qu'à développer ce qu'il peut savoir.

Cependant nul philosophe, avant Fichte, n'avait poussé le système de l'idéalisme à une rigueur aussi scientifique; il fait de l'activité de l'âme l'univers entier. Tout ce qui peut être conçu, tout ce qui peut être imaginé vient d'elle, c'est d'après ce système qu'il a été soupçonné d'incrédulité. On lui entendait dire que, dans la leçon suivante, il allait créer Dieu, et l'on était, avec raison, scandalisé de cette expression. Ce qu'elle signifiait, c'est qu'il allait montrer comment l'idée de la Divinité naissait et se développait dans l'âme de l'homme. Le mérite principal de la philosophie de Fichte, c'est la force incroyable d'attention qu'elle suppose. Car il ne se contente pas de tout rapporter à l'existence intérieure de l'homme, au MOI qui sert de base à tout; mais il distingue encore dans ce MOI celui qui est passager, et celui qui est durable. En effet, quand on réfléchit sur les opérations de l'entendement, on croit assister soi-même à sa pensée, on croit la voir passer comme l'onde, tandis que la portion de soi qui la contemple est immuable. Il arrive souvent à ceux qui réunissent un caractère passionné à un esprit observateur, de se regarder souffrir, et de sentir en eux-mêmes un être supérieur à sa propre peine, qui la voit, et tour à tour la blâme ou la plaint.

Il s'opère des changements continuels en nous, par les circonstances extérieures de notre vie, et néanmoins nous avons toujours le sentiment de notre identité. Qu'est-ce donc qui atteste cette identité, si ce n'est le MOI toujours le même, qui voit passer devant son tribunal le MOI modifié par les impressions extérieures ?

C'est à cette âme inébranlable, témoin de l'âme mobile, que Fichte attribue le don de l'immortalité et la puissance de créer, ou, pour traduire plus exactement, de *rayonner en elle-même* l'image de l'univers. Ce système, qui fait tout reposer sur le sommet de notre existence, et place la pyramide sur la pointe, est singulièrement difficile à suivre. Il dépouille les idées des couleurs qui servent si bien à les faire comprendre; et les beaux-arts, la poésie, la contemplation de la nature, disparaissent dans ces abstractions, sans mélange d'imagination ni de sensibilité.

Fichte ne considère le monde extérieur que comme une borne de notre existence, sur laquelle la pensée travaille. Dans son système, cette borne est créée par l'âme elle-même, dont l'activité constante s'exerce sur le tissu qu'elle a formé. Ce que Fichte a écrit sur le MOI métaphysique ressemble un peu au réveil de la statue de Pygmalion, qui, touchant alternativement elle-même et la pierre sur laquelle elle était placée, dit tour à tour : « C'est moi, et ce n'est pas moi. » Mais quand, en prenant la main de Pygmalion, elle s'écrie : « C'est encore moi! » il s'agit déjà d'un sentiment qui dépasse de beaucoup la sphère des idées abstraites. L'idéalisme dépouillé du sentiment a néanmoins l'avantage d'exciter au plus haut degré l'activité de l'esprit; mais la nature et l'amour perdent tout leur charme par ce système; car si les objets que nous voyons et les êtres que nous aimons ne sont rien que l'œuvre de nos idées, c'est l'homme lui-même qu'on peut considérer alors comme *le grand célibataire des mondes*.

Il faut reconnaître cependant deux grands avantages de la doctrine de Fichte : l'un, sa morale stoïque, qui n'admet aucune excuse; car tout venant du MOI, c'est à ce MOI seul à répondre de l'usage qu'il fait de sa volonté : l'autre, un exercice de la pensée tellement fort et subtil en même temps, que celui qui a bien compris ce système, dût-il ne pas l'adopter, aurait acquis une puissance d'attention et une sagacité d'analyse qu'il pourrait ensuite appliquer en se jouant à tout autre genre d'étude.

De quelque manière qu'on juge l'utilité de la métaphysique, on ne peut nier qu'elle ne soit la gymnastique de l'esprit. On impose aux enfants divers genres de lutte dans leurs premières années, quoiqu'ils ne soient point appelés à se battre un jour de cette manière. On peut dire avec vérité que l'étude de la métaphysique idéaliste est presque un moyen sûr de développer les facultés morales de ceux qui s'y livrent. La pensée réside, comme tout ce qui est précieux, au fond de nous-mêmes; car à la superficie, il n'y a rien que de la sottise ou de l'insipidité. Mais quand on oblige de bonne heure les hommes à creuser dans leur réflexion, à tout voir dans leur âme, ils y puisent une force et une sincérité de jugement qui ne se perdent jamais.

Fichte est dans les idées abstraites une tête mathématique comme Euler ou la Grange. Il méprise singulièrement toutes les expressions un peu substantielles : l'existence est déjà un mot trop prononcé pour lui. L'être, le principe, l'essence, sont à peine des paroles assez éthérées pour indiquer les subtiles nuances de ses opinions. On dirait qu'il craint le contact des choses réelles, et qu'il tend toujours à y échapper. A force de le lire ou de s'entretenir avec lui, l'on perd la conscience de ce monde, et l'on a besoin, comme les ombres que nous peint Homère, de rappeler en soi les souvenirs de la vie.

Le matérialisme absorbe l'âme en la dégradant; l'idéalisme de Fichte, à force de l'exalter, la sépare de la nature. Dans l'un et l'autre extrême, le sentiment, qui est la véritable beauté de l'existence, n'a point le rang qu'il mérite.

Schelling a bien plus de connaissance de la nature et des beaux-arts que Fichte, et son imagination pleine de vie ne saurait se contenter des idées abstraites; mais, de même que Fichte, il a pour but de réduire l'existence à un seul principe. Il traite avec un profond dédain tous les philosophes qui en admettent deux, et il ne veut accorder le nom de philosophie qu'au système dans lequel tout s'enchaîne, et qui explique tout. Certainement il a raison d'affirmer que celui-là serait le meilleur, mais où est-il! Schelling prétend que rien n'est plus absurde que cette expression communément reçue : la philosophie de Platon, la philosophie d'Aristote. Dirait-on la géométrie d'Euler, la géométrie de la Grange? Il n'y a qu'une philosophie, selon l'opinion de Schelling, ou il n'y en a point. Certes, si l'on n'entendait par philosophie que le mot de l'énigme de l'univers, on pourrait dire avec vérité qu'il n'y a point de philosophie.

Le système de Kant parut insuffisant à Schelling comme à Fichte, parce qu'il reconnaît deux natures, deux sources de nos idées, les objets extérieurs et les facultés de l'âme. Mais pour arriver à cette unité tant désirée, pour se débarrasser de cette double vie physique et morale, qui déplaît tant aux partisans des idées absolues, Schelling rapporte tout à la nature, tandis que Fichte fait tout ressortir de l'âme. Fichte ne voit dans la nature que l'opposé de l'âme : elle n'est à ses yeux

qu'une limite ou qu'une chaîne, dont il faut travailler sans cesse à se dégager. Le système de Schelling repose et charme davantage l'imagination, néanmoins il rentre nécessairement dans celui de Spinosa; mais, au lieu de faire descendre l'âme jusqu'à la matière, comme cela s'est pratiqué de nos jours, Schelling tâche d'élever la matière jusqu'à l'âme; et quoique sa théorie dépende en entier de la nature physique, elle est cependant très-idéaliste dans le fond, et plus encore dans la forme.

L'idéal et le réel tiennent, dans son langage, la place de l'intelligence et de la matière, de l'imagination et de l'expérience; et c'est dans la réunion de ces deux puissances en une harmonie complète que consiste, selon lui, le principe unique et absolu de l'univers organisé. Cette harmonie, dont les deux pôles et le centre sont l'image, et qui est renfermée dans le nombre trois, de tout temps si mystérieux, fournit à Schelling les applications les plus ingénieuses. Il croit la retrouver dans les beaux-arts comme dans la nature, et ses ouvrages sur les sciences physiques sont estimés même des savants qui ne considèrent que les faits et les résultats. Enfin, dans l'examen de l'âme, il cherche à démontrer comment les sensations et les conceptions intellectuelles se confondent dans le sentiment qui réunit ce qu'il y a d'involontaire et de réfléchi dans les unes et dans les autres, et contient ainsi tout le mystère de la vie.

Ce qui intéresse surtout dans ces systèmes, ce sont leurs développements. La base première de la prétendue explication du monde est également vraie comme également fausse dans la plupart des théories; car toutes sont comprises dans l'immense pensée qu'elles veulent embrasser : mais dans l'application aux choses de ce monde, ces théories sont très-spirituelles, et répandent souvent de grandes lumières sur plusieurs objets en particulier.

Schelling s'approche beaucoup, on ne saurait le nier, des philosophes appelés panthéistes, c'est-à dire de ceux qui accordent à la nature les attributs de la Divinité. Mais ce qui le distingue, c'est l'étonnante sagacité avec laquelle il a su rallier à sa doctrine les sciences et les arts; il instruit, il donne à penser dans chacune de ses observations, et la profondeur de son esprit étonne, surtout quand il ne prétend pas l'appliquer au secret de l'univers; car aucun homme ne peut atteindre à un genre de supériorité qui ne saurait exister entre des êtres de la même espèce, à quelque distance qu'ils soient l'un de l'autre.

Pour conserver des idées religieuses au milieu de l'apothéose de la nature, l'école de Schelling suppose que l'individu périt en nous, mais que les qualités intimes que nous possédons rentrent dans le grand tout de la création éternelle. Cette immortalité-là ressemble terriblement à la mort; car la mort physique elle-même n'est autre chose que la nature universelle qui se ressaisit des dons qu'elle avait faits à l'individu.

Schelling tire de son système des conclusions très-nobles sur la nécessité de cultiver dans notre âme les qualités immortelles, celles qui sont en relation avec l'univers, et de mépriser en nous-mêmes tout ce qui ne tient qu'à nos circonstances. Mais les affections du cœur et la conscience elle-même ne sont-elles pas attachées aux rapports de cette vie? Nous éprouvons dans la plupart des situations deux mouvements tout à fait distincts, celui qui nous unit à l'ordre général, et celui qui nous ramène à nos intérêts particuliers; le sentiment du devoir, et la personnalité. Le plus noble de ces deux mouvements, c'est l'universel. Mais c'est précisément parce que nous avons un instinct conservateur de l'existence, qu'il est beau de le sacrifier; c'est parce que nous sommes des êtres concentrés en nous-mêmes que notre attraction vers l'ensemble est généreuse; enfin, c'est parce que nous subsistons individuellement et séparément que nous pouvons nous choisir et nous aimer les uns et les autres : que serait donc cette immortalité abstraite qui nous dépouillerait de nos souvenirs les plus chers comme de modifications accidentelles ?

Voulez-vous, disent-ils en Allemagne, ressusciter avec toutes vos circonstances actuelles, renaître baron ou marquis?—Non sans doute; mais qui ne voudrait pas renaître fille et mère, et comment serait-on soi si l'on ne ressentait plus les mêmes amitiés! Les vagues idées de réunion avec la nature détruisent à la longue l'empire de la religion sur les âmes, car la religion s'adresse à chacun de nous en particulier. La Providence nous protège dans tous les détails de notre sort. Le christianisme se proportionne à tous les esprits, et répond comme un confident aux besoins individuels de notre cœur. Le panthéisme au contraire, c'est-à-dire la nature divinisée, à force d'inspirer de la religion pour tout, la disperse sur l'univers, et ne la concentre point en nous-mêmes.

Ce système a eu dans tous les temps beaucoup de partisans parmi les philosophes. La pensée tend toujours à se généraliser de plus en plus, et l'on prend quelquefois pour une idée nouvelle ce

travail de l'esprit qui s'en va toujours ôtant ses bornes. On croit parvenir à comprendre l'univers comme l'espace, en renversant toujours les barrières, en reculant les difficultés sans les résoudre, et l'on n'approche pas davantage ainsi de l'infini. Le sentiment seul nous le révèle sans nous l'expliquer.

Ce qui est vraiment admirable dans la philosophie allemande, c'est l'examen qu'elle nous fait faire de nous-mêmes; elle remonte jusqu'à l'origine de la volonté, jusqu'à cette source inconnue du fleuve de notre vie; et c'est là que, pénétrant dans les secrets les plus intimes de la douleur et de la foi, elle nous éclaire et nous affermit. Mais tous les systèmes qui aspirent à l'explication de l'univers ne peuvent guère être analysés clairement par aucune parole : les mots ne sont pas propres à ce genre d'idées, et il en résulte que, pour les y faire servir, on répand sur toutes choses l'obscurité qui précéda la création, mais non la lumière qui l'a suivie. Les expressions scientifiques prodiguées sur un sujet auquel tout le monde croit avoir des droits révoltent l'amour-propre. Ces écrits si difficiles à comprendre prêtent, quelque sérieux qu'on soit, à la plaisanterie, car il y a toujours des méprises dans les ténèbres. L'on se plaît à réduire à quelques assertions principales et faciles à combattre, cette foule de nuances et de restrictions qui paraissent toutes sacrées à l'auteur, mais que bientôt les profanes oublient ou confondent.

Les Orientaux ont été de tout temps idéalistes, et l'Asie ne ressemble en rien au midi de l'Europe. L'excès de la chaleur porte dans l'Orient à la contemplation, comme l'excès du froid dans le Nord. Les systèmes religieux de l'Inde sont très-mélancoliques et très-spiritualistes, tandis que les peuples du midi de l'Europe ont toujours eu du penchant pour un paganisme assez matériel. Les savants anglais qui ont voyagé dans l'Inde ont fait de profondes recherches sur l'Asie; et des Allemands, qui n'avaient pas comme les princes de la mer, les occasions de s'instruire par leurs propres yeux, sont arrivés, avec l'unique secours de l'étude, à des découvertes très-intéressantes sur la religion, la littérature et les langues des nations asiatiques; ils sont portés à croire, d'après plusieurs indices, que des lumières surnaturelles ont éclairé jadis les peuples de ces contrées, et qu'il en est resté des traces ineffaçables. La philosophie des Indiens ne peut être bien comprise que par les idéalistes allemands : les rapports d'opinion les aident à la concevoir.

Frédéric Schlegel, non content de savoir presque toutes les langues de l'Europe, a consacré des travaux inouïs à la connaissance de ce pays, berceau du monde. L'ouvrage qu'il vient de publier sur la langue et la philosophie des Indiens, contient des vues profondes et des connaissances positives qui doivent fixer l'attention des hommes éclairés de l'Europe. Il croit, et plusieurs philosophes, au nombre desquels il faut compter Bailly, ont soutenu la même opinion, qu'un peuple primitif a occupé quelques parties de la terre, et particulièrement l'Asie, dans une époque antérieure à tous les documents de l'histoire. Frédéric Schlegel trouve des traces de ce peuple dans la culture intellectuelle des nations et dans la formation des langues. Il remarque une ressemblance extraordinaire entre les idées principales, et même les mots qui les expriment chez plusieurs peuples du monde, alors même que, d'après ce que nous connaissons de l'histoire, ils n'ont jamais eu de rapport entre eux. Frédéric Schlegel n'admet point dans ses écrits la supposition assez généralement reçue, que les hommes ont commencé par l'état sauvage, et que les besoins mutuels ont formé les langues par degrés. C'est donner une origine bien grossière au développement de l'esprit et de l'âme, que de l'attribuer ainsi à notre nature animale, et la raison combat cette hypothèse que l'imagination repousse.

On ne conçoit point par quelle gradation il serait possible d'arriver du cri sauvage à la perfection de la langue grecque; l'on dirait que dans les progrès nécessaires pour parcourir cette distance infinie, il faudrait que chaque pas franchît un abîme; nous voyons de nos jours que les sauvages ne se civilisent jamais d'eux-mêmes, et que ce sont les nations voisines qui leur enseignent avec grande peine ce qu'ils ignorent. On est donc bien tenté de croire que le peuple primitif a été l'instituteur du genre humain; et ce peuple, qui l'a formé, si ce n'est une révélation? Toutes les nations ont exprimé de tout temps des regrets sur la perte d'un état heureux qui précédait l'époque où elles se trouvaient: d'où vient cette idée si généralement répandue? dira-t-on que c'est une erreur? Les erreurs universelles sont toujours fondées sur quelques vérités altérées, défigurées peut-être, mais qui avaient pour base des faits cachés dans la nuit des temps, ou quelques forces mystérieuses de la nature.

Ceux qui attribuent la civilisation du genre humain aux besoins physiques qui ont réuni les hommes entre eux, expliqueront difficilement comment il arrive que la culture morale des peuples les plus anciens est plus poétique, plus favorable aux beaux-arts, plus noblement inutile enfin, sous les rapports matériels, que ne le sont les raffinements de la civilisation moderne. La philosophie des Indiens est idéaliste, et leur religion mystique : ce n'est certes pas le besoin de maintenir l'ordre dans la société qui a donné naissance à cette philosophie ni à cette religion.

La poésie presque partout a précédé la prose, et l'introduction des mètres, du rhythme, de l'harmonie, est antérieure à la précision rigoureuse, et par conséquent à l'utile emploi des langues. L'astronomie n'a pas été étudiée seulement pour servir à l'agriculture; mais les Chaldéens, les Égyptiens, etc., ont poussé leurs recherches fort au delà des avantages pratiques qu'on pouvait en retirer, et l'on croit voir l'amour du ciel et le culte du temps, dans ces observations si profondes et si exactes sur les divisions de l'année, le cours des astres et les périodes de leur jonction.

Les rois, chez les Chinois, étaient les premiers astronomes de leur pays; ils passaient les nuits à contempler la marche des étoiles, et leur dignité royale consistait dans ces belles connaissances, et dans ces occupations désintéressées qui les élevaient au-dessus du vulgaire. Le magnifique système qui donne à la civilisation pour origine une révélation religieuse, est appuyé par une érudition dont les partisans des opinions matérialistes sont rarement capables; c'est être déjà presque idéaliste que de se vouer entièrement à l'étude.

Les Allemands, accoutumés à réfléchir profondément et solitairement, pénètrent si avant dans la vérité, qu'il faut être, ce me semble, un ignorant ou un fat, pour dédaigner aucun de leurs écrits avant de s'en être longtemps occupé. Il y avait autrefois beaucoup d'erreurs et de superstitions qui tenaient au manque de connaissances; mais quand, avec les lumières de notre temps et d'immenses travaux individuels, on énonce des opinions hors du cercle des expériences communes, il faut s'en réjouir pour l'espèce humaine, car son trésor actuel est assez pauvre, du moins si l'on en juge par l'usage qu'elle en fait.

En lisant le compte que je viens de rendre des idées principales de quelques philosophes allemands, leurs partisans, d'une part, trouveront avec raison que j'ai indiqué bien superficiellement des recherches très-importantes, et de l'autre, les gens du monde se demanderont à quoi sert tout cela. Mais à quoi servent l'Apollon du Belvédère, les tableaux de Raphaël, les tragédies de Racine? à quoi sert tout ce qui est beau, si ce n'est à l'âme?

Il en est de même de la philosophie, elle est la beauté de la pensée, elle atteste la dignité de l'homme, qui peut s'occuper de l'éternel et de l'invisible, quoique tout ce qu'il y a de grossier dans sa nature l'en éloigne.

Je pourrais encore citer beaucoup d'autres noms justement honorés dans la carrière de la philosophie; mais il me semble que cette esquisse, quelque imparfaite qu'elle soit, suffit pour servir d'introduction à l'examen de l'influence que la philosophie transcendante des Allemands a exercée sur le développement de l'esprit et sur le caractère et la moralité de la nation où règne cette philosophie; et c'est là surtout le but que je me suis proposé.

CHAPITRE VIII.

Influence de la nouvelle philosophie allemande sur le développement de l'esprit.

L'attention est peut-être de toutes les facultés de l'esprit humain celle qui a le plus de pouvoir, et l'on ne saurait nier que la métaphysique idéaliste ne la fortifie d'une manière étonnante. M. de Buffon prétendait que le génie pouvait s'acquérir par la patience, c'était trop dire; mais cet hommage rendu à l'attention, sous le nom de la patience, honore beaucoup un homme d'une imagination aussi brillante. Les idées abstraites exigent déjà un grand effort de méditation; mais quand on y joint l'observation la plus exacte et la plus persévérante des actes intérieurs de la volonté, toute la force de l'intelligence y est employée. La subtilité de l'esprit est un grand défaut dans les affaires de ce monde; mais certes les Allemands n'en sont pas soupçonnés. La subtilité philosophique qui nous fait démêler les moindres fils de nos pensées, est précisément ce qui doit porter le plus loin le génie, car une réflexion dont il résulterait peut-être les plus sublimes inventions, les plus étonnantes découvertes, passe en nous-mêmes inaperçue, si nous n'avons pas pris l'habitude d'examiner avec sagacité les conséquences et les liaisons des idées les plus éloignées en apparence.

En Allemagne, un homme supérieur se borne rarement à une seule carrière. Goethe fait des découvertes dans les sciences, Schelling est un excellent littérateur, Frédéric Schlegel un poëte plein d'originalité. On ne saurait peut-être réunir un grand nombre de talents divers, mais la vue de l'entendement doit tout embrasser.

La nouvelle philosophie allemande est nécessairement plus favorable qu'aucune autre à l'étendue de l'esprit; car, rapportant tout au foyer de l'âme, et considérant le monde lui-même comme régi par des lois dont le type est en nous, elle ne saurait admettre le préjugé qui destine chaque homme d'une manière exclusive à telle ou telle branche d'études. Les philosophes idéalistes croient qu'un art, qu'une science, qu'une partie quelconque ne saurait être comprise sans des connaissances universelles, et que, depuis le moindre phénomène jusqu'au plus grand, rien ne peut être savamment examiné, ou poétiquement dépeint, sans cette hauteur d'esprit qui fait voir l'ensemble en décrivant les détails.

Montesquieu dit que *l'esprit consiste à connaitre la ressemblance des choses diverses et la différence des choses semblables.* S'il pouvait exister une théorie qui apprît à devenir un homme d'esprit, ce serait celle de l'entendement telle que les Allemands la conçoivent; il n'en est pas de plus favorable aux rapprochements ingénieux entre les objets extérieurs et les facultés de l'esprit; ce sont les divers rayons d'un même centre. La plupart des axiomes physiques correspondent à des vérités morales, et la philosophie universelle présente de mille manières la nature toujours une et toujours variée, qui se réfléchit tout entière dans chacun de ses ouvrages, et fait porter au brin d'herbe, comme au cèdre, l'empreinte de l'univers.

Cette philosophie donne un attrait singulier pour tous les genres d'étude. Les découvertes qu'on fait en soi-même sont toujours intéressantes; mais, s'il est vrai qu'elles doivent nous éclairer sur les mystères mêmes du monde créé à notre image, quelle curiosité n'inspirent-elles pas! L'entretien d'un philosophe allemand, tel que ceux que j'ai nommés, rappelle les dialogues de Platon, et quand vous interrogez un de ces hommes sur un sujet quelconque, il y répand tant de lumières qu'en l'écoutant vous croyez penser pour la première fois, si penser est, comme le dit Spinosa, *s'identifier avec la nature par l'intelligence, et devenir un avec elle.*

Il circule en Allemagne, depuis quelques années, une telle quantité d'idées neuves sur les sujets littéraires et philosophiques, qu'un étranger pourrait très-bien prendre pour un génie supérieur celui qui ne ferait que répéter ces idées. Il m'est quelquefois arrivé de croire un esprit prodigieux à des hommes d'ailleurs assez communs, seulement parce qu'ils s'étaient familiarisés avec les systèmes idéalistes, aurore d'une vie nouvelle.

Les défauts qu'on reproche d'ordinaire aux Allemands dans la conversation, la lenteur et la pédanterie, se remarquent infiniment moins dans les disciples de l'école moderne; les personnes du premier rang, en Allemagne, se sont formées pour la plupart d'après les bonnes manières françaises; mais il s'établit maintenant parmi les philosophes hommes de lettres une éducation qui est aussi de bon goût, quoique dans un tout autre genre. On y considère la véritable élégance comme inséparable de l'imagination poétique et de l'attrait pour les beaux-arts, et la politesse comme fondée sur la connaissance et l'appréciation des talents et du mérite.

On ne saurait nier cependant que les nouveaux systèmes philosophiques et littéraires n'aient inspiré à leurs partisans un grand mépris pour ceux qui ne les comprennent pas. La plaisanterie française veut toujours humilier par le ridicule; sa tactique est d'éviter l'idée pour attaquer la personne, et le fond pour se moquer de la forme. Les Allemands de la nouvelle école considèrent l'ignorance et la frivolité comme les maladies d'une enfance prolongée; ils ne s'en sont pas tenus à combattre les étrangers, ils s'attaquent aussi eux-mêmes les uns les autres avec amertume, et l'on dirait, à les entendre, qu'un degré de plus en fait d'abstraction ou de profondeur, donne le droit de traiter en esprit vulgaire et borné quiconque ne voudrait pas ou ne pourrait pas y atteindre.

Quand les obstacles ont irrité les esprits, l'exagération s'est mêlée à cette révolution philosophique, d'ailleurs si salutaire. Les Allemands de la nouvelle école pénètrent avec le flambeau du génie dans l'intérieur de l'âme. Mais quand il s'agit de faire entrer leurs idées dans la tête des autres, ils en connaissent mal les moyens; ils se mettent à dédaigner, parce qu'ils ignorent, non la vérité, mais la manière de la dire. Le dédain, excepté pour le vice, indique presque toujours une borne dans l'esprit; car, avec plus d'esprit encore, on se serait fait comprendre même des esprits vulgaires, ou du moins on l'aurait essayé de bonne foi.

Le talent de s'exprimer avec méthode et clarté est assez rare en Allemagne : les études spéculatives ne le donnent pas. Il faut se placer, pour ainsi dire, en dehors de ses propres pensées, pour juger de la forme qu'on doit leur donner. La philosophie fait connaître l'homme plutôt que les hommes. C'est l'habitude de la société qui seule nous apprend quels sont les rapports de notre esprit avec celui des autres. La candeur d'abord, et l'orgueil ensuite, portent les philosophes sincères et sérieux à s'indigner contre ceux qui ne pensent pas ou ne sentent pas comme eux. Les Allemands

recherchent le vrai consciencieusement; mais ils ont un esprit de secte très-ardent en faveur de la doctrine qu'ils adoptent; car tout se change en passion dans le cœur de l'homme.

Cependant, malgré les diversités d'opinions qui forment en Allemagne différentes écoles opposées l'une à l'autre, elles tendent également, pour la plupart, à développer l'activité de l'âme : aussi n'est-il point de pays où chaque homme tire plus de parti de lui-même, au moins sous le rapport des travaux intellectuels.

CHAPITRE IX.

Influence de la nouvelle philosophie allemande sur la littérature et les arts.

Ce que je viens de dire sur le développement de l'esprit s'applique aussi à la littérature; cependant il est peut-être intéressant d'ajouter quelques observations particulières à ces réflexions générales. Dans les pays où l'on croit que toutes les idées nous viennent par les objets extérieurs, il est naturel d'attacher un plus grand prix aux convenances, dont l'empire est au dehors; mais lorsqu'au contraire on est convaincu des lois immuables de l'existence morale, la société a moins de pouvoir sur chaque homme : l'on traite de tout avec soi-même; et l'essentiel, dans les productions de la pensée comme dans les actions de la vie, c'est de s'assurer qu'elles partent de notre conviction intime et de nos émotions spontanées.

Il y a dans le style des qualités qui tiennent à la vérité même du sentiment, il y en a qui dépendent de la correction grammaticale. On aurait de la peine à faire comprendre à des Allemands que la première chose à examiner dans un ouvrage, c'est la manière dont il est écrit, et que l'exécution doit l'emporter sur la conception. La philosophie expérimentale estime un ouvrage surtout par la forme ingénieuse et lucide sous laquelle il est présenté; la philosophie idéaliste, au contraire, toujours attirée vers le foyer de l'âme, n'admire que les écrivains qui s'en rapprochent.

Il faut l'avouer aussi, l'habitude de creuser dans les mystères les plus cachés de notre être donne du penchant pour ce qu'il y a de plus profond et quelquefois de plus obscur dans la pensée. Aussi les Allemands mêlent-ils trop souvent la métaphysique à la poésie.

La nouvelle philosophie inspire le besoin de s'élever jusqu'aux pensées et aux sentiments sans bornes. Cette impulsion peut être favorable au génie, mais elle ne l'est qu'à lui, et souvent elle

13.

donne à ceux qui n'en ont pas des prétentions assez ridicules. En France, la médiocrité trouve tout trop fort et trop exalté; en Allemagne, rien ne lui paraît à la hauteur de la nouvelle doctrine. En France, la médiocrité se moque de l'enthousiasme; en Allemagne, elle dédaigne un certain genre de raison. Un écrivain n'en saurait jamais faire assez pour convaincre les lecteurs allemands qu'il n'est pas superficiel, qu'il s'occupe en toutes choses de l'immortel et de l'infini. Mais comme les facultés de l'esprit ne répondent pas toujours à de si vastes désirs, il arrive souvent que des efforts gigantesques ne conduisent qu'à des résultats communs. Néanmoins cette disposition générale seconde l'essor de la pensée; et il est plus facile, en littérature, de poser des limites que de donner de l'émulation.

Le goût que les Allemands manifestent pour le genre naïf, et dont j'ai déjà eu l'occasion de parler, semble en contradiction avec leur penchant pour la métaphysique, penchant qui naît du besoin de se connaître et de s'analyser soi-même; cependant c'est aussi à l'influence d'un système qu'il faut rapporter ce goût pour le naïf; car il y a de la philosophie dans tout en Allemagne, même dans l'imagination. L'un des premiers caractères du naïf, c'est d'exprimer ce qu'on sent ou ce qu'on pense, sans réfléchir à aucun résultat ni tendre vers aucun but; et c'est en cela qu'il s'accorde avec la théorie des Allemands sur la littérature.

Kant, en séparant le beau de l'utile, prouve clairement qu'il n'est point du tout dans la nature des beaux-arts de donner des leçons. Sans doute tout ce qui est beau doit faire naître des sentiments généreux, et ces sentiments excitent à la vertu; mais dès qu'on a pour objet de mettre en évidence un précepte de morale, la libre impression que produisent les chefs-d'œuvre de l'art est nécessairement détruite; car le but, quel qu'il soit, quand il est connu, borne et gêne l'imagination. On prétend que Louis XIV disait à un prédicateur qui avait dirigé son sermon contre lui : « Je veux bien me faire ma part; mais je ne veux pas qu'on me la fasse. » L'on pourrait appliquer ces paroles aux beaux-arts en général : ils doivent élever l'âme, et non pas l'endoctriner.

La nature déploie ses magnificences souvent sans but, souvent avec un luxe que les partisans de l'utilité appelleraient prodigue. Elle semble se plaire à donner plus d'éclat aux fleurs, aux arbres des forêts, qu'aux végétaux qui servent d'aliment à l'homme. Si l'utile avait le premier rang dans la nature, ne revêtirait-elle pas de plus de charmes les plantes nutritives que les roses, qui ne sont que belles? Et d'où vient cependant que, pour parer l'autel de la Divinité, l'on chercherait plutôt les inutiles fleurs que les productions nécessaires? D'où vient que ce qui sert au maintien de notre vie a moins de dignité que les beautés sans but? C'est que le beau nous rappelle une existence immortelle et divine, dont le souvenir et le regret vivent à la fois dans notre cœur.

Ce n'est certainement pas pour méconnaître la valeur morale de ce qui est utile que Kant en a séparé le beau; c'est pour fonder l'admiration en tout genre sur un désintéressement absolu; c'est pour donner aux sentiments qui rendent le vice impossible la préférence sur les leçons qui servent à le corriger.

Rarement les fables mythologiques des anciens ont été dirigées dans le sens des exhortations de morale ou des exemples édifiants, et ce n'est pas du tout parce que les modernes valent mieux qu'eux qu'ils cherchent souvent à donner à leurs fictions un résultat utile; c'est plutôt parce qu'ils ont moins d'imagination, et qu'ils transportent dans la littérature l'habitude que donnent les affaires, de toujours tendre vers un but. Les événements, tels qu'ils existent dans la réalité, ne sont point calculés comme une fiction dont le dénoûment est moral. La vie elle-même est conçue d'une manière tout à fait poétique : car ce n'est point d'ordinaire parce que le coupable est puni, et l'homme vertueux récompensé, qu'elle produit sur nous une impression morale, c'est parce qu'elle développe dans notre âme l'indignation contre le coupable, et l'enthousiasme pour l'homme vertueux.

Les Allemands ne considèrent point, ainsi qu'on le fait d'ordinaire, l'imitation de la nature comme le principal objet de l'art; c'est la beauté idéale qui leur paraît le principe de tous les chefs-d'œuvre, et leur théorie poétique est, à cet égard, tout à fait d'accord avec leur philosophie. L'impression qu'on reçoit par les beaux-arts n'a pas le moindre rapport avec le plaisir que fait éprouver une imitation quelconque; l'homme a dans son âme des sentiments innés que les objets réels ne satisferont jamais, et c'est à ces sentiments que l'imagination des peintres et des poëtes sait donner une forme et une vie. Le premier des arts, la musique, qu'imite-t-il? de tous les dons de la Divinité cependant, c'est le plus magnifique, car il semble, pour ainsi dire, superflu. Le soleil nous éclaire, nous respirons l'air d'un ciel serein, toutes les beautés de la nature servent en quelque façon à l'homme; la musique seule est d'une noble inutilité, et c'est pour cela qu'elle nous émeut si profondément ; plus elle est loin de tout but, plus elle se rapproche de cette source intime de nos pensées que l'application à un objet quelconque resserre dans son cours.

La théorie littéraire des Allemands diffère de toutes les autres, en ce qu'elle n'assujettit point les écrivains à des usages ni à des restrictions tyranniques. C'est une théorie toute créatrice, c'est une philosophie des beaux-arts qui, loin de les contraindre, cherche, comme Prométhée, à dérober le feu du ciel pour en faire don aux poëtes. Homère, le Dante, Shakspeare, me dira-t-on, savaient-ils rien de tout cela ? ont-ils eu besoin de cette métaphysique pour être des grands écrivains ? Sans doute la nature n'a point attendu la philosophie, ce qui se réduit à dire que le fait a précédé l'observation du fait ; mais, puisque nous sommes arrivés à l'époque des théories, ne faut-il pas au moins se garder de celles qui peuvent étouffer le talent ?

Il faut avouer cependant qu'il résulte assez souvent quelques inconvénients essentiels de ces systèmes de philosophie appliqués à la littérature ; les lecteurs allemands, accoutumés à lire Kant, Fichte, etc., considèrent un moindre degré d'obscurité comme la clarté même, et les écrivains ne donnent pas toujours aux ouvrages de l'art cette lucidité frappante qui leur est si nécessaire. On peut, on doit même exiger une attention soutenue, quand il s'agit d'idées abstraites ; mais les émotions sont involontaires. Il ne peut être question dans les jouissances des arts, ni de complaisance, ni d'efforts, ni de réflexion ; il s'agit là de plaisir et non de raisonnement ; l'esprit philosophique peut réclamer l'examen, mais le talent poétique doit commander l'entraînement.

Les idées ingénieuses qui dérivent des théories font illusion sur la véritable nature du talent. On prouve spirituellement que telle ou telle pièce n'a pas dû plaire, et cependant elle plaît, et l'on se met alors à mépriser ceux qui l'aiment. On prouve aussi que telle pièce, composée d'après tels principes, doit intéresser, et cependant quand on veut qu'elle soit jouée, quand on lui dit *Lève-toi et marche*, la pièce ne va pas, et il faut donc encore mépriser ceux qui ne s'amusent point d'un ouvrage composé selon les lois de l'idéal et du réel. On a tort presque toujours quand on blâme le jugement du public dans les arts, car l'impression populaire est plus philosophique encore que la philosophie même, et quand les combinaisons de l'homme instruit ne s'accordent pas avec cette impression, ce n'est point parce que ces combinai-

sons sont trop profondes, mais plutôt parce qu'elles ne le sont pas assez.

Néanmoins il vaut infiniment mieux, ce me semble, pour la littérature d'un pays, que sa poétique soit fondée sur des idées philosophiques, même un peu abstraites, que sur de simples règles extérieures ; car ces règles ne sont que des barrières pour empêcher les enfants de tomber.

L'imitation des anciens a pris chez les Allemands une direction tout autre que dans le reste de l'Europe. Le caractère consciencieux dont ils ne se départent jamais les a conduits à ne point mêler ensemble le génie moderne avec le génie antique ; ils traitent à quelques égards les fictions comme de la vérité, car ils trouvent le moyen d'y porter du scrupule ; ils appliquent aussi cette même disposition à la connaissance exacte et profonde des monuments qui nous restent des temps passés. En Allemagne, l'étude de l'antiquité, comme celle des sciences et de la philosophie, réunit les branches divisées de l'esprit humain.

Heyne embrasse tout ce qui se rapporte à la littérature, à l'histoire et aux beaux-arts avec une étonnante perspicacité. Wolf tire des observations les plus fines, les inductions les plus hardies, et, ne se soumettant en rien à l'autorité, il juge par lui-même l'authenticité des écrits des Grecs et leur valeur. On peut voir dans un dernier écrit de M. Ch. de Villers, que j'ai déjà nommé avec la haute estime qu'il mérite, quels travaux immenses l'on publie chaque année, en Allemagne, sur les auteurs classiques. Les Allemands se croient appelés en toutes choses au rôle de contemplateurs, et l'on dirait qu'ils ne sont pas de leur siècle, tant leurs réflexions et leur intérêt se tournent vers une autre époque du monde.

Il se peut que le meilleur temps pour la poésie ait été celui de l'ignorance, et que la jeunesse du genre humain soit passée pour toujours ; cependant on croit sentir dans les écrits des Allemands une jeunesse nouvelle, celle qui naît du noble choix qu'on peut faire après avoir tout connu. L'âge des lumières a son innocence aussi bien que l'âge d'or ; et si dans l'enfance du genre humain on n'en croit que son âme, lorsqu'on a tout appris, on revient à ne plus se confier qu'en elle.

CHAPITRE X.

Influence de la nouvelle philosophie sur les sciences.

Il n'est pas douteux que la philosophie idéaliste ne porte au recueillement, et que, disposant l'esprit à se replier sur lui-même, elle n'augmente sa pénétration et sa persistance dans les travaux intellectuels. Mais cette philosophie est-elle également favorable aux sciences qui consistent dans l'observation de la nature? C'est à l'examen de cette question que les réflexions suivantes sont destinées.

On a généralement attribué les progrès des sciences, dans le dernier siècle, à la philosophie expérimentale; et, comme l'observation sert en effet beaucoup dans cette carrière, on s'est cru d'autant plus certain d'atteindre aux vérités scientifiques, qu'on accordait plus d'importance aux objets extérieurs; cependant la patrie de Kepler et de Leibnitz n'est pas à dédaigner pour la science. Les principales découvertes modernes, la poudre, l'imprimerie, ont été faites par les Allemands, et néanmoins la tendance des esprits, en Allemagne, a toujours été vers l'idéalisme.

Bacon a comparé la philosophie spéculative à l'alouette qui s'élève jusqu'aux cieux, et redescend sans rien rapporter de sa course, et la philosophie expérimentale, au faucon qui s'élève aussi haut, mais revient avec sa proie.

Peut-être que, de nos jours, Bacon eût senti les inconvénients de la philosophie purement expérimentale; elle a travesti la pensée en sensation, la morale en intérêt personnel, et la nature en mécanisme, car elle tendait à rabaisser toutes choses. Les Allemands ont combattu son influence dans les sciences physiques, comme dans un ordre plus relevé, et, tout en soumettant la nature à l'observation, ils considèrent ses phénomènes en général d'une manière vaste et animée; c'est toujours une présomption en faveur d'une opinion, que son empire sur l'imagination, car tout annonce que le beau est aussi le vrai dans la sublime conception de l'univers.

La philosophie nouvelle a déjà exercé sous plusieurs rapports son influence sur les sciences physiques en Allemagne; d'abord, le même esprit d'universalité que j'ai remarqué dans les littérateurs et les philosophes, se retrouve aussi dans les savants. Humboldt raconte en observateur exact les voyages dont il a bravé les dangers en chevalier valeureux, et ses écrits intéressent également les physiciens et les poëtes. Schelling, Bader, Schubert, etc., ont publié des ouvrages dans lesquels les sciences sont présentées sous un point de vue qui captive la réflexion et l'imagination : et long-temps avant que les métaphysiciens modernes eussent existé, Kepler et Haller avaient su tout à la fois observer et deviner la nature.

L'attrait de la société est si grand en France, qu'elle ne permet à personne de donner beaucoup de temps au travail. Il est donc naturel qu'on n'ait point de confiance dans ceux qui veulent réunir plusieurs genres d'études. Mais dans un pays où la vie entière d'un homme peut être livrée à la méditation, on a raison d'encourager la multiplicité des connaissances; on se donne ensuite exclusivement à celle de toutes que l'on préfère; mais il est impossible de comprendre à fond une science sans s'être occupé de toutes. Sir Humphry Davy, maintenant le premier chimiste de l'Angleterre, cultive les lettres avec autant de goût que de succès. La littérature répand des lumières sur les sciences, comme les sciences sur la littérature; et la connexion qui existe entre tous les objets de la nature doit avoir lieu de même dans les idées de l'homme.

L'universalité des connaissances conduit nécessairement au désir de trouver les lois générales de l'ordre physique. Les Allemands descendent de la théorie à l'expérience, tandis que les Français remontent de l'expérience à la théorie. Les Français, en littérature, reprochent aux Allemands de n'avoir que des beautés de détail, et de ne pas s'entendre à la composition d'un ouvrage. Les Allemands reprochent aux Français de ne considérer que les faits particuliers dans les sciences, et de ne pas les rallier à un système; c'est en cela principalement que consiste la différence entre les savants allemands et les savants français.

En effet, s'il était possible de découvrir les principes qui régissent cet univers, il vaudrait certainement mieux partir de cette source pour étudier tout ce qui en dérive; mais on ne sait guère rien de l'ensemble en toutes choses qu'à l'aide des détails, et la nature n'est pour l'homme que les feuilles éparses de la Sibylle, dont nul, jusqu'à ce jour, n'a pu faire un livre. Néanmoins les savants allemands, qui sont en même temps philosophes, répandent un intérêt prodigieux sur la contemplation des phénomènes de ce monde : ils n'interrogent point la nature au hasard, d'après le cours accidentel des expériences; mais ils prédisent par la pensée ce que l'observation doit confirmer.

Deux grandes vues générales leur servent de guide dans l'étude des sciences : l'une, que l'univers est fait sur le modèle de l'âme humaine; et l'autre, que l'analogie de chaque partie de l'univers avec l'ensemble est telle que la même idée se réfléchit constamment du tout dans chaque partie, et de chaque partie dans le tout.

C'est une belle conception que celle qui tend à

trouver la ressemblance des lois de l'entendement humain avec celles de la nature, et considère le monde physique comme le relief du monde moral. Si le même génie était capable de composer l'Iliade et de sculpter comme Phidias, le Jupiter du sculpteur ressemblerait au Jupiter du poëte; pourquoi donc l'intelligence suprême, qui a formé la nature et l'âme, n'aurait-elle pas fait de l'une l'emblème de l'autre? Ce n'est point un vain jeu de l'imagination que ces métaphores continuelles qui servent à comparer nos sentiments avec les phénomènes extérieurs; la tristesse, avec le ciel couvert de nuages; le calme, avec les rayons argentés de la lune; la colère, avec les flots agités par les vents : c'est la même pensée du Créateur qui se traduit dans deux langages différents, et l'un peut servir d'interprète à l'autre. Presque tous les axiomes de physique correspondent à des maximes de morale. Cette espèce de marche parallèle qu'on aperçoit entre le monde et l'intelligence est l'indice d'un grand mystère, et tous les esprits en seraient frappés, si l'on parvenait à en tirer des découvertes positives; mais toutefois cette lueur encore incertaine porte bien loin les regards.

Les analogies des divers éléments de la nature physique entre eux servent à constater la suprême loi de la création, la variété dans l'unité, et l'unité dans la variété. Qu'y a-t-il de plus étonnant, par exemple, que le rapport des sons et des formes, des sons et des couleurs? Un Allemand, Chladni, a fait nouvellement l'expérience que les vibrations des sons mettent en mouvement des grains de sable réunis sur un plateau de verre, de telle manière que quand les tons sont purs, les grains de sable se réunissent en formes régulières, et quand les tons sont discordants, les grains de sable tracent sur le verre des figures sans aucune symétrie. L'aveugle-né Sanderson disait qu'il se représentait la couleur écarlate comme le son de la trompette, et un savant a voulu faire un clavecin pour les yeux, qui pût imiter par l'harmonie des couleurs le plaisir que cause la musique. Sans cesse nous comparons la peinture à la musique, et la musique à la peinture, parce que les émotions que nous éprouvons nous révèlent des analogies où l'observation froide ne verrait que des différences. Chaque plante, chaque fleur contient le système entier de l'univers; un instant de vie recèle en son sein l'éternité, le plus faible atome est un monde, et le monde peut-être n'est qu'un atome. Chaque portion de l'univers semble un miroir où la création tout entière est représentée, et l'on ne sait ce qui inspire le plus d'admiration, ou de la pen-

sée toujours la même, ou de la forme toujours diverse.

On peut diviser les savants de l'Allemagne en deux classes, ceux qui se vouent tout entiers à l'observation, et ceux qui prétendent à l'honneur de pressentir les secrets de la nature. Parmi les premiers, on doit citer d'abord Werner, qui a puisé dans la minéralogie la connaissance de la formation du globe et des époques de son histoire; Herschel et Schroeter, qui font sans cesse des découvertes nouvelles dans le pays des cieux; des astronomes calculateurs tels que Zach et Bole; de grands chimistes tels que Klaproth et Bucholz; dans la classe des physiciens philosophes, il faut compter Schelling, Ritter, Bader, Steffens, etc. Les esprits les plus distingués de ces deux classes se rapprochent et s'entendent, car les physiciens philosophes ne sauraient dédaigner l'expérience, et les observateurs profonds ne se refusent point aux résultats possibles des hautes contemplations.

Déjà l'attraction et l'impulsion ont été l'objet d'un examen nouveau, et l'on en a fait une application heureuse aux affinités chimiques. La lumière, considérée comme un intermédiaire entre la matière et l'esprit, a donné lieu à plusieurs aperçus très-philosophiques. L'on parle avec estime d'un travail de Goethe sur les couleurs. Enfin, de toutes parts en Allemagne, l'émulation est excitée par le désir et l'espoir de réunir la philosophie expérimentale et la philosophie spéculative, et d'agrandir ainsi la science de l'homme et celle de la nature.

L'idéalisme intellectuel fait de la volonté, qui est l'âme, le centre de tout : le principe de l'idéalisme physique, c'est la vie. L'homme parvient par la chimie, comme par le raisonnement, au plus haut degré de l'analyse; mais la vie lui échappe par la chimie, comme le sentiment par le raisonnement. Un écrivain français avait prétendu que la pensée n'était autre chose *qu'un produit matériel du cerveau*. Un autre savant a dit que lorsqu'on serait plus avancé dans la chimie, on parviendrait à savoir *comment on fait de la vie*; l'un outrageait la nature, comme l'autre outrageait l'âme.

Il faut, disait Fichte, *comprendre ce qui est incompréhensible comme tel*. Cette expression singulière renferme un sens profond : il faut sentir et reconnaître ce qui doit rester inaccessible à l'analyse, et dont l'essor de la pensée peut seul approcher.

On a cru trouver dans la nature trois modes d'existence distincts : la végétation, l'irritabilité et la sensibilité. Les plantes, les animaux et les hommes se trouvent renfermés dans ces trois manières de vivre, et si l'on veut appliquer aux individus mêmes de notre espèce cette division ingénieuse, on verra que, parmi les différents caractères, on peut également la retrouver. Les uns végètent comme des plantes, les autres jouissent ou s'irritent à la manière des animaux, et les plus nobles enfin possèdent et développent en eux les qualités qui distinguent la nature humaine. Quoi qu'il en soit, la volonté qui est la vie, la vie qui est aussi la volonté, renferment tout le secret de l'univers et de nous-mêmes, et ce secret-là, comme on ne peut ni le nier, ni l'expliquer, il faut y arriver nécessairement par une espèce de divination.

Quel emploi de force ne faudrait-il pas pour ébranler avec un levier fait sur le modèle du bras les poids que le bras soulève ! Ne voyons-nous pas tous les jours la colère, ou quelque autre affection de l'âme, augmenter comme par miracle la puissance du corps humain ? Quelle est donc cette puissance mystérieuse de la nature qui se manifeste par la volonté de l'homme ? et comment, sans étudier sa cause et ses effets, pourrait-on faire aucune découverte importante dans la théorie des puissances physiques ?

La doctrine de l'Écossais Brown, analysée plus profondément en Allemagne que partout ailleurs, est fondée sur ce même système d'action et d'unité centrales, qui est si fécond dans ses conséquences. Brown a cru que l'état de-souffrance ou l'état de santé ne tenait point à des maux partiels, mais à l'intensité du principe vital, qui s'affoiblissait ou s'exaltait selon les différentes vicissitudes de l'existence.

Parmi les savants anglais, il n'y a guère que Hartley et son disciple Priestley qui aient pris la métaphysique comme la physique sous un point de vue tout à fait matérialiste. On dira que la physique ne peut être que matérialiste ; j'ose ne pas être de cet avis. Ceux qui font de l'âme même un être passif, bannissent à plus forte raison des sciences positives l'inexplicable ascendant de la volonté de l'homme ; et cependant il est plusieurs circonstances dans lesquelles cette volonté agit sur l'intensité de la vie, et la vie sur la matière. Le principe de l'existence est comme un intermédiaire entre le corps et l'âme, dont la puissance ne saurait être calculée, mais ne peut être niée sans méconnaître ce qui constitue la nature animée, et sans réduire ses lois purement au mécanisme.

Le docteur Gall, de quelque manière que son système soit jugé, est respecté de tous les savants pour les études et les découvertes qu'il a faites dans la science de l'anatomie ; et si l'on considère les organes de la pensée comme différents d'elle-même, c'est-à-dire, comme les moyens qu'elle emploie, on peut, ce me semble, admettre que la mémoire et le calcul, l'aptitude à telle ou telle science, le talent pour tel ou tel art, enfin tout ce qui sert d'instrument à l'intelligence, dépend en quelque sorte de la structure du cerveau. S'il existe une échelle graduée depuis la pierre jusqu'à la vie humaine, il doit y avoir de certaines facultés en nous qui tiennent de l'âme et du corps tout à la fois ; et de ce nombre sont la mémoire et le calcul, les plus physiques de nos facultés intellectuelles, et les plus intellectuelles de nos facultés physiques. Mais l'erreur commencerait au moment où l'on voudrait attribuer à la structure du cerveau une influence sur les qualités morales, car la volonté est tout à fait indépendante des facultés physiques : c'est dans l'action purement intellectuelle de cette volonté que consiste la conscience, et la conscience est et doit être affranchie de l'organisation corporelle. Tout ce qui tendrait à nous ôter la responsabilité de nos actions serait faux et mauvais.

Un jeune médecin d'un grand talent, Koreff, attire déjà l'attention de ceux qui l'ont entendu, par des considérations toutes nouvelles sur le principe de la vie, sur l'action de la mort, sur les causes de la folie. Tout ce mouvement dans les esprits annonce une révolution quelconque, même dans la manière de considérer les sciences. Il est impossible d'en prévoir encore les résultats ; mais ce qu'on peut affirmer avec vérité, c'est que si les Allemands se laissent guider par l'imagination, ils ne s'épargnent aucun travail, aucune recherche, aucune étude, et réunissent au plus haut degré deux qualités qui semblent s'exclure, la patience et l'enthousiasme.

Quelques savants allemands, poussant encore plus loin l'idéalisme physique, combattent l'axiome *qu'il n'y a pas d'action à distance*, et veulent, au contraire, rétablir partout le mouvement spontané dans la nature. Ils rejettent l'hypothèse des fluides, dont les effets tiendraient à quelques égards des forces mécaniques, qui se pressent et se refoulent, sans qu'aucune organisation indépendante les dirige.

Ceux qui considèrent la nature comme une intelligence ne donnent pas à ce mot le même sens qu'on a coutume d'y attacher ; car la pensée de l'homme consiste dans la faculté de se replier sur soi-même, et l'intelligence de la nature marche en avant, comme l'instinct des animaux. La pensée se possède elle-même, puisqu'elle se juge ; l'intelligence sans réflexion est une puissance toujours attirée au dehors. Quand la nature cristallise selon les formes les plus régulières, il ne s'ensuit pas qu'elle sache les mathématiques, ou du moins elle ne sait pas qu'elle les sait, et la conscience d'elle-même lui manque. Les savants allemands attribuent aux forces physiques une certaine originalité individuelle, et, d'autre part, ils paraissent admettre, dans leur manière de présenter quelques phénomènes du magnétisme animal, que la volonté de l'homme, sans acte extérieur, exerce une très-grande influence sur la matière, et spécialement sur les métaux.

Pascal dit *que les astrologues et les alchimistes ont quelques principes, mais qu'ils en abusent.* Il y a eu peut-être dans l'antiquité des rapports plus intimes entre l'homme et la nature qu'il n'en existe de nos jours. Les mystères d'Éleusis, le culte des Égyptiens, le système des émanations chez les Indiens, l'adoration des éléments et du soleil chez les Persans, l'harmonie des nombres, qui fonda la doctrine de Pythagore, sont des traces d'un attrait singulier qui réunissait l'homme avec l'univers.

Le spiritualisme, en fortifiant la puissance de la réflexion, a séparé davantage l'homme des influences physiques, et la réformation, en portant plus loin encore le penchant vers l'analyse, a mis la raison en garde contre les impressions primitives de l'imagination : les Allemands tendent vers le véritable perfectionnement de l'esprit humain, lorsqu'ils cherchent à réveiller les inspirations de la nature par les lumières de la pensée.

L'expérience conduit chaque jour les savants à reconnaître des phénomènes auxquels on ne croyait plus, parce qu'ils étaient mélangés avec des superstitions, et que l'on en faisait jadis des présages. Les anciens ont raconté que des pierres tombaient du ciel, et de nos jours on a constaté l'exactitude de ce fait dont on avait nié l'existence. Les anciens ont parlé de pluies rouges comme du sang et des foudres de la terre ; on s'est assuré nouvellement de la vérité de leurs assertions à cet égard.

L'astronomie et la musique sont la science et l'art que les hommes ont connus de toute antiquité : pourquoi les sons et les astres ne seraient-ils pas réunis par des rapports que les anciens auraient sentis, et que nous pourrions retrouver ? Pythagore avait soutenu que les planètes étaient entre elles à la même distance que les sept cordes de la lyre, et l'on affirme qu'il a pressenti les nouvelles planètes qui ont été découvertes entre Mars et Jupiter [1]. Il paraît qu'il n'ignorait pas le vrai système des cieux, l'immobilité du soleil, puisque Copernic s'appuie à cet égard de son opinion, citée par Cicéron. D'où venaient donc ces étonnantes découvertes, sans le secours des expériences et des machines nouvelles dont les modernes sont en possession ? C'est que les anciens marchaient hardiment, éclairés sur le génie. Ils se servaient de la raison sur laquelle repose l'intelligence humaine ; mais ils consultaient aussi l'imagination, qui est la prêtresse de la nature.

Ce que nous appelons des erreurs et des superstitions tenait peut-être à des lois de l'univers qui nous sont encore inconnues. Les rapports des planètes avec les métaux, l'influence de ces rapports, les oracles même, et les présages, ne pourraient-ils pas avoir pour cause des puissances occultes dont nous n'avons plus aucune idée ? et qui sait s'il n'y a pas un germe de vérité caché dans tous les apologues, dans toutes les croyances, qu'on a flétris du nom de folie ? Il ne s'ensuit pas assurément qu'il faille renoncer à la méthode expérimentale, si nécessaire dans les sciences. Mais pourquoi ne donnerait-on pas pour guide suprême à cette méthode une philosophie plus étendue, qui embrasserait l'univers dans son ensemble, et ne mépriserait pas *le côté nocturne de la nature*, en attendant qu'on puisse y répandre de la clarté ?

C'est de la poésie, répondra-t-on, que toute cette manière de considérer le monde physique ; mais on ne parvient à le connaître d'une manière certaine que par l'expérience, et tout ce qui n'est pas susceptible de preuves peut être un amusement de l'esprit, mais ne conduit jamais à des progrès solides. — Sans doute les Français ont raison de recommander aux Allemands le respect pour l'expérience ; mais ils ont tort de tourner en ridicule les pressentiments de la réflexion, qui seront peut-être un jour confirmés par la connaissance des faits. La plupart des grandes découvertes ont commencé par paraître absurdes, et l'homme de génie ne fera jamais rien, s'il a peur des plaisanteries ; elles sont sans force quand on les dédaigne, et prennent toujours plus d'ascendant quand on les redoute. On voit dans les contes de fées des fantômes qui s'opposent aux entreprises des chevaliers, et les tourmentent jusqu'à ce que ces che-

[1] M. Prevost, professeur de philosophie à Genève, a publié sur ce sujet une brochure d'un très-grand intérêt. Cet écrivain philosophe est aussi connu en Europe qu'estimé dans sa patrie.

valiers aient passé outre. Alors tous les sortiléges
s'évanouissent, et la campagne féconde s'offre à
leurs regards. L'envie et la médiocrité ont bien
aussi leurs sortiléges : mais il faut marcher vers
la vérité, sans s'inquiéter des obstacles apparents
qui se présentent.

Lorsque Kepler eut découvert les lois harmo-
niques du mouvement des corps célestes, c'est
ainsi qu'il exprima sa joie : « Enfin, après dix-huit
« mois, une première lueur m'a éclairé, et, dans
« ce jour remarquable, j'ai senti les purs rayons
« des vérités sublimes. Rien à présent ne me re-
« tient : j'ose me livrer à ma sainte ardeur, j'ose
« insulter aux mortels, en leur avouant que je me
« suis servi de la science mondaine, que j'ai dérobé
« les vases d'Égypte, pour en construire un temple
« à mon Dieu. Si l'on me pardonne, je m'en ré-
« jouirai ; si l'on me blâme, je le supporterai. Le
« sort en est jeté, j'écris ce livre : qu'il soit lu par
« mes contemporains ou par la postérité, n'im-
« porte ; il peut bien attendre un lecteur pendant
« un siècle, puisque Dieu lui-même a manqué,
« durant six mille années, d'un contemplateur tel
« que moi. » Cette expression hardie d'un orgueilleux enthousiasme prouve la force intérieure du
génie.

Goethe a dit sur la perfectibilité de l'esprit humain un mot plein de sagacité : *Il avance toujours,
mais en ligne spirale.* Cette comparaison est d'autant plus juste, qu'à beaucoup d'époques il semble
reculer ; et revient ensuite sur ses pas, en ayant
gagné quelques degrés de plus. Il y a des moments
où le scepticisme est nécessaire au progrès des
sciences ; il en est d'autres où, selon Hemsterhuis,
*l'esprit merveilleux doit l'emporter sur l'esprit
géométrique.* Quand l'homme est dévoré, ou plutôt
réduit en poussière par l'incrédulité, cet esprit
merveilleux est le seul qui rende à l'âme une puissance d'admiration sans laquelle on ne peut comprendre la nature.

La théorie des sciences, en Allemagne, a donné
aux esprits un élan semblable à celui que la métaphysique avait imprimé dans l'étude de l'âme. La
vie tient dans les phénomènes physiques le même
rang que la volonté dans l'ordre moral. Si les rapports de ces deux systèmes les font bannir tous
deux par de certaines gens, il y en a qui verraient
dans ces deux rapports la double garantie de la
même vérité. Ce qui est certain au moins, c'est
que l'intérêt des sciences est singulièrement aug-
menté par cette manière de les rattacher toutes à
quelques idées principales. Les poëtes pourraient
trouver dans les sciences une foule de pensées à

leur usage, si elles communiquaient entre elles
par la philosophie de l'univers, et si cette philosophie de l'univers, au lieu d'être abstraite, était
animée par l'inépuisable source du sentiment.
L'univers ressemble plus à un poëme qu'à une
machine, et s'il fallait choisir, pour le concevoir,
de l'imagination ou de l'esprit mathématique,
l'imagination approcherait davantage de la vérité.
Mais encore une fois, il ne faut pas choisir, puisque c'est la totalité de notre être moral qui doit
être employée dans une si importante méditation.

Le nouveau système de physique générale, qui
sert de guide en Allemagne à la physique expérimentale, ne peut être jugé que par ses résultats.
Il faut voir s'il conduira l'esprit humain à des découvertes nouvelles et constatées. Mais ce qu'on
ne peut nier, ce sont les rapports qu'il établit entre les différentes branches d'étude. On se fuit les
uns les autres d'ordinaire, quand on a des occupations différentes, parce qu'on s'ennuie réciproquement. L'érudit n'a rien à dire au poëte, le poëte
au physicien ; et même, entre les savants, ceux
qui s'occupent de sciences diverses ne s'intéressent
guère à leurs travaux mutuels : cela ne peut être
ainsi, depuis que la philosophie centrale établit
une relation d'une nature sublime entre toutes les
pensées. Les savants pénètrent la nature à l'aide de
l'imagination. Les poëtes trouvent dans les sciences
les véritables beautés de l'univers. Les érudits enrichissent les poëtes par les souvenirs, et les savants par les analogies.

Les sciences présentées isolément, et comme un
domaine étranger à l'âme, n'attirent pas les esprits exaltés. La plupart des hommes qui s'y sont
voués, à quelques honorables exceptions près, ont
donné à notre siècle cette tendance vers le calcul
qui sert si bien à connaître dans tous les cas quel
est le plus fort. La philosophie allemande fait entrer les sciences physiques dans cette sphère universelle des idées, où les moindres observations,
comme les plus grands résultats, tiennent à l'intérêt de l'ensemble.

CHAPITRE XI.

De l'influence de la nouvelle philosophie sur le ca- ractère des Allemands.

Il semblerait qu'un système de philosophie qui
attribue à ce qui dépend de nous, à notre volonté,
une action toute-puissante, devrait fortifier le caractère, et le rendre indépendant des circonstances
extérieures ; mais il y a lieu de croire que les institutions politiques et religieuses peuvent seules

former l'esprit public, et que nulle théorie abstraite n'est assez efficace pour donner à une nation de l'énergie : car il faut l'avouer, les Allemands de nos jours n'ont pas ce qu'on peut appeler du caractère. Ils sont vertueux, intègres, comme hommes privés, comme pères de famille, comme administrateurs ; mais leur empressement gracieux et complaisant pour le pouvoir fait de la peine, surtout quand on les aime, et qu'on les croit les défenseurs spéculatifs les plus éclairés de la dignité humaine.

La sagacité de l'esprit philosophique leur a seulement appris à connaître en toutes circonstances la cause et les conséquences de ce qui arrive, et il leur semble que, dès qu'ils ont trouvé une théorie pour un fait, il est justifié. L'esprit militaire et l'amour de la patrie ont porté diverses nations au plus haut degré possible d'énergie ; maintenant, ces deux sources de dévouement existent à peine chez les Allemands pris en masse. Ils ne comprennent guère de l'esprit militaire qu'une tactique pédantesque, qui les autorise à être battus selon les règles, et de la liberté, que cette subdivision en petits pays qui, accoutumant les citoyens à se sentir faibles comme nation, les conduit bientôt à se montrer faibles aussi comme individus[1]. Le respect pour les formes est très-favorable au maintien des lois ; mais ce respect, tel qu'il existe en Allemagne, donne l'habitude d'une marche si ponctuelle et si précise, qu'on ne sait pas, même quand le but est devant soi, s'ouvrir une route nouvelle pour y arriver.

Les spéculations philosophiques ne conviennent qu'à un petit nombre de penseurs, et, loin qu'elles servent à lier ensemble une nation, elles mettent trop de distance entre les ignorants et les hommes éclairés. Il y a en Allemagne trop d'idées neuves, et pas assez d'idées communes en circulation, pour connaître les hommes et les choses. Les idées communes sont nécessaires à la conduite de la vie ; les affaires exigent l'esprit d'exécution plutôt que celui d'invention : ce qu'il y a de bizarre dans les différentes manières de voir des Allemands tend à les isoler les uns des autres, car les pensées et les intérêts qui réunissent les hommes entre eux, doivent être d'une nature simple et d'une vérité frappante.

[1] Je prie d'observer que ce chapitre, comme tout le reste de l'ouvrage, a été écrit à l'époque de l'asservissement complet de l'Allemagne. Depuis, les nations germaniques, réveillées par l'oppression, ont prêté à leurs gouvernements la force qui leur manquait pour résister à la puissance des armées françaises, et l'on a vu, par la conduite héroïque des souverains et des peuples, ce que peut l'opinion sur le sort du monde.

Le mépris du danger, de la souffrance et de la mort, n'est pas assez universel dans toutes les classes de la nation allemande. Sans doute la vie a plus de prix pour des hommes capables de sentiments et d'idées que pour ceux qui ne laissent après eux ni traces ni souvenirs ; mais de même que l'enthousiasme poétique peut se renouveler par le plus haut degré des lumières, la fermeté raisonnée devrait remplacer l'instinct de l'ignorance. C'est à la philosophie fondée sur la religion qu'il appartiendrait d'inspirer dans toutes les occasions un courage inaltérable.

Si toutefois la philosophie ne s'est pas montrée toute-puissante à cet égard, en Allemagne, il ne faut pas pour cela la dédaigner ; elle soutient, elle éclaire chaque homme en particulier ; mais le gouvernement seul peut exciter cette électricité morale qui fait éprouver le même sentiment à tous. On est plus irrité contre les Allemands, quand on les voit manquer d'énergie, que contre les Italiens, dont la situation politique a depuis plusieurs siècles affaibli le caractère. Les Italiens conservent toute leur vie, par leur grâce et leur imagination, des droits prolongés à l'enfance ; mais les physionomies et les manières rudes des Germains semblent annoncer une âme ferme, et l'on est désagréablement surpris quand on ne la trouve pas. Enfin, la faiblesse du caractère se pardonne quand elle est avouée, et, dans ce genre, les Italiens ont une franchise singulière qui inspire une sorte d'intérêt, tandis que les Allemands, n'osant confesser cette faiblesse qui leur va si mal, sont flatteurs avec énergie et vigoureusement soumis. Ils accentuent durement les paroles, pour cacher la souplesse des sentiments ; et se servent de raisonnements philosophiques pour expliquer ce qu'il y a de moins philosophique au monde : le respect pour la force, et l'attendrissement de la peur, qui change ce respect en admiration.

C'est à de tels contrastes qu'il faut attribuer la disgrâce allemande, que l'on se plaît à contrefaire dans les comédies de tous les pays. Il est permis d'être lourd et roide ; lorsqu'on reste sévère et ferme ; mais, si l'on revêt cette roideur naturelle du faux sourire de la servilité, c'est alors que l'on s'expose au ridicule mérité, le seul qui reste.

Enfin, il y a une certaine maladresse dans le caractère des Allemands, nuisible à ceux même qui auraient la meilleure envie de tout sacrifier à leur intérêt, et l'on s'impatiente d'autant plus contre eux, qu'ils perdent les honneurs de la vertu, sans arriver aux profits de l'habileté.

Tout en reconnaissant que la philosophie allemande est insuffisante pour former une nation, il faut convenir que les disciples de la nouvelle école sont beaucoup plus près que tous les autres d'avoir de la force dans le caractère; ils la rêvent, ils la désirent, ils la conçoivent; mais elle leur manque souvent. Il y a très-peu d'hommes en Allemagne qui sachent seulement écrire sur la politique. La plupart de ceux qui s'en mêlent sont systématiques, et très-souvent inintelligibles. Quand il s'agit de la métaphysique transcendante, quand on s'essaye à se plonger dans les ténèbres de la nature, aucun aperçu, quelque vague qu'il soit, n'est à dédaigner, tous les pressentiments peuvent guider, tous les à peu près sont encore beaucoup. Il n'en est pas ainsi des affaires de ce monde : il est possible de les savoir, il faut donc les présenter avec clarté. L'obscurité dans le style, lorsqu'on traite des pensées sans bornes, est quelquefois l'indice de l'étendue même de l'esprit : mais l'obscurité dans l'analyse des choses de la vie prouve seulement qu'on ne les comprend pas.

Lorsqu'on fait intervenir la métaphysique dans les affaires, elle sert à tout confondre pour tout excuser, et l'on prépare ainsi des brouillards pour asile à sa conscience. L'emploi de cette métaphysique serait de l'adresse, si, de nos jours, tout n'était pas réduit à deux idées très-simples et très-claires, l'intérêt ou le devoir. Les hommes énergiques, quelle que soit celle de ces deux directions qu'ils suivent, vont tout droit au but sans s'embarrasser des théories, qui ne trompent ni ne persuadent plus personne.

Vous en voilà donc revenue, dira-t-on, à vanter, comme nous, l'expérience et l'observation. Je n'ai jamais nié qu'il ne fallût l'une et l'autre pour se mêler des intérêts de ce monde; mais c'est dans la conscience de l'homme que doit être le principe idéal d'une conduite extérieurement dirigée par de sages calculs. Les sentiments divins sont ici-bas en proie aux choses terrestres, c'est la condition de l'existence. Le beau dans notre âme, et la lutte au dehors. Il faut combattre pour la cause de l'éternité, mais avec les armes du temps; nul individu n'arrive, ni par la philosophie spéculative, ni par la connaissance des affaires seulement, à toute la dignité du caractère de l'homme; et les institutions libres ont seules l'avantage de fonder dans les nations une morale publique, qui donne aux sentiments exaltés l'occasion de se développer dans la pratique de la vie.

CHAPITRE XII.
De la morale fondée sur l'intérêt personnel.

Les écrivains français ont eu tout à fait raison de considérer la morale fondée sur l'intérêt comme une conséquence de la métaphysique qui attribuait toutes les idées aux sensations. S'il n'y a rien dans l'âme que ce que les sensations y ont mis, l'agréable ou le désagréable doit être l'unique mobile de notre volonté. Helvétius, Diderot, Saint-Lambert, n'ont pas dévié de cette ligne, et ils ont expliqué toutes les actions, y compris le dévouement des martyrs, par l'amour de soi-même. Les Anglais, qui, pour la plupart, professent en métaphysique la philosophie expérimentale, n'ont jamais pu supporter cependant la morale fondée sur l'intérêt. Shaftsbury, Hutcheson, Smith, etc., ont proclamé le sens moral et la sympathie, comme la source de toutes les vertus. Hume lui-même, le plus sceptique des philosophes anglais, n'a pu lire sans dégoût cette théorie de l'amour de soi, qui flétrit la beauté de l'âme. Rien n'est plus opposé que ce système à l'ensemble des opinions des Allemands : aussi les écrivains philosophiques et moralistes, à la tête desquels il faut placer Kant, Fichte et Jacobi, l'ont-ils combattu victorieusement.

Comme la tendance des hommes vers le bonheur est la plus universelle et la plus active de toutes, on a cru fonder la moralité de la manière la plus solide, en disant qu'elle consistait dans l'intérêt personnel bien entendu. Cette idée a séduit des hommes de bonne foi, et d'autres se sont proposé d'en abuser, et n'y ont que trop bien réussi. Sans doute, les lois générales de la nature et de la société mettent en harmonie le bonheur et la vertu; mais ces lois sont sujettes à des exceptions très-nombreuses, et paraissent en avoir encore plus qu'elles n'en ont.

L'on échappe aux arguments tirés de la prospérité du vice et des revers de la vertu, en faisant consister le bonheur dans la satisfaction de la conscience; mais cette satisfaction, d'un ordre tout à fait religieux, n'a point de rapport avec ce qu'on désigne ici-bas par le mot de bonheur. Appeler le dévouement ou l'égoïsme, le crime ou la vertu, un intérêt personnel bien ou mal entendu, c'est vouloir combler l'abîme qui sépare l'homme coupable de l'homme honnête, c'est détruire le respect, c'est affaiblir l'indignation; car si la morale n'est qu'un bon calcul, celui qui peut y manquer ne doit être accusé que d'avoir l'esprit faux. L'on ne saurait éprouver le noble sentiment de l'estime pour quelqu'un, parce qu'il calcule bien, ni la vigueur du mépris contre un autre, parce qu'il calcule mal. On est donc parvenu par ce système au but principal de tous les hommes corrompus, qui veulent mettre de niveau le juste avec l'injuste, ou du moins considérer l'un et l'autre comme une partie bien ou mal jouée : aussi, les philosophes de cette école se servent-ils plus souvent du mot de faute que de celui de crime ; car, d'après leur manière de voir, il n'y a dans la conduite de la vie que des combinaisons habiles ou maladroites.

On ne concevrait pas non plus comment le remords pourrait entrer dans un pareil système ; le criminel, lorsqu'il est puni, doit éprouver le genre de regret que cause une spéculation manquée ; car si notre propre bonheur est notre principal objet, si nous sommes l'unique but de nous-mêmes, la paix doit être bientôt rétablie entre ces deux proches alliés, celui qui a eu tort et celui qui en souffre. C'est presque un proverbe généralement admis, que, dans ce qui ne concerne que soi, chacun est libre ; or, puisque dans la morale fondée sur l'intérêt, il ne s'agit jamais que de soi, je ne sais pas ce qu'on aurait à répondre à celui qui dirait : « Vous me donnez pour mobile de mes actions mon « propre avantage ; bien obligé : mais la manière « de concevoir cet avantage dépend nécessairement « du caractère de chacun. J'ai du courage, ainsi je « puis braver mieux qu'un autre les périls attachés « à la désobéissance aux lois reçues ; j'ai de l'es« prit, ainsi je me crois plus de moyens pour évi« ter d'être puni ; enfin, si cela me tourne mal, j'ai « assez de fermeté pour prendre mon parti de m'ê« tre trompé ; et j'aime mieux les plaisirs et les « hasards d'un gros jeu que la monotonie d'une « existence régulière. »

Combien d'ouvrages français, dans le dernier siècle, n'ont-ils pas commenté ces arguments, qu'on ne saurait réfuter complétement ; car, en fait de chances, une sur mille peut suffire pour exciter l'imagination à tout faire pour l'obtenir ; et, certes, il y a plus d'un contre mille à parier en faveur des succès du vice. « Mais, diront beaucoup d'honnêtes partisans de la morale fondée sur l'intérêt, cette morale n'exclut pas l'influence de la religion sur les âmes. » Quelle faible et triste part lui laisse-t-on ! Lorsque tous les systèmes admis en philosophie comme en morale sont contraires à la religion, que la métaphysique anéantit la croyance à l'invisible, et la morale le sacrifice de de soi, la religion reste dans les idées, comme le roi restait dans la constitution que l'assemblée constituante avait décrétée. C'était une république,

plus un roi ; je dis de même que tous ces systèmes de métaphysique matérialiste et de moralité égoïste sont de l'athéisme, plus un Dieu. Il est donc aisé de prévoir ce qui sera sacrifié dans l'édifice des pensées, quand l'on n'y donne qu'une place superflue à l'idée centrale du monde et de nous-mêmes.

La conduite d'un homme n'est vraiment morale que quand il ne compte jamais pour rien les suites heureuses ou malheureuses de ses actions, lorsque ces actions sont dictées par le devoir. Il faut avoir toujours présent à l'esprit, dans la direction des affaires de ce monde, l'enchaînement des causes et des effets, des moyens et du but ; mais cette prudence est à la vertu comme le bon sens au génie : tout ce qui est vraiment beau est inspiré, tout ce qui est désintéressé est religieux. Le calcul est l'ouvrier du génie, le serviteur de l'âme ; mais, s'il devient le maître, il n'y a plus rien de grand ni de noble dans l'homme. Le calcul, dans la conduite de la vie, doit être toujours admis comme guide, mais jamais comme motif de nos actions. C'est un bon moyen d'exécution ; mais il faut que la source de la volonté soit d'une nature plus élevée, et qu'on ait en soi-même un sentiment qui nous force aux sacrifices de nos intérêts personnels.

Lorsqu'on voulait empêcher saint Vincent de Paul de s'exposer aux plus grands périls pour secourir les malheureux, il répondait : « Me croyez-« vous assez lâche pour préférer ma vie à moi ? » Si les partisans de la morale fondée sur l'intérêt veulent retrancher de cet intérêt tout ce qui concerne l'existence terrestre, alors ils seront d'accord avec les hommes les plus religieux ; mais encore pourra-t-on leur reprocher les mauvaises expressions dont ils se servent.

En effet, dira-t-on, il ne s'agit que d'une dispute de mots ; nous appelons utile ce que vous appelez vertueux, mais nous plaçons de même l'intérêt bien entendu des hommes dans le sacrifice de leurs passions à leurs devoirs. Les disputes de mots sont toujours des disputes de choses ; car tous les gens de bonne foi conviendront qu'ils ne tiennent à tel ou tel mot que par préférence pour telle ou telle idée. Comment les expressions habituellement employées dans les rapports les plus vulgaires pourraient-elles inspirer des sentiments généreux ? En prononçant les mots d'intérêt et d'utilité, réveillera-t-on les mêmes pensées dans notre cœur, qu'en nous adjurant au nom du dévouement et de la vertu ?

Lorsque Thomas Morus aima mieux périr sur l'échafaud que de remonter au faîte des grandeurs, en faisant le sacrifice d'un scrupule de conscience ;

lorsque, après une année de prison, affaibli par la souffrance, il refusa d'aller retrouver sa femme et ses enfants qu'il chérissait, et de se livrer de nouveau à ces occupations de l'esprit qui donnent tout à la fois tant de calme et d'activité à l'existence; lorsque l'honneur seul, cette religion mondaine, fit retourner dans les prisons d'Angleterre un vieux roi de France, parce que son fils n'avait pas tenu les promesses au nom desquelles il avait obtenu sa liberté; lorsque les chrétiens vivaient dans les catacombes, qu'ils renonçaient à la lumière du jour, et ne sentaient le ciel que dans leur âme, si quelqu'un avait dit qu'ils entendaient bien leur intérêt, quel froid glacé se serait répandu dans les veines en l'écoutant, et combien un regard attendri nous eût mieux révélé tout ce qu'il y a de sublime dans de tels hommes!

Non certes, la vie n'est pas si aride que l'égoïsme nous l'a faite; tout n'y est pas prudence, tout n'y est pas calcul; et, quand une action sublime ébranle toutes les puissances de notre être, nous ne pensons pas que l'homme généreux qui se sacrifie a bien connu, bien combiné son intérêt personnel : nous pensons qu'il immole tous les plaisirs, tous les avantages de ce monde, mais qu'un rayon divin descend dans son cœur, pour lui causer un genre de félicité qui ne ressemble pas plus à tout ce que nous revêtons de ce nom, que l'immortalité à la vie.

Ce n'est pas sans motif cependant qu'on met tant d'importance à fonder la morale sur l'intérêt personnel : on a l'air de ne soutenir qu'une théorie, et c'est en résultat une combinaison très-ingénieuse, pour établir le joug de tous les genres d'autorité. Nul homme, quelque dépravé qu'il soit, ne dira qu'il ne faut pas de morale; car celui même qui serait le plus décidé à en manquer, voudrait encore avoir affaire à des dupes qui la conservassent. Mais quelle adresse, d'avoir donné pour base à la morale la prudence! quel accès ouvert à l'ascendant du pouvoir, aux transactions de la conscience, à tous les mobiles conseils des événements!

Si le calcul doit présider à tout, les actions des hommes seront jugées d'après le succès; l'homme dont les bons sentiments ont causé le malheur sera justement blâmé; l'homme pervers, mais habile, sera justement applaudi. Enfin, les individus ne se considérant entre eux que comme des obstacles ou des instruments, ils se haïront comme des obstacles, et ne s'estimeront plus que comme moyens. Le crime même a plus de grandeur, quand il tient au désordre des passions enflammées, que

lorsqu'il a pour objet l'intérêt personnel; comment donc pourrait-on donner pour principe à la vertu ce qui déshonorerait-même le crime [1]!

CHAPITRE XIII.

De la morale fondée sur l'intérêt national.

Non-seulement la morale fondée sur l'intérêt personnel met, dans les rapports des individus entre eux, des calculs de prudence et d'égoïsme qui en bannissent la sympathie, la confiance et la générosité; mais la morale des hommes publics, de ceux qui traitent au nom des nations, doit être nécessairement pervertie par ce système. S'il est vrai que la morale des individus puisse être fondée sur leur intérêt, c'est parce que la société tout entière tend à l'ordre, et punit celui qui veut s'en écarter; mais une nation, et surtout un État puissant, est comme un être isolé que les lois de la réciprocité n'atteignent pas. On peut dire avec vérité, qu'au bout d'un certain nombre d'années les nations injustes succombent à la haine qu'ins-

[1] Dans l'ouvrage de Bentham sur la législation, publié, ou plutôt illustré par M. Dumont, il y a divers raisonnements sur le principe de l'utilité, d'accord, à plusieurs égards, avec le système qui fonde la morale sur l'intérêt personnel. L'anecdote connue d'Aristide, qui fit rejeter un projet de Thémistocle, en disant seulement aux Athéniens *que ce projet était avantageux, mais injuste*, est citée par M. Dumont; mais il rapporte les conséquences qu'on peut tirer de ce trait, ainsi que de plusieurs autres, à l'utilité générale admise par Bentham, comme la base de tous les devoirs. L'utilité de chacun, dit-il, doit être sacrifiée à l'utilité de tous, et celle du moment présent à l'avenir; en faisant un pas de plus, on pourrait convenir que la vertu consiste dans le sacrifice du temps à l'éternité, et ce genre de calcul ne serait sûrement pas blâmé par les partisans de l'enthousiasme; mais, quelque effort que puisse tenter un homme aussi supérieur que M. Dumont, pour étendre le sens de l'utilité, il ne pourra jamais faire que ce mot soit synonyme de celui de dévouement. Il dit que le premier mobile des actions des hommes, c'est le plaisir et la douleur, et il suppose alors que le plaisir des âmes nobles consiste à s'exposer volontiers aux souffrances matérielles, pour acquérir des satisfactions d'un ordre plus relevé. Sans doute, il est aisé de faire de chaque parole un miroir qui réfléchisse toutes les idées; mais, si l'on veut s'en tenir à la signification naturelle de chaque terme, on verra que l'homme à qui l'on dit que son propre bonheur doit être le but de toutes ses actions, ne peut être détourné du mal qui lui convient, que par la crainte ou le danger d'être puni, crainte que la passion fait braver, danger auquel un esprit habile peut se flatter d'échapper. — Sur quoi fondez-vous l'idée du juste ou de l'injuste, dira-t-on, si ce n'est sur ce qui est utile ou nuisible au plus grand nombre? La justice, pour les individus, consiste dans le sacrifice d'eux-mêmes à leur famille; pour la famille, dans le sacrifice d'elle-même à l'État; et pour l'État, dans le respect de certains principes inaltérables qui font le bonheur et le salut de l'espèce humaine. Sans doute la majorité des générations, dans la durée des siècles, se trouvera bien d'avoir suivi la route de la justice; mais pour être vraiment et religieusement honnête, il faut avoir toujours en vue le culte du beau moral, indépendamment de toutes les circonstances qui peuvent en résulter. L'utilité est nécessairement modifiée par les circonstances; la vertu ne doit jamais l'être.

pirent leurs injustices; mais plusieurs générations peuvent s'écouler avant que de si vastes fautes soient punies, et je ne sais comment on pourrait prouver à un homme d'État, dans toutes les circonstances, que telle résolution, condamnable en elle-même, n'est pas utile, et que la morale et la politique sont toujours d'accord; aussi ne le prouve-t-on pas, et c'est presqu'un axiome reçu, qu'on ne peut les réunir.

Cependant, que deviendrait le genre humain, si la morale n'était plus qu'un conte de vieille femme fait pour consoler les faibles, en attendant qu'ils soient les plus forts? Comment pourrait-elle rester en honneur dans les relations privées, s'il était convenu que l'objet des regards de tous, que le gouvernement peut s'en passer? et comment cela ne serait-il pas convenu, si l'intérêt est la base de la morale? Il y a, nul ne peut le nier, des circonstances où ces grandes masses qu'on appelle des empires, ces grandes masses en état de nature l'une envers l'autre, trouvent un avantage momentané à commettre une injustice; mais la génération qui suit en a presque toujours souffert.

Kant, dans ses écrits sur la morale politique, montre, avec la plus grande force, que nulle exception ne peut être admise dans le code du devoir. En effet, quand on s'appuie des circonstances pour justifier une action immorale, sur quel principe pourrait-on se fonder pour s'arrêter à telle ou telle borne? les passions naturelles les plus impétueuses ne seraient-elles pas encore plus aisément justifiées par les calculs de la raison, si l'on admettait l'intérêt public ou particulier comme une excuse de l'injustice?

Quand, à l'époque la plus sanglante de la révolution, on a voulu autoriser tous les crimes, on a nommé le gouvernement *comité de salut public;* c'était mettre en lumière cette maxime reçue : Que le salut du peuple est la suprême loi. La suprême loi, c'est la justice. Quand il serait prouvé qu'on servirait les intérêts terrestres d'un peuple par une bassesse ou par une injustice, on serait également vil ou criminel en la commettant; car l'intégrité des principes de la morale importe plus que les intérêts des peuples. L'individu et la société sont responsables, avant tout, de l'héritage céleste qui doit être transmis aux générations successives de la race humaine. Il faut que la fierté, la générosité, l'équité, tous les sentiments magnanimes enfin, soient sauvés, à nos dépens d'abord, et même aux dépens des autres, puisque les autres doivent, comme nous, s'immoler à ces sentiments.

L'injustice sacrifie toujours une portion quelconque de la société à l'autre. Jusqu'à quel calcul arithmétique ce sacrifice est-il commandé? La majorité peut-elle disposer de la minorité, si l'une l'emporte à peine de quelques voix sur l'autre? Les membres d'une même famille, une compagnie de négociants, les nobles, les ecclésiastiques, quelque nombreux qu'ils soient, n'ont pas le droit de dire que tout doit céder à leur intérêt; mais quand une réunion quelconque, fût-elle aussi peu considérable que celle des Romains dans leur origine; quand cette réunion, dis-je, s'appelle une nation, tout lui serait permis pour se faire du bien! Le mot de nation serait alors synonyme de celui de *légion*, que s'attribue le démon dans l'Évangile; néanmoins, il n'y a pas plus de motif pour sacrifier le devoir à une nation qu'à toute autre collection d'hommes.

Ce n'est pas le nombre des individus qui constitue leur importance en morale. Lorsqu'un innocent meurt sur l'échafaud, des générations entières s'occupent de son malheur, tandis que des milliers d'hommes périssent dans une bataille sans qu'on s'informe de leur sort. D'où vient cette prodigieuse différence que mettent tous les hommes entre l'injustice commise envers un seul et la mort de plusieurs? c'est à cause de l'importance que tous attachent à la loi morale; elle est mille fois plus que la vie physique dans l'univers, et dans l'âme de chacun de nous, qui est aussi un univers.

Si l'on ne fait de la morale qu'un calcul de prudence et de sagesse, une économie de ménage, il y a presque de l'énergie à n'en pas vouloir. Une sorte de ridicule s'attache aux hommes d'État qui conservent encore ce qu'on appelle des maximes romanesques, la fidélité dans les engagements, le respect pour les droits individuels, etc. On pardonne ces scrupules aux particuliers, qui sont bien les maîtres d'être dupes à leurs propres dépens; mais quand il s'agit de ceux qui disposent du destin des peuples, il y aurait des circonstances où l'on pourrait les blâmer d'être justes, et leur faire un tort de la loyauté; car si la morale privée est fondée sur l'intérêt personnel, à plus forte raison la morale publique doit-elle l'être sur l'intérêt national, et cette morale, suivant l'occasion, pourrait faire un devoir des plus grands forfaits, tant il est facile de conduire à l'absurde celui qui s'écarte des simples bases de la vérité. Rousseau a dit *qu'il n'était pas permis à une nation d'acheter la révolution la plus désirable par le sang d'un innocent;* ces simples paroles renferment ce qu'il y a de vrai, de sacré, de divin dans la destinée de l'homme.

Ce n'est sûrement pas pour les avantages de cette vie, pour assurer quelques jouissances de plus à quelques jours d'existence, et retarder un peu la mort de quelques mourants, que la conscience et la religion nous ont été données. C'est pour que des créatures en possession du libre arbitre choisissent ce qui est juste, en sacrifiant ce qui est profitable, préfèrent l'avenir au présent, l'invisible au visible, et la dignité de l'espèce humaine à la conservation même des individus.

Les individus sont vertueux quand ils sacrifient leur intérêt particulier à l'intérêt général; mais les gouvernements sont à leur tour des individus qui doivent immoler leurs avantages personnels à la loi du devoir : si la morale des hommes d'État n'était fondée que sur le bien public, elle pourrait les conduire au crime, si ce n'est toujours, au moins quelquefois, et c'est assez d'une seule exception justifiée pour qu'il n'y ait plus de morale dans le monde; car tous les principes vrais sont absolus : si deux et deux ne font pas quatre, les plus profonds calculs de l'algèbre sont absurdes; s'il y a dans la théorie un seul cas où l'homme doive manquer à son devoir, toutes les maximes philosophiques et religieuses sont renversées, et ce qui reste n'est plus que de la prudence ou de l'hypocrisie.

Qu'il me soit permis de citer l'exemple de mon père, puisqu'il s'applique directement à la question dont il s'agit. On a beaucoup répété que M. Necker ne connaissait pas les hommes, parce qu'il s'était refusé dans plusieurs circonstances aux moyens de corruption ou de violence dont on croyait les avantages certains. J'ose dire que personne ne peut lire les ouvrages de M. Necker, l'*Histoire de la révolution de France*, le *Pouvoir exécutif dans les grands États*, etc., sans y trouver des vues lumineuses sur le cœur humain; et je ne serai démentie par aucun de ceux qui ont vécu dans l'intimité de M. Necker, quand je dirai qu'il avait à se défendre, malgré son admirable bonté, d'un penchant assez vif pour la moquerie, et d'une façon un peu sévère de juger la médiocrité de l'esprit ou de l'âme : ce qu'il a écrit sur le *Bonheur des Sots* suffit, ce me semble, pour le prouver. Enfin, comme il joignait à toutes ses autres qualités celle d'être éminemment un homme d'esprit, personne ne le surpassait dans la connaissance fine et profonde de ceux avec lesquels il avait quelque relation; mais il s'était décidé par un acte de sa conscience à ne jamais reculer devant les conséquences, quelles qu'elles fussent, d'une résolution commandée par le devoir. On peut juger diverse-ment les événements de la révolution française; mais je crois impossible à un observateur impartial de nier qu'un tel principe généralement adopté n'eût sauvé la France des maux dont elle a gémi, et, ce qui est pis encore, de l'exemple qu'elle a donné.

Pendant les époques les plus funestes de la terreur, beaucoup d'honnêtes gens ont accepté des emplois dans l'administration, et même dans les tribunaux criminels, soit pour y faire du bien, soit pour diminuer le mal qui s'y commettait; et tous s'appuyaient sur un raisonnement assez généralement reçu, c'est qu'ils empêchaient un scélérat d'occuper la place qu'ils remplissaient, et rendaient ainsi service aux opprimés. Se permettre de mauvais moyens pour un but que l'on croit bon, c'est une maxime de conduite singulièrement vicieuse dans son principe. Les hommes ne savent rien de l'avenir, rien d'eux-mêmes pour demain; dans chaque circonstance et dans tous les instants le devoir est impératif, les combinaisons de l'esprit sur les suites qu'on peut prévoir n'y doivent entrer pour rien.

De quel droit des hommes qui étaient les instruments d'une autorité factieuse conservaient-ils le titre d'honnêtes gens, parce qu'ils faisaient avec douceur une chose injuste? Il eût bien mieux valu qu'elle fût faite rudement, car il eût été plus difficile de la supporter; et de tous les assemblages le plus corrupteur, c'est celui d'un décret sanguinaire et d'un exécuteur benin.

La bienfaisance que l'on peut exercer en détail ne compense pas le mal dont on est l'auteur en prêtant l'appui de son nom au parti que l'on sert. Il faut professer le culte de la vertu sur la terre, afin que non-seulement les hommes de notre temps, mais ceux des siècles futurs, en ressentent l'influence. L'ascendant d'un courageux exemple subsiste encore mille ans après que les objets d'une charité passagère n'existent plus. La leçon qu'il importe le plus de donner aux hommes dans ce monde, et surtout dans la carrière publique, c'est de ne transiger avec aucune considération quand il s'agit du devoir.

« [1] Dès qu'on se met à négocier avec les cir- « constances, tout est perdu, car il n'est per- « sonne qui n'ait des circonstances. Les uns ont « une femme, des enfants, ou des neveux, pour « lesquels il faut de la fortune; d'autres un besoin « d'activité, d'occupation; que sais-je? une quan-

---

[1] Ce passage excita la plus grande rumeur à la censure. On eût dit que ces observations pouvaient empêcher d'obtenir, et surtout de demander des places.

« tité de vertus, qui toutes conduisent à la néces-
« sité d'avoir une place, à laquelle soient attachés
« de l'argent et du pouvoir. N'est-on pas las de
« ces subterfuges dont la révolution n'a cessé
« d'offrir l'exemple? L'on ne rencontrait que des
« gens qui se plaignaient d'avoir été forcés de quit-
« ter le repos qu'ils préféraient à tout, la vie do-
« mestique, dans laquelle ils étaient impatients de
« rentrer, et l'on apprenait que ces gens-là avaient
« employé les jours et les nuits à supplier qu'on
« les contraignît de se dévouer à la chose publique,
« qui se passait parfaitement d'eux. »

Les législateurs anciens faisaient un devoir aux
citoyens de se mêler des intérêts politiques. La
religion chrétienne doit inspirer une disposition
d'une tout autre nature, celle d'obéir à l'autorité,
mais de se tenir éloigné des affaires de l'État,
quand elles peuvent compromettre la conscience.
La différence qui existe entre les gouvernements
anciens et les gouvernements modernes explique
cette opposition dans la manière de considérer les
relations des hommes envers leur patrie.

La science politique des anciens était intimement unie avec la religion et la morale; l'état social était un corps plein de vie, chaque individu se
considérait comme l'un de ses membres. La petitesse des États, le nombre des esclaves qui resser-
rait encore de beaucoup celui des citoyens, tout
faisait un devoir d'agir pour une patrie qui avait
besoin de chacun de ses fils. Les magistrats, les
guerriers, les artistes, les philosophes, et presque
les dieux, se mêlaient sur la place publique, et les
mêmes hommes tour à tour gagnaient une bataille,
exposaient un chef-d'œuvre, donnaient des lois à
leur pays, ou cherchaient à découvrir celles de l'u-
nivers.

Si l'on en excepte le très-petit nombre de gouvernements libres, la grandeur des États chez les
modernes, et la concentration du pouvoir des monarques, ont rendu, pour ainsi dire, la politique
toute négative. Il s'agit de ne pas se nuire les uns
aux autres, et le gouvernement est chargé de cette
haute police, qui doit permettre à chacun de jouir
des avantages de la paix et de l'ordre social, en
achetant cette sécurité par de justes sacrifices. Le
divin législateur des hommes commandait donc la
morale la plus adaptée à la situation du monde
sous l'empire romain, quand il faisait une loi du
payement des tributs et de la soumission au gouvernement, dans tout ce que le devoir ne défend
pas; mais il conseillait aussi avec la plus grande
force la vie privée.

Les hommes qui veulent toujours mettre en
théorie leurs penchants individuels, confondent
habilement la morale antique et la morale chrétienne : « Il faut, disent-ils, comme les anciens,
servir sa patrie, n'être pas un citoyen inutile dans
l'État; il faut, disent-ils, comme les chrétiens,
se soumettre au pouvoir établi par la volonté de
Dieu. » C'est ainsi que le mélange du système de
l'inertie et de celui de l'action produit une double
immoralité, tandis que, pris séparément, l'un et
l'autre avaient droit au respect. L'activité des
citoyens grecs et romains, telle qu'elle pouvait
s'exercer dans une république, était une vertu.
La force d'inertie chrétienne est aussi une
vertu, et d'une grande force; car le christianisme
qu'on accuse de faiblesse est invincible selon son
esprit, c'est-à-dire, dans l'énergie du refus. Mais
l'égoïsme patelin des hommes ambitieux leur enseigne l'art de combiner les raisonnements opposés, afin de se mêler de tout comme un païen, et
de se soumettre à tout comme un chrétien.

L'univers, mon ami, ne pense point à toi,

est ce qu'on peut dire maintenant à tout l'univers,
les phénomènes exceptés. Ce serait une vanité bien
ridicule que de motiver dans tous les cas l'activité
politique par le prétexte de l'utilité dont on peut
être à son pays. Cette utilité n'est presque jamais
qu'un nom pompeux dont on revêt son intérêt personnel.

L'art des sophistes a toujours été d'opposer les
devoirs les uns aux autres. L'on ne cesse d'imaginer des circonstances dans lesquelles cette affreuse
perplexité pourrait exister. La plupart des fictions
dramatiques sont fondées là-dessus. Toutefois la
vie réelle est plus simple, l'on y voit souvent les
vertus en combat avec les intérêts; mais peut-être
est-il vrai que jamais l'honnête homme, dans aucune occasion, n'a pu douter de ce que le devoir lui
commandait. La voix de la conscience est si
délicate, qu'il est facile de l'étouffer; mais elle est
si pure, qu'il est impossible de la méconnaître.

Une devise connue contient, sous une forme
simple, toute la théorie de la morale: *Fais ce que
dois, advienne que pourra.* Quand on établit, au
contraire, que la probité d'un homme public consiste à tout sacrifier aux avantages temporels de
sa nation, alors il peut se trouver beaucoup d'occasions où, par moralité, on serait immoral. Ce
sophisme est aussi contradictoire dans le fond que
dans la forme : ce serait traiter la vertu comme
une science conjecturale et tout à fait soumise
aux circonstances dans son application. Que Dieu
garde le cœur humain d'une telle responsabilité!

Les lumières de notre esprit sont trop incertaines pour que nous soyons en état de juger du moment où les éternelles lois du devoir pourraient être suspendues ; ou plutôt ce moment n'existe pas.

S'il était une fois généralement reconnu que l'intérêt national lui-même doit être subordonné aux pensées plus hautes dont la vertu se compose, combien l'homme consciencieux serait à l'aise ! comme tout lui paraîtrait clair en politique, tandis qu'auparavant une hésitation continuelle le faisait trembler à chaque pas ! C'est cette hésitation même qui a fait regarder les honnêtes gens comme incapables des affaires d'État ; on les accusait de pusillanimité, de timidité, de crainte, et l'on appelait ceux qui sacrifiaient légèrement le faible au puissant, et leurs scrupules à leurs intérêts, des hommes *d'une nature énergique*. C'est pourtant une énergie facile que celle qui tend à notre propre avantage, ou même à celui d'une faction dominante : car tout ce qui se fait dans le sens de la multitude est toujours de la faiblesse, quelque violent que cela paraisse.

L'espèce humaine demande à grands cris qu'on sacrifie tout à son intérêt, et finit par compromettre cet intérêt, à force de vouloir y tout immoler ; mais il serait temps de lui dire que son bonheur même, dont on s'est tant servi comme prétexte, n'est sacré que dans ses rapports avec la morale ; car sans elle qu'importeraient tous à chacun ? Quand une fois l'on s'est dit qu'il faut sacrifier la morale à l'intérêt national, on est bien près de resserrer de jour en jour le sens du mot nation, et d'en faire d'abord ses partisans, puis ses amis, puis sa famille, qui n'est qu'un terme décent pour se déguiser soi-même.

CHAPITRE XIV.

Du principe de la morale, dans la nouvelle philosophie allemande.

La philosophie idéaliste tend par sa nature à réfuter la morale fondée sur l'intérêt particulier ou national ; elle n'admet point que le bonheur temporel soit le but de notre existence, et ramenant tout à la vie de l'âme, c'est à l'exercice de la volonté et de la vertu qu'elle rapporte nos actions et nos pensées. Les ouvrages que Kant a écrits sur la morale ont une réputation au moins égale à ceux qu'il a composés sur la métaphysique.

Deux penchants distincts, dit-il, se manifestent dans l'homme : l'intérêt personnel, qui lui vient de l'attrait des sensations, et la justice universelle, qui tient à ses rapports avec le genre humain et la

Divinité ; entre ces deux mouvements la conscience décide ; elle est comme Minerve, qui faisait pencher la balance lorsque les voix étaient partagées dans l'aréopage. Les opinions les plus opposées n'ont-elles pas des faits pour appui ? Le pour et le contre ne seraient-ils pas également vrais, si la conscience ne portait pas en elle la suprême certitude ?

L'homme placé entre des arguments visibles et presque égaux, que lui adressent en faveur du bien et du mal les circonstances de la vie, l'homme a reçu du ciel, pour se décider, le sentiment du devoir. Kant cherche à démontrer que ce sentiment est la condition nécessaire de notre être moral, la vérité qui a précédé toutes celles dont on acquiert la connaissance par la vie. Peut-on nier que la conscience n'ait bien plus de dignité quand on la croit une puissance innée, que quand on voit en elle une faculté acquise, comme toutes les autres, par l'expérience et l'habitude ? et c'est en cela surtout que la métaphysique idéaliste exerce une grande influence sur la conduite morale de l'homme : elle attribue la même force primitive à la notion du devoir qu'à celle de l'espace et du temps, et les considérant toutes deux comme inhérentes à notre nature, elle n'admet pas plus de doute sur l'une que sur l'autre.

Toute estime pour soi-même et pour les autres doit être fondée sur les rapports qui existent entre les actions et la loi du devoir ; cette loi ne tient en rien au besoin du bonheur ; au contraire, elle est souvent appelée à le combattre. Kant va plus loin encore ; il affirme que le premier effet du pouvoir de la vertu est de causer une noble peine par les sacrifices qu'elle exige.

La destination de l'homme sur cette terre n'est pas le bonheur, mais le perfectionnement. C'est en vain que, par un jeu puéril, on dirait que le perfectionnement est le bonheur ; nous sentons clairement la différence qui existe entre les jouissances et les sacrifices ; et si le langage voulait adopter les mêmes termes pour des idées si peu semblables, le jugement naturel ne s'y laisserait pas tromper.

On a beaucoup dit que la nature humaine tendait au bonheur : c'est là son instinct involontaire ; mais son instinct réfléchi, c'est la vertu. En donnant à l'homme très-peu d'influence sur son propre bonheur, et des moyens sans nombre de se perfectionner, l'intention du Créateur n'a pas été sans doute que l'objet de notre vie fût un but presque impossible. Consacrez toutes vos forces à vous rendre heureux, modérez votre caractère, si vous le pouvez, de manière que vous n'éprouviez pas ces vagues désirs auxquels rien ne peut suffire; et, malgré toute cette sage combinaison de l'égoïsme, vous serez malade, vous serez ruiné, vous serez emprisonné, et tout l'édifice de vos soins pour vous-même sera renversé.

L'on répond à cela : Je serai si circonspect que je n'aurai point d'ennemis.—Soit, vous n'aurez point à vous reprocher de généreuses imprudences; mais on a vu quelquefois les moins courageux persécutés. — Je ménagerai si bien ma fortune, que je la conserverai.—Je le crois; mais il y a des désastres universels, qui n'épargnent pas même ceux qui ont eu pour principe de ne jamais s'exposer pour les autres, et la maladie et les accidents de toute espèce disposent de notre sort malgré nous. Comment donc le but de notre liberté morale serait-il le bonheur de cette courte vie, que le hasard, la souffrance, la vieillesse et la mort mettent hors de notre puissance? Il n'en est pas de même du perfectionnement; chaque jour, chaque heure, chaque minute peut y contribuer; tous les événements heureux et malheureux y servent également, et cette œuvre dépend en entier de nous, quelle que soit notre situation sur la terre.

La morale de Kant et de Fichte est très-analogue à celle des stoïciens; cependant, les stoïciens accordaient davantage à l'empire des qualités naturelles; l'orgueil romain se retrouve dans leur manière de juger l'homme. Les *Kantiens* croient à l'action nécessaire et continuelle de la volonté contre les mauvais penchants. Ils ne tolèrent point les exceptions dans l'obéissance au devoir, et rejettent toutes les excuses qui pourraient les motiver.

L'opinion de Kant sur la véracité en est un exemple; il la considère avec raison comme la base de toute morale. Quand le fils de Dieu s'est appelé le Verbe, ou la Parole, peut-être voulait-il honorer ainsi dans le langage l'admirable faculté de révéler ce qu'on pense. Kant a porté le respect pour la vérité jusqu'au point de ne pas permettre qu'on la trahît, lors même qu'un scélérat viendrait vous demander si votre ami qu'il poursuit est caché dans votre maison. Il prétend qu'il ne faut jamais se permettre dans aucune circonstance particulière ce qui ne saurait être admis comme loi générale; mais dans cette occasion, il oublie qu'on pourrait faire une loi générale de ne sacrifier la vérité qu'à une autre vertu; car, dès que l'intérêt personnel est écarté d'une question, les sophismes ne sont plus à craindre, et la conscience prononce sur toutes choses avec équité.

La théorie de Kant, en morale, est sévère et quelquefois sèche, parce qu'elle exclut la sensibilité. Il la regarde comme un reflet des sensations, et comme devant conduire aux passions, dans lesquelles il entre toujours de l'égoïsme; c'est à cause de cela qu'il n'admet pas cette sensibilité pour guide, et qu'il place la morale sous la sauvegarde de principes immuables. Il n'est rien de plus sévère que cette doctrine; mais il y a une sévérité qui attendrit, alors même que les mouvements du cœur lui sont suspects, et qu'elle essaye de les bannir tous : quelque rigoureux que soit un moraliste, quand c'est à la conscience qu'il s'adresse, il est sûr de nous émouvoir. Celui qui dit à l'homme : « Trouvez tout en vous-même, » fait toujours naître dans l'âme quelque chose de grand qui tient encore à la sensibilité même dont il exige le sacrifice. Il faut distinguer, en étudiant la philosophie de Kant, le sentiment de la sensibilité; il admet l'un comme juge des vérités philosophiques; il considère l'autre comme devant être soumise à la conscience. Le sentiment et la conscience sont employés dans ses écrits comme des termes presque synonymes; mais la sensibilité se rapproche davantage de la sphère des émotions, et par conséquent des passions qu'elles font naître.

On ne saurait se lasser d'admirer les écrits de Kant, dans lesquels la suprême loi du devoir est consacrée; quelle chaleur vraie, quelle éloquence animée, dans un sujet où d'ordinaire il ne s'agit que de réprimer! On se sent pénétré d'un profond respect pour l'austérité d'un vieillard philosophe, constamment soumis à cet invincible pouvoir de la vertu, sans autre empire que la conscience, sans autres armes que les remords, sans autres trésors à distribuer que les jouissances intérieures de l'âme; jouissances dont on ne peut même donner l'espoir pour motif, puisqu'on ne les comprend qu'après les avoir éprouvées.

Parmi les philosophes allemands, des hommes non moins vertueux que Kant, et qui se rapprochent davantage de la religion par leurs penchants, ont attribué au sentiment religieux l'origine de la loi morale. Ce sentiment ne saurait être de la nature de ceux qui peuvent devenir une passion. Sénèque en a dépeint le calme et la profondeur, quand il a dit : *Dans le sein de l'homme vertueux, je ne sais quel Dieu, mais il habite un Dieu.*

Kant a prétendu que c'était altérer la pureté désintéressée de la morale, que de donner pour but à nos actions la perspective d'une vie future; plusieurs écrivains allemands l'ont parfaitement réfuté à cet égard; en effet, l'immortalité céleste n'a nul rapport avec les peines et les récompenses que l'on conçoit sur cette terre; le sentiment qui nous fait aspirer à l'immortalité, est aussi désintéressé que celui qui nous ferait trouver notre bonheur dans le dévouement à celui des autres; car les prémices de la félicité religieuse, c'est le sacrifice de nous - mêmes; ainsi donc elle écarte nécessairement toute espèce d'égoïsme.

Quelque effort qu'on fasse, il faut en revenir à reconnaître que la religion est le véritable fondement de la morale; c'est l'objet sensible et réel au dedans de nous, qui peut seul détourner nos regards des objets extérieurs. Si la piété ne causait pas des émotions sublimes, qui sacrifierait même des plaisirs, quelque vulgaires qu'ils fussent, à la froide dignité de la raison? Il faut commencer l'histoire intime de l'homme par la religion ou par la sensation, car il n'y a de vivant que l'une ou l'autre. La morale fondée sur l'intérêt personnel serait aussi évidente qu'une vérité mathématique, qu'elle n'en exercerait pas plus d'empire sur les passions, qui foulent aux pieds tous les calculs; il n'y a qu'un sentiment qui puisse triompher d'un sentiment; la nature violente ne saurait être dominée que par la nature exaltée. Le raisonnement, dans de pareils cas, ressemble au maître d'école de la Fontaine, personne ne l'écoute, et tout le monde crie au secours.

Jacobi, comme je le montrerai dans l'analyse de ses ouvrages, a combattu les arguments dont Kant se sert pour ne pas admettre le sentiment religieux comme base de la morale. Il croit, au contraire, que la Divinité se révèle à chaque homme en particulier, comme elle s'est révélée au genre humain, lorsque les prières et les œuvres ont préparé le cœur à la comprendre. Un autre philosophe affirme que l'immortalité commence déjà sur cette terre, pour celui qui désire et qui sent en lui-même le goût des choses éternelles; un autre, que la nature fait entendre la volonté de Dieu à l'homme, et qu'il y a dans l'univers une voix gémissante et captive, qui l'invite à délivrer le monde et lui-même, en combattant le principe du mal sous toutes ses apparences funestes. Ces divers systèmes tiennent à l'imagination de chaque écrivain, et sont adoptés par ceux qui sympathisent avec lui; mais la direction générale de ces opinions est toujours la même : affranchir l'âme de l'influence des objets extérieurs, placer l'empire de nous en nous-mêmes; et donner à cet empire le devoir pour loi, et pour espérance une autre vie.

Sans doute, les vrais chrétiens ont enseigné de tout temps la même doctrine : mais ce qui distingue la nouvelle école allemande, c'est de réunir à tous ces sentiments, dont on voulait faire le partage des simples et des ignorants, la plus haute philosophie et les connaissances les plus positives. Le siècle orgueilleux était venu nous dire que le raisonnement et les sciences détruisaient toutes les perspectives de l'imagination, toutes les terreurs de la conscience, toutes les croyances du cœur, et l'on rougissait de la moitié de son être déclarée faible et presque insensée; mais ils sont arrivés ces hommes qui, à force de penser, ont trouvé la théorie de toutes les impressions naturelles; et, loin de vouloir les étouffer, ils nous ont fait découvrir la noble source dont elles sortent. Les moralistes allemands ont relevé le sentiment et l'enthousiasme des dédains d'une raison tyrannique, qui comptait comme richesse tout ce qu'elle avait anéanti, et mettait sur le lit de Procuste l'homme et la nature, afin d'en retrancher ce que la philosophie matérialiste ne pouvait comprendre!

CHAPITRE XV.

De la morale scientifique.

On a voulu tout démontrer, depuis que le goût des sciences exactes s'est emparé des esprits; et le calcul des probabilités permettant de soumettre l'incertain même à des règles, l'on s'est flatté de résoudre mathématiquement toutes les difficultés que présentaient les questions les plus délicates, et de faire ainsi régner l'algèbre sur l'univers. Des philosophes, en Allemagne, ont aussi prétendu donner à la morale les avantages d'une science rigoureusement prouvée dans ses principes comme dans ses conséquences, et qui n'admet ni objection ni exception, dès qu'on en adopte la première base. Kant et Fichte ont essayé ce travail métaphysique, et Schleiermacher, le traducteur de Platon, et l'auteur de plusieurs discours sur la religion, dont nous parlerons dans la section suivante, a publié un livre très-profond sur l'examen des diverses morales, considérées comme science. Il voudrait en trouver une dont tous les raisonnements fussent parfaitement enchaînés, dont le principe contînt toutes les conséquences, et dont chaque conséquence fît reparaître le principe; mais, jusqu'à présent, il ne semble pas que ce but puisse être atteint.

Les anciens ont aussi voulu faire une science de la morale, mais ils comprenaient dans cette science les lois et le gouvernement; en effet, il est impossible de fixer d'avance tous les devoirs de la vie, quand on ignore ce que la législation et les mœurs du pays où l'on est peuvent exiger; c'est d'après ce point de vue que Platon a imaginé sa république. L'homme entier y est considéré sous le rapport de la religion, de la politique et de la morale; mais, comme cette république ne saurait exister, on ne peut concevoir comment, au milieu des abus de la société humaine, un code de morale, quel qu'il fût, pourrait se passer de l'interprétation habituelle de la conscience. Les philosophes recherchent la forme scientifique en toutes choses; on dirait qu'ils se flattent d'enchaîner ainsi l'avenir, et de se soustraire entièrement au joug des circonstances; mais ce qui nous en affranchit, c'est notre âme, c'est la sincérité de notre amour intime pour la vertu. La science de la morale n'enseigne pas plus à être un honnête homme, dans toute la magnificence de ce mot, que la géométrie à dessiner, ni la poétique à trouver des fictions heureuses.

Kant, qui avait reconnu la nécessité du sentiment dans les vérités métaphysiques, a voulu s'en passer dans la morale, et il n'a jamais pu établir, d'une manière incontestable, qu'un grand fait du cœur humain, c'est que la morale a le devoir et non l'intérêt pour base; mais, pour connaître le devoir, il faut en appeler à sa conscience et à la religion. Kant, en écartant la religion des motifs de la morale, ne pouvait voir dans la conscience qu'un juge, et non une voix divine; aussi n'a-t-il cessé de présenter à ce juge des questions épineuses; les solutions qu'il en a données, et qu'il croyait évidentes, n'en ont pas moins été attaquées de mille manières, car ce n'est jamais que par le sentiment qu'on arrive à l'unanimité d'opinion parmi les hommes.

Quelques philosophes allemands ayant reconnu l'impossibilité de rédiger en lois toutes les affections qui composent notre être, et de faire une science, pour ainsi dire, de tous les mouvements du cœur, se sont contentés d'affirmer que la morale consistait dans l'harmonie avec soi-même. Sans doute, quand on n'a pas de remords, il est probable qu'on n'est pas criminel, et, quand même on commettrait des fautes d'après l'opinion des autres, si d'après la sienne on a fait son devoir, on n'est pas coupable; mais il ne faut pas se fier cependant à ce contentement de soi-même; qui semble devoir être la meilleure preuve de la vertu. Il y a des hommes qui sont parvenus à prendre leur orgueil pour de la conscience; le fanatisme est, pour d'autres, un mobile désintéressé qui justifie tout à leurs propres yeux : enfin, l'habitude du

crime donne à de certains caractères un genre de force qui les affranchit du repentir, au moins tant qu'ils ne sont pas atteints par l'infortune.

Il ne s'ensuit pas de cette impossibilité de trouver une science de la morale, ou des signes universels auxquels on puisse reconnaître si ces préceptes sont observés, qu'il n'y ait pas des devoirs positifs qui doivent nous servir de guides; mais comme il y a dans la destinée de l'homme nécessité et liberté, il faut que dans sa conduite il y ait aussi l'inspiration et la règle; rien de ce qui tient à la vertu ne peut être ni tout à fait arbitraire, ni tout à fait fixé : aussi, l'une des merveilles de la religion est-elle de réunir au même degré l'élan de l'amour et la soumission à la loi; le cœur de l'homme est ainsi tout à la fois satisfait et dirigé.

Je ne rendrai point compte ici de tous les systèmes de morale scientifique qui ont été publiés en Allemagne; il en est de tellement subtils, que, bien qu'ils traitent de notre propre nature, on ne sait sur quoi s'appuyer pour les concevoir. Les philosophes français ont rendu la morale singulièrement aride, en rapportant tout à l'intérêt personnel. Quelques métaphysiciens allemands sont arrivés au même résultat, en fondant néanmoins toute leur doctrine sur les sacrifices. Ni les systèmes matérialistes, ni les systèmes abstraits, ne peuvent donner une idée complète de la vertu.

CHAPITRE XVI.

Jacobi.

Il est difficile de rencontrer, dans aucun pays, un homme de lettres d'une nature plus distinguée que celle de Jacobi; avec tous les avantages de la figure et de la fortune, il s'est voué depuis sa jeunesse, depuis quarante années, à la méditation. La philosophie est d'ordinaire une consolation ou un asile; mais celui qui la choisit, quand toutes les circonstances lui promettent de grands succès dans le monde, n'en est que plus digne de respect. Entraîné par son caractère à reconnaître la puissance du sentiment, Jacobi s'est occupé des idées abstraites, surtout pour montrer leur insuffisance. Ses écrits sur la métaphysique sont très-estimés en Allemagne; cependant, c'est surtout comme grand moraliste que sa réputation est universelle.

Il a combattu le premier la morale fondée sur l'intérêt, et, donnant pour principe à la sienne le sentiment religieux, considéré philosophiquement, il s'est fait une doctrine distincte de celle de Kant, qui rapporte tout à l'inflexible loi du devoir, et de celle des nouveaux métaphysiciens, qui cherchent, comme je viens de le dire, le moyen d'appliquer la rigueur scientifique à la théorie de la vertu.

Schiller, dans une épigramme contre le système de Kant en morale dit : « Je trouve du plaisir à « servir mes amis; il m'est agréable d'accomplir « mes devoirs : cela m'inquiète, car alors je ne « suis pas vertueux. » Cette plaisanterie porte avec elle un sens profond; car, quoique le bonheur ne doive jamais être le but de l'accomplissement du devoir, néanmoins la satisfaction intérieure qu'il nous cause est précisément ce qu'on peut appeler la béatitude de la vertu : ce mot de béatitude a perdu quelque chose de sa dignité; mais il faut pourtant revenir à s'en servir, car on a besoin d'exprimer le genre d'impressions qui fait sacrifier le bonheur, ou du moins le plaisir, à un état de l'âme plus doux et plus pur.

En effet, si le sentiment ne seconde pas la morale, comment se ferait-elle obéir? comment unir ensemble, si ce n'est par le sentiment, la raison et la volonté, lorsque cette volonté doit faire plier nos passions? Un penseur allemand a dit qu'*il n'y avait d'autre philosophie que la religion chrétienne*, et ce n'est certainement pas pour exclure la philosophie qu'il s'est exprimé ainsi, c'est parce qu'il était convaincu que les idées les plus hautes et les plus profondes conduisaient à découvrir l'accord singulier de cette religion avec la nature de l'homme. Entre ces deux classes de moralistes, celle qui, comme Kant et d'autres plus abstraits encore, veut rapporter toutes les actions de la morale à des préceptes immuables, et celle qui, comme Jacobi, proclame qu'il faut tout abandonner à la décision du sentiment, le christianisme semble indiquer le point merveilleux où la loi positive n'exclut pas l'inspiration du cœur, ni cette inspiration la loi positive.

Jacobi, qui a tant de raisons de se confier dans la pureté de sa conscience, a eu tort de poser en principe qu'on doit s'en remettre entièrement à ce que le mouvement de l'âme peut nous conseiller; la sécheresse de quelques écrivains intolérants, qui n'admettent ni modification ni indulgence dans l'application de quelques préceptes, a jeté Jacobi dans l'excès contraire.

Quand les moralistes français sont sévères, ils le sont à un degré qui tue le caractère individuel dans l'homme; il est dans l'esprit de la nation d'aimer en tout l'autorité. Les philosophes allemands, et Jacobi principalement, respectent ce qui constitue l'existence particulière de chaque être, et jugent les actions à leur source, c'est-à-dire, d'après l'impulsion bonne ou mauvaise qui les a causées. Il

y a mille moyens d'être un très-mauvais homme, sans blesser aucune loi reçue, comme on peut faire une détestable tragédie, en observant toutes les règles et toutes les convenances théâtrales. Quand l'âme n'a pas d'élan naturel, elle voudrait savoir ce qu'on doit dire et ce qu'on doit faire dans chaque circonstance, afin d'être quitte envers elle-même et envers les autres, en se soumettant à ce qui est ordonné. La loi, cependant, ne peut apprendre en morale, comme en poésie, que ce qu'il ne faut pas faire; mais en toutes choses, ce qui est bon et sublime ne nous est révélé que par la divinité de notre cœur.

L'utilité publique, telle que je l'ai développée dans les chapitres précédents, pourrait conduire à être immoral par moralité. Dans les rapports privés, au contraire, il peut arriver quelquefois qu'une conduite parfaite selon le monde vienne d'un mauvais principe, c'est-à-dire, qu'elle tienne à quelque chose d'aride, de haineux et d'impitoyable. Les passions naturelles et les talents supérieurs déplaisent à ces personnes qu'on honore trop facilement du nom de sévères : elles se saisissent de leur moralité, qu'elles disent venir de Dieu, comme un ennemi prendrait l'épée du père pour en frapper les enfants.

Cependant, l'aversion de Jacobi contre l'inflexible rigueur de la loi le fait aller trop loin pour s'en affranchir. « Oui, dit-il, je mentirais comme « Desdemona mourante [1]; je tromperais comme « Oreste, quand il voulait mourir à la place de « Pylade; j'assassinerais comme Timoléon; je se- « rais parjure comme Épaminondas et comme Jean « de With; je me déterminerais au suicide comme « Caton; je serais sacrilége comme David; car j'ai « la certitude en moi-même qu'en pardonnant à « ces fautes selon la lettre, l'homme exerce le droit « souverain que la majesté de son être lui confère; « il appose le sceau de sa dignité, le sceau de sa « divine nature, sur la grâce qu'il accorde.

« Si vous voulez établir un système universel et « rigousement scientifique, il faut que vous sou- « mettiez la conscience à ce système qui a pétrifié « la vie : cette conscience doit devenir sourde, « muette et insensible; il faut arracher jusqu'aux « moindres restes de sa racine, c'est-à-dire, du « cœur de l'homme. Oui, aussi vrai que vos for- « mules métaphysiques vous tiennent lieu d'Apol- « lon et des Muses, ce n'est qu'en faisant taire « votre cœur que vous pourrez vous conformer

---

[1] Desdemona, afin de sauver à son époux la honte et le danger du forfait qu'il vient de commettre, déclare en mourant que c'est elle qui s'est tuée.

« implicitement aux lois sans exception, et que
« vous adopterez l'obéissance roide et servile qu'el-
« les demandent : alors la conscience ne servira
« qu'à vous enseigner, comme un professeur dans
« la chaire, ce qui est vrai au dehors de vous; et
« ce fanal intérieur ne sera bientôt plus qu'une
« main de bois qui, sur les grands chemins, indi-
« que la route aux voyageurs. »

Jacobi est si bien guidé par ses propres sentiments, qu'il n'a peut-être pas assez réfléchi aux
conséquences de cette morale pour le commun des
hommes. Car, que répondre à ceux qui prétendraient, en s'écartant du devoir, qu'ils obéissent
aux mouvements de leur conscience? Sans doute
on pourra découvrir qu'ils sont hypocrites en parlant ainsi; mais on leur a fourni l'argument qui
peut servir à les justifier, quoi qu'ils fassent; et
c'est beaucoup pour les hommes d'avoir des phrases à dire en faveur de leur conduite : ils s'en servent d'abord pour tromper les autres, et finissent
par se tromper eux-mêmes.

Dira-t-on que cette doctrine indépendante ne
peut convenir qu'aux caractères vraiment vertueux? Il ne doit point y avoir de priviléges même
pour la vertu; car du moment qu'elle en désire,
il est probable qu'elle n'en mérite plus. Une égalité sublime règne dans l'empire du devoir, et il se
passe quelque chose au fond du cœur humain,
qui donne à chaque homme, quand il le veut sincèrement, les moyens d'accomplir tout ce que
l'enthousiasme inspire, sans sortir des bornes de
la loi chrétienne, qui est aussi l'œuvre d'un saint
enthousiasme.

La doctrine de Kant peut être, en effet, considérée comme trop sèche, parce qu'il n'y donne pas
assez d'influence à la religion; mais il ne faut pas
s'étonner qu'il ait été porté à ne pas faire du sentiment la base de sa morale, dans un temps où il
s'était répandu, en Allemagne surtout, une affectation de sensibilité qui affaiblissait nécessairement le ressort des esprits et des caractères. Un
génie tel que celui de Kant devait avoir pour but
de retremper les âmes.

Les moralistes allemands de la nouvelle école,
si purs dans leurs sentiments, à quelques systèmes abstraits qu'ils s'abandonnent, peuvent être
divisés en trois classes : ceux qui, comme Kant et
Fichte, ont voulu donner à la loi du devoir une
théorie scientifique et une application inflexible;
ceux, à la tête desquels Jacobi doit être placé, qui
prennent le sentiment religieux et la conscience
naturelle pour guides, et ceux qui, faisant de la
révélation la base de leur croyance, veulent réunir
le sentiment et le devoir, et cherchent à les lier
ensemble par une interprétation philosophique.
Ces trois classes de moralistes attaquent tous également la morale fondée sur l'intérêt personnel.
Elle n'a presque plus de partisans en Allemagne;
on peut y faire le mal, mais du moins on y laisse
intacte la théorie du bien.

CHAPITRE XVII.

De Woldemar.

Le roman de *Woldemar* est l'ouvrage du même
philosophe Jacobi dont j'ai parlé dans le chapitre
précédent. Cet ouvrage renferme des discussions
philosophiques, dans lesquelles les systèmes de
morale que professaient les écrivains français sont
vivement attaqués, et la doctrine de Jacobi y est
développée avec une admirable éloquence. Sous ce
rapport, *Woldemar* est un très-beau livre; mais,
comme roman, je n'en aime ni la marche ni le but.

L'auteur qui, comme philosophe, rapporte toute
la destinée humaine au sentiment, peint, ce me
semble, dans son ouvrage, la sensibilité autrement
qu'elle n'est en effet. Une délicatesse exagérée,
ou plutôt une façon bizarre de concevoir le cœur
humain, peut intéresser en théorie, mais non quand
on la met en action, et qu'on en veut faire ainsi
quelque chose de réel.

Woldemar ressent une amitié vive pour une
personne qui ne veut pas l'épouser, quoiqu'elle
partage son sentiment. Il se marie avec une femme
qu'il n'aime pas, parce qu'il croit trouver en elle
un caractère soumis et doux, qui convient au mariage. A peine l'a-t-il épousée, qu'il est au moment de se livrer à l'amour qu'il éprouve pour
l'autre. Celle qui n'a pas voulu s'unir à lui l'aime
toujours, mais elle est révoltée de l'idée qu'il puisse
avoir de l'amour pour elle; et cependant elle veut
vivre auprès de lui, soigner ses enfants, traiter sa
femme en sœur, et ne connaître les affections de
la nature que par la sympathie de l'amitié. C'est
ainsi qu'une pièce de Goethe, assez vantée, *Stella*,
finit par la résolution que prennent deux femmes
qui ont des liens sacrés avec le même homme, de
vivre chez lui toutes deux en bonne intelligence·
De telles inventions ne réussissent en Allemagne
que parce qu'il y a souvent dans ce pays plus d'i-
magination que de sensibilité. Les âmes du Midi
n'entendraient rien à cet héroïsme de sentiment : la
passion est dévouée, mais jalouse; et la prétendue
délicatesse qui sacrifie l'amour à l'amitié, sans que
le devoir le commande, n'est que de la froideur
maniérée.

C'est un système tout factice que ces générosités aux dépens de l'amour. Il ne faut admettre ni tolérance, ni partage, dans un sentiment qui n'est sublime que parce qu'il est, comme la maternité, comme la tendresse filiale, exclusif et tout-puissant. On ne doit pas se mettre par son choix dans une situation où la morale et la sensibilité ne sont pas d'accord; car ce qui est involontaire est si beau, qu'il est affreux d'être condamné à se commander toutes ses actions, et à vivre avec soi-même comme avec sa victime.

Ce n'est assurément ni par hypocrisie, ni par sécheresse d'âme, qu'un génie bon et vrai a imaginé, dans le roman de *Woldemar*, des situations où chaque personnage immole le sentiment par le sentiment, et cherche avec soin une raison de ne pas aimer ce qu'il aime. Mais Jacobi, ayant éprouvé dès sa jeunesse un vif penchant pour tous les genres d'enthousiasme, a cherché dans les liens du cœur une mysticité romanesque très-ingénieusement exprimée, mais peu naturelle.

Il me semble que Jacobi entend moins bien l'amour que la religion, parce qu'il veut trop le confondre; il n'est pas vrai que l'amour puisse, comme la religion, trouver tout son bonheur dans l'abnégation du bonheur même. L'on altère l'idée qu'on doit avoir de la vertu, quand on la fait consister dans une exaltation sans but, et dans des sacrifices sans nécessité. Tous les personnages du roman de Jacobi luttent sans cesse de générosité aux dépens de l'amour; non-seulement cela n'arrive guère dans la vie, mais cela n'est pas même beau, quand la vertu ne l'exige pas; car les sentiments forts et passionnés honorent la nature humaine, et la religion n'est si imposante que parce qu'elle peut triompher de tels sentiments. Aurait-il fallu que Dieu même daignât parler à notre cœur, s'il n'y avait trouvé que des affections débonnaires auxquelles il fût si facile de renoncer?

CHAPITRE XVIII.

De la disposition romanesque dans les affections du cœur.

Les philosophes anglais ont fondé, comme nous l'avons dit, la vertu sur le sentiment, ou plutôt sur le sens moral; mais ce système n'a nul rapport avec la moralité *sentimentale* dont il est ici question; cette moralité, dont le nom et l'idée n'existent guère qu'en Allemagne, n'a rien de philosophique; elle fait seulement un devoir de la sensibilité, et porte à mésestimer ceux qui n'en ont pas.

Sans doute la puissance d'aimer tient de très-près à la morale et à la religion; il se peut donc que notre répugnance pour les âmes froides et dures soit un instinct sublime, un instinct qui nous avertit que de tels êtres, alors même que leur conduite est estimable, agissent mécaniquement ou par calcul, mais sans qu'il puisse jamais exister entre eux et nous aucune sympathie. En Allemagne, où l'on veut réduire en préceptes toutes les impressions, on a considéré comme immoral ce qui n'était pas sensible et même romanesque. Werther avait tellement mis en vogue les sentiments exaltés, que presque personne n'eût osé se montrer sec et froid, quand même on aurait eu ce caractère naturellement. De là cet *enthousiasme obligé* pour la lune, les forêts, la campagne et la solitude; de là ces maux de nerfs, ces sons de voix maniérés, ces regards qui veulent être vus, tout cet appareil enfin de la sensibilité, que dédaignent les âmes fortes et sincères.

L'auteur de *Werther* s'est moqué le premier de ces affectations; néanmoins comme il faut qu'il y ait en tout pays des ridicules, peut-être vaut-il mieux qu'ils consistent dans l'exagération un peu niaise de ce qui est bon, que dans l'élégante prétention à ce qui est mal. Le désir du succès étant invincible dans les hommes, et encore plus dans les femmes, les prétentions de la médiocrité sont un signe certain du goût dominant à telle époque et dans telle société; les mêmes personnes qui se faisaient *sentimentales* en Allemagne, se seraient montrées ailleurs légères et dédaigneuses.

L'extrême susceptibilité du caractère des Allemands est une des grandes causes de l'importance qu'ils attachent aux moindres nuances du sentiment, et cette susceptibilité tient souvent à la vérité des affections. Il est aisé d'être ferme quand on n'est pas sensible: la seule qualité nécessaire alors, c'est le courage; car il faut que *la sévérité bien ordonnée commence par soi-même;* mais quand les preuves d'intérêt que les autres nous refusent ou nous donnent influent puissamment sur le bonheur, il est impossible que l'on n'ait pas mille fois plus d'irritabilité dans le cœur que ceux qui exploitent leurs amis comme un domaine, en cherchant seulement à les rendre profitables.

Toutefois il faut se garder de ces codes de sentiments, si subtils et si nuancés, que beaucoup d'écrivains allemands ont multipliés de tant de manières, et dont leurs romans sont remplis. Les Allemands, il faut en convenir, ne sont pas toujours parfaitement naturels. Certains de leur loyauté, de leur sincérité dans tous les rapports réels de la vie, ils sont tentés de regarder l'affectation du beau comme un culte envers le bon, et de se permettre quelquefois en ce genre des exagérations qui gâtent tout.

Cette émulation de sensibilité entre quelques femmes et quelques écrivains d'Allemagne, serait, dans le fond, assez innocente, si le ridicule qu'on donne à l'affectation ne jetait pas toujours une sorte de défaveur sur la sincérité même. Les hommes froids et égoïstes trouvent un plaisir particulier à se moquer des attachements passionnés, et voudraient faire passer pour factice tout ce qu'ils n'éprouvent pas. Il y a même des personnes vraiment sensibles que l'exagération doucereuse affadit sur leurs propres impressions, et qu'on blase sur le sentiment, comme on pourrait les blaser sur la religion par les sermons ennuyeux et les pratiques superstitieuses.

On a tort d'appliquer les idées positives que nous avons sur le bien et le mal aux délicatesses de la sensibilité. Accuser tel ou tel caractère de ce qui lui manque à cet égard, c'est comme faire un crime de n'être pas poète. La susceptibilité naturelle à ceux qui pensent plus qu'ils n'agissent, peut les rendre injustes envers les personnes d'une autre nature. Il faut de l'imagination pour deviner tout ce que le cœur peut faire souffrir, et les meilleures gens du monde sont souvent lourds et stupides à cet égard : ils vont à travers les sentiments, comme s'ils marchaient sur des fleurs, en s'étonnant de les flétrir. N'y a-t-il pas des hommes qui n'admirent pas Raphaël, qui entendent la musique sans émotion, à qui l'Océan et les cieux ne paraissent que monotones? Comment donc comprendraient-ils les orages de l'âme?

Les caractères même les plus sensibles ne sont-ils pas quelquefois découragés dans leurs espérances? ne peuvent-ils pas être saisis par une sorte de sécheresse intérieure, comme si la Divinité se retirait d'eux? Ils n'en restent pas moins fidèles à leurs affections; mais il n'y a plus de parfums dans le temple, plus de musique dans le sanctuaire, plus d'émotion dans le cœur. Souvent aussi le malheur commande de faire taire en soi-même cette voix du sentiment, harmonieuse ou déchirante, selon qu'elle s'accorde ou non avec la destinée. Il est donc impossible de faire un devoir de la sensibilité, car ceux qui l'éprouvent en souffrent assez pour avoir souvent le droit et le désir de la réprimer.

Les nations ardentes ne parlent de la sensibilité qu'avec terreur; les nations paisibles et rêveuses croient pouvoir l'encourager sans crainte. Au reste, l'on n'a peut-être jamais écrit sur ce sujet avec une vérité parfaite, car chacun veut se faire honneur de ce qu'il éprouve ou de ce qu'il inspire. Les femmes cherchent à s'arranger comme un roman, et les hommes comme une histoire, mais le cœur humain est encore bien loin d'être pénétré dans ses relations les plus intimes. Une fois peut-être quelqu'un dira sincèrement tout ce qu'il a senti, et l'on sera tout étonné d'apprendre que la plupart des maximes et des observations sont erronées, et qu'il y a une âme inconnue dans le fond de celle qu'on raconte.

CHAPITRE XIX.

De l'amour dans le mariage.

C'est dans le mariage que la sensibilité est un devoir : dans toute autre relation, la vertu peut suffire; mais dans celle où les destinées sont entrelacées, où la même impulsion sert, pour ainsi dire, aux battements de deux cœurs, il semble qu'une affection profonde est presque un lien nécessaire. La légèreté des mœurs introduit tant de chagrins entre les époux, que les moralistes du dernier siècle s'étaient accoutumés à rapporter toutes les jouissances du cœur à l'amour paternel et maternel, et finissaient presque par ne considérer le mariage que comme la condition requise pour jouir du bonheur d'avoir des enfants. Cela est faux en morale, et plus faux encore en bonheur.

Il est si aisé d'être bon pour ses enfants, qu'on ne doit pas en faire un grand mérite. Dans leurs premières années, ils ne peuvent avoir de volonté que celle de leurs parents; et dès qu'ils arrivent à la jeunesse, ils existent par eux-mêmes. Justice et bonté composent les principaux devoirs d'une relation que la nature rend si facile. Il n'en est point ainsi des rapports avec cette moitié de nous, qui peut trouver du bonheur ou du malheur dans les moindres de nos actions, de nos regards et de nos pensées. C'est là seulement que la moralité peut s'exercer tout entière : c'est aussi là qu'est la véritable source de la félicité.

Un ami du même âge, auprès duquel vous devez vivre et mourir; un ami dont tous les intérêts sont les vôtres, dont toutes les perspectives sont en commun avec vous, y compris celle de la tombe : voilà le sentiment qui contient tout le sort. Quelquefois, il est vrai, vos enfants, et plus souvent encore vos parents, deviennent vos compagnons dans la vie; mais cette rare et sublime jouissance est combattue par les lois de la nature, tandis que l'association du mariage est d'accord avec toute l'existence humaine.

D'où vient donc que cette association si sainte est si souvent profanée? J'oserai le dire, c'est à l'inégalité singulière que l'opinion de la société met entre les devoirs des deux époux qu'il faut s'en prendre. Le christianisme a tiré les femmes d'un état qui ressemblait à l'esclavage. L'égalité devant Dieu étant la base de cette admirable religion, elle tend à maintenir l'égalité des droits sur la terre; la justice divine, la seule parfaite, n'admet aucun genre de priviléges, et celui de la force moins qu'aucun autre. Cependant, il est resté de l'esclavage des femmes des préjugés qui, se combinant avec la grande liberté que la société leur laisse, ont amené beaucoup de maux.

On a raison d'exclure les femmes des affaires politiques et civiles; rien n'est plus opposé à leur vocation naturelle que tout ce qui leur donnerait des rapports de rivalité avec les hommes, et la gloire elle-même ne saurait être pour une femme qu'un deuil éclatant du bonheur. Mais si la destinée des femmes doit consister dans un acte continuel de dévouement à l'amour conjugal, la récompense de ce dévouement, c'est la scrupuleuse fidélité de celui qui en est l'objet.

La religion ne fait aucune différence entre les devoirs des deux époux, mais le monde en établit une grande; et de cette différence naît la ruse dans les femmes, et le ressentiment dans les hommes. Quel est le cœur qui peut se donner tout entier, sans vouloir un autre cœur aussi tout entier? Qui donc accepte de bonne foi l'amitié pour prix de l'amour? qui promet sincèrement la constance à qui ne veut pas être fidèle? Sans doute la religion peut l'exiger, car elle seule a le secret de cette contrée mystérieuse où les sacrifices sont des jouissances; mais qu'il est injuste, l'échange que l'homme se propose de faire subir à sa compagne!

« Je vous aimerai, dit-il, avec passion deux ou « trois ans, et puis, au bout de ce temps, je vous « parlerai raison. » Et ce qu'ils appellent raison, c'est le désenchantement de la vie. « Je montrerai « dans ma maison de la froideur et de l'ennui; je « tâcherai de plaire ailleurs : mais vous qui avez « d'ordinaire plus d'imagination et de sensibilité « que moi, vous qui n'avez ni carrière ni distrac- « tion, tandis que le monde m'en offre de toute « espèce; vous qui n'existez que pour moi, tandis « que j'ai mille autres pensées, vous serez satis- « faite de l'affection subordonnée, glacée, parta- « gée, qu'il me convient de vous accorder, et vous « dédaignerez tous les hommages qui exprimeraient

« des sentiments plus exaltés et plus tendres. »

Quel injuste traité! tous les sentiments humains s'y refusent. Il existe un contraste singulier entre les formes de respect envers les femmes, que l'esprit chevaleresque a introduites en Europe, et la tyrannique liberté que les hommes se sont adjugée. Ce contraste produit tous les malheurs du sentiment, les attachements illégitimes, la perfidie, l'abandon et le désespoir. Les nations germaniques ont été moins atteintes que les autres par ces funestes effets, mais elles doivent craindre à cet égard l'influence qu'exerce à la longue la civilisation moderne. Il vaut mieux renfermer les femmes comme des esclaves, ne point exciter leur esprit ni leur imagination, que de les lancer au milieu du monde, et de développer toutes leurs facultés, pour leur refuser ensuite le bonheur que ces facultés leur rendent nécessaire.

Il y a dans un mariage malheureux une force de douleur qui dépasse toutes les autres peines de ce monde. L'âme entière d'une femme repose sur l'attachement conjugal : lutter seul contre le sort, s'avancer vers le cercueil sans qu'un ami vous soutienne, sans qu'un ami vous regrette, c'est un isolement dont les déserts de l'Arabie ne donnent qu'une faible idée; et quand tout le trésor de vos jeunes années a été donné en vain, quand vous n'espérez plus pour la fin de la vie le reflet de ces premiers rayons, quand le crépuscule n'a plus rien qui rappelle l'aurore, et qu'il est pâle et décoloré comme un spectre livide, avant-coureur de la nuit, votre cœur se révolte, il vous semble qu'on vous a privée des dons de Dieu sur la terre; et si vous aimez encore celui qui vous traite en esclave, puisqu'il ne vous appartient pas et qu'il dispose de vous, le désespoir s'empare de toutes les facultés, et la conscience elle-même se trouble à force de malheur.

Les femmes pourraient adresser à l'époux qui traite légèrement leur destinée, ces deux vers d'une fable :

Oui, c'est un jeu pour vous,
Mais c'est la mort pour nous.

Et tant qu'il ne se fera pas dans les idées une révolution quelconque, qui change l'opinion des hommes sur la constance que leur impose le lien du mariage, il y aura toujours guerre entre les deux sexes, guerre secrète, éternelle, rusée, perfide, et dont la moralité de tous les deux souffrira.

En Allemagne, il n'y a guère dans le mariage d'inégalité entre les deux sexes; mais c'est parce que les femmes brisent aussi souvent que les hommes les nœuds les plus saints. La facilité du divorce introduit dans les rapports de famille une sorte d'anarchie qui ne laisse rien subsister dans sa vérité ni dans sa force. Il vaut encore mieux, pour maintenir quelque chose de sacré sur la terre, qu'il y ait dans le mariage une esclave que deux esprits forts.

La pureté de l'âme et de la conduite est la première gloire d'une femme. Quel être dégradé ne serait-elle pas, sans l'une et sans l'autre! Mais le bonheur général et la dignité de l'espèce humaine ne gagneraient pas moins peut-être à la fidélité de l'homme dans le mariage. En effet, qu'y a-t-il de plus beau dans l'ordre moral qu'un jeune homme qui respecte cet auguste lien? L'opinion ne l'exige pas de lui, la société le laisse libre; une sorte de plaisanterie barbare s'attacherait à flétrir jusqu'aux plaintes du cœur qu'il aurait brisé, car le blâme se tourne facilement contre les victimes. Il est donc le maître, mais s'il s'impose des devoirs; nul inconvénient ne peut résulter pour lui de ses fautes; mais il craint le mal qu'il peut faire à celle qui s'est confiée à son cœur, et la générosité l'enchaîne d'autant plus que la société le dégage.

La fidélité est commandée aux femmes par mille considérations diverses; elles peuvent redouter les périls et les humiliations, suites inévitables d'une erreur; la voix de la conscience est la seule qui se fasse entendre à l'homme; il sait qu'il fait souffrir, il sait qu'il flétrit par l'inconstance un sentiment qui doit se prolonger jusqu'à la mort et se renouveler dans le ciel : seul avec lui-même, seul au milieu des séductions de tous les genres, il reste pur comme un ange; car, si les anges n'ont pas été représentés sous des traits de femme, c'est parce que l'union de la force avec la pureté est plus belle et plus céleste encore que la modestie même la plus parfaite dans un être faible.

L'imagination, quand elle n'a pas le souvenir pour frein, détache de ce qu'on possède, embellit ce qu'on craint de ne pas obtenir, et fait du sentiment une difficulté vaincue : mais, de même que dans les arts, les difficultés vaincues n'exigent point de vrai génie. Dans le sentiment, il faut de la sécurité pour éprouver ces affections, gage de l'éternité, puisqu'elles nous donnent seules l'idée de ce qui ne saurait finir.

Le jeune homme fidèle semble chaque jour préférer de nouveau celle qu'il aime; la nature lui a donné une indépendance sans bornes, et de longtemps du moins il ne saurait prévoir les jours mauvais de la vie : son cheval peut le porter au bout du monde; la guerre, dont il est épris, l'af-franchit au moins momentanément des relations domestiques, et semble réduire tout l'intérêt de l'existence à la victoire ou à la mort. La terre lui appartient, tous les plaisirs lui sont offerts, nulle fatigue ne l'effraye, nulle association intime ne lui est nécessaire; il serre la main d'un compagnon d'armes, et le lien qu'il lui faut est formé. Un temps viendra sans doute où la destinée lui révélera ses terribles secrets; mais il ne peut encore s'en douter. Chaque fois qu'une nouvelle génération entre en possession de son domaine, ne croit-elle pas que tous les malheurs de ses devanciers sont venus de leur faiblesse? ne se persuade-t-elle pas qu'ils sont nés tremblants et débiles, comme on les voit maintenant? Eh bien, du sein même de tant d'illusions, qu'il est vertueux et sensible, celui qui veut se vouer au long amour, lien de cette vie avec l'autre! Ah! qu'un regard fier et mâle est beau, lorsqu'en même temps il est modeste et pur! On y voit passer un rayon de cette pudeur qui peut se détacher de la couronne des vierges saintes, pour parer même un front guerrier.

Si le jeune homme veut partager avec un seul objet les jours brillants de sa jeunesse, il trouvera sans doute parmi ses contemporains des railleurs qui prononceront sur lui ce grand mot de *duperie*, la terreur des enfants du siècle. Mais est-il dupe, le seul qui sera vraiment aimé? car les angoisses ou les jouissances de l'amour-propre forment tout le tissu des affections frivoles et mensongères. Est-il dupe, celui qui ne s'amuse pas à tromper pour être à son tour plus trompé, plus déchiré peut-être que sa victime? est-il dupe, enfin, celui qui n'a pas cherché le bonheur dans les misérables combinaisons de la vanité, mais dans les éternelles beautés de la nature, qui parlent toutes de constance, de durée et de profondeur?

Non, Dieu a créé l'homme le premier, comme la plus noble des créatures, et la plus noble est celle qui a le plus de devoirs. C'est un abus singulier de la prérogative d'une supériorité naturelle, que de la faire servir à s'affranchir des liens les plus sacrés, tandis que la vraie supériorité consiste dans la force de l'âme; et la force de l'âme, c'est la vertu.

CHAPITRE XX.

Des écrivains moralistes de l'ancienne école, en Allemagne.

Avant que l'école nouvelle eût fait naître, en Allemagne, deux penchants qui semblent s'exclure, la métaphysique et la poésie, la méthode scientifique et l'enthousiasme, il y avait des écrivains qui méritaient une place honorable à côté des moralistes anglais. Mendelsohn, Garve, Sulzer, Engel, etc., ont écrit sur les sentiments et les devoirs avec sensibilité, religion et candeur. On ne trouve point dans leurs ouvrages cette ingénieuse connaissance du monde qui caractérise les auteurs français, la Rochefoucauld, la Bruyère, etc. Les moralistes allemands peignent la société avec une certaine ignorance, intéressante d'abord, mais à la fin monotone.

Garve est celui de tous qui a mis le plus d'importance à bien parler de la bonne compagnie, de la mode, de la politesse, etc. Il y a dans toute sa manière de s'exprimer à cet égard, une très-grande envie de se montrer un homme du monde, de savoir la raison de tout, d'être avisé comme un Français, et de juger avec bienveillance la cour et la ville; mais les idées communes qu'il proclame dans ses écrits sur ces divers sujets, attestent qu'il n'en sait rien que par ouï-dire, et n'a jamais bien observé tout ce que les rapports de la société peuvent offrir d'aperçus fins et délicats.

Lorsque Garve parle de la vertu, il montre des lumières pures et un esprit serein : il est surtout attachant et original dans son traité de la Patience. Accablé par une maladie cruelle, il sut la supporter avec un admirable courage; et tout ce qu'on a senti soi-même inspire des pensées neuves.

Mendelsohn, juif de naissance, s'était voué, du sein du commerce, à l'étude des belles-lettres et de la philosophie, sans renoncer en rien à la croyance ni aux rites de sa religion; admirateur sincère du Phédon, dont il fut le traducteur, il en était resté aux idées et aux sentiments précurseurs de Jésus-Christ; nourri des Psaumes et de la Bible, ses écrits conservent le caractère de la simplicité hébraïque. Il se plaisait à rendre la morale sensible par des apologues, à la manière orientale, et cette forme est sûrement celle qui plaît davantage, en éloignant des préceptes le ton de la réprimande.

Parmi ces apologues, j'en vais traduire un qui me paraît remarquable. « Sous le gouvernement « tyrannique des Grecs, il fut une fois défendu « aux Israélites, sous peine de mort, de lire entre « eux les lois divines. Rabbi Akiba, malgré cette « défense, tenait des assemblées où il faisait lec- « ture de cette loi. Pappus le sut et lui dit : « Akiba, « ne crains-tu pas les menaces de ces cruels? — « Je veux te raconter une fable, répondit le Rabbi. « Un renard se promenait sur le bord d'un « fleuve, et vit les poissons qui se rassemblaient

« avec effroi dans le fond de la rivière. « D'où « vient la terreur qui vous agite? dit le renard. — « Les enfants des hommes, répondirent les pois- « sons, jettent leurs filets dans les flots, afin de « nous prendre, et nous tâchons de leur échapper. « — Savez-vous ce qu'il faut faire? dit le renard; « venez là, sur le rocher, où les hommes ne sau- « raient vous atteindre. — Se peut-il, s'écrièrent « les poissons, que tu sois le renard, estimé le « plus prudent entre les animaux? tu serais le plus « ignorant de tous, si tu nous donnais sérieuse- « ment un tel conseil. L'onde est pour nous l'élé- « ment de la vie; et nous est-il possible d'y renon- « cer, parce que des dangers nous menacent! » « Pappus, l'application de cette fable est facile : « la doctrine religieuse est pour nous la source « de tout bien; c'est par elle, c'est pour elle seule « que nous existons; dût-on nous poursuivre dans « son sein, nous ne voulons point nous soustraire « au péril, en nous réfugiant dans la mort. »

La plupart des gens du monde ne conseillent pas mieux que le renard : quand ils voient les âmes sensibles agitées par les peines du cœur, ils leur proposent toujours de sortir de l'air où est l'orage, pour entrer dans le vide qui tue.

Engel, comme Mendelsohn, enseigne la morale d'une manière dramatique. Ses fictions sont peu de chose, mais leur rapport avec l'âme est intime. Dans l'une, il peint un vieillard devenu fou par l'ingratitude de son fils, et le sourire du vieillard, pendant qu'on raconte son malheur, est décrit avec une vérité déchirante. L'homme qui n'a plus la conscience de lui-même, fait peur, comme un corps qui marcherait sans vie. « C'est un arbre, « dit Engel, dont les branches sont desséchées; « ses racines tiennent encore à la terre, mais déjà « son sommet est atteint par la mort. » Un jeune homme, à l'aspect de ce malheureux, demande à son père s'il est ici-bas une plus affreuse destinée que celle de ce pauvre fou. Toutes les souffrances qui tuent, toutes celles dont notre propre raison est le témoin, ne lui semblent rien à côté de cette déplorable ignorance de soi-même. Le père laisse son fils développer tout ce que cette situation a d'horrible; puis, tout à coup il lui demande si celle du criminel qui l'a causée n'est pas encore mille fois plus redoutable. La gradation des pensées est très-bien soutenue dans ce récit, et le tableau des angoisses de l'âme est assez éloquemment représenté pour redoubler l'effroi que doit causer la plus terrible de toutes, le remords.

J'ai cité ailleurs le passage de la *Messiade*, où le poëte suppose que, dans une planète éloignée, dont les habitants étaient immortels, un ange venait apporter la nouvelle qu'il existait une terre où les créatures humaines étaient sujettes à la mort. Klopstock fait une peinture admirable de l'étonnement de ces êtres, qui ignoraient la douleur de perdre les objets de leur amour : Engel développe avec talent une idée non moins frappante.

Un homme a vu périr ce qu'il avait de plus cher, sa femme et sa fille. Un sentiment d'amertume et de révolte contre la Providence s'est emparé de lui : un vieux ami cherche à rouvrir son cœur à cette douleur profonde, mais résignée, qui s'épanche dans le sein de Dieu ; il veut lui montrer que la mort est la source de toutes les jouissances morales de l'homme.

Y aurait-il des affections de père et de fils, si l'existence des hommes n'était pas tout à la fois durable et passagère, fixée par le sentiment, entraînée par le temps? S'il n'y avait plus de décadence dans le monde, il n'y aurait pas de progrès : comment donc éprouverait-on la crainte et l'espérance ? Enfin, dans chaque action, dans chaque sentiment, dans chaque pensée, il y a la part de la mort. Et non-seulement dans le fait, mais aussi dans l'imagination même, les jouissances et les chagrins qui tiennent à l'instabilité de la vie, sont inséparables. L'existence consiste tout entière dans ces sentiments de confiance et d'anxiété qui remplissent l'âme errante entre le ciel et la terre, *et le vivre n'a d'autre mobile que le mourir.*

Une femme, effrayée par les orages du Midi, souhaitait d'aller dans la zone glacée, où l'on n'entend jamais la foudre, où l'on ne voit jamais les éclairs : « Nos plaintes sur le sort sont un peu du même genre, » dit Engel. En effet, il faut désenchanter la nature, pour en écarter les périls. Le charme du monde semble tenir autant à la douleur qu'au plaisir, à l'effroi qu'à l'espérance ; et l'on dirait que la destinée humaine est ordonnée comme un drame, où la terreur et la pitié sont nécessaires.

Ce n'est point, sans doute, assez de ces pensées pour cicatriser les blessures du cœur; tout ce qu'il éprouve lui semble un renversement de la nature, et nul n'a souffert sans croire qu'un grand désordre existait dans l'univers. Mais quand un long espace de temps a permis de réfléchir, on trouve quelque repos dans les considérations générales, et l'on s'unit aux lois de l'univers, en se détachant de soi-même.

Les moralistes allemands de l'ancienne école sont, pour la plupart, religieux et sensibles ; leur théorie de la vertu est désintéressée ; ils n'admettent point cette doctrine de l'utilité, qui conduirait, comme en Chine, à jeter les enfants dans le fleuve, si la population devenait trop nombreuse. Leurs ouvrages sont remplis d'idées philosophiques et d'affections mélancoliques et tendres ; mais ce n'était point assez pour lutter contre la morale égoïste, armée de l'ironie dédaigneuse. Ce n'était point assez pour réfuter les sophismes dont on s'était servi contre les principes les plus vrais et les meilleurs. La sensibilité douce, et quelquefois même timide, des anciens moralistes allemands ne suffisait pas pour combattre avec succès la dialectique habile et le persiflage élégant, qui, comme tous les mauvais sentiments, ne respectent que la force. Des armes plus acérées sont nécessaires pour combattre celles que le vice a forgées : c'est donc avec raison que les philosophes de la nouvelle école ont pensé qu'il fallait une doctrine plus sévère, plus énergique, plus serrée dans ses arguments, pour triompher de la dépravation du siècle.

Certainement tout ce qui est simple suffit à tout ce qui est bon ; mais quand on vit dans un temps où l'on a tâché de mettre l'esprit du côté de l'immoralité, il faut tâcher d'avoir le génie pour défenseur de la vertu. Sans doute il est très-indifférent d'être accusé de niaiserie, quand on exprime ce qu'on éprouve ; mais ce mot de *niaiserie* fait tant de peur aux gens médiocres, qu'on doit, s'il est possible, les préserver de son atteinte.

Les Allemands, craignant qu'on ne tourne leur loyauté en ridicule, veulent quelquefois, quoique bien à contre-cœur, s'essayer à l'immoralité, pour se donner un air brillant et dégagé. Les nouveaux philosophes, en élevant leur style et leurs conceptions à une grande hauteur, ont habilement flatté l'amour-propre de leurs adeptes, et l'on doit les louer de cet art innocent; car les Allemands ont besoin de dédaigner pour devenir les plus forts. Il y a trop de bonhomie dans leur caractère, comme dans leur esprit ; ce sont les seuls hommes, peut-être, auxquels on pût conseiller l'orgueil comme un moyen de devenir meilleurs. On ne saurait nier que les disciples de la nouvelle école n'aient un peu trop suivi ce conseil; mais ils n'en sont pas moins, à quelques exceptions près, les écrivains les plus éclairés et les plus courageux de leur pays.

Quelle découverte ont-ils faite? dira-t-on. Nul doute que ce qui était vrai en morale, il y a deux mille ans, ne le soit encore; mais depuis deux mille ans, les raisonnements de la bassesse et de la corruption se sont tellement multipliés, que le philosophe homme de bien doit proportionner ses efforts à cette progression funeste. Les idées communes ne sauraient lutter contre l'immoralité systématique; il faut creuser plus avant, quand les veines extérieures des métaux précieux sont épuisées. On a si souvent vu, de nos jours, la faiblesse unie à beaucoup de vertu, qu'on s'est accoutumé à croire qu'il y avait de l'énergie dans l'immoralité. Les philosophes allemands, et gloire leur en soit rendue, ont été les premiers, dans le dix-huitième siècle, qui aient mis l'esprit fort du côté de la foi, le génie du côté de la morale, et le caractère du côté du devoir.

CHAPITRE XXI.

De l'ignorance et de la frivolité d'esprit, dans leurs rapports avec la morale.

L'ignorance, telle qu'elle existait il y a quelques siècles, respectait les lumières et désirait d'en acquérir; l'ignorance de notre temps est dédaigneuse, et cherche à tourner en ridicule les travaux et les méditations des hommes éclairés. L'esprit philosophique a répandu dans presque toutes les classes une certaine facilité de raisonnement, qui sert à décrier tout ce qu'il y a de grand et de sérieux dans la nature humaine, et nous en sommes à cette époque de la civilisation où toutes les belles choses de l'âme tombent en poussière.

Quand les barbares du Nord s'emparèrent des plus fertiles contrées de l'Europe, ils y apportèrent des vertus farouches et mâles; et cherchant à se perfectionner eux-mêmes, ils demandaient au Midi le soleil, les arts et les sciences. Mais les barbares policés n'estiment que l'habileté dans les affaires de ce monde, et ne s'instruisent que juste ce qu'il faut pour se jouer par quelques phrases du recueillement de toute une vie.

Ceux qui nient la perfectibilité de l'esprit humain, prétendent qu'en toutes choses les progrès et la décadence se suivent tour à tour, et que la roue de la pensée tourne comme celle de la fortune. Quel triste spectacle que ces générations s'occupant sur la terre, comme Sisyphe dans les enfers, à des travaux constamment inutiles, et que serait donc la destinée de la race humaine, si elle ressemblait au supplice le plus cruel que l'imagination des poëtes ait conçu? Mais il n'en est pas ainsi, et l'on peut apercevoir un dessein toujours le même, toujours suivi, toujours progressif, dans l'histoire de l'homme.

La lutte entre les intérêts de ce monde et les sentiments élevés a existé de tout temps, dans les nations comme dans les individus. La superstition met quelquefois les hommes éclairés du parti de l'incrédulité, et quelquefois, au contraire, ce sont les lumières mêmes qui éveillent toutes les croyances du cœur. Maintenant, les philosophes se réfugient dans la religion, pour trouver en elle la source des conceptions hautes et des sentiments désintéressés; à cette époque, préparée par les siècles, l'alliance de la philosophie et de la religion peut être intime et sincère. Les ignorants ne sont plus, comme jadis, des hommes ennemis du doute, et décidés à repousser toutes les fausses lueurs qui troubleraient leurs espérances religieuses et leur dévouement chevaleresque; les ignorants de nos jours sont incrédules, légers, superficiels; ils savent tout ce que l'égoïsme a besoin de savoir, et leur ignorance ne porte que sur les études sublimes qui font naître dans l'âme un sentiment d'admiration pour la nature et pour la Divinité.

Les occupations guerrières remplissaient jadis la vie des nobles, et formaient leur esprit par l'action; mais lorsque, de nos jours, les hommes de la première classe n'ont aucune fonction de l'État, et n'étudient profondément aucune science, toute l'activité de leur esprit, qui devrait être employée dans le cercle des affaires ou des travaux intellectuels, se dirige sur l'observation des manières et la connaissance des anecdotes.

Les jeunes gens, à peine sortis de l'école, se hâtent de prendre possession de l'oisiveté comme de la robe virile; les hommes et les femmes s'épient les uns les autres dans les moindres détails; non pas précisément par méchanceté, mais pour avoir quelque chose à nous dire quand ils n'ont rien à penser. Ce genre de causticité journalière détruit la bienveillance et la loyauté. On n'est pas content de soi-même quand on abuse de l'hospitalité donnée ou reçue pour critiquer ceux avec qui l'on passe sa vie, et l'on empêche ainsi toute affection profonde de naître ou de subsister; car en écoutant des moqueries sur ceux qui nous sont chers, on flétrit ce que l'affection a de pur et d'exalté: les sentiments dans lesquels on n'est pas d'une vérité parfaite, font plus de mal que l'indifférence.

Chacun a en soi un côté ridicule; il n'y a que de loin qu'un caractère semble complet; mais ce qui fait l'existence individuelle étant toujours une singularité quelconque, cette singularité prête à la plaisanterie: aussi, l'homme qui la craint avant tout cherche-t-il, autant qu'il est possible, à faire disparaître en lui ce qui pourrait le signaler de quelque manière, soit en bien, soit en mal. Cette nature effacée, de quelque bon goût qu'elle paraisse, a bien aussi ses ridicules; mais peu de gens ont l'esprit assez fin pour les saisir.

La moquerie a cela de particulier, qu'elle nuit essentiellement à ce qui est bon, mais point à ce qui est fort. La puissance a quelque chose d'âpre et de triomphant qui tue le ridicule; d'ailleurs, les esprits frivoles respectent *la prudence de la chair*, selon l'expression d'un moraliste du seizième siècle; et l'on est étonné de trouver toute la profondeur de l'intérêt personnel dans ces hommes qui semblaient incapables de suivre une idée ou un sentiment, quand il n'en pouvait rien résulter d'avantageux pour leurs calculs de fortune ou de vanité.

La frivolité d'esprit ne porte point à négliger les affaires de ce monde. On trouve, au contraire, une bien plus noble insouciance à cet égard dans les caractères sérieux que dans les hommes d'une nature légère; car la légèreté de ceux-ci ne consiste le plus souvent qu'à dédaigner les idées générales, pour mieux s'occuper de ce qui ne concerne qu'eux-mêmes.

Il y a quelquefois de la méchanceté dans les gens d'esprit; mais le génie est presque toujours plein de bonté. La méchanceté vient, non pas de ce qu'on a trop d'esprit, mais de ce qu'on n'en a pas assez. Si l'on pouvait parler sur les idées, on laisserait en paix les personnes; si l'on se croyait assuré de l'emporter sur les autres par ses talents naturels, on ne chercherait pas à niveler le parterre sur lequel on veut dominer. Il y a des médiocrités d'âme déguisées en esprit piquant et malicieux; mais la vraie supériorité est rayonnante de bons sentiments comme de hautes pensées.

L'habitude des occupations intellectuelles inspire une bienveillance éclairée pour les hommes et pour les choses; on ne tient plus à soi comme à un être privilégié : quand on en sait beaucoup sur la destinée humaine, on ne s'irrite plus de chaque circonstance comme d'une chose sans exemple; et la justice n'étant que l'habitude de considérer les rapports des êtres entre eux sous un point de vue général, l'étendue de l'esprit sert à nous détacher des calculs personnels. On a plané sur sa propre existence comme sur celle des autres, quand on s'est livré à la contemplation de l'univers.

Un des grands inconvénients aussi de l'ignorance, dans les temps actuels, c'est qu'elle rend tout à fait incapable d'avoir une opinion à soi sur la plupart des objets qui exigent de la réflexion; en conséquence, lorsque telle ou telle manière de voir est mise en honneur par l'ascendant des circonstances, la plupart des hommes croient que

ces mots, *tout le monde pense ou fait ainsi*, doivent tenir à chacun lieu de raison et de conscience.

Dans la classe oisive de la société, il est presque impossible d'avoir de l'âme sans que l'esprit soit cultivé. Jadis il suffisait de la nature pour instruire l'homme, et développer son imagination; mais depuis que la pensée, cette ombre effacée du sentiment, a changé tout en abstractions, il faut beaucoup savoir pour bien sentir. Ce n'est plus entre les élans de l'âme livrée à elle-même, ou les études philosophiques qu'il faut choisir, mais c'est entre le murmure importun d'une société commune et frivole, et le langage que les beaux génies ont tenu de siècle en siècle jusqu'à nos jours.

Comment pourrait-on, sans la connaissance des langues, sans l'habitude de la lecture, communiquer avec ces hommes qui ne sont plus, et que nous sentons si bien nos amis, nos concitoyens, nos alliés? Il faut être médiocre de cœur pour se refuser à de si nobles plaisirs. Ceux-là seulement qui remplissent leur vie de bonnes œuvres peuvent se passer de toute étude : l'ignorance, dans les hommes oisifs, prouve autant la sécheresse de l'âme que la légèreté de l'esprit.

Enfin, il reste encore une chose vraiment belle et morale, dont l'ignorance et la frivolité ne peuvent jouir, c'est l'association de tous les hommes qui pensent, d'un bout de l'Europe à l'autre. Souvent ils n'ont entre eux aucune relation; ils sont dispersés souvent à de grandes distances l'un de l'autre; mais quand ils se rencontrent, un mot suffit pour qu'ils se reconnaissent. Ce n'est pas telle religion, telle opinion, tel genre d'étude, c'est le culte de la vérité qui les réunit. Tantôt, comme les mineurs, ils creusent jusqu'au fond de la terre, pour pénétrer, au sein de l'éternelle nuit, les mystères du monde ténébreux; tantôt ils s'élèvent au sommet du Chimboraço, pour découvrir au point le plus élevé du globe quelques phénomènes inconnus; tantôt ils étudient les langues de l'Orient, pour y chercher l'histoire primitive de l'homme; tantôt ils vont à Jérusalem pour faire sortir des ruines saintes une étincelle qui ranime la religion et la poésie; enfin, ils sont vraiment le peuple de Dieu, ces hommes qui ne désespèrent pas encore de la race humaine, et veulent lui conserver l'empire de la pensée.

Les Allemands méritent à cet égard une reconnaissance particulière; c'est une honte parmi eux que l'ignorance et l'insouciance sur tout ce qui tient à la littérature et aux beaux-arts, et leur exemple prouve que, de nos jours, la culture de l'esprit conserve dans les classes indépendantes des sentiments et des principes.

La direction de la littérature et de la philosophie n'a pas été bonne en France, dans la dernière partie du dix-huitième siècle; mais, si l'on peut s'exprimer ainsi, la direction de l'ignorance est encore plus redoutable; car aucun livre ne fait du mal à celui qui les lit tous. Si les oisifs du monde, au contraire, s'occupent quelques instants, l'ouvrage qu'ils rencontrent fait événement dans leur tête, comme l'arrivée d'un étranger dans un désert; et, lorsque cet ouvrage contient des sophismes dangereux, ils n'ont point d'argument à y opposer. La découverte de l'imprimerie est vraiment funeste pour ceux qui ne lisent qu'à demi, ou par hasard; car le savoir, comme la lance de Téléphe, doit guérir les blessures qu'il a faites.

L'ignorance, au milieu des raffinements de la société, est le plus odieux de tous les mélanges: elle rend, à quelques égards, semblable aux gens du peuple, qui n'estiment que l'adresse et la ruse; elle porte à ne chercher que le bien-être et les jouissances physiques, à se servir d'un peu d'esprit pour tuer beaucoup d'âme; à s'applaudir de ce qu'on ne sait pas, à se vanter de ce qu'on n'éprouve pas; enfin, à combiner les bornes de l'intelligence avec la dureté du cœur, de façon qu'il n'y ait plus rien à faire de ce regard tourné vers le ciel, qu'Ovide a célébré comme le plus noble attribut de la nature humaine:

Os homini sublime dedit, cœlumque tueri
Jussit, et erectos ad sidera tollere vultus.

QUATRIÈME PARTIE.

LA RELIGION ET L'ENTHOUSIASME.

CHAPITRE PREMIER.

Considérations générales sur la religion en Allemagne.

Les nations de race germanique sont toutes naturellement religieuses; et le zèle de ce sentiment a fait naître plusieurs guerres dans leur sein. Cependant, en Allemagne surtout, l'on est plus porté à l'enthousiasme qu'au fanatisme. L'esprit de secte doit se manifester sous diverses formes, dans un pays où l'activité de la pensée est la première de toutes; mais d'ordinaire l'on n'y mêle pas les discussions théologiques aux passions humaines; et les diverses opinions, en fait de religion, ne sortent pas de ce monde idéal où règne une paix sublime.

Pendant longtemps on s'est occupé, comme je le montrerai dans le chapitre suivant, de l'examen des dogmes du christianisme; mais depuis vingt ans, depuis que les écrits de Kant ont fortement influé sur les esprits, il s'est établi dans la manière de concevoir la religion, une liberté et une grandeur qui n'exigent ni ne rejettent aucune forme de culte en particulier, mais qui font des choses célestes le principe dominant de l'existence.

Plusieurs personnes trouvent que la religion des Allemands est trop vague, et qu'il vaut mieux se rallier sous l'étendard d'un culte plus positif et plus sévère. Lessing dit, dans son *Essai sur l'éducation du genre humain*, que les révélations religieuses ont toujours été proportionnées aux lumières qui existaient à l'époque où ces révélations ont paru. L'Ancien Testament, l'Évangile, et, sous plusieurs rapports, la réformation, étaient, selon leur temps, parfaitement en harmonie avec les progrès des esprits; et peut-être sommes-nous à la veille d'un développement du christianisme, qui rassemblera dans un même foyer tous les rayons épars, et qui nous fera trouver dans la religion plus que la morale, plus que le bonheur, plus que la philosophie, plus que le sentiment même, puisque chacun de ces biens sera multiplié par sa réunion avec les autres.

Quoi qu'il en soit, il est peut-être intéressant de connaître sous quel point de vue la religion est considérée en Allemagne, et comment on a trouvé le moyen d'y rattacher tout le système littéraire et philosophique dont j'ai tracé l'esquisse. C'est une chose imposante que cet ensemble de pensées qui développe à nos yeux l'ordre moral tout entier, et donne à cet édifice sublime le dévouement pour base, et la Divinité pour faîte.

C'est au sentiment de l'infini que la plupart des écrivains allemands rapportent toutes les idées religieuses. L'on demande s'il est possible de concevoir l'infini; cependant, ne le conçoit-on pas, au moins d'une manière négative, lorsque, dans les mathématiques, on ne peut supposer aucun terme à la durée ni à l'étendue? Cet infini consiste dans l'absence des bornes; mais le sentiment de l'infini, tel que l'imagination et le cœur l'éprouvent, est positif et créateur.

L'enthousiasme que le beau idéal nous fait éprouver, cette émotion pleine de trouble et de pureté tout ensemble, c'est le sentiment de l'infini qui l'excite. Nous nous sentons comme dégagés, par l'admiration, des entraves de la destinée humaine, et il nous semble qu'on nous révèle des secrets merveilleux, pour affranchir l'âme à jamais de la langueur et du déclin. Quand nous contemplons le ciel étoilé, où des étincelles de lumière sont des univers comme le nôtre, où la poussière brillante de la voie lactée trace avec des mondes une route dans le firmament, notre pensée se perd dans l'infini, notre cœur bat pour l'inconnu, pour l'immense, et nous sentons que ce n'est qu'au delà des expériences terrestres que notre véritable vie doit commencer. Enfin, les émotions religieuses, plus que toutes les autres encore, réveillent en nous le sentiment de l'infini ; mais, en le réveillant, elles le satisfont ; et c'est pour cela sans doute qu'un homme d'un grand esprit disait : « Que la créature pensante « n'était heureuse que quand l'idée de l'infini était « devenue pour elle une jouissance, au lieu d'être « un poids. »

En effet, quand nous nous livrons en entier aux réflexions, aux images, aux désirs qui dépassent les limites de l'expérience, c'est alors seulement que nous respirons. Quand on veut s'en tenir aux intérêts, aux convenances, aux lois de ce monde, le génie, la sensibilité, l'enthousiasme, agitent péniblement notre âme ; mais ils l'inondent de délices quand on les consacre à ce souvenir, à cette attente de l'infini qui se présente, dans la métaphysique, sous la forme des dispositions innées ; dans la vertu, sous celle du dévouement ; dans les arts, sous celle de l'idéal, et dans la religion elle-même, sous celle de l'amour divin.

Le sentiment de l'infini est le véritable attribut de l'âme : tout ce qui est beau dans tous les genres excite en nous l'espoir et le désir d'un avenir éternel et d'une existence sublime ; on ne peut entendre ni le vent dans la forêt, ni les accords délicieux des voix humaines ; on ne peut éprouver l'enchantement de l'éloquence ou de la poésie ; enfin, surtout, enfin on ne peut aimer avec innocence, avec profondeur, sans être pénétré de religion et d'immortalité.

Tous les sacrifices de l'intérêt personnel viennent du besoin de se mettre en harmonie avec ce sentiment de l'infini dont on éprouve tout le charme, quoiqu'on ne puisse l'exprimer. Si la puissance du devoir était renfermée dans le court espace de cette vie, comment donc aurait-elle plus d'empire que les passions sur notre âme ? qui sacrifierait des bornes à des bornes ? *Tout ce qui finit est si court !* dit saint Augustin ; les instants de jouissance que peuvent valoir les penchants terrestres, et les

jours de paix qu'assure une conduite morale, différeraient de bien peu, si des émotions sans limite et sans terme ne s'élevaient pas au fond du cœur de l'homme qui se dévoue à la vertu.

Beaucoup de gens nieront ce sentiment de l'infini ; et, certes, ils sont sur un excellent terrain pour le nier, car il est impossible de le leur expliquer ; ce n'est pas quelques mots de plus qui réussiront à leur faire comprendre ce que l'univers ne leur a pas dit. La nature a revêtu l'infini des divers symboles qui peuvent le faire arriver jusqu'à nous : la lumière et les ténèbres, l'orage et le silence, le plaisir et la douleur, tout inspire à l'homme cette religion universelle dont son cœur est le sanctuaire.

Un homme dont j'ai déjà eu l'occasion de parler, M. Ancillon, vient de faire paraître un ouvrage sur la nouvelle philosophie de l'Allemagne, qui réunit la lucidité de l'esprit français à la profondeur du génie allemand. M. Ancillon s'est déjà acquis un nom célèbre comme historien ; il est incontestablement ce qu'on a coutume d'appeler en France une bonne tête ; son esprit même est positif et méthodique, et c'est par son âme qu'il a saisi tout ce que la pensée de l'infini peut présenter de plus vaste et de plus élevé. Ce qu'il a écrit sur ce sujet porte un caractère tout à fait original ; c'est, pour ainsi dire, le sublime mis à la portée de la logique : il trace avec précision la ligne où les connaissances expérimentales s'arrêtent, soit dans les arts, soit dans la philosophie, soit dans la religion ; il montre que le sentiment va beaucoup plus loin que les connaissances, et que par delà les preuves démonstratives, il y a l'évidence naturelle ; par delà l'analyse, l'inspiration ; par delà les mots, les idées ; par delà les idées, les émotions, et que le sentiment de l'infini est un fait de l'âme, un fait primitif, sans lequel il n'y aurait rien dans l'homme que de l'instinct physique et du calcul.

Il est difficile d'être religieux à la manière introduite par les esprits secs, ou par les hommes de bonne volonté qui voudraient faire arriver la religion aux honneurs de la démonstration scientifique. Ce qui touche si intimement au mystère de l'existence ne peut être exprimé par les formes régulières de la parole. Le raisonnement dans de tels sujets sert à montrer où finit le raisonnement, et là où il finit commence la véritable certitude ; car les vérités de sentiment ont une force d'intensité qui appelle tout notre être à leur appui. L'infini agit sur l'âme pour l'élever et la dégager du temps. L'œuvre de la vie, c'est de sacrifier les intérêts de notre existence passagère à cette immortalité qui commence pour nous dès à présent, si nous en sommes déjà dignes; et non-seulement la plupart des religions ont ce même but, mais les beaux-arts, la poésie, la gloire et l'amour, sont des religions dans lesquelles il entre plus ou moins d'alliage.

Cette expression : *c'est divin*, qui est passée en usage pour vanter les beautés de la nature et de l'art, cette expression est une croyance parmi les Allemands; ce n'est point par indifférence qu'ils sont tolérants, c'est parce qu'ils ont de l'universalité dans leur manière de sentir et de concevoir la religion. En effet, chaque homme peut trouver dans une des merveilles de l'univers celle qui parle plus puissamment à son âme : l'un admire la Divinité dans les traits d'un père; l'autre, dans l'innocence d'un enfant; l'autre, dans le céleste regard des vierges de Raphaël, dans la musique, dans la poésie, dans la nature, n'importe : car tous s'entendent, si tous sont animés par le principe religieux, génie du monde et de chaque homme.

Des esprits supérieurs ont élevé des doutes sur tel ou tel dogme; et c'était un grand malheur que la subtilité de la dialectique ou les prétentions de l'amour-propre pussent troubler et refroidir le sentiment de la foi. Souvent aussi la réflexion se trouvait à l'étroit dans ces religions intolérantes dont on avait fait, pour ainsi dire, un code pénal, et qui donnaient à la théologie toutes les formes d'un gouvernement despotique. Mais qu'il est sublime, ce culte qui nous fait pressentir une jouissance céleste dans l'inspiration du génie, comme dans la vertu la plus obscure; dans les affections les plus tendres, comme dans les peines les plus amères; dans la tempête, comme dans les beaux jours; dans la fleur, comme dans le chêne; dans tout, hors le calcul, hors le froid mortel de l'égoïsme, qui nous sépare de la nature bienfaisante, et nous donne la vanité seule pour mobile, la vanité dont la racine est toujours venimeuse! Qu'elle est belle, la religion qui consacre le monde entier à son auteur, et se sert de toutes nos facultés pour célébrer les rites saints du merveilleux univers!

Loin qu'une telle croyance interdise les lettres ni les sciences, la théorie de toutes les idées et le secret de tous les talents lui appartiennent; il faudrait que la nature et la Divinité fussent en contradiction, si la piété sincère défendait aux hommes de se servir de leurs facultés, et de goûter les plaisirs qu'elles donnent. Il y a de la religion dans toutes les œuvres du génie; il y a du génie dans toutes les pensées religieuses. L'esprit est d'une

moins illustre origine, il sert à contester; mais le génie est créateur. La source inépuisable des talents et des vertus, c'est le sentiment de l'infini, qui a sa part dans toutes les actions généreuses et dans toutes les conceptions profondes.

La religion n'est rien si elle n'est pas tout, si l'existence n'en est pas remplie, si l'on n'entretient pas sans cesse dans l'âme cette foi à l'invisible, ce dévouement, cette élévation de désirs, qui doivent triompher des penchants vulgaires auxquels notre nature nous expose.

Néanmoins, comment la religion pourrait-elle nous être sans cesse présente, si nous ne la rattachions pas à tout ce qui doit occuper une belle vie, les affections dévouées, les méditations philosophiques et les plaisirs de l'imagination? Un grand nombre de pratiques sont recommandées aux fidèles, afin qu'à tous les moments du jour la religion leur soit rappelée par les obligations qu'elle impose; mais si la vie entière pouvait être naturellement et sans effort un culte de tous les instants, ne serait-ce pas mieux encore? puisque l'admiration pour le beau se rapporte toujours à la Divinité, et que l'élan même des pensées fortes nous fait remonter vers notre origine, pourquoi donc la puissance d'aimer, la poésie, la philosophie, ne seraient-elles pas les colonnes du temple de la foi?

CHAPITRE II.

Du protestantisme.

C'était chez les Allemands qu'une révolution opérée par les idées devait avoir lieu; car le trait saillant de cette nation méditative est l'énergie de la conviction intérieure. Quand une fois une opinion s'est emparée des têtes allemandes, leur patience et leur persévérance à la soutenir font singulièrement honneur à la force de la volonté dans l'homme.

En lisant les détails de la mort de Jean Hus et de Jérôme de Prague, les précurseurs de la réformation, on voit un exemple frappant de ce qui caractérise les chefs du protestantisme en Allemagne, la réunion d'une foi vive avec l'esprit d'examen. Leur raison n'a point fait tort à leur croyance, ni leur croyance à leur raison; et leurs facultés morales ont agi toujours ensemble.

Partout, en Allemagne, on trouve des traces des diverses luttes religieuses qui, pendant plusieurs siècles, ont occupé la nation entière. On montre encore dans la cathédrale de Prague des bas-reliefs où les dévastations commises par les hussites sont représentées, et la partie de l'église que les Suédois ont incendiée dans la guerre de trente ans n'est point rebâtie. Non loin de là, sur le pont, est placée la statue de saint Jean Népomucène, qui aima mieux périr dans les flots que de révéler les faiblesses qu'une reine infortunée lui avait confessées. Les monuments, et même les ruines qui attestent l'influence de la religion sur les hommes, intéressent vivement notre âme; car les guerres d'opinion, quelque cruelles qu'elles soient, font plus d'honneur aux nations que les guerres d'intérêt.

Luther est, de tous les grands hommes que l'Allemagne a produits, celui dont le caractère était le plus allemand : sa fermeté avait quelque chose de rude; sa conviction allait jusqu'à l'entêtement; le courage de l'esprit était en lui le principe du courage de l'action : ce qu'il avait de passionné dans l'âme ne le détournait point des études abstraites; et quoiqu'il attaquât de certains abus et de certains dogmes comme des préjugés, ce n'était point l'incrédulité philosophique, mais un fanatisme à lui qui l'inspirait.

Néanmoins la réformation a introduit dans le monde l'examen en fait de religion. Il en est résulté pour les uns le scepticisme, mais pour les autres une conviction plus ferme des vérités religieuses : l'esprit humain était arrivé à une époque où il devait nécessairement examiner pour croire. La découverte de l'imprimerie, la multiplicité des connaissances et l'investigation philosophique de la vérité, ne permettaient plus cette foi aveugle dont on s'était jadis si bien trouvé. L'enthousiasme religieux ne pouvait renaître que par l'examen et la méditation. C'est Luther qui a mis la Bible et l'Évangile entre les mains de tout le monde; c'est lui qui a donné l'impulsion à l'étude de l'antiquité; car en apprenant l'hébreu pour lire la Bible, et le grec pour lire le Nouveau Testament, on a cultivé les langues anciennes, et les esprits se sont tournés vers les recherches historiques.

L'examen peut affaiblir cette foi d'habitude que les hommes font bien de conserver tant qu'ils le peuvent; mais quand l'homme sort de l'examen plus religieux qu'il n'y était entré, c'est alors que la religion est invariablement fondée; c'est alors qu'il y a paix entre elle et les lumières, et qu'elles se servent mutuellement.

Quelques écrivains ont beaucoup déclamé contre le système de la perfectibilité, et l'on aurait dit, à les entendre, que c'était une véritable atrocité de croire notre espèce perfectible. Il suffit, en France, qu'un homme de tel parti ait soutenu telle opinion, pour qu'il ne soit plus du bon goût de l'adopter; et tous les moutons du même troupeau viennent donner, les uns après les autres, leurs coups de tête aux idées, qui n'en restent pas moins ce qu'elles sont.

Il est très-probable que le genre humain est susceptible d'éducation, aussi bien que chaque homme, et qu'il y a des époques marquées pour les progrès de la pensée dans la route éternelle du temps. La réformation fut l'ère de l'examen, et de la conviction éclairée qui lui succède. Le christianisme a d'abord été fondé, puis altéré, puis examiné, puis compris, et ces diverses périodes étaient nécessaires à son développement; elles ont duré quelquefois cent ans, quelquefois mille ans. L'Être suprême, qui puise dans l'éternité, n'est pas économe du temps à notre manière.

Quand Luther a paru, la religion n'était plus qu'une puissance politique, attaquée ou défendue comme un intérêt de ce monde. Luther l'a rappelée sur le terrain de la pensée. La marche historique de l'esprit humain à cet égard, en Allemagne, est digne de remarque. Lorsque les guerres causées par la réformation furent apaisées, et que les réfugiés protestants se furent naturalisés dans les divers États du nord de l'empire germanique, les études philosophiques, qui avaient toujours pour objet l'intérieur de l'âme, se dirigèrent naturellement vers la religion; et il n'existe pas, dans le dix-huitième siècle, de littérature où l'on trouve sur ce sujet une aussi grande quantité de livres que dans la littérature allemande.

Lessing, l'un des esprits les plus vigoureux de l'Allemagne, n'a cessé d'attaquer avec toute la force de sa logique, cette maxime si communément répétée, *qu'il y a des vérités dangereuses.* En effet, c'est une singulière présomption, dans quelques individus, de se croire le droit de cacher la vérité à leurs semblables, et de s'attribuer la prérogative de se placer, comme Alexandre devant Diogène, pour nous dérober les rayons de ce soleil qui appartient à tous également; cette prudence prétendue n'est que la théorie du charlatanisme, on veut escamoter les idées, pour mieux asservir les hommes. La vérité est l'œuvre de Dieu, les mensonges sont l'œuvre de l'homme. Si l'on étudie les époques de l'histoire où l'on a craint la vérité, l'on verra toujours que c'est quand l'intérêt particulier luttait de quelque manière contre la tendance universelle.

La recherche de la vérité est la plus noble des occupations, et sa publication un devoir. Il n'y a rien à craindre pour la religion ni pour la société

15.

dans cette recherche, si elle est sincère ; et si elle ne l'est pas, ce n'est plus alors la vérité, c'est le mensonge qui fait du mal. Il n'y a pas un sentiment dans l'homme dont on ne puisse trouver la raison philosophique ; pas une opinion, pas même un préjugé généralement répandu, qui n'ait sa racine dans la nature. Il faut donc examiner, non dans le but de détruire, mais pour fonder la croyance sur la conviction intime, et non sur la conviction dérobée.

On voit des erreurs durer longtemps ; mais elles causent toujours une inquiétude pénible. En contemplant la tour de Pise, qui penche sur sa base, on se figure qu'elle va tomber, quoiqu'elle ait subsisté pendant des siècles, et l'imagination n'est en repos qu'en présence des édifices fermes et réguliers. Il en est de même de la croyance à certains principes ; ce qui est fondé sur les préjugés inquiète, et l'on aime à voir la raison appuyer de tout son pouvoir les conceptions élevées de l'âme.

L'intelligence contient en elle-même le principe de tout ce qu'elle acquiert par l'expérience ; Fontenelle disait avec justesse, *qu'on croyait reconnaître une vérité, la première fois qu'elle nous était annoncée.* Comment donc pourrait-on imaginer que tôt ou tard les idées justes et la persuasion intime qu'elles font naître, ne se rencontreront pas ? Il y a une harmonie préétablie entre la vérité et la raison humaine, qui finit toujours par les rapprocher l'une de l'autre.

Proposer aux hommes de ne pas se dire mutuellement ce qu'ils pensent, c'est ce qu'on appelle vulgairement garder le secret de la comédie. On ne continue d'ignorer que parce qu'on ne sait pas qu'on ignore ; mais du moment qu'on a commandé de se taire, c'est que quelqu'un a parlé ; et, pour étouffer les pensées que ces paroles ont excitées, il faut dégrader la raison. Il y a des hommes pleins d'énergie et de bonne foi, qui n'ont jamais soupçonné telles ou telles vérités philosophiques ; mais ceux qui les savent et les dissimulent sont des hypocrites, ou tout au moins des êtres bien arrogants et bien irréligieux. Bien arrogants ; car de quel droit s'imaginent-ils qu'ils sont de la classe des initiés, et que le reste du monde n'en est pas ? Bien irréligieux ; car s'il y avait une vérité philosophique ou naturelle, une vérité enfin qui combattît la religion, cette religion ne serait pas ce qu'elle est, la lumière des lumières.

Il faut bien mal connaître le christianisme, c'est-à-dire, la révélation des lois morales de l'homme et de l'univers, pour recommander à ceux qui veulent y croire, l'ignorance, le secret et les ténèbres. Ouvrez les portes du temple ; appelez à votre secours le génie, les beaux-arts, les sciences, la philosophie ; rassemblez-les dans un même foyer, pour honorer et comprendre l'auteur de la création, et si l'amour a dit que le nom de ce qu'on aime semble gravé sur les feuilles de chaque fleur, comment l'empreinte de Dieu ne serait-elle pas dans toutes les idées qui se rallient à la chaîne éternelle !

Le droit d'examiner ce qu'on doit croire est le fondement du protestantisme. Les premiers réformateurs ne l'entendaient pas ainsi : ils croyaient pouvoir placer les colonnes d'Hercule de l'esprit humain au terme de leurs propres lumières ; mais ils avaient tort d'espérer qu'on se soumettrait à leurs décisions comme infaillibles, eux qui rejetaient toute autorité de ce genre dans la religion catholique. Le protestantisme devait donc suivre le développement et les progrès des lumières, tandis que le catholicisme se vantait d'être immuable au milieu des vagues du temps.

Parmi les écrivains allemands de la religion protestante, il a existé diverses manières de voir, qui successivement ont occupé l'attention. Plusieurs savants ont fait des recherches inouïes sur l'Ancien et le Nouveau Testament. Michaëlis a étudié les langues, les antiquités et l'histoire naturelle de l'Asie, pour interpréter la Bible ; et tandis qu'en France l'esprit philosophique plaisantait sur le christianisme, on en faisait en Allemagne un objet d'érudition. Bien que ce genre de travail pût, à quelques égards, blesser les âmes religieuses, quel respect ne suppose-t-il pas pour le livre objet d'un examen aussi sérieux ! Ces savants n'attaquèrent ni le dogme, ni les prophéties, ni les miracles ; mais il en vint après eux un grand nombre qui voulurent donner une explication toute naturelle à la Bible et au Nouveau Testament, et qui, considérant l'une et l'autre simplement comme de bons écrits d'une lecture instructive, ne voyaient dans les mystères que des métaphores orientales.

Ces théologiens s'appelaient raisonnables, parce qu'ils croyaient dissiper tous les genres d'obscurité ; mais c'était mal diriger l'esprit d'examen que de vouloir l'appliquer aux vérités qu'on ne peut pressentir que par l'élévation et le recueillement de l'âme. L'esprit d'examen doit servir à reconnaître ce qui est supérieur à la raison, comme un astronome marque les hauteurs auxquelles la vue de l'homme n'atteint pas : ainsi donc, signaler les régions incompréhensibles, sans prétendre ni les nier ni les soumettre au langage, c'est se servir de l'esprit d'examen selon sa mesure et selon son but.

L'interprétation savante ne satisfait pas plus que l'autorité dogmatique. L'imagination et la sensibilité des Allemands ne pouvaient se contenter de cette sorte de religion prosaïque, qui accordait un respect de raison au christianisme. Herder, le premier, fit renaître la foi par la poésie : profondément instruit dans les langues orientales, il avait pour la Bible un genre d'admiration semblable à celui qu'un Homère sanctifié pourrait inspirer. La tendance naturelle des esprits, en Allemagne, est de considérer la poésie comme une sorte de don prophétique, précurseur des dons divins; ainsi ce n'était point une profanation de réunir à la croyance religieuse l'enthousiasme qu'elle inspire.

Herder n'était pas scrupuleusement orthodoxe; cependant il rejetait, ainsi que ses partisans, les commentaires érudits qui avaient pour but de simplifier la Bible, et qui l'anéantissaient en la simplifiant. Une sorte de théologie poétique, vague, mais animée, libre, mais sensible, tint la place de cette école pédantesque, qui croyait marcher vers la raison en retranchant quelques miracles de cet univers; et cependant le merveilleux est à quelques égards peut-être plus facile encore à concevoir que ce qu'on est convenu d'appeler le naturel.

Schleiermacher, le traducteur de Platon, a écrit sur la religion des discours d'une rare éloquence; il combat l'indifférence qu'on appelait *tolérance*, et le travail destructeur qu'on faisait passer pour un examen impartial. Schleiermacher n'est pas non plus un théologien orthodoxe; mais il montre, dans les dogmes religieux qu'il adopte, de la force de croyance et une grande vigueur de conception métaphysique. Il a développé avec beaucoup de chaleur et de clarté le sentiment de l'infini, dont j'ai parlé dans le chapitre précédent. On peut appeler les opinions religieuses de Schleiermacher et de ses disciples une théologie philosophique.

Enfin Lavater et plusieurs hommes de talent se sont ralliés aux opinions mystiques, telles que Fénélon en France, et divers écrivains de tous les pays les ont conçues.

Lavater a précédé quelques-uns des hommes que j'ai cités; néanmoins c'est depuis un petit nombre d'années surtout que la doctrine dont il peut être considéré comme un des principaux chefs a pris une grande faveur en Allemagne. L'ouvrage de Lavater sur la physionomie est plus célèbre que ses écrits religieux; mais ce qui le rendait surtout remarquable, c'était son caractère personnel; il y avait en lui un rare mélange de pénétration et d'enthousiasme; il observait les hommes avec une finesse d'esprit singulière, et s'abandonnait avec

une confiance absolue à des idées qu'on pourrait nommer superstitieuses; il avait de l'amour-propre, et peut-être cet amour-propre a-t-il été la cause de ses opinions bizarres sur lui-même et sur sa vocation miraculeuse : cependant rien n'égalait la simplicité religieuse et la candeur de son âme; on ne pouvait voir, sans étonnement, dans un salon de nos jours, un ministre du saint Évangile inspiré comme les apôtres, et spirituel comme un homme du monde. Le garant de la sincérité de Lavater, c'étaient ses bonnes actions et son beau regard, qui portait l'empreinte d'une inimitable vérité.

Les écrivains religieux de l'Allemagne actuelle sont divisés en deux classes très-distinctes, les défenseurs de la réformation et les partisans du catholicisme. J'examinerai à part les écrivains de ces diverses opinions; mais ce qu'il importe d'affirmer avant tout, c'est que si le nord de l'Allemagne est le pays où les questions théologiques ont été le plus agitées, c'est en même temps celui où les sentiments religieux sont le plus universels; le caractère national en est empreint, et le génie des arts et de la littérature y puise toute son inspiration. Enfin, parmi les gens du peuple, la religion a, dans le nord de l'Allemagne, un caractère idéal et doux qui surprend singulièrement, dans un pays dont on est accoutumé à croire les mœurs très-rudes.

Une fois, en voyageant de Dresde à Leipsick, je m'arrêtai le soir à Meissen, petite ville placée sur une hauteur, au-dessus de la rivière, et dont l'église renferme des tombeaux consacrés à d'illustres souvenirs. Je me promenais sur l'esplanade, et je me laissais aller à cette rêverie que le coucher du soleil, l'aspect lointain du paysage, et le bruit de l'onde qui coule au fond de la vallée, excitent si facilement dans notre âme; j'entendis alors les voix de quelques hommes du peuple, et je craignais d'écouter des paroles vulgaires, telles qu'on en chante ailleurs dans les rues. Quel fut mon étonnement, lorsque je compris le refrain de leur chanson : *Ils se sont aimés, et ils sont morts avec l'espoir de se retrouver un jour!* Heureux pays que celui où de tels sentiments sont populaires, et répandent jusque dans l'air qu'on respire je ne sais quelle fraternité religieuse, dont l'amour pour le ciel et la pitié pour l'homme sont le touchant lien!

CHAPITRE III.

Du culte des Frères Moraves.

Il y a peut-être trop de liberté dans le protestantisme, pour contenter une certaine austérité religieuse qui peut s'emparer de l'homme accablé par de grands malheurs; quelquefois même, dans le cours habituel de la vie, la réalité de ce monde disparaît tout à coup, et l'on se sent, au milieu de ses intérêts, comme dans un bal dont on n'entendrait pas la musique; le mouvement qu'on y verrait paraîtrait insensé. Une espèce d'apathie rêveuse s'empare également du bramin et du sauvage, quand l'un, à force de penser, et l'autre, à force d'ignorer, passent des heures entières dans la contemplation muette de la destinée. La seule activité dont on soit susceptible alors est celle qui a le culte divin pour objet. On aime à faire à chaque instant quelque chose pour le ciel; et c'est cette disposition qui inspire de l'attrait pour les couvents, quoiqu'ils aient d'ailleurs des inconvénients très-graves.

Les établissements moraves sont les couvents des protestants, et c'est l'enthousiasme religieux du nord de l'Allemagne qui leur a donné naissance, il y a cent années. Mais quoique cette association soit aussi sévère qu'un couvent catholique, elle est plus libérale dans les principes; on n'y fait point de vœu, tout y est volontaire; les hommes et les femmes ne sont pas séparés, et le mariage n'y est point interdit. Néanmoins la société entière est ecclésiastique, c'est-à-dire que, tout s'y fait par la religion et pour elle : c'est l'autorité de l'église qui régit cette communauté de fidèles; mais cette église est sans prêtres, et le sacerdoce y est exercé tour à tour par les personnes les plus religieuses et les plus vénérables.

Les hommes et les femmes, avant d'être mariés, vivent séparément les uns des autres dans des réunions où règne l'égalité la plus parfaite. La journée entière est remplie par des travaux, les mêmes pour tous les rangs; l'idée de la Providence, constamment présente, dirige toutes les actions de la vie des Moraves.

Quand un jeune homme veut prendre une compagne, il s'adresse à la doyenne des filles ou des veuves, et lui demande celle qu'il voudrait épouser. L'on tire au sort à l'église, pour savoir s'il doit ou non s'unir à la femme qu'il préfère; et si le sort est contre lui, il renonce à sa demande. Les Moraves ont tellement l'habitude de se résigner, qu'ils ne résistent point à cette décision; et comme ils ne voient les femmes qu'à l'église, il leur en coûte moins pour renoncer à leur choix. Cette manière de prononcer sur le mariage et sur beaucoup d'autres circonstances de la vie indique l'esprit général du culte des Moraves. Au lieu de s'en tenir à la soumission à la volonté du ciel, ils se figurent qu'ils peuvent la connaître ou par des ins-

pirations, ou, ce qui est plus étrange encore, en interrogeant le hasard. Le devoir et les événements manifestent à l'homme les voies de Dieu sur la terre; comment peut-il se flatter de les pénétrer par d'autres moyens?

L'on observe d'ailleurs en général, chez les Moraves, les mœurs évangéliques telles qu'elles devaient exister du temps des apôtres, dans les communautés chrétiennes. Ni les dogmes extraordinaires, ni les pratiques scrupuleuses ne font le lien de cette association : l'Évangile y est interprété de la manière la plus naturelle et la plus claire; mais on y est fidèle aux conséquences de cette doctrine, et l'on met, sous tous les rapports, sa conduite en harmonie avec les principes religieux. Les communautés moraves servent surtout à prouver que le protestantisme, dans sa simplicité, peut mener au genre de vie le plus austère et à la religion la plus enthousiaste; la mort et l'immortalité bien comprises suffisent pour occuper et diriger toute l'existence.

J'ai été, il y a quelque temps, à Dintendorf, petit village près d'Erfurt, où une communauté de Moraves s'est établie. Ce village est à trois lieues de toute grande route; il est placé entre deux montagnes, sur le bord d'un ruisseau; des saules et des peupliers élevés l'entourent; il y a dans l'aspect de la contrée quelque chose de calme et de doux, qui prépare l'âme à sortir des agitations de la vie. Les maisons et les rues sont d'une propreté parfaite; les femmes, toutes habillées de même, cachent leurs cheveux et ceignent leur tête avec un ruban dont les couleurs indiquent si elles sont mariées, filles ou veuves; les hommes sont vêtus de brun, à peu près comme les quakers. Une industrie mercantile les occupe presque tous; mais on n'entend pas le moindre bruit dans le village. Chacun travaille avec régularité et tranquillité, et l'action intérieure des sentiments religieux apaise tout autre mouvement.

Les filles et les veuves habitent ensemble dans un grand dortoir, et, pendant la nuit, une d'elles veille tour à tour pour prier, ou pour soigner celles qui pourraient devenir malades. Les hommes non mariés vivent de la même manière. Ainsi, il existe une grande famille pour celui qui n'a pas la sienne, et le nom de frère et de sœur est commun à tous les chrétiens.

A la place de cloches, des instruments à vent d'une très-belle harmonie invitent au service divin. En marchant pour aller à l'église, au son de cette musique imposante, on se sentait enlevé à la terre, on croyait entendre les trompettes du jugement dernier, non telles que le remords nous les fait craindre, mais telles qu'une pieuse confiance nous les fait espérer; il semblait que la miséricorde divine se manifestât dans cet appel, et prononçât d'avance un pardon régénérateur.

L'église était décorée de roses blanches et de fleurs d'aubépine; les tableaux n'étaient point bannis du temple, et la musique y était cultivée, comme faisant partie du culte; on n'y chantait que des psaumes; il n'y avait ni sermon, ni messe, ni raisonnement, ni discussion théologique; c'était le culte de Dieu, en esprit et en vérité. Les femmes, toutes en blanc, étaient rangées les unes à côté des autres, sans aucune distinction quelconque; elles semblaient des ombres innocentes, qui venaient comparaître devant le tribunal de la Divinité.

Le cimetière des Moraves est un jardin dont les allées sont marquées par des pierres funéraires, à côté desquelles on a planté un arbuste à fleurs. Toutes ces pierres sont égales, aucun de ces arbustes ne s'élève au-dessus de l'autre, et la même épitaphe sert pour tous les morts : *Il est né tel jour, et tel autre il est retourné dans sa patrie.* Admirable expression pour désigner le terme de notre vie! Les anciens disaient : *Il a vécu*, et jetaient ainsi un voile sur la tombe, pour en dérober l'idée. Les chrétiens placent au-dessus d'elle l'étoile de l'espérance.

Le jour de Pâques, le service divin se célèbre dans le cimetière, qui est placé à côté de l'église, et la résurrection est annoncée au milieu des tombeaux. Tous ceux qui sont présents à cet acte du culte savent quelle est la pierre qu'on doit placer sur leur cercueil, et respirent déjà le parfum du jeune arbre dont les feuilles et les fleurs se pencheront sur leurs tombes. C'est ainsi qu'on a vu, dans les temps modernes, une armée tout entière, assistant à ses propres funérailles, dire pour elle-même le service des morts, décidée qu'elle était à conquérir l'immortalité[1].

La communion des Moraves ne peut point s'adapter à l'état social, tel que les circonstances nous le commandent; mais, comme on a beaucoup dit depuis quelque temps que le catholicisme seul parlait à l'imagination, il importe d'observer que ce

[1] C'est à Saragosse qu'a eu lieu l'admirable scène à laquelle je faisais allusion, sans oser la désigner plus clairement. Un aide de camp du général français vint proposer à la garnison de la ville de se rendre, et le chef des troupes espagnoles le conduisit sur la place publique; il vit sur cette place et dans l'église tendue de noir, les soldats et les officiers à genoux, entendant le service des morts. En effet, bien peu de ces guerriers vivent encore, et les habitants de la ville ont aussi partagé le sort de leurs défenseurs.

qui remue vraiment l'âme, dans la religion, est commun à toutes les églises chrétiennes. Un sépulcre et une prière épuisent toute la puissance de l'attendrissement; et plus la croyance est simple, plus le culte cause d'émotion.

CHAPITRE IV.

Du catholicisme.

La religion catholique est plus tolérante en Allemagne que dans tout autre pays. La paix de Westphalie ayant fixé les droits des différentes religions, elles ne craignent plus leurs envahissements mutuels; et d'ailleurs le mélange des cultes, dans un grand nombre de villes, a nécessairement amené l'occasion de se voir et de se juger. Dans les opinions religieuses, comme dans les opinions politiques, on se fait de ses adversaires un fantôme qui se dissipe presque toujours par leur présence; la sympathie nous montre un semblable dans celui qu'on croyait son ennemi.

Le protestantisme étant beaucoup plus favorable aux lumières que le catholicisme, les catholiques, en Allemagne, se sont mis sur une espèce de défensive qui nuit beaucoup au progrès des idées. Dans les pays où la religion catholique régnait seule, tels que la France et l'Italie, on a su la réunir à la littérature et aux beaux-arts; mais en Allemagne, où les protestants se sont emparés, par les universités et par leur tendance naturelle, de tout ce qui tient aux études littéraires et philosophiques, les catholiques se sont crus obligés de leur opposer un certain genre de réserve qui éteint presque tout moyen de se distinguer dans la carrière de l'imagination et de la pensée. La musique est le seul des beaux-arts porté, dans le midi de l'Allemagne, à un plus haut degré de perfection que dans le nord, à moins que l'on ne compte comme l'un des beaux-arts, un certain genre de vie commode, dont les jouissances s'accordent assez bien avec le repos de l'esprit.

Il y a parmi les catholiques, en Allemagne, une piété sincère, tranquille et charitable, mais il n'y a point de prédicateurs célèbres, ni d'écrivains religieux à citer; rien n'y excite le mouvement de l'âme; l'on y prend la religion comme une chose de fait, où l'enthousiasme n'a point de part, et l'on dirait que, dans un culte si bien consolidé, l'autre vie elle-même devient une vérité positive sur laquelle on n'exerce plus la pensée.

La révolution qui s'est faite dans les esprits philosophiques en Allemagne, depuis trente ans, les a presque tous ramenés aux sentiments religieux. Ils s'en étaient un peu écartés, lorsque l'impulsion nécessaire pour propager la tolérance avait dépassé son but; mais en rappelant l'idéalisme dans la métaphysique, l'inspiration dans la poésie, la contemplation dans les sciences, on a renouvelé l'empire de la religion; et la réforme de la réformation, ou plutôt la direction philosophique de la liberté qu'elle a donnée, a banni pour jamais, du moins en théorie, le matérialisme et toutes ses applications funestes. Au milieu de cette révolution intellectuelle, si féconde en nobles résultats, quelques hommes ont été trop loin, comme il arrive toujours dans les oscillations de la pensée.

On dirait que l'esprit humain se précipite toujours d'un extrême à l'autre, comme si les opinions qu'il vient de quitter se changeaient en remords pour le poursuivre. La réformation, disent quelques écrivains de la nouvelle école, a été la cause de plusieurs guerres de religion; elle a séparé le nord du midi de l'Allemagne; elle a donné aux Allemands la funeste habitude de se combattre les uns les autres, et ces divisions leur ont ôté le droit de s'appeler une nation. Enfin, la réformation, en introduisant l'esprit d'examen, a rendu l'imagination aride, et mis le doute à la place de la foi; il faut donc, répètent ces mêmes hommes, revenir à l'unité de l'Église en retournant au catholicisme.

D'abord, si Charles-Quint avait adopté le luthéranisme, il y aurait eu de même unité dans l'Allemagne, et le pays entier serait, comme la partie du Nord, l'asile des sciences et des lettres. Peut-être que cet accord aurait donné naissance à des institutions libres, combinées avec une force réelle, et peut-être aurait-on évité cette triste séparation du caractère et des lumières, qui a livré le Nord à la rêverie, et maintenu le Midi dans son ignorance. Mais, sans se perdre en conjectures sur ce qui serait arrivé, calcul toujours très-incertain, on ne peut nier que l'époque de la réformation ne soit celle où les lettres et la philosophie se sont introduites en Allemagne. Ce pays ne peut être mis au premier rang, ni pour la guerre, ni pour les arts, ni pour la liberté politique: ce sont les lumières dont l'Allemagne a droit de s'enorgueillir, et son influence sur l'Europe pensante date du protestantisme. De telles révolutions ne s'opèrent ni ne se détruisent par des raisonnements, elles appartiennent à la marche historique de l'esprit humain; et les hommes qui paraissent en être les auteurs n'en sont jamais que les conséquences.

Le catholicisme, aujourd'hui désarmé, a la majesté d'un vieux lion qui jadis faisait trembler l'univers; mais, quand les abus de son pouvoir amenèrent la réformation, il mettait des entraves à l'esprit humain; et loin que ce fût par sécheresse de cœur qu'on s'opposait alors à son ascendant, c'était pour faire usage de toutes les facultés de l'esprit et de l'imagination qu'on réclamait avec force la liberté de penser. Si des circonstances toutes divines, et où la main des hommes ne se fît sentir en rien, amenaient un jour un rapprochement entre les deux églises, on prierait Dieu, ce me semble, avec une émotion nouvelle, à côté des prêtres vénérables qui, dans les dernières années du siècle passé, ont tant souffert pour leur conscience. Mais ce n'est sûrement pas le changement de religion de quelques hommes, ni surtout l'injuste défaveur que leurs écrits tendent à jeter sur la religion réformée, qui pourraient conduire à l'unité des opinions religieuses.

Il y a dans l'esprit humain deux forces très-distinctes: l'une inspire le besoin de croire, l'autre celui d'examiner. L'une de ces facultés ne doit pas être satisfaite aux dépens de l'autre: le protestantisme et le catholicisme ne viennent point de ce qu'il y a eu des papes et un Luther; c'est une pauvre manière de considérer l'histoire que de l'attribuer à des hasards. Le protestantisme et le catholicisme existent dans le cœur humain; ce sont des puissances morales qui se développent dans les nations, parce qu'elles existent dans chaque homme. Si, dans la religion, comme dans les autres affections humaines, on peut réunir ce que l'imagination et la raison souhaitent, il y a paix dans l'homme; mais en lui, comme dans l'univers, la puissance de créer et celle de détruire, la foi et l'examen se succèdent et se combattent.

On a voulu, pour réunir ces deux penchants, creuser plus avant dans l'âme; et de là sont venues les opinions mystiques, dont nous parlerons dans le chapitre suivant; mais le petit nombre de personnes qui ont abjuré le protestantisme n'ont fait que renouveler des haines. Les anciennes dénominations raniment les anciennes querelles: la magie se sert de certaines paroles pour évoquer les fantômes; on dirait que sur tous les sujets il y a des mots qui exercent ce pouvoir: ce sont ceux qui ont servi de ralliement à l'esprit de parti, on ne peut les prononcer sans agiter de nouveau les flambeaux de la discorde. Les catholiques allemands se sont montrés jusqu'à présent très-étrangers à ce qui se passait à cet égard dans le Nord. Les opinions littéraires semblent la cause du petit nombre de changements de religion qui ont eu lieu, et l'ancienne et vieille Église ne s'en est guère occupée.

Le comte Frédéric Stolberg, homme très-respectable par son caractère et par ses talents, célèbre, dès sa jeunesse, comme poëte, comme admirateur passionné de l'antiquité, et comme traducteur d'Homère, a donné le premier, en Allemagne, le signal de ces conversions nouvelles, qui ont eu depuis des imitateurs. Les plus illustres amis du comte Stolberg, Klopstock, Voos et Jacobi, se sont éloignés de lui pour cette abjuration, qui semble désavouer les malheurs et les combats que les réformés ont soutenus pendant trois siècles; cependant M. de Stolberg vient de publier une histoire de la religion de Jésus-Christ, faite pour mériter l'approbation de toutes les communions chrétiennes. C'est la première fois qu'on a vu les opinions catholiques défendues de cette manière; et si le comte de Stolberg n'avait pas été élevé dans le protestantisme, peut-être n'aurait-il pas eu l'indépendance d'esprit qui lui sert à faire impression sur les hommes éclairés.

On trouve dans ce livre une connaissance parfaite des saintes Écritures, et des recherches très-intéressantes sur les différentes religions de l'Asie, en rapport avec le christianisme. Les Allemands du Nord, lors même qu'ils se soumettent aux dogmes les plus positifs, savent toujours leur donner l'empreinte de leur philosophie.

Le comte de Stolberg attribue à l'Ancien Testament, dans son ouvrage, une beaucoup plus grande part que les écrivains protestants ne lui en accordent d'ordinaire. Il considère le sacrifice comme la base de toute religion, et la mort d'Abel comme le premier type de ce sacrifice, qui fonde le christianisme. De quelque manière qu'on juge cette opinion, elle donne beaucoup à penser. La plupart des religions anciennes ont institué des sacrifices humains; mais dans cette barbarie il y avait quelque chose de remarquable : c'est le besoin d'une expiation solennelle. Rien ne peut effacer de l'âme, en effet, la conviction qu'il y a quelque chose de très-mystérieux dans le sang de l'innocent, et que la terre et le ciel s'en émeuvent. Les hommes ont toujours cru que des justes pouvaient obtenir, dans cette vie ou dans l'autre, le pardon des criminels. Il y a dans le genre humain des idées primitives qui paraissent plus ou moins défigurées dans tous les temps et chez tous les peuples. Ce sont ces idées sur lesquelles on ne saurait se lasser de méditer; car elles renferment sûrement quelques traces des titres perdus de la race humaine.

La persuasion que les prières et le dévouement du juste peuvent sauver les coupables, est sans doute tirée des sentiments que nous éprouvons dans les rapports de la vie; mais rien n'oblige, en fait de croyance religieuse, à rejeter ces inductions : que savons-nous de plus que nos sentiments, et pourquoi prétendrait-on qu'ils ne doivent point s'appliquer aux vérités de la foi? Que peut-il y avoir dans l'homme que lui-même, et pourquoi, sous prétexte d'anthropomorphisme, l'empêcher de former, d'après son âme, une image de la Divinité? Nul autre messager ne saurait, je pense, lui en donner des nouvelles.

Le comte de Stolberg s'attache à démontrer que la tradition de la chute de l'homme a existé chez tous les peuples de la terre, et particulièrement en Orient, et que tous les hommes ont eu dans le cœur le souvenir d'un bonheur dont ils avaient été privés. En effet, il y a dans l'esprit humain deux tendances aussi distinctes que la gravitation et l'impulsion dans le monde physique; c'est l'idée d'une décadence et celle d'un perfectionnement. On dirait que nous éprouvons tout à la fois le regret de quelques beaux dons qui nous étaient accordés gratuitement, et l'espérance de quelques biens que nous pouvons acquérir par nos efforts; de manière que la doctrine de la perfectibilité et celle de l'âge d'or, réunies et confondues, excitent tout à la fois dans l'homme le chagrin d'avoir perdu et l'émulation de recouvrer. Le sentiment est mélancolique, et l'esprit audacieux : l'un regarde en arrière, l'autre en avant; de cette rêverie et de cet élan naît la véritable supériorité de l'homme, le mélange de contemplation et d'activité, de résignation et de volonté, qui lui permet de rattacher au ciel sa vie dans ce monde.

Stolberg n'appelle chrétiens que ceux qui reçoivent, avec la simplicité des enfants, les paroles de l'Écriture sainte; mais il porte dans l'interprétation de ces paroles un esprit de philosophie qui ôte aux opinions catholiques ce qu'elle ont de dogmatique et d'intolérant. En quoi diffèrent-ils donc entre eux, ces hommes religieux dont l'Allemagne s'honore, et pourquoi les noms de catholique ou de protestant les sépareraient-ils? Pourquoi seraient-ils infidèles aux tombeaux de leurs aïeux, pour quitter ces noms ou pour les reprendre? Klopstock n'a-t-il pas consacré sa vie entière à faire d'un beau poëme le temple de l'Évangile? Herder n'est-il pas, comme Stolberg, adorateur de la Bible? ne pénètre-t-il pas dans toutes les beautés de la langue primitive, et des sentiments d'origine céleste qu'elle exprime? Jacobi ne reconnaît-il pas la Divinité dans toutes les grandes pensées de l'homme? Aucun de ces hommes recommanderait-il la religion uniquement comme un frein pour le peuple, comme un moyen de sûreté publique, comme un garant de plus dans les contrats de ce monde? Ne savent-ils pas tous que les esprits supérieurs ont encore plus besoin de piété que les hommes du peuple? car le travail maintenu par l'autorité sociale peut occuper et guider la classe laborieuse dans tous les instants de sa vie, tandis que les hommes oisifs sont sans cesse en proie aux passions et aux sophismes qui agitent l'existence, et remettent tout en question.

On a prétendu que c'était une sorte de frivolité, dans les écrivains allemands, de présenter comme l'un des mérites de la religion chrétienne, l'influence favorable qu'elle exerce sur les arts, l'imagination et la poésie; et le même reproche a été fait à cet égard au bel ouvrage de M. de Châteaubriand, sur le *Génie du Christianisme*. Les esprits vraiment frivoles, ce sont ceux qui prennent des vues courtes pour des vues profondes, et se persuadent qu'on peut procéder avec la nature humaine par voie d'exclusion, et supprimer la plupart des désirs et des besoins de l'âme. C'est une des grandes preuves de la divinité de la religion chrétienne, que son analogie parfaite avec toutes nos facultés morales; seulement il ne me paraît pas qu'on puisse considérer la poésie du christianisme sous le même aspect que la poésie du paganisme.

Comme tout était extérieur dans le culte païen, la pompe des images y est prodiguée; le sanctuaire du christianisme étant au fond du cœur, la poésie qu'il inspire doit toujours naître de l'attendrissement. Ce n'est pas la splendeur du ciel chrétien qu'on peut opposer à l'Olympe, mais la douleur et l'innocence, la vieillesse et la mort, qui prennent un caractère d'élévation et de repos, à l'abri de ces espérances religieuses dont les ailes s'étendent sur les misères de la vie. Il n'est donc pas vrai, ce me semble, que la religion protestante soit dépourvue de poésie, parce que les pratiques du culte y ont moins d'éclat que dans la religion catholique. Des cérémonies plus ou moins bien exécutées, selon la richesse des villes et la magnificence des édifices, ne sauraient être la cause principale de l'impression que produit le service divin; ce sont ses rapports avec nos sentiments intérieurs qui nous émeuvent, rapports qui peuvent exister dans la simplicité comme dans la pompe.

J'étais, il y a quelque temps, dans une église de campagne dépouillée de tout ornement; aucun tableau n'en décorait les blanches murailles, elle était nouvellement bâtie, et nul souvenir d'un long passé ne la rendait vénérable : la musique même, que les saints les plus austères ont placée dans le ciel comme la jouissance des bienheureux, se faisait à peine entendre, et les psaumes étaient chantés par des voix sans harmonie, que les travaux de la terre et le poids des années rendaient rauques et confuses; mais au milieu de cette réunion rustique, où manquaient toutes les splendeurs humaines, on voyait un homme pieux dont le cœur était profondément ému par la mission qu'il remplissait [1]. Ses regards, sa physionomie, pouvaient servir de modèle à quelques-uns·des tableaux dont les autres temples sont parés; ses accents répondaient au concert des anges. Il y avait là devant nous une créature mortelle, convaincue de notre immortalité, de celle de nos amis que nous avons perdus, de celle de nos enfants, qui nous survivront de si peu dans la carrière du temps! et la persuasion intime d'une âme pure semblait une révélation nouvelle.

Il descendit de sa chaire pour donner la communion aux fidèles qui vivent à l'abri de son exemple. Son fils était comme lui ministre de l'église, et, sous des traits plus jeunes, il avait, ainsi que son père, une expression pieuse et recueillie. Alors, suivant l'usage, le père et le fils se donnèrent mutuellement le pain et la coupe, qui servent chez les protestants de commémoration au plus touchant des mystères; le fils ne voyait dans son père qu'un pasteur plus avancé que lui dans l'état religieux qu'il voulait suivre; le père respectait dans son fils la sainte vocation qu'il avait embrassée. Tous deux s'adressèrent, en communiant ensemble, les passages de l'Évangile faits pour resserrer d'un même lien les étrangers comme les amis; et, renfermant dans leur cœur tous les deux leurs sentiments les plus intimes, ils semblaient oublier leurs relations personnelles en présence de la Divinité, pour qui les pères et les fils sont tous également des serviteurs du tombeau et des enfants de l'espérance.

Quelle poésie, quelle émotion, source de toute poésie, pouvait manquer au service divin dans un tel moment!

Les hommes dont les affections sont désintéressées et les pensées religieuses; les hommes qui vivent dans le sanctuaire de leur conscience, et savent y concentrer, comme dans un miroir ardent, tous les rayons de l'univers; ces hommes, dis-je, sont les prêtres du culte de l'âme, et rien ne doit jamais les désunir. Un abîme sépare ceux qui se conduisent par le calcul et ceux qui sont guidés par le sentiment; toutes les autres différences d'opinion ne sont rien, celle-là seule est radicale. Il se peut qu'un jour un cri d'union s'élève, et que

[1] M. Célérier, pasteur de Satigny, près de Genève.

l'universalité des chrétiens aspire à professer la même religion théologique, politique et morale; mais avant que ce miracle soit accompli, tous les hommes qui ont un cœur et qui lui obéissent, doivent se respecter mutuellement.

CHAPITRE V.

De la disposition religieuse appelée mysticité.

La disposition religieuse appelée *mysticité* n'est qu'une manière plus intime de sentir et de concevoir le christianisme. Comme dans le mot de mysticité est renfermé celui de mystère, on a cru que les mystiques professaient des dogmes extraordinaires, et faisaient une secte à part. Il n'y a de mystères chez eux que ceux du sentiment appliqués à la religion, et le sentiment est à la fois ce qu'il y a de plus clair, de plus simple et de plus inexplicable : il faut distinguer cependant les *théosophes*, c'est-à-dire, ceux qui s'occupent de la théologie philosophique, tels que Jacob Boehme, Saint-Martin, etc., des simples mystiques; les premiers veulent pénétrer le secret de la création, les seconds s'en tiennent à leur propre cœur. Plusieurs Pères de l'Église, Thomas A Kempis, Fénélon, saint François de Sales, etc.; et, chez les protestants, un grand nombre d'écrivains anglais et allemands ont été des mystiques, c'est-à-dire, des hommes qui faisaient de la religion un amour, et la mêlaient à toutes leurs pensées comme à toutes leurs actions.

Le sentiment religieux qui est la base de toute la doctrine des mystiques, consiste dans une paix intérieure pleine de vie. Les agitations des passions ne laissent point de calme; la tranquillité de la sécheresse et de la médiocrité d'esprit tue la vie de l'âme : ce n'est que dans le sentiment religieux qu'on trouve une réunion parfaite du mouvement et du repos. Cette disposition n'est continuelle, je crois, dans aucun homme, quelque pieux qu'il puisse être; mais le souvenir et l'espérance de ces saintes émotions décident de la conduite de ceux qui les ont éprouvées.

Si l'on considère les peines et les plaisirs de la vie comme l'effet du hasard ou du bien joué, alors le désespoir et la joie doivent être, pour ainsi dire, des mouvements convulsifs. Car quel hasard que celui qui dispose de notre existence! quel orgueil ou quel regret ne doit-on pas éprouver, quand il s'agit d'une démarche qui a pu influer sur tout notre sort! A quels tourments d'incertitude ne devrait-on pas être livré, si notre raison disposait seule de notre destinée dans ce monde! Mais si

l'on croit, au contraire, qu'il n'y a que deux choses importantes pour le bonheur, la pureté de l'intention, et la résignation à l'événement, quel qu'il soit, lorsqu'il ne dépend plus de nous, sans doute beaucoup de circonstances nous feront encore cruellement souffrir, mais aucune ne rompra nos liens avec le ciel. Lutter contre l'impossible est ce qui engendre en nous les sentiments les plus amers; et la colère de Satan n'est autre chose que la liberté aux prises avec la nécessité, et ne pouvant ni la dompter, ni s'y soumettre.

L'opinion dominante parmi les chrétiens mystiques, c'est que le seul hommage qui puisse plaire à Dieu, c'est celui de la volonté, dont il a fait don à l'homme; quelle offrande plus désintéressée pouvons-nous, en effet, présenter à la Divinité? Le culte, l'encens, les hymnes, ont presque toujours pour but d'obtenir les prospérités de la terre, et c'est ainsi que la flatterie de ce monde entoure les monarques; mais se résigner à la volonté de Dieu, ne vouloir rien que ce qu'il veut, c'est l'acte religieux le plus pur dont l'âme humaine soit capable. Trois sommations sont faites à l'homme pour obtenir de lui cette résignation, la jeunesse, l'âge mûr, et la vieillesse : heureux ceux qui se soumettent à la première!

C'est l'orgueil, en toutes choses, qui met le venin dans la blessure : l'âme révoltée accuse le ciel, l'homme religieux laisse la douleur agir sur lui selon l'intention de celui qui l'envoie; il se sert de tous les moyens qui sont en sa puissance pour l'éviter ou pour la soulager : mais quand l'événement est irrévocable, les caractères sacrés de la volonté suprême y sont empreints.

Quel malheur accidentel peut être comparé à la vieillesse et à la mort? et cependant presque tous les hommes s'y résignent, parce qu'il n'y a point d'armes contre elles : d'où vient donc que chacun se révolte contre les malheurs particuliers, tandis que tous se plient sous le malheur universel? C'est qu'on traite le sort comme un gouvernement, à qui l'on permet de faire souffrir tout le monde, pourvu qu'il n'accorde de priviléges à personne. Les malheurs que nous avons en commun avec nos semblables, sont aussi durs, et nous causent autant de souffrance que nos malheurs particuliers; et cependant ils n'excitent presque jamais en nous la même rébellion. Pourquoi les hommes ne se disent-ils pas qu'il faut supporter ce qui les concerne personnellement, comme ils supportent la condition de l'humanité en général? C'est qu'on croit trouver de l'injustice dans son partage individuel. Singulier orgueil de l'homme, de vouloir juger la Divinité avec l'instrument qu'il a reçu d'elle ! Que sait-il de ce qu'éprouve un autre ? que sait-il de lui-même ? que sait-il de rien, excepté de son sentiment intérieur ? Et ce sentiment, plus il est intime, plus il contient le secret de notre félicité ; car n'est-ce pas dans le fond de nous-mêmes que nous sentons le bonheur ou le malheur ? L'amour religieux ou l'amour-propre pénètrent seuls jusqu'à la source de nos pensées les plus cachées. Sous le nom d'amour religieux sont renfermées toutes les affections désintéressées, et sous celui d'amour-propre tous les penchants égoïstes : de quelque manière que le sort nous seconde ou nous contrarie, c'est toujours de l'ascendant de l'un de ces amours sur l'autre que dépend la jouissance calme ou le malaise inquiet.

C'est manquer, ce me semble, tout à fait de respect à la Providence, que de nous supposer en proie à ces fantômes qu'on appelle les événements : leur réalité consiste dans ce qu'ils produisent sur l'âme, et il y a une égalité parfaite entre toutes les situations et toutes les destinées, non pas vues extérieurement, mais jugées d'après leur influence sur le perfectionnement religieux. Si chacun de nous veut examiner attentivement la trame de sa propre vie, il y verra deux tissus parfaitement distincts, l'un qui semble en entier soumis aux causes et aux effets naturels, l'autre dont la tendance tout à fait mystérieuse ne se comprend qu'avec le temps. C'est comme les tapisseries de haute lisse, dont on travaille les peintures à l'envers, jusqu'à ce que, mises en place, on en puisse juger l'effet. On finit par apercevoir, même dans cette vie, pourquoi l'on a souffert, pourquoi l'on n'a pas obtenu ce qu'on désirait. L'amélioration de notre propre cœur nous révèle l'intention bienfaisante qui nous a soumis à la peine ; car les prospérités de la terre auraient même quelque chose de redoutable, si elles tombaient sur nous après que nous nous serions rendus coupables de grandes fautes : on se croirait alors abandonné par la main de celui qui nous livrerait au bonheur ici-bas, comme à notre seul avenir.

Ou tout est hasard, ou il n'y en a pas un seul dans ce monde, et s'il n'y en a pas, le sentiment religieux consiste à se mettre en harmonie avec l'ordre universel, malgré l'esprit de rébellion ou d'envahissement que l'égoïsme inspire à chacun de nous en particulier. Tous les dogmes et tous les cultes sont les formes diverses que ce sentiment religieux a revêtues, selon les temps et selon les pays ; il peut se dégrader par la terreur, quoiqu'il soit fondé sur la confiance ; mais il consiste toujours dans la conviction qu'il n'y a rien d'accidentel dans les événements, et que notre seule manière d'influer sur le sort, c'est en agissant sur nous-mêmes. La raison n'en règne pas moins dans tout ce qui tient à la conduite de la vie ; mais quand cette ménagère de l'existence l'a arrangée le mieux qu'elle a pu, le fond de notre cœur appartient toujours à l'amour, et ce qu'on appelle la mysticité, c'est cet amour dans sa pureté la plus parfaite.

L'élévation de l'âme vers son Créateur est le culte suprême des chrétiens mystiques ; mais ils ne s'adressent point à Dieu pour demander telle ou telle prospérité de cette vie. Un écrivain français qui a des lueurs sublimes, M. de Saint-Martin, a dit *que la prière était la respiration de l'âme*. Les mystiques sont, pour la plupart, convaincus qu'il y a réponse à cette prière, et que la grande révélation du christianisme peut se renouveler en quelque sorte dans l'âme, chaque fois qu'elle s'élève avec ardeur vers le ciel. Quand on croit qu'il n'existe plus de communication immédiate entre l'Être suprême et l'homme, la prière n'est, pour ainsi dire, qu'un monologue ; mais elle devient un acte bien plus secourable, lorsqu'on est persuadé que la Divinité se fait sentir au fond de notre cœur. En effet, on ne saurait nier, ce me semble, qu'il ne se passe en nous des mouvements qui ne nous viennent en rien du dehors, et qui nous calment ou nous soutiennent, sans qu'on puisse les attribuer à la liaison ordinaire des événements de la vie.

Des hommes qui ont mis de l'amour-propre dans une doctrine entièrement fondée sur l'abnégation de l'amour-propre, ont tiré parti de ces secours inattendus pour se faire des illusions de tout genre : ils se sont crus des élus ou des prophètes ; ils se sont imaginé qu'ils avaient des visions ; enfin ils sont entrés en superstition vis-à-vis d'eux-mêmes. Que ne peut l'orgueil humain, puisqu'il s'insinue dans le cœur sous la forme même de l'humilité ! Mais il n'en est pas moins vrai que rien n'est plus simple et plus pur que les rapports de l'âme avec Dieu, tels qu'ils sont conçus par ce qu'on a coutume d'appeler les mystiques, c'est-à-dire, les chrétiens qui mettent l'amour dans la religion.

En lisant les œuvres spirituelles de Fénelon, qui pourrait n'être pas attendri ! Où trouver tant de lumières, tant de consolations, tant d'indulgence ? Il n'y a là ni fanatisme, ni austérités autres que celles de la vertu, ni intolérance, ni exclusion. Les diversités des communions chrétiennes ne peuvent être senties à cette hauteur, qui est au-dessus de toutes les formes accidentelles que le temps crée et détruit.

Il serait bien téméraire, assurément, celui qui se hasarderait à prévoir ce qui tient à de si grandes choses : néanmoins j'oserai dire que tout tend à faire triompher les sentiments religieux dans les âmes. Le calcul a pris un tel empire sur les affaires de ce monde, que les caractères qui ne s'y prêtent pas sont naturellement rejetés dans l'extrême opposé. C'est pourquoi tous les penseurs solitaires, d'un bout du monde à l'autre, cherchent à rassembler dans un même foyer les rayons épars de la littérature, de la philosophie et de la religion.

On craint en général que la doctrine de la résignation religieuse, appelée dans le siècle dernier le quiétisme, ne dégoûte de l'activité nécessaire dans cette vie. Mais la nature se charge assez de soulever en nous les passions individuelles, pour qu'on n'ait pas beaucoup à craindre d'un sentiment qui les calme.

Nous ne disposons ni de notre naissance, ni de notre mort, et plus des trois quarts de notre destinée sont décidés par ces deux événements. Nul ne peut changer les données primitives de sa naissance, de son pays, de son siècle, etc. Nul ne peut acquérir la figure ou le génie qu'il n'a pas reçu de la nature ; et de combien d'autres circonstances impérieuses encore la vie n'est-elle pas composée ? Si notre sort consiste en cent lots divers, il y en a quatre-vingt-dix-neuf qui ne dépendent pas de nous ; et toute la fureur de notre volonté se porte sur la faible portion qui semble encore en notre puissance. Or l'action de la volonté même sur cette faible portion est singulièrement incomplète. Le seul acte de la liberté de l'homme qui atteigne toujours son but, c'est l'accomplissement du devoir ; l'issue de toutes les autres résolutions dépend en entier des accidents auxquels la prudence même ne peut rien. La plupart des hommes n'obtiennent pas ce qu'ils veulent fortement, et la prospérité même, lorsqu'ils en ont, leur vient souvent par une voie inattendue.

La doctrine de la mysticité passe pour sévère, parce qu'elle commande le détachement de soi, et que cela semble avec raison fort difficile : mais elle est dans le fait la plus douce de toutes ; elle consiste dans ce proverbe, *faire de nécessité vertu :* faire de nécessité vertu, dans le sens religieux, c'est attribuer à la Providence le gouvernement de ce monde, et trouver dans cette pensée une consolation intime. Les écrivains mystiques n'exi-

gent rien au delà de la ligne du devoir, telle que tous les hommes honnêtes l'ont tracée ; ils ne commandent point de se faire des peines à soi-même ; ils pensent que l'homme ne doit, ni appeler sur lui la souffrance, ni s'irriter contre elle, quand elle arrive.

Quel mal pourrait-il donc résulter de cette croyance, qui réunit le calme du stoïcisme avec la sensibilité des chrétiens ? Elle empêche d'aimer, dira-t-on. Ah ! ce n'est pas l'exaltation religieuse qui refroidit l'âme ; un seul intérêt de vanité a plus anéanti d'affections qu'aucun genre d'opinions austères : les déserts mêmes de la Thébaïde n'affaiblissent pas la puissance du sentiment, et rien n'empêche d'aimer, que la misère du cœur.

L'on attribue faussement un inconvénient très-grave à la mysticité. Malgré la sévérité de ses principes, on prétend qu'elle rend trop indulgent sur les œuvres, à force de ramener la religion aux impressions intérieures de l'âme, et qu'elle porte les hommes à se résigner à leurs propres défauts, comme aux événements inévitables. Rien ne serait assurément plus contraire à l'esprit de l'Évangile que cette manière d'interpréter la soumission à la volonté de Dieu. Si l'on admettait que le sentiment religieux dispense en rien des actions, il en résulterait non-seulement une foule d'hypocrites, qui prétendraient qu'il ne faut pas les juger par ces vulgaires preuves de religion qu'on appelle les œuvres, et que leurs communications secrètes avec la Divinité sont d'un ordre bien supérieur à l'accomplissement des devoirs ; mais il y aurait aussi des hypocrites avec eux-mêmes, et l'on tuerait de cette manière la puissance des remords. En effet, qui n'a pas, avec un peu d'imagination, des moments d'attendrissement religieux ? Qui n'a pas quelquefois prié avec ardeur ? Et si cela suffisait pour être dispensé de la stricte observance des devoirs, la plupart des poëtes pourraient se croire plus religieux que saint Vincent de Paul.

Mais c'est à tort que les mystiques ont été accusés de cette manière de voir ; leurs ouvrages et leur vie attestent qu'ils sont aussi réguliers dans leur conduite morale, que les hommes soumis aux pratiques du culte le plus sévère : ce qu'on appelle de l'indulgence en eux, c'est la pénétration qui fait analyser la nature de l'homme, au lieu de s'en tenir à lui commander l'obéissance. Les mystiques, s'occupant toujours du fond du cœur, ont l'air de pardonner ses égarements, parce qu'ils en étudient les causes.

On a souvent accusé les mystiques, et même presque tous les chrétiens, d'être portés à l'obéissance passive envers l'autorité, quelle qu'elle soit, et l'on a prétendu que la soumission à la volonté de Dieu, mal comprise, conduisait un peu trop souvent à la soumission aux volontés des hommes. Rien ne ressemble moins toutefois à la condescendance pour le pouvoir que la résignation religieuse. Sans doute elle peut consoler dans l'esclavage, mais c'est parce qu'elle donne alors à l'âme toutes les vertus de l'indépendance. Être indifférent par religion à la liberté ou à l'oppression du genre humain, ce, serait prendre la faiblesse de caractère pour l'humilité chrétienne, et rien n'en diffère davantage. L'humilité chrétienne se prosterne devant les pauvres et les malheureux, et la faiblesse de caractère ménage toujours le crime, parce qu'il est fort dans ce monde. -

Dans les temps de la chevalerie, lorsque le christianisme avait le plus d'ascendant, il n'a jamais demandé le sacrifice de l'honneur : or, pour les citoyens, la justice et la liberté sont aussi l'honneur. Dieu confond l'orgueil humain, mais non la dignité de l'espèce humaine, car cet orgueil consiste dans l'opinion qu'on a de soi, et cette dignité dans le respect pour les droits des autres. Les hommes religieux ont du penchant à ne point se mêler des choses de ce monde sans y être appelés par un devoir manifeste, et il faut convenir que tant de passions sont agitées par les intérêts politiques, qu'il est rare de s'en être mêlé sans avoir des reproches à se faire : mais quand le courage de la conscience est évoqué, il n'en est point qui puisse rivaliser avec celui-là.

De toutes les nations, celle qui a le plus de penchant au mysticisme, c'est la nation allemande. Avant Luther, plusieurs auteurs, parmi lesquels on doit citer Tauler, avaient écrit sur la religion dans ce sens. Depuis Luther, les Moraves ont manifesté cette disposition plus qu'aucune autre secte. Vers la fin du dix-huitième siècle, Lavater a combattu avec une grande force le christianisme raisonné, que les théologiens berlinois avaient soutenu, et sa manière de sentir la religion est à beaucoup d'égards semblable à celle de Fénelon. Plusieurs poëtes lyriques, depuis Klopstock jusqu'à nos jours, ont dans leurs écrits une teinte de mysticisme. La religion protestante, qui règne dans le Nord, ne suffit pas à l'imagination des Allemands, et le catholicisme étant opposé, par sa nature, aux recherches philosophiques, les Allemands religieux et penseurs doivent nécessairement se tourner vers une manière de sentir la religion, qui puisse s'appliquer à tous les cultes. D'ailleurs, l'idéalisme en philosophie a beaucoup

d'analogie avec le mysticisme en religion ; l'un place toute la réalité des choses de ce monde dans la pensée, et l'autre toute la réalité des choses du ciel dans le sentiment.

Les mystiques pénètrent avec une sagacité inconcevable dans tout ce qui fait naître en nous la crainte ou l'espoir, la souffrance ou le bonheur ; et nul ne remonte comme eux à l'origine des mouvements de l'âme. Il y a tant d'intérêt à cet examen, que des hommes même assez médiocres d'ailleurs, lorsqu'ils ont dans le cœur la moindre disposition mystique, intéressent et captivent par leur entretien, comme s'ils étaient doués d'un génie transcendant. Ce qui rend la société sujette à l'ennui, c'est que la plupart de ceux avec qui l'on vit ne parlent que des objets extérieurs ; et dans ce genre le besoin de l'esprit de conversation se fait beaucoup sentir. Mais la mysticité religieuse porte avec elle une lumière si étendue, qu'elle donne une supériorité morale très-décidée à ceux même qui ne l'avaient pas reçue de la nature : ils s'appliquent à l'étude du cœur humain, qui est la première des sciences, et se donnent autant de peine pour connaître les passions, afin de les apaiser, que les hommes du monde pour s'en servir.

Sans doute il peut se rencontrer encore de grands défauts dans le caractère de ceux dont la doctrine est la plus pure : mais est-ce à leur doctrine qu'il faut s'en prendre ? On rend à la religion un singulier hommage, par l'exigence qu'on manifeste envers tous les hommes religieux, du moment qu'on les sait tels. On les trouve inconséquents, s'ils ont des torts et des faiblesses ; et cependant rien ne peut changer en entier la condition humaine : si la religion donnait toujours la perfection morale, et si la vertu conduisait toujours au bonheur, le choix de la volonté ne serait plus libre, car les motifs qui agiraient sur elle seraient trop puissants.

La religion dogmatique est un commandement ; la religion mystique se fonde sur l'expérience intime de notre cœur ; la prédication doit nécessairement se ressentir de la direction que suivent à cet égard les ministres de l'Évangile, et peut-être serait-il à désirer qu'on aperçût davantage, dans leur manière de prêcher, l'influence des sentiments qui commencent à pénétrer tous les cœurs. En Allemagne, où chaque genre est abondant, Zollikofer, Jérusalem et plusieurs autres se sont acquis une juste réputation par l'éloquence de la chaire, et l'on peut lire sur tous les sujets une foule de sermons qui renferment d'excellentes choses, néanmoins, quoiqu'il soit très-sage d'enseigner la morale, il importe encore plus de donner les moyens de la suivre, et ces moyens consistent, avant tout, dans l'émotion religieuse. Presque tous les hommes en savent à peu près autant les uns que les autres sur les inconvénients et les avantages du vice et de la vertu; mais ce dont tout le monde a besoin, c'est ce qui fortifie la disposition intérieure avec laquelle on peut lutter contre les penchants orageux de notre nature.

S'il n'était question que de bien raisonner avec les hommes, pourquoi les parties du culte qui ne sont que des chants et des cérémonies, porteraient-elles autant et plus que les sermons au recueillement de la piété? La plupart des prédicateurs s'en tiennent à déclamer contre les mauvais penchants, au lieu de montrer comment on y succombe et comment on y résiste; la plupart des prédicateurs sont des juges qui instruisent le procès de l'homme : mais les prêtres de Dieu doivent nous dire ce qu'ils souffrent et ce qu'ils espèrent, comment ils ont modifié leur caractère par de certaines pensées; enfin nous attendons d'eux les mémoires secrets de l'âme, dans ses relations avec la Divinité.

Les lois prohibitives ne suffisent pas plus dans le gouvernement de chaque individu que dans celui des États. L'art social a besoin de mettre en mouvement des intérêts animés, pour alimenter la vie humaine; il en est de même des instituteurs religieux de l'homme; ils ne peuvent le préserver des passions qu'en excitant dans son cœur une extase vive et pure : les passions valent encore mieux, sous beaucoup de rapports, qu'une apathie servile, et rien ne peut les dompter qu'un sentiment profond, dont on doit peindre, si on le peut, les jouissances, avec autant de force et de vérité qu'on en a mis à décrire le charme des affections terrestres.

Quoi que des gens d'esprit en aient dit, il existe une alliance naturelle entre la religion et le génie. Les mystiques ont presque tous de l'attrait pour la poésie et pour les beaux-arts; leurs idées sont en accord avec la vraie supériorité dans tous les genres, tandis que l'incrédule médiocrité mondaine en est l'ennemie; elle ne peut souffrir ceux qui veulent pénétrer dans l'âme; comme elle a mis ce qu'elle avait de mieux au dehors, toucher au fond, c'est découvrir sa misère.

La philosophie idéaliste, le christianisme mystique et la vraie poésie ont, à beaucoup d'égards, le même but et la même source; ces philosophes, ces chrétiens et ces poëtes se réunissent tous dans un commun désir. Ils voudraient substituer au factice de la société, non l'ignorance des temps barbares, mais une culture intellectuelle qui ra-

menât à la simplicité par la perfection même des lumières; ils voudraient enfin faire des hommes énergiques et réfléchis, sincères et généreux, de tous ces caractères sans élévation, de tous ces esprits sans idées, de tous ces moqueurs sans gaieté, de tous ces épicuriens sans imagination, qu'on appelle l'espèce humaine, faute de mieux.

CHAPITRE VI.

De la douleur.

On a beaucoup blâmé cet axiome des mystiques, *que la douleur est un bien;* quelques philosophes de l'antiquité ont affirmé qu'elle n'était pas un mal; il est pourtant bien plus difficile de la considérer avec indifférence qu'avec espoir [1]. En effet, si l'on n'était pas persuadé que le malheur est un moyen de perfectionnement, à quel excès d'irritation ne nous porterait-il pas? Pourquoi donc nous appeler à la vie, pour nous faire dévorer par elle? pourquoi concentrer tous les tourments et toutes les merveilles de l'univers dans un faible cœur qui redoute et qui désire? Pourquoi nous donner la puissance d'aimer, et nous arracher ensuite tout ce que nous avons chéri? enfin, pourquoi la mort, la terrible mort? lorsque l'illusion de la terre nous la fait oublier, comme elle se rappelle à nous! C'est au milieu de toutes les splendeurs de ce monde qu'elle déploie son drapeau funeste.

> Così trapassa al trapassar d'un giorno
> Della vita mortal il fiore e'l verde;
> Ne perchè faccia indietro April ritorno,
> Si rinfiora ella mai ne si rinverde [2].

On a vu dans une fête cette princesse [3] qui, mère de huit enfants, réunissait encore le charme d'une beauté parfaite à toute la dignité des vertus maternelles. Elle ouvrit le bal, et les sons mélodieux de la musique signalèrent tous ces moments consacrés à la joie. Des fleurs ornaient sa tête charmante, et la parure et la danse devaient lui rappeler les premiers jours de sa jeunesse; cependant, elle semblait déjà craindre les plaisirs mêmes auxquels tant de succès auraient pu l'attacher. Hélas! de quelle manière ce vague pressentiment s'est réalisé! Tout à coup les flambeaux sans nombre qui remplaçaient l'éclat du jour vont devenir

---

[1] Le chancelier Bacon dit que les prospérités sont les bénédictions de l'Ancien Testament, et les adversités celles du Nouveau.

[2] Ainsi passe en un jour la verdure et la fleur de la vie mortelle; c'est en vain que le mois du printemps revient à son tour; elle ne reprend jamais ni sa verdure ni ses fleurs (*Vers du Tasse, chantés dans les jardins d'Armide.*)

[3] La princesse Pauline de Schwartzenberg.

des flammes dévorantes, et les plus affreuses souffrances prendront la place du luxe éclatant d'une fête. Quel contraste! et qui pourrait se lasser d'y réfléchir? Non, jamais les grandeurs et les misères humaines n'ont été rapprochées de si près; et notre mobile pensée, si facilement distraite des sombres menaces de l'avenir, a été frappée dans la même heure par toutes les images brillantes et terribles que la destinée sème d'ordinaire à distance sur la route du temps.

Aucun accident néanmoins n'avait atteint celle qui ne devait mourir que de son choix: elle était en sûreté, elle pouvait renouer le fil de la vie si vertueuse qu'elle menait depuis quinze années; mais une de ses filles était encore en danger, et l'être le plus délicat et le plus timide se précipite au milieu des flammes qui feraient reculer les guerriers. Toutes les mères auraient éprouvé ce qu'elle a dû sentir! mais qui pourrait se croire assez de force pour l'imiter? Qui pourrait compter assez sur son âme, pour ne pas craindre les frissonnements que la nature fait naître à l'aspect d'une mort atroce? Une femme les a bravés; et bien qu'alors un coup funeste l'ait frappée, son dernier acte fut maternel; c'est dans cet instant sublime qu'elle a paru devant Dieu, et l'on n'a pu reconnaître ce qui restait d'elle sur la terre qu'au chiffre de ses enfants, qui marquait encore la place où cet ange avait péri. Ah! tout ce qu'il y a d'horrible dans ce tableau est adouci par les rayons de la gloire céleste. Cette généreuse Pauline sera désormais la sainte des mères; et si leurs regards n'osaient encore s'élever jusqu'au ciel, elles les reposeront sur sa douce figure, et lui demanderont d'implorer la bénédiction de Dieu pour leurs enfants.

Si l'on était parvenu à tarir la source de la religion sur la terre, que dirait-on à ceux qui voient tomber la plus pure des victimes? que dirait-on à ceux qui l'ont aimée? et de quel désespoir, de quel effroi du sort et de ses perfides secrets l'âme ne serait-elle pas remplie!

Non-seulement ce qu'on voit, mais ce qu'on se figure foudroierait la pensée, s'il n'y avait rien en nous qui nous affranchît du hasard. N'a-t-on pas vécu dans un cachot obscur, où chaque minute était une douleur, où l'on n'avait d'air que ce qu'il en fallait pour recommencer à souffrir? La mort, selon les incrédules, doit délivrer de tout; mais savent-ils ce qu'elle est? savent-ils si cette mort est le néant? et dans quel labyrinthe de terreurs la réflexion sans guide ne peut-elle pas nous entraîner!

Si un homme honnête (et les circonstances d'une vie passionnée peuvent amener ce malheur), si un homme honnête, dis-je, avait fait un mal irréparable à un être innocent, comment, sans le secours de l'expiation religieuse, s'en consolerait-il jamais? Quand la victime est là, dans le cercueil, à qui s'adresser, s'il n'y a pas de communication avec elle, si Dieu lui-même ne fait pas entendre aux morts les pleurs des vivants, si le souverain médiateur des hommes ne dit pas à la douleur: « C'en est assez; » au repentir: « Vous êtes pardonné? » On croit que le principal avantage de la religion est de réveiller les remords; mais c'est aussi bien souvent à les apaiser qu'elle sert. Il est des âmes dans lesquelles règne le passé; il en est que les regrets déchirent comme une active mort, et sur lesquelles le souvenir s'acharne comme un vautour; c'est pour elles que la religion est un soulagement du remords.

Une idée toujours la même, et revêtant cependant mille formes diverses, fatigue tout à la fois par son agitation et par sa monotonie. Les beaux-arts, qui redoublent la puissance de l'imagination, accroissent avec elle la vivacité de la douleur. La nature elle-même importune, quand l'âme n'est plus en harmonie avec elle; son calme, qu'on trouvait doux, irrite comme l'indifférence; les merveilles de l'univers s'obscurcissent à nos regards; tout semble apparition, même au milieu de l'éclat du jour. La nuit inquiète, comme si l'obscurité recélait quelque secret de nos maux, et le soleil resplendissant semble insulter au deuil du cœur. Où fuir tant de souffrances? Est-ce dans la mort? Mais l'anxiété du malheur fait douter que le repos soit dans la tombe, et le désespoir est pour les athées mêmes comme une révélation ténébreuse de l'éternité des peines. Que ferions-nous alors, que ferions-nous, ô mon Dieu! si nous ne pouvions nous jeter dans votre sein paternel? Celui qui, le premier, appela Dieu notre père, en savait plus sur le cœur humain que les plus profonds penseurs du siècle.

Il n'est pas vrai que la religion rétrécisse l'esprit; il l'est encore moins que la sévérité des principes religieux soit à craindre. Je ne connais qu'une sévérité redoutable pour les âmes sensibles, c'est celle des gens du monde; ce sont ceux qui ne conçoivent rien, qui n'excusent rien de ce qui est involontaire; ils se sont fait un cœur humain à leur gré, pour le juger à leur aise. On pourrait leur adresser ce qu'on disait à messieurs de Port-Royal, qui, d'ailleurs, méritaient beaucoup d'admiration: « Il vous est facile de comprendre l'homme que

« vous avez créé; mais celui qui est, vous ne le « connaissez pas. »

La plupart des gens du monde sont accoutumés à faire de certains dilemmes sur toutes les situations malheureuses de la vie, afin de se débarrasser le plus tôt qu'il est possible de la pitié qu'elles exigent d'eux. *Il n'y a que deux partis à prendre*, disent-ils : *il faut qu'on soit tout un ou tout autre ; il faut supporter ce qu'on ne peut empêcher ; il faut se consoler de ce qui est irrévocable.* Ou bien, *qui veut le but, veut les moyens ; il faut tout faire pour conserver ce dont on ne peut se passer*, etc. etc., et mille autres axiomes de ce genre qui ont tous la forme de proverbes, et qui sont en effet le code de la sagesse vulgaire. Mais quel rapport y a-t-il entre ces axiomes et les angoisses du cœur? Tout cela sert très-bien dans les affaires communes de la vie; mais comment appliquer de tels conseils aux peines morales? Elles varient toutes selon les individus, et se composent de mille circonstances diverses, inconnues à tout autre qu'à notre ami le plus intime, s'il en est un qui sache s'identifier avec nous. Chaque caractère est presqu'un monde nouveau pour qui sait observer avec finesse, et je ne connais dans la science du cœur humain aucune idée générale qui s'applique complétement aux exemples particuliers.

Le langage de la religion peut seul convenir à toutes les situations et à toutes les manières de sentir. En lisant les rêveries de J. J. Rousseau, cet éloquent tableau d'un être en proie à une imagination plus forte que lui, je me suis demandé comment un homme d'esprit formé par le monde, et un solitaire religieux, auraient essayé de consoler Rousseau. Il se serait plaint d'être haï et persécuté, il se serait dit l'objet de l'envie universelle, et la victime d'une conjuration qui s'étendait depuis le peuple jusqu'aux rois; il aurait prétendu que tous ses amis l'avaient trahi, et que les services mêmes qu'on lui rendait étaient des piéges : qu'aurait alors répondu à toutes ces plaintes l'homme d'esprit formé par la société?

« Vous vous exagérez singulièrement, aurait-il « dit, l'effet que vous croyez produire : vous êtes « sans doute un homme fort distingué; mais comme « chacun de nous a pourtant des affaires et même « des idées à soi, un livre ne remplit pas toutes « les têtes; l'événement de la guerre ou de la paix, « et même de moindres intérêts, mais qui nous con- « cernent personnellement, nous occupent beaucoup « plus qu'un écrivain, quelque célèbre qu'il puisse « être. On vous a exilé, il est vrai, mais tous les « pays doivent être égaux à un philosophe comme

« vous; et à quoi serviraient donc la morale et la « religion, que vous développez si bien dans vos « écrits, si vous ne saviez pas supporter les revers « qui vous ont atteint? Sans doute quelques per- « sonnes vous envient, parmi vos confrères les « hommes de lettres; mais cela ne peut s'étendre « aux classes de la société qui s'embarrassent fort « peu de la littérature : d'ailleurs, si la célébrité « vous importune réellement, rien de si facile que « d'y échapper. N'écrivez plus; au bout de peu « d'années on vous oubliera, et vous serez aussi « tranquille que si vous n'aviez jamais rien publié. « Vous dites que vos amis vous tendent des piéges, « en faisant semblant de vous rendre service. D'a- « bord n'est-il pas possible qu'il y ait une légère « nuance d'exaltation romanesque dans votre ma- « nière de juger vos relations personnelles? Il faut « votre belle imagination pour composer *la Nou-* « *velle Héloïse ;* mais un peu de raison est néces- « saire dans les affaires d'ici-bas, et, quand on le « veut bien, on voit les choses telles qu'elles sont. « Si pourtant vos amis vous trompent, il faut « rompre avec eux; mais vous seriez bien insensé « de vous en affliger; car, de deux choses l'une, « ou ils sont dignes de votre estime, et dans ce « cas vous auriez tort de les soupçonner; ou si « vos soupçons sont bien fondés, vous ne devez « pas alors regretter de tels amis. »

Après avoir écouté ce dilemme, J. J. Rousseau aurait bien pu prendre un troisième parti, celui de se jeter dans la rivière. Mais que lui aurait dit le solitaire religieux?

« Mon fils, je ne connais pas le monde, et j'i- « gnore s'il est vrai qu'on vous y veuille du mal ; « mais s'il en était ainsi, vous auriez cela de com- « mun avec tous les bons qui cependant ont par- « donné à leurs ennemis, car Jésus-Christ et So- « crate, le dieu et l'homme ont en donné l'exemple. « Il faut que les passions haineuses existent ici-bas « pour que l'épreuve des justes soit accomplie. « Sainte Thérèse a dit des méchants : « *Les mal-* « *heureux! ils n'aiment pas ;* » et cependant les mé- « chants vivent aussi, pour qu'ils aient le temps « de se repentir.

« Vous avez reçu du ciel des dons admirables ; « s'ils vous ont servi à faire aimer ce qui est bon, « n'avez-vous pas déjà joui d'avoir été un soldat « de la vérité sur la terre? Si vous avez attendri les « cœurs par une éloquence entraînante, vous ob- « tiendrez pour vous quelques-unes des larmes que « vous avez fait couler. Vous avez des ennemis « près de vous, mais des amis au loin, parmi les « solitaires qui vous lisent, et vous avez consolé

« des infortunés mieux que nous ne pouvons vous
« consoler vous-même. Que n'ai-je votre talent,
« pour me faire entendre de vous ! C'est une belle
« chose que le talent, mon fils ; les hommes cher-
« chent souvent à le dénigrer ; ils vous disent à
« tort que nous le condamnons au nom de Dieu ;
« cela n'est pas vrai. C'est une émotion divine que
« celle qui inspire l'éloquence, et si vous n'en avez
« point abusé, sachez supporter l'envie, car une
« telle supériorité vaut bien les peines qu'elle peut
« faire éprouver.

« Néanmoins, mon fils, je le crains, l'orgueil se
« mêle à vos peines, et voilà ce qui leur donne de
« l'amertume ; car toutes les douleurs qui sont
« restées humbles font couler doucement nos
« pleurs ; mais il y a du poison dans l'orgueil, et
« l'homme devient insensé quand il s'y livre : c'est
« un ennemi qui se fait son chevalier, pour mieux
« le perdre.

« Le génie ne doit servir qu'à manifester la bonté
« suprême de l'âme. Il y a beaucoup de gens qui
« ont cette bonté sans le talent de l'exprimer : re-
« merciez Dieu de qui vous tenez le charme de ces
« paroles faites pour enchanter l'imagination des
« hommes ; mais ne soyez fier que du sentiment qui
« vous les dicte. Tout s'apaisera pour vous dans la
« vie, si vous restez toujours religieusement bon ;
« les méchants mêmes se lassent de faire du mal,
« leur propre venin les épuise ; et puis Dieu n'est-il
« pas là pour avoir soin du passereau qui tombe,
« et du cœur de l'homme qui souffre ?

« Vous dites que vos amis veulent vous trahir ;
« prenez garde de les accuser injustement : malheur
« à celui qui aurait repoussé une affection véri-
« table, car ce sont les anges du ciel qui nous l'en-
« voient ; ils se sont réservé cette part dans le
« destin de l'homme ! Ne permettez pas à votre
« imagination de vous égarer ; il faut la laisser pla-
« ner dans les régions des nuages, mais il n'y a
« que le cœur pour juger un autre cœur ; et vous
« seriez bien coupable si vous méconnaissiez une
« amitié sincère : car la beauté de l'âme consiste
« dans sa généreuse confiance, et la prudence hu-
« maine est figurée par un serpent.

« Il se figure toutefois qu'en expiation de quel-
« ques égarements dont vos grandes facultés ont
« été la cause, vous soyez condamné sur cette
« terre à boire la coupe empoisonnée de la trahi-
« son d'un ami. S'il en est ainsi, je vous plains, la
« Divinité même vous a plaint en vous punissant :
« mais ne vous révoltez pas contre ses coups ; ai-
« mez encore, bien qu'aimer ait déchiré votre
« cœur. Dans la solitude la plus profonde, dans

« l'isolement le plus cruel, il ne faut pas laisser
« tarir en soi la source des affections dévouées.
« Pendant longtemps on ne croit pas que Dieu
« puisse être aimé comme on aime ses semblables.
« Une voix qui nous répond, des regards qui se
« confondent avec les nôtres paraissent pleins de
« vie, tandis que le ciel immense se tait : mais par
« degrés l'âme s'élève jusqu'à sentir son Dieu près
« d'elle comme un ami.

« Mon fils, il faut prier comme on aime, en mê-
« lant la prière à toutes nos pensées : il faut prier,
« car alors on n'est plus seul ; et quand la résigna-
« tion descendra doucement en vous, tournez vos
« regards vers la nature ; on dirait que chacun y
« retrouve le passé de sa vie, quand il n'en existe
« plus de traces parmi les hommes. Rêvez à vos
« chagrins comme à vos plaisirs, en contemplant ces
« nuages tantôt sombres et tantôt brillants, que le
« vent fait disparaître ; et soit que la mort vous ait
« ravi vos amis, soit que la vie, plus cruelle en-
« core, ait déchiré vos liens avec eux, vous aperce-
« vrez dans les étoiles leur image divinisée ; ils
« vous apparaîtront tels que vous les reverrez un
« jour. »

CHAPITRE VII

Des philosophes religieux appelés Théosophes.

Lorsque j'ai rendu compte de la philosophie moderne des Allemands, j'ai essayé de tracer une ligne de démarcation entre celle qui s'attache à pénétrer les secrets de l'univers, et celle qui se borne
à l'examen de la nature de notre âme. La même
distinction se fait remarquer parmi les écrivains
religieux : les uns, dont j'ai déjà parlé dans les
chapitres précédents, s'en sont tenus à l'influence
de la religion sur notre cœur ; les autres, tels que
Jacob Bœhme, en Allemagne, Saint-Martin, en
France, et bien d'autres encore, ont cru trouver
dans la révélation du christianisme, des paroles
mystérieuses qui pouvaient servir à dévoiler les
lois de la création. Il faut en convenir, quand on
commence à penser, il est difficile de s'arrêter ;
et soit que la réflexion conduise au scepticisme,
soit qu'elle mène à la foi la plus universelle, on
est souvent tenté de passer des heures entières,
comme les faquirs, à se demander ce que c'est que
la vie. Loin de dédaigner ceux qui sont ainsi dé-
vorés par la contemplation, on ne peut s'empêcher
de les considérer comme les véritables seigneurs de
l'espèce humaine, auprès desquels ceux qui existent sans réfléchir ne sont que des serfs attachés à
la glèbe. Mais comment peut-on se flatter de don-

ner quelque consistance à ces pensées, qui, semblables aux éclairs, replongent dans les ténèbres, après avoir un moment jeté sur les objets d'incertaines lueurs ?

Il peut être intéressant, toutefois, d'indiquer la direction principale des systèmes des théosophes, c'est-à-dire, des philosophes religieux, qui n'ont cessé d'exister en Allemagne, depuis l'établissement du christianisme, et surtout depuis la renaissance des lettres. La plupart des philosophes grecs ont fondé le système du monde sur l'action des éléments; et si l'on en excepte Pythagore et Platon, qui tenaient de l'Orient leur tendance à l'idéalisme, les penseurs de l'antiquité expliquent tous l'organisation de l'univers par des lois physiques. Le christianisme, en allumant la vie intérieure dans le sein de l'homme, devait exciter les esprits à s'exagérer le pouvoir de l'âme sur le corps; les âmes auxquels les doctrines les plus pures sont sujettes, ont amené les visions, la magie blanche (c'est-à-dire, celle qui attribue à la volonté de l'homme, sans l'intervention des esprits infernaux, la possibilité d'agir sur les éléments), toutes les rêveries bizarres enfin qui naissent de la conviction que l'âme est plus forte que la nature. Les secrets d'alchimistes, de magnétiseurs et d'illuminés, s'appuient presque tous sur cet ascendant de la volonté qu'ils portent beaucoup trop loin, mais qui tient de quelque manière néanmoins à la grandeur morale de l'homme.

Non-seulement le christianisme, en affirmant la spiritualité de l'âme, a porté les esprits à croire à la puissance illimitée de la foi religieuse ou philosophique, mais la révélation a paru à quelques hommes un miracle continuel qui pouvait se renouveler pour chacun d'eux, et quelques-uns ont cru sincèrement qu'une divination surnaturelle leur était accordée, et qu'il se manifestait en eux des vérités dont ils étaient plutôt les témoins que les inventeurs. Le plus fameux de ces philosophes religieux, c'est Jacob Bœhme, un cordonnier allemand, qui vivait au commencement du dix-septième siècle; il a fait tant de bruit dans son temps, que Charles Ier envoya un homme exprès à Gorlitz, lieu de sa demeure, pour étudier son livre et le rapporter en Angleterre. Quelques-uns de ses écrits ont été traduits en français par M. de Saint-Martin : ils sont très-difficiles à comprendre, cependant l'on ne peut s'empêcher de s'étonner qu'un homme sans culture d'esprit ait été si loin dans la contemplation de la nature. Il la considère en général comme un emblème des principaux dogmes du christianisme; partout il croit voir dans les

phénomènes du monde les traces de la chute de l'homme et de sa régénération, les effets du principe de la colère et de celui de la miséricorde; et tandis que les philosophes grecs tâchaient d'expliquer le monde par le mélange des éléments de l'air, de l'eau et du feu, Jacob Bœhme n'admet que la combinaison des forces morales, et s'appuie sur des passages de l'Évangile pour interpréter l'univers.

De quelque manière que l'on considère ces singuliers écrits qui, depuis deux cents ans, ont toujours trouvé des lecteurs, ou plutôt des adeptes, on ne peut s'empêcher de remarquer les deux routes opposées que suivent, pour arriver à la vérité, les philosophes spiritualistes et les philosophes matérialistes. Les uns croient que c'est en se dérobant à toutes les impressions du dehors, et en se plongeant dans l'extase de la pensée, qu'on peut deviner la nature; les autres prétendent qu'on ne saurait trop se garder de l'enthousiasme et de l'imagination, dans l'examen des phénomènes de l'univers : l'on dirait que l'esprit humain a besoin de s'affranchir du corps ou de l'âme, pour comprendre la nature, tandis que c'est dans la mystérieuse réunion des deux que consiste le secret de l'existence.

Quelques savants, en Allemagne, affirment qu'on trouve, dans les ouvrages de Jacob Bœhme, des vues très-profondes sur le monde physique; l'on peut dire au moins qu'il y a autant d'originalité dans les hypothèses des philosophes religieux sur la création, que dans celles de Thalès, de Xénophane, d'Aristote, de Descartes et de Leibnitz. Les théosophes déclarent que ce qu'ils pensent leur a été révélé, tandis que les philosophes en général se croient uniquement conduits par leur propre raison; mais puisque les uns et les autres aspirent à connaître le mystère des mystères, que signifient à cette hauteur les mots de raison et de folie? et pourquoi flétrir de la dénomination d'insensés, ceux qui croient trouver dans l'exaltation de grandes lumières ? C'est un mouvement de l'âme d'une nature très-remarquable, et qui ne lui a sûrement pas été donné seulement pour le combattre.

CHAPITRE VIII.

De l'esprit de secte en Allemagne.

L'habitude de la méditation porte à des rêveries de tout genre sur la destinée humaine. La vie active peut seule détourner notre intérêt de la source des choses; mais tout ce qu'il y a de grand ou d'absurde en fait d'idées, est le résultat du mouvement intérieur qu'on ne peut dissiper au dehors. Beaucoup de gens sont très-irrités contre les sectes religieuses ou philosophiques, et leur donnent le nom de folies, et de folies dangereuses. Il me semble que les égarements mêmes de la pensée sont bien moins à craindre pour le repos et la moralité des hommes, que l'absence de la pensée. Quand on n'a pas en soi cette puissance de réflexion qui supplée à l'activité matérielle, on a besoin d'agir sans cesse, et souvent au hasard.

Le fanatisme des idées a quelquefois conduit, il est vrai, à des actions violentes, mais c'est presque toujours parce qu'on a recherché les avantages de ce monde à l'aide des opinions abstraites. Les systèmes métaphysiques sont peu redoutables en eux-mêmes, ils ne le deviennent que quand ils sont réunis à des intérêts d'ambition, et c'est alors de ces intérêts dont il faut s'occuper, si l'on veut modifier les systèmes; mais les hommes capables de s'attacher vivement à une opinion, indépendamment des résultats qu'elle peut avoir, sont toujours d'une noble nature.

Les sectes philosophiques et religieuses qui, sous divers noms, ont existé en Allemagne, n'ont presque point eu de rapport avec les affaires politiques, et le genre de talent nécessaire pour entraîner les hommes à des résolutions vigoureuses, s'est rarement manifesté dans ce pays. On peut disputer sur la philosophie de Kant, sur les questions théologiques, sur l'idéalisme ou l'*empirisme*, sans qu'il en résulte jamais rien que des livres.

L'esprit de secte et l'esprit de parti diffèrent à beaucoup d'égards; l'esprit de parti présente les opinions par ce qu'elles ont de saillant, pour les faire comprendre au vulgaire; et l'esprit de secte, surtout en Allemagne, tend toujours vers ce qu'il a de plus abstrait : il faut, dans l'esprit de parti, saisir le point de vue de la multitude pour s'y placer; les Allemands ne pensent qu'à la théorie, et dût-elle se perdre dans les nuages, ils l'y suivront. L'esprit de parti excite dans les hommes de certaines passions communes qui les réunissent en masse. Les Allemands subdivisent tout, à force d'expliquer, de distinguer et de commenter. Ils ont une sincérité philosophique singulièrement propre à la recherche de la vérité, mais point du tout à l'art de la mettre en œuvre. L'esprit de secte n'aspire qu'à convaincre; l'esprit de parti veut rallier. L'esprit de secte dispute sur les idées; l'esprit de parti veut du pouvoir sur les hommes. Il y a de la discipline dans l'esprit de parti, et de l'anarchie dans l'esprit de secte. L'autorité, quelle qu'elle soit, n'a presque rien à craindre de l'esprit de secte; on le satisfait en laissant une grande latitude à la pensée : mais l'esprit de parti n'est pas si facile à contenter, et ne se borne point à ces conquêtes intellectuelles dans lesquelles chaque individu peut se créer un empire, sans destituer un possesseur.

On est, en France, beaucoup plus susceptible de l'esprit de parti que de l'esprit de secte : on s'y entend trop bien au réel de la vie, pour ne pas transformer en action ce qu'on désire, et en pratique ce qu'on pense; mais peut-être y est-on trop étranger à l'esprit de secte : on n'y tient pas assez aux idées abstraites, pour mettre de la chaleur à les défendre; d'ailleurs, l'on ne veut être lié par aucun genre d'opinions, afin de s'avancer plus libre au-devant de toutes les circonstances. Il y a plus de bonne foi dans l'esprit de secte que dans l'esprit de parti; ainsi les Allemands doivent être bien plus propres à l'un qu'à l'autre.

Il faut distinguer trois espèces de sectes religieuses et philosophiques en Allemagne : premièrement, les différentes communions chrétiennes qui ont existé, surtout à l'époque de la réformation, lorsque tous les esprits se sont tournés vers les questions théologiques; secondement, les associations secrètes, et enfin, les adeptes de quelques systèmes particuliers, dont un homme est le chef. Il faut ranger dans la première classe les anabaptistes et les moraves; dans la seconde, la plus ancienne des associations secrètes, les francs-maçons, et dans la troisième, les différents genres d'illuminés.

Les anabaptistes étaient plutôt une secte révolutionnaire que religieuse; et, comme ils durent leur existence à des passions politiques et non à des opinions, ils passèrent avec les circonstances. Les moraves, tout à fait étrangers aux intérêts de ce monde, sont, comme je l'ai dit, une communion chrétienne de la plus grande pureté. Les quakers portent au milieu de la société les principes des moraves : ceux-ci se retirent du monde, pour être plus sûrs de rester fidèles à ces principes.

La franc-maçonnerie est une institution beaucoup plus sérieuse en Écosse et en Allemagne qu'en France. Elle a existé dans tous les pays; mais il paraît cependant que c'est de l'Allemagne surtout qu'est venue cette association, transportée ensuite en Angleterre par les Anglo-Saxons, et renouvelée, à la mort de Charles Ier, par les partisans de la restauration, qui se rassemblèrent près de l'église de Saint-Paul, pour rappeler Charles II sur le trône. On croit aussi que les francs-maçons, surtout en Écosse, se rattachent de quelque manière à l'ordre des Templiers. Lessing a écrit sur la franc-maçonnerie un dialogue où son génie lumineux se fait éminemment remarquer. Il affirme que cette association a pour but de réunir les hommes, malgré les barrières établies par la société ; car si, sous quelques rapports, l'état social forme un lien entre les hommes, en les soumettant à l'empire des lois, il les sépare par les différences de rang et de gouvernement : cette fraternité, véritable image de l'âge d'or, a été mêlée dans la franc-maçonnerie à beaucoup d'autres idées qui sont aussi bonnes et morales. On ne saurait se dissimuler cependant qu'il est dans la nature des associations secrètes de porter les esprits vers l'indépendance ; mais ces associations sont très-favorables au développement des lumières ; car tout ce que les hommes font par eux-mêmes et spontanément donne à leur jugement plus de force et d'étendue.

Il se peut aussi que les principes de l'égalité démocratique se propagent par ce genre d'institutions, qui met les hommes en évidence d'après leur valeur réelle, et non d'après leur rang dans le monde. Les associations secrètes apprennent quelle est la puissance du nombre et de la réunion, tandis que les citoyens isolés sont, pour ainsi dire, des êtres abstraits les uns pour les autres. Sous ce rapport, ces associations pourraient avoir une grande influence dans l'État ; mais il est juste cependant de reconnaître que la franc-maçonnerie ne s'occupe en général que des intérêts religieux et philosophiques.

Ses membres se divisent entre eux en deux classes : la franc-maçonnerie philosophique, et la franc-maçonnerie hermétique ou égyptienne. La première a pour objet l'église intérieure, ou le développement de la spiritualité de l'âme ; la seconde se rapporte aux sciences, à celles qui s'occupent des secrets de la nature. Les frères rose-croix, entre autres, sont un des grades de la franc-maçonnerie, et les frères rose-croix, dans l'origine, étaient alchimistes.

De tout temps, et dans tous les pays, il a existé des associations secrètes, dont les membres avaient pour but de se fortifier mutuellement dans la croyance à la spiritualité de l'âme ; les mystères d'Éleusis, chez les païens, la secte des Esséniens, chez les Hébreux, étaient fondés sur cette doctrine, qu'on ne voulait pas profaner en la livrant aux plaisanteries du vulgaire. Il y a près de trente ans qu'à Wilhelms-Bad il y eut une assemblée de francs-maçons présidée par le duc de Brunswick ; cette assemblée avait pour objet la réforme des francs-maçons d'Allemagne, et il paraît que les opinions mystiques en général, et celles de Saint-Martin en particulier, influèrent beaucoup sur cette réunion. Les institutions politiques, les relations sociales, et souvent même celles de famille, ne prennent que l'extérieur de la vie : il est donc naturel que de tout temps on ait cherché quelque manière intime de se reconnaître et de s'entendre ; et tous ceux dont le caractère a quelque profondeur se croient des adeptes, et cherchent à se distinguer par quelques signes du reste des hommes. Les associations secrètes dégénèrent avec le temps ; mais leur principe est presque toujours un sentiment d'enthousiasme comprimé par la société.

Il y a trois classes d'illuminés : les illuminés mystiques, les illuminés visionnaires, et les illuminés politiques. La première, celle dont Jacob Bœhme, et, dans le dernier siècle, Pasqualis et Saint-Martin peuvent être considérés comme les chefs, tient par divers liens à cette église intérieure, sanctuaire de ralliement pour tous les philosophes religieux ; ces illuminés s'occupent uniquement de la religion, et de la nature interprétée par les dogmes de la religion.

Les illuminés visionnaires, à la tête desquels on doit placer le Suédois Swedenborg, croient que par la puissance de la volonté ils peuvent faire apparaître des morts et opérer des miracles. Le feu roi de Prusse, Frédéric-Guillaume, a été induit en erreur par la crédulité de ces hommes, ou par leurs ruses, qui avaient l'apparence de la crédulité. Les illuminés idéalistes dédaignent ces illuminés visionnaires comme des empiriques ; ils méprisent leurs prétendus prodiges, et pensent que la merveille des sentiments de l'âme doit l'emporter à elle seule sur toutes les autres.

Enfin, des hommes qui n'avaient pour but que de s'emparer de l'autorité dans tous les États, et de se faire donner des places, ont pris le nom d'illuminés ; leur chef était un Bavarois, Weisshaupt, homme d'un esprit supérieur, et qui avait très-bien senti la puissance qu'on pouvait acquérir en réunissant les forces éparses des individus, et en les dirigeant toutes vers un même but. Un secret, quel qu'il soit, flatte l'amour-propre des hommes ; et quand on leur dit qu'ils sont de quelque chose dont leurs pareils ne sont pas, on acquiert toujours de l'empire sur eux. L'amour-propre se blesse de ressembler à la multitude ; et dès qu'on veut donner des marques de distinction, connues ou cachées, on est sûr de mettre en mouvement l'imagination de la vanité, la plus active de toutes.

Les illuminés politiques n'avaient pris des autres illuminés que quelques signes pour se reconnaître, mais les intérêts, et non les opinions, leur servaient de point de ralliement. Ils avaient pour but, il est vrai, de reformer l'ordre social sur de nouveaux principes; toutefois, en attendant l'accomplissement de ce grand œuvre, ce qu'ils voulaient d'abord, c'était de s'emparer des emplois publics. Une telle secte a, par tout pays, bien des adeptes qui s'initient d'eux-mêmes à ses secrets : en Allemagne, cependant, cette secte est la seule peut-être qui ait été fondée sur une combinaison politique; toutes les autres sont nées d'un enthousiasme quelconque, et n'ont eu que la recherche de la vérité pour but.

Parmi les hommes qui s'efforcent de pénétrer les secrets de la nature, il faut compter les alchimistes, les magnétiseurs, etc. Il est probable qu'il y a beaucoup de folie dans ces prétendues découvertes; mais qu'y peut-on trouver d'effrayant? Si l'on arrivait à reconnaître dans les phénomènes physiques ce qu'on appelle du merveilleux, on en aurait avec raison de la joie. Il y a des moments où la nature paraît une machine qui se meut constamment par les mêmes ressorts, et c'est alors que son inflexible régularité fait peur; mais quand on croit entrevoir en elle quelque chose de spontané comme la pensée, un espoir confus s'empare de l'âme, et nous dérobe au regard fixe de la nécessité.

Au fond de tous ces essais et de tous ces systèmes scientifiques et philosophiques, il y a toujours une tendance très-marquée vers la spiritualité de l'âme. Ceux qui veulent deviner les secrets de la nature, sont très-opposés aux matérialistes; car c'est toujours dans la pensée qu'ils cherchent la solution de l'énigme du monde physique. Sans doute un tel mouvement dans les esprits pourrait conduire à de grandes erreurs; mais il en est ainsi de tout ce qui est animé; dès qu'il y a vie, il y a danger.

Les efforts individuels finiraient par être interdits, si l'on s'asservissait à la méthode qui régulariserait les mouvements de l'esprit, comme la discipline commande à ceux du corps. Le problème consiste donc à guider les facultés sans les comprimer; et l'on voudrait qu'il fût possible d'adapter à l'imagination des hommes l'art encore inconnu de s'élever avec des ailes, et de diriger le vol dans les airs.

CHAPITRE IX.

De la contemplation de la nature.

En parlant de l'influence de la nouvelle philosophie sur les sciences, j'ai déjà fait mention de quelques-uns des nouveaux principes adoptés en Allemagne, relativement à l'étude de la nature; mais comme la religion et l'enthousiasme ont une grande part dans la contemplation de l'univers, j'indiquerai d'une manière générale les vues politiques et religieuses qu'on peut recueillir à cet égard dans les ouvrages allemands.

Plusieurs physiciens, guidés par un sentiment de piété, ont cru devoir s'en tenir à l'examen des causes finales; ils ont essayé de prouver que tout dans le monde tend au maintien et au bien-être physique des individus et des espèces. On peut faire, ce me semble, des objections très-fortes contre ce système. Sans doute, il est aisé de voir que dans l'ordre des choses les moyens répondent admirablement à leurs fins; mais dans cet enchaînement universel, où s'arrêtent ces causes qui sont effets, et ces effets qui sont causes? Veut-on rapporter tout à la conservation de l'homme : on aura de la peine à concevoir ce qu'elle a de commun avec la plupart des êtres. D'ailleurs, c'est attacher trop de prix à l'existence matérielle que de la donner pour dernier but à la création.

Ceux qui, malgré la foule immense des malheurs particuliers, attribuent un certain genre de bonté à la nature, la considèrent comme un spéculateur en grand qui se retire sur le nombre. Ce système ne convient pas même à un gouvernement, et des écrivains scrupuleux en économie politique l'ont combattu. Que serait-ce donc, lorsqu'il s'agit des intentions de la Divinité? Un homme, religieusement considéré, est autant que la race humaine entière; et dès qu'on a conçu l'idée d'une âme immortelle, il ne doit pas être possible d'admettre le plus ou le moins d'importance d'un individu relativement à tous. Chaque être intelligent est d'une valeur infinie, puisqu'il doit durer toujours. C'est donc d'après un point de vue plus élevé que les philosophes allemands ont considéré l'univers.

Il en est qui croient voir en tout deux principes, celui du bien et celui du mal, se combattant sans cesse; et soit qu'on attribue ce combat à une puissance infernale, soit, ce qui est plus simple à penser, que le monde physique puisse être l'image des bons et des mauvais penchants de l'homme, toujours est-il vrai que ce monde offre à l'observation deux faces absolument contraires.

Il y a, l'on ne saurait le nier, un côté terrible dans la nature, comme dans le cœur humain, et l'on y sent une redoutable puissance de colère. Quelle que soit la bonne intention des partisans de l'optimisme, plus de profondeur se fait remarquer, ce me semble, dans ceux qui ne nient pas le mal, mais qui comprennent la connexion de ce mal avec la liberté de l'homme, avec l'immortalité qu'elle peut lui mériter.

Les écrivains mystiques, dont j'ai parlé dans les chapitres précédents, voient dans l'homme l'abrégé du monde, et dans le monde l'emblème des dogmes du christianisme. La nature leur paraît l'image corporelle de la Divinité, et ils se plongent toujours plus avant dans la signification profonde des choses et des êtres.

Parmi les écrivains allemands qui se sont occupés de la contemplation de la nature sous des rapports religieux, deux méritent une attention particulière : Novalis comme poëte, et Schubert comme physicien. Novalis, homme d'une naissance illustre, était initié dès sa jeunesse dans les études de tout genre que la nouvelle école a développées en Allemagne; mais son âme pieuse a donné un grand caractère de simplicité à ses poésies. Il est mort à vingt-six ans; et c'est lorsqu'il n'était déjà plus que les chants religieux qu'il a composés ont acquis en Allemagne une célébrité touchante. Le père de ce jeune homme est morave; et, quelque temps après la mort de son fils, il alla visiter une communauté de ses frères en religion, et dans leur église il entendit chanter les poésies de son fils, que les moraves avaient choisies pour s'édifier, sans en connaître l'auteur.

Parmi les œuvres de Novalis, on distingue des hymnes à la nuit, qui peignent avec une grande force le recueillement qu'elle fait naître dans l'âme. L'éclat du jour peut convenir à la joyeuse doctrine du paganisme; mais le ciel étoilé paraît le véritable temple du culte le plus pur. C'est dans l'obscurité des nuits, dit un poëte allemand, que l'immortalité s'est révélée à l'homme; la lumière du soleil éblouit les yeux qui croient voir. Des stances de Novalis sur la vie des mineurs renferment une poésie animée, d'un très-grand effet; il interroge la terre qu'on rencontre dans les profondeurs, parce qu'elle fut le témoin des diverses révolutions que la nature a subies; et il exprime un désir énergique de pénétrer toujours plus avant vers le centre du globe. Le contraste de cette immense curiosité avec la vie si fragile qu'il faut exposer pour la satisfaire, cause une émotion sublime. L'homme est placé sur la terre entre l'infini des cieux et l'infini des abîmes; et sa vie, dans le temps, est aussi de même entre deux éternités. De toutes parts entouré par des idées et des objets sans bornes, des pensées innombrables lui apparaissent, comme des milliers de lumières qui se confondent et l'éblouissent.

Novalis a beaucoup écrit sur la nature en général; il se nomme lui-même, avec raison, le disciple de Saïs, parce que c'est dans cette ville qu'était fondé le temple d'Isis, et que les traditions qui nous restent des mystères des Égyptiens, portent à croire que leurs prêtres avaient une connaissance approfondie des lois de l'univers.

« L'homme est avec la nature, dit Novalis, « dans des relations presque aussi variées, pres- « que aussi inconcevables que celles qu'il entre- « tient avec ses semblables; et comme elle se met « à la portée des enfants, et se complaît avec leurs « simples cœurs, de même elle se montre sublime « aux esprits élevés, et divine aux êtres divins. « L'amour de la nature prend diverses formes, et « tandis qu'elle n'excite dans les uns que la joie « et la volupté, elle inspire aux autres la religion « la plus pieuse, celle qui donne à toute la vie une « direction et un appui. Déjà chez les peuples an- « ciens, il y avait des âmes sérieuses pour qui « l'univers était l'image de la Divinité, et d'autres « qui se croyaient seulement invitées au festin « qu'elle donne : l'air n'était, pour ces convives « de l'existence, qu'une boisson rafraîchissante; « les étoiles, que des flambeaux qui présidaient « aux danses pendant la nuit, et les plantes et les « animaux, que les magnifiques apprêts d'un splen- « dide repas; la nature ne s'offrait pas à leurs « yeux comme un temple majestueux et tranquille, « mais comme le théâtre brillant de fêtes tou- « jours nouvelles.

« Dans ce même temps, néanmoins, des esprits « plus profonds s'occupaient sans relâche à re- « construire le monde idéal, dont les traces avaient « déjà disparu; ils se partageaient en frères les « travaux les plus sacrés; les uns cherchaient à « reproduire, par la musique, les voix de la forêt « et de l'air; les autres imprimaient l'image et le « pressentiment d'une race plus noble sur la pierre « et l'airain, changeaient les rochers en édifices, « et mettaient au jour les trésors cachés dans la « terre. La nature, civilisée par l'homme, sembla « répondre à ses souhaits : l'imagination de l'ar- « tiste osa l'interroger, et l'âge d'or parut renaî- « tre à l'aide de la pensée.

« Il faut, pour connaître la nature, devenir un « avec elle. Une vie poétique et recueillie, une « âme sainte et religieuse, toute la force et toute « la fleur de l'existence humaine, sont nécessaires « pour la comprendre, et le véritable observateur « est celui qui sait découvrir l'analogie de cette « nature avec l'homme, et celle de l'homme avec « le ciel. »

Schubert a composé sur la nature un livre qu'on ne saurait se lasser de lire, tant il est rempli d'idées qui excitent à la méditation; il présente le tableau des effets nouveaux, dont l'enchaînement est conçu sous de nouveaux rapports. Deux idées principales restent de son ouvrage; les Indiens croient à la métempsycose descendante, c'est-à-dire, à celle qui condamne l'âme de l'homme à passer dans les animaux et dans les plantes, pour le punir d'avoir mal usé de la vie. L'on peut difficilement se figurer un système d'une plus profonde tristesse, et les ouvrages des Indiens en portent la douloureuse empreinte. On croit voir partout, dans les animaux et les plantes, la pensée captive et le sentiment renfermé s'efforcer en vain de se dégager des formes grossières et muettes qui les enchaînent. Le système de Schubert est plus consolant; il se représente la nature comme une métempsycose ascendante, dans laquelle, depuis la pierre jusqu'à l'existence humaine, il y a une promotion continuelle qui fait avancer le principe vital de degrés en degrés, jusqu'au perfectionnement le plus complet.

Schubert croit aussi qu'il a existé des époques où l'homme avait un sentiment si vif et si délicat des phénomènes existants, qu'il devinait, par ses propres impressions, les secrets les plus cachés de la nature. Ces facultés primitives se sont émoussées, et c'est souvent l'irritabilité maladive des nerfs qui, en affaiblissant la puissance du raisonnement, rend à l'homme l'instinct qu'il devait jadis à la plénitude même de ses forces. Les travaux des philosophes, des savants et des poëtes, en Allemagne, ont pour but de diminuer l'aride puissance du raisonnement, sans obscurcir en rien les lumières. C'est ainsi que l'imagination du monde ancien peut renaître, comme le phénix, des cendres de toutes les erreurs.

La plupart des physiciens ont voulu expliquer, ainsi que je l'ai déjà dit, la nature comme un bon gouvernement, dans lequel tout est conduit d'après de sages principes administratifs; mais c'est en vain qu'on veut transporter ce système prosaïque dans la création. Le terrible ni même le beau ne sauraient être expliqués par cette théorie circonscrite, et la nature est tour à tour trop cruelle et trop magnifique pour qu'on puisse la soumettre au genre de calcul admis dans le jugement des choses de ce monde.

Il y a des objets hideux en eux-mêmes, dont l'impression sur nous est inexplicable; de certaines figures d'animaux, de certaines formes de plantes, de certaines combinaisons de couleurs, révoltent nos sens, bien que nous ne puissions nous rendre compte des causes de cette répugnance; on dirait que ces contours disgracieux, que ces images rebutantes rappellent la bassesse et la perfidie, quoique rien dans les analogies du raisonnement ne puisse expliquer une telle association d'idées. La physionomie de l'homme ne tient point uniquement, comme l'ont prétendu quelques écrivains, au dessin plus ou moins prononcé des traits; il passe dans le regard et dans les mouvements du visage je ne sais quelle expression de l'âme impossible à méconnaître, et c'est surtout dans la figure humaine qu'on apprend ce qu'il y a d'extraordinaire et d'inconnu dans les harmonies de l'esprit et du corps.

Les accidents et les malheurs, dans l'ordre physique, ont quelque chose de si rapide, de si impitoyable, de si inattendu, qu'ils paraissent tenir du prodige; la maladie et ses fureurs sont comme une vie méchante qui s'empare tout à coup de la vie paisible. Les affections du cœur nous font sentir la barbarie de cette nature qu'on veut nous représenter comme si douce. Que de dangers menacent une tête chérie! Sous combien de métamorphoses la mort ne se déguise-t-elle pas autour de nous! il n'y a pas un beau jour qui ne puisse recéler la foudre, pas une fleur dont les sucs ne puissent être empoisonnés, pas un souffle de l'air qui ne puisse apporter avec lui une contagion funeste, et la nature semble une amante jalouse prête à percer le sein de l'homme, au moment même où il s'enivre de ses dons.

Comment comprendre le but de tous ces phénomènes, si l'on s'en tient à l'enchaînement ordinaire de nos manières de juger? Comment peut-on considérer les animaux, sans se plonger dans l'étonnement que fait naître leur mystérieuse existence? Un poëte les a nommés *les rêves de la nature*, *dont l'homme est le réveil*. Dans quel but ont-ils été créés? Que signifient ces regards qui semblent couverts d'un nuage obscur, derrière lequel une idée voudrait se faire jour? Quels rapports ont-ils avec nous? Qu'est-ce que la part de vie dont ils jouissent? Un oiseau survit à l'homme de génie, et je ne sais quel bizarre désespoir saisit le cœur, quand on a perdu ce qu'on aime, et qu'on voit le souffle de l'existence animer encore un insecte, qui se meut sur la terre, d'où le plus noble objet a disparu.

La contemplation de la nature accable la pensée; on se sent avec elle des rapports qui ne tiennent ni au bien ni au mal qu'elle peut nous faire; mais son âme visible vient chercher la nôtre dans notre sein, et s'entretient avec nous. Quand les ténèbres nous épouvantent, ce ne sont pas toujours les périls auxquels elles nous exposent que nous redoutons, mais c'est la sympathie de la nuit avec tous les genres de privations et de douleurs dont nous sommes pénétrés. Le soleil, au contraire, est comme une émanation de la Divinité, comme le messager éclatant d'une prière exaucée; ses rayons descendent sur la terre, non-seulement pour guider les travaux de l'homme, mais pour exprimer de l'amour à la nature.

Les fleurs se tournent vers la lumière, afin de l'accueillir; elles se renferment pendant la nuit, et le matin et le soir elles semblent exhaler en parfums leurs hymnes de louanges. Quand on élève ces fleurs dans l'obscurité, pâles, elles ne revêtent plus leurs couleurs accoutumées; mais quand on les rend au jour, le soleil réfléchit en elles ses rayons variés comme dans l'arc-en-ciel, et l'on dirait qu'il se mire avec orgueil dans la beauté dont il les a parées. Le sommeil des végétaux, pendant de certaines heures et de certaines saisons de l'année, est d'accord avec le mouvement de la terre; elle entraîne dans les régions qu'elle parcourt la moitié des plantes, des animaux et des hommes endormis. Les passagers de ce grand vaisseau qu'on appelle le monde se laissent bercer dans le cercle que décrit leur voyageuse demeure.

La paix et la discorde, l'harmonie et la dissonance qu'un lien secret réunit, sont les premières lois de la nature; et, soit qu'elle se montre redoutable ou charmante, l'unité sublime qui la caractérise se fait toujours reconnaître. La flamme se précipite en vagues comme les torrents; les nuages qui parcourent les airs prennent quelquefois la forme des montagnes et des vallées, et semblent imiter en se jouant l'image de la terre. Il est dit dans *la Genèse* « que le Tout-Puissant sépara « les eaux de la terre des eaux du ciel, et les sus- « pendit dans les airs. » Le ciel est en effet un noble allié de l'Océan; l'azur du firmament se fait voir dans les ondes, et les vagues se peignent dans les nues. Quelquefois, quand l'orage se prépare dans l'atmosphère, la mer frémit au loin, et l'on dirait qu'elle répond, par le trouble de ses flots, au mystérieux signal qu'elle a reçu de la tempête.

M. de Humboldt dit, dans ses *Vues scientifiques et poétiques sur l'Amérique méridionale*, qu'il a été témoin d'un phénomène observé dans l'Égypte, et qu'on appelle *mirage*. Tout à coup, dans les déserts les plus arides, la réverbération de l'air prend l'apparence des lacs ou de la mer, et les animaux eux-mêmes, haletant de soif, s'élancent vers ces images trompeuses, espérant s'y désaltérer. Les diverses figures que la gelée trace sur le verre offrent encore un nouvel exemple de ces analogies merveilleuses; les vapeurs condensées par le froid dessinent des paysages semblables à ceux qui se font remarquer dans les contrées septentrionales : des forêts de pins, des montagnes hérissées reparaissent sous ces blanches couleurs, et la nature glacée se plaît à contrefaire ce que la nature animée a produit.

Non-seulement la nature se répète elle-même, mais elle semble vouloir imiter les ouvrages des hommes, et leur donner ainsi un témoignage singulier de sa correspondance avec eux. On raconte que, dans les îles voisines du Japon, les nuages présentent aux regards l'aspect de bâtiments réguliers. Les beaux-arts ont aussi leur type dans la nature, et ce luxe de l'existence est plus soigné par elle encore que l'existence même : la symétrie des formes, dans le règne végétal et minéral, a servi de modèle aux architectes, et le reflet des objets et des couleurs dans l'onde donne l'idée des illusions de la peinture; le vent, dont le murmure se prolonge sous les feuilles tremblantes, nous révèle la musique; et l'on dit même que sur les côtes de l'Asie, où l'atmosphère est plus pure, on entend quelquefois le soir une harmonie plaintive et douce, que la nature semble adresser à l'homme, afin de lui apprendre qu'elle respire, qu'elle aime et qu'elle souffre.

Souvent, à l'aspect d'une belle contrée, on est tenté de croire qu'elle a pour unique but d'exciter en nous des sentiments élevés et nobles. Je ne sais quel rapport existe entre les cieux et la fierté du cœur, entre les rayons de la lune qui reposent sur la montagne et le calme de la conscience, mais ces objets nous parlent un beau langage, et l'on peut s'abandonner au tressaillement qu'ils causent; l'âme s'en trouvera bien. Quand, le soir, à l'extrémité du paysage, le ciel semble toucher de si près à la terre, l'imagination se figure, par delà l'horizon, un asile de l'espérance, une patrie de l'amour, et la nature semble répéter silencieusement que l'homme est immortel.

La succession continuelle de mort et de naissance, dont le monde physique est le théâtre, produirait l'impression la plus douloureuse, si l'on ne croyait pas y voir la trace de la résurrection de toutes choses; et c'est le véritable point de vue religieux de la contemplation de la nature, que cette manière de la considérer. On finirait par mourir de pitié, si l'on se bornait en tout à la terrible idée de l'irréparable : aucun animal ne périt sans qu'on puisse le regretter, aucun arbre ne tombe sans que l'idée qu'on ne le reverra plus dans sa beauté n'excite en nous une réflexion douloureuse. Enfin, les objets inanimés eux-mêmes font mal, quand leur décadence oblige à s'en séparer : la maison, les meubles qui ont servi à ceux que nous avons aimés, nous intéressent, et ces objets mêmes excitent en nous quelquefois une sorte de sympathie indépendante des souvenirs qu'ils retracent; on regrette la forme qu'on leur a connue, comme si cette forme en faisait des êtres qui nous ont vus vivre, et qui devaient nous voir mourir. Si le temps n'avait pas pour antidote l'éternité, on s'attacherait à chaque moment pour le retenir, à chaque son pour le fixer, à chaque regard pour en prolonger l'éclat, et les jouissances n'existeraient que l'instant qu'il nous faut pour sentir qu'elles passent, et pour arroser de larmes leurs traces, que l'abîme des jours doit aussi dévorer.

Une réflexion nouvelle m'a frappée, dans les écrits qui m'ont été communiqués par un homme dont l'imagination est pensive et profonde; il compare ensemble les ruines de la nature, celles de l'art et celles de l'humanité. « Les premières, dit-il, sont philosophiques, les secondes poétiques, et les dernières mystérieuses. » Une chose bien digne de remarque, en effet, c'est l'action si différente des années sur la nature, sur les ouvrages du génie et sur les créatures vivantes. Le temps n'outrage que l'homme : quand les montagnes s'abîment dans les vallées, la terre change seulement de face; un aspect nouveau excite dans notre esprit de nouvelles pensées, et la force vivifiante subit une métamorphose, mais non un dépérissement; les ruines des beaux-arts parlent à l'imagination, elle reconstruit ce que le temps a fait disparaître, et jamais peut-être un chef-d'œuvre dans tout son éclat n'a pu donner l'idée de la grandeur autant que les ruines mêmes de ce chef-d'œuvre. On se représente les monuments à demi détruits, revêtus de toutes les beautés qu'on suppose toujours à ce qu'on regrette : mais qu'il est loin d'en être ainsi des ravages de la vieillesse !

A peine peut-on croire que la jeunesse embellissait ce visage dont la mort a déjà pris possession : quelques physionomies échappent par la splendeur de l'âme à la dégradation; mais la figure humaine, dans sa décadence, prend souvent une expression vulgaire, qui permet à peine la pitié. Les animaux perdent avec les années, il est vrai, leur force et leur agilité; mais l'incarnat de la vie ne se change point pour eux en livides couleurs, et leurs yeux éteints ne ressemblent pas à des lampes funéraires,

qui jettent de pâles clartés sur un visage flétri. Lors même qu'à la fleur de l'âge la vie se retire du sein de l'homme, ni l'admiration que font naître les bouleversements de la nature, ni l'intérêt qu'excitent les débris des monuments, ne peuvent s'attacher au corps inanimé de la plus belle des créatures. L'amour qui chérissait cette figure enchanteresse, l'amour ne peut en supporter les restes, et rien de l'homme ne demeure après lui sur la terre, qui ne fasse frémir même ses amis.

Ah! quel enseignement que les horreurs de la destruction acharnée ainsi sur la race humaine ! N'est-ce pas pour annoncer à l'homme que sa vie est ailleurs ? La nature l'humilierait-elle à ce point, si la Divinité ne voulait pas le relever?

Les vraies causes finales de la nature, ce sont ses rapports avec notre âme et avec notre sort immortel; les objets physiques eux-mêmes ont une destination qui ne se borne point à la courte existence de l'homme ici-bas; ils sont là pour concourir au développement de nos pensées, à l'œuvre de notre vie morale. Les phénomènes de la nature ne doivent pas être compris seulement d'après les lois de la matière, quelque bien combinées qu'elles soient; ils ont un sens philosophique et un but religieux, dont la contemplation la plus attentive ne pourra jamais connaître toute l'étendue.

CHAPITRE X.

De l'enthousiasme.

Beaucoup de gens sont prévenus contre l'enthousiasme; ils le confondent avec le fanatisme, et c'est une grande erreur. Le fanatisme est une passion exclusive, dont une opinion est l'objet; l'enthousiasme se rallie à l'harmonie universelle : c'est l'amour du beau, l'élévation de l'âme, la jouissance du dévouement, réunis dans un même sentiment qui a de la grandeur et du calme. Le sens de ce mot, chez les Grecs, en est la plus noble définition : l'enthousiasme signifie *Dieu en nous*. En effet, quand l'existence de l'homme est expansive, elle a quelque chose de divin.

Tout ce qui nous porte à sacrifier notre propre bien-être, ou notre propre vie, est presque toujours de l'enthousiasme; car le droit chemin de la raison égoïste doit être de se prendre soi-même pour but de tous ses efforts, et de n'estimer dans ce monde que la santé, l'argent et le pouvoir. Sans doute la conscience suffit pour conduire le caractère le plus froid dans la route de la vertu; mais l'enthousiasme est à la conscience ce que l'honneur est au devoir : il y a en nous un superflu d'âme qu'il est doux de consacrer à ce qui est beau, quand ce qui est bien est accompli. Le génie et l'imagination ont aussi besoin qu'on soigne un peu leur bonheur dans ce monde ; et la loi du devoir, quelque sublime qu'elle soit, ne suffit pas pour faire goûter toutes les merveilles du cœur et de la pensée.

On ne saurait le nier, les intérêts de la personnalité pressent l'homme de toutes parts ; il y a même dans ce qui est vulgaire une certaine jouissance dont beaucoup de gens sont très-susceptibles, et l'on retrouve souvent les traces de penchants ignobles sous l'apparence des manières les plus distinguées. Les talents supérieurs ne garantissent pas toujours de cette nature dégradée, qui dispose sourdement de l'existence des hommes, et leur fait placer leur bonheur plus bas qu'eux-mêmes. L'enthousiasme seul peut contre-balancer la tendance à l'égoïsme, et c'est à ce signe divin qu'il faut reconnaître les créatures immortelles. Lorsque vous parlez à quelqu'un sur des sujets dignes d'un saint respect, vous apercevez d'abord s'il éprouve un noble frémissement, si son cœur bat pour des sentiments élevés, s'il a fait alliance avec l'autre vie, ou bien s'il n'a qu'un peu d'esprit qui lui sert à diriger le mécanisme de l'existence. Et qu'est-ce donc que l'être humain, quand on ne voit en lui qu'une prudence dont son propre avantage est l'objet ? L'instinct des animaux vaut mieux, car il est quelquefois généreux et fier ; mais ce calcul, qui semble l'attribut de la raison, finit par rendre incapable de la première des vertus, le dévouement.

Parmi ceux qui s'essayent à tourner les sentiments exaltés en ridicule, plusieurs en sont pourtant susceptibles à leur insu. La guerre, fût-elle entreprise par des vues personnelles, donne toujours quelques-unes des jouissances de l'enthousiasme ; l'enivrement d'un jour de bataille, le plaisir singulier de s'exposer à la mort, quand toute notre nature nous commande d'aimer la vie, c'est encore à l'enthousiasme qu'il faut l'attribuer. La musique militaire, le hennissement des chevaux, l'explosion de la poudre, cette foule de soldats revêtus des mêmes couleurs, émus par le même désir, se rangeant autour des mêmes bannières, font éprouver une émotion qui triomphe de l'instinct conservateur de l'existence ; et cette jouissance est si forte, que ni les fatigues, ni les souffrances, ni les périls, ne peuvent en déprendre les âmes. Quiconque a vécu de cette vie n'aime qu'elle. Le but atteint ne satisfait jamais ; c'est l'action de se risquer qui est nécessaire, c'est elle qui fait

passer l'enthousiasme dans le sang ; et, quoiqu'il soit plus pur au fond de l'âme, il est encore d'une noble nature, lors même qu'il a pu devenir une impulsion presque physique.

On accuse souvent l'enthousiasme sincère de ce qui ne peut être reproché qu'à l'enthousiasme affecté ; plus un sentiment est beau, plus la fausse imitation de ce sentiment est odieuse. Usurper l'admiration des hommes, est ce qu'il y a de plus coupable, car on tarit en eux la source des bons mouvements en les faisant rougir de les avoir éprouvés. D'ailleurs rien n'est plus pénible que les sons faux qui semblent sortir du sanctuaire même de l'âme ; la vanité peut s'emparer de tout ce qui est extérieur, il n'en résultera d'autre mal que de la prétention et de la disgrâce ; mais quand elle se met à contrefaire les sentiments les plus intimes, il semble qu'elle viole le dernier asile où l'on espérait lui échapper. Il est facile cependant de reconnaître la sincérité de l'enthousiasme ; c'est une mélodie si pure, que le moindre désaccord en détruit tout le charme ; un mot, un accent, un regard expriment l'émotion concentrée qui répond à toute une vie. Les personnes qu'on appelle sévères dans le monde ont très-souvent en elles quelque chose d'exalté. La force qui soumet les autres peut n'être qu'un froid calcul ; la force qui triomphe de soi-même est toujours inspirée par un sentiment généreux.

Loin qu'on puisse redouter les excès de l'enthousiasme, il porte peut-être en général à la tendance contemplative, qui nuit à la puissance d'agir : les Allemands en sont une preuve ; aucune nation n'est plus capable de sentir et de penser ; mais quand le moment de prendre un parti est arrivé, l'étendue même des conceptions nuit à la décision du caractère. Le caractère et l'enthousiasme diffèrent à beaucoup d'égards : il faut choisir son but par l'enthousiasme, mais l'on doit y marcher par le caractère ; la pensée n'est rien sans l'enthousiasme, ni l'action sans le caractère ; l'enthousiasme est tout pour les nations littéraires, le caractère est tout pour les nations agissantes : les nations libres ont besoin de l'un et de l'autre.

L'égoïsme se plaît à parler sans cesse des dangers de l'enthousiasme ; c'est une véritable dérision que cette prétendue crainte ; si les habiles de ce monde voulaient être sincères, ils diraient que rien ne leur convient mieux que d'avoir affaire à ces personnes pour qui tant de moyens sont impossibles, et qui peuvent si facilement renoncer à ce qui occupe la plupart des hommes.

Cette disposition de l'âme a de la force, malgré

sa douceur, et celui qui la ressent sait y puiser une noble constance. Les orages des passions s'apaisent, les plaisirs de l'amour-propre se flétrissent, l'enthousiasme seul est inaltérable ; l'âme elle-même s'affaisserait dans l'existence physique, si quelque chose de fier et d'animé ne l'arrachait pas au vulgaire ascendant de l'égoïsme : cette dignité morale, à laquelle rien ne saurait porter atteinte, est ce qu'il y a de plus admirable dans le don de l'existence ; c'est pour elle que dans les peines les plus amères, il est encore beau d'avoir vécu, comme il serait beau de mourir.

Examinons maintenant l'influence de l'enthousiasme sur les lumières et sur le bonheur. Ces dernières réflexions termineront le cours des pensées auxquelles les différents sujets que j'avais à parcourir m'ont conduite.

CHAPITRE XI.

De l'influence de l'enthousiasme sur les lumières.

Ce chapitre est, à quelques égards, le résumé de tout mon ouvrage ; car l'enthousiasme étant la qualité vraiment distinctive de la nation allemande, on peut juger de l'influence qu'il exerce sur les lumières, d'après les progrès de l'esprit humain en Allemagne. L'enthousiasme prête de la vie à ce qui est invisible, et de l'intérêt à ce qui n'a point d'action immédiate sur notre bien-être dans ce monde ; il n'y a donc point de sentiment plus propre à la recherche des vérités abstraites ; aussi sont-elles cultivées en Allemagne avec une ardeur et une loyauté remarquables.

Les philosophes que l'enthousiasme inspire, sont peut-être ceux qui ont le plus d'exactitude et de patience dans leurs travaux ; ce sont en même temps ceux qui songent le moins à briller ; ils aiment la science pour elle-même, et ne se comptent pour rien, dès qu'il s'agit de l'objet de leur culte : la nature physique suit sa marche invariable à travers la destruction des individus ; la pensée de l'homme prend un caractère sublime, quand il parvient à se considérer lui-même d'un point de vue universel ; il sert alors en silence aux triomphes de la vérité, et la vérité est, comme la nature, une force qui n'agit que par un développement progressif et régulier.

On peut dire avec quelque raison que l'enthousiasme porte à l'esprit de système ; quand on tient beaucoup à ses idées, on voudrait y tout rattacher ; mais en général il est plus aisé de traiter avec les opinions sincères qu'avec les opinions adoptées par vanité. Si dans les rapports avec les hommes on n'avait affaire qu'à ce qu'ils pensent réellement, on pourrait facilement s'entendre ; c'est ce qu'ils font semblant de penser qui amène la discorde.

On a souvent accusé l'enthousiasme d'induire en erreur, mais peut-être un intérêt superficiel trompe-t-il bien davantage ; car pour pénétrer l'essence des choses, il faut une impulsion qui nous excite à nous en occuper avec ardeur. En considérant d'ailleurs la destinée humaine en général, je crois qu'on peut affirmer que nous ne rencontrerons jamais le vrai que par l'élévation de l'âme ; tout ce qui tend à nous rabaisser est mensonge ; et c'est, quoi qu'on en dise, du côté des sentiments vulgaires qu'est l'erreur.

L'enthousiasme, je le répète, ne ressemble en rien au fanatisme, et ne peut égarer comme lui. L'enthousiasme est tolérant, non par indifférence, mais parce qu'il nous fait sentir l'intérêt et la beauté de toutes choses. La raison ne donne point de bonheur à la place de ce qu'elle ôte ; l'enthousiasme trouve dans la rêverie du cœur et dans l'étendue de la pensée ce que le fanatisme et la passion renferment dans une seule idée ou dans un seul objet. Ce sentiment est, par son universalité même, très-favorable à la pensée et à l'imagination.

La société développe l'esprit, mais c'est la contemplation seule qui forme le génie. L'amour-propre est le mobile des pays où la société domine, et l'amour-propre conduit nécessairement à la moquerie qui détruit tout enthousiasme.

Il est assez amusant, on ne saurait le nier, d'apercevoir le ridicule, et de le peindre avec grâce et gaieté ; peut-être vaudrait-il mieux se refuser à ce plaisir, mais ce n'est pourtant pas là le genre de moquerie dont les suites sont le plus à craindre ; celle qui s'attache aux idées et aux sentiments est la plus funeste de toutes, car elle s'insinue dans la source des affections fortes et dévouées. L'homme a un grand empire sur l'homme, et, de tous les maux qu'il peut faire à son semblable, le plus grand peut-être est de placer le fantôme du ridicule entre les mouvements généreux et les actions qu'ils peuvent inspirer.

L'amour, le génie, le talent, la douleur même, toutes ces choses saintes sont exposées à l'ironie, et l'on ne saurait calculer jusqu'à quel point l'empire de cette ironie peut s'étendre. Il y a quelque chose de piquant dans la méchanceté ; il y a quelque chose de faible dans la bonté. L'admiration pour les grandes choses peut être déconcertée par la plaisanterie ; et celui qui ne met d'importance à rien a l'air d'être au-dessus de tout : si donc l'enthousiasme ne défend pas notre cœur et notre esprit, ils se laissent prendre de toutes parts par ce dénigrement du beau qui réunit l'insolence à la gaieté.

L'esprit social est fait de manière que souvent on se commande de rire, et que plus souvent encore on est honteux de pleurer; d'où cela vient-il? De ce que l'amour-propre se croit plus en sûreté dans la plaisanterie que dans l'émotion. Il faut bien compter sur son esprit pour oser être sérieux contre une moquerie; il faut beaucoup de force pour laisser voir des sentiments qui peuvent être tournés en ridicule. Fontenelle disait : *J'ai quatre-vingts ans, je suis Français, et je n'ai pas donné dans toute ma vie le plus petit ridicule à la plus petite vertu.* Ce mot supposait une profonde connaissance de la société. Fontenelle n'était pas un homme sensible, mais il avait beaucoup d'esprit, et toutes les fois qu'on est doué d'une supériorité quelconque, on sent le besoin du sérieux dans la nature humaine. Il n'y a que les gens médiocres qui voudraient que le fond de tout fût du sable, afin que nul homme ne laissât sur la terre une trace plus durable que la leur.

Les Allemands n'ont point à lutter chez eux contre les ennemis de l'enthousiasme, et c'est un grand obstacle de moins pour les hommes distingués. L'esprit s'aiguise dans le combat; mais le talent a besoin de confiance. Il faut croire à l'admiration, à la gloire, à l'immortalité, pour éprouver l'inspiration du génie; et ce qui fait la différence des siècles entre eux, ce n'est pas la nature, toujours prodigue des mêmes dons, mais l'opinion dominante à l'époque où l'on vit : si la tendance de cette opinion est vers l'enthousiasme, il s'élève de toutes parts de grands hommes; si l'on proclame le découragement, comme ailleurs on exciterait à de nobles efforts, il ne reste plus rien en littérature que des juges du temps passé.

Les événements terribles dont nous avons été les témoins ont blasé les âmes, et tout ce qui tient à la pensée paraît terne à côté de la toute-puissance de l'action. La diversité des circonstances a porté les esprits à soutenir tous les côtés des mêmes questions; il en est résulté qu'on ne croit plus aux idées, ou qu'on les considère tout au plus comme des moyens. La conviction semble n'être pas de notre temps, et quand un homme dit qu'il est de telle opinion, on prend cela pour une manière délicate d'indiquer qu'il a tel intérêt.

Les hommes les plus honnêtes se font alors un système qui change en dignité leur paresse; ils disent qu'on ne peut rien à rien, ils répètent avec l'ermite de Prague, dans Shakspeare, que *ce qui est, est*, et que les théories n'ont point d'influence sur le monde. Ces hommes finissent par rendre vrai ce qu'ils disent; car avec une telle manière de penser on ne saurait agir sur les autres; et si l'esprit consistait à voir seulement le pour et le contre de tout, il ferait tourner les objets autour de nous de telle manière qu'on ne pourrait jamais marcher d'un pas ferme sur un terrain si chancelant.

L'on voit aussi des jeunes gens, ambitieux de paraître détrompés de tout enthousiasme, affecter un mépris réfléchi pour les sentiments exaltés; ils croient montrer ainsi une force de raison précoce; mais c'est une décadence prématurée dont ils se vantent. Ils sont, pour le talent, comme ce vieillard qui demandait *si l'on avait encore de l'amour*. L'esprit dépourvu d'imagination prendrait volontiers en dédain même la nature, si elle n'était pas plus forte que lui.

On fait beaucoup de mal, sans doute, à ceux qu'animent encore de nobles désirs, en leur opposant sans cesse tous les arguments qui devraient troubler l'espoir le plus confiant; néanmoins la bonne foi ne peut se lasser, car ce n'est pas ce que les hommes paraissent, mais ce qu'ils sont qui l'occupe. De quelque atmosphère qu'on soit environné, jamais une parole sincère n'a été complétement perdue; s'il n'y a qu'un jour pour le succès, il y a des siècles pour le bien que la vérité peut faire.

Les habitants du Mexique portent chacun, en passant sur le grand chemin, une petite pierre à la grande pyramide qu'ils élèvent au milieu de leur contrée. Nul ne lui donnera son nom, mais tous auront contribué à ce monument qui doit survivre à tous.

CHAPITRE XII ET DERNIER.

Influence de l'enthousiasme sur le bonheur.

Il est temps de parler de bonheur! J'ai écarté ce mot avec un soin extrême, parce que depuis près d'un siècle surtout on l'a placé dans des plaisirs si grossiers, dans une vie si égoïste, dans des calculs si rétrécis, que l'image même en est profanée. Mais on peut le dire cependant avec confiance, l'enthousiasme est de tous les sentiments celui qui donne le plus de bonheur, le seul qui en donne véritablement, le seul qui sache nous faire supporter la destinée humaine, dans toutes les situations où le sort peut nous placer.

C'est en vain qu'on veut se réduire aux jouissances matérielles, l'âme revient de toutes parts; l'orgueil, l'ambition, l'amour-propre, tout cela, c'est encore de l'âme, quoiqu'un souffle empoisonné s'y mêle. Quelle misérable existence cependant, que celle de tant d'hommes en ruse avec eux-mêmes presque autant qu'avec les autres, et repoussant les mouvements généreux qui renaissent dans leur cœur, comme une maladie de l'imagination que le grand air doit dissiper! Quelle pauvre existence aussi, que celle de beaucoup d'hommes qui se contentent de ne pas faire du mal, et traitent de folie la source d'où dérivent les belles actions et les grandes pensées! Ils se renferment par vanité dans une médiocrité tenace, qu'ils auraient pu rendre accessible aux lumières du dehors; ils se condamnent à cette monotonie d'idées, à cette froideur de sentiment qui laisse passer les jours sans en tirer ni fruits, ni progrès, ni souvenirs; et si le temps ne sillonnait pas leurs traits, quelles traces auraient-ils gardées de son passage? s'il ne fallait pas vieillir et mourir, quelle réflexion sérieuse entrerait jamais dans leur tête?

Quelques raisonneurs prétendent que l'enthousiasme dégoûte de la vie commune, et que, ne pouvant pas toujours rester dans cette disposition, il vaut mieux ne l'éprouver jamais : et pourquoi donc ont-ils accepté d'être jeunes, de vivre même, puisque cela ne devait pas toujours durer? Pourquoi donc ont-ils aimé, si tant est que cela leur soit jamais arrivé, puisque la mort pouvait les séparer des objets de leur affection? Quelle triste économie que celle de l'âme! elle nous a été donnée pour être développée, perfectionnée, prodiguée même dans un noble but.

Plus on engourdit la vie, plus on se rapproche de l'existence matérielle, et plus l'on diminue, dira-t-on, la puissance de souffrir. Cet argument séduit un grand nombre d'hommes; il consiste à tâcher d'exister le moins possible. Cependant, il y a toujours dans la dégradation une douleur dont on ne se rend pas compte, et qui poursuit sans cesse en secret : l'ennui, la honte et la fatigue qu'elle cause, sont revêtus des formes de l'impertinence et du dédain par la vanité; mais il est bien rare qu'on s'établisse en paix dans cette façon d'être sèche et bornée, qui laisse sans ressource en soi-même, quand les prospérités extérieures nous délaissent. L'homme a la conscience du beau comme celle du bon, et la privation de l'un lui fait sentir le vide, ainsi que la déviation de l'autre, le remords.

On accuse l'enthousiasme d'être passager; l'exis-

tence serait trop heureuse si l'on pouvait retenir des émotions si belles; mais c'est parce qu'elles se dissipent aisément qu'il faut s'occuper de les conserver. La poésie et les beaux-arts servent à développer dans l'homme ce bonheur d'illustre origine qui relève les cœurs abattus, et met à la place de l'inquiète satiété de la vie le sentiment habituel de l'harmonie divine dont nous et la nature faisons partie. Il n'est aucun devoir, aucun plaisir, aucun sentiment qui n'emprunte de l'enthousiasme je ne sais quel prestige, d'accord avec le pur charme de la vérité.

Les hommes marchent tous au secours de leur pays, quand les circonstances l'exigent; mais s'ils sont inspirés par l'enthousiasme de leur patrie, de quel beau mouvement ne se sentent-ils pas saisis! Le sol qui les a vus naître, la terre de leurs aïeux, *la mer qui baigne les rochers*[1], de longs souvenirs, une longue espérance, tout se soulève autour d'eux comme un appel au combat; chaque battement de leur cœur est une pensée d'amour et de fierté. Dieu l'a donnée, cette patrie, aux hommes qui peuvent la défendre, aux femmes qui, pour elle, consentent aux dangers de leurs frères, de leurs époux et de leurs fils. A l'approche des périls qui la menacent, une fièvre sans frisson, comme sans délire, hâte le cours du sang dans les veines; chaque effort dans une telle lutte vient du recueillement intérieur le plus profond. L'on n'aperçoit d'abord sur le visage de ces généreux citoyens que du calme; il y a trop de dignité dans leurs émotions pour qu'ils s'y livrent au dehors; mais que le signal se fasse entendre, que la bannière nationale flotte dans les airs, et vous verrez des regards jadis si doux, si prêts à le redevenir à l'aspect du malheur, tout à coup animés par une volonté sainte et terrible! Ni les blessures, ni le sang même, ne feront plus frémir; ce n'est plus de la douleur, ce n'est plus de la mort, c'est une offrande au Dieu des armées; nul regret, nulle incertitude, ne se mêlent alors aux résolutions les plus désespérées; et quand le cœur est entier dans ce qu'il veut, l'on jouit admirablement de l'existence. Dès que l'homme se divise au dedans de lui-même, il ne sent plus la vie que comme un mal; et si, de tous les sentiments, l'enthousiasme est celui qui rend le plus heureux, c'est qu'il réunit plus qu'aucun autre toutes les forces de l'âme dans le même foyer.

[1] Il est aisé d'apercevoir que je tâchais, par cette phrase et par celles qui suivent, de désigner l'Angleterre; en effet, je n'aurais pu parler de la guerre avec enthousiasme, sans me la représenter comme celle d'une nation libre combattant pour son indépendance.

Les travaux de l'esprit ne semblent à beaucoup d'écrivains qu'une occupation presque mécanique, et qui remplit leur vie comme toute autre profession pourrait le faire; c'est encore quelque chose de préférer celle-là; mais de tels hommes ont-ils l'idée du sublime bonheur de la pensée, quand l'enthousiasme l'anime? Savent-ils de quel espoir l'on se sent pénétré, quand on croit manifester par le don de l'éloquence une vérité profonde, une vérité qui forme un généreux lien entre nous et toutes les âmes en sympathie avec la nôtre?

Les écrivains sans enthousiasme ne connaissent, de la carrière littéraire, que les critiques, les rivalités, les jalousies, tout ce qui doit menacer la tranquillité, quand on se mêle aux passions des hommes; ces attaques et ces injustices font quelquefois du mal; mais la vraie, l'intime jouissance du talent peut-elle en être altérée? Quand un livre paraît, que de moments heureux n'a-t-il pas déjà valus à celui qui l'écrivit selon son cœur, et comme un acte de son culte! Que de larmes pleines de douceur n'a-t-il pas répandues dans sa solitude sur les merveilles de la vie, l'amour, la gloire, la religion! enfin, dans ses rêveries, n'a-t-il pas joui de l'air comme l'oiseau; des ondes, comme un chasseur altéré; des fleurs, comme un amant qui croit respirer encore les parfums dont sa maîtresse est environnée? Dans le monde, on se sent oppressé par ses facultés, et l'on souffre souvent d'être seul de sa nature, au milieu de tant d'êtres qui vivent à si peu de frais; mais le talent créateur suffit, pour quelques instants du moins, à tous nos vœux; il a ses richesses et ses couronnes, il offre à nos regards les images lumineuses et pures d'un monde idéal, et son pouvoir s'étend quelquefois jusqu'à nous faire entendre dans notre cœur la voix d'un objet chéri.

Croient-ils connaître la terre, croient-ils avoir voyagé, ceux qui ne sont pas doués d'une imagination enthousiaste? Leur cœur bat-il pour l'écho des montagnes? l'air du Midi les a-t-il enivrés de sa suave langueur? comprennent-ils la diversité des pays, l'accent et le caractère des idiomes étrangers? les chants populaires et les danses nationales leur découvrent-ils les mœurs et le génie d'une contrée? suffit-il d'une seule sensation pour réveiller en eux une foule de souvenirs?

La nature peut-elle être sentie par des hommes sans enthousiasme? ont-ils pu lui parler de leurs froids intérêts, de leurs misérables désirs? Que répondraient la mer et les étoiles aux vanités étroites de chaque homme pour chaque jour? Mais si notre âme est émue, si elle cherche un Dieu dans l'univers, si même elle veut encore de la gloire et de l'amour, il y a des nuages qui lui parlent, des torrents qui se laissent interroger, et le vent dans la bruyère semble daigner nous dire quelque chose de ce qu'on aime.

Les hommes sans enthousiasme croient goûter des jouissances par les arts; ils aiment l'élégance du luxe, ils veulent se connaître en musique et en peinture, afin d'en parler avec grâce, avec goût, et même avec ce ton de supériorité qui convient à l'homme du monde, lorsqu'il s'agit de l'imagination ou de la nature; mais tous ces arides plaisirs, que sont-ils à côté du véritable enthousiasme? En contemplant le regard de la Niobé, de cette douleur calme et terrible qui semble accuser les dieux d'avoir été jaloux du bonheur d'une mère, quel mouvement s'élève dans notre sein! Quelle consolation l'aspect de la beauté ne fait-il pas éprouver! car la beauté est aussi de l'âme, et l'admiration qu'elle inspire est noble et pure. Ne faut-il pas, pour admirer l'Apollon, sentir en soi-même un genre de fierté qui foule aux pieds tous les serpents de la terre? Ne faut-il pas être chrétien, pour pénétrer la physionomie des vierges de Raphaël et du saint Jérôme du Dominiquin? pour retrouver la même expression dans la grâce enchanteresse et dans le visage abattu, dans la jeunesse éclatante et dans les traits défigurés? la même expression qui part de l'âme et traverse, comme un rayon céleste, l'aurore de la vie, ou les ténèbres de l'âge avancé?

Y a-t-il de la musique pour ceux qui ne sont pas capables d'enthousiasme? Une certaine habitude leur rend les sons harmonieux nécessaires, ils en jouissent comme de la saveur des fruits, du prestige des couleurs; mais leur être entier a-t-il retenti comme une lyre, quand, au milieu de la nuit, le silence a tout à coup été troublé par des chants, ou par ces instruments qui ressemblent à la voix humaine? Ont-ils alors senti le mystère de l'existence, dans cet attendrissement qui réunit nos deux natures, et confond dans une même jouissance les sensations et l'âme? Les palpitations de leur cœur ont-elles suivi le rhythme de la musique? Une émotion pleine de charmes leur a-t-elle appris ces pleurs qui n'ont rien de personnel, ces pleurs qui ne demandent point de pitié, mais qui nous délivrent d'une souffrance inquiète, excitée par le besoin d'admirer et d'aimer?

Le goût des spectacles est universel, car la plupart des hommes ont plus d'imagination qu'ils ne croient, et ce qu'ils considèrent comme l'attrait du plaisir, comme une sorte de faiblesse qui tient encore à l'enfance, est souvent ce qu'ils ont de meilleur en eux : ils sont, en présence des fictions, vrais, naturels, émus, tandis que, dans le monde, la dissimulation, le calcul et la vanité disposent de leurs paroles, de leurs sentiments et de leurs actions. Mais pensent-ils avoir senti tout ce qu'inspire une tragédie vraiment belle, ces hommes pour qui la peinture des affections les plus profondes n'est qu'une distraction amusante? se doutent-ils du trouble délicieux que font éprouver les passions épurées par la poésie? Ah! combien les fictions nous donnent de plaisirs! Elles nous intéressent sans faire naître en nous ni remords ni crainte, et la sensibilité qu'elles développent n'a pas cette âpreté douloureuse dont les affections véritables ne sont presque jamais exemptes.

Quelle magie le langage de l'amour n'emprunte-t-il pas de la poésie et des beaux-arts! qu'il est beau d'aimer par le cœur et par la pensée! de varier ainsi de mille manières un sentiment qu'un seul mot peut exprimer, mais pour lequel toutes les paroles du monde ne sont encore que misère! de se pénétrer des chefs-d'œuvre de l'imagination, qui relèvent tous de l'amour, et de trouver, dans les merveilles de la nature et du génie, quelques expressions de plus pour révéler son propre cœur!

Qu'ont-ils éprouvé, ceux qui n'ont point admiré la femme qu'ils aimaient, ceux en qui le sentiment n'est point un hymne du cœur, et pour qui la grâce et la beauté ne sont pas l'image céleste des affections les plus touchantes? Qu'a-t-elle senti, celle qui n'a point vu dans l'objet de son choix un protecteur sublime, un guide fort et doux, dont le regard commande et supplie, et qui reçoit à genoux le droit de disposer de notre sort? Quelles délices inexprimables les pensées sérieuses ne mêlent-elles pas aux impressions les plus vives! La tendresse de cet ami, dépositaire de notre bonheur, doit nous bénir aux portes du tombeau, comme dans les beaux jours de la jeunesse; et tout ce qu'il y a de solennel dans l'existence se change en émotions délicieuses, quand l'amour est chargé, comme chez les anciens, d'allumer et d'éteindre le flambeau de la vie.

Si l'enthousiasme enivre l'âme de bonheur, par un prestige singulier il soutient encore dans l'infortune; il laisse après lui je ne sais quelle trace lumineuse et profonde, qui ne permet pas même à l'absence de nous effacer du cœur de nos amis. Il nous sert aussi d'asile à nous-mêmes contre les peines les plus amères, et c'est le seul sentiment qui puisse calmer sans refroidir.

Les affections les plus simples, celles que tous les cœurs se croient capables de sentir, l'amour maternel, l'amour filial, peut-on se flatter de les avoir connues dans leur plénitude, quand on n'y a pas mêlé d'enthousiasme? Comment aimer son fils sans se flatter qu'il sera noble et fier, sans souhaiter pour lui la gloire qui multiplierait sa vie, qui nous ferait entendre de toutes parts le nom que notre cœur répète? pourquoi ne jouirait-on pas avec transport des talents de son fils, du charme de sa fille? Quelle singulière ingratitude envers la Divinité, que l'indifférence pour ses dons! ne sont-ils pas célestes, puisqu'ils rendent plus facile de plaire à ce qu'on aime?

Si quelque malheur cependant ravissait de tels avantages à notre enfant, le même sentiment prendrait alors une autre forme : il exalterait en nous la pitié, la sympathie, le bonheur d'être nécessaire. Dans toutes les circonstances, l'enthousiasme anime ou console; et lors même que le coup le plus cruel nous atteint, quand nous perdons celui qui nous a donné la vie, celui que nous aimions comme un ange tutélaire, et qui nous inspirait à la fois un respect sans crainte et une confiance sans bornes, l'enthousiasme vient encore à notre secours; il rassemble dans notre sein quelques étincelles de l'âme qui s'est envolée vers les cieux; nous vivons en sa présence, et nous nous promettons de transmettre un jour l'histoire de sa vie. Jamais, nous le croyons, jamais sa main paternelle ne nous abandonnera tout à fait dans ce monde, et son image attendrie se penchera vers nous pour nous soutenir avant de nous rappeler.

Enfin, quand elle arrive, la grande lutte, quand il faut à son tour se présenter au combat de la mort, sans doute, l'affaiblissement de nos facultés, la perte de nos espérances, cette vie si forte qui s'obscurcit, cette foule de sentiments et d'idées qui habitaient dans notre sein, et que les ténèbres de la tombe enveloppent, ces intérêts, ces affections, cette existence qui se change en fantôme avant de s'évanouir, tout cela fait mal, et l'homme vulgaire paraît, quand il expire, avoir moins à mourir! Dieu soit béni cependant pour le secours qu'il nous prépare encore dans cet instant; nos paroles seront incertaines, nos yeux ne verront plus la lumière, nos réflexions, qui s'enchaînaient avec clarté, ne feront plus qu'errer isolées sur de confuses traces; mais l'enthousiasme ne nous abandonnera pas, ses ailes brillantes planeront sur notre lit funèbre, il soulèvera les voiles de la mort, il nous rappellera ces moments où, pleins d'énergie, nous avions senti que notre cœur était impérissable, et nos derniers soupirs seront peut-être

comme une noble pensée qui remonte vers le ciel.
[1] « O France! terre de gloire et d'amour! si
« l'enthousiasme s'éteignait un jour sur votre sol,
« si le calcul disposait de tout, et que le raisonne-
« ment seul inspirât même le mépris des périls, à
« quoi vous serviraient votre beau ciel, vos esprits
« si brillants, votre nature si féconde? Une intel-
« ligence active, une impétuosité savante vous ren-
« draient les maîtres du monde; mais vous n'y
« laisseriez que la trace des torrents de sable, ter-
« ribles comme les flots, arides comme le désert! »

A QUELS SIGNES

PEUT-ON CONNAÎTRE QUELLE EST L'OPINION DE LA MAJORITÉ DE LA NATION[2]?

Cette question, dans un temps de calme, serait
facile à résoudre; mais c'est au milieu même de l'insurrection, qui semble montrer le plus fortement
une opinion dominante, qu'il faut réunir toutes
les forces de son attention, pour démêler ce qui
appartient au moment, et ce qui doit durer toujours; ce qu'inspirait la crainte, et ce que la raison conseille; enfin, surtout ce qui naît de la
haine pour l'ancien gouvernement ou de l'attachement au nouveau.

Plus l'ancien gouvernement était odieux, plus il
y a eu d'accord pour le renverser, et plus il est
difficile de distinguer les différents avis qui divisent ceux qui, réunis pour détruire, sont opposés
entre eux pour remplacer.

Le côté droit de l'assemblée, connu sous le nom
d'*aristocrates*, prétend que la terreur enchaîne le
vœu de la majorité de la nation. Une partie du
côté gauche, connu sous celui de *jacobins*, attribue toutes les résistances qu'il éprouve à l'attachement aux anciens abus. Les deux partis conviennent
également de déférer à la volonté générale;
mais l'un, avec des raisonnements trop contraires
aux exemples, et l'autre, avec des exemples trop
contraires aux raisonnements, s'appuient à tort,
ou sur l'existence d'une majorité qui ne se montre
jamais, ou sur celle d'une majorité toujours en insurrection.

[1] Cette dernière phrase est celle qui a excité le plus d'indignation à la police contre mon livre; il me semble cependant qu'elle n'aurait pu déplaire aux Français.
[2] Ce morceau a été inséré, au commencement de 1792, dans
un journal publié sous le titre des *Indépendants*, et dont
MM. Suard et Lacretelle étaient les principaux rédacteurs.

Il y a deux forces toutes-puissantes dans la nature morale comme dans la nature physique : la
tendance au repos, et l'impulsion vers la liberté;
l'une ou l'autre tour à tour l'emporte; mais c'est
de la combinaison de toutes les deux que résulte la
volonté permanente et générale : c'est à la solution de ce problème qu'il faut aller l'attendre, et
qu'on est sûr de l'obtenir.

Dans une révolution, le parti qui soutient les
opinions modérées a plus besoin que tout autre de
courage dans l'âme et d'étendue dans l'esprit; il
a deux combats à livrer, deux genres d'arguments
à réfuter, deux écueils à éviter; mais si les chefs
d'un tel parti sont rares, rien n'est plus nombreux
que l'armée qui attend leur signal pour savoir où
trouver le bien qu'elle désire. Ce grand nombre
n'est jamais ni oppresseur ni opprimé; s'il était du
parti des ennemis de la révolution, depuis longtemps elle n'existerait plus; s'il était pour les *jacobins*, on ne les verrait pas s'agiter de tant de
manières, pour prolonger les inquiétudes et les
persécutions, pour conserver le pouvoir exécutif
de la crainte et de la haine.

On cherche à jeter du ridicule sur les opinions
également éloignées des exagérations contraires. Il
est simple que les deux partis s'entendent pour attaquer cet ennemi commun; mais il ne l'est pas
qu'on ose donner à cette manière de penser le nom
de faiblesse et d'incertitude, et qu'entre l'aristocratie et la démocratie il ne paraisse pas possible
d'établir un parti plus fort, plus prononcé, plus
énergique que les deux extrêmes opposés, auxquels on a l'art de vouloir tout réduire, parce que
chacun alors se croit certain de se voir préféré. Il
existe des opinions qu'il faut adopter sans modifications; mais appartient-il à l'insensé qui découvre
une folie nouvelle de reculer jusque-là la barrière
de la vérité, et ne reste-t-il pas autant d'espace en
avant d'elle qu'en arrière?

Mais s'il est vrai, dira-t-on, que la nation ne
partage aucun des excès des *jacobins*, qu'elle distingue parfaitement les intérêts particuliers du salut public, et l'établissement de la constitution de
l'ambition de ses coopérateurs; si cela est vrai,
pourquoi ne le témoignerait-elle pas? Parce que
voulant la révolution, elle ne sait pas encore si ses
ennemis sont assez abattus pour qu'elle ose faire
un choix parmi ses amis; parce que l'horreur
qu'elle a conçue pour l'ancien régime lui fait respecter partout encore ce sentiment, sorte d'égide,
que l'on a peut-être conservée trop longtemps,
mais qui, dans les premiers moments, devait paraître sacrée. Enfin, quand les ennemis de la ré-

II.

volution semblent d'accord avec ceux qu'ils ont l'air de haïr, pour faire durer les craintes, et perpétuer à l'envi les uns des menaces, les autres des terreurs vaines, la nation en suspens n'ose pas se rassurer, et laisse encore agir ces hommes ardents qui ne connaissent de la liberté que sa conquête, et dévastent la terre dont ils se sont emparés.

Je dirai aux partisans de l'ancien régime, aux aristocrates (si l'on osait se servir encore d'un nom employé tant de fois pour dispenser de l'examen, et plus souvent encore du talent), je dirai aux aristocrates : Ne prenez pas ces hommes éclairés, mécontents de quelques parties de la constitution, ni ces cœurs vertueux justement indignés des crimes de la révolution, pour des alliés secrets de votre parti; c'est au fond de leur cœur qu'existe l'invincible éloignement qui vous sépare; et, pour le connaître, il vous suffirait d'être un jour triomphants.

Vous aussi, ennemis actuels de la chose publique, vous qui profanez tous les mots en vous en servant, et qui, protégeant toujours vos actions par votre langage, appelez des unes à l'autre, pour faire illusion aux hommes, vous n'avez pas pour alliés tous ceux qui s'honorent de ce titre d'amis de la constitution, qui a servi vos haines contre les individus, bien plus que votre amour pour la chose publique. Mais si, dans les temps de trouble, les hommes et les opinions se confondent, on les sépare à la paix, et plus la religion de la liberté deviendra universelle, plus il sera juste de ne pas regarder sa profession seule comme une sauvegarde, et d'examiner aussi quelle morale on unit à cette foi. Les comparaisons tirées de la religion viendraient en foule dans un pareil sujet; car si le fanatisme et l'hypocrisie appartiennent à toutes les causes avec lesquelles on a remué le peuple; le fanatisme est pour lui, l'hypocrisie pour ses chefs.

En étudiant dans l'histoire d'Angleterre le caractère des puritains, en observant ce qui se passe de nos jours, on verra que l'on ne prend jamais sur le peuple un empire long et redoutable, que par l'apparence de toutes les vertus; c'est sa moralité même qui le soumet à l'hypocrisie. Les succès de l'hypocrisie commençant toujours loin d'elle, les hommes éclairés qui l'approchent en demeurent seuls les ennemis; mais ce sont eux qui tôt ou tard décident de tous les genres de réputation : il faut que la renommée parte du centre des lumières; celle qui vient de la circonférence se perd en chemin.

Je crois donc que la majorité de la nation veut et voudra toujours l'égalité et la liberté; mais qu'elle désire l'ordre, et croit que, pour le maintenir, l'autorité légale et la force légitime d'un monarque sont nécessaires.

Il y a de même du despotisme, il y a de même de l'aristocratie dans le parti que les factieux dominent : leur despotisme, en s'exerçant au nom du peuple, ravit souvent à l'opposition ce qui lui tient partout lieu de puissance, les honneurs du courage et l'éclat de la résistance : leur aristocratie, qui semble fondée sur le consentement libre, peut jeter un moment encore sur ceux qui la combattent le soupçon de l'envie; mais n'en sont-ils pas absous par la médiocrité de ces talents mêmes dont on veut les croire jaloux, et par les honneurs qu'ils ont rendus pendant sa vie et après sa mort au véritable génie que possédait Mirabeau ? Cet homme qui brava souvent l'opinion publique, mais soutint toujours la volonté générale, s'était mis depuis quelque temps à la tête du vœu, que je crois celui du plus grand nombre; à la tête de ces amis de l'ordre et de la monarchie, non moins défenseurs que les républicains des immortelles bases de la constitution française, la liberté et l'égalité. Il pouvait avoir des principes modérés, celui qui les soutenait avec passion; il pouvait attaquer les factieux, celui qui avait si bien mérité le nom de révolutionnaire; il pouvait tout, hors inspirer ce respect que la vertu seule obtient, dont on ne sent peut-être pas le vide au milieu de l'enthousiasme du moment, ou de ces regrets causés par la mort, qui trompent l'homme sur le passé, comme l'espérance le trompe sur l'avenir, mais dont la privation affaiblit à la longue toutes les puissances. La terreur qui s'est emparée des esprits en apprenant sa perte, annonçait-elle seulement l'effroi qu'inspire la disparition d'un grand talent, d'une puissante force de pensée, sur laquelle on se reposait pour reculer les bornes de l'esprit humain? Non, cette terreur est surtout l'irrécusable signe du vœu de la majorité de la nation; ces regrets sont donnés à l'homme qui, véritable ami de la liberté, croyait que l'existence d'un roi armé par la constitution d'une force suffisante pour faire exécuter les lois, était nécessaire à la France, et qui, depuis quelque temps, paraissait vouloir se vouer à la défense de cette vérité. Les esprits sages se reposaient sur son éloquence, et les âmes faibles, qui redoutent, par un instinct secret, l'impression même que peuvent leur faire les déclamation ceux qu'elles ont dû croire amis de la libe·· maient un homme assez dévoué et as· ·· ·ressé au succès de la révolution, pour qu'or ·ut l'entendre parler d'ordre, sans craindre qu'il ne voulût conduire au despotisme, et de sûreté pour tous, sans redouter qu'il n'aspirât à l'exception pour quelques uns.

Cependant n'existe-t-il que cet homme, éloquent sans doute, mais si souvent soupçonné de parler, d'entraîner pour l'avis qu'il avait reçu ; n'existe-t-il que lui capable de défendre une opinion qui n'attend pour se montrer qu'un mot de ralliement, et n'a besoin que d'un jour de courage pour dominer à jamais ? Tous les amis de la liberté, tous ceux qui ont bien mérité d'elle, ont droit de se liguer contre les hommes qui veulent confondre la licence et la liberté, la monarchie et le despotisme ; parce que l'une et l'autre sont dans la même direction ; que la même pente mène au bienfait de l'une et au malheur de l'autre ; que la même impulsion peut conduire au but, ou précipiter dans l'abîme. Mais pour embrasser cette cause qui, appartenant à la modération de l'esprit, demande plus que toute autre une grande énergie dans l'âme pour la défendre, il faut commencer avec la seule *coalition* de sa raison et de sa conscience ; il faut se hâter de combattre, et consentir à l'*ajournement* de la gloire ; il faut, non dédaigner la popularité, premier objet de l'ambition d'un homme libre, mais lui donner la stabilité de l'estime. Les jugements du peuple ne doivent être crus que sur le résultat ; sur le choix des moyens, son opinion n'a nulle valeur. Il faut apprendre à se passer de ses applaudissements en route ; ses couronnes ne sont honorables qu'au but.

La révolution permettait des succès plus rapides ; chaque jour produisait un bien, en détruisant un abus ; mais l'œuvre d'une constitution est le résultat de trop de pensées pour n'être pas diversement jugée ; et c'est dans la rectitude de son esprit et de son cœur qu'il faut chercher des suffrages qui ne peuvent de longtemps être universels. Il faut cependant, il faut rallier ce grand procès à deux seuls étendards ; il faut ne plus compter parmi les citoyens français ces partisans de l'ancien régime, qui *déclarent* ne pas vouloir penser, *attendu leur qualité de gentilshommes ;* il ne faut perdre ni du temps, ni des forces précieuses, à combattre ce vain fantôme que le génie malfaisant de la France revêt de quelques formes mensongères, pour entraîner d'utiles chevaliers à sa poursuite. Il n'est plus que deux partis, les royalistes et les républicains : pourquoi tous les deux n'oseraient-ils pas se nommer ? quels sentiments condamnent les républicains à l'hypocrisie, et les royalistes au silence ! pourquoi ne voit-on pas

cesser ce contraste bizarre ? pourquoi les uns ne sont-ils pas instruits par les autres ? pourquoi les républicains craignent-ils des royalistes qui n'osent avouer leur opinion, et les royalistes des républicains qui se croient forcés de professer un sentiment contraire ? Ces deux opinions politiques ne peuvent-elles pas être soutenues ? y a-t-il du sacrilège dans l'une, de la servitude dans l'autre ? le temps où l'on faisait une religion de la royauté n'est-il pas passé sans retour ? ne sommes-nous pas arrivés à la considérer comme une idée politique dont il faut peser les avantages et les inconvénients, comme de toute autre institution sociale ? Pourquoi tous les républicains n'osent-ils pas l'attaquer ? pourquoi les royalistes n'osent-ils pas la défendre ? On la traite comme un préjugé, il faut l'analyser comme un principe ; l'un s'apaise avec des mots, l'autre veut des conséquences.

Quand cette grande question sera éclaircie, il pourra rester deux partis ; on pourra se faire la guerre, mais on ne se trompera plus ; mais on ne s'attaquera plus avec des sophismes qui servent de cadre aux injures que le peuple doit retenir. Qu'ils s'élèvent donc à cette hauteur de vérité, ces deux partis faits pour diviser le royaume et l'assemblée. Il n'est point esclave, celui qui veut la monarchie ; il n'est point factieux, celui qui veut la république. Il n'est d'esclaves, il n'est de factieux à craindre que parmi les hypocrites ; quiconque dit ce qu'il pense, a la nation entière pour témoin et pour juge. Mais il est temps, pour ceux qui sont fermement convaincus qu'il n'y a de république possible, dans un grand État, que la république fédérative, et que l'unité de l'empire ne peut exister qu'avec un roi ; pour ceux qui croient que la liberté et la prospérité de leur pays commandent le soutien de cette opinion, de se prononcer hautement pour elle dans l'assemblée nationale. Il faut qu'ils arrivent à la fin, selon l'esprit qui doit animer la prochaine législature ; et loin que ce parti puisse rallier à lui les âmes faibles et timides, il a plus besoin que l'autre de l'intrépidité qui brave tous les genres de soupçons et de dangers ; il faut qu'il impose, par l'audace de son caractère, à ceux qu'il rassure par la sagesse de ses opinions. Il faut qu'il se montre lui-même, et non un absurde mélange, une inconséquente alternative des extrêmes opposés ; il doit les combattre, au lieu de se charger de leur traité ; il doit apprendre enfin à tous que la raison n'est pas une nuance entre eux, mais la couleur primitive donnée par les plus purs rayons du soleil.

PRÉFACE

POUR LES LETTRES ET PENSÉES

DU PRINCE DE LIGNE,

PUBLIÉES EN 1809.

On regrettera toujours de n'avoir pas joui de l'entretien des hommes célèbres par leur esprit de conversation, car ce qu'on cite d'eux n'en donne qu'une imparfaite idée. Les phrases, les bons mots, tout ce qui peut se retenir et se répéter, ne saurait peindre cette grâce de tous les moments, cette justesse dans l'expression, cette élégance dans les manières, qui font le charme de la société. Le maréchal prince de Ligne a été reconnu, par tous les Français, pour l'un des plus aimables hommes de France, et rarement ils accordaient ce suffrage à ceux qui n'étaient pas nés parmi eux. Peut-être même le prince de Ligne est-il le seul étranger qui, dans le genre français, soit devenu modèle, au lieu d'être imitateur. Il a fait imprimer beaucoup de morceaux utiles et profonds sur l'histoire et l'art militaires; il a publié les vers et la prose que les circonstances de sa vie lui ont inspirés; il y a toujours de l'esprit et de l'originalité dans tout ce qui vient de lui; mais son style est souvent du style parlé, si l'on peut s'exprimer ainsi. Il faut se représenter l'expression de sa belle physionomie, la gaieté caractéristique de ses contes, la simplicité avec laquelle il s'abandonne à la plaisanterie, pour aimer jusqu'aux négligences de sa manière d'écrire. Mais ceux qui ne sont pas sous le charme de sa présence analysent comme un auteur celui qu'il faut écouter en le lisant; car les défauts mêmes de son style ont une grâce dans sa conversation. Ce qui n'est pas toujours bien clair grammaticalement le devient par l'à-propos de la conversation, la finesse du regard, l'inflexion de la voix, tout ce qui donne enfin à l'art de parler mille fois plus de ressources et de charmes qu'à celui d'écrire.

Il est donc difficile de faire connaître par la lettre morte, cet homme dont les plus grands génies et les plus illustres souverains ont recherché l'entretien, comme leur plus noble délassement. Cependant pour y parvenir autant qu'il était possible, j'ai choisi sa correspondance et ses pensées détachées. Il n'est aucun genre d'écrit qui puisse suppléer davantage à la connaissance personnelle. Un livre est toujours fait d'après tel ou tel système, qui place l'auteur à quelque distance du lecteur. On peut bien deviner le caractère de l'écrivain; mais son talent même doit mettre un genre de fiction entre lui et nous. Les lettres et les pensées sur divers sujets que je publie aujourd'hui, peignent à la fois la rêverie et la familiarité de l'esprit; c'est à soi et à ses amis que l'on parle ainsi : il n'y a point, comme dans la Rochefoucauld, une opinion toujours la même, et toujours suivie. Les hommes, les choses et les événements ont passé devant le prince de Ligne, il les a jugés sans projet et sans but, sans vouloir leur imposer le despotisme d'un système; ils étaient ainsi, ou du moins ils lui paraissaient ainsi ce jour-là; et, s'il y a de l'accord et de l'ensemble dans ses idées, c'est celui que le naturel et la vérité mettent à tout.

Un dialogue entre un esprit fort et un capucin intéresse par l'art aimable avec lequel le prince de Ligne sait retourner la plaisanterie contre l'incrédulité, et prête sa propre grâce au pauvre capucin qui soutient la bonne cause. On remarque dans le récit des conversations du prince de Ligne avec Voltaire et Rousseau, le profond respect qu'il témoignait pour la supériorité de l'esprit : il faut en avoir autant que lui, pour n'être ni prince ni grand seigneur avec les hommes de génie. Il savait qu'admirer était plus noble que protéger; il était flatté de la visite de Rousseau, et ne craignait point de lui montrer ce sentiment. C'est un des grands avantages d'un haut rang et d'un sang illustre, que le calme qu'ils donnent sur tout ce qui tient à la vanité; car, pour bien juger et la société, et la nature, il faut peut-être devoir de la reconnaissance à l'une et à l'autre.

Enfin, la correspondance se rapprochant davantage de la conversation, on peut y suivre le prince de Ligne dans sa vie active; on peut y apercevoir l'infatigable jeunesse de son esprit, l'indépendance de son âme, et la gaieté chevaleresque qui lui était surtout inspirée par les circonstances périlleuses. Ses lettres sont adressées au roi de Pologne, en lui rendant compte de deux entrevues avec le grand roi de Prusse; à l'impératrice de Russie, à l'empereur Joseph II, à M. de Ségur, sur la guerre des Turcs; à madame de Coigny, pendant le fameux voyage de Crimée : ainsi le sujet des lettres et les personnes auxquelles elles sont adressées, inspirent un double intérêt. Le prince de Ligne a connu Frédéric II, et surtout l'impératrice de Russie, dans la familiarité d'une société intime, et ce qu'il en dit fait vivre dans cette société. Le portrait du prince Potemkin, qu'on trouve dans les lettres adressées à M. de Ségur, est véritablement un chef-d'œuvre;

il n'est point travaillé comme ces portraits qui servent plutôt à faire connaître le peintre que le modèle. Vous voyez devant vous celui que le prince de Ligne vous décrit : il donne de la vie à tout, parce qu'il ne met de l'art à rien. Ceux qui le connaissent savent qu'il est impossible d'être plus étranger à toute espèce de calcul; ses actions sont toujours l'effet d'un mouvement spontané; il comprend les choses et les hommes par une inspiration soudaine, et l'éclair, plus encore que le jour, semble lui servir de guide.

Adoré par une famille charmante, chéri par ses concitoyens, qui voient en lui l'ornement de leur ville, et s'en parent aux yeux des étrangers comme d'un don de la nature, le prince de Ligne a prodigué sa vie dans les camps, par goût et par entraînement, bien plus que sa carrière militaire ne l'exigeait. Il se croit né heureux, parce qu'il est bienveillant, et pense qu'il plaît au sort comme à ses amis. Il jouit de la vie comme Horace, mais il l'expose comme s'il ne mettait aucun prix à en jouir; sa valeur a ce caractère brillant et impétueux qu'on a coutume d'attribuer à la valeur française. On peut soupçonner que dans les dernières guerres le prince de Ligne eût souhaité qu'on lui offrît plus souvent l'occasion d'exercer sa valeur française contre les Français : c'est la seule peine d'ambition qu'on aperçoive dans un homme dont il faudrait louer la philosophie s'il y en avait à se contenter de plaire et de réussir toujours.

Il a perdu une grande fortune avec une admirable insouciance, et il a mis une fierté bien rare à ne rien faire pour réparer cette perte; enfin, le calme de son âme n'a été troublé qu'une fois; c'est par la mort de son fils aîné, tué en s'exposant dans les combats, comme son père. C'est en vain alors que le prince de Ligne appelait à son secours sa raison et même cette légèreté d'esprit, qui non-seulement sert à la grâce, mais quelquefois aussi peut distraire des peines de l'âme. Il était blessé au cœur; et ses efforts pour le cacher, rendaient plus déchirantes encore les larmes qui lui échappaient. Cette crainte de paraître sensible quand on s'est permis quelquefois de plaisanter la sensibilité; cette pudeur de la tendresse paternelle dans un homme qui n'avait jamais montré aux autres que ses moyens de plaire et de captiver; tout ce contraste, tout ce mélange du sérieux et de la gaieté, de la plaisanterie et de la raison, de la légèreté et de la profondeur, font du prince de Ligne un véritable phénomène : car l'esprit de société, à l'éminent degré où il le possède, donne rarement autant de grâces en laissant autant de qualités. On dirait

que la civilisation s'est arrêtée en lui à ce point où les nations ne restent jamais, lorsque toutes les formes rudes sont adoucies sans que l'essence de rien soit altérée.

Il va sans dire que l'éditeur ne prend point la liberté de combattre ni d'appuyer les opinions du prince de Ligne sur divers sujets manifestés dans ce recueil. On n'a voulu que rassembler quelques traits épars d'une conversation toujours variée, toujours piquante, où les jeux de mots et les idées, la force et le badinage sont toujours à leur place, et conviennent à chaque jour, quoi qu'on en dise le lendemain. Le privilége de la grâce semble être de s'accorder également bien avec tous les genres, tous les partis et toutes les manières de voir. Elle ne touche à rien assez rudement pour blesser, ni même assez sérieusement pour convaincre, et jamais elle n'ébranle la vie qu'elle embellit.

Je pourrais continuer encore longtemps le portrait du prince de Ligne, car on cherche mille tours divers pour peindre ce qui est inexprimable, un naturel plein de charmes. Mais après avoir essayé toutes les paroles, je devrais dire encore comme Eschine : « Si vous êtes étonné de ce que je vous raconte de lui, que serait-ce si vous l'aviez entendu ? »

DU CARACTÈRE

DE M. NECKER,

ET

DE SA VIE PRIVÉE[1].

Je crois qu'il est d'un intérêt général de connaître le caractère et la vie privée d'un homme dont la carrière politique tiendra une grande place dans l'histoire; car l'observation du cœur humain se fonde particulièrement sur les sentiments et les actions de ceux qui ont eu part à des circonstances extraordinaires, et que des événements remarquables et des talents supérieurs ont mis aux prises avec le sort et les hommes. Cet intérêt général acquiert une nouvelle importance, et s'unit intimement à la cause de la morale la plus haute, quand il s'agit de peindre un homme qui, doué des qualités faites pour servir à une ambition sans mesure, a été constamment dirigé ou retenu par la cons-

---

[1] Imprimé pour la première fois en 1804, à la tête des *Manuscrits de M. Necker, publiés par sa fille.*

cience la plus scrupuleuse; un homme dont le génie n'a été circonscrit que par ses devoirs et ses affections, et dont les facultés n'ont jamais eu d'autres bornes que ses vertus; un homme, enfin, qui, ayant joui d'abord de la destinée la plus brillante, a été renversé par de grands malheurs, et qui, se présentant à la postérité sans le prestige du succès, ne sera jugé, ne sera senti que par les âmes qui ont en elles quelques étincelles de son âme.

Je me propose un jour, si mon esprit se relève du coup qui a pour jamais détruit mon bonheur, d'écrire la vie publique de mon père comme ministre et comme écrivain; mais cette vie étant nécessairement liée tout entière à la plus grande époque de l'histoire européenne, à la révolution de France, je renvoie à d'autres temps un travail qui pourrait réveiller les passions haineuses que la mort a désarmées. Je veux bien le dire aux ennemis de cet homme, qui non-seulement ne s'est jamais vengé, mais n'a pas même conservé dans son âme, toujours pure et toujours jeune, une trace des plus justes ressentiments; je veux bien le leur dire, ces ménagements ont pour but d'empêcher qu'ils ne profanent la solennité du tombeau. Oui, qu'ils s'en prennent à moi, mais à moi seule, de ce qui pourrait les blesser dans cet écrit. Je suis là, je vis encore; qu'ils dirigent leurs coups sur le dernier reste de cette famille tant enviée; mais qu'ils respectent un souvenir que toutes les âmes honnêtes recueillent avec vénération, un souvenir qui fera dans le dernier siècle une trace lumineuse, éthérée, une trace qui part de la terre et se continue dans le ciel.

Quand M. Necker n'eût été qu'un citoyen obscur de la ville de Genève, quand il n'eût point passé sa vie au milieu de toutes les séductions de la France, et de toutes les luttes d'intérêt que faisaient naître et la gloire et la puissance, je croirais encore que son caractère, comme homme privé, eût été l'objet de l'étonnement et de l'admiration de tous ceux qui l'auraient vu de près; mais que n'inspire-t-il pas, ce caractère, quand on le voit sortir dans toute sa pureté, son élévation, sa douceur, sa délicatesse, de la vie la plus orageuse, des circonstances qui offraient le plus de chances à une ambition sans bornes, d'une carrière enfin qui aurait fait naître mille passions ardentes ou vindicatives, mille sentiments durs ou tout au moins arides, dans le cœur de la plupart des hommes.

C'est à l'âge de quinze ans que mon père est arrivé seul à Paris, avec une fortune très-bornée, que ses parents désiraient qu'il augmentât par le commerce. Depuis cette époque, non-seulement il s'est guidé seul dans le monde, mais il a fondé la fortune sur laquelle sa famille entière a subsisté; car tous tant que nous sommes, nous n'avons rien que par lui; bonheur, fortune, renommée, ces brillants avantages dont mes premiers ans ont été environnés, c'est à mon père seul que je les dois; et dans cet instant même où j'ai tout perdu, c'est en l'invoquant à chaque heure, c'est en me pénétrant de ses idées, que je trouve encore la force de remplir quelques devoirs et de m'essayer à parler de lui.

A peu près vingt ans se sont passés depuis son arrivée à Paris jusqu'à son mariage, et pendant ces années un travail habituel l'a tellement absorbé, qu'il n'a joui d'aucun des plaisirs de la vie. Quelquefois, en causant avec moi dans sa retraite, il repassait ce temps de sa vie, dont le souvenir m'attendrissait profondément; ce temps où je me le représentais si jeune, si aimable, si seul! ce temps où nos destinées auraient pu s'unir pour toujours, si le sort nous avait créés contemporains. L'étude et l'occupation du commerce avaient développé dans M. Necker les facultés et les connaissances nécessaires pour les grandes places qu'il a depuis remplies; mais le talent d'écrivain qu'il possédait au suprême degré, n'était certes pas préparé par le genre de vie qu'il a mené pendant vingt-cinq ans. En effet, n'est-ce pas une chose sans exemple, que le premier calculateur, celui dont l'autorité est classique en finances, soit en même temps l'un des écrivains français en prose les plus remarquables par l'éclat et la magnificence de son imagination? Cette réunion des qualités opposées se retrouvera souvent dans le caractère de M. Necker; c'est elle que l'on peut considérer comme le trait principal qui distingue un être supérieur; car les qualités qui se forment aux dépens les unes des autres n'ont pas l'empreinte de la véritable grandeur morale; un arbre faible peut jeter toute sa séve dans une branche; mais le chêne des forêts a tous ses rameaux pleins de force, et s'environne au loin de son ombre.

Il n'est presque aucun négociant de l'Europe qui ne sache avec quelle sagacité M. Necker a su se diriger dans les affaires, quoiqu'il se décidât toujours contre son intérêt, dans toutes les circonstances susceptibles du moindre doute. Il m'a dit souvent qu'il aurait fait une fortune immense, s'il n'avait pas quitté de bonne heure le commerce, et s'il avait pu se pénétrer de l'idée qu'une très-grande richesse l'eût rendu fort heureux. « Il m'a toujours manqué, me répétait-il souvent, de désirer fortement ou l'argent, ou le crédit, ou la puissance; car si j'avais été passionné pour un de ces buts, les moyens de l'atteindre se seraient facilement présentés à moi. » Mon père avait dans l'âme cette élévation et cette sensibilité qui ne permettent pas d'être ardemment ambitieux d'aucun des biens de ce monde; il n'aimait vivement que la gloire. Il y a quelque chose d'aérien dans la gloire; elle formera, pour ainsi dire, la nuance entre les pensées du ciel et celles de la terre.

Ce fut dans les séances de la compagnie des Indes que la supériorité du génie de M. Necker se fit d'abord connaître; il improvisa plusieurs fois avec un grand succès; et, dans cette occasion comme dans plusieurs autres, on a pu remarquer qu'il parlait à merveille, toutes les fois qu'il était vivement intéressé, quand une pensée forte, et plus encore un sentiment élevé l'animait : mais jusqu'à la fin même de sa vie, je lui ai vu souvent beaucoup de timidité. J'ai vu son noble visage rougir, quand il lui arrivait d'attirer plus particulièrement l'attention sur lui, par un récit quelconque dont la grâce de ses expressions ou de sa plaisanterie faisait le principal mérite. Il n'avait toute sa puissance, il n'était tout à fait sûr de lui-même, que quand il luttait contre des difficultés dignes de cette puissance : il grandissait avec la circonstance, il était fier contre les forts, il se rassurait par le danger, il avait à la fois le plus noble orgueil et la plus véritable modestie; personne ne savait comme lui opposer à l'injustice toute la dignité de sa conscience; mais au milieu de ses amis, mais vis-à-vis de lui-même surtout, il se comparait sans cesse avec ses idées de perfection en tout genre, et j'ai passé ma vie à plaider, en causant avec lui, contre sa défiance de lui-même, contre les reproches imaginaires qu'il se faisait dans les occasions où il avait développé le plus de talents et de vertus : tel avait été son caractère dès sa première jeunesse. Qu'il me soit permis, en commençant par retracer l'époque de la vie de mon père qui a précédé ou ma naissance ou mon intimité avec lui, de rappeler souvent les dernières années pendant lesquelles je l'ai si bien connu. Une unité parfaite a caractérisé l'existence de M. Necker, sa jeunesse a ressemblé à sa vieillesse, sa prospérité à son adversité; c'est le même rayon qui a éclairé toute sa vie, c'est le même respect pour la morale et la Divinité, pour la religion et la bonté, qui a dirigé sa destinée, et je suis sûre de connaître aussi bien que ses contemporains ce qu'il était à trente ans, parce qu'il s'est montré le même à soixante.

Dès sa jeunesse, il avait devancé l'expérience par la réflexion, et c'est par la pureté de l'âme qu'il a conservé l'imagination et la sensibilité dans la vieillesse. Il se maria environ vingt ans après son arrivée à Paris; il choisit pour femme une personne d'une vertu parfaite, d'un esprit extrêmement cultivé, née de parents respectables à tous égards, mais que la révocation de l'édit de Nantes avait privés de tous les biens que possédait leur famille. Ainsi mon père créa tout une seconde fois autour de lui. Depuis le moment où il s'est marié jusqu'à sa mort, la pensée de ma mère a dominé sa vie : ce n'était point à la manière des hommes publics qu'il s'occupait du bonheur de sa femme; ce n'était point par quelques actions éparses qui doivent suffire, dit-on, à la destinée subordonnée des femmes, c'était par l'expression continuelle du sentiment le plus tendre et le plus délicat. Ma mère, dont toutes les affections étaient passionnées, aurait été très-malheureuse, si elle n'avait fait que ce qu'on appelle communément un excellent mariage; si elle avait été liée à un homme seulement bon, seulement généreux. Il lui fallait trouver dans le cœur de son premier ami cette sensibilité sublime qui n'appartient qu'aux esprits supérieurs, et que l'esprit supérieur détruit presque toujours; parce qu'il inspire d'autres désirs, d'autres penchants que la vie domestique. Il lui fallait l'être unique, elle l'a trouvé, elle a passé sa vie avec lui; Dieu lui a épargné le malheur de lui survivre : paix et respect à sa cendre! Elle a plus mérité que moi d'être heureuse.

Peu de temps après le mariage de mon père, il fut nommé ministre de la république de Genève à Paris. En acceptant cet emploi, il refusa les appointements qui y étaient attachés. Il paraît que dès lors il avait pris pour système de ne jamais recevoir aucun genre d'émoluments pour les places qu'il remplissait. Lorsqu'il fut ministre d'État, on l'accusa d'orgueil, parce qu'il était le premier exemple d'un ministre en France, et peut-être partout ailleurs, qui refusât les grands appointements attachés à cette place, et consumât une portion de son capital [1] pour subvenir à la représentation qu'elle exigeait. Ce n'est point par un mouvement d'orgueil que mon père adopta cette résolution; mais, appelé par son esprit d'ordre, et par le mauvais état des finances de France, à supprimer beaucoup d'emplois, à réduire beaucoup d'émoluments, il ne pouvait supporter l'idée qu'un de ceux dont il diminuait la fortune mettrait peut-être en com-

[1] M. Necker était sûrement le meilleur père qui ait jamais existé, et cependant il fut forcé de se constituer cent mille livres de rentes viagères sur l'État, pour suffire, avec son revenu, aux dépenses de sa place.

paraison les appointements du ministre avec la perte que ce même ministre faisait subir aux autres : il se sentait plus de force pour réformer les abus, en ayant donné lui-même l'exemple du sacrifice entier de ce qui lui était personnel. Ce motif délicat, mais simple, a été la seule cause d'une renonciation qu'on pourrait trouver extraordinaire.

Ce qui m'a toujours singulièrement frappée dans mon père, c'est qu'il ne mettait de l'effort à rien ; les plus grands sacrifices, quand il les faisait, lui étaient inspirés par des sentiments tellement profonds, tellement puissants, que lui-même toujours, et les autres quelquefois, n'en sentaient pas tout le mérite. On ne voyait point de lutte, on ne voyait point de regrets, on finissait par croire avec mon père qu'il ne pouvait pas agir autrement qu'il n'agissait. Le roi d'abord fut étonné du refus que fit M. Necker d'accepter aucun genre d'émoluments pour sa place ; mais dans la suite le roi s'y accoutuma si bien, que M. Necker étant nommé ministre une seconde et une troisième fois, il n'en fut jamais question entre eux.

De semblables traits, dans d'autres rapports, se retrouvent souvent dans la vie de mon père ; il avait une manière si simple de faire accepter des services aux autres, que beaucoup de personnes les ont oubliés ; il y a un degré de délicatesse dans les procédés, de finesse dans les expressions, qui n'est pas en proportion avec la sagacité du commun des hommes ; et pour beaucoup de gens, il faut renoncer à ce qu'ils comprennent ce qu'on ne leur dit pas. Je crois donc pouvoir affirmer que l'on n'a pas l'idée de la conduite de M. Necker dans tout ce qui tient à la fortune, quand on a dit, ce qui n'est pas contesté, qu'il était un homme d'une générosité parfaite ; il faut trouver un mot pour peindre un caractère qui oubliait complétement le bien qu'il avait fait ; qui l'oubliait, non en apparence, mais réellement ; non par résolution, mais par cette négligence des grandes âmes pour elles-mêmes, inimitable trait de leur beauté naturelle.

Ma mère était une personne très-fière ; elle n'avait apporté aucune dot à mon père, et si elle avait été liée à un homme d'une délicatesse ordinaire, elle n'aurait jamais usé de sa fortune qu'avec la contrainte la plus expressive. Mon père lui remit tout ce qu'il possédait au moment où il entra dans les affaires publiques, ne voulant pas, lui disait-il, avoir d'autres occupations que ses devoirs envers la France ; et il sut si bien depuis lors persuader à ma mère qu'il ne pensait plus à sa fortune, que tous les soins relatifs à l'emploi ou à l'administration de cette fortune le fati-

guaient, qu'elle finit par s'en regarder comme l'unique maîtresse. Ce qu'on appellerait généralement la délicatesse, c'est d'offrir, de donner, d'encourager à disposer de ce qu'on offre : quelle finesse, quelle inspiration du cœur n'y avait-il pas dans M. Necker à rechercher l'apparence des défauts qu'il n'avait pas, pour perfectionner les jouissances de sa femme ! Elle le plaisantait souvent sur sa prétendue incapacité pour les détails : et depuis sa mort il est entré avec une suite constante dans ces mêmes détails qu'il feignait de détester [1].

[1] Ce que je dis sur ce sujet me semble remarquablement confirmé par ce passage, que je transcris du portrait imprimé de M. Necker, par sa femme :

« Les qualités de M. Necker sont franches et bien terminées ; je n'oserais prononcer qu'elles sont parfaites, mais elles sont entières, sans le mélange d'aucun autre sentiment. Qu'on me permette de m'expliquer : l'on dit souvent de tel homme qu'il n'est pas susceptible de rancune, et cependant ce même homme pense aux mauvais procédés de ses ennemis, car il pense qu'il leur pardonne ; on dit aussi que telle personne est fort désintéressée, et cependant l'on sait qu'elle s'occupe de ses bienfaits, qu'elle veut qu'on lui en tienne compte : mais si je me hasardais à peindre ici ce que c'est que ce mot *désintéressé*, appliqué à l'âme de M. Necker, je ne parlerais ni de ses procédés, ni de sa pureté, ni de sa délicatesse, ni, en un mot, de tout ce qu'il y a de grand dans le mépris de l'argent et dans le sacrifice qu'on en fait, soit à l'estime publique, soit à des sentiments de générosité et de bienfaisance ; ces vertus appartiennent tellement à M. Necker, que je rougirais d'en faire l'éloge, comme on n'oserait louer une vestale de la chasteté de ses regards : je peindrais son désintéressement par un côté bizarre, et qui lui en ôte presque le mérite, en montrant que des goûts d'une nature plus élevée ont effacé de sa tête toutes les idées relatives à sa fortune ; et voici quelques traits de ce caractère singulier, que je choisirai entre mille autres, pour éviter les longueurs.

« M. Necker a quitté les affaires dans un moment où il pouvait décupler sa fortune, simplement parce qu'il était ennuyé d'un genre de travail qui ne lui présentait plus rien d'attrayant ni de nouveau ; et cette fortune même eût été doublée, si un sentiment trop subtil pour mériter le nom de vertu, ne l'eût engagé à la partager avec son associé. Je tentai vainement alors de le fixer encore quelque temps à des occupations qui n'étaient plus de son goût : il se sépara absolument de la maison qu'il avait formée ; et, en abandonnant ainsi un fonds qui lui appartenait, il ne s'y réserva aucun intérêt, ni même aucune facilité d'y faire valoir son argent, sous quelque dénomination que ce pût être ; il le retira et me remit en masse, sans garder à sa disposition ni un seul papier ni la plus légère somme. Depuis ce temps, je m'en suis seule occupée ; j'ai acheté, vendu, affermé, bâti, placé, disposé de tout à mon gré, sans presque oser lui en parler, ayant éprouvé, au premier mot, ou de l'humeur ou les marques du plus mortel ennui. Sa fortune n'a plus attiré ses regards que dans le seul moment où, par un sentiment estimable, il voulut en déposer la plus grande partie au trésor royal ; car elle devint alors un objet public digne de son attention. Après sa retraite, dans toutes les révolutions des contrôleurs généraux, rien n'a pu le déterminer à reprendre ce dépôt, dont on lui payé un intérêt fort au-dessous de celui que rendent les fonds publics. Il m'a cédé de si bonne foi, et depuis si longtemps, le maniement de ses affaires, qu'il en a oublié jusqu'à la propriété, et qu'il est reconnaissant quand je fais une dépense à sa prière, et timide quand je le propose. Notre intérieur présente, à cet égard, le contraste aimable et risible d'un grand génie en tutelle, d'un homme qui pourrait

Un homme qui n'aimait pas mon père (Panchaud), a fait une remarque sur lui, qui me semble caractériser, à quelques égards, l'histoire de sa vie. « M. Necker, disait-il, a consacré vingt an-« nées à la fortune, vingt années à l'ambition et « à la gloire, en se séparant entièrement de tout « intérêt de fortune, et de longues années à la re-« traite, en renonçant entièrement à toute espèce « d'existence active. » Faire ainsi trois grandes parts de sa vie, sans que les habitudes de l'une influent jamais sur l'autre, sans retrouver comme défaut dans une situation ce qui était une qualité dans l'autre, c'est, je crois, la preuve la plus remarquable de l'élévation du caractère et de la force de la raison.

M. Necker, protestant et Genevois, rencontrait des obstacles pour arriver aux premières places de la monarchie française; mais sa réputation et le talent qu'il avait de captiver ceux à qui il voulait plaire, lui obtinrent la distinction sans exemple pour un étranger et un protestant, d'être nommé d'abord ministre, et d'entrer ensuite, à son rappel, dans le conseil du roi. L'éloge de Colbert, et l'ouvrage sur la Législation et le Commerce des grains, avaient donné une grande idée des talents de M. Necker en administration, et M. de Maurepas, qui, dans ses entretiens avec lui, avait été frappé de sa supériorité, le fit nommer directeur du trésor royal en 1777, dans un moment où les finances de France forçaient déjà à sortir de la routine des choix, pour chercher le secours du génie.

On a dit que M. Necker ne connaissait pas les

« gouverner la fortune des deux Indes, dont l'insouciance
« pour l'argent est si bien connue, que ses domestiques la
« prennent pour de l'ineptie, et que les plus petits détails
« qui le concernent me sont rapportés, sont décidés et exé-
« cutés sans qu'on pense à l'en instruire.

« Enfin, M. Necker, si grand dans les grandes choses, est
« comme ce dieu de la Fable, qu'on vit tour à tour régner
« dans les cieux et servir sur la terre.

« J'ai souvent remarqué, en pensant à la générosité et au
« désintéressement de M. Necker, que la perfection des qua-
« lités morales n'était pas faite pour intéresser les autres
« hommes, en ce qu'elle n'a aucun rapport avec eux. Pour
« qu'ils sentent le prix d'une vertu, il faut qu'ils reconnais-
« sent à quelque signe la possibilité du vice opposé : voilà
« pourquoi l'on veut toujours que le mot de *vertu* désigne un
« effort. D'ailleurs l'amour-propre ne tient compte des choses
« qu'autant qu'on lui montre bien ce qu'elles nous coûtent.
« Personne n'a su gré à M. Necker de pardonner à ses enne-
« mis; personne ne lui a su gré des sacrifices immenses d'ar-
« gent qu'il a faits, et dans son intérieur et au dehors, et l'on
« en a souvent exigé et reçu de lui, sans lui en rendre la
« moindre grâce; car l'on mesure sa fortune par sa généro-
« sité, et l'on aime mieux lui supposer de grandes richesses
« qu'une grande âme. Cependant, dès que M. Necker gou-
« verna les finances, il devint économe et sévère de la fortune
« publique. L'argent n'étant qu'une image et un équivalent
« général, le sien ne lui promettait des jouissances qu'en le
« répandant; mais celui du trésor royal lui parut sacré, car il
« lui représentait le bonheur du peuple. »

hommes, parce qu'il a toujours voulu les conduire par la raison et la morale, et que depuis la révolution de France beaucoup de gens sont disposés à trouver de la niaiserie dans ces sortes de moyens. Mais je puis dire avec certitude, que ce n'est point par une estime exagérée des hommes en général, mais par un respect scrupuleux pour la vertu, qu'il ne s'est point écarté des principes qu'elle impose. Il connaissait parfaitement la politique du machiavélisme; il avait mille fois plus de finesse dans l'esprit qu'il n'en faut pour manier la ruse. Il était impossible de pénétrer avec plus de sagacité et de promptitude le caractère et l'esprit de ceux avec qui il avait affaire. On remarquera sûrement dans les pensées que je publie, dans le *Bonheur des sots*, dans plusieurs morceaux des ouvrages de M. Necker, une grande connaissance du cœur humain, et quelquefois même une disposition satirique dans la manière de peindre et de juger. Aucun des gens d'esprit qui ont vécu avec mon père ne me désavouera quand j'affirmerai que cet homme, désarmé par sa bonté, par ses scrupules, par sa délicatesse, eût été très-redoutable si, s'abandonnant à son talent, à son adresse, à la rapidité de ses aperçus, il s'était permis de tromper ou de corrompre. Quand il avait jeté un coup d'œil sur un homme, quand il lui avait parlé seulement un quart d'heure, il s'en formait l'idée la plus juste, je dirai même la plus piquante, parce qu'elle était détaillée, parce que les remarques les plus fines le conduisaient aux résultats les plus sûrs, et qu'il surprenait le caractère des hommes dans tous les mouvements imperceptibles, involontaires, indéfinissables, sur lesquels l'art ne peut rien, mais que la nature s'est réservés pour se faire connaître au génie [1].

[1] Mon père, dans sa première jeunesse, a composé quelques comédies, dans lesquelles se trouve beaucoup de ce qu'on appelle la force comique, et cette force comique suppose toujours une grande connaissance du cœur humain; il eut alors l'idée de les faire représenter, mais les affaires lui en ôtèrent le temps. Il m'a souvent dit, depuis, que s'il avait donné ces pièces au théâtre, tout le cours de sa vie en eût été changé; car, en France, on n'aurait pas choisi pour ministre d'État un homme qui aurait composé des comédies dont le sujet n'avait rien de sérieux, et qui consistait seulement en des scènes de plaisanterie et de moquerie très-forte, quoique de bon goût. C'est encore un contraste bien singulier, que l'homme le plus imposant dans ses manières, le plus majestueux dans son style, le plus mélancolique dans ses sentiments, eût pourtant dans l'esprit, quand il s'y livrait, une sorte de gaieté tellement originale, tellement frappante, qu'elle eût fait rire aux éclats une assemblée dans laquelle même la classe du peuple se serait trouvée; cette bizarrerie, ou plutôt cette faculté de plus, me paraît si piquante à remarquer, que j'étais un moment tentée de publier ces comédies; mais je ne me suis pas senti la disposition qu'il fallait pour mettre ce travail en ordre, et d'ailleurs il faut que les enfants d'un grand homme n'existent plus; il faut qu'on n'ait plus l'espérance de leur faire du mal en attaquant sa mémoire, pour

J'ai dit que M. Necker avait réussi à captiver tous ceux à qui il avait désiré de plaire; et s'il ne s'était pas quelquefois livré au dégoût des intérêts actifs et bornés de la vie réelle, son influence sur les hommes aurait été beaucoup plus grande. Il avait inspiré, comme simple représentant de la république de Genève, une telle affection à M. de Choiseul, alors le plus puissant ministre de France, que le gouvernement de Genève ayant imaginé une fois d'envoyer un homme d'esprit à Paris, pour traiter en particulier avec M. de Choiseul, ce ministre écrivit à M. Necker : « Dites à vos Ge- « nevois que leur envoyé extraordinaire ne mettra « pas le pied chez moi, et que je ne veux avoir « affaire qu'à vous. » Mon père m'a dit que ce premier succès de sa vie politique était celui qui lui avait causé le plaisir le plus vif. Quand il parlait de lui-même, et des mouvements d'ambition ou d'amour-propre qu'il avait éprouvés, il intéressait toujours, parce que l'imagination se mêlait à toutes ses impressions, et que successivement il s'était lassé de tout ce qu'il avait obtenu, non par le désir d'obtenir encore plus, mais par cette sensibilité et cette élévation d'âme que les événements extérieurs ne peuvent jamais satisfaire.

Deux conversations avec M. de Maurepas avaient suffi pour le déterminer à proposer M. Necker pour directeur du trésor royal; pendant une très-courte maladie de M. de Maurepas, mon père travaillant seul, pour la première fois, avec le roi, en obtint la nomination de M. le maréchal de Castries au ministère de la marine. Le maréchal de Castries était un homme généralement estimé; mais le roi le connaissait peu, et une heure avant l'arrivée de mon père, il ne pensait nullement à le choisir. Ce trait du crédit que mon père avait acquis sur le roi en si peu de moments, devint la principale cause de la jalousie de M. de Maurepas contre lui. La reine, jusqu'au moment où les partis politiques envenimèrent tout, se plaisait singulièrement dans la conversation de mon père. Enfin, je l'ai toujours vu aimé des hommes médiocres, quand il s'en faisait connaître, et des hommes supérieurs, dès qu'il se montrait à eux. On aimait M. Necker à proportion des idées et des sentiments dont on était capable, et plus on possédait en soi-même, plus on découvrait en lui.

qu'on ait en France la sorte de bonne foi nécessaire pour juger le génie tout entier. Depuis longtemps, dans notre pays, les hommes ni les choses ne sont plus étudiées pour elles-mêmes, on n'y cherche pas ce qu'elles sont, mais ce qu'on peut en dire, et l'on doit se présenter toujours sérieusement à ce peuple d'écrivains qui se croit encore gai, mais dont la gaieté n'est plus qu'une arme offensive, et non un jeu de l'imagination.

À l'appui de cette opinion, je citerai un trait choisi au hasard entre beaucoup d'autres. M. de Mirabeau, l'un des premiers juges en fait d'esprit, mais qu'on ne peut accuser de prévention en faveur de la morale, M. de Mirabeau eut un entretien avec mon père, vers la fin de 1789, pour l'engager à le faire nommer ministre. Mon père, en rendant hommage à la supériorité des talents de M. de Mirabeau, lui déclara qu'il ne pouvait être son collègue. « Ma force à moi, dit-il à M. de Mirabeau, consiste dans la morale; vous avez trop d'esprit pour ne pas sentir un jour la nécessité de cet appui : jusqu'à ce que ce moment soit arrivé, il peut convenir au roi, dans les circonstances actuelles, de vous avoir pour ministre, mais il ne se peut pas que nous le soyons ensemble. » En rentrant chez lui, M. de Mirabeau écrivit sur cette conversation des notes qui m'ont été communiquées, et dans lesquelles il déclare combien il a été frappé de la supériorité d'esprit de M. Necker. Il commanda son buste, pour le faire poser dans la maison de campagne où il comptait se retirer; ce buste, je l'ai racheté du sculpteur à qui Mirabeau l'avait commandé peu de temps avant sa mort. Il m'a paru curieux de posséder ce témoignage secret de la véritable opinion de Mirabeau, quand les calculs de son ambition l'engageaient si souvent à la démentir à la tribune. Si j'ai insisté sur ce talent qu'avait mon père, de connaître et de captiver les hommes, c'est que j'ai entendu quelques amis superficiels prétendre qu'il en était privé, parce qu'il s'était constamment refusé à s'en servir selon les principes d'une politique immorale. Je le répète ici, les facultés de M. Necker n'avaient d'autres bornes que ses vertus; et ce qui le caractérise peut-être d'une manière unique, c'est que, par la finesse même de son esprit, il n'aurait pas été étranger au plaisir d'employer avec art les combinaisons les plus subtiles et l'adresse la plus ingénieuse; mais la hauteur de son âme lui a toujours fait rejeter ce genre de talent bien loin de lui.

La même sagacité qui lui avait ouvert la route à la fortune et à la puissance, aurait parfaitement suffi pour lui faire découvrir les mauvais moyens et les mauvais buts. Combien n'a-t-on pas vu d'esprits bien inférieurs au sein saisir toutes les ressources de la ruse et de la politique! Et parmi les gens du peuple, ceux même qui sont le plus incapables de comprendre une idée générale, une idée désintéressée, vous étonnent souvent par la finesse avec laquelle ils devinent tout ce que l'intérêt personnel peut conseiller. Mais M. Necker ne voulait pas dégager son esprit des liens de la plus scrupuleuse délicatesse; il ne le voulait pas, et il y avait à cette décision d'autant plus de mérite, que l'habileté en tout genre était une de ses qualités distinctives. Jamais personne n'est parvenu à le tromper sur rien, et sa pénétration était telle, qu'elle aurait pu le conduire à mépriser les hommes, s'il n'avait pas tout relevé, tout ennobli par cette indulgence sublime qui juge les actions à leur source, et confond dans le même sentiment de pitié les autres et nous-mêmes, les individus et l'espèce.

M. Necker, dans le cours de son premier ministère, eut à triompher de sa bonté naturelle, en supprimant des emplois qui privaient beaucoup de personnes, non de la fortune nécessaire, mais de celle qui contribue pourtant beaucoup au bonheur de la vie. Cette administration, dont le secret était l'ordre et l'économie, le privait nécessairement de toutes les jouissances attachées au pouvoir; il ne s'est pas permis de donner une place à un seul de ses parents ni de ses amis, parce qu'il croyait devoir offrir ce sacrifice pour exemple et pour consolation à ceux dont il supprimait les places ou diminuait les appointements. Il travaillait sans relâche, du matin au soir, et ne voyait presque que les personnes qui venaient se plaindre des retranchements qu'il leur imposait. Ma mère, de son côté, se livrait avec un zèle admirable aux soins des prisons et des hôpitaux; il serait difficile de dire quels étaient, selon le langage du monde, leurs plaisirs à tous deux; quels étaient les honneurs, la fortune, les avantages qu'ils comptaient retirer d'une telle vie : ils n'en attendaient rien d'humain que l'estime publique, et mon père l'obtenait à un degré qui étonnera peut-être un jour, quand, en écrivant sa vie politique, je donnerai quelques extraits de tous les genres d'hommages qu'il recevait alors [1].

Les administrations provinciales établies par M. Necker, préparaient tous les ordres de l'État à la connaissance de l'administration. La suppression du droit de mainmorte, la publicité de l'état des finances, le peuple soulagé de la plupart des impôts qui pesaient particulièrement sur la classe pauvre, toutes ces vues bienfaisantes réalisées pour la première fois, pénétraient d'admiration et de reconnaissance la classe éclairée et la classe souffrante, celle qui aimait le bien public et celle qui en ressentait les effets. Cependant les intérêts personnels blessés, la jalousie de M. de Maurepas, l'avidité de quelques courtisans, excitaient secrètement des libelles odieux contre M. Necker. Ma mère, en s'y montrant trop sensible, leur donna trop d'importance aux yeux de mon père. Il s'est fait depuis la loi de n'en lire aucun, et ses regards n'ont point été souillés par les misérables écrits dont la fausseté est encore plus connue par leurs auteurs mêmes que par les lecteurs. Mais la douleur de ma mère, cette douleur toute-puissante sur le cœur de son mari, l'inquiétait malgré lui. Madame Necker écrivit à M. de Maurepas, à l'insu de M. Necker, pour lui demander de retirer sa faveur directe ou indirecte aux libellistes qui attaquaient M. Necker; et cette fausse démarche apprenant à M. de Maurepas combien M. et madame Necker étaient sensibles à tout ce qui pouvait leur ôter la faveur de l'opinion publique, lui fit connaître quel était le plus sûr moyen de les blesser. Il faut se garder d'apprendre à ses ennemis comment ils peuvent vous faire du mal; mais presque jamais les femmes ne se laissent guider par cette réflexion. Il leur semble qu'il suffit de dire, même à ceux qui les haïssent : *Vous me faites souffrir*, pour les désarmer. Les rapports politiques sont d'une nature plus âpre; et mon père ne tarda pas à s'apercevoir de la faute que ma mère avait commise.

M. de Maurepas et plusieurs autres personnes de la cour, que la sévère économie de M. Necker importunait, excitèrent contre lui secrètement de nouveaux libelles; mon père ne demandait point qu'on en punît les auteurs; il y en avait même plusieurs parmi eux qui possédaient des places dans sa dépendance, et à qui il les avait conservées; mais il désirait, pour lutter avec succès contre des ennemis toujours croissants, une marque éclatante de la satisfaction du roi, telle que l'entrée dans le conseil, qui depuis lui fut accordée. Cette demande amena des discussions que les en-

---

[1] Je possède un nombre infini de lettres adressées à mon père et à ma mère par tous les hommes les plus distingués de France, pendant l'espace de vingt années, à dater de 1775. Il se peut que je publie un jour cette collection, qui seule donnera l'idée du mouvement des esprits en France à cette époque; on sera étonné d'y voir de certaines personnes, qui depuis se sont déchaînées contre le doublement du tiers, et qui ont accusé mon père d'en être l'auteur, lui écrire avec une véhémence extraordinaire, les unes pour applaudir à cette décision, les autres pour se plaindre de ce qu'il n'en faisait pas assez pour la cause populaire. A la tête des hommes éclairés et supérieurs de ce temps, Buffon, Thomas, Marmontel, Saint-Lambert, M. Suard, l'abbé Morellet, montrent leurs opinions avec une modération et une indépendance qui pénètrent de respect pour leur caractère autant que pour leur esprit, et M. et madame Necker sont toujours unis, par leurs pensées ou par leurs actions, à la sainte ligue qui existait alors pour l'honneur et le bien de la France.

Il y a aussi dans cette collection quelques lettres des étrangers les plus marquants de cette époque, l'abbé Galiani, le prince Henri, M. de Caraccioli, milord Stormond, etc.

nemis de M. Necker trouvèrent l'art d'envenimer; il offrit sa démission, et elle fut acceptée.

Mon père s'est amèrement reproché dans la suite de n'avoir pas supporté les dégoûts qu'il éprouvait, pour accomplir les projets utiles et réparateurs dont il avait conçu l'idée; et il se peut en effet que s'il fût resté dans le ministère alors, il eût prévenu la révolution, en maintenant l'ordre dans les finances. On ne concevra pas, maintenant que de longues agitations politiques ont déshonoré successivement toutes les paroles en France, on ne concevra pas comment il se peut que des libelles fussent, il y a vingt ans, un grand événement pour un ministre; mais il est pourtant vrai que, dans un pays où la liberté de la presse n'existait pas comme en Angleterre, et où l'opinion publique avait acquis cependant une force morale étonnante, tout ce qui pouvait porter atteinte à la pureté de la réputation méritait une grande attention. D'ailleurs, la puissance de mon père consistait presque en entier dans la haute idée que l'on s'était formée de son caractère, et le respect qu'il inspirait eût été diminué, si on l'avait vu supporter trop patiemment des outrages encouragés en secret par des personnes du gouvernement. Enfin, les âmes fières doivent se pardonner les inconvénients de cette fierté même; ils tiennent à l'ensemble de leur caractère; et quand cette susceptibilité, peut-être trop grande, porte seulement à résigner ce que la plupart des hommes distingués eux-mêmes retiennent à tout prix, le pouvoir, il me semble qu'on pourrait aisément se croire justifié. Mon père ne pensait point ainsi; son imagination, autant que sa conscience, le rendait très-sévère sur ses actions passées. Il s'est souvent pris lui-même bien injustement à partie, dans le secret de ses réflexions, et certainement il a été plus malheureux dans cette première retraite du ministère, brillante, mais volontaire, qu'à l'époque de la dernière qui lui faisait tout perdre, mais sur laquelle il ne pouvait pas hésiter.

Qu'elle fut belle, en effet, cette première retraite! la France entière ne cessa point de rendre hommage à M. Necker, et les Français ont tant de vivacité, tant de naturel, tant de grâce, quand ils rendent un généreux hommage à l'adversité non méritée! Le roi de Pologne, le roi et la reine de Naples, l'empereur Joseph II [1], offrirent à M. Nec-

¹ Je ne puis me refuser à transcrire ici quelques fragments des lettres de l'impératrice Catherine, à l'époque de la retraite de mon père, qui lui ont été envoyées par M. Grimm, à qui elles étaient adressées.

Pétersbourg, du ¹⁰/₇ juillet 1781.
Enfin M. Necker n'est plus en place. Voilà un beau rêve

ker de venir gouverner les finances de leur État; il refusa tout par cet amour pour la France, la passion dominante de son cœur, alors, et toujours, jusqu'au dernier moment, le plus vif intérêt de sa vie. Il écrivit dans sa retraite cet ouvrage sur l'administration des finances, qui fit la fortune de trois ou quatre libraires, s'imprima à cent mille exemplaires, et qui est considéré maintenant presque comme le seul livre classique en France sur les objets d'administration.

M. de Calonne, en 1787, convoqua l'assemblée des notables, et dans son discours d'ouverture il attaqua la véracité du Compte rendu au roi par M. Necker. Il est aisé de supposer qu'un homme du caractère de M. Necker devait repousser une assertion si injurieuse; il envoya un mémoire au roi avec des pièces justificatives qui prouvaient victorieusement l'exactitude du Compte rendu. Le roi, après l'avoir lu, voulut le garder pour lui seul, et désira qu'il ne fût point connu. Ceux des amis de mon père qui approchaient alors le roi, l'assurèrent que s'il voulait faire le sacrifice de la publicité de ce livre, le roi était décidé à le rappeler au ministère dans peu de temps; et en effet il n'y avait pas de doute que, selon tous les calculs humains, mon père ne renonçât entièrement à la possibilité de rentrer dans le ministère, en ne se soumettant pas, dans cette circonstance, au désir prononcé du roi. Mais mon père crut son honneur compromis par l'insulte qui lui avait été faite publiquement par le discours imprimé de M. de Calonne; et plus la publication de sa réponse exigeait des sacrifices d'ambition, plus il croyait sa délicatesse engagée à cette publication. Je l'ai déjà dit, le sentiment le plus vif qui attachait mon père aux

que la France a fait, et une grande victoire pour ses ennemis. Le caractère de cet homme rare est à admirer dans ses deux ouvrages, car le Mémoire vaut bien le Compte rendu. Le roi de France a touché du pied à une grande gloire. Nun das wird schon so bald nicht wieder kommen, mais cela ne reviendra pas de sitôt. Il fallait à M. Necker une tête de maître qui suivit ses enjambées.

Pétersbourg, du ¹⁴/₂₃ juillet 1781.

La lettre que M. Necker vous a écrite m'a fait grand plaisir; je suis seulement fâchée qu'il ne soit plus en place. C'est un homme à qui le ciel a destiné la première place en Europe, sans contredit, pour la gloire. Il faut qu'il vive, il faut qu'il survive à une couple de ses contemporains, et alors cet astre sera à nul autre comparable, et ses contemporains resteront loin derrière lui.

De Pétersbourg, 8 novembre 1785.

J'ai enfin pu lire l'introduction du livre de M. Necker; je viens de l'achever. Puisqu'il est sensible à l'estime, assurez-le de toute la mienne. On voit qu'il était à sa place, et qu'il la remplissait avec passion; il en convient lui-même. J'aime ce mot : Ce que j'ai fait, je le ferais encore. Et on ne parle point ainsi sans être bon, et il faut l'être éperdument, pour n'en avoir rien perdu après beaucoup de traverses.

intérêts du monde, c'était l'amour de la considéra-tion et de la gloire; il pouvait sacrifier ce senti-ment à la vertu, mais jamais à des considérations d'un autre genre.

Dès que le roi eut appris que la réponse de M. Necker au discours de M. de Calonne était impri-mée, il l'exila par une lettre de cachet, à quarante lieues de Paris. J'étais bien jeune alors; une lettre de cachet, un exil, me paraissaient l'acte le plus cruel qui pût être commis; je jetai des cris de dé-sespoir en l'apprenant; je n'avais pas l'idée d'un plus grand malheur. Toute la société de Paris, que des mœurs douces et une longue période de paix n'avaient point accoutumée à voir souffrir, vint en foule chez mon père, et s'exprimait publique-ment avec indignation contre son exil. Mon père seul jugeait le roi, dans cette circonstance, comme il méritait d'être jugé; il répétait qu'il avait dû être mécontent de ce qu'il ne s'était pas soumis à ses désirs, et depuis il m'a souvent donné comme une preuve de la bonté de Louis XVI ce dernier terme de sa colère. Un exil à quarante lieues de Paris avait été l'effet de son premier mouvement, et quatre mois après il mit un terme à cet exil, et peu de temps après, le 25 août 1788, il rappela M. Necker au ministère.

Je passai avec mon père le temps de son exil : combien alors il était calme et serein ! On lui écri-vait tantôt qu'il allait être nommé ministre, tan-tôt qu'il ne le serait jamais, tantôt que tout était gagné, et huit jours après que tout était perdu. Il attendait les événements avec une sécurité que je lui ai toujours vue dans toutes les crises où il n'é-tait exposé ni aux peines de cœur ni aux scrupules de la conscience.

Au moment où M. Necker fut rappelé pour la seconde fois dans le ministère, il venait de publier son ouvrage sur l'*Importance des opinions reli-gieuses.* Ce livre n'est-il pas une grande preuve de la tranquillité de son âme, dans les circonstances qui auraient dû le plus agiter un ambitieux ? Les hommes du monde ont souvent écrit sur la reli-gion dans la retraite, au déclin de leur vie, lors-qu'il n'y avait plus pour eux d'autre avenir que l'éternité : mais il est bien rare que dans l'inter-valle de deux ministères, au milieu de toutes les vicissitudes d'une telle attente, un homme d'État se soit voué à un travail sans rapport immédiat avec l'administration, à un travail qui fera sa gloire dans la postérité, mais qui ne servait en rien à ses intérêts présents. Au contraire, M. Necker s'expo-sait par cet ouvrage à perdre quelques-uns de ses partisans dans une classe très-distinguée; car il fut

le premier, et même le seul parmi les grands écri-vains, qui signala dès lors la tendance à l'irréli-gion; cette tendance succédait au bien réel qu'on avait fait en combattant l'intolérance et la supers-tition. M. Necker lutta, sans aucune aide alors, contre cette aride et funeste disposition; il lutta, non avec cette haine pour la philosophie, qui n'est qu'un changement d'armes dans les mêmes mains, mais avec ce noble enthousiasme pour la religion, sans lequel la raison n'a point de guide, et l'ima-gination point d'objet, sans lequel enfin la vertu même est sans charmes, et la sensibilité sans pro-fondeur.

Parmi les hommes d'État, l'on compte Cicéron, le chancelier de l'Hôpital et le chancelier Bacon, qui, au milieu des agitations politiques, n'ont ja-mais perdu de vue les grands intérêts de l'âme et de la pensée solitaire; mais mon père fit paraître son livre dans un moment particulièrement défa-vorable aux opinions qu'il soutenait, et il fallait toute la précision de M. Necker en matière de cal-cul, pour n'être pas alors appelé un rêveur, en s'occupant d'un tel sujet. Il y a dans toutes les époques une vertu qu'on traite de niaiserie; c'est celle qui est véritablement une vertu, parce qu'on ne peut pas s'en servir comme d'une spécula-tion.

Le second ministère de M. Necker, depuis le 25 août 1788 jusqu'au 14 juillet 1789, est précisément l'époque qu'un parti parmi les Français s'est acharné à défigurer. Je répète ici que je prends l'engagement, quand j'écrirai la vie politique de mon père, de prouver, par l'histoire même de la révolution, que ce parti s'est constamment mépris sur ses véritables intérêts, sur la force des événe-ments et sur le caractère des personnes; mais il me semble qu'il est déjà reconnu par tous ceux qui ont étudié la conduite et les écrits de M. Necker, qu'il n'a pas eu un seul instant l'idée de faire une révolution en France. Il croyait, en théorie, que le meilleur ordre social pour un grand État, c'est une monarchie limitée, telle que celle dont l'An-gleterre offre l'exemple : cette pensée domine dans tous ses écrits; et de quelque opinion politique que l'on soit, l'on ne peut nier, je pense, que l'a-mour de l'ordre et de la liberté n'y règne avec la double force de la sagesse de l'esprit et de l'éléva-tion de l'âme; mais les opinions politiques de mon père étaient, comme tout lui-même, entièrement soumises à la morale; il avait des devoirs envers le roi, comme son ministre; il craignait fortement les suites d'un mouvement insurrectionnel quelcon-que, qui devait compromettre le repos et la vie des hommes; et si l'on pouvait lui faire un reproche comme homme d'État, dans le sens qu'on attache vulgairement à ce mot, c'était d'avoir autant de scrupule sur les moyens que sur le but, et de placer la morale, non-seulement dans l'objet que l'on se propose, mais dans la route même que l'on suit pour y parvenir. Comment, avec un tel caractère, se serait-il permis, étant ministre du roi, de devenir l'instrument d'une révolution qui pouvait renverser le trône? Sans doute il aimait la liberté; quel est l'homme de génie et de caractère qui ne l'aime pas! Mais le devoir lui a toujours paru d'une origine encore plus céleste que les plus nobles sentiments de la terre, et dans l'ordre des devoirs, les plus impérieux sont ceux qui nous lient individuellement; car plus les rapports s'étendent, moins l'obligation est précise.

M. Necker dit au roi, en prenant le timon des affaires, que si le gouvernement se trouvait jamais dans des circonstances qui parussent exiger la volonté sévère et violente d'un Richelieu, il n'était pas l'homme qui lui convenait pour ministre; mais que si la raison et la morale suffisaient, il se croyait en état de lui rendre encore de bons services. En effet, quand des penseurs éclairés étudieront l'histoire de la révolution de France, dans une époque où tous ceux qui y ont pris part n'existeront plus, je suis convaincue que la conduite politique et les écrits de M. Necker donneront lieu à traiter de nouveau une question bien ancienne, mais toujours digne de l'attention des hommes : — Si la vertu est conciliable avec la politique; s'il peut jamais être avantageux pour les nations que le petit nombre qui les gouverne dévie quelquefois des principes rigoureux de la morale. — La réponse à cette question juge la vie de M. Necker. Mais en supposant qu'on le condamne sous ce rapport, comme homme public, c'est une belle condamnation que celle qui porterait seulement sur son trop de vertu; c'est un procès qu'il serait encore beau de perdre, et dont on appellerait peut-être avec succès à l'expérience des siècles, à cette expérience qui est seule aussi imposante que le sentiment qu'elle doit juger, la conscience d'un honnête homme.

M. Necker a répété sans cesse dans ses écrits que la convocation des états généraux était solennellement promise par le roi avant son entrée dans le ministère; que le doublement légal de la députation du tiers était tellement forcé par l'opinion d'alors, que si le roi l'avait refusé, il se fût montré inutilement injuste et dangereusement impopulaire. Cependant, quel était le but de mon père, en repoussant avec tant d'instance quelques-

uns des titres qu'il pouvait avoir à la reconnaissance et à l'enthousiasme d'une grande portion de la nation française? Était-ce pour conquérir la faveur du parti nommé aristocratique? il n'avait pas cherché cette faveur, lorsque ce parti était puissant; sans doute il le redoutait davantage dans sa proscription et dans son malheur; mais cependant il n'a jamais écrit aucune de ces paroles irrévocables en fait d'opinions politiques, qui seules réconcilient avec les partis exagérés; il a toujours soutenu ces idées modérées qui irritent si vivement les hommes dont les idées extrêmes sont les armes et l'étendard. «Pourquoi donc, lui ai-je dit souvent, cherchez-vous à diminuer votre mérite aux yeux du parti populaire, vous qui ne prétendez pas du tout à captiver ses antagonistes? — Je veux, me répondit-il alors, exprimer la vérité, sans considérer jamais ses rapports avec mon intérêt personnel; et si j'ai quelque désir qui ne regarde que moi, c'est qu'il soit généralement connu que je ne me serais jamais permis, quelles que fussent mes opinions individuelles, de faire, comme ministre, aucune démarche contraire aux obligations que ma place me faisait contracter envers le roi[1]. » Et quelle plus éclatante preuve mon père a-t-il pu donner de ce respect pour ses devoirs envers le roi, que sa conduite le 11 juillet 1789!

L'on savait que dans le conseil M. Necker s'était opposé à l'ordre qui avait été donné, de faire arriver à Versailles et à Paris des troupes allemandes et françaises; on savait qu'il avait été d'avis d'un accommodement raisonnable avec les communes, qui, en ne mettant pas dans le cas de recourir à la force, n'eût pas révélé le secret des dispositions insurrectionnelles des troupes, et n'eût point anéanti l'autorité royale, en apprenant au peuple que l'armée n'était plus dans sa main; mais un parti que la confiance a constamment perdu, et qui s'en est pris toujours à quelques hommes des difficultés qui consistaient dans l'ensemble des choses, ce parti, dis-je, persuada au roi qu'il suffisait de changer de ministre pour aplanir toutes les difficultés; et cette mesure inconsidérée, cet acte véhément, sans force réelle, sans résolution de caractère pour le soutenir, amena le 14 juillet, et par le 14 juillet le renversement de l'autorité royale.

[1] Je n'ai pas besoin de dire qu'il ne me convient en aucune manière de mêler mes opinions personnelles au récit que je fais de la conduite de mon père; mais s'il m'est permis de juger, par mes propres impressions, de celles des véritables républicains de tous les pays et de tous les temps, il me semble qu'ils doivent approuver qu'un ministre, quelle que soit sa manière de penser, serve fidèlement le gouvernement dont il a accepté la confiance.

Le 11 juillet, au moment où mon père allait se mettre à table avec un assez grand nombre de personnes, le ministre de la marine vint chez lui, le prit à part, et lui apporta une lettre du roi, qui lui ordonnait de donner sa démission, et de se retirer hors de France *sans bruit.* Tout consistait dans ces mots *sans bruit.* En effet, les esprits étaient alors si exaltés, que si mon père avait laissé pénétrer qu'il était exilé pour la cause populaire, il n'y a aucun doute que dans ce moment la nation ne l'eût élevé à un degré de puissance très-éminent. S'il avait nourri dans son âme la plus faible étincelle de l'esprit d'un factieux, s'il avait seulement permis à des sentiments bien naturels de le trahir un instant, son renvoi était découvert, on l'empêchait de partir, on l'amenait en triomphe à Paris, et tout ce que l'ambition des hommes peut désirer, il l'obtenait. La première cocarde qui fut portée à Paris, même pendant son absence, était verte, parce que c'était la couleur de sa livrée : deux cent mille hommes armés répétaient le nom de M. Necker dans toutes les rues de Paris, tandis que lui fuyait l'enthousiasme populaire avec plus de soin que n'en met un criminel à se dérober à l'échafaud. Son frère, moi, ses plus intimes amis, personne ne fut informé de sa résolution. Ma mère, qui était d'une santé très-faible, ne prit aucune femme avec elle, aucun habit de voyage, de peur de faire soupçonner son départ. Ils montèrent tous les deux dans la voiture qui leur servait pour se promener le soir ; ils allèrent jour et nuit jusqu'à Bruxelles, et quand je les y rejoignis, trois jours après, ils portaient encore ce même habit de parure dont ils étaient revêtus, lorsque, après un dîner nombreux, et pendant lequel personne ne se douta seulement qu'ils fussent agités, ils s'étaient éloignés en silence de la France, de leur maison, de leurs amis, et du pouvoir. Cet habit tout couvert de poussière, ce nom étranger que mon père avait pris pour n'être pas reconnu en France, et par conséquent retenu par l'amour qu'il y inspirait alors, toutes ces circonstances me pénétrèrent d'un sentiment de respect qui me fit me prosterner devant lui, en entrant dans la salle de l'auberge où je parvins à le découvrir. Ah ! ce sentiment, je n'ai jamais cessé de l'éprouver, dans les plus petites circonstances de sa vie domestique comme dans la plus grande époque de sa carrière publique. La justesse, la vérité, l'élévation, la simplicité de ses sentiments, offraient, dans les détails de l'existence privée, l'emblème de son caractère tout entier.

On dit vulgairement qu'il n'y a point de héros pour ceux qui les voient de près : c'est que la plupart des hommes qui ont joué un grand rôle politique n'avaient point les qualités de l'homme privé : mais quand vous retrouvez l'homme simple dans l'homme sublime, l'homme juste dans l'homme puissant, l'homme bon dans l'homme de génie, l'homme sensible dans l'homme illustre ; plus vous le voyez de près, plus vous l'admirez, plus vous retrouvez l'image de cette Providence qui préside aux cieux étoilés, mais ne dédaigne point de donner *aux lis* leur parure, et veille avec bonté sur la vie des *passereaux.*

Mon père a été souvent loué dans les écrits de sa femme et de sa fille, quoiqu'il nous fût bien aisé de nous élever jusqu'à comprendre cette modestie solidaire que l'on impose aux familles : mais nous découvrions en lui, dans son intérieur, des vertus si constantes et si naturelles, des vertus si fort en harmonie avec sa conduite et ses discours publics, que notre cœur avait besoin d'exprimer ce culte domestique qui remplissait notre vie ; oppressées par la reconnaissance et l'amour, nous bravions la vaine plaisanterie, qui devait s'émouser à la fin contre la vérité de nos sentiments.

M. Necker, en quittant Versailles, n'avait pas même pris de passe-port, de peur de mettre un individu quelconque dans sa confidence ; il se refusa scrupuleusement à tous les prétextes, à tous les motifs même qui pouvaient retarder sa route. Arrivé à Valenciennes, le commandant de la ville ne voulait pas le laisser sortir sans passe-port ; mon père lui montra la lettre du roi, le commandant la lut, et reconnaissant en même temps mon père, d'après une gravure qu'il avait à sa cheminée, il le laissa aller, en soupirant sur les irréparables malheurs qu'allait entraîner ce départ. On avait proposé au roi de faire arrêter mon père, parce que personne ne pouvait croire qu'il prendrait de telles précautions, précisément contre l'enthousiasme qu'il excitait ; mais le roi, qui n'a jamais cessé de rendre justice à la parfaite probité de M. Necker, assura qu'il partirait secrètement s'il le lui ordonnait. On a vu que le roi ne s'était pas trompé.

Le 12 juillet au matin, je reçus une lettre de mon père, qui m'annonçait son départ, et m'ordonnait d'aller à la campagne, de peur qu'on ne voulût, à cause de lui, me rendre quelques hommages publics à Paris. En effet, des députations de tous les quartiers de la ville vinrent dans la matinée même chez moi, et me tinrent le langage le plus exalté sur le départ de M. Necker, et sur ce qu'il fallait faire pour forcer son retour. Je ne sais ce qu'alors mon âge et mon enthousiasme m'auraient inspiré, mais j'obéis à la volonté de mon père ; je me retirai sur-le-champ à quelques lieues de Paris. Un nouveau courrier de lui m'apprit sa route, dont il m'avait encore fait un mystère dans sa première lettre, et le 13 juillet je partis pour le retrouver.

Mon père avait choisi Bruxelles, comme une frontière moins éloignée que celle de Suisse, précaution de plus pour ne pas augmenter la chance d'être reconnu. Pendant les vingt-quatre heures que nous y passâmes ensemble à préparer le long voyage qui lui restait à faire par l'Allemagne pour retourner en Suisse, il se rappela que, peu de jours avant son exil, MM. Hope, banquiers d'Amsterdam, lui avaient demandé de cautionner sur sa propre fortune, sur ses deux millions déposés au trésor royal, un approvisionnement en blés, qui était indispensable à la nourriture de Paris, dans cette année de disette. Les troubles de France inquiétaient beaucoup les étrangers, et la caution personnelle de M. Necker leur inspirait la plus parfaite confiance; il n'hésita pas à la donner. Mais ce n'est pas tout encore : arrivé à Bruxelles, il craignit que la nouvelle de son exil n'effrayât MM. Hope, et qu'ils ne suspendissent leur approvisionnement. Il leur écrivit de là qu'il maintenait de nouveau sa garantie. Exilé, proscrit, il exposait la plus grande partie de ce qui lui restait encore, pour préserver les habitants de Paris du mal que pouvait leur faire l'embarras ou l'inexpérience d'un nouveau ministre. O Français! ô France! c'est ainsi que mon père vous a servis !

Lors du premier travail du successeur éphémère qu'eut alors M. Necker, le premier commis des finances, M. Dufrêne de Saint-Léon, fut appelé à présenter, dans la correspondance ministérielle, la réponse de MM. Hope, qui acceptaient la première caution que mon père leur avait offerte. J'ignore ce que pensa le successeur sur cette manière de servir le roi, sans appointements, et en risquant encore, pour le bien de l'État, sa fortune personnelle; mais qu'y a-t-il de plus noble, de plus beau, de plus antique, que de confirmer, du fond de l'exil, un tel sacrifice; d'être, à ce point, exempt du sentiment le plus commun aux hommes, le désir que leur successeur les fasse regretter, et que leur absence soit fortement sentie !

Mon père partit seul avec M. de Staël, pour aller à Bâle par l'Allemagne : nous le suivîmes un peu plus lentement, ma mère et moi, et nous fûmes atteintes à Francfort par l'envoyé qui portait les lettres du roi et de l'assemblée nationale. Ces lettres rappelaient M. Necker, pour la troisième fois, au ministère. Il semblait alors que nous touchions au faîte des prospérités : c'est à Francfort que j'appris cette nouvelle, à ce même Francfort où une destinée bien différente devait m'appeler quatorze années après.

Ma mère, loin d'être éblouie par tous ces succès, n'avait point envie que mon père acceptât son rappel : nous nous réunîmes à lui à Bâle, et c'est là qu'il se décida. Il me permit de l'entendre parler sur les motifs de sa décision, et j'atteste que ce fut avec un profond sentiment de tristesse qu'il se résolut à revenir. Il avait appris les événements du 14 juillet, et sentait parfaitement que son rôle allait changer, et que c'était l'autorité royale et ses partisans qu'il aurait à défendre. Il prévoyait aussi qu'en perdant sa popularité pour soutenir le gouvernement, il n'aurait jamais sur son chef, entouré comme il l'était, un pouvoir suffisant pour le diriger entièrement selon ce qu'il croirait le plus utile : enfin, l'avenir, tel qu'il a été, s'offrait à lui. Un devoir, une espérance, combattaient toutes ces craintes : il crut que sa popularité pourrait encore lui servir quelque temps à préserver les partisans de l'ancien régime des dangers personnels qui les menaçaient; et il se flatta même un moment d'amener l'assemblée constituante à faire avec le roi des conditions qui pussent donner à la France une monarchie limitée. Cette espérance, cependant, était bien loin d'être ferme. Il se disait, il nous disait toutes les chances qui pouvaient l'anéantir ; mais il craignait les reproches qu'il se ferait à lui-même si, refusant d'essayer encore d'arrêter le mal, il pouvait s'accuser dans sa retraite de tous les malheurs qu'il n'aurait pas essayé d'empêcher [1].

---

[1] On a trouvé dans les papiers du frère aîné de mon père, qui ne lui a pas, hélas! survécu longtemps, une lettre qui explique si simplement et si naturellement ce que mon père éprouvait alors, ce qu'il confiait à son ami le plus intime, dans l'époque la plus remarquable de sa vie, qu'il m'a paru intéressant de la publier.

Bâle, 24 juillet 1789.

Je ne sais pas où tu es, mon cher ami, n'ayant aucunes nouvelles de Paris, de fraîche date. Je suis arrivé ici lundi dernier, 20 de ce mois, et chaque jour j'ai eu dans l'idée que je te verrais arriver, parce que tu aurais pris cette route, en apprenant que j'allais en Suisse de Bruxelles, par l'Allemagne. J'avais devancé madame Necker, ayant pour compagnon M. de Staël, et nous avons traversé l'Allemagne sans accident, sous des noms empruntés. Hier, j'ai vu arriver madame Necker et ma fille, qui ont supporté la fatigue du voyage mieux que je ne l'espérais. Elles ont été précédées de quelques heures par M. de Saint-Léon, qui m'avait cherché à Bruxelles, et qui avait ensuite suivi ma route, il m'a apporté une lettre du roi et des états généraux, pour m'inviter et me presser de retourner à Versailles y reprendre ma place. Ces circonstances m'ont rendu malheureux; je touchais au port, et je m'en faisais plaisir; mais ce port n'eût plus été tranquille et serein, si j'avais eu à me reprocher d'avoir manqué de courage, et si l'on avait pu dire et penser que tel ou tel malheur, je l'aurais prévenu. Je retourne donc en France, mais en victime de l'estime dont on m'honore. Madame Necker partage ce sentiment avec plus de force encore, et notre changement de plan

Cette terreur du remords a été toute-puissante sur la vie de mon père : il était enclin à se condamner dès que le succès ne répondait pas à ses efforts; sans cesse il se jugeait lui-même de nouveau. On a cru qu'il avait de l'orgueil, parce qu'il ne s'est jamais courbé ni sous l'injustice ni sous le pouvoir : mais il se prosternait devant un regret du cœur, devant le plus subtil des scrupules de l'esprit, et ses ennemis peuvent apprendre avec certitude qu'ils ont eu le triste succès de troubler amèrement son repos, chaque fois qu'ils l'ont accusé d'être la cause d'un malheur, ou de n'avoir pas su le prévenir.

Il est aisé de concevoir qu'avec autant d'imagination et de sensibilité, quand l'histoire de notre vie se trouve mêlée aux plus terribles événements politiques, ni la conscience, ni la raison, ni l'estime même du monde, ne rassurent entièrement l'homme de génie, dont l'ardente pensée, dans la solitude, s'acharne sur le passé. Je conseille aux jaloux d'envier les grandeurs, la fortune, la beauté, la jeunesse, tous ces dons qui ne font qu'embellir l'extérieur de la vie; mais les éminentes distinctions de l'esprit et de l'âme causent un tel ravage dans le sein qui les recèle; la destinée humaine, telle qu'elle est, peut si rarement se trouver en harmonie avec cette supériorité, qu'il est bien injuste de la haïr.

Quel moment de bonheur, cependant, que cette route de Bâle à Paris, telle que nous l'avons faite, lorsque mon père se fut décidé à revenir ! Je ne crois pas que rien de pareil soit jamais arrivé à un homme qui n'était pas le souverain du pays. La nation française, si animée dans l'expression de ses sentiments, se livrait pour la première fois à un espoir tout nouveau pour elle, et dont rien encore ne lui avait appris les bornes. La liberté n'était connue de la classe éclairée que par les sentiments nobles qu'elle rappelle, et du peuple, que par des idées analogues à ses besoins et à ses peines. M. Necker paraissait alors le précurseur de ce bien tant attendu. Les acclamations les plus vives l'accompagnaient à chaque pas, les femmes se mettaient à genoux, de loin, dans les champs, quand sa voiture passait; les premiers citoyens des lieux que nous traversions prenaient la place des postillons pour conduire nos chevaux sur la route, et dans

les villes, les habitants les dételaient pour traîner eux-mêmes la voiture. L'un des généraux de l'armée française, renommé brave entre les braves [1], fut blessé par la foule, dans l'une des entrées triomphales; enfin, aucun homme, parmi ceux qui ne sont pas sur le trône, n'a joui à ce point de l'affection du peuple. Hélas ! c'est moi surtout qui en ai joui pour lui, c'est moi qu'elle enivrait; c'est moi qui ne dois pas être ingrate envers ces jours, quelles que soient maintenant les amertumes de ma vie; mais mon père n'était dès lors occupé qu'à calmer une exaltation bien redoutable pour tous ceux qui composaient le parti vaincu.

La première démarche de M. Necker, en arrivant à Bâle, fut d'aller voir madame de Polignac, qui s'était toujours montrée fort opposée à lui, mais qui l'intéressait dans ce moment, parce qu'elle était proscrite. Il ne cessa pas, sur sa route, de rendre service aux personnes de l'opinion aristocratique, qui s'échappaient en grand nombre de Paris : plusieurs lui demandèrent des lettres de sa main pour traverser les frontières sans danger. Il en donna à tous ceux qui étaient exposés; il savait cependant combien, en agissant ainsi, il compromettait; car il faut remarquer, pour sentir tout le prix d'une telle conduite, que mon père, par réflexion et par nature, possédait une rare prudence, et qu'il ne faisait presque jamais rien par l'impulsion du moment. Son esprit avait un défaut pour l'action, c'était d'être susceptible d'incertitude; il combinait toutes les chances, et ne s'étourdissait jamais sur la possibilité d'un inconvénient : mais lorsque l'idée d'un devoir lui était présentée, toutes les puissances calculatrices de sa raison se courbaient devant cette loi suprême, et, quelles que pussent être les suites d'une résolution que la vertu lui commandait, c'était la seule circonstance dans laquelle il se décidait sans hésiter.

Dans presque tous les endroits où mon père s'arrêtait pendant son voyage, il parlait au peuple qui l'environnait sur la nécessité de respecter les propriétés et les personnes; il demandait à ceux qui lui montraient tant d'amour de lui en donner pour preuve l'accomplissement de leurs devoirs : il acceptait son triomphe avec un sentiment religieux pour la vertu, religieux pour l'humanité, religieux pour le bien public. Qu'est-ce donc que les hommes, si ce n'est pas ainsi qu'on mérite leur estime et leur respect? qu'est-ce donc que la vie, si ce n'est pas sur une telle conduite que repose la protection divine?

À dix lieues de Paris, on vint nous dire que le

est un acte de résignation pour tous deux. Ah ! Coppet, Coppet! j'aurai peut-être bientôt de justes motifs de le regretter! mais il faut se soumettre aux lois de la nécessité et aux enchaînements d'une destinée incompréhensible. Tout est en mouvement en France; il vient d'y avoir encore une scène de désordre et de sédition ouverte à Strasbourg. Il me semble que je vais rentrer dans le gouffre.

Adieu, cher ami.

[1] Le général Junot.

baron de Besenval, l'un des hommes les plus menacés par la fureur populaire, était ramené prisonnier à Paris, ce qui l'aurait infailliblement fait massacrer dans les rues. On arrêta notre voiture au milieu de la route, pour demander à mon père d'écrire aux autorités qui conduisaient à Paris le baron de Besenval, qu'il prenait sur lui de les engager à suspendre l'exécution de l'ordre qu'elles avaient reçu de la commune de Paris, et à garder le baron de Besenval où il était. C'était beaucoup hasarder que de faire une telle demande, et mon père n'ignorait pas à quel point la faveur qu'on tient de la popularité est aisément détruite; c'est une sorte de puissance dont il faut jouir sans en user. Il écrivit cependant à l'instant même sur ses genoux, dans sa voiture; le moindre délai pouvait coûter la vie au baron de Besenval; et jamais mon père ne se serait pardonné de n'avoir pas empêché la mort d'un homme, quand il le pouvait. Je ne sais ce qu'on peut dire politiquement de ce profond respect pour la vie des hommes, mais il me semble cependant que l'espèce humaine n'est pas intéressée à le dénigrer.

Arrivé à Versailles, il fallait que mon père allât à la commune de Paris, pour lui exposer sa conduite dans l'affaire de M. de Besenval; il s'y rendit, et ma mère et moi nous le suivîmes. Tous les habitants de Paris étaient dans les rues, aux fenêtres et sur les toits : tous criaient vive M. Necker! Mon père entra à l'Hôtel de ville au milieu de ces acclamations; il y prononça un discours qui avait pour unique but de demander la grâce de M. de Besenval, et que l'amnistie fût étendue à toutes les personnes de son opinion. Ce discours entraîna les nombreux auditeurs qui l'écoutaient; un sentiment de pur enthousiasme pour la vertu et la bonté, un sentiment qui n'était excité par aucun intérêt ni par aucune opinion politique, s'empara de près de deux cent mille Français qui se trouvaient rassemblés, soit dans l'Hôtel de ville, soit sur la place qui l'environne. Ah! qui n'aurait pas en ce moment aimé la nation française avec passion? Jamais elle ne se montra plus grande que ce jour où elle ne songea qu'à être généreuse; jamais elle ne se montra plus aimable que ce jour où son impétuosité naturelle prenait un libre essor vers le bien. Quinze ans se sont passés depuis ce jour, et rien n'a pu affaiblir cette impression, la plus vive de ma vie. Mon père aussi, dans les événements de tout genre qui sont arrivés depuis, avait conservé sur le nom de France cette indéfinissable émotion qu'on ne peut expliquer qu'aux Français; car ce n'est pas assurément que plusieurs

événements de la révolution aient permis d'estimer constamment cette belle France; mais elle est si favorisée du ciel, qu'on s'attend toujours à lui voir mériter les bénédictions qu'elle a reçues.

Il existe un bien petit nombre de femmes qui aient eu le bonheur d'entendre répéter à tout un peuple le nom de l'objet de leur tendresse; mais celles-là ne me démentiront pas, quand je dirai que rien ne peut égaler l'émotion que font alors éprouver les acclamations de la multitude. Tous ces regards qui semblent un moment animés par le même sentiment que vous, ces voix sans nombre qui retentissent toutes à votre cœur, ce nom qui s'élève dans les airs, et semble vous revenir du ciel après avoir passé par les hommages de la terre; cette électricité tout à fait inconcevable, que les hommes se communiquent les uns aux autres par les sentiments vrais qu'ils éprouvent ensemble; tous ces mystères de la nature et de la société viennent ajouter encore au plus grand de tous les mystères, à l'amour, à l'amour filial ou maternel, mais enfin à l'amour; et notre âme succombe à des émotions plus puissantes qu'elle. Quand je revins à moi, je sentis que j'avais touché aux bornes du bonheur possible. Je ne croyais pas cependant que ce moment de bonheur serait le dernier de ma vie; je ne croyais pas que le déclin de ma destinée tînt de si près à son commencement. Mon père était au comble de la gloire; il la faisait servir, cette gloire, aux plus chéries de ses espérances, à l'humanité, à la réconciliation, à l'indulgence; mais depuis ce jour d'éternel souvenir pour les siens et pour la nation elle-même, depuis ce jour, dis-je, commencèrent les revers de sa destinée.

Presque tous les grands hommes ont dans leur histoire une époque de prospérité qui semble avoir lassé la fortune; mais celui qui n'avait jamais laissé pénétrer dans son cœur un projet personnel, un désir égoïste, ne pouvait-il pas espérer plus de constance dans le bonheur? Il ne l'obtint pas; la Providence ne guida pas la révolution française dans les voies de la justice; mon père, qui les suivait, dut être renversé. Le soir même du triomphe à l'Hôtel de ville, M. de Mirabeau fit rétracter dans les sections l'amnistie prononcée le matin, et il ne resta de ce beau jour à mon père que le plaisir d'avoir sauvé du massacre un vieillard, le baron de Besenval [1]. C'était encore beaucoup. Hélas! nous savons si peu ce que sont les angoisses d'une mort cruelle, qu'il suffirait peut-être de

[1] La plupart des cantons suisses, Berne, Soleure, etc., écrivirent à M. Necker, pour le remercier d'avoir sauvé la vie à un de leurs citoyens.

l'avoir épargnée à un seul homme pour garder à jamais dans son âme l'inépuisable douceur d'un honorable souvenir. Et ne lira-t-on pas toujours avec intérêt dans l'histoire, qu'il a existé un grand homme d'État qui croyait que la morale, la sensibilité, la bonté, s'accordaient parfaitement avec les talents nécessaires pour le gouvernement d'un empire? ne sera-t-il pas doux de penser que cet homme était accessible à la générosité, à la pitié, et que tous ceux qui souffraient de quelque manière dans la vaste France pouvaient se dire : « S'il le sait et s'il le peut, nous serons soulagés. » Ah! n'est-ce pas assez de la main de fer de la destinée? il ne faut pas que les hommes soient inflexibles comme elle; nous avons tous besoin de compassion; les plus heureux n'ont-ils pas pour perspective la vieillesse et la mort, et l'éternelle nature n'est-elle pas là pour les attendre? Comment donc cesserions-nous d'admirer avant tout dans les hommes puissants, l'humanité qui console, et la magnanimité qui pardonne!

Une année de disette, comme il n'en avait pas existé depuis près d'un siècle, vint se mêler, en 1789 et 1790, aux troubles politiques, et M. Necker, par des soins multipliés, obscurs, continuels, par ces soins qui ne rapportent aucune gloire éclatante, mais qui sont inspirés par le sentiment du devoir, sauva de la famine Paris et plusieurs autres villes de France : il fit venir des blés de toutes les parties du monde, s'occupa jour et nuit de cet intérêt, et souvent il a regretté l'impossibilité où il se trouvait alors de donner à la politique tout le temps qu'elle aurait exigé; mais il avait une si vive terreur que Paris ne manquât de pain, au milieu des factions prêtes à se livrer la guerre, qu'il en fit une maladie de bile longue et dangereuse, origine des maux qui ont abrégé ses jours; car il mêlait les affections du cœur aux affaires politiques; il aimait les hommes en les gouvernant.

J'ai lu dans ses papiers les lettres de la commune de Paris et des communes environnantes, pour le remercier des heureux efforts par lesquels il les avait préservées de la famine. Que de titres de ce genre, sur divers sujets, envoyés de tous les coins de la France, n'ai-je pas trouvés! Quelle déchirante lecture, malgré la gloire qu'elle répand sur une mémoire chérie! Il y a peu d'années tant de bruit, et tant de silence maintenant! Tant d'éclat autrefois, et pour jamais tant de deuil! On apprend la mort pour la première fois, quand elle tombe sur ce qu'on aime. Jusque-là ce n'était qu'une terreur des ténèbres dont on avait tâché de détourner ses regards; mais à présent elle apparaît dans le jour; elle est comme l'autre moitié de toutes les pensées de la vie; et si le bonheur voulait renaître, elle serait là pour le flétrir.

M. Necker soutint, pendant les quinze mois que dura son dernier ministère, une lutte continuelle en faveur du pouvoir exécutif, soit au dehors de l'assemblée constituante, soit dans son sein; et sa position devenait chaque jour d'autant plus désavantageuse, que les hommes exagérés qui entouraient la cour lui avaient inspiré des soupçons contre ses intentions, et qu'il ne pouvait guider ceux qu'il était chargé de défendre. On parle beaucoup de la fermeté du caractère, et l'on a raison de la considérer comme une importante qualité dans ceux qui gouvernent : mais d'abord je crois facile de prouver qu'en 1789 et 1790, la fermentation des esprits était telle, qu'aucune force morale n'aurait pu l'arrêter; et secondement il est impossible d'avoir du caractère pour un autre. On lui prête son esprit, on lui prête ses ressources; mais il y a quelque chose de si individuel dans le caractère, qu'il ne sert jamais qu'à soi. L'action personnelle du roi n'est point nécessaire dans le gouvernement constitutionnel de l'Angleterre; mais dans les autres monarchies de l'Europe, surtout au milieu des crises politiques, un ministre ne peut jamais suppléer à l'énergie d'un roi; et les discours qu'il compose pour lui ne servent souvent qu'à faire ressortir le contraste qui existe entre ce qu'on veut qu'il paraisse et ce qu'il est réellement.

Je dois convenir aussi que mon père, ménager par principe de tous les moyens de force et de violence, répugnant par caractère à toutes les ressources de la corruption, n'avait contre les factieux d'autres armes que la raison; mais quand il aurait embrassé d'autres maximes, je crois fermement encore qu'on était dans des circonstances où le roi seul pouvait défendre le roi, et que les paroles d'un ministre qu'on savait sans influence à la cour ne pouvaient avoir la puissance d'un seul mot prononcé sur le trône.

M. de Mirabeau et ses adhérents, le soir même du jour où mon père revint de l'Hôtel de ville, travaillèrent à le dépopulariser; ils l'abreuvèrent d'amertume dans les journaux, dans les libelles; ils firent enfin le siège de sa réputation. Et qui ne sait que, depuis la découverte de l'imprimerie, il y a dans les mains des hommes puissants un moyen terrible qui a besoin, comme tous les moyens de la société, d'ordre et de liberté, pour ne pas tout confondre ou tout étouffer.

Malgré les ennemis qui le persécutaient, M. Necker fit encore quelque bien partiel; les restes de sa popularité lui servirent encore à préserver quelques vies menacées : il inspira à l'autorité royale un langage qui soutenait encore l'opinion ; mais une double vertu diminuait doublement sa force. La cour, voyant baisser sa popularité, adhérait d'autant moins à ses conseils ; et le parti populaire, sachant que son crédit baissait à la cour, ne redoutait plus son influence. Sa force auprès de la cour consistait dans sa popularité, et il perdait cette popularité pour défendre la cour. Son crédit à la cour lui aurait donné de l'influence sur le parti populaire, et il n'obtenait pas ce crédit, parce qu'il avait soutenu d'abord le parti populaire contre la cour. Il ne faut pas qu'un tel spectacle décourage la morale. Mon père, on l'a vu dans ses ouvrages, ne mit point en doute la fidélité de ce guide, quoiqu'il ne l'eût point fait triompher de ses ennemis. Si le succès était le but de la vie des hommes, il n'y aurait point de vertu, il n'existerait que des calculs. Il faut donc croire qu'un grand dévouement est imposé aux consciences délicates pour un but inconnu, pour un but éloigné. Caton, en périssant dans l'enceinte d'Utique, n'a point sauvé la liberté de Rome ; mais il a consacré dans tous les siècles une noble idée par un beau sacrifice. Qui sait si M. Necker, en se faisant martyr de l'union de la morale avec la politique, n'a pas donné plus de force à cette opinion par son génie, qu'il ne lui en a ôté par ses revers ?

En 1790, dans cette année la plus pénible de toutes pour mon père, il vit tomber autour de lui ses espérances, ses projets, le souvenir du passé, la récompense de l'opinion, tout ce qui composait sa destinée, et néanmoins il ne dévia pas un seul instant de sa route généreuse. Un membre du comité des finances fit imprimer un livre appelé le livre rouge, qui ne devait pas être public, puisqu'il contenait les dépenses secrètes du roi. M. Necker prit la défense de ce livre, dans lequel il n'y avait pas un seul article qui se rapportât au temps de son administration, et presque tous à celle de M. de Calonne, son antagoniste. On y trouvait entre autres quelques dons faits aux princes alors bannis de France, et qui se montraient dans l'étranger très-opposés à M. Necker. Il n'en mit que plus de soin à justifier ces dons, et se servit, pour en parler, de ces expressions délicates où le respect du malheur est si noblement empreint. Un ressentiment n'a jamais approché de l'âme de mon père, trop douce pour haïr, trop fière pour se croire insultée.

Un décret supprima les titres ; M. Necker insista vivement pour que le roi lui refusât sa sanction, et il publia un mémoire contre ce décret, dans le moment où l'enthousiasme de l'égalité régnait le plus vivement en France. Ce n'était point les titres en général, mais l'utilité des titres dans une monarchie qui était analysée dans ce mémoire. Il ne me convient point de discuter dans cet écrit les motifs philosophiques qui ont souvent inspiré à mon père des opinions qu'on pourrait considérer comme antiphilosophiques : il n'entre pas non plus dans mon sujet de faire remarquer à présent l'admirable réunion de contrastes, ou plutôt l'étendue d'esprit qui faisait de lui le plus véritable ami des institutions libres, et le plus habile défenseur des barrières fixes qu'on peut opposer à ces institutions ; mais en publiant un jour les œuvres de mon père, j'y joindrai le recueil de tous les mémoires qu'il a donnés au roi et à l'assemblée nationale, pendant les quinze derniers mois de son administration, et j'annonce avec confiance que ces mémoires prouveront qu'il n'existe pas une injustice envers les opprimés, pas une faute en institutions politiques, qu'il n'ait signalée d'avance, et que l'on n'ait reconnue depuis.

Mais pouvait-on entendre l'harmonieuse voix d'une éloquence aussi pleine de raison que de sensibilité, à l'instant du réveil de toutes les passions politiques, lorsque l'espérance et la crainte avaient doublé d'activité dans toutes les destinées, et quand ce beau royaume de France était devenu, pour les enthousiastes de bonne foi, le plus vaste champ où l'imagination pût s'exercer, et, pour les ambitieux calculateurs, le plus riche domaine que l'avidité de l'argent ou du pouvoir se fût jamais partagé ?

La maison de mon père, à Paris, fut menacée ; ma mère craignit pour ses jours ; et comme il n'avait plus aucun moyen d'être utile, il partit, en 1790, en donnant sur les assignats un mémoire dans lequel il annonçait tout ce qui est arrivé depuis. Mais, tout en prédisant avec certitude la ruine des créanciers de l'État par le papier-monnaie, il laissa au trésor royal ses deux millions en dépôt. Il possédait, cependant, un bon du roi, qui l'autorisait à les reprendre quand il le voudrait ; et, comme ministre des finances, il avait encore plus de facilité que qui que ce soit pour retirer ce qui lui était dû. Quelques personnes ont trouvé ce dernier acte de générosité presque blâmable ; et l'on pourrait le considérer ainsi, si l'on ne songeait pas que mon père voulait laisser un gage de son administration, et ne point détacher son sort des destinées de la France ; et que, d'ailleurs, tout en ayant lieu de craindre que les intérêts ne lui fussent payés en papier-monnaie, il n'était pas dans son caractère de croire possible que jamais le fonds d'une dette aussi sacrée pût être séquestré, même au milieu des plus violentes agitations politiques.

Mon père, en retournant en Suisse, par Bâle, fut arrêté à Arcis-sur-Aube, et menacé de perdre la vie à Vesoul, par l'effet des soupçons populaires que les libelles écrits contre lui avaient excités. On l'accusait d'avoir trahi les intérêts du peuple, de s'être mis du parti des émigrés, qui, dans l'étranger, ne se montraient certes pas ses amis : c'est ainsi qu'il refit cette même route que quinze mois auparavant il avait traversée en triomphe. Cruelle vicissitude, qui aurait aigri l'âme la plus courageuse, mais qu'une conscience pure pouvait seule supporter avec douceur!

Enfin, il arriva dans sa terre de Coppet, il y a maintenant quatorze années, et je l'y suivis bientôt après. Je le trouvai triste, rêveur, mais sans un seul sentiment d'amertume. Un jour il me parlait des députés de la ville de Tours, qui avaient logé chez lui quelques mois, pendant la fédération, et il me dit : « Dans cette ville, on avait beaucoup de bienveillance pour moi, il y a un an; peut-être n'est-elle pas tout à fait détruite; peut-être, dans cette partie de la France m'aime-t-on encore! » Il faut l'avoir connu, il faut avoir su comme son regard était élevé et noble, comme le son de sa voix était juste et doux, pour se faire une idée de l'effet de ces paroles sur un cœur qui l'aimait avec passion. Ils étaient rares, ces moments où il laissait pénétrer jusqu'au fond de son âme. Sa manière habituelle était digne et contenue; et, dans ce qui lui était personnel surtout, il avait cette réserve, qui est le premier caractère des impressions profondes. C'est à cette arrivée dans Coppet, dans ce lieu où il ne vit plus que par les amers regrets qui le rappellent, c'est à cette arrivée que commence l'admirable vie, solitaire et résignée, qui lui a concilié la vénération même de ses ennemis; c'est là qu'il a composé, sur les diverses situations politiques de la France, des ouvrages qui ont obtenu successivement l'approbation de tous ceux dont l'opinion était vaincue, et le blâme de tous ceux dont l'opinion était victorieuse. C'est dans cette retraite qu'il a développé une âme céleste, un caractère tous les jours plus pur, plus noble, plus sensible : c'est là qu'il a imprimé dans le cœur de tous ceux qui l'ont vu un sentiment que chacun, selon ses forces, conservera jusqu'à la mort.

C'est en écrivant la vie politique de mon père, que j'essayerai d'examiner le caractère et l'objet de ses écrits; et comme quelques-uns tiennent à des circonstances du moment, peut-être en détacherai-je un jour les idées générales, pour en faire un corps de doctrine politique qui retienne à jamais son nom. Je suis persuadée que parmi les admirateurs mêmes de M. Necker, il en est qui seront frappés de nouveau de son génie ainsi détaché de ses rapports avec les événements du jour; car il a été forcé d'employer beaucoup d'esprit à lutter contre ces événements passagers; et c'est une chose curieuse que d'extraire de ses ouvrages les pensées à l'usage des siècles.

Le seul ouvrage de M. Necker, imprimé pendant sa retraite, qui n'ait point de rapport avec les sujets politiques, c'est son *Cours de morale religieuse*. La forme de ce livre, divisé en discours, ou plutôt en sermons, a déplu à quelques personnes. Il me semble néanmoins que cette forme est singulièrement propre au but que mon père s'était proposé. Elle fait d'abord sentir tout le parti qu'on pourrait tirer, dans notre religion, de l'éloquence de la chaire, et le mouvement animé qu'elle permet. Le retour des pensées les plus belles, des expressions les plus originales et les plus poétiques de l'Écriture sainte, donne à ces discours un intérêt que la simple discussion ne pourrait avoir. Que de beautés de style, d'idées, de sentiments, n'y a-t-il pas dans cet ouvrage! Quelle profonde connaissance de la nature humaine, dans sa force et dans sa faiblesse; de cette nature sensible, orageuse, passionnée, qui caractérise tous ceux que les affections, les malheurs ou les talents arrachent au sommeil de l'âme et à la vulgarité de la vie physique! Quelle sublime indulgence, à côté de la plus austère pureté! Quelles consolations pour toutes les douleurs, hors une seule, pour laquelle je demande en vain au soulagement à son admirable génie! Il n'est pas une relation de famille, pas une situation de la vie humaine, la jeunesse, la vieillesse, l'adversité, la gloire, les fonctions publiques, les devoirs privés, pas une situation pour laquelle il n'ait dit tout ce qu'il y a de plus intime et de plus vrai. Mais il faut avoir souffert pour l'entendre.

Plus un écrivain connaît le secret des caractères naturels et sensibles, moins il est compris par ceux qui se sont formés tout entiers pour l'existence extérieure, et ne recèlent rien en eux-mêmes que les peines de l'amour-propre. Mais je crois pouvoir dire avec certitude que c'est l'un des premiers livres existants pour les âmes solitaires, pour les âmes qui s'approfondissent elles-mêmes par la réflexion, et s'en prennent de tout à leur propre conduite, plutôt qu'à celle des autres. Quelle émotion, hélas! la lecture des discours sur la mort et l'immortalité ne fait-elle pas éprouver! Celui qui n'est plus, parlant si vivement de la mort, regrettant à l'avance le printemps, la nature et toutes les beautés de la terre, qu'une nuit éternelle couvre à ses yeux maintenant; celui qui n'est plus, compatissant aux regrets de ceux qui survivent, promettant l'immortalité; cette immortalité, noble espérance de le revoir, touchante communication avec lui! O mon Dieu! pardonnez aux faibles créatures si leur cœur, qui a tant aimé, ne se peint dans le ciel que le sourire de leur père, qui les recevra dans vos parvis.

La plupart des hommes arrivent au terme sans avoir réfléchi sur la terrible mort; mais quand un génie lumineux plonge ses regards dans cet abîme, il semble qu'il saura n'y pas tomber, il semble qu'il plane au-dessus de cette mort qu'il contemple. C'était mon impression, quand je lisais ces admirables discours en présence de mon père. Nous étions là tous les deux; tous les deux nous en parlions! Et cette puissance de la réflexion qui le transportait au delà de lui-même, cette puissance serait détruite! Non! loin, bien loin ceux qui le disent; ils ne savent pas le mal qu'ils font; ils ne voient la religion que comme un instrument de puissance dans la main des hommes; mais quand c'est un dernier, tout à fait dernier espoir au fond du cœur, qu'ils le laissent, qu'ils passent à côté sans y toucher.

Mon père préside encore à l'éducation de mes enfants, par son *Cours de morale religieuse :* en l'écoutant, ils élèvent leur âme à Dieu, sur les ailes de leur père : cette lecture fait du bien à leur âme; elle sert ainsi doucement à ceux pour qui la vie va commencer, et qui la voient arriver toute rayonnante d'avenir.

Je le dirai, de quelque manière que cette vérité soit reçue, quand je lis ces discours de mon père, quand je lis les divers morceaux de ses ouvrages qui ont rapport aux idées sensibles et aux pensées élevées, ce que je me reproche, c'est de ne pas assez exprimer ici la sincère, la profonde admiration qu'ils m'inspirent. Loin de dire, pour faire effet, un mot de plus que mon opinion, je retranche, pour faire effet, la moitié de cette opinion même, et je suis sûre que ma tendresse ne me fait point illusion. Il me semble que quand on s'est soi-même livré de tout temps à l'étude des lettres, on a sur les livres une sorte d'impartialité d'artiste, et je sais, du moins, qu'il m'arrive souvent de louer des écrivains qui m'ont personnellement attaquée, par cet amour pour le talent en lui-même, qui l'emporte sur toute espèce de prévention. Je demanderai donc à ceux qui ne partageraient pas mon enthousiasme pour mon père, de relire ses discours sur *le meurtre*, sur *l'indulgence*, sur *la vieillesse*, sur *la jeunesse*, etc., et je dis avec certitude qu'ils seront profondément émus. Il y a une classe d'hommes qui ne veulent rien de la vie que la fortune et ses jouissances, et pour qui tous les sentiments, tous les principes, ne sont que des moyens, des ruses de guerre, qu'on emploie ou qu'on délaisse, selon qu'ils servent ou qu'ils nuisent. Je n'attends de ceux-là que quelques plaisanteries plus ou moins légères, selon la disposition du jour; mais je dirais même à ces hommes : « Si des peines, de quelque genre que ce soit, vous menacent, non pas les peines du cœur, elles ne vous atteignent plus, mais la vieillesse, les infirmités, la ruine ou la disgrâce, que sais-je, enfin, cette satiété de la vie, contre laquelle les richesses, le crédit, les plaisirs, l'essence de tout enfin ne peut rien, vous trouverez encore, dans je ne sais quel passage des écrits de M. Necker, de cet homme si différent de vous, une consolation, un mouvement de piété; vous aurez votre part à son universelle bonté, et quelque point de votre être, tout blasé, tout engourdi qu'il est, sera touché par son éloquence. »

Ce qui se fait sentir plus particulièrement, ce me semble, dans les ouvrages de M. Necker, c'est l'incroyable variété de son esprit. Voltaire est unique dans le monde littéraire, par la diversité de ses talents; je crois M. Necker unique par l'universalité de ses facultés. La réunion et l'harmonie des contrastes est ce qui constitue, dans l'univers comme dans l'homme, la plus parfaite beauté; la finesse et l'étendue, la gaieté de l'esprit et la mélancolie du cœur, l'énergie et la délicatesse, la précision et l'imagination, l'élévation des pensées et l'originalité de l'expression; toutes ces qualités, sans les défauts qui les accompagnent ordinairement, se trouvent dans les écrits de M. Necker. Partout c'est la force qui s'arrête à temps, l'esprit d'analyse qui ne décompose jamais les sentiments, et démêle toutes les causes sans refroidir une seule impulsion généreuse, sans flétrir un seul mouvement du cœur. En parcourant le monde idéal par l'imagination, il ne se met jamais en opposition, ni avec l'expérience, ni avec la raison; il s'élève, mais il ne divague jamais. L'administrateur et le poëte s'unissent dans ses écrits par des liens sublimes, mais naturels; par cet ensemble de la pensée, qui embrasse tout à la fois ; par cet ordre admirable dans l'esprit, qui ne lui fait rien perdre de sa grandeur. Ainsi, les astres qui roulent sur notre tête sont guidés par des forces calculées, et soumis à des lois positives, quoique leur marche majestueuse et leur région, si distante de la nôtre, semblent nous dérober ce qu'il y a d'immuable et de régulier dans leur course céleste.

L'ouvrage de mon père, qui me reste, et que je publie, consiste en des pensées détachées et des morceaux séparés sur divers sujets : il en est qu'il a écrits dans différentes époques ; mais la plupart, cependant, ont été composés cet hiver. Je n'en ai supprimé qu'un très-petit nombre, qui pourraient avoir rapport, trop immédiatement, à des sujets politiques. Je crois qu'aucun de ses écrits ne peut donner mieux l'idée de tout lui-même. Il y a une sagacité étonnante dans ses réflexions sur le cœur humain, et une force comique remarquable dans ses observations sur la société. Le même ouvrage renferme un morceau sur la métaphysique, sur le commerce des grains et sur le bonheur des sots [1]. Pour traiter ces trois sujets il faut avoir dans la tête, si l'on peut s'exprimer ainsi, un clavier d'une singulière étendue ; et, à ces sujets déjà si opposés, il faut ajouter tous ceux qui sont traités avec une sensibilité profonde, et partout des beautés d'expression qui peignent, avec un charme égal, et l'abandon et la réserve, et la mesure et l'indépendance. Il se proposait d'augmenter beaucoup le nombre de ces pensées détachées ; il a écrit des notes sur plusieurs sujets qu'il avait dessein de développer : la carrière politique qu'il avait parcourue l'avait conduit à ne traiter que des objets d'administration ou de haute utilité publique ; il trouvait donc un plaisir nouveau dans un travail libre sur tous les sujets, et faisait ainsi passer devant lui les observations de sa vie. C'est un grand malheur, en se plaçant seulement dans le point de vue des étrangers, que sa mort inattendue l'ait empêché de continuer à montrer ainsi le fond de sa pensée et de son âme ; il y avait là des trésors qui sont à jamais perdus, des aperçus si fins et si vrais, tant de conscience même dans l'esprit, une manière de juger exempte de préjugés comme libre de système, une faculté de penser qui n'était asservie ni par la méthode philosophique, ni par les opinions reçues, et se dirigeait elle-même par son propre essor et par sa propre force ; enfin, quelque chose de vaste dans le coup d'œil qui ne se retrouvera peut-être jamais, car presque tous les

hommes distingués sont dominés par la qualité supérieure qu'ils possèdent. L'homme ferme attribue tout à la volonté ; l'homme enthousiaste, à l'imagination ; l'homme sensible, à l'affection ; mais il faut l'incroyable diversité de talents et de situations dont se compose la vie de M. Necker, pour se placer comme lui au centre des choses, et pour observer avec le cœur humain une sublime impartialité : il faut avoir en soi des affinités avec tout, découvrir le mal et le bien : le mal, par la perspicacité, le bien par l'analogie ; mais ne rien ignorer, enfin, de la constante variété, comme du singulier ensemble des idées, du caractère et des sentiments des hommes.

Mon père, dans ses lettres les plus simples, avait, non pas du style, car il était trop naturel pour donner aux lettres le genre d'attention qu'il faut pour qu'il y ait proprement du style, c'est-à-dire quelque chose de soutenu et de soigné ; mais il avait toujours cette justesse d'expression, qui n'est pas, je le crois, un simple mérite de l'esprit ; cette justesse qui suppose dans l'âme je ne sais quel son céleste avec lequel on accorde toutes ses paroles. Quand il voulait, ce qui lui arrivait très-rarement, faire sentir un tort, soit que ce tort fût celui d'une nation ou d'un homme, de sa fille ou de son ennemi, il s'exprimait avec une telle mesure, avec une telle délicatesse, que, si j'en puis juger par moi, tout le cœur était bouleversé. Ce qu'il se refusait à vous dire vous apparaissait avec d'autant plus de force ; et loin de retrancher à ses paroles, on y ajoutait toujours et ses bienfaits qu'il ne rappelait jamais, et sa gloire qu'il semblait oublier pour ne réclamer que l'affection et la justice [1].

On a reproché au style de M. Necker, dans ses écrits, trop de pompe, et par conséquent d'uniformité : ce défaut, s'il existe, ne se trouvera sû-

---

[1] Ce morceau est le seul qui ait été composé il y a beaucoup d'années ; les autres sont écrits depuis deux ans.

[1] Je publierai aussi un jour des lettres de mon père, et c'est moi qui suis la plus riche entre ses amis, car il n'a pas laissé passer, quand nous étions séparés, un courrier, un seul courrier, sans m'écrire. Hélas ! je n'ai pas trop de tous ces plans d'occupations relatifs à lui pour me persuader, s'il se peut, que nos liens ne sont pas encore tous déchirés ; mais je citerai ici un mot d'une de ses lettres, qui donne un peu l'idée de sa manière délicate et contenue. Des paysans insurgés du pays de Vaud brûlèrent, il y a deux ans, les titres des propriétés seigneuriales, et le gouvernement, après cette insurrection, fit demander aux propriétaires des titres incendiés d'écrire officiellement les plaintes qu'ils avaient à former contre les rebelles. « Je n'ai rien à dire de particulier contre eux « (écrivit mon père) ; ils se sont conduits avec décence, le « genre admis. » Que de réflexions à faire sur cette simple phrase ! la bonté et la fierté, qui ne permettent pas d'accuser, dans sa propre cause, même les coupables ; et dans ce mot le genre admis, tout le blâme de l'homme juste, exprimé avec une grâce et une réserve qui sert de leçon à la faiblesse des gouvernants, comme à la violence des gouvernés.

rement pas dans les pensées que je publie maintenant, et qu'il composait à loisir, sans aucune
intention immédiate de les faire connaître. Mais
dans les ouvrages que mon père a fait imprimer, il
se considérait encore à quelques égards comme un
homme public, et il y maintenait constamment,
par habitude et par convenance, la dignité de ce
caractère. Cependant il me semble qu'à travers
cette dignité nécessaire, l'on aperçoit dans les
écrits de M. Necker les différents genres d'esprit
qui se montrent d'une manière plus distincte dans
ses pensées détachées. Il n'y a pas même jusqu'au
talent de saisir avec force les ridicules des hommes
et des choses, qui ne puisse se démêler facilement
dans ses écrits politiques les plus graves. Il se permet, en variété de ton, tout ce que l'on peut se
permettre sans porter atteinte à la considération
de l'homme d'État; et M. Necker ne devait jamais
sacrifier cette considération, même à un plus
grand mérite littéraire.

Une des qualités les plus remarquables du style
de M. Necker, c'est une parfaite harmonie; il ne
pouvait pas supporter les phrases rudes et cou-
pées, et il ne composait aucun morceau d'éloquence
sans le lire haut, tout seul dans sa chambre. C'est
certainement un des grands charmes du style que
l'harmonie : il y a tant d'analogie entre la nature
physique et la nature morale, que toutes les affections de l'âme ont une inflexion de voix qui leur
est propre, une mélodie de paroles qui est d'accord avec le sens de ces paroles elles-mêmes. La
teinte générale des impressions de mon père, c'é-
tait une noble dignité, et en observant l'harmonie
de son style, on y sentira l'expression de ce caractère. Je crois cependant que s'il avait pu se résoudre à briser plus souvent ses phrases, à prendre
quelquefois le ton familier, à faire descendre les
lecteurs, pour qu'ils remarquassent plus vivement
le retour des mouvements d'élévation, il aurait
peut-être inspiré moins de respect, son style ne
serait pas aussi classique, mais le commun des lecteurs sentirait plus distinctement toutes les idées
qui sont en foule dans ses écrits. Il faut de l'attention pour apprécier en détail tout ce qu'il y a de fin,
d'ingénieux, d'original, dans un style toujours soutenu. Si Bossuet n'était pas inégal, peut-être ses
beaux morceaux causeraient-ils moins d'étonnement.
La continuité du bien, en tout genre, n'obtient
presque jamais la continuité de l'admiration.

Cette harmonie pleine de magnificence, qui se
retrouve dans presque tous les ouvrages connus de
M. Necker, prend un caractère entièrement différent dans le roman qu'il a composé et qui termine

ce recueil; il se laissait aller, dans cet écrit, à son
âme profondément sensible et douce, à une simplicité qui lui était naturelle, et à une éloquence
aussi pleine de chaleur que de grâce. C'est surtout
en lisant ce roman que l'on comprendra ce qu'il
était dans son intérieur, et le désespoir que cause
sa perte. Il y a précisément dix-huit mois que causant avec lui sur les romans et leur difficulté, je
pris la liberté de le défier d'en écrire un. Il me répondit qu'il croyait possible d'intéresser par l'a-
mour conjugal plus vivement que par tout autre amour. Nous parlâmes d'un événement arrivé
à Paris, et rappelé dans un journal, et je lui pro-
posai ce sujet comme le plus difficile à traiter, selon moi. Il l'accepta, et quelques semaines après
il me fit lire ce que je publie aujourd'hui. A présent que chaque mot retentit à ma blessure, à présent même je n'en reçois pas une impression plus
forte qu'alors : il y a un degré de talent auquel
rien ne peut ajouter; et quand on pense que cet
admirable langage d'amour, de passion, de sensibilité, de délicatesse, est l'ouvrage d'un homme de
soixante-dix ans, d'un homme qui avait traversé
les événements politiques les plus propres à des-
sécher le cœur, d'un homme qui s'est constamment occupé de calculs et d'affaires; quand on
pense que le même nom se trouve au bas de l'*Administration des finances*, et des *Suites funestes
d'une seule faute;* que le même homme, dans un
âge avancé, montre tout à coup, avec les talents
qu'on lui connaissait déjà, la grâce de la jeunesse,
la passion de l'âge mur, et je ne sais quelle délicatesse de sentiments qui réunit à la fois la fraîcheur des premières impressions et la conscience
d'un long et beau souvenir; il me semble que la
vieillesse, du moins celle de mon père, ne paraît
plus le déclin de la vie, mais le commencement de
l'immortalité. J'atteste que dans les dernières années de son existence il avait pris quelque chose de
céleste dans le regard, dans les paroles; c'est ce
renouvellement de force et de sensibilité qui fondait mon espérance. J'y voyais un nouveau gage
de la durée de sa vie, et c'était le ciel qui descendait d'avance dans son cœur.

L'admiration sans bornes dont j'ai toute ma
vie été pénétrée pour lui, loin de pouvoir être at-
tribuée à l'illusion de ma tendresse, doit, ce me
semble, être comptée comme une forte preuve de
la réalité de ses vertus; car dans les relations de
père et de fille, non-seulement on se connaît sous
les rapports les plus intimes, mais souvent même
les passions de la jeunesse se heurtent contre la
raison d'un autre âge, et les enfants cherchent

alors à découvrir le faible de leurs parents, non assurément pour le dévoiler, mais pour mieux connaître les moyens de réussir dans leurs demandes. J'ai fait aussi cet examen, j'en conviens, quand je voulais obtenir ce qui m'intéressait personnellement, et je n'ai jamais vu mon père ni se tromper ni être trompé sur rien; je ne l'ai jamais vu poser une fausse limite entre la raison et la générosité; je ne l'ai jamais vu ignorer un moyen d'atteindre un but, et il n'a jamais manqué d'apercevoir la vérité, dans quelque repli du cœur ou de l'esprit qu'elle fût cachée. Cette certitude que j'avais qu'il pénétrerait tout, a formé mon caractère d'une manière qui m'a souvent nui dans mes relations avec les autres hommes. J'avais tellement pris, dès l'enfance, dans ma famille, l'habitude de croire que les efforts pour dissimuler un sentiment étaient inutiles, qu'il m'est arrivé de dire ce que j'éprouvais à des gens qui ne l'auraient pas deviné sans cela, de le dire, non par sincérité, mais parce que j'étais convaincue qu'ils allaient le découvrir, et que je ne voulais pas leur donner cet avantage. L'extrême sagacité de mon père m'avait si bien persuadée que tout ce qu'on faisait et tout ce qu'on pensait finissait toujours par être connu, que j'ai souvent appliqué très-inconsidérément cette maxime. Mais les hommes, tels qu'ils sont, font subir une rude épreuve à qui s'était formé pour vivre avec un tel homme.

C'est pendant la maladie de ma mère, et depuis sa mort surtout, il y a dix ans maintenant, que le caractère de mon père, comme homme privé, s'est encore plus fait connaître. Il lui prodigua pendant sa longue maladie des soins dont rien ne peut donner l'idée; elle avait de fréquentes insomnies, et pendant le jour elle s'endormait quelquefois, en posant sa tête sur le bras de son mari. Je l'ai vu rester immobile des heures entières, debout, dans la même position, de peur de la réveiller en faisant le moindre mouvement; et les soins dont il la comblait, ce n'étaient pas ceux que la vertu seule peut inspirer, c'étaient des soins pleins de tendresse et d'émotion, animés par ce rayon d'amour que les cœurs purs conservent encore à travers les souffrances et les années.

Ma mère aimait à entendre la musique pendant sa maladie, et chaque soir elle faisait venir des musiciens, afin que l'impression causée par les sons entretînt son âme dans les pensées élevées qui seules donnent à la mort un caractère de mélancolie et de paix; le dernier jour de sa vie, des instruments à vent jouaient encore dans la chambre à côté de la sienne, et je ne puis exprimer ce qu'il y avait de sombre dans ce contraste entre les différentes expressions des airs et l'uniforme sentiment de tristesse dont la mort remplissait le cœur. Une fois, pendant le cours de sa maladie, les musiciens manquèrent, et mon père m'ordonna de jouer du piano : après avoir exécuté quelques pièces, je me mis à chanter l'air d'*Œdipe à Colone*, de Sacchini, dont les paroles rappellent les soins d'Antigone :

Elle m'a prodigué sa tendresse et ses soins;
Son zèle, dans mes maux, m'a fait trouver des charmes, etc.

Mon père, en l'entendant, versa un torrent de pleurs; je fus obligée de m'arrêter, et je le vis pendant plusieurs heures, aux pieds de sa femme mourante, s'abandonner à cette émotion profonde, à cette émotion sans contrainte qui faisait d'un grand homme, d'un homme si rempli de grands intérêts et de hautes pensées, seulement un cœur sensible, seulement un cœur tout pénétré d'affection et de tendresse.

Ma mère mourut. Ce ne fut point par l'égarement du désespoir que se peignit une douleur qui devait durer autant que la vie : mon père exécuta dès le premier moment les dernières volontés de ma mère pour sa sépulture, avec une présence d'esprit qui appartenait sûrement à une sensibilité bien plus profonde que celle qui se manifesterait seulement par le trouble; à une sensibilité qui concentrait toutes les forces pour accomplir tous les devoirs.

J'entrai dans sa chambre, quelques heures après la mort de ma mère. Sa fenêtre près de Lausanne donnait sur l'un des plus magnifiques points de vue des Alpes, et les plus beaux rayons du matin les éclairaient. « Son âme plane peut-être là, » me dit-il, en me montrant un nuage léger qui passait sur notre tête; et il se tut. Ah! pourquoi n'a-t-il pas été appelé à prononcer sur moi les mêmes paroles, je n'aurais senti près de lui aucune terreur de la mort; il me représentait si bien la religion tout entière! Je la voyais sur cette terre quand il y était, et maintenant il faut accomplir seule la longue et dernière moitié de la vie.

On a beaucoup parlé des soins que ma mère avait apportés à son tombeau; elle avait vu d'affreux exemples des inhumations précipitées, en s'occupant des hôpitaux, et son imagination en avait été frappée. Elle attachait d'ailleurs un prix extrême à la certitude que ses cendres seraient réunies à celles de mon père, et sa passion pour lui embrassait aussi cet avenir. Rien ne peut étonner, ce me semble, dans ce genre, si l'on a l'âme assez rêveuse pour concevoir toute l'idée de la mort au milieu de la vie.

Les hommes ont peut-être raison, en général, de chercher dans la distraction des affaires publiques l'oubli de la destinée humaine; car sa contemplation est rude pour qui ne sait pas vivre de vulgaires intérêts ou de communes pensées. Mais quand la religion, l'amour ou le malheur, vous fixent dans la solitude, et que deux êtres qui s'aiment s'avancent ensemble, à quelques pas de distance, vers le tombeau, rien, je l'avoue, ne me paraît plus naturel que l'imagination et la sensibilité qui tâchent d'apaiser l'idée de la mort, et cherchent à se tromper en quelque manière sur la séparation qu'elle impose.

C'est madame Necker dont j'explique ainsi les dispositions testamentaires; car un seul sentiment devait guider son époux, c'était de suivre en tout ses désirs. Il n'a rien fait à cet égard, ni pour elle ni pour lui, qui ne fût dicté par elle; et pendant dix années, gardien d'un tombeau, les intérêts présents ne l'ont jamais distrait de ce souvenir. Je possède deux écrits de mon père, composés pour lui seul au moment de la mort de ma mère : l'un dans lequel il se retrace tous les motifs qu'il a de la regretter, et l'autre dans lequel il s'interroge sur les preuves de sentiment qu'il lui a données pendant qu'elle existait, afin de combattre en lui-même l'inconcevable crainte de n'avoir pas assez fait pour son bonheur. Il se représente toutes les circonstances possibles dans lesquelles il aurait pu l'affliger ou la rendre heureuse, et se rassure ou s'inquiète selon qu'il est satisfait ou mécontent de sa disposition intime; il est scrupuleux envers son imagination comme envers ses souvenirs; les actions, les paroles, la vie entière, ne lui suffisent pas; c'est dans le sanctuaire du cœur qu'il se retire, pour juger l'affection qu'il a ressentie.

Je ne connais nulle part, dans aucune histoire, dans aucun roman, une perfection de tendresse que l'on puisse comparer à cela; tous les autres hommes, quand on pense à ces écrits, semblent avoir une sensibilité superficielle, une existence vulgaire. Ces écrits révèlent, pour ainsi dire, de nouvelles facultés du cœur, un amour pur comme ce qui est divin, agité comme ce qui est terrestre; plein de délicatesse et de passion, plein de remords sans avoir commis de fautes. Ah! de quelles années ma mère a joui; ces amours que le temps et l'âge affaiblissent, ces amours que la conscience, l'estime, la durée, ne consacrent pas, que sont-ils

à côté de cette admirable union? Une vie toujours pure, une existence identique, un même souvenir embrassant toute une destinée, sont des garants de plus de l'immortalité. Il semble que tous ceux qui ont dispersé leur âme ne sauront où retrouver ce qui doit renaître en eux; mais un regard du ciel doit suffire pour ranimer les êtres aimants et vertueux qui vécurent tout entiers pour la même pensée, le même sentiment et la même espérance.

Sans doute mon père a conservé jusqu'à son dernier jour une constante vénération, un profond attachement pour ma mère; mais j'ai joui de quelques années pendant lesquelles mes enfants et moi nous étions parvenus à posséder presque à nous seuls cette grande âme, aussi profonde dans ses affections domestiques que dans ses conceptions les plus élevées. Il m'écrivait l'hiver dernier, *qu'il se sentait plus fait pour être un homme privé qu'un homme public; tant il trouvait de plaisir dans les relations de famille!* Tout ce qui l'entourait, à quelque degré que ce fût, sentait l'influence de sa parfaite bonté; bienfaisance, générosité, simples attentions de société, tout avait sa place, et rien n'était négligé.

Lorsque les Français entrèrent en Suisse, mon père, par une des lois du temps de la terreur, se trouvait, quoique étranger (Genève alors n'était pas encore réunie), sur la liste des émigrés. On l'y avait inscrit en 1793, au moment où il défendit le roi, et s'exposa sciemment, par cette action, à la perte de toute sa fortune en France. Plusieurs personnes étaient inquiètes de la situation de M. Necker à Coppet, la première ville frontière que l'armée française devait occuper. Il ne voulut point s'éloigner, et nous restâmes dans notre demeure, nous confiant aux instructions que pouvait avoir données le directoire, et aux sentiments personnels des officiers français. Nous ne fûmes point trompés dans l'une ni dans l'autre de ces espérances : les généraux français témoignèrent à mon père la plus touchante considération, et le directoire, à l'unanimité, raya depuis son nom de la liste. Il y avait cependant des raisons d'inquiétude dans un moment où, par le texte de la loi, tout homme inscrit sur la liste des émigrés, et trouvé sur le territoire occupé par les armées françaises, devait être condamné à mort. Mais mon père, qui s'exagérait tous les dangers quand il s'agissait de ma mère ou de moi, ne me permit pas l'ombre d'une objection à sa résolution de rester à Coppet. La curiosité ayant attiré nos gens sur la route, nous nous trouvâmes tout seuls tous les deux dans notre château désert, au moment solennel de l'arrivée des Français en Suisse.

Pendant les jours qui avaient précédé celui-là, le premier intérêt qui avait occupé mon père, c'était de brûler parmi ses papiers toutes les lettres qui pouvaient compromettre qui que ce fût, par les éloges mêmes dont il était l'objet. Je citerai un fait, entre mille, de sa minutieuse délicatesse dans tout ce qui concernait les autres. Un honnête homme de Vesoul lui avait écrit quelques années auparavant, lors de son passage dans cette ville, pour désavouer les torts de ses concitoyens envers lui; il s'exprimait avec une chaleur éloquente contre ceux qui avaient pu manquer de respect au nom de M. Necker. Mon père tenait à cette lettre, qui adoucissait pour lui l'amer souvenir de Vesoul; mais craignant que cet homme ne pût être exposé, s'il était connu, il effaça sa signature avec un soin tel, qu'en retrouvant cette lettre dans les papiers de mon père, après sa mort, je n'ai pu découvrir le nom de celui qui l'avait écrite.

Que de choses bonnes et généreuses en tout genre n'a-t-il pas cachées à moi et aux autres! non par l'intention de les taire, mais par l'oubli de les dire. Il y a quelques jours encore que j'ai appris un trait nouveau de sa délicatesse, presque singulière dans son application détaillée. Il avait loué une maison près de Coppet à une famille peu riche, pour un prix convenable; lorsque cette famille partit, une femme qui avait de la fortune voulut qu'il lui louât cette maison à un moindre prix, et le persécuta tellement pour cela, qu'il y consentit. Mais il se persuada qu'il devait rendre à la famille pauvre l'excédant du prix payé pendant plusieurs années, et il lui écrivit pour lui demander d'accepter cette restitution d'un genre nouveau : offrir la même somme par générosité serait une action fort simple; mais par scrupule, je ne sais pas s'il en existe un autre exemple.

M. Necker avait perdu, par la révolution de Suisse et par le séquestre de son dépôt en France, les trois quarts de sa fortune; et tout le monde, jusqu'à sa mort, a été trompé sur ce qu'il possédait, parce qu'on en jugeait par ses dons. Dans le partage de ses dons, aucun sentiment personnel ne l'a guidé; et, parmi ses ennemis mêmes, il cherchait souvent des malheureux à secourir. Aucune ostentation ne fut jamais jointe à cette générosité; aucune ostentation, mais aussi point d'affectation de mystère. La simplicité de son caractère et de sa conduite n'avertissait point de ses vertus ceux qui ne les sentaient pas d'eux-mêmes; et sa perfection morale, comme tout ce qui est à la fois grand et proportionné, ne se découvrait

entièrement qu'à la longue. Il avait tant de sincérité dans tout son être que, pour étudier les signes de ce qui est vraiment noble et beau, un écrivain n'aurait pu se proposer rien de mieux que d'examiner, et les actions, et les manières, et les paroles de M. Necker, les expressions fortes ou nuancées qu'il employait, l'à-propos, la mesure de ce qu'il disait, l'accent de sa voix, le langage de sa physionomie, toute cette harmonie de la vérité enfin, qui se sent plus qu'elle ne s'explique, qu'on peut analyser avec l'esprit quand on le voit, mais qu'on n'imite jamais sans le secours d'une nature semblable.

Mon père obéissait à des principes très-austères, dans les moindres actions de sa vie comme dans les plus grandes; mais il avait pour les autres une indulgence qui n'était pas seulement le résultat de sa bonté, mais de sa parfaite connaissance du cœur humain. Il y a une sévérité de principes convenue, universelle, qui s'applique également à toutes les circonstances comme à tous les individus, et dirige l'opinion, dans quelques pays, plutôt comme un code pénal que comme un jugement éclairé, un jugement qui se fonde sur les diverses situations et sur les diverses natures. Cette sévérité, telle qu'elle est, vaut encore mieux sans doute que la corruption des principes et des mœurs; mais il n'en est pas moins vrai qu'il y a quelque chose de beaucoup plus élevé dans la morale qui considère l'ensemble du caractère et de la vie; car le génie sait reconnaître que les facultés supérieures, dans quelque genre que ce soit, sont une puissance et un danger, et il ne juge pas tous les hommes d'après les mêmes mesures. M. Necker n'usait jamais pour lui de ce genre d'excuses, mais il avait pour la distinction un véritable goût. Il sentait qu'à plusieurs égards un esprit vraiment étendu rendait l'homme meilleur, que l'on ne pouvait avoir un grand nombre de pensées sans qu'elles donnassent à l'âme plus d'élévation et de grandeur, et que si les hommes supérieurs n'ont pas toujours une moralité parfaite, il n'y a peut-être de moralité parfaite que parmi les hommes supérieurs.

Mon père unissait à la prédilection pour le talent, pour l'esprit, pour l'imagination, une parfaite bienveillance pour les hommes qui ne s'occupaient pas de ses idées habituelles, mais dont il pouvait tirer des connaissances positives dans quelque genre que ce fût. Il se permettait quelquefois des plaisanteries sur ceux qui l'entouraient; mais il avait tant de grâce et de sagacité dans la moquerie, que les plus heureux moments de ma vie sont ceux où je me suis vue l'objet de son talent en ce genre.

Je ne lui ai vu d'humeur que contre l'incapacité. Dès qu'on était propre à quelque chose d'une manière distinguée, soit dans les affaires, soit dans les sciences, soit dans les arts, soit même dans les métiers, il avait de la considération pour ceux qui avaient perfectionné une faculté quelconque, qui avaient parcouru toutes les idées d'un cercle, quel qu'en fût le centre. Enfin, la médiocrité même, qui lui déplaisait, il la supportait doucement, par la crainte de faire de la peine, par cette crainte toute-puissante sur lui; car il éprouvait au suprême degré la sympathie de la pitié : admirable sentiment, sans lequel il nous faudrait tous avoir peur les uns des autres; mais plus admirable encore, quand une âme supérieure en est capable, quand cette pitié tombe d'en haut comme la rosée sur l'aridité de la vie!

.. Mon père était tout à la fois l'homme le plus imposant et le moins redoutable; l'homme devant lequel il m'eût été le plus affreux de rougir, mais devant lequel j'aurais le moins craint de verser des larmes de repentir, auprès de qui je me serais justifiée, non par des démonstrations extérieures, mais en lui confiant mes torts comme à la Divinité, mais en l'associant à mes pensées les plus intimes, en faisant passer mon âme dans son sein, pour qu'il me la rendît meilleure, et pour qu'il jugeât de moi, non pas seulement par mes actions, mais par mon caractère tout entier. Je ne crois pas qu'on ait jamais inspiré au même degré la confiance et le respect : je ne crois pas qu'on ait jamais su encourager à ce point la familiarité la plus douce, en conservant toujours une dignité simple qui imposait avec un mot, si ce mot était nécessaire. Je l'ai vu entouré de mes enfants, invitant à sa table des compagnons de leur âge, et si vénérable au milieu de sa bonté, qu'il faisait éprouver un sentiment d'admiration et d'attendrissement par sa gaieté même.

Il lui était pénible d'être vieux; sa taille, qui était devenue très-grosse, et qui lui rendait les mouvements difficiles, lui causait un sentiment de timidité, qui le détournait d'aller dans le monde. Il ne montait presque jamais en voiture quand on le regardait; il ne se promenait pas quand il pouvait être vu. Enfin, son imagination aimait la grâce et la jeunesse, et il me disait quelquefois : « Je ne sais pourquoi je suis humilié des infirmités de l'âge, mais enfin je sens que je le suis. » Et c'était à ce sentiment qu'il devait d'être aimé comme un jeune homme. Je crois qu'il n'y a que lui au monde qui ait su inspirer pour la vieillesse un mélange de respect et d'intérêt qui créait dans le cœur un sentiment tout à fait nouveau. On rencontre parmi les vieillards des personnes qui veulent se faire jeunes, pour plaire aux jeunes gens; mais il y a quelque chose dans l'imagination même des jeunes gens qui repousse cette tentative d'indépendance envers la nature : ils accueillent avec une sorte de protection ces efforts bienveillants pour se rapprocher d'eux, et, tout en encourageant les tremblants retours, les tardifs essais des vieillards, ils ont de la peine à contenir devant eux l'énergique joie d'être jeunes. Il y a d'autres vieillards plus dignes, mais non pas plus aimables, qui se placent fermement au centre d'une certaine raison faite, dit-on, **pour** exclure l'imagination, la sensibilité, **tous les dons** indéfinis du cœur et de la pensée. Les jeunes gens considèrent ces vieillards, mais ils ne sont point à l'aise avec eux; et quand même il serait vrai que telle est la disposition où nous parviendrons tous un jour, cet avant-coureur de la mort effraye les cœurs pleins de vie. Mon père avait également évité ces deux extrêmes; il avait fait de la vieillesse quelque chose de si noble et de si touchant, qu'il m'en est resté l'impression du plus profond attendrissement pour tout homme d'un âge avancé; il me semble que c'est à cette époque que les sentiments perdent toute apparence d'égoïsme, que les amis se changent en génies protecteurs de leurs amis. Je verrai tant que j'existerai le regard dont mon père m'accompagnait, quand je m'élançais dans la conversation au milieu des intérêts actifs et des pensées ardentes; il semblait qu'assis sur le rivage, il me suivait de ses vœux, et regrettait de ne pouvoir me protéger lui-même contre les vagues.

La faiblesse de l'âge et la force de l'âme, la justesse d'esprit, l'appréciation vraie de tout, au moment où il faut se séparer des trésors acquis par une longue suite de pensées; la sensibilité, toujours unie à des idées mélancoliques, formaient autour de mon père je ne sais quelle auréole d'avenir, je ne sais quel nuage précurseur qui me causait souvent une impression douloureuse, mais néanmoins une impression d'amour, une impression telle qu'un jeune homme pourrait l'inspirer, s'il était atteint d'une consomption menaçante, si sa vie se couvrait d'un voile, et que les sentiments qu'il ferait éprouver oppressassent le cœur qui ne pourrait se détacher.

On était sûr que mon père comprenait et partageait toutes les peines de la vie, qu'il n'opposait à aucune impression naturelle des maximes reçues ou des conseils officiels, qu'il pénétrait en vous-même pour vous consoler, et se placer à votre point de vue pour juger votre sort. Personne ne l'a plus éprouvée que moi, cette ingénieuse bonté qui lui faisait concevoir les sentiments d'un autre âge, d'une autre situation que la sienne, je ne dirai pas seulement avec justice, mais avec partialité contre lui-même. Il vivait dans un pays qui n'est pas ma patrie, où les sciences sont infiniment plus cultivées que la littérature; il sentait vivement le malheur que me faisait éprouver le combat entre mes goûts, mes amis, qui me rappelaient en France, et la peine de le quitter, même pour quelques mois. Il prenait mon parti contre les autres, il le prenait vivement contre moi-même, quand je m'accusais quelquefois de ne pas savoir vivre comme lui dans la solitude, de ne pas savoir comme lui supporter la perte de cette émulation de pensées et de gloire qui double et la vie et les forces : il m'encourageait dans mon penchant pour la France; il aimait les souvenirs qu'il y avait laissés, et cherchait de toute sa puissance à conserver cette patrie à sa famille.

Je le vis, ô mon Dieu! pour la dernière fois, dans cet adieu le plus tendre, le plus rempli de l'espérance d'une prompte réunion, que nos cœurs aveuglés se fussent encore fait. M. Matthieu de Montmorenci, que les plus hautes vertus ne détournent jamais des soins délicats de l'amitié, M. de Montmorenci, déjà si respectable et toujours généreux, était alors à Coppet avec moi; il a vu mon père s'occuper de mon sort dans les moindres détails; il l'a vu me bénir. Ah! cette bénédiction, le ciel ne l'a pas confirmée! Je devais perdre, dans cette absence, mon protecteur, mon père, mon frère, mon ami, celui que j'aurais choisi pour l'unique affection de ma vie, si le sort ne m'avait pas jetée dans une autre génération que la sienne!

Personne n'a jamais, autant que mon père, donné l'idée, à tous ceux qui l'entouraient, d'une protection presque surnaturelle. Ce qui caractérisait son esprit, c'était l'art de trouver des ressources dans presque toutes les difficultés, et son caractère avait cette rare réunion de prudence et d'activité qui fait pourvoir à tout sans compromettre rien. Pendant les troubles de France, lors même que nous étions séparés, je me croyais préservée par lui; je n'ai jamais pensé qu'un grand malheur pût m'atteindre. Il vivait; j'étais sûre qu'il viendrait à mon secours, et que son éloquent langage et son vénérable ascendant m'arracheraient du fond des prisons, si j'y avais été jetée. En lui écrivant, je l'appelais presque toujours *mon ange tutélaire*. Je sentais ainsi son influence, et il me semblait que la responsabilité de mon sort le concernait plus que moi : je comptais sur lui, comme réparateur de mes fautes; rien ne me paraissait sans

ressources pendant sa vie : ce n'est que depuis sa mort que j'ai connu la véritable terreur, que j'ai perdu cette espérance de la jeunesse, qui se fonde toujours sur ses forces pour tout obtenir. Mes forces, c'étaient les siennes; ma confiance, c'était son appui. Existe-t-il encore autour de moi, ce génie protecteur? me dira-t-il ce qu'il faut souhaiter ou craindre? me guidera-t-il dans mes démarches? étendra-t-il ses ailes sur mes enfants, qu'il a bénis de sa voix mourante; et puis-je assez recueillir de lui dans mon cœur, pour le consulter encore et l'entendre?

Mon père me permettait, dans notre retraite, de causer avec lui plusieurs heures chaque jour : jamais je ne craignais de l'interrompre, et, sur quelque sujet que ce fût, je lui demandais son avis. Il a composé tous ses ouvrages à de certaines heures fixes du jour, sans avoir jamais négligé ni ses affaires ni ses amis; et quand il m'arrivait d'entrer dans son cabinet pendant ces heures mêmes, j'étais sûre d'un regard qui me disait que je lui faisais plaisir. Oh! ce regard, cet accueil paternel, je ne le recevrai plus. Je suis là, dans ce même cabinet, entourée des objets qui lui ont appartenu; toute ma pensée, tout mon cœur, l'appellent, et c'est en vain! Oh! quelle est donc la barrière qui sépare les vivants de ceux qui ne sont plus! il faut qu'elle soit terrible, car un être si bon, un être qui m'a tant aimée, témoin de mon désespoir, viendrait, s'il le pouvait encore, à mon secours.

Il y a, dit un écrivain d'un talent remarquable [1], *il y a toujours quelques points par où deux cœurs ne se touchent pas, et ces points suffisent, à la longue, pour rendre la vie insupportable.* Mais lorsque, nés du même sang, vous avez avec votre père une analogie tout en infériorité, mais cependant une analogie véritable; quand celui que vous aimez vous a formée dès votre enfance, et que vous avez adopté ses sentiments, ses opinions, tout, hors les célestes vertus qui ne pouvaient appartenir qu'à lui seul; quand il n'exigeait rien au monde de vous que d'être heureuse et de l'aimer; qu'en le perdant, tout votre appui s'écroule, sans que vous acquériez une ombre de liberté de plus; quand, même sous ces rapports matériels de la vie, qui peuvent troubler le sort des âmes les plus indépendantes, c'était encore lui, lui, l'homme sublime, lui, l'homme de génie, qui se chargeait de tout, et que, étrangère aux affaires de fortune, vous passez, même sur ce point, de la plus parfaite sécurité à l'incertitude; quand il n'y a pas un

[1] M. de Châteaubriand.

seul rapport, pas un, le plus grand et le plus petit, le plus ostensible et le plus secret, pas un sous lequel vous n'ayez tout perdu, comment fait-on pour le supporter? je n'en sais rien. J'existe, cependant, privée de ses soins qui s'étendaient à tout; j'existe, privée de cette sollicitude continuelle sur ma vie, sur mon bonheur, qui me rendait un objet intéressant à mes propres yeux. La douleur ne produit rien que la douleur, les jours ne s'arrêtent point en chemin, et la vie, toujours plus dépouillée, revient, telle qu'elle est, à chaque réveil.

L'un des plus grands charmes de mes relations avec mon père, c'était son goût animé pour tous les événements de la vie; il aimait peu les conversations qui roulent uniquement sur les questions abstraites. Il avait tant d'idées, qu'on ne pouvait guère lui en développer de nouvelles; mais comme il était surtout admirable par la connaissance du cœur humain, tout ce qui développait le caractère des hommes et leurs passions l'intéressait vivement. Rien ne l'ennuyait autant que les idées générales, lorsqu'elles étaient communes. « Oui, me disait-il une fois, j'aimerais mieux qu'un homme vînt me raconter le plus petit fait, m'apprendre de quelle couleur est la voiture qu'il vient de rencontrer dans la rue, que de venir, comme ce monsieur, l'autre jour, me dire : *Je ne sais pas si vous êtes de mon avis, monsieur, mais je crois que l'amour-propre est le mobile de toutes nos actions,* ou toute autre maxime aussi rebattue. » En effet, les événements, quelque peu importants qu'ils soient, sont moins fades, réveillent une réflexion plus nouvelle dans la tête que les pensées communes. Rien n'est si froid, si privé de vie, que de telles pensées; car ce qui est commun en tout genre est répété par tout le monde, et n'est senti par personne. Le goût que je connaissais à mon père pour l'observation des faits et des hommes m'avait accoutumée à n'avoir point de distractions en ce genre, et je n'apprenais rien, je ne remarquais rien que je n'y joignisse l'idée de le lui raconter ou de le lui écrire. Lorsque j'étais loin de mon père, je vivais encore avec lui, par le plaisir de recueillir ce qui pouvait animer nos entretiens à mon retour, ou de lui mander d'avance tout ce que je savais. Il m'a souvent dit qu'il ne voulait du monde que mes récits, et qu'il lui suffisait de m'y envoyer pour en avoir l'amusement sans en éprouver la fatigue. Il écoutait avec tant d'intérêt, il y avait tant de plaisir à lui en faire, que je ne me reconnais plus moi-même, maintenant que la vie s'arrête à moi, et que je ne peux plus la lui

rapporter. Les plus grands événements ont passé devant moi comme des ombres; ses réflexions, ses pensées, ses sentiments ne devaient plus leur donner l'être à mes yeux.

Lorsque j'étais absente de lui, il m'était sans cesse présent, non-seulement par son intérêt à tous les événements de la vie, mais par son intérêt plus intime encore à mon sort et à celui de mes enfants. Dans mon dernier et fatal voyage, que n'a-t-il pas inventé pour protéger ma fille et moi contre ce qu'il appelait les dangers de la route! Ses adorables lettres contiennent toutes de longs détails sur ce sujet, et quelquefois il s'en excusait presque, en avouant qu'il y avait de la faiblesse paternelle dans ses continuelles inquiétudes. Je connaissais si bien cette angélique faiblesse, j'en jouissais même avec tant de volupté, qu'un jour, près de Naumbourg en Allemagne, en allant à Berlin, nous tombâmes dans la neige, ma fille et moi, et quand on nous sortit de là, je me faisais un plaisir vif de lui raconter à Coppet notre aventure, de le voir frémir pour nous dans le passé, se fâcher sérieusement contre mes gens, contre moi... Ah! l'on n'est aimée ainsi que par un père, par un père âgé, qui ne croit plus à la certitude de la vie. Nos contemporains sont si forts et pour eux-mêmes et pour nous! Délicieuse protection que celle de la génération qui nous précède! Amour désintéressé! amour qui nous fait sentir à tous les moments que nous sommes jeunes, que nous sommes aimés, que la terre est encore à nous! Ah! quand elle tombe, cette génération, nous sommes à notre tour à découvert devant la mort, et ce sera bientôt à nous à traiter les premiers avec elle.

Au printemps de cette terrible année, j'étais heureuse en Allemagne; j'avais retrouvé de l'émulation par le séjour que j'avais fait dans un pays sincère, éclairé, enthousiaste, et qui avait daigné recevoir la fille de M. Necker, comme si c'était à l'Allemagne qu'il eût consacré sa fortune, ses vertus et son génie. Dans les lettres de recommandation que mon père m'avait données, il m'avait appelé sa *fille unique et chérie,* et de nobles âmes avaient bien pensé de celle qu'un tel homme avait honorée de ce nom. Je ne sais si la Providence voulait que ce fût au milieu du bonheur que m'atteignît la foudre; mais mon âme froissée par d'amères ingratitudes s'était relevée en recevant un accueil généreux. Je formais des plans d'ouvrages pour faire connaître l'Allemagne littéraire à la France; j'avais rassemblé une foule de notes pour causer avec mon père, pour lui demander son avis sur des objets de tout genre; je m'étais amusée à calculer minutieusement sur l'almanach le jour précis de mon départ; et mon père, en se moquant de mes manies pour les dates, m'avait écrit que le même jour, à la même heure, il .quitterait Genève pour revenir m'attendre à Coppet. Enfin, et c'est là, ce me semble, ce qui doit faire peur de la destinée humaine, mon père, dans la dernière de ses lettres qui a précédé sa maladie, m'écrivait : « *Mon enfant, jouis sans inquiétude du* « *plaisir que tu trouves dans la société de Berlin;* « *car depuis longtemps je ne me suis senti dans* « *un aussi bon état de santé.* » Ces paroles m'avaient pénétrée d'une sécurité tout à fait étrangère à mon caractère habituel. Jamais je n'avais porté si légèrement la vie.; jamais je ne m'étais plus complétement distraite de toutes les pensées qui préparent à la douleur. Le matin du 18 avril, un homme de mes amis po~a sur ma table, à Berlin, deux lettres qui m'annonçaient la maladie de mon père. Le courrier qui les apportait, la terrible nouvelle dont il était chargé, tout me fut caché. Je partis à l'instant même; mais jusqu'à Weimar l'idée qu'on m'avait trompée, l'idée qu'il n'existait plus, n'approcha pas de mon âme.

On ne sait pas ce qu'il y a d'inconcevable dans la mort de son ami le plus intime, de celui avec lequel on a passé toute sa vie, de celui qui est tellement la moitié de vous-même, qu'il vous semble impossible que rien dans votre propre existence ne vous ait averti de sa fin. On ne sent vivement la différence des âges qu'en voyant les forces baisser, ou l'âme s'affaiblir. Mais passer d'une lettre pleine de projets pour l'avenir, pleine des sentiments les plus tendres et les plus vifs , à l'éternel silence; c'est ce que l'âme ne prévoit pas d'elle-même, c'est une douleur au-devant de laquelle la pensée ne s'avance pas. On se fait d'ailleurs, dans ces terribles anxiétés qui désorganisent notre être, et nous font éprouver une sorte de folie intérieure qu'on ne peut confier à personne, on se fait des systèmes, on se crée des superstitions pour se rassurer. Je me retraçais ma vie passée, je me demandais si j'avais jamais eu des torts qui pussent mériter un tel supplice; et comme il me semblait que non, je croyais que je ne l'éprouverais pas. Quand il fallut n'en plus douter, je pense que les plus cruels ennemis auraient eu pitié de ce que j'ai souffert; mais ce n'est pas afin d'obtenir la pitié que je le dis. Ah! surtout en France, il y a longtemps que l'âme est comme épuisée pour ce sentiment. Je parle de moi, seulement dans le dessein de faire juger de lui par l'impression qu'il a produite sur une personne susceptible de distrac-

tions, sur une personne qui, sans lui, n'aurait jamais creusé si profondément dans les abîmes de la vie.

On ne peint rien en disant qu'on aimerait mieux la mort que la douleur qu'on éprouve. Qui n'a pas eu ce mouvement pour bien moins qu'une telle douleur! Mais je voudrais donner une idée de ce qu'il y avait d'unique dans le caractère de mon père et dans son influence sur le bonheur des autres. Si l'on me disait : « Vous serez réduite à la pauvreté la plus complète, mais vous aurez votre père dans sa jeunesse pour compagnon de toute votre vie, » l'avenir le plus délicieux s'offrirait à mon imagination. Je verrais son intelligence recommençant notre fortune, sa dignité soutenant ma considération, la variété de son esprit me préservant de la monotonie des jours, et son ingénieux dévouement pour ce qu'il aimait me faisant découvrir mille jouissances habilement combinées par l'espérance et par la modération. Si l'on me disait : « Vous allez perdre la vue; toute cette nature qui vous environne va disparaître à vos yeux, vous ne verrez plus vos enfants; mais votre père sera votre contemporain, il vous donnera le bras, vous entendrez toujours sa voix : votre père, qui ne s'est jamais lassé du malheur; votre père, qui avait la plus inépuisable pitié, le plus admirable talent pour consoler, le soin le plus ingénieux pour relever l'âme; votre père, à qui vous avez tout dit dans ce monde, accompagnera chacun de vos pas dans la vie; » j'aimerais mieux cette destinée que l'indépendance sans appui.

La différence de nos âges a souvent troublé mon bonheur pendant que je le possédais, et maintenant il me semble que si on me le rendait, je tiendrais quitte pour six mois de toutes mes années. Ah! si l'on pouvait, pendant la vie de ce qu'on aime, se faire une idée de l'état où vous jettera sa perte, comme on saurait mieux rendre heureux, comme on sentirait plus le prix de chaque heure, de chaque minute! C'est en vain qu'on se rappelle d'avoir passionnément aimé; il semble qu'on est bien loin d'avoir joui autant qu'on souffre, il semble qu'on a vécu si superficiellement que l'on n'a jamais su la moitié de ce que l'on découvre, alors qu'il n'est plus temps. On est poursuivi par tout ce qu'on aurait pu faire; un jour d'humeur, un jour d'amertume, quoiqu'il ait été mille fois pardonné, s'attache à vous comme un ennemi mortel. Enfin le trouble se met dans toutes les pensées; et qui sait si jamais l'on pourra dissiper tous les fantômes que produit le désespoir?

Mon père, au printemps de cette année, vivait

à Genève, entouré de ses amis, et particulièrement de son frère aîné, qu'il avait toujours estimé
et chéri du fond du cœur; il avait encore auprès
de lui sa nièce, ma plus chère amie, la fille du célèbre physicien de Saussure; c'est elle qui, comme
une sœur, me remplaçait en mon absence. Madame Necker de Saussure a su renfermer dans le
cercle le plus régulier de la vie domestique, un
esprit supérieur; et son âme, profonde dans toutes
les affections, m'était un garant qu'elle se serait
hâtée de me rappeler, si la santé de mon père lui
avait causé de l'inquiétude. Une maladie violente
et rapide l'a saisi au moment même où les médecins le croyaient tout à fait rétabli de quelques
infirmités de l'hiver, au moment où il jouissait le
plus de la vie, lorsque, dans toute la force de son
esprit et de son âme, il aurait pu, pendant plusieurs années encore, et s'illustrer par ses écrits,
et diriger le sort de mes enfants. J'ai retrouvé
dans les notes qu'il avait écrites pour lui seul,
quelques mots tout pleins de calme, de bonheur
ou de tendresse : *C'est un âge agréable pour écrire,*
dit-il, *que soixante-dix ans; vous n'avez point
encore perdu vos forces; l'envie commence à vous
laisser là, et vous entendez d'avance la douce
voix de la postérité.*

Vous êtes vieux, dit-il ailleurs, *mais tout vivant d'amour pour vos enfants. Faudra-t-il déposer tout cela dans le sein de la mort?*

Ah! il nous regrettait, et nous n'avons pu le
retenir ! Et lorsqu'il écrit dans une de ses pensées :
« En perdant un ami l'on ne songe qu'à ses pro-
« pres regrets. Ne faut-il pas penser aussi aux re-
« grets de cet ami en se séparant de ceux qu'il
« aime ! » il me semble encore qu'il m'aimait la nuit;
des affections si douces et des souvenirs si purs
donnent sans doute, dans toutes les situations,
du prix à l'existence. C'est dans l'âge des passions
que le cœur est amèrement déchiré.

Plusieurs fois, dans nos entretiens, mon père
s'était plaint doucement avec moi de voir les années se hâter; il me dit une fois : « Pourquoi ne
suis-je pas ton frère ! je protégerais toute ta
vie. » Mon Dieu ! si l'on avait une nature vraiment profonde, de tels souvenirs tueraient à
l'instant.

C'était quelquefois une cruelle situation que d'aimer aussi vivement un homme plus âgé que soi,
de ne pouvoir rien sur l'invincible nécessité qui devait vous séparer un jour, de briser son âme contre cette barrière, de sentir qu'il voudrait vivre
avec vous, vivre pour vous aimer, et de ne pouvoir arracher de son propre sein cette vie qui

vous agite, cette vie qui vous dévore, pour la partager du moins avec lui.

C'est une des plus étonnantes merveilles du
monde moral que cet oubli de la mort dans lequel
nous existons tous ; que cette frivolité de sensations qui nous fait voguer si légèrement sur les
flots. Je ne m'étonne pas que les âmes sensibles,
saisies tout à coup de cette idée, se soient reti-
rées dans la solitude des monastères, et s'entourent des objets les plus sombres pour mettre plus
d'harmonie entre les premiers et les derniers jours.
Hélas ! on ne sait pas dans la jeunesse, on ne sait
pas, avant un grand malheur, ce que c'est que de
ne plus se fier à la destinée. Je ne me sépare pas
un jour des objets qui me restent, sans que tous
les bruits subits me semblent celui de ce messager
de Berlin, qui changea pour jamais toute ma destinée ; la poésie, la musique, ces inépuisables
sources d'une douce mélancolie, me saisissent péniblement le cœur par un attendrissement amer ;
je ne puis me persuader qu'il ne soit pas là, qu'à
force de larmes je ne puisse pas lui rendre la vie ;
et ces émotions profondes, autrefois délicieuses,
ces émotions auxquelles je devais et le talent et
l'enthousiasme, ne font que rallumer en moi la
douleur assoupie pendant les occupations communes de la journée.

Il y a une fenêtre du cabinet de mon père, à
Coppet, qui donne sur le bois où il avait bâti le
tombeau de ma mère et le sien : l'on aperçoit
aussi l'avenue par cette fenêtre, et c'est de là que
chaque fois que je l'ai quitté il venait me dire
adieu, et me saluer de son mouchoir blanc, que
je voyais encore à distance. Un de ces soirs que je
passais avec lui, l'automne dernière, dans ce
même cabinet, après nous être longtemps entre-
tenus intimement, je lui demandai à lui-même,
à lui qui me semblait devoir me préserver de tout,
même de sa perte, ce que je deviendrais s'il me
fallait jamais le supporter. « Mon enfant, » me
dit-il alors, avec une voix brisée, avec une émotion toute céleste, « *Dieu mesure le vent aux brebis dépouillées.* » Ah ! l'orage ne m'a pas épargnée ; et c'est quand ma patrie m'était ôtée,
qu'une autre patrie, la maison paternelle, n'est
plus pour moi qu'un tombeau.

Sans doute on me blâmera d'avoir fait imprimer
parmi les pensées que mon père a laissées celles
qui contiennent quelques éloges de moi. Mais je ne
crains point d'avouer que je n'ai de rien sur cette
terre, autant d'orgueil que des éloges qui m'ont
été donnés par mon père. Loin de les supprimer,
j'aurais voulu pouvoir réimprimer dans ce recueil,

et la note de lui relative à moi, qui se trouve réunie aux mélanges de ma mere, et les lettres sur mon sort, qu'il a adressées l'année dernière à l'un des premiers fonctionnaires de l'État; je n'aurais point eu d'ennemis, je n'aurais rencontré que ce qui m'était dû, parce que je l'éprouvais, la bienveillance, que je ne parerais encore de ce magnifique témoignage; mais à présent il est mon égide, et j'en couvrirai jusqu'à la tombe où nous serons un jour tous les trois réunis.

Je laisserai donc dire à qui se plaira dans cette observation, bien gaie à côté de la mort : *que nous sommes une famille qui nous louons les uns les autres*. Oui, nous nous sommes aimés, nous avons eu le besoin de le dire, et, dédaignant de jamais repousser les attaques de nos ennemis, de faire usage de notre talent contre eux, nous leur avons opposé un ferme sentiment d'élévation et de fierté dont je reste seule le triste mais fidèle dépositaire.

Mon père, dans une de ses notes, écrit : *singulière famille que la nôtre!* Singulière, peut-être; mais qu'il lui soit permis de rester telle. La foule ne se presse pas dans la route qu'elle a choisie, et la postérité seule dira si mon père avait raison de sacrifier tant d'avantages présents aux suffrages des siècles.

Il admirait particulièrement le mot de saint Augustin, en parlant de la Divinité : *Patiens quia æternus; Patient parce qu'il est éternel.* L'homme, tout faible qu'il est, l'homme, quand il prétend à la gloire, à cette immortalité terrestre, doit être patient, puisqu'il veut être éternel.

Mon père, on le verra dans ses pensées, s'occupait souvent de la mort : il avait essayé de familiariser son imagination avec elle, et peut-être en aurait-il parlé plus souvent avec moi, si la différence de nos âges ne m'avait pas rendu cet entretien trop pénible; mais heureusement que ce mot, la différence de nos âges, n'a qu'un sens bien rapide. Je les éprouverai aussi, ces angoisses de la mort qu'il a senties, et quand elles approcheront de moi, c'est lui qui m'apparaîtra, c'est dans ses bras encore que j'irai me jeter! Il dit dans une de ses notes : *Supposez que vous avez vu la foule qui assiste à votre enterrement, et tout est dit.* S'était-il en effet représenté cette douleur profonde qu'a causée sa perte? et sa pensée pénétrante avait-elle suivi jusque dans les détails les plus terribles images? Passant ensuite de ces idées si sombres à cette délicatesse de sentiments, que nul homme privé, à plus forte raison, nul homme public n'a jamais possédée comme lui,

il s'écrit à lui-même un mot d'enfant qu'avait dit ma fille, un mot dont la sensibilité l'avait attendri, et il ajoute en parlant d'elle : *Je voudrais bien qn'on vint m'en donner des nouvelles.* C'est moi, mon père, qui, la première, viendrai vous en donner. Ah! la Providence, qui voulait nous retenir quelque temps sur cette terre, a bien fait de couvrir d'un voile l'espérance de la vie à venir. Si nos yeux pouvaient voir clairement l'autre bord, qui resterait sur cette rive désolée? qui n'en partirait pas pour rejoindre?

La maladie de mon père l'a jeté promptement dans le délire : c'est alors que son âme, sans aucune relation avec les objets extérieurs, s'est montrée dans toute son élévation et sa sensibilité. Il a sans cesse parlé de la religion avec amour et respect; il a demandé avec ardeur l'indulgence et la miséricorde de Dieu : que sommes-nous, si un tel homme croyait avoir besoin d'être pardonné? Il a béni mes trois enfants; il a béni aussi sa fille : en plaçant la main sur son cœur, il a répété plusieurs fois, avec toute la beauté de son regard, toute la force de son âme : *Elle m'a beaucoup aimé.* Oh oui sans doute, elle l'a beaucoup aimé! Il s'est inquiété vivement de mon sort à venir; plusieurs fois pendant sa fièvre, il a montré la crainte que son dernier ouvrage ne m'eût nui; il m'a plainte de le perdre; des pensées toutes sensibles l'ont occupé. Il ne se souvenait plus de sa carrière publique, de sa vie célèbre; les affections et les vertus dominaient seules en lui, dans ces instants d'abattement où les hommes vulgaires ne laissent voir que des personnalités et des faiblesses.

Son testament commence par ces paroles : *Je remercie l'Être suprême du sort qu'il m'a donné sur cette terre, et je remets avec confiance ma destinée future à sa bonté et à sa miséricorde.* Ainsi, malgré tout ce qu'il a souffert, il a été content de sa destinée, et sans orgueil comme sans humilité, il a dû sentir qu'elle avait été illustrée, et que le temps en consacrerait la gloire.

Les dernières paroles qu'il a prononcées sont entre Dieu et lui : *Grand Dieu*, s'est-il écrié, *reçois ton serviteur qui s'avance vers la mort à grands pas.* Sans doute il a été exaucé : c'est lui qui a été protégé par le ciel, ce n'est pas sa malheureuse fille; elle n'a point entendu les derniers accents de sa voix, elle ne l'a pas soutenu dans ce terrible passage; elle jouissait en paix de la vie, à l'instant même où il périssait.

Dans son discours sur *la charité*, il a dit : « Qu'il « est imposant, qu'il est magnifique, ce moment, « le dernier de tous, où l'homme de bien, jetant

II.

19

« ses regards en arrière, et parcourant sa vie, peut
« emprunter le langage de Job, et dire avec vérité :
« *Je délivrais l'affligé qui errait, l'orphelin qui*
« *n'avait personne pour le secourir ; la bénédic-*
« *tion de celui qui allait périr venait sur moi, et*
« *je faisais que le cœur de la veuve sautait de*
« *joie !* » Admirable prédiction de sa propre fin !
Dans ce même discours, il montre, avec une sagacité à la fois ingénieuse et touchante, tous les
genres de bien que l'on peut faire à celui qui souffre, toutes les consolations qu'on peut offrir aux
douleurs de l'âme. C'est là que l'on peut voir les
ressources inépuisables d'un esprit supérieur inspiré par la bonté. Hélas ! ne semble-t-il pas que
dans le même jour, et par la même perte, la pitié
se soit tarie et que la fierté se soit abaissée? car
les âmes généreuses aussi se plaisaient à penser
qu'il était leur recours, qu'au fond des Alpes un
grand homme de bien applaudissait à leurs sacrifices, prenait part à leurs peines, et que, par ses
écrits, il encourageait encore l'amour pur du beau
moral, et cette élévation de l'âme, jouissance religieuse et recueillie, qui peut dédommager de toutes
les autres. C'en est fait, à présent, de ce recours
sur la terre ; c'en est fait du plaisir d'être récompensé par l'approbation de cet homme vertueux,
par ces paroles si cordiales et si douces, que, dans
sa noble vieillesse, il adressait aux jeunes gens
encore épris des pensées fières. Sa considération
universelle était une puissante autorité pour les
bons de tous les pays, et je ne suis pas seule à
sentir cette mort, qui laisse désert un si vaste espace dans le monde où règnent encore les talents
et les vertus.

L'on a vu sûrement des carrières plus heureuses,
des noms plus éclatants, des destinées plus longues, des succès plus soutenus : mais un tel dévouement pour la nation française, mais un génie
si vertueux, mais un caractère si bon, un cœur si
noble et si tendre, on ne le reverra plus ; ni les
hommes, ni moi, nous ne le reverrons plus.

Coppet, 25 octobre 1804.

PRÉFACE

POUR LA TRADUCTION D'UN OUVRAGE

DE M. WILBERFORCE,

SUR LA TRAITE DES NÈGRES.

M. Wilberforce est l'auteur de l'écrit qu'on va
lire sur l'abolition de la traite des nègres.

Orateur distingué dans la chambre des communes, remarquablement instruit sur tout ce qui
tient à la littérature et à cette haute philosophie
dont la religion est la base, il a consacré trente
ans de sa vie à faire rougir l'Europe d'un grand
attentat, et à délivrer l'Afrique d'un affreux malheur. Lorsqu'il eut rassemblé toutes les preuves
des cruautés qui ajoutaient encore à l'horreur d'un
acte tyrannique, lorsqu'il crut avoir de quoi convaincre les faibles et les forts, il fit, en 1787,
dans le parlement, la motion d'abolir la traite des
nègres.

M. Pitt, M. Fox, M. Burke, l'appuyèrent ; aucun homme vraiment supérieur en Angleterre,
quelles que soient ses opinions politiques, ne voudrait prêter son nom à des opinions qui dégradent
du nom de penseur et d'ami de l'humanité. On
peut soupçonner M. Pitt d'avoir permis pendant
quelque temps à ses adhérents de soutenir la
traite des nègres ; mais sa gloire lui était trop
chère pour ne pas se séparer de son parti dans
cette circonstance. Toutefois les réclamations de
tous ceux qui font de l'espèce humaine deux parties, dont l'une, à leur avis, doit être sacrifiée à
l'autre, ces réclamations empêchèrent que la motion de M. Wilberforce ne fût adoptée. Les colons
prétendirent qu'ils seraient ruinés si la traite était
abolie ; les villes de commerce d'Angleterre affir-
mèrent que leur prospérité tenait à celle des colons :
enfin l'on rencontra de tous les côtés ces résistances qui recommencent toujours, quand les honnêtes gens s'avisent de défendre les opprimés contre
les oppresseurs.

Les excès de la révolution de France, qui répandaient une grande défaveur sur un certain
ordre d'idées, nuisirent à la cause des pauvres
nègres. On criait à l'anarchie contre ceux qui ne
voulaient pas qu'on excitât la guerre entre les peuples
d'Afrique, pour faire leurs prisonniers esclaves ;
on appelait jacobins les hommes qui n'avaient
pour motifs de leurs actions que la religion et
l'humanité. Mais dans un pays tel que l'Angleterre,
les lumières sont si universelles, et la circulation
des idées si libre, qu'on peut calculer avec certitude le temps très-court qu'il faut pour qu'une vérité s'établisse dans l'opinion.

M. Wilberforce renouvela toutes les années la
même motion, qui avait été d'abord écartée, et
cette persévérance faisait gagner chaque fois du
terrain à la raison. Les hommes les plus religieux
de l'Angleterre secondèrent les efforts de M. Wilberforce ; M. Clarkson, M. Macaulay, plusieurs
autres encore doivent être nommés dans cette ho-

norable lutte : on fit une souscription pour établir dans la Sierra - Léone tous les moyens propres à civiliser les nègres, et cette honorable entreprise coûta plus de deux cent mille livres sterling aux particuliers qui s'en chargèrent. On ne voit guère comment l'esprit mercantile que l'on reproche aux Anglais pouvait expliquer de tels sacrifices : les motifs qui décidèrent l'abolition de la traite des nègres sont d'une nature tout aussi désintéressée.

C'est en 1807 que ce grand œuvre d'humanité fut accompli. On avait délibéré vingt ans sur ses inconvénients et sur ses avantages. M. Fox et ses amis étaient alors ministres; mais le ministère changea dans l'intervalle du projet de loi à sa sanction. Toutefois les successeurs adoptèrent à cet égard les mêmes principes; car parmi les nouveaux ministres, M. Perceval, M. Canning et lord Harrowby, tous les trois amis de M. Pitt, s'étaient montrés les champions ardents de cette belle cause. M. Fox, en mourant, l'avait recommandée à son neveu, lord Holland, et l'on permit à ce noble héritier, bien qu'il ne fût plus ministre, de porter lui-même avec ses amis la sanction du roi à la chambre des pairs. *Un rayon du soleil*, dit Clarkson, *perça les nuages au moment où le décret qui supprimait la traite des nègres fut proclamé.* En effet, cet acte méritait la faveur du ciel; et dans quel moment eut-il lieu? lorsque toutes les colonies étaient entre les mains des Anglais, et qu'ainsi leur intérêt, vulgairement considéré, devait les porter à maintenir l'indigne commerce qu'ils abjuraient.

Aujourd'hui l'on se plaît à soutenir que les Anglais craignent le rétablissement de la colonie de Saint-Domingue au profit des Français : mais en 1807 quelle chance y avait-il pour que la France pût redevenir maîtresse de cette colonie, si toutefois cette chance existe maintenant? Le parti qui a déterminé l'abolition de la traite des nègres en Angleterre, c'est celui des chrétiens zélés, appelés communément *méthodistes*. Ils portent dans les intérêts de l'humanité les qualités de l'esprit de parti, l'énergie et l'activité; et comme ils sont en grand nombre, ils agissent sur l'opinion, et l'opinion sur le gouvernement. Loin que les politiques ou les spéculateurs qui peuvent être jaloux de la prospérité de la France fussent pour rien dans l'abolition de la traite, ils y opposaient les mêmes arguments qu'on voit reparaître en France aujourd'hui parmi les colons et les commerçants; ils menaçaient des mêmes maux, et néanmoins depuis sept ans que l'Angleterre a interdit la traite, l'expérience a si bien prouvé que toutes les craintes

qu'on avait manifestées à cet égard étaient illusoires, que les villes maritimes de la nation sont à présent d'accord sur ce sujet avec le reste de la nation. L'on a vu, dans cette occasion, le même phénomène moral que l'on peut observer dans toutes les circonstances d'une nature analogue. Quand on propose de supprimer un abus quelconque du pouvoir, aussitôt ceux qui jouissent de cet abus ne manquent pas d'affirmer que tous les bienfaits de l'ordre social y sont attachés. « C'est la clef de la voûte, » disent-ils, tandis que c'est seulement la clef de leurs propres avantages; et lorsque enfin le progrès des lumières amène la réforme longtemps désirée, on est tout étonné des améliorations qui en résultent. Le bien jette des racines de toutes parts, l'équilibre se rétablit sans efforts, et la vérité guérit les maux de l'espèce humaine, comme la nature, sans que personne s'en mêle.

Quelques Français se sont irrités de ce que les ministres anglais avaient fait de l'abolition de la traite des nègres l'une des conditions de la paix : les ministres anglais n'ont été à cet égard que les interprètes du vœu de leur nation. Mais ce serait une belle époque dans l'histoire que celle où les peuples se demanderaient mutuellement des actes d'humanité. Cette négociation généreuse ne rencontrera pas d'obstacle dans le cœur d'un monarque aussi religieusement éclairé que celui de la France; mais les préjugés des pays peuvent quelquefois contrarier les lumières mêmes de leurs chefs.

C'est donc un grand bonheur pour la France, l'Angleterre et la lointaine Afrique, qu'une gloire telle que celle du duc de Wellington donne de la force à la cause qu'il défend. Déjà le marquis de Wellesley, son frère aîné, a supprimé dans l'Inde, dont il était gouverneur, la traite des nègres, avant même que le décret qui l'abolit eût été prononcé par le parlement d'Angleterre. Les opinions de cette illustre famille sont connues : espérons donc que lord Wellington triomphera par la raison dans la cause des nègres, comme il a puissamment servi la cause des Espagnols par son épée; car c'est à ce héros vertueux que l'on devrait appliquer ces paroles célèbres de Bossuet : *Il avait un nom qui ne parut jamais que dans des actions dont la justice était incontestable.*

APPEL AUX SOUVERAINS,

RÉUNIS A PARIS,

POUR EN OBTENIR L'ABOLITION

DE LA TRAITE DES NÈGRES (1814.)

— ◦•◦•◦ —

Malgré la crise violente dans laquelle l'Angleterre s'est trouvée pendant vingt-cinq ans, elle ne s'est point servie des dangers qu'elle courait comme d'un prétexte pour négliger le bien qu'elle pouvait faire. Constamment occupée de l'humanité au milieu de la guerre, et du bonheur général dans le moment même où son existence politique pouvait être menacée, elle a aboli la traite des nègres à l'époque où elle soutenait contre la doctrine d'une liberté perverse la lutte la plus acharnée. Les partis opposés parmi les Anglais se sont réunis pour un but aussi moral que religieux. M. Pitt et M. Fox y ont concouru avec une égale ardeur; et M. Wilberforce, un orateur chrétien, a mis à ce grand œuvre une persévérance dont ordinairement on ne voit d'exemple que parmi ceux qui s'occupent de leurs intérêts personnels.

L'abolition de la traite des nègres, qui a eu lieu il y a sept ans, n'a porté aucune atteinte à la prospérité des colonies anglaises. Les nègres se sont assez multipliés entre eux pour suffire aux travaux nécessaires; et, comme il arrive toujours quand il s'agit d'un acte de justice, l'on ne cessait d'alarmer les esprits sur les inconvénients que pouvait avoir cette mesure avant qu'elle fût accomplie; mais lorsqu'elle l'a été, on n'a plus entendu parler de tous ces prétendus inconvénients. Ainsi, des milliers d'hommes et des nations entières ont été préservés, sans que les avantages pécuniaires du commerce en aient souffert.

L'Angleterre, depuis ce temps, en signant la paix avec le Danemark, a fait de l'abolition de la traite des nègres un des articles du traité: la même condition a été demandée au Portugal, qui, jusqu'à présent, n'a encore admis que des restrictions. Mais aujourd'hui que la confédération des souverains se trouve réunie pour affermir par la paix le repos qu'elle a conquis par les armes, il semble que rien ne serait plus digne de l'auguste congrès qui va s'ouvrir, que de consacrer le triomphe de l'Europe par un acte de bienfaisance. Les croisés, dans le moyen âge, ne partaient point pour la terre sainte sans se lier eux-mêmes par quelques vœux à leur retour. Les souverains, maintenant réunis en France, promettaient le bonheur de l'Afrique à ce ciel propice dont ils ont obtenu la délivrance de l'Europe.

Beaucoup d'intérêts politiques vont être discutés; mais quelques heures données à un si grand intérêt religieux ne seraient pas même inutiles aux affaires de ce monde. On dirait désormais: C'est à cette paix de Paris que la traite des nègres a été abolie par l'Europe entière; elle était donc sainte, cette paix, puisqu'on l'a fait précéder d'une telle action de grâces au Dieu des armées.

On a proposé d'élever un monument pour consacrer la chute de l'oppresseur qui pesait sur l'espèce humaine; le voilà, ce monument qu'une parole suffit pour élever: La traite des nègres est abolie par les rois qui ont renversé la tyrannie de la conquête en Europe.

Les souffrances qu'on fait éprouver à ces malheureux nègres pour les transporter de chez eux dans les colonies, font presque de l'esclavage même qui leur est destiné un soulagement pour eux. On excite la guerre dans leur propre pays pour qu'ils se livrent les uns les autres; être vendu comme esclave est la punition admise sur les côtes d'Afrique pour tous les genres de fautes. Les chefs noirs qui se permettent cet infâme trafic excitent les nègres au crime par l'ivresse, ou par tout autre moyen, afin d'avoir le droit de les faire exporter en Amérique. Souvent, sous le ridicule prétexte de la sorcellerie, ces infortunés sont pour jamais exilés des bords qui les ont vus naître, loin de cette patrie plus chère encore aux sauvages qu'aux hommes civilisés. *De longs cercueils*, pour me servir de l'expression d'un écrivain français, les transportent sur les mers; ils sont entassés dans le vaisseau de façon qu'ils occuperaient plus de place s'ils étaient morts, car leur corps serait du moins alors étendu sur la misérable planche qu'on leur accorde.

M. Pitt, dans son discours contre la traite des nègres, a dit en propres termes: « Je ne connais aucun mal qui ait jamais existé, et je ne puis en imaginer aucun qui soit pire que quatre-vingt mille personnes annuellement arrachées de leur terre natale par la combinaison des nations les plus civilisées de l'Europe. » On sait quels étaient les principes de M. Pitt, et la part qu'il a eue par ses opinions inébranlables au triomphe actuel des alliés. Son autorité ne doit-elle pas être comptée? et celle des trois pouvoirs de l'Angleterre, la chambre des communes, la chambre des pairs, et le roi, ne consacre-t-elle pas la vérité des faits et des principes maintenant soumis à l'attention des monarques?

Enfin, l'on ne peut se le dissimuler, l'Europe

doit beaucoup à l'Angleterre : elle a souvent résisté seule dans le cours de ces vingt-cinq années, et nulle part il n'a existé un combat qui ne fût secondé par ses soldats ou par ses secours. On ne sait de quelle manière récompenser une nation la plus riche et la plus heureuse de l'univers. Un guerrier reçoit de son souverain une marque d'honneur; mais une nation qui s'est conduite tout entière comme un guerrier, que peut-on faire pour elle? Il faut adopter le grand acte d'humanité qu'elle recommande à tous les gouvernements de l'Europe : il faut faire le bien pour lui-même, mais aussi pour la nation anglaise qui le sollicite, et à laquelle il est juste d'accorder cette noble marque de reconnaissance.

Le même avocat de l'humanité, M. Wilberforce, est en Angleterre à la tête de l'établissement des missionnaires qui doivent porter les lumières du christianisme dans l'Asie et dans l'Afrique. Mais comment se dire chrétien, si l'on était cruel? Ne peut-on pas demander au roi de France, à ce pieux héritier de saint Louis et de Louis XVI, d'accéder à l'abolition de la traite des nègres, afin que cet acte d'humanité persuade le cœur de ceux à qui l'on va-prêcher l'Évangile? Ne peut-on pas demander aussi cette accession à l'Espagne, qui a réveillé l'esprit national sur le continent? au Portugal, qui s'est battu comme un grand État? à l'Autriche, qui n'a considéré que le salut de l'empire allemand? à la Prusse, où la nation et le roi se sont montrés si simplement héroïques? Demandons aussi ce grand bienfait à l'empereur de Russie, qui a mis lui-même des limites à son ambition, quand elle ne rencontrait plus aucun obstacle au dehors. Un souverain absolu a combattu pour fonder les principes sages de la liberté politique; la couronne d'un tel monarque doit être composée de tous les genres de gloire : l'empereur de Russie régit, sur les confins de l'Asie, des peuples dont les degrés de civilisation sont divers; il tolère toutes les religions; il permet toutes les coutumes; et le sceptre est, dans ses mains, équitable comme la loi. L'Asie et l'Europe bénissent le nom d'Alexandre. Que ce nom retentisse encore sur les bords sauvages de l'Afrique! Il n'est aucun pays sur la terre qui ne soit digne de la justice.

RÉPONSE
A UN ARTICLE DE JOURNAL (1814.)

Je n'ai jamais répondu à aucune critique littéraire, et je ne m'écarterai point de cette règle pour le dernier article qui a paru dans votre journal. Mais un mot de cet article pourrait faire croire que, dans mes *Réflexions sur le suicide*, j'ai manqué de respect envers les dogmes chrétiens; et comme rien ne serait plus opposé à mon intention et à ma croyance, je mets du prix à rétablir la vérité à cet égard. Beaucoup de personnes ont dit qu'il n'y avait dans l'Évangile rien qui condamnât le suicide, et elles se sont appuyées sur ce silence. J'ai cru les réfuter par la page qu'on va lire[1] :

« La dernière scène de la vie de Jésus-Christ « semble être destinée surtout à confondre ceux « qui croient qu'on a le droit de se tuer pour « échapper au malheur. L'effroi de la souffrance « s'empara de celui qui s'était volontairement dé- « voué à la mort des hommes *comme à leur vie*. Il « pria longtemps son père dans le jardin des Oli- « viers, et les angoisses de la douleur couvraient « son front. *Mon Père*, s'écria-t-il, *s'il est possi-* « *ble, que cette coupe s'éloigne de moi.* Trois fois « il répéta ce vœu, le visage baigné de larmes. « Toutes nos peines avaient passé dans son DIVIN « être. Il craignait comme nous les outrages des « hommes; comme nous, peut-être, il regrettait ceux « qu'il chérissait, sa mère et ses disciples. Comme « nous, et mieux que nous peut-être, il aimait cette « terre féconde, et les célestes plaisirs d'une active « bienfaisance dont il remerciait son Père chaque « jour. Mais, ne pouvant écarter le calice qui lui « était destiné, il s'écria : *Que ta volonté soit faite,* « *ô mon Père!* et se remit entre les mains de ses « ennemis. Que veut-on chercher de plus dans l'É- « vangile sur la résignation à la douleur, et sur le « devoir de la supporter avec patience et courage? »

Voici la manière dont votre journal rend compte de cette page :

« A ses raisonnements contre le suicide, ma- « dame de Staël joint des exemples; et il en est « un tellement auguste et tellement sacré, que je « n'ai pas été peu étonné de le voir intervenir dans « une pareille argumentation. Elle prétend que « nous ne devons pas nous tuer, puisque Jésus- « Christ, accablé de douleurs sur le mont des Oli- « ves, ne s'est pas tué. On croirait lire moins un « ouvrage philosophique de madame de Staël, qu'un « écrit dogmatique de Tertullien ou d'Origène; si « cependant ces deux Pères n'eussent pas jugé « comme tout à fait déplacé de supposer, même « un seul instant, que Jésus-Christ eût pu se don- « ner la mort. »

----

[1] *Réflexions sur le suicide*, OEuvres de madame de Staël, tome Ier, page 176.

On devrait conclure de cette façon de s'exprimer, que, traitant Notre-Seigneur comme un homme et comme un homme ordinaire, je lui fais un mérite de ne s'être pas tué. Quel ridicule et quelle impiété tout ensemble !

La critique littéraire n'est point consciencieuse en France, et par conséquent elle n'est d'aucune utilité ; car il n'y a que la vérité qui serve à quelque chose. L'extrait d'un ouvrage, en Angleterre et en Allemagne, est fait avec tant de profondeur et d'exactitude, qu'on reconnaît les droits de juge dans le talent et les connaissances que ces écrivains manifestent. Chez nous, toute la critique littéraire consiste dans l'art de citer quelques phrases, d'ordinaire altérées, et que l'on sépare avec soin de la chaîne de raisonnements qui les motive. C'est un jeu de mauvais enfants qu'un tel travail ; mais s'il amuse quelques lecteurs, il ne faut pas s'en fâcher ; la véritable réputation se tire toujours de semblables attaques, et il ne vaudrait pas la peine d'écrire si ce n'était au public entier qu'on s'adressât. Néanmoins quand il s'agit de la religion, et par conséquent de la morale ; quand il s'agit de tout ce qu'il y a de plus sacré dans l'héritage qu'on a reçu et dans celui qu'on doit transmettre, on a le droit de prier messieurs les faiseurs d'extraits d'être moins légers que de coutume dans leur manière de lire et de rendre compte de ce qu'ils prétendent avoir lu.

DE L'ESPRIT

DES TRADUCTIONS [1].

Il n'y a pas de plus éminent service à rendre à la littérature, que de transporter d'une langue à l'autre les chefs-d'œuvre de l'esprit humain. Il existe si peu de productions du premier rang ; le génie, dans quelque genre que ce soit, est un phénomène tellement rare, que si chaque nation moderne en était réduite à ses propres trésors, elle serait toujours pauvre. D'ailleurs, la circulation des idées est, de tous les genres de commerce, celui dont les avantages sont les plus certains.

Les savants et même les poëtes avaient imaginé, lors de la renaissance des lettres, d'écrire tous dans une même langue ; le latin, afin de n'avoir pas besoin d'être traduits pour être entendus. Cela pouvait être avantageux aux sciences, dont le dé-

[1] Article inséré dans un journal italien, en 1816.

veloppement n'a pas besoin des charmes du style. Mais il en était résulté cependant que plusieurs des richesses des Italiens, en ce genre, leur étaient inconnues à eux-mêmes ; parce que la généralité des lecteurs ne comprenait que l'idiome du pays. Il faut d'ailleurs, pour écrire en latin sur les sciences et sur la philosophie, créer des mots qui n'existent pas dans les auteurs anciens. Ainsi, les savants se sont servis d'une langue tout à la fois morte et factice, tandis que les poëtes s'astreignaient aux expressions purement classiques ; et l'Italie, où le latin retentissait encore sur les bords du Tibre, a possédé des écrivains tels que Fracastor, Politien, Sannazar, qui s'approchaient, dit-on, du style de Virgile et d'Horace ; mais si leur réputation dure, leurs ouvrages ne se lisent plus hors du siècle des érudits ; et c'est une triste gloire littéraire que celle dont l'imitation doit être la base. Ces poëtes latins du moyen âge ont été traduits en italien dans leur propre patrie : tant il est naturel de préférer la langue qui vous rappelle les émotions de votre propre vie, à celle qu'on ne peut se retracer que par l'étude !

La meilleure manière, j'en conviens, pour se passer des traductions, serait de savoir toutes les langues dans lesquelles les ouvrages des grands poëtes ont été composés ; le grec, le latin, l'italien, le français, l'anglais, l'espagnol, le portugais, l'allemand : mais un tel travail exige beaucoup de temps, beaucoup de secours, et jamais on ne peut se flatter que des connaissances si difficiles à acquérir soient universelles. Or, c'est à l'universel qu'il faut tendre, lorsqu'on veut faire du bien aux hommes. Je dirai plus : lors même qu'on entendrait bien les langues étrangères, on pourrait goûter encore, par une traduction bien faite dans sa propre langue, un plaisir plus familier et plus intime. Ces beautés naturalisées donnent au style national des tournures nouvelles et des expressions plus originales. Les traductions des poëtes étrangers peuvent, plus efficacement que tout autre moyen, préserver la littérature d'un pays de ces tournures banales qui sont les signes les plus certains de sa décadence.

Mais, pour tirer de ce travail un véritable avantage, il ne faut pas, comme les Français, donner sa propre couleur à tout ce qu'on traduit ; quand même on devrait par là changer en or tout ce que l'on touche, il n'en résulterait pas moins que l'on ne pourrait pas s'en nourrir ; on n'y trouverait pas des aliments nouveaux pour sa pensée, et l'on reverrait toujours le même visage avec des parures à peine différentes. Ce reproche, justement mérité

par les Français, tient aux entraves de toute espèce imposées, dans leur langue, à l'art d'écrire
en vers. La rareté de la rime, l'uniformité de vers,
la difficulté des inversions, renferment le poëte
dans un certain cercle qui ramène nécessairement,
si ce n'est les mêmes pensées, au moins des hémistiches semblables, et je ne sais quelle monotonie
dans le langage poétique, à laquelle le génie échappe,
quand il s'élève très-haut, mais dont il ne peut s'affranchir dans les transitions, dans les développements, enfin, dans tout ce qui prépare et réunit les
grands effets.

On trouverait donc difficilement, dans la littérature française, une bonne traduction en vers,
excepté celle des *Géorgiques* par l'abbé Delille. Il
y a de belles imitations, des conquêtes à jamais
confondues avec les richesses nationales; mais on
ne saurait citer un ouvrage en vers qui portât d'aucune manière le caractère étranger, et même je ne
crois pas qu'un tel essai pût jamais réussir. Si les
Géorgiques de l'abbé Delille ont été justement admirées, c'est parce que la langue française peut
s'assimiler plus facilement à la langue latine qu'à
toute autre; elle en dérive, et elle en conserve la
pompe et la majesté; mais les langues modernes
ont tant de diversités, que la poésie française ne
saurait s'y plier avec grâce.

Les Anglais, dont la langue admet les inversions, et dont la versification est soumise à des
règles beaucoup moins sévères que celle des Français, auraient pu enrichir leur littérature de traductions exactes et naturelles tout ensemble; mais
leurs grands auteurs n'ont point entrepris ce travail; et Pope, le seul qui s'y soit consacré, a fait
deux beaux poëmes de *l'Iliade* et de *l'Odyssée*;
mais il n'y a point conservé cette antique simplicité
qui nous fait sentir le secret de la supériorité
d'Homère.

En effet, il n'est pas vraisemblable que le génie
d'un homme ait surpassé depuis trois mille ans
celui de tous les autres poëtes; mais il y avait quelque chose de primitif dans les traditions, dans les
mœurs, dans les opinions, dans l'air de cette époque, dont le charme est inépuisable; et c'est ce dé-
but du genre humain, cette jeunesse du temps,
qui renouvelle dans notre âme, en lisant Homère,
une sorte d'émotion pareille à celle que nous éprouvons par les souvenirs de notre propre enfance:
cette émotion se confondant avec ses rêves de l'âge
d'or, nous fait donner au plus ancien des poëtes la
préférence sur tous ses successeurs. Si vous ôtez
à sa composition la simplicité des premiers jours
du monde, ce qu'elle a d'unique disparaît.

En Allemagne, plusieurs savants ont prétendu
que les œuvres d'Homère n'avaient pas été composées par un seul homme, et qu'on devait considérer *l'Iliade*, et même *l'Odyssée*, comme une réunion de chants héroïques, pour célébrer en Grèce
la conquête de Troie et le retour des vainqueurs.
Il me semble qu'il est facile de combattre cette
opinion, et que l'unité de *l'Iliade* surtout ne permet pas de l'adopter. Pourquoi s'en serait-on tenu
au récit de la colère d'Achille? Les événements
subséquents, la prise de Troie qui les termine,
auraient dû naturellement faire partie de la collection des rapsodies qu'on suppose appartenir à
divers auteurs. La conception de l'unité d'un événement, la colère d'Achille, ne peut être que le
plan formé par un seul homme. Sans vouloir toutefois discuter ici un système, pour et contre lequel
on doit être armé d'une érudition effrayante, au
moins faut-il avouer que la principale grandeur
d'Homère tient à son siècle, puisqu'on a cru que
les poëtes d'alors, ou du moins un très-grand nombre d'entre eux, avaient travaillé à *l'Iliade*. C'est
une preuve de plus que ce poëme est l'image de la
société humaine, à tel degré de la civilisation, et
qu'il porte encore plus l'empreinte du temps que
celle d'un homme.

Les Allemands ne se sont point bornés à ces
recherches savantes sur l'existence d'Homère; ils
ont tâché de le faire revivre chez eux, et la traduction de Voss est reconnue pour la plus exacte qui
existe dans aucune langue. Il s'est servi du rhythme
des anciens, et l'on assure que son hexamètre allemand suit presque mot à mot l'hexamètre grec.
Une telle traduction sert efficacement à la connaissance précise du poëme ancien; mais est-il certain
que le charme, pour lequel il ne suffit ni des règles
ni des études, soit entièrement transporté dans la
langue allemande? Les quantités syllabiques sont
conservées; mais l'harmonie des sons ne saurait
être la même. La poésie allemande perd de son naturel, en suivant pas à pas les traces du grec, sans
pouvoir acquérir la beauté du langage musical qui
se chantait sur la lyre.

L'italien est de toutes les langues modernes celle
qui se prête le plus à nous rendre toutes les sensations produites par l'Homère grec. Il n'a pas, il
est vrai, le même rhythme que l'original; l'hexamètre ne peut guère s'introduire dans nos idiomes
modernes; les longues et les brèves n'y sont pas
assez marquées pour que l'on puisse égaler les anciens à cet égard. Mais les paroles italiennes ont
une harmonie qui peut se passer de la symétrie
des dactyles et des spondées, et la construction

grammaticale en italien se prête à l'imitation parfaite des inversions du grec : les *versi sciolti*, étant dégagés de la rime, ne gênent pas plus la pensée que la prose, tout en conservant la grâce et la mesure du vers.

La traduction d'Homère par Monti est sûrement de toutes celles qui existent en Europe celle qui approche le plus du plaisir que l'original même pourrait causer. Elle a de la pompe et de la simplicité tout ensemble ; les usages les plus ordinaires de la vie, les vêtements, les festins sont relevés par la dignité naturelle des expressions ; et les plus grandes circonstances sont mises à notre portée par la vérité des tableaux et la facilité du style. Personne, en Italie, ne traduira plus désormais *l'Iliade ;* Homère y a pris pour jamais le costume de Monti, et il me semble que, même dans les autres pays de l'Europe, quiconque ne peut s'élever jusqu'à lire Homère dans l'original, aura l'idée du plaisir qu'il peut causer, par la traduction italienne. Traduire un poëte, ce n'est pas prendre un compas, et copier les dimensions de l'édifice ; c'est animer du même souffle de vie un instrument différent. On demande encore plus une jouissance du même genre que des traits parfaitement semblables.

Il serait fort à désirer, ce me semble, que les Italiens s'occupassent de traduire avec soin diverses poésies nouvelles des Anglais et des Allemands ; ils feraient ainsi connaître un genre nouveau à leurs compatriotes, qui s'en tiennent, pour la plupart, aux images tirées de la mythologie ancienne : or, elles commencent à s'épuiser, et le paganisme de la poésie ne subsiste presque plus dans le reste de l'Europe. Il importe aux progrès de la pensée, dans la belle Italie, de regarder souvent au delà des Alpes, non pour emprunter, mais pour connaître ; non pour imiter, mais pour s'affranchir de certaines formes convenues qui se maintiennent en littérature comme les phrases officielles dans la société, et qui en bannissent de même toute vérité naturelle.

Si les traductions des poëmes enrichissent les belles-lettres, celles des pièces de théâtre pourraient exercer encore une plus grande influence ; car le théâtre est vraiment le pouvoir exécutif de la littérature. A. W. Schlegel a fait une traduction de Shakspeare, qui, réunissant l'exactitude à l'inspiration, est tout à fait nationale en Allemagne. Les pièces anglaises ainsi transmises sont jouées sur le théâtre allemand, et Shakspeare et Schiller y sont devenus compatriotes. Il serait possible en Italie d'obtenir un résultat du même genre ; les

auteurs dramatiques français se rapprochent autant du goût des Italiens que Shakspeare de celui des Allemands, et peut-être pourrait-on représenter *Athalie* avec succès sur le beau théâtre de Milan, en donnant aux chœurs l'accompagnement de l'admirable musique italienne. On a beau dire que l'on ne va pas au spectacle en Italie pour écouter, mais pour causer, et se réunir dans les loges avec sa société intime ; il n'en est pas moins certain que d'entendre tous les jours, pendant cinq heures, plus ou moins, ce qu'on est convenu d'appeler des paroles dans la plupart des opéras italiens, c'est, à la longue, une manière sûre de diminuer les facultés intellectuelles d'une nation. Lorsque Casti faisait des opéras comiques, lorsque Métastase adaptait si bien à la musique des pensées pleines de charme et d'élévation, l'amusement n'y perdait rien, et la raison y gagnait beaucoup. Au milieu de la frivolité habituelle de la société, lorsque chacun cherche à se débarrasser de soi par le secours des autres, si vous pouvez faire arriver quelques idées et quelques sentiments à travers les plaisirs, vous formez l'esprit à quelque chose de sérieux qui peut lui donner enfin une véritable valeur.

La littérature italienne est partagée maintenant entre les érudits qui sassent et ressassent les cendres du passé, pour tâcher d'y retrouver encore quelques paillettes d'or, et les écrivains qui se fient à l'harmonie de leur langue pour faire des accords sans idées, pour mettre ensemble des exclamations, des déclamations, des invocations où il n'y a pas un mot qui parte du cœur et qui y arrive. Ne serait-il donc pas possible qu'une émulation active, celle des succès au théâtre, ramenât par degrés l'originalité d'esprit et la vérité de style, sans lesquelles il n'y a point de littérature, ni peut-être même aucune des qualités qu'il faudrait pour en avoir une ?

Le goût du drame sentimental s'est emparé de la scène italienne, et au lieu de cette gaieté piquante qu'on y voyait régner autrefois, au lieu de ces personnages de comédie qui sont classiques dans toute l'Europe, on voit représenter, dès les premières scènes de ces drames, les assassinats les plus insipides, si l'on peut s'exprimer ainsi, dont on puisse donner le misérable spectacle. N'est-ce pas une pauvre éducation pour un nombre très-considérable de personnes, que de tels plaisirs si souvent répétés ? Le goût des Italiens, dans les beaux-arts, est aussi simple que noble ; mais la parole est aussi un des beaux-arts, et il faudrait lui donner le même caractère ; elle tient de plus près à tout ce qui constitue l'homme, et l'on se passe plutôt de tableaux et de monuments que des sentiments auxquels ils doivent être consacrés.

Les Italiens sont très-enthousiastes de leur langue ; de grands hommes l'ont fait valoir, et les distinctions de l'esprit ont été les seules jouis-sances, et souvent aussi les seules consolations de la nation italienne. Afin que chaque homme ca-pable de penser se sente un motif pour se déve-lopper lui-même, il faut que toutes les nations aient un principe actif d'intérêt : les unes sont mi-litaires, les autres politiques. Les Italiens doivent se faire remarquer par la littérature et les beaux-arts ; sinon leur pays tomberait dans une sorte d'apathie dont le soleil même pourrait à peine le réveiller.

●●●●●●●●●

ARTICLES
DE MADAME DE STAEL,

INSÉRÉS DANS LA *BIOGRAPHIE UNIVERSELLE*,

TOMES II, VI ET IX, 1811 A 1813.

———●●●●——

ASPASIE. Lorsqu'on est appelé à caractériser les femmes de l'antiquité, et surtout de la Grèce, on éprouve un genre d'embarras très-pénible ; on est séduit par leurs talents, et repoussé par leur conduite. Rarement les femmes illustres, à cette époque de la civilisation, méritaient tout à la fois l'admiration et l'estime ; et parmi les bienfaits sans nombre de la religion chrétienne, il faut compter l'introduction de ces mœurs sociales et pures qui permettent aux femmes de se montrer sans s'avi-lir, et de manifester leur âme sans souiller leur réputation. Aspasie naquit à Milet, en Ionie ; elle était fille d'Axiochus. On prétend que les femmes de l'Asie Mineure étaient plus belles que celles d'Athènes. L'Asie a quelque chose de merveilleux qu'on retrouve sous mille formes diverses. Une autre beauté d'Ionie, Thargélie, avait, avant As-pasie, donné l'exemple de la singulière réunion des talents politiques et littéraires, avec toutes les grâces de son sexe. Il paraît qu'Aspasie la prit pour modèle, quoiqu'elle ne consacrât pas, comme Thargélie, ses moyens de plaire à faire des parti-sans au roi de Perse. Les femmes étrangères étaient, pour ainsi dire, proscrites par les lois d'Athènes, puisque leurs enfants, nés dans le ma-riage, ne pouvaient être considérés comme légiti-mes : peut-être cette situation contribua-t-elle à placer Aspasie dans la classe des courtisanes.

Quand l'ordre social est injuste, les individus sur lesquels il pèse s'affranchissent souvent de toutes les barrières, irrités qu'ils sont de n'avoir pas été protégés par elles. Dans les monarchies, on se sent une sorte d'éloignement pour les femmes qui se mêlent des affaires publiques ; il semble qu'elles deviennent les rivales des hommes, en usurpant la carrière dans laquelle ils peuvent se mouvoir ; mais dans une république, la politique étant le premier intérêt de tous les hommes, ils ne seraient point associés du fond de l'âme avec les femmes qui ne partageraient pas cet intérêt. Aspasie s'oc-cupa donc d'une manière remarquable de l'art des gouvernements, et en particulier de l'éloquence, l'arme la plus puissante des pays libres. Platon, dans son dialogue de Menexène, cite une très-belle harangue d'Aspasie, en l'honneur des Athéniens morts à Léchée. Il dit qu'elle avait enseigné l'art oratoire à Périclès. Le poëte élégiaque Hermésia-nax nous peint Socrate comme amoureux d'Aspa-sie : « Vénus, dit-il, se vengea sur lui de son aus-« tère sagesse, en l'enflammant pour Aspasie ; son « esprit profond n'était plus occupé que des frivo-« les inquiétudes de l'amour. Toujours il inventait « de nouveaux prétextes pour retourner chez As-« pasie ; et lui qui avait démêlé la vérité dans les « sophismes les plus tortueux, ne pouvait trouver « d'issue aux détours de son propre cœur. » Aspa-sie elle-même adressa des vers à Socrate, pour le consoler de l'amour malheureux qu'il ressentait ; mais il est permis de penser qu'elle s'enorgueillis-sait un peu d'un empire dont Socrate pouvait tou-jours se dégager à son gré. La gloire de la vie d'As-pasie, ce fut le sentiment sincère et durable qu'elle sut inspirer à Périclès, à ce grand homme, qui sa-vait être à la fois citoyen et roi d'une république. On l'avait surnommé Jupiter Olympien, et sa com-pagne, Aspasie, fut appelée Junon : il avait d'elle un fils naturel. Toutefois, l'égarement de la pas-sion ne suffit point à son bonheur ; il voulut con-tracter des liens plus intimes avec elle, et se sépara de sa femme pour épouser Aspasie. Plutarque ra-conte qu'il avait pour elle la tendresse conjugale la plus parfaite : un tel sentiment peut-il être ins-piré par une femme dépravée ? Aspasie fut accusée d'avoir été la cause de deux guerres entre les Athé-niens et les Samiens, à cause de Milet, sa patrie ; et entre les Athéniens et les Lacédémoniens, à l'occasion de la ville de Mégare. Plutarque la jus-tifie de ce tort, et Thucydide ne prononce pas son nom, en racontant avec détail toutes les causes de la longue guerre du Péloponèse. Le seul Aris-tophane désigne Aspasie comme en étant la cause ;

mais Aristophane attaquait tous ceux dont la réputation faisait du bruit dans Athènes, parce que le succès de ses comédies tenait non-seulement au brillant de son esprit, mais à l'audace de son caractère. D'ailleurs, dès qu'une femme a du crédit sur les chefs de l'État, il est impossible qu'on ne lui attribue pas les revers quelconques qui tombent sur la chose publique ou sur les particuliers. L'imagination s'exerce sur la puissance secrète dont personne ne peut calculer l'étendue, et les malheureux aiment à s'en prendre de ce qu'ils souffrent à ce qu'ils ignorent. Le peuple d'Athènes, irrité contre Périclès, intenta des procès, pour cause d'impiété, à Anaxagore, à Phidias et à Aspasie. Il poursuivait les premiers objets de l'affection de Périclès, n'osant pas s'attaquer à lui-même. Périclès ne put sauver de l'exil Anaxagore ni Phidias; mais au milieu de l'aréopage, il versa des larmes en défendant Aspasie. Le sentiment qu'on dut éprouver en voyant une âme si forte atteinte par une émotion si touchante, désarma les juges. Périclès mourut la troisième année de la guerre du Péloponèse, et l'on dit qu'Aspasie, l'amie de Socrate, la compagne de Périclès, l'objet des hommages d'Alcibiade, s'attacha dans la suite à un homme obscur et vulgaire, nommé Lysiclès; mais bientôt elle le pénétra de son âme, et il acquit en peu de temps un grand pouvoir dans Athènes. Quelques poètes comiques du temps ont accusé Aspasie de tenir une école de mauvaises mœurs, et d'en donner à la fois l'exemple et le précepte. Peut-être la jalousie qu'inspiraient ses rares talents et sa brillante existence a-t-elle envenimé ces imputations. On a vu plusieurs exemples, à Paris, de femmes qui réunissaient autour d'elles le cercle le plus distingué, et sans lesquelles les hommes d'esprit de France n'auraient pu goûter le plaisir de se communiquer entre eux, et de s'encourager mutuellement; mais l'ascendant d'Aspasie était d'une tout autre nature; on aimait à l'admirer comme orateur, tandis qu'en France la parole n'était jamais qu'un jeu facile et léger. Aspasie influait sur la nation entière, dont elle pouvait presque se faire entendre; car le nombre des citoyens qui formaient l'état politique d'Athènes était singulièrement resserré. Les beaux-arts se reproduisaient en Grèce sous toutes les formes. Non-seulement l'éloquence, mais la science du gouvernement elle-même était inspirée par une sorte d'esprit artiste qui prenait naissance dans les mœurs et la religion des Athéniens. Ce pouvoir universel de l'imagination donnait un grand empire à Aspasie, puisqu'elle en connaissait tous

les secrets. S'enivrer de la vie était presqu'un devoir dans le culte des Athéniens. Le renoncement au monde et à ses pompes doit être la vertu des modernes : il est donc impossible de juger d'après les mêmes principes deux époques si différentes dans l'histoire des sentiments humains. Un poëte allemand a donné à une femme le nom de sainte Aspasie; ce serait une belle chose en effet que de réunir toute la magie de la culture poétique des Grecs avec la sévérité de morale qui fortifie l'âme, et peut seule lui donner du sérieux et de la profondeur. Le nom d'Aspasie était devenu tellement célèbre, que le jeune Cyrus le fit prendre à sa maîtresse Milto, afin d'exprimer ainsi l'enthousiasme qu'il éprouvait pour ses grâces et pour ses charmes. Aspasie signifiait la plus aimable des femmes, comme Alexandre le plus grand des héros. Appeler une femme Aspasie, c'était presque la comparer à quelque divinité de la Fable; car, en Grèce, les hommes et les femmes célèbres, dans quelque genre que ce fût, se confondaient bien vite avec les habitants de l'Olympe, qui touchait de si près à la terre.

———

CAMOËNS (Louis), le plus célèbre des poëtes portugais, naquit à Lisbonne en 1517. Son père était d'une famille noble, et sa mère de l'illustre maison de Sà. Il fit ses études à Coïmbre. Les hommes qui dirigeaient l'éducation dans cette ville n'estimaient en littérature que l'imitation des anciens. Le génie de Camoëns était inspiré par l'histoire de son pays et les mœurs de son siècle; ses poésies lyriques surtout appartiennent, comme les œuvres du Dante, de Pétrarque, de l'Arioste et du Tasse, à la littérature renouvelée par le christianisme, et à l'esprit chevaleresque, plutôt qu'à la littérature purement classique; c'est pourquoi les partisans de cette dernière, très-nombreux du temps de Camoëns, n'applaudirent point à ses premiers pas dans la carrière. Après avoir fini ses études, il revint à Lisbonne. Catherine d'Attayde, dame du palais, lui inspira l'amour le plus vif. Les passions ardentes sont souvent réunies aux grands talents naturels. La vie de Camoëns fut tour à tour consumée par ses sentiments et par son génie. Il fut exilé à Santarem, à cause des querelles que lui attira son attachement pour Catherine; là, dans sa retraite, il composa des poésies détachées qui exprimaient l'état de son âme, et l'on peut suivre le cours de son histoire par les différents genres d'impressions qui se peignent dans ses écrits. Désespéré de sa situation, il se fit soldat, et servit dans la flotte que les Portugais envoyèrent contre les habitants de Maroc. Il composait des vers au milieu des batailles, et tour à tour les périls de la guerre animaient sa verve poétique, et la verve poétique exaltait son courage militaire. Il perdit l'œil droit d'un coup de fusil devant Ceuta. De retour à Lisbonne, il espérait au moins que ses blessures seraient récompensées, si son talent était méconnu; mais quoiqu'il eût de doubles titres à la faveur de son gouvernement, il rencontra de grands obstacles. Les envieux ont souvent l'art de détruire un mérite par l'autre, au lieu de les relever tous deux par un mutuel éclat. Camoëns, justement indigné de l'oubli dans lequel on le laissait, s'embarqua pour les Indes en 1553, et dit, comme Scipion, adieu à sa patrie, en protestant que ses cendres mêmes n'y seraient point déposées. Il arriva dans l'Inde, à Goa, l'un des établissements les plus célèbres des Portugais. Son imagination fut frappée par les exploits de ses compatriotes dans cette antique partie du monde; et bien qu'il eût à se plaindre d'eux, il se plut à consacrer leur gloire dans un poëme épique; mais la même vivacité d'imagination qui fait les grands poëtes, rend très-difficiles les ménagements qu'exige une position dépendante. Camoëns fut révolté par les abus qui se commettaient dans l'administration des affaires de l'Inde, et il composa sur ce sujet une satire dont le vice-roi de Goa fut si indigné, qu'il l'exila à Macao. C'est là qu'il vécut plusieurs années, n'ayant pour toute société qu'un ciel plus magnifique encore que celui de sa patrie, et ce bel Orient, justement appelé le berceau du monde; il y composa la Lusiade, et peut-être dans une situation aussi singulière, ce poëme devrait-il être encore d'une conception plus hardie. L'expédition de Vasco de Gama dans les Indes, l'intrépidité de cette navigation, qui n'avait jamais été tentée jusqu'alors, est le sujet de cet ouvrage. Ce qu'on en connaît le plus généralement, c'est l'épisode d'Inès de Castro, et l'apparition d'Adamastor, ce génie des tempêtes qui veut arrêter Gama, lorsqu'il est près de doubler le cap de Bonne-Espérance. Le reste du poëme est soutenu par l'art avec lequel Camoëns a su mêler les récits de l'histoire portugaise à la splendeur de la poésie, et la dévotion chrétienne aux fables du paganisme. On lui a fait un tort de cette alliance; mais il ne nous semble pas qu'elle produise dans sa Lusiade une impression discordante : on y sent très-bien que le christianisme est la réalité de la vie, et le paganisme la parure des fêtes, et l'on trouve une sorte de délicatesse à ne pas se servir de ce qui est saint pour les jeux du génie même. Camoëns avait d'ailleurs des motifs ingénieux pour introduire la mythologie dans son poëme. Il se plaisait à rappeler l'origine romaine des Portugais, et Mars et Vénus étaient considérés non-seulement comme les divinités tutélaires des Romains, mais aussi comme leurs ancêtres. La Fable attribuant à Bacchus la première conquête de l'Inde, il était naturel de le représenter comme jaloux de l'entreprise des Portugais. Néanmoins, cet emploi de la mythologie, et quelques autres imitations des ouvrages classiques, nuisent, ce me semble, à l'originalité des tableaux qu'on s'attend à trouver dans un poëme où l'Inde et l'Afrique sont décrites par celui qui les a lui-même parcourues. Un Portugais devrait être moins frappé que nous des beautés de la nature du Midi; mais il y a quelque chose de si merveilleux dans les désordres comme dans les beautés des antiques parties du monde, qu'on en cherche avec avidité les détails et les bizarreries, et peut-être Camoëns s'est-il trop conformé, dans ses descriptions, à la théorie reçue des beaux-arts. La versification de la Lusiade a tant de charme et de pompe dans la langue originale, que non-seulement les Portugais d'un esprit cultivé, mais les gens du peuple eux-mêmes en savent par cœur plusieurs stances, et les chantent avec délices. L'unité d'intérêt de ce poëme consiste surtout dans le sentiment patriotique qui l'anime en entier. La gloire nationale des Portugais y reparaît sous toutes les formes que l'imagination peut lui donner. Il est donc naturel que les compatriotes de Camoëns l'admirent encore plus que les étrangers. Les épisodes ravissants dont la Jérusalem est ornée lui assurent un succès universel; et quand il serait vrai, comme l'ont prétendu quelques critiques allemands, qu'il y eût dans la Lusiade une couleur historique plus forte et plus vraie que dans le Tasse, les fictions du poëte italien rendront toujours sa réputation plus éclatante et plus populaire. Camoëns fut enfin rappelé de son exil à l'extrémité du monde. En revenant à Goa, il fit naufrage à l'embouchure de la rivière Mecon, en Cochinchine, et se sauva à la nage, en tenant à sa main, hors de l'eau, les feuilles de son poëme, seul trésor qu'il dérobait à la mer, et dont il prenait plus de soin que de sa propre vie[1]. Cette conscience de son talent est une belle chose quand la postérité la confirme : autant la vanité sans fondement est misérable, autant est noble le sentiment qui vous garantit ce que vous êtes, malgré les ef-

[1] On dit que César sauva ainsi ses tablettes (libellos), en regagnant à la nage ses vaisseaux, auprès d'Alexandrie.

forts qu'on fait pour vous accabler. En débarquant sur le rivage, il commenta, dans une de ses poésies lyriques, le fameux psaume des filles de Sion en exil : (*Super flumina Babylonis*). Camoëns se croyait déjà de retour dans son pays natal, lorsqu'il touchait le sol de l'Inde, où les Portugais étaient établis : c'est ainsi que la patrie se compose des concitoyens, de la langue, de tout ce qui rappelle les lieux où nous retrouvons les souvenirs de notre enfance. Les habitants du Midi tiennent aux objets extérieurs, ceux du Nord, aux habitudes; mais tous les hommes, et surtout les poëtes, bannis de la contrée qui les a vus naître, suspendent, comme les femmes de Sion, leurs lyres aux saules de deuil qui bordent les rives étrangères. Camoëns, de retour à Goa, y fut persécuté par un nouveau vice-roi et retenu en prison pour dettes. Cependant quelques amis s'étant engagés pour lui, il put s'embarquer et revenir à Lisbonne en 1569, seize ans après avoir quitté l'Europe. Le roi Sébastien; à peine sorti de l'enfance, prit intérêt à Camoëns; il accepta la dédicace de son poëme épique, et prêt à commencer son expédition contre les Maures en Afrique, il sentit mieux qu'un autre le génie de ce poëte, qui aimait comme lui les périls quand ils pouvaient conduire à la gloire; mais on eût dit que la fatalité qui poursuivait Camoëns, renversait même sa patrie pour l'écraser sous de plus vastes ruines. Le roi Sébastien fut tué devant Maroc à la bataille d'Alcaçar, en 1578. La famille royale s'éteignit avec lui, et le Portugal perdit son indépendance. Alors toutes ressources, comme toute espérance, furent perdues pour Camoëns. Sa pauvreté était telle, que, pendant la nuit, un esclave qu'il avait ramené de l'Inde, mendiait dans les rues pour fournir à sa subsistance. Dans cet état, il composa encore des chants lyriques; et les plus belles de ses pièces de vers détachées contiennent des complaintes sur ses misères. Quel génie que celui qui peut puiser une inspiration nouvelle dans les souffrances mêmes qui devraient faire disparaître toutes les couleurs de la poésie! Enfin le héros de la littérature portugaise, le seul dont la gloire soit à la fois nationale et européenne, périt à l'hôpital en 1579, dans la soixante-deuxième année de son âge. Quinze ans après, un monument lui fut élevé. Ce court intervalle sépare le plus cruel abandon des témoignages les plus éclatants d'enthousiasme; mais dans ces quinze années, la mort s'était placée comme médiatrice entre la jalousie des contemporains et leur secrète justice. L'édition la plus estimée de ses œuvres a paru à Lisbonne en 1579-80, sous ce titre : *Obras de Luis de Camoëns, principe dos poetas de Hespanha*, 4 tom. en 5 vol. in-12. Idem, *seconda ediçaon*, ibid., 1782-83. Le tome premier, divisé en deux parties, contient la vie de l'auteur et *la Lusiade*. Le dernier volume contient le théâtre et les ouvrages attribués au Camoëns.

———

CLÉOPATRE, reine d'Égypte, était fille de Ptolémée XI (Aulète). Le testament de son père la laissa, à l'âge de dix-sept ans, héritière du trône avec son frère Ptolémée XII, que, suivant la coutume d'Égypte, elle devait épouser. Plus âgée que lui, elle crut pouvoir tenir seule les rênes du gouvernement; mais le jeune roi, excité par ses courtisans, voulut exclure Cléopâtre du trône, et cette princesse fut obligée de se retirer en Syrie, où elle leva une armée pour marcher contre son frère. C'est vers ce temps que ce même Ptolémée fit périr Pompée; et César, quelque satisfait qu'il fût d'être délivré d'un si puissant adversaire, conçut une haine et un mépris profonds pour ce prince. César avait des vertus et des passions qui l'emportaient sur ses propres intérêts, et c'est plutôt par le génie que par le calcul qu'il réussissait en toutes choses. Ptolémée Aulète avait nommé le peuple romain tuteur de ses enfants; César prétendit en exercer tous les droits en sa qualité de dictateur, et se déclara le juge des différends qui existaient entre Ptolémée et Cléopâtre. Cette princesse se hâta d'envoyer quelqu'un à Alexandrie pour la défendre; mais César lui fit dire de revenir elle-même sans délai. Comme elle craignait d'être reconnue en entrant dans la ville, elle pria Apollodore, celui de ses amis en qui elle avait le plus de confiance, de l'envelopper dans un tapis, et de la transporter ainsi sur ses épaules jusque dans la chambre de César; et cette ruse hardie lui valut le cœur de ce conquérant. Il paraît, d'après ce qu'en disent Plutarque, Appien d'Alexandrie et Dion Cassius, qu'elle n'était pas d'une beauté frappante; mais son esprit et sa grâce répandaient tant de charmes dans sa figure, qu'il était difficile de lui résister. Elle parlait toutes les langues, réunissait les connaissances les plus étendues, et possédait surtout l'art de captiver. Elle tenait de l'Orient une habitude de magnificence qui subjuguait l'imagination, et ses rapports constants avec la Grèce avaient développé en elle le charme le plus pénétrant du langage et de ses séductions. César en fut tellement épris, que, dès le lendemain, il voulut que son frère partageât le trône et se réconciliât avec elle. Ce jeune prince, étonné de voir Cléopâtre dans le palais de César, et devinant bien par quel moyen elle avait séduit son juge, courut sur-le-champ à la place publique, en criant qu'il était trahi. Il excita par là une sédition, et César ne put l'apaiser qu'en prouvant au peuple qu'il n'avait fait qu'exécuter le testament de Ptolémée; mais l'eunuque Photin, dont cet accommodement dérangeait les projets, de concert avec Achillas, général égyptien, fit avancer en secret des troupes pour surprendre César qui avait peu de soldats auprès de lui. Quoique assiégé dans son palais, le dictateur sut s'y défendre et s'y maintenir jusqu'à ce que, ayant reçu des secours de la Syrie, il battit les Égyptiens dans un combat où périt le jeune Ptolémée, qui se noya dans le Nil. C'est alors que César put sans obstacle couronner Cléopâtre; il la plaça sur le trône, en lui faisant épouser son jeune frère qui n'avait que onze ans, et partit ensuite, quoique à regret, pour achever de soumettre les restes du parti de Pompée. Cléopâtre accoucha, peu de temps après, d'un fils qu'elle nomma Césarion. De retour à Rome (l'an 46 avant Jésus-Christ), César la reçut, ainsi que son jeune époux, dans son propre palais; il les fit admettre au nombre des amis du peuple romain, et plaça les statues en or de Cléopâtre à côté de celles de Vénus, dans le temple qu'il érigea à cette déesse. Ces honneurs déplurent aux Romains; la reine d'Égypte retourna bientôt dans ses États, et Ptolémée ayant atteint l'âge de quatorze ans, elle le fit empoisonner, pour rester maîtresse absolue du royaume. Lorsque la mort de César donna lieu à une nouvelle guerre civile dans l'empire, on accusa Cléopâtre d'avoir fait passer des secours à Brutus et à Cassius. Marc-Antoine partant pour la guerre des Parthes, lui ordonna de se rendre en Cilicie pour expliquer sa conduite. Il paraît qu'en entreprenant ce voyage, Cléopâtre s'occupa plutôt des moyens de plaire que de ceux de se justifier. Elle monta sur un vaisseau dont la poupe était dorée, et dont les voiles étaient de pourpre; Cléopâtre, magnifiquement vêtue, était couchée sur le tillac; des enfants à ses pieds représentaient les amours; ses femmes, toutes d'une rare beauté, habillées en néréides, étaient placées, les unes auprès du gouvernail, les autres près des rameurs; des flûtes et des lyres faisaient retentir dans les airs des concerts mélodieux; l'encens était brûlé sur des cassolettes. C'est ainsi que Cléopâtre remontait le Cydnus, comme Vénus sortant de l'onde, pour aller visiter le conquérant de l'Asie. Un peuple immense bordait les deux rives du fleuve, et s'enivrait de musique, de parfums et d'admiration pour la beauté. Au milieu de cet enthousiasme

universel, Cléopâtre aborda à Tarse. Antoine, qui rendait alors la justice, resta seul sur son tribunal avec ses licteurs. Il fit inviter Cléopâtre à se rendre auprès de lui; mais la reine, s'excusant sur les fatigues du voyage, le fit prier d'accepter lui-même un repas sur son vaisseau. La reine d'Égypte le traita avec magnificence, et, lorsqu'il voulut à son tour la recevoir, il fit de vains efforts pour la surpasser en somptuosité. Bientôt, séduit par tant de charmes, sa passion pour elle fut beaucoup plus violente que celle de César, car elle causa sa perte. Ce qu'on doit surtout reprocher à Cléopâtre, c'est d'avoir amolli le caractère d'Antoine. Cette femme, qui montra de la grandeur dans quelques circonstances de sa vie, ne sut pas placer sa gloire dans celle de l'objet de son choix; elle ne cessa de se préférer à ce qu'elle aimait, et c'est pour une femme un mauvais calcul autant qu'un indigne sentiment. Antoine, renonçant pour le moment à l'expédition projetée contre les Parthes, la suivit en Égypte, où ils passèrent l'hiver dans les fêtes. Se conformant aux goûts de Marc-Antoine, la fille des Ptolémées se livrait avec lui aux plaisirs les plus délicats comme aux amusements les plus ignobles; elle le suivait à la chasse, jouait aux dés, et parcourait les rues avec lui pour entendre les propos de la populace d'Alexandrie, renommée par son talent pour la raillerie. Antoine fut enfin forcé de quitter l'Égypte; ses démêlés avec Octave l'appelèrent en Italie, où la réconciliation des deux rivaux rendit, pour un moment, la paix au monde, et Antoine épousa Octavie, sans cesser d'aimer Cléopâtre. Les événements qui se succédèrent l'empêchèrent, pendant plusieurs années, de la revoir en Égypte; mais, après sa malheureuse expédition contre les Parthes, vers l'an 36 avant Jésus-Christ, dans laquelle il fut sur le point d'éprouver le sort de Crassus, Cléopâtre vint le chercher en Phénicie, où il avait ramené les débris de son armée, et les deux amants reprirent ensemble le chemin de l'Égypte. Oubliant tout ce qu'il avait promis à Octave, tout ce qu'il devait à son épouse, Marc-Antoine se livra de nouveau à la débauche et aux caprices de Cléopâtre. Voulant lui donner le spectacle d'un triomphe et, s'étant, par artifice, rendu maître de la personne d'Artabaze, roi d'Arménie, il le présenta enchaîné à Cléopâtre, assise sur un tribunal comme un magistrat romain. C'est à cette occasion qu'il donna au peuple d'Alexandrie un repas dans le Gymnase, où il avait fait dresser plusieurs trônes d'or, deux des plus élevés pour Cléopâtre et pour lui, les autres pour ses enfants. Il y fit proclamer Césarion roi d'Égypte et de Chypre avec sa mère ; et, disposant même des royaumes qu'il devait conquérir, il désigna les États qu'il remettait aux enfants qu'il avait eus de la reine. Comme elle se piquait de protéger les savants, il fit apporter à Alexandrie la riche bibliothèque qu'Eumène avait fondée à Pergame, composée de deux cent mille volumes. Toutes ces dispositions d'Antoine, ainsi que sa conduite, lui attirèrent beaucoup d'ennemis à Rome. Auguste surtout, irrité de l'appui que prêtait Cléopâtre au parti de son rival, fit décider la guerre contre elle dans l'assemblée du peuple. Ainsi le nom d'une femme retentissait dans le vaste empire des Romains. Tout annonçait une guerre civile; Antoine s'y prépara, assembla une armée, et quitta l'Égypte. Cléopâtre le suivit en Grèce. Athènes décerna les plus grands honneurs à cette princesse, et Antoine se plut à paraître devant elle comme citoyen de cette ville, pour lui porter le tribut des hommages de ses habitants. Horace appelle Cléopâtre un fatal prodige. Son ascendant sur Antoine était absolu, et même elle s'en servait pour satisfaire ses passions haineuses, en faisant périr à Éphèse sa sœur Arsinoé dont elle était jalouse. Cependant Antoine ne voulut jamais l'épouser, soit qu'il ne pût se résoudre à sacrifier sa femme Octavie, ange médiateur entre Octave et lui, soit qu'il ne voulût point encourir l'animadversion des Romains, qui ne pouvaient souffrir qu'un de leurs concitoyens épousât une étrangère. On a même des lettres d'Antoine, dans lesquelles il parle légèrement de sa liaison avec Cléopâtre, croyant dissimuler ainsi, par une feinte insouciance, le pouvoir qu'elle exerçait réellement sur lui. Enfin arriva le jour où ce funeste pouvoir devait se manifester. A la bataille d'Actium, entre Marc-Antoine et César-Octave, lorsque, suivant l'expression de Properce, « les forces du monde luttèrent ensemble, » Cléopâtre, accoutumée à la mollesse de l'Orient, ne savait plus braver les périls, bien qu'elle eût encore l'énergie nécessaire pour se donner la mort; l'effroi s'empara de son âme au milieu du combat. Elle fit revirer de bord son vaisseau, et les soixante galères égyptiennes, placées dans les rangs, imitèrent le mouvement de la sienne. A cette vue, Antoine troublé ne put s'empêcher de suivre Cléopâtre et de monter sur le vaisseau qui l'emmenait; mais, à peine y fut-il, qu'accablé de honte et de regrets, il se plaça près du gouvernail, la tête dans sa main, et fut trois jours sans vouloir parler à celle pour laquelle il avait tout sacrifié. Mais, arrivé à Alexandrie, il se plongea de nouveau dans les délices que Cléopâtre ne ces-

sait de préparer pour lui. On les appelait, eux et leurs amis, *la Bande de la vie inimitable;* mais ils changèrent ce nom contre un mot grec qui signifie : *ceux qui sont résolus à mourir ensemble.* Cléopâtre jugeait très-bien la situation d'Antoine, et les succès toujours croissants d'Octave ne lui permettaient aucune illusion sur l'avenir. Ainsi donc, tandis qu'elle passait sa vie dans les festins, et qu'elle prodiguait à Marc-Antoine tous les plaisirs du luxe et des beaux-arts, elle faisait essayer sur les animaux et même sur les esclaves divers poisons, afin de bien connaître celui qui causait le moins de douleur. Il y a beaucoup d'exemples chez les anciens de ce mélange de sérieux et de frivolité qui faisait jouir voluptueusement de l'existence en se préparant à la mort. Comme ils n'avaient point d'espérances au delà du trépas, ils épuisaient la coupe de la vie, et ne cherchaient point à se préparer, par le recueillement intérieur, à l'immortalité de l'âme. La coquetterie était chez Cléopâtre un grand art, qui se composait de tous les moyens que la politique, la magnificence royale et la culture poétique de l'esprit peuvent donner. Ce qu'elle avait de force dans l'âme se retrouvait dans les hasards que lui faisait courir son ambition de plaire; elle s'exposait à l'amour comme un homme à la guerre, et, telle qu'un chef intrépide, elle se préparait à mourir, si la fortune ne favorisait pas sa hasardeuse destinée. Quelques historiens ont prétendu que Cléopâtre était en négociation secrète avec Octave, et qu'elle trahissait Antoine. Il est impossible de supposer qu'une personne qui disposait entièrement d'un caractère aussi dévoué que celui d'Antoine, pût souhaiter de voir à sa place l'astucieux Octave; mais il est probable qu'elle a cherché à s'assurer d'avance quelques ménagements de la part du vainqueur. Il eût été plus noble de n'en vouloir aucun; mais elle avait des enfants, et souhaitait de leur conserver le trône; d'ailleurs, le caractère de Cléopâtre était personnel; elle faisait servir à son ambition tous les dons que la nature lui avait prodigués. On sait par quels motifs elle fut d'abord attachée à Jules-César; elle se rendit ensuite favorable à Sextus-Pompée, qui fut pendant quelques instants maître de la mer. Elle mit ses soins à plaire à Marc-Antoine, et obtint tout de sa faiblesse. Si elle avait trouvé les mêmes dispositions dans Octave, il est probable qu'elle ne se serait pas donné la mort. Elle conçut le projet gigantesque de faire arriver ses vaisseaux par terre à travers l'isthme de Suez jusqu'au golfe Arabique, d'où elle aurait pu s'embarquer pour l'Inde; quelques-uns de ces vaisseaux passèrent, mais ils furent aussitôt brûlés par les Arabes. Pendant ce temps, Octave s'avançait en Égypte par la Syrie. Cléopâtre fit bâtir, près du temple d'Isis, à Alexandrie, un monument où elle cacha tous ses trésors, et dont elle voulait faire son tombeau. C'était un besoin de l'âme, chez les rois égyptiens, que de lutter contre la mort, en préparant sur cette terre un asile presque éternel à leur cendre. Lorsque Antoine fut défait dans la dernière bataille qu'il livra à Octave, Cléopâtre se renferma dans le bâtiment qui contenait toutes ses richesses, et fit répandre le bruit de sa mort, afin que l'amour d'Antoine ne l'attachât plus à la vie. En effet, à cette nouvelle, il se poignarda; mais comme il n'expira pas à l'instant, il eut le temps d'apprendre que Cléopâtre vivait, et il se fit porter dans l'asile qu'elle s'était choisi. Mais Cléopâtre, égoïste encore même dans son tombeau, ne voulut point qu'on ouvrît les portes, de peur que les satellites d'Octave ne s'en emparassent, et trouva le moyen d'introduire Antoine mourant, à l'aide de cordes qu'elle et ses femmes tiraient par la fenêtre. Elle prodigua les soins les plus tendres à Marc-Antoine, et, de ces illustres infortunés, l'un des deux eut du moins la douceur de mourir dans les bras de l'autre. Octave attachait beaucoup de prix à prendre Cléopâtre vivante, pour qu'elle suivît à Rome son char de triomphe. A force de ruses, il vint à bout de faire pénétrer ses soldats dans le monument où elle s'était retirée. Dès qu'elle le sut, elle voulut se tuer; mais les soldats romains veillèrent avec un soin barbare sur sa vie. Elle fit demander à César-Octave la permission de rendre des honneurs funèbres à Marc-Antoine; il y consentit. Elle épuisa, pour les rendre plus magnifiques, tous les trésors qui lui restaient, et, prodiguant le plus cher de tous, sa beauté, elle se meurtrit le sein et le visage sur le tombeau de Marc-Antoine. C'est dans cet état qu'Octave vint la voir; elle était couchée sur un lit sans parure, ses joues étaient livides, ses lèvres étaient tremblantes. A la vue du maître du monde, elle se ressouvint du grand César, qui avait été soumis à ses charmes, et rappela ce souvenir à son successeur. Il y a chez de certaines femmes, comme chez les ambitieux, une sorte de persistance dans le besoin de plaire qui survit à tout. Il se peut donc que Cléopâtre éprouvât le désir de captiver Octave, malgré les regrets sincères qu'elle donnait au souvenir d'Antoine. Ce n'était point une femme ni tout à fait sensible, ni tout à fait trompeuse; un mélange de tendresse et de vanité faisait d'elle une personne à deux caractères, comme la plupart des êtres fortement agités par les passions de la vie. Quoi qu'il en soit, les charmes de Cléopâtre échouèrent contre Octave; car il n'avait rien d'involontaire dans l'âme; et c'était par la prudence qu'il maintenait ce que César avait acquis par l'audace. Octave s'entretint longtemps avec Cléopâtre, mais ni ses prières ni sa grâce n'ébranlèrent les cruels desseins qu'il avait formés contre elle. Il tâcha seulement de les lui cacher, et, de son côté, elle lui dissimulait la résolution qu'elle avait prise de mourir. Ils ne pouvaient pas se plaire, puisqu'ils étaient occupés mutuellement à se tromper. Cléopâtre, instruite qu'Octave se proposait de l'emmener avec lui, dans peu de jours, obtint la permission de répandre encore des libations sur les cendres d'Antoine. Là, couchée sur sa tombe et pressant contre sa poitrine la pierre qui le couvrait, elle lui adressa ces paroles qui nous sont conservées par Plutarque : « O mon cher Antoine, je t'ai rendu naguère « les honneurs funèbres avec des mains libres; « mais maintenant je suis prisonnière; des satel- « lites veillent autour de moi pour m'empêcher de « mourir, afin que ce corps esclave figure dans la « pompe triomphale qu'Octave se fera décerner « pour t'avoir vaincu; ne compte pas sur de nou- « veaux honneurs funèbres; voici les derniers que « Cléopâtre pourra te rendre. Tant que nous avons « vécu, rien ne pouvait nous séparer l'un de l'au- « tre; mais nous courons le risque, après notre « mort, de faire un triste échange de sépulture. « Toi, citoyen romain, tu auras ici ton tombeau, « et moi, infortunée, le mien sera dans ta patrie; « mais si les dieux de ton pays ne t'ont pas aban- « donné comme les miens, fais que je retrouve un « asile dans ta tombe, et que je me dérobe ainsi « à l'ignominie qu'on me prépare. Cher Antoine, « reçois-moi bientôt à tes côtés, car de tous les « maux que j'ai soufferts, le plus grand encore en « cet instant est ton absence. » Cette prière fut exaucée, Cléopâtre trouva le moyen de se faire apporter des fleurs sous lesquelles un aspic était caché, et la morsure de ce reptile la délivra de la vie, et de l'outrage que lui préparait l'orgueil d'Octave. Ses femmes, Ira et Charmion, se donnèrent la mort avec elle. Presque jamais, chez les anciens, un personnage illustre n'expirait seul; l'enthousiasme des serviteurs pour leurs maîtres honorait l'esclavage, en lui donnant tous les caractères du dévouement. Cléopâtre mourut à l'âge de trente-neuf ans, après en avoir régné vingt-deux, dont quatorze avec Antoine. Octave fit porter l'image de Cléopâtre, avec un aspic sur le bras, à sa

pompe triomphale ; mais il permit du moins qu'elle
fût ensevelie avec Antoine, et peut-être cet acte
d'une pitié délicate apaisa-t-il les cendres de ses
ennemis malheureux.

•••••••••••••

ÉPITRE AU MALHEUR,

ou

ADÈLE ET ÉDOUARD,

IMPRIMÉE EN 1795, A LA TÊTE DU RECUEIL DE MORCEAUX
DÉTACHÉS.

————•••————

Cette Épitre a été écrite sous la tyrannie sanglante qui a déchiré la France ; il ne peut être trop tard pour la publier. De
pareils événements ne seront point effacés par les siècles ; et
nous est-il déjà permis de ne compter nos douleurs que parmi
nos souvenirs !

Je ne puis, ô malheur ! repousser ton image ;
Par quel effort lutter contre ton ascendant,
Et d'un esprit captif reconquérir l'usage ?
Je ne vois que toi seul ; et j'accrois mon tourment,
Si je veux me soustraire à ta sombre puissance.
Non, à te contempler il est plus de douceurs,
Et celui qui ne peut oublier sa souffrance
Vit de cette pensée, et se nourrit de pleurs.

Est-ce dans les foyers de l'heureuse Helvétie
Que l'on doit consacrer ce culte douloureux ?
De la tranquille paix ô dernière patrie !
Qui souffre dans ton sein est donc bien malheureux.
Souvent les yeux fixés sur ce beau paysage,
Dont le lac avec pompe agrandit les tableaux,
Je contemplais ces monts qui, formant son rivage,
Peignent leur cime auguste au milieu de ses eaux :
Quoi ! disais-je, ce calme où se plaît la nature
Ne peut-il pénétrer dans mon cœur agité ?
Et l'homme seul, en proie aux peines qu'il endure,
De l'ordre général serait-il excepté ?

France, de tes destins le souvenir horrible
Dans tous les lieux pour nous entr'ouvre des tom-
Ton orage obscurcit l'azur d'un ciel paisible, [beaux ;
Le sang que tu répands teint le cristal des eaux.
Ces alpes dont au loin la Suisse est hérissée,
Ces monts qui des enfers sépareraient les cieux,
Ne peuvent arrêter l'élan de la pensée,
Et la douleur partout est près du malheureux.
O malheur ! les Français ont fondé ton empire ;
On luttait contre toi, tu règnes maintenant ;

L'espoir de t'échapper paraît un vain délire,
Et la raison n'est plus que le choix du tourment.
Oui, je veux t'effrayer de ta propre puissance,
Et de ses longs effets te tracer le tableau.
La mort est le plus doux des fléaux de la France ;
Les Français sans regret descendent au tombeau,
Préparés au trépas par l'horreur de la vie.
Mais ces derniers instants ne sont plus solennels,
Et du tribut des pleurs la douceur infinie
Là n'accompagne plus les malheureux mortels.
C'est aux cris redoublés des transports d'allégresse
Que de leur char funèbre on conduit chaque pas ;
On est près d'exiger qu'ils partagent l'ivresse
Qu'à ce peuple féroce inspire leur trépas.
L'amour au désespoir est réduit au silence,
Ou, pour donner des pleurs, il doit braver la mort.
Serait-ce par pitié, décemvirs de la France,
Qu'unissant à la fois dans un semblable sort
Et le père et le fils, et l'amant et l'amie,
Du cœur qui sait aimer vous devancez les vœux ?

A travers tant d'horreurs mon âme anéantie
Veut faire un choix cruel dans des objets affreux.
Barbares, non jamais ni la mort ni l'histoire
Ne pourront dignement venger tous vos forfaits ;
L'excès de vos fureurs ne pourra plus se croire :
Vos crimes des tableaux surpassent les effets.
Ah ! que du moins ce cri d'une douleur mortelle
De ce règne de sang renouvelle l'horreur :
Puisse-t-il inspirer une haine éternelle,
La préserver du temps, de l'oubli du malheur !

Un jeune homme innocent [1], même des nouveaux
Qu'une loi tyrannique exprime vaguement, [crimes
Pour sauver l'assassin, et non pas les victimes,
Près d'Adèle, Édouard vivait obscurément.
Tant qu'il fut une France, il l'avait bien servie ;
Mais quand sous les tyrans on la vit s'avilir,
Respectant même encor l'ombre de sa patrie,
Aux drapeaux étrangers il n'alla point s'unir.
Son épouse sensible, et que la crainte glace,
Eût voulu l'entraîner loin du pouvoir sanglant
Qui, semblable à la mort, à toute heure menace
La faiblesse et la force, et le père et l'enfant :
Mais il chérit les lieux témoins de sa constance,
Où l'hymen a remis son Adèle en ses bras ;
Il ne peut s'éloigner de cette triste France,
Il espère un héros dont il suivra les pas.
Souvent il répétait à la beauté qu'il aime :
« Que ce ciel et ma voix rassurent ta frayeur ;
« Regarde la nature, elle reste la même,
« Et l'amour est encor plus constant dans mon cœur.

[1] Ce fait est de la plus exacte vérité.

« —Ah! dit-elle, en pleurant, sous ce joug détestable
« Qui te préservera du sort d'un criminel ?
« L'air que nous respirons peut te rendre coupable ;
« Vivre, penser, aimer, expose au fer mortel. »

Cependant, par degrés, le courage d'Adèle
Renaît, en écoutant l'objet de ses amours.
Tout à coup elle apprend qu'une atteinte cruelle
A menacé son père au déclin de ses jours ;
Elle part, son époux se condamne à l'absence ;
Par des soins importants ses jours étaient remplis.
Mais le père d'Adèle échappe à la souffrance,
Elle peut revenir : en traversant Paris,
Seule, elle se livrait à la douce pensée
De retrouver bientôt son époux, son ami.
Près d'un palais de sang, une foule empressée
Attire ses regards ; son cœur est attendri :
« Sans doute, disait-elle, en ce moment horrible,
« D'un mortel innocent on prononce la mort ;
« Peut-être il est aimé, peut-être il est sensible ;
« Plus je me trouve heureuse, et plus je plains son
A travers ce tumulte un nom se fait entendre ; [sort.»
Il vient frapper ses sens, avant d'atteindre au cœur ;
Elle écoute longtemps sans pouvoir le comprendre ;
L'instinct, pour un moment repousse la douleur.
Mais de la vérité la lumière effroyable
Perce jusqu'à son âme ; elle s'avance enfin.
Des acclamations la voix impitoyable,
A grands cris, d'Édouard annonçait le destin :
Saisi, jugé, proscrit, et conduit au supplice,
Un instant menaçait et condamne ses jours.
Quand le temps nous prépare au plus grand sacrifice,
Le désespoir lui-même est calme en ses discours ;
Mais d'un coup imprévu la raison égarée,
Croit trouver des secours dans sa propre fureur.
Adèle est loin des pleurs ; à sa rage livrée,
Elle appelle, elle attend, elle veut un vengeur.
Sa voix n'a réveillé que l'espoir de la haine,
Et ses cris n'ont atteint que l'âme du méchant :
Devant le tribunal on la cite, on la mène,
Par un autre chemin son époux en descend.
Adèle avec transport suit la main qui l'entraîne.
Elle arrive ; on la place à ce fauteuil fatal
Que venait de quitter cet époux qu'elle adore ;
Elle voit ses bourreaux rangés en tribunal,
Leur prodigue l'insulte, et la recherche encore ;
Le geste et le regard, la parole et l'accent,
Rien ne peut satisfaire à son âme irritée ;
Sa faiblesse est alors son plus affreux tourment.
A ces grands mouvements dont elle est agitée,
Le calme qui succède étonne tous les yeux.
Les juges, sur sa plainte, à mort l'ont condamnée ;
Ils sont moins criminels, ils ont rempli ses vœux :

« Ah ! dit-elle, hâtez-vous ; dans notre destinée
« Un instant est beaucoup, je pourrai le revoir ;
« Il saura que la mort aussi nous est commune. »
Les juges, sans délai, satisfont son espoir ;
Ils pensaient d'Édouard accroître l'infortune.
Elle court, elle atteint le cortége fatal ;
Jamais char de triomphe, en un jour de victoire,
Ne fut tant désiré par un guerrier rival.
Édouard, jusqu'alors attentif à sa gloire,
Étonnait par son calme un peuple curieux,
Insensible au malheur comme aux traits du courage ;
Sur ce qui l'environne il promène ses yeux,
D'Adèle au même instant reconnaît le visage,
Et croit que la douleur l'entraîne dans ces lieux.
Il veut la repousser ; la garde l'environne,
Il apprend tout enfin par ce spectacle affreux.
Sa raison à l'instant, sa force l'abandonne ;
Son teint prend la couleur de la mort qui l'attend.
Elle veut lui parler, il ne peut plus l'entendre :
« O mon cher Édouard, dit-elle en l'embrassant,
« Écoute cette voix dont l'accent est si tendre !
« Est-ce donc leur arrêt qui me donne la vie,
« Crois-moi, s'ils m'avaient pu condamner à la vie,
« C'est alors qu'il fallait t'effrayer de mon sort.
« Cette chaîne sanglante à mon époux me lie :
« C'est encor de l'hymen, c'est encor de l'amour.
« Vois ce ciel, dont le calme invite à l'espérance ;
« En nous laissant tous deux périr au même jour,
« Il va m'unir à toi pour prix de ma constance ;
« Jusques à tes vertus ma mort peut m'élever. »
Édouard est glacé ; sa main est insensible :
Il commence des mots qu'il ne peut achever.
Adèle, c'en est fait ; de cet état horrible
La mort seule à présent peut sauver ton époux ;
Tu le retrouveras dans le séjour céleste.
Sa douleur, du trépas a devancé les coups.
Comment fixer, ô ciel ! cet instrument funeste
Où le fer contenu dans des ressorts nouveaux
Tombe sur la vertu de tout le poids du crime,
Où l'art, obéissant au signal des bourreaux,
Par un bras invisible égorge les victimes ?
D'Adèle et d'Édouard le sang pur a coulé ;
Il se rejoint encor dans ses flots qui bouillonnent.
De leur sort un moment le peuple était troublé ;
Bientôt des décemvirs les soldats l'environnent.
Leurs cris vont aux enfers, repoussés par le ciel.
Ainsi l'on vit périr une famille auguste ;
Ainsi tant d'innocents, aux pieds de l'Éternel,
Ont porté les douleurs et les plaintes du juste.
Le jour de la pitié descendra-t-il sur nous !

Les Français, échappés aux tourments de la France,
Vont peut-être m'offrir un spectacle plus doux.

Quel lien en effet qu'une même souffrance !
Unis par la douleur, ils se tendront les bras.
Ah ! s'il était ainsi, tu perdrais ta puissance,
Indomptable malheur, et tu ne le veux pas :
Il vaut mieux diviser les amis et les frères.
Dévorant le passé, sans juger l'avenir,
Ils pensent soulager le poids de leurs misères
En découvrant au loin un sujet de haïr.
Égarés par la haine, ah ! quelle triste ivresse !
Leur premier intérêt pour elle est oublié,
Et, sans cesse exhalant leur fureur vengeresse,
Eux-mêmes du malheur ont distrait la pitié.

D'autres, pleins de vertus, livrés à la vengeance,
Par autant de douleurs comptent leurs sentiments,
Ne peuvent secourir la vieillesse et l'enfance,
Et les plus doux liens sont leurs plus grands tour-
                        [ments.
Ce n'est pas tout encor : les fureurs de l'envie
Peuvent poursuivre même au comble des malheurs ;
Sur les débris du monde on voit la calomnie
Seule, rester debout, et régner sur les pleurs.
Vous avez ressenti ses atteintes cruelles,
Par ces lâches poisons vous êtes déchirés,
Vous, de la liberté les défenseurs fidèles,
Et de tous les excès ennemis déclarés.
Échappés à la France, une erreur implacable
Des plus purs sentiments s'apprête à vous punir ;
Aux yeux du préjugé, qui pensait est coupable,
Et qui raisonne encor sans doute veut trahir.
De la postérité l'équitable balance,
Un jour, de la raison rétablira l'honneur ;
Le temps et la vertu font toujours alliance :
C'est beaucoup pour la gloire, et bien peu pour le
De tout ce qu'on aimait la vie est séparée ; [cœur.
Sans cesser d'être, on craint de ne se voir jamais ;
Vers un monde nouveau, notre âme est attirée,
L'Amérique ou la mort nous promettent la paix.
De la nature enfin le cours invariable
A travers tant de maux ne s'est point arrêté :
La mort, comme autrefois, se montre impitoyable,
Et l'hymen le plus saint n'en est pas respecté.
L'amour peut être ingrat, ou l'amitié légère ;
Et sous le poids affreux des communes douleurs,
Nourrissant en secret une peine étrangère,
Seule, à d'autres chagrins on donne encor des pleurs.

Dieu clément, du malheur daigne borner l'empire ;
Quand l'Océan grossi répand au loin ses eaux,
Dans son lit, à ta voix, bientôt il se retire ;
Fais rentrer le malheur au fond de ses tombeaux.
Préserve l'univers englouti par la France,
Viens rendre son éclat à ton flambeau divin ;

Il est de l'opprimé la dernière espérance.
Par le torrent des pleurs s'il s'éteignait enfin,
Si jamais la vertu, dans sa douleur profonde,
Un jour avait cessé de croire à ta bonté,
Une nuit éternelle aurait couvert le monde,
Le signal de sa fin eût partout éclaté.

Et vous qui respirez sous un ciel tutélaire ;
Vous, d'un autre pays, d'un autre sens que nous,
Pour aimer votre sort, voyez notre misère ;
Ne les comparez point à des rêves plus doux.
Des révolutions les volcans sont l'image :
Le savant qui dépeint leur affreuse beauté,
Dit qu'aux jours de terreur causés par leur ravage
La terre avec le temps doit sa fécondité.
Mais des contemporains l'espérance est perdue ;
Mais le sol ébranlé menace leurs enfants.
On veut dans l'avenir égarer votre vue.
Fixez de la douleur les tableaux éloquents.
Par la pitié notre âme au présent est unie,
Des intérêts des temps Dieu seul peut transiger.
Malheur à qui voudrait agiter sa patrie !
Les Français n'avaient pas leur exemple à juger.

JANE GRAY,

TRAGÉDIE EN CINQ ACTES ET EN VERS,

COMPOSÉE EN 1787,

ET IMPRIMÉE A UN TRÈS-PETIT NOMBRE D'EXEMPLAIRES EN 1790.

PRÉFACE DE L'AUTEUR.

Les sujets historiques me paraissent mériter la préférence sur ceux qui sont purement d'invention ; les noms illustrés par nos souvenirs captivent d'avance l'intérêt ; la vraisemblance est commandée par la vérité, et l'imagination, loin d'égarer à son gré la pensée, renouvelle à nos yeux l'expérience, et rend sensible à la génération présente la grande leçon des siècles passés. Je crois avoir suivi l'histoire avec exactitude, dans cette tragédie de *Jane Gray*. Le comte de Pembroke est le seul caractère qu'elle ne m'ait pas donné, mais il ne lui est pas contraire ; et Rowe, dans un ouvrage sur le même sujet, l'indique assez pour autoriser un autre à le peindre. Sa tragédie n'a pas eu un grand succès en Angleterre, et cet auteur lui-même l'a tellement effacée, par la touchante pièce de *Jane Shore*, qu'elle est restée dans l'obscurité. Le plan que j'ai suivi n'a point de rapport avec celui de Rowe : ne voulant pas le traduire, j'ai cru qu'il ne fallait pas l'imiter. Le caractère de Jane Gray m'a transportée en le lisant dans l'histoire. J'avais à peu près son âge quand j'ai entrepris de le peindre, et sa jeunesse encourageait la mienne. Je voudrais avoir pu faire éprouver l'admiration que j'ai ressentie pour ce rare mélange de force et de sensibilité, qui fait braver la mort et connaître le prix de la vie.

Je joins à cette tragédie une pièce composée avant elle, et dont le style, par conséquent, est encore plus incorrect. Je ne sais si j'aurais dû tenter de le corriger ; mais la conception et l'exécution doivent être du même jet et de la même force; et revenir sur ses pensées, changer à froid l'expression d'un sentiment, est un travail si pénible, que son succès doit se ressentir de l'effort qu'il coûte. Ces réflexions pouvaient me conduire à jeter ma pièce au feu; cependant, déterminée à ne la faire connaître qu'à mes amis, quelques vers sensibles qui s'y trouvent m'ont sufli pour avoir du plaisir à la leur donner. C'est à ce bonheur que je me bornerais, quand je pourrais obtenir de la gloire : c'est à lui seul que je puis aspirer aujourd'hui.

PERSONNAGES.

Lady JANE GRAY, épouse de Guilfort.
GUILFORT DUDLEY, époux de Jane Gray, fils du duc de Northumberland.
Le duc de NORTHUMBERLAND, père de Guilfort.
Le comte de PEMBROKE, général des troupes de Marie.
HALIFAX, ami de Guilfort.
DORSET, ami de Pembroke.
CLARICE, amie de Jane Gray.
SURREY, chancelier d'Angleterre.
ALFORT, capitaine des gardes de Marie.

La scène est à Londres.

ACTE PREMIER.

Le théâtre représente un appartement du palais du duc de Northumberland.

SCÈNE PREMIÈRE.

JANE GRAY, CLARICE.

JANE GRAY.

Je revois ma Clarice après deux ans d'absence ,
Tous les biens à la fois comblent mon espérance ;
Du bonheur loin de toi je ne pouvais jouir,
Ah! te le confier, c'est deux fois le sentir !

CLARICE.

J'ai vécu pour t'aimer depuis que je respire,
Et ma raison accroît chaque jour ton empire,
Tu le sais : orpheline à la fleur de mes ans,
Seule tu captivas mes plus chers sentiments;
Mais conduite à Dublin par la sœur de mon père,
Je voulais voir en elle une seconde mère,
Et lui rendais des soins dont la touchante erreur
Me donnait des devoirs à défaut de bonheur;
Libre, hélas! par sa mort, ma vie est consacrée
A suivre les destins d'une amie adorée;
Ton bonheur à mes yeux désormais suffira,
Et mon sort à jamais de ton sort dépendra.
Hier je te cherchais; mais dans cette journée,
A de tristes devoirs je te sus enchaînée.
Édouard...

JANE GRAY.

Il est vrai , de ce malheureux roi ,

Hier j'accompagnai le funèbre convoi ;
J'ai répandu des pleurs sur cette destinée,
Que les arrêts du ciel ont sitôt terminée ;
Mais que fait la jeunesse, à l'instant où la mort
Livre au temps éternel notre immuable sort ?
Dans ce temple où nos rois vont tous prendre leur
[place,
De leur trône au tombeau je mesurais l'espace,
Et l'orgueil de leur vie ajoutait à l'horreur
Que mon cœur ressentait dans ce lieu de douleur.

CLARICE.

Aimait-on Édouard?

JANE GRAY.

Sa longue maladie
Altéra chaque jour et son âme et sa vie;
Il n'était plus à lui, quand, selon notre loi,
Son âge lui permit de commander en roi.

CLARICE.

Ah ! de Northumberland la cruelle régence...

JANE GRAY.

Sur ses torts désormais impose-toi silence.
Son fils est mon époux; sa vaste ambition,
Je le sais, effraya souvent la nation;
Il eût voulu, dit-on, en demeurer le maître;
Fais grâce à ce désir, s'il est digne de l'être.

CLARICE.

Il gouvernait le roi ; mais j'ai vu regretter
Les vertus qu'Édouard aurait fait éclater.

JANE GRAY.

Souvent le cœur du peuple, avide d'espérance,
Veut trouver tous les dons unis à la puissance;
Mais de la posséder si grand est le danger,
Que d'avance les rois ne peuvent se juger.
Contre Northumberland quoi que l'on ose dire,
Sa main avec éclat a soutenu l'empire :
Il fut cruel sans doute, en secret j'en gémis,
Mais en homme d'État il servit son pays.
Enfin, entretiens-moi de l'objet que j'adore,
Fais-m'en parler longtemps, et m'interroge encore.

CLARICE.

Je te vois, il est vrai, pour la première fois,
Depuis que d'un époux tu reconnais les lois.
Du fier Northumberland je hais le caractère;
Mais les vertus du fils font pardonner au père.

JANE GRAY.

Je ne te peindrai point l'excès de mon bonheur,
Il m'effraye moi-même, et quelquefois mon cœur
Craint d'avoir éprouvé dans le cours d'une année
Tous les moments heureux faits pour sa destinée.
Toi qui lus dans ce cœur dès mes plus jeunes ans,
Et sus presque avant moi mes secrets sentiments,
Tu connus ma douleur, quand l'ordre de son père
Défendit à Guilfort de prétendre à me plaire :

Northumberland, séduit par de vastes projets,
Sans écouter son fils, blâma ses vœux secrets;
Pembroke, qui m'aimait, pouvait alors s'attendre
Que ma mère bientôt le choisirait pour gendre,
Moi, je m'y soumettais par raison, par devoir,
Et tâchais d'oublier que j'eus un autre espoir;
⊙ J'empruntais le secours de la philosophie :
Elle dit qu'il n'est pas de vrais biens dans la vie :
Langage consolant pour un malheureux cœur,
Et qui le fait douter quelquefois du bonheur!
D'un mal désespéré dans un instant saisie,
Ma mère dans mes bras perdit bientôt la vie :
Ton absence rendit cet instant plus affreux,
Et mon cœur porta seul ses regrets douloureux.
Le chagrin quelque temps sut absorber mon père;
Mais de l'ambition poursuivant la carrière,
Lui-même le premier désira de m'unir
A l'époux que mon cœur avait osé choisir;
Du fier Northumberland il oublia l'offense,
Il obtint son aveu; quelle douce espérance,
O ma mère! un moment suspendit mes regrets!
Pardonnez à l'amour ces souverains effets;
Il se charge à lui seul du destin de la vie,
Devant son avenir le temps passé s'oublie.
Mon cœur put sans rougir adorer ses liens;
Que la paix au bonheur sait ajouter de biens!
Le céleste repos d'une douce innocence
De la passion même accroît la jouissance.
Je chéris le penchant que la vertu permet :
Ah! de chaque moment, quel puissant intérêt
Me fait sentir le prix et goûter tous les charmes!
Le bonheur de l'amour s'exprime par des larmes.
Reconnais-les, Clarice, en cet heureux instant :
Au lever du soleil, alors qu'en m'éveillant,
Je retrouve mon âme et recommence à vivre,
A sentir mon bonheur quelque temps je me livre,
J'éprouve le plaisir de m'apprendre mon sort :
J'y pense lentement : ma voix nomme Guilfort;
Je ne m'occupe pas de remplir ma journée,
Je le verrai, celui qui fait ma destinée :
Rien ne peut ajouter à ma félicité,
Et de son excès seul naît son égalité.

CLARICE.

Quoi! rien ne te distrait de l'objet de ta flamme?
Jamais l'ambition n'a régné dans ton âme?

JANE GRAY.

Ce n'est pas seulement l'ascendant du bonheur
Qui de l'ambition a détaché mon cœur;
Il ne peut adopter une telle chimère :
Sœur et veuve de roi, l'Europe a vu ma mère,
Alors qu'elle eut perdu son noble époux Louis,
Revenir avec joie au sein de son pays,
Préférer un sujet de la cour de son frère,

Suffolk, à tous les rois qui gouvernaient la terre :
Henri fut mécontent, mais il lui pardonna,
Et ce fut son bonheur qui la justifia.

CLARICE.

Souvent l'ambition a gouverné ton père.

JANE GRAY.

C'est le seul déplaisir qu'ait éprouvé ma mère :
Peut-être que mon choix est encor plus heureux.
Un sort comme le mien me permet-il des vœux?
Non, de Northumberland craignant le caractère,
Aux intérêts du temps je me montre étrangère;
Je ne vois que Guilfort; s'il me quitte un moment,
Je vis du souvenir qui me le rend présent.
J'aime avec passion les plaisirs de l'étude,
Seuls ils embellissaient jadis ma solitude;
Ils me sont chers encore; ils calment dans mon cœur
Les mouvements trop vifs que cause le bonheur;
Mais depuis que ma vie est pour jamais tracée,
Sans crainte mon esprit laisse errer ma pensée.
L'imagination, dois-je la redouter?
Elle-même à mon sort ne pourrait ajouter.
Je lis avec plaisir les plus douces chimères,
Je n'en pourrais trouver aucunes mensongères;
Les lois de la morale excitent des remords,
Moi, mon amour m'entraîne où tendent les efforts;
Et ce divin Platon, que je relis sans cesse,
De la religion prévenant la promesse,
Croyant par son génie à l'immortalité,
Ajoute un long espoir à ma félicité.
Ah! par l'enchantement d'une seule pensée,
Notre vie est remplie, et notre âme est fixée,
L'on n'a plus qu'un seul but; et le même plaisir,
Marchant toujours vers lui se fait toujours sentir.

CLARICE.

Mon cœur craint de troubler ta douce confiance :
Mais je te dois enfin de rompre le silence.

JANE GRAY.

Que veux-tu dire? ô ciel!

CLARICE.

                    Seulement apprends-moi
Si quelqu'un t'a parlé du testament du roi;
Et si....

JANE GRAY.

Northumberland doit au parlement même
Apprendre ce matin sa volonté suprême.

CLARICE.

Tu ne devines pas quel est le successeur?

JANE GRAY.

Mais en peut-on douter? le roi nomme sa sœur :
Marie est appelée au trône de son frère.

CLARICE.

Ne te souvient-il plus du destin de sa mère?
Henri de Catherine osa briser les nœuds,

Quand Anne de Boleyn fut l'objet de ses vœux ;
Avant moi, disait-il, à mon frère accordée,
C'est par l'inceste seul que je l'ai possédée.
Clément sept combattit ses desseins criminels,
Henri sut de son joug affranchir les autels,
Et saisit le pouvoir qu'alors en Angleterre
L'Église interdisait aux princes de la terre ;
Mais cependant ce roi que l'on voyait toujours
S'adresser à la loi pour servir ses amours,
Fatigué de Boleyn, et se plaisant à croire
Tous les faits dont l'envie a souillé sa mémoire,
La condamnant à mort par un injuste arrêt,
Laissa sans l'éclaircir le sort d'Élisabeth.

JANE GRAY.

Et les rois après eux consacrent-ils leurs crimes ?
Ces enfants maintenant sont-ils illégitimes ?

CLARICE.

Mais de Northumberland les partisans secrets
De ces bruits répandus espèrent des effets ;
On te nomme ; l'on dit que le sang de ta mère
Doit te donner des droits au trône de son frère ;
Ton père dans Dublin prépare les esprits
Aux projets qu'aujourd'hui l'on doit voir accomplis.
Northumberland, jaloux de conserver l'empire,
Maître d'un jeune roi déjà dans le délire,
L'aura fait seconder ses plus hardis desseins,
Et remettre en mourant le sceptre dans tes mains.
Élisabeth, à peine au printemps de sa vie,
N'est point à redouter ; mais la fière Marie,
De son illustre mère unique rejeton,
Comptant pour ses aïeux vingt rois de l'Aragon,
Instruite des projets que l'on forme contre elle,
Intéresse une armée à servir sa querelle ;
Pembroke la commande, et Londres va le voir
Dans peu d'heures ici soutenir son pouvoir ;
Mon cœur avec transport se nommerait sa reine,
Mais je crains les malheurs qu'un tel dessein entraîne.

JANE GRAY.

O ciel ! se pourrait-il ? quoi.... Guilfort ! je le vois !
La crainte me saisit pour la première fois.

CLARICE.

Je sors.

SCÈNE II.

JANE GRAY, GUILFORT.

GUILFORT.

Ah ! je te vois, arbitre de ma vie !
Ce plaisir si touchant pour mon âme attendrie,
Suspend dans mon esprit l'intérêt le plus grand,
Et mon cœur de lui seul veut jouir un instant.

JANE GRAY.

A Guilfort comme à moi que ne peut-il suffire !

GUILFORT.

Que le premier sujet soumis à ton empire
A tes pieds le premier vienne prêter serment ;
Édouard t'a nommée, et tout le parlement,
Heureux de confirmer sa volonté dernière,
Du trône de Henri te déclare héritière.

JANE GRAY.

Va, je me montrerais indigne de mon sang,
Si je pouvais penser à posséder ce rang ;
Le sceptre d'Édouard appartient à Marie ;
Ses droits sont aussi saints que la foi qui nous lie.
Guilfort aurait-il dû, sans consulter mon cœur,
Décider de mon sort ?

GUILFORT.

Enivré de bonheur,
Consacrant à t'aimer mon âme tout entière,
Je vivais étranger aux projets de mon père ;
Mais son bonheur dépend du destin de ce jour.

JANE GRAY.

Un trône pourrait être importun à l'amour ;
Tes désirs cependant enchaîneraient ma vie,
Sans les titres sacrés que possède Marie.

GUILFORT.

Quand l'hymen de sa mère est brisé par la loi....

JANE GRAY.

Il ne pouvait pas l'être ; il subsiste pour moi.

GUILFORT.

Henri d'un tribunal obtint cette sentence.

JANE GRAY.

Oui, l'ordre qu'il reçut, il le donna d'avance.

GUILFORT.

Il épousa Boleyn à l'ombre de la loi.

JANE GRAY.

Et ce crime de plus dégagea-t-il sa foi ?
Ah ! des rois d'Aragon la fille infortunée
N'a pas dû voir briser son auguste hyménée.

GUILFORT.

Mais on croit à Marie un cœur peu généreux.

JANE GRAY.

Je parle de ses droits, et je ne juge qu'eux ; [mes
Je ne crois pas, Guilfort, qu'il soit permis aux hom-
Juges présomptueux, faibles comme nous sommes,
De commettre le mal dont le bien peut sortir ;
L'on est si peu certain de l'obscur avenir,
Que l'horizon pour nous se bornant au jour même,
Des vertus qu'il permet fait une loi suprême.

GUILFORT, voyant Northumberland.
(à Jane Gray.)
Mon père..... Ta vertu va causer son malheur.

JANE GRAY.

Tu veux donc, juste ciel, qu'elle coûte à mon cœur ?

SCÈNE III.

GUILFORT, JANE GRAY, NORTHUMBER-
LAND.

NORTHUMBERLAND.

Mon fils, après avoir à votre souveraine
Offert les honneurs dus à ce grand nom de reine,
Venez pour la défendre accompagner mes pas,
Pembroke en ce moment nous appelle aux combats;
Général de Marie, il croit que son armée
Sous une heure entrera dans la ville alarmée; [ment?
Mais que pourrions-nous craindre en cet heureux mo-
N'avons-nous pas pour nous Londres, le parlement,
Des troupes, des amis, et surtout l'avantage
De vouer au bon droit les efforts du courage?

JANE GRAY.

Si sur cette raison vous fondez votre espoir,
Le succès de Pembroke est facile à prévoir.

NORTHUMBERLAND.

J'espère qu'à moi seul vous tenez ce langage.

JANE GRAY.

Devant plus de témoins j'en dirais davantage;
Au parlement, seigneur, je saurai déclarer
Que cet auguste choix dont il veut m'honorer,
Dépouillant d'Henri huit la fille légitime,
Ne peut être accepté sans se souiller d'un crime.

NORTHUMBERLAND.

Que dit-elle! Mon fils, quel obstacle imprévu!

JANE GRAY.

Seigneur, depuis longtemps il vous serait connu,
Si vous aviez daigné, par votre confiance,
A vos projets secrets m'associer d'avance.

NORTHUMBERLAND.

Eh quoi! quand votre père, approuvant mon dessein,
Vous fait en ce moment nommer reine à Dublin,
Ai-je dû craindre encor que sa fille rebelle,
Se montrant insensible à ce qu'on fait pour elle,
A peine en son printemps, oserait sans remord
Se soustraire à son sort, et décider son sort.

JANE GRAY.

Résolue en tout temps à respecter mon père,
M'alléguer ma jeunesse était peu nécessaire;
Mais à l'âge, seigneur, où l'on sait son devoir,
On a de l'accomplir aussitôt le pouvoir.

NORTHUMBERLAND.

Mais pouvez-vous penser que votre auguste mère
Ne vous crût pas des droits au trône de son frère?

JANE GRAY.

Ah! si vous l'ignorez, apprenez que son cœur
D'une telle injustice aurait frémi d'horreur.

NORTHUMBERLAND.

Ainsi donc le pouvoir, l'éclat d'une couronne,

Un peuple de sujets dont le cœur vous la donne,
Un destin glorieux...

JANE GRAY.

Est-ce pour moi, seigneur,
Que vous avez daigné désirer la grandeur?
Ah! qu'aisément alors, terminant la querelle,
Vous serez convaincu de mon mépris pour elle!

NORTHUMBERLAND.

Non, ce n'est pas, madame, en un pareil moment,
Votre bonheur qu'il faut désirer seulement;
Mais la religion dont la sainte lumière,
Disciple de Luther, vous guide et vous éclaire,
Et qui, nouvelle encor, succombe ou s'affermit,
Si l'État la protége ou l'État l'abolit,
Voulez-vous la livrer au pouvoir de Marie,
De superstition dès l'enfance nourrie;
Qui du crime s'est fait une secrète loi,
Croit qu'elle doit du sang au maintien de sa foi,
Et, ne concevant pas ces sublimes pensées
Que la réflexion dans votre âme a laissées,
Déteste dans son cœur la plus pure vertu,
Si d'un mystère seul l'on n'est pas convaincu?
C'est elle cependant que vous voulez pour reine,
Malgré le culte saint dont la foi vous enchaîne.

JANE GRAY.

De ma religion croyez que l'intérêt
Peut-être autant que vous, seigneur, m'occuperait;
Mais sa gloire dépend du Dieu dont elle émane;
On ne me verra point, par un zèle profane,
Me faire l'instrument de ses desseins secrets,
Ni penser que de moi dépendent leurs succès.
Sa loi dans tous les temps défendit l'injustice,
Et c'est elle qu'il faut que mon cœur accomplisse;
Cette loi précéda Luther comme sa foi,
Elle sera toujours la première pour moi.

NORTHUMBERLAND.

Ah! c'en est trop enfin, oui, c'en est trop, madame;
Et l'indignation s'empare de mon âme :
Vous comptez donc pour rien le bonheur d'un époux?
Et moi, son père enfin, que suis-je donc pour vous?
On ne sait pas aimer avec ce caractère,
Qui de son esprit seul consulte la lumière,
Et quand l'amour enfin sur un cœur ne peut rien,
Malheur à l'union dont il est le lien!

JANE GRAY.

Non, vous ne croyez pas que je sois insensible,
Et voulant me porter le coup le plus horrible,
Cruel! c'est à mon cœur que vous vous adressez!
Moi, je ne l'aime pas!

NORTHUMBERLAND.

Madame, c'est assez.
Nous allons au combat où l'honneur nous appelle,
Malgré vous soutenir votre noble querelle;

Si le destin trompait mon espoir et mes vœux,
Marie à l'échafaud nous enverra tous deux;
Et vous pourrez alors vous vanter auprès d'elle
De ce qu'en ce moment vous lui montrez de zèle;
Elle vous donnera votre grâce à ce prix.
Si le succès couronne et nous et nos amis,
Et si le sceptre enfin est en votre puissance,
Vous pourrez dignement montrer votre constance,
Remettez-le à Marie, et sacrifiez-nous.
L'on sait qu'elle conserve un éternel courroux;
Que rien ne peut fléchir un pareil caractère :
Elle condamnera votre époux et son père.
Pour moi qui dès longtemps ai su braver le sort,
J'ai banni de mon cœur la terreur de la mort.
Mais il peut en coûter, alors que l'on est père,
De voir périr son fils par une main si chère. [neur.
Je vous quitte, et j'attends Guilfort au champ d'hon-

SCÈNE IV.

GUILFORT, JANE GRAY.

JANE GRAY.

Et ce matin, ô ciel! je croyais au bonheur!
L'exposer ou trahir... Quelle horrible contrainte!
La vertu... son danger...

GUILFORT.

Écoute-moi sans crainte :
Mon père devant moi t'a su longtemps parler
Sans que j'aie un moment tenté de le troubler,
Et, je l'avouerai même, avant que de t'entendre,
De son opinion n'ayant pu me défendre,
Je venais dans ces lieux pour obtenir de toi
Que ton cœur à ses vœux se soumît comme moi.
Mais je n'abuse point de la plus pure flamme
Pour vaincre la vertu qui règne dans ton âme.
Eh! qui donc a le droit de descendre en ton cœur,
Pour y chercher l'amour dont je fais mon bonheur?
A moi seul appartient d'en exercer l'empire,
Et je me l'interdis; je dois enfin te dire
Que mon cœur maintenant veut exiger du tien
Que tu comptes mon sort et mon danger pour rien;
Sans moi choisis, prononce, et crois ta conscience;
Me la sacrifier n'est pas en ta puissance,
Et je ne saurais pas s'il faudrait croire plus
A l'excès de l'amour qu'au manque de vertus.
Es-tu libre à présent?

JANE GRAY.

Que j'aime ta grande âme!
Digne de mon estime autant que de ma flamme,
Quand peut-être l'amour t'eût rendu triomphant,
C'est toi qui me défends de ton propre ascendant;
Mais si la vérité par ma bouche t'éclaire,

Pourquoi donc seconder les projets de ton père?

GUILFORT.

Ah! je ne choisis pas, pour lui désobéir,
Le moment où mon bras peut encor le servir,
Et j'ai vu trop souvent croire sa conscience,
Quand la vertu se trouve unie à la prudence.
Je me déciderai lorsque par mes secours
Je n'espérerai plus de défendre ses jours.
Mais une opinion que j'adopte peut-être,
Sur le droit incertain qui nous désigne un maître,
Ne combattra jamais contre mes sentiments;
Je les crois plus certains que tous mes jugements.
J'unis à cet amour que l'on doit à son père,
Le respect que l'on sent pour un grand caractère.
Son génie et mon cœur l'ont fait maître de moi,
Et ses volontés sont mon oracle et ma loi.

JANE GRAY.

Ah! si dans ce combat....

GUILFORT.

Je respecte ma vie,
Puisqu'elle peut encore à la tienne être unie;
Et d'un instant de plus je connais la valeur.

JANE GRAY.

Hélas! je ne pourrai partager ton bonheur;
Mais si tu dois jamais supporter l'infortune,
C'est elle, cher Guilfort, qui nous sera commune.
Sais-je dans ce combat s'il faut désirer....

GUILFORT.

Rien.
Je ferai mon devoir, tu rempliras le tien.

●•••●••●••●•

ACTE SECOND.
——

SCÈNE PREMIÈRE.

JANE GRAY, CLARICE.

JANE GRAY.

L'on ne sait rien encor; quelle mortelle peine!

CLARICE.

Non, mais déjà l'on dit la victoire certaine;
Northumberland commande à de nombreux soldats,
Et son talent répond du succès des combats;
D'avance jouissez....

JANE GRAY.

Dieu! que je suis à plaindre!
Je ne désire rien, et trouve tout à craindre.
Ah! si Northumberland dans ce jour est vainqueur,
Si je m'oppose seule aux désirs de son cœur,
Il ne met plus alors de bornes à sa haine;
Mais au moins j'obtiendrai sa grâce de la reine.

Lorsque je remettrai le sceptre entre ses mains,
Pourrait-elle jamais ?.... ô désirs incertains !
Malheurs trop assurés ! Ah ! dans ce moment même,
Ma Clarice, la mort menace ce que j'aime;
Le comte de Pembroke, irrité contre lui,
Peut-être espère-t-il se venger aujourd'hui.

CLARICE.

Pembroke t'adorait, et combat pour Marie.

JANE GRAY.

Il hait Northumberland, dont la main ennemie
A signé le décret qui condamnait à mort
Son père malheureux, digne d'un autre sort.
Northumberland, jaloux de garder la régence,
Craignait ce concurrent à la toute-puissance.
Quand Pembroke à Guilfort me vit donner mon cœur,
Son désespoir alla jusques à la fureur ;
Tout devient passion dans un tel caractère,
Et la douleur en lui se peint par la colère;
Méprisant la raison, ignorant le devoir,
De la nature seule il connaît le pouvoir;
Et suivant constamment le désir qui l'enflamme,
Le crime et la vertu se partagent son âme.
On m'a dit qu'il me hait, et que de son amour
C'est le seul souvenir qu'il conserve en ce jour.
Vois si je ne dois pas craindre que sa vengeance
Ne s'attache à Guilfort.

CLARICE.

                    Tu connais sa vaillance,
Son bras avec succès saurait le repousser;
Mais je vois Halifax : que vient-il annoncer ?

SCÈNE II.

CLARICE, JANE GRAY, HALIFAX.

JANE GRAY.

Quelle tristesse ! ô ciel ! mon époux !

HALIFAX.

                              Il respire.

JANE GRAY.

Cher Halifax, parlez ! Vous pouvez tout me dire.

HALIFAX.

La victoire semblait seconder tous nos vœux,
Et déjà préparer des succès glorieux.
Pembroke cependant combattait avec rage;
Mais déjà notre armée obtenait l'avantage,
Lorsqu'un ministre saint de la religion,
Qui gouverne à son gré la superstition,
S'avance, et d'une voix lugubre et formidable,
Suspend des deux partis la fureur redoutable :
« Soldats, s'écria-t-il, qui voudriez priver
« Une reine du rang qu'elle doit conserver,
« A la foi catholique êtes-vous tous rebelles ?
« N'ai-je devant les yeux que de vils infidèles?

« A leur sort malheureux qu'ils soient abandonnés;
« Mais chérissant la loi dans laquelle ils sont nés,
« Si quelques-uns de vous redoutent l'anathème
« Lancé dans cet instant par la voix de Dieu même,
« Qu'ils repoussent loin d'eux d'inévitables maux,
« En quittant à l'instant leurs coupables drapeaux;
« Je leur promets de Dieu l'éternelle clémence,
« Ou viens leur annoncer pour jamais sa vengeance. »
Les timides esprits que la réflexion
Ne défendit jamais contre l'illusion,
Frappés de cette voix qui leur faisait entendre
De vains discours auxquels ils auraient dû s'at-
Crurent d'un ange même avoir reçu l'arrêt, [tendre,
Et leur désertion en fut l'affreux effet ;
Northumberland, Guilfort, en vain de l'éloquence
A la raison unie essayaient la puissance ;
Le vulgaire a besoin de ne pas concevoir
Les ressorts que l'on fait agir pour l'émouvoir;
A ce qu'il n'entend pas il se soumet d'avance,
Et le mystère accroît la crainte et l'espérance.
Quelque temps de Luther les disciples zélés,
Les amis que la peur n'avait point ébranlés,
Seuls ont encor tenté d'obtenir l'avantage;
Mais le nombre a vaincu les efforts du courage.
Northumberland voulait combattre pour mourir,
Son fils a su de lui cependant obtenir
Qu'il vînt dans sa maison de troupes entourée,
Aux soldats de Marie en défendre l'entrée.
Un tel assaut ne peut longtemps se soutenir,
Et mon cœur abattu craint tout de l'avenir.

JANE GRAY.

Il ne peut nous ôter le soutien du courage.

CLARICE.

Ah ! de Marie au moins fuis, évite la rage;
Viens en France, permets qu'attachée à ton sort...

JANE GRAY.

Mon destin est celui que choisira Guilfort,
Avec lui laisse-moi décider de ma vie ;
Va, je sais me fier au cœur de mon amie...

SCÈNE III.

GUILFORT, JANE GRAY.

GUILFORT.

Halifax du combat t'a dit l'événement;
J'en étais averti par un pressentiment;
Quand tu n'appuyais pas nos vœux par ta prière,
Dieu pouvait-il pour nous se montrer tutélaire?
Pembroke combattait en rival furieux,
Et semblait sur moi seul avoir fixé les yeux.
J'aurais au même instant satisfait sa colère,
Si je n'avais pas dû commander sous mon père.
Ah ! de ce père, hélas ! jusqu'où va la fureur,

Depuis qu'il ne peut plus douter de son malheur !
Son regard est sans cesse attaché sur la terre :
Tel serait du remords l'effrayant caractère.
Eh ! qui peut l'entraîner à cet égarement ? [ment ;
Pour nous sauver pourtant il n'est plus qu'un mo-
Marie arrive à Londre, et Pembroke, en une heure,
Malgré tous nos amis force notre demeure :
Retirons-nous en France , et qu'un avis secret
A ton père, à Dublin, apprenne ce projet :
Soyons tous réunis dans un séjour paisible ;
Aux orages des cours qu'il soit inaccessible.
Ton cœur, qui refusa ce matin le pouvoir,
En abandonnera facilement l'espoir ;
Et moi qui, par respect pour les vœux de mon père,
A son ambition pliais mon caractère ,   [chants
Quel sera mon bonheur , lorsqu'à mes vrais pen-
Je pourrai désormais consacrer mes instants !
Ah ! lorsque par l'amour l'âme est si bien remplie ,
C'est lui qu'il faut charger du destin de sa vie.

JANE GRAY.

Mon cœur avec transport partage ce désir ;
Mais ton père à nos vœux saura-t-il consentir ?

GUILFORT.

Quel cœur ne serait pas touché par ta prière ?
Elle agira, crois-moi, sur l'âme de mon père.
Quand nul autre moyen ne laisse plus d'espoir ,
D'une touchante voix qui connaît le pouvoir ?
Ah ! moins votre ascendant peut alors se compren-
Plus il est difficile au cœur de s'en défendre. [dre,

JANE GRAY.

O mon Dieu ! je t'implore. Ah ! daigne m'exaucer !

SCÈNE IV.

NORTHUMBERLAND , GUILFORT , JANE
GRAY.

NORTHUMBERLAND.

Jusques à quand, mon fils , prétends-tu me forcer
A souffrir de mon sort toute l'ignominie,
Et me condamnes-tu plus longtemps à la vie ?
        (à Jane Gray.)
Vous qui de nos revers maintenant jouissez,
Et dont les vœux secrets sont peut-être exaucés,
Laissez-nous ; aux douleurs mon âme abandonnée,
Par des malheureux seuls doit être environnée.

JANE GRAY.

Celle qui détestait vos funestes grandeurs ,
La première, avec vous , doit répandre des pleurs.

NORTHUMBERLAND.

Que fait le parlement ?

GUILFORT.

            Il condamne lui-même

Du testament du roi la volonté suprême :
Dans ce dessein , dit-on, les pairs sont assemblés ;
Ce sont eux, les premiers, que la crainte a troublés.
Leur rang, qui de la cour les rapproche sans cesse,
Sert à favoriser seulement leur bassesse ;
L'esclavage toujours commence par les grands,
Et les plus près du trône en sont plus dépendants.
Parmi nos partisans plusieurs nous abandonnent ;
Les ombres du malheur déjà nous environnent :
Nous n'avons pour amis que des cœurs généreux
Qui veulent affronter notre avenir affreux.

NORTHUMBERLAND.

Ainsi, mon fils, pour nous il n'est plus d'espérance ;
Mais combien puis-je encore acquitter de vengeance!
Quel sang puis-je verser encore dans ce jour,
Avant que tout le mien se répande à son tour !

JANE GRAY.

Ah ! seigneur , abjurez des desseins si coupables :
Éloignez à jamais ces malheurs effroyables.
Il vous faut, il est vrai, renoncer au pouvoir
Dont vous avez joui, dont vous aviez l'espoir ;
Mais ne peut-on sans lui supporter cette vie ?
Ah! qu'il faudrait haïr le beau don du génie,
S'il ne permettait plus d'être heureux par son cœur !
Loin de dangers certains , fuyez, fuyez, seigneur ;
D'une reine cruelle évitez la furie :
A Guilfort comme à vous elle ôterait la vie.
Nous vous suivrons en France où le fils de vingt rois
Du génie opprimé reconnaître les droits,
Et se ressouviendra qu'il voit en moi la fille
De celle qui longtemps fut chère à sa famille.
Tous nos moments alors vous seront consacrés ;
A notre amour enfin vos jours seront livrés ;
Oui, vous découvrirez, dans votre âme attendrie,
De doux plaisirs, pour vous inconnus dans la vie.
Quand le ciel est troublé par des temps orageux,
L'éclat de ses couleurs disparaît à nos yeux ;
Et de l'ambition la passion cruelle
Ainsi ne permet plus de rien éprouver qu'elle.
De votre fils, de moi, vous ferez le bonheur.
Ah! le pouvoir des rois n'atteint pas jusqu'au cœur ;
Et vous surpasserez leur souverain empire.
Ce fils que la vertu, que la tendresse inspire,
Jusqu'au dernier moment veut suivre votre sort :
Vous nous condamneriez tous les deux à la mort.
Vivez, pour vos enfants supportez l'existence.
La bonté, sur la terre, obtient sa récompense ;
Le ciel , impatient de l'en faire jouir,
Devance par ses dons l'immortel avenir :
Sous un climat heureux, dans un séjour paisible,
Chaque jour vous croirez votre sort moins horrible :
Combien de malheureux, plongés dans la douleur,
De l'absence des maux auraient fait leur bonheur !

NORTHUMBERLAND.

A ce lâche projet, moi, que je m'asservisse,
Et que d'un long repos j'éprouve le supplice !
Non; pour Northumberland il n'est qu'un seul destin;
Où j'ai marqué mon but, je trouverai ma fin :
Cessez de me parler de ces douces pensées
Qui suffisent peut-être aux âmes effacées ;
C'est en lettres de sang que mon sort est écrit;
Il le fut par ma main, et ma main l'accomplit.
Voulez-vous que mon cœur, au désespoir en proie,
Dans toute son horreur devant vous se déploie ;
Que, mettant entre nous l'abîme des forfaits,
De ce qui m'aime encor je m'éloigne à jamais ?
Pembroke, Somerset, dont j'ai craint la puissance,
Par le fer de la loi subirent ma vengeance :
Mon cœur de commander a le besoin fatal,
Et j'aime mieux la mort que souffrir un égal.
Ce n'est pas tout encor, la fureur qui me presse
Sollicite la haine, abhorre la tendresse ;
J'ai combattu l'amour du malheureux Guilfort,
Avant que votre mère eût terminé son sort;
A mes projets sur vous je la savais contraire;
Certain après sa mort des vœux de votre père,
Je vous unis tous deux : je ne devinais pas
De sa fille aujourd'hui les sublimes combats;
L'excès de sa vertu passait ma prévoyance !
Enfin pour conserver à jamais la régence,
Régner sous votre nom, j'osai donner au roi,
A ce jeune Édouard, qui se fiait à moi,
Un poison inconnu, dont la lenteur cruelle
Chaque jour lui portait une atteinte mortelle,
Attaquait sa raison par ses affreux effets;
Je le forçai bientôt à servir mes projets;
Il signa l'acte enfin qui condamnait Marie,
Et le jour qui suivit a terminé sa vie.
En est-ce assez enfin ! pouvez-vous maintenant
Me parler d'un ciel pur, d'un cœur calme et content?
A la paix, au repos pour moi pourriez-vous croire ?
Non, qu'on me donne un sort qui m'ôte la mémoire
Des crimes que j'ai faits, et du jour et de moi,
Qui suspende en mon cœur le sentiment de soi ;
Enfin m'enivre assez pour oublier ma vie.
L'espérance, dit-on, de ce sort m'est ravie,
Eh bien! c'est donc la mort, c'est la mort qu'il me faut!
Dans les combats, partout, même sur l'échafaud,
Qu'en expirant du moins, l'univers me contemple,
Et que de mon supplice on fasse un grand exemple :
J'aime mieux ce destin que l'odieuse paix
Dont tous mes souvenirs m'éloignent à jamais;
Il m'est plus assorti. Toi, mon fils, vole en France,
Suis ta femme; l'amour t'a laissé l'espérance;
Sa douce passion doit régner dans ton cœur :
Je me flatte à présent que je te fais horreur.

Crois-moi, tu ne dois rien à ton coupable père ;
Si j'ai su t'inspirer la vertu qui t'est chère,
C'est qu'en la bannissant pour jamais loin de moi,
A mes secrets desseins elle servait en toi;
Je savais qu'animé par cette pure flamme,
Mon pouvoir deviendrait plus sacré pour ton âme;
Laisse-moi donc, Guilfort, laisse-moi seul mourir ;
Loin d'un monstre, à jamais, va, c'est à toi de fuir.

SCÈNE V.

JANE GRAY, GUILFORT.

JANE GRAY.

Quoi ! tout ce qu'avec peine eût inventé l'envie,
Est l'histoire, grand Dieu, de sa coupable vie !
Le père de Guilfort.....

GUILFORT.

Arrête, épargne-moi,
Ne l'ai-je pas, hélas ! entendu comme toi?
Lui, dont je croyais l'âme et si noble et si pure !
Il conserve sur moi les droits de la nature,
Et ce ressouvenir d'un long attachement,
Que l'on voudrait du cœur effacer vainement.
Quand c'est lui qui s'accuse, hélas ! faut-il le croire ?
Anéantis en moi, juste ciel, la mémoire ;
Que j'oublie à jamais ces funestes aveux,
Et que mon père encor soit le même à mes yeux.
Toi, pars sans hésiter; sous la loi de Marie,
L'innocence ne peut répondre de la vie,
Pour t'éloigner enfin, il n'est plus qu'un instant.
Ah ! ne le perdons pas.

JANE GRAY.

Oui, partons maintenant.
Quel heureux avenir à nos yeux s'offre encore !

GUILFORT.

Aujourd'hui je ne puis suivre ce que j'adore ;
Mon père est en danger, me l'ordonnerais-tu ?
Je récuse ton cœur, je parle à ta vertu.

JANE GRAY.

Non, mais tu m'en donnais la trompeuse espérance,
Quand tu me proposais de partir pour la France.

GUILFORT.

Quoi ! tu veux affronter les dangers d'un destin
Dont tu n'acceptais pas les honneurs ce matin !

JANE GRAY.

Je veux qu'au seul objet qui m'attache à la vie,
Toute ma destinée à jamais soit unie;
Je veux qu'un même jour termine aussi mon sort;
Je bénirai la main dont je tiendrai la mort,
Et qui m'épargnera le crime inévitable
Dont ta perte, Guilfort, doit me rendre coupable;
Oui, s'il me reste encore un seul jour de bonheur,
Je veux avec transport en jouir par mon cœur.

Ah ! mon unique ami, l'âme passionnée
Qui sut unir l'amour aux nœuds de l'hyménée,
De la félicité goûta trop la douceur,
Pour savoir supporter l'atteinte du malheur.

GUILFORT.

Quoi ! tu veux malgré moi...

JANE GRAY.

Si ton cœur est sensible,
Ajouter un seul mot lui doit être impossible ;
S'il aimait comme moi, voudrait-il le tenter ?
S'il pense que j'accepte, il pourrait accepter.
Abandonne, Guilfort, cette gloire commune
Qu'on trouve à braver seul les traits de l'infortune ;
Renonce à ces desseins que l'on dit généreux,
Notre amour nous élève encore au-dessus d'eux.
C'est sentir qu'on est deux, que craindre un sacrifice ;
C'est livrer ce qu'on aime au plus cruel supplice,
Que protéger sa vie en déchirant son cœur :
Ce destin à tes yeux est-il donc le bonheur ?

GUILFORT.

Tu le veux, c'en est fait, je ressens dans mon âme
Le noble sentiment qui t'inspire et t'enflamme ;
Mon cœur sait recevoir ce qu'il ferait pour toi,
Et te laisse aujourd'hui tout hasarder pour moi.

SCÈNE VI.

HALIFAX, JANE GRAY, GUILFORT.

HALIFAX.

Pembroke en cet instant vous somme de vous rendre ;
Votre père, seigneur, s'apprête à se défendre ;
D'un combat inégal, hélas ! qu'espérez-vous ?

GUILFORT.

La valeur peut beaucoup ; oui, montrons-nous jaloux
De disputer encor quelque temps la victoire ;
Même avec nos revers prétendons à la gloire.
Quoi ! tu verses des pleurs ?

JANE GRAY.

Ah ! quel danger affreux
Ne te fait pas courir cet assaut malheureux !
Souviens-toi seulement que tu risques ma vie,
Quand tu vas affronter une main ennemie.

GUILFORT.

Mais tu la donnerais pour conserver l'honneur
De l'objet élevé par le choix de ton cœur.

JANE GRAY.

Oui, Guilfort, à ce prix, oui, je te la confie ;
Hasarde avec tes jours les jours de ton amie :
Va, cours braver la mort que son cœur recevra ;
Comme toi pour l'honneur elle s'exposera.
Ah ! malgré tes dangers, je me sens du courage ;
Je les redoute moins, puisque je les partage.

ACTE TROISIÈME.

—

SCÈNE PREMIÈRE.

LE COMTE DE PEMBROKE, DORSET, AL-
FORT, CAPITAINE DES GARDES DE MARIE ; DES
GARDES.

PEMBROKE.

Forcez Northumberland à souffrir son destin ;
C'est sur un échafaud qu'il en verra la fin.
Je vous le livre, Alfort, répondez de sa vie ;
Gardez aussi son fils, c'est l'ordre de Marie.
Qu'on m'amène en ces lieux l'épouse de Guilfort :
Aujourd'hui tous les trois vont apprendre leur sort.

SCÈNE II.

PEMBROKE, DORSET.

PEMBROKE.

Voilà donc le séjour témoin de mon outrage ;
C'est lui, s'il le fallait, qui me rendrait ma rage,
Mais elle est dans mon cœur, je la porte avec moi ;
Oui, je vais te punir de ton manque de foi,
Toi, fille de Suffolk, qui sus forcer ton père
A rompre les liens qu'avait formés ta mère ;
Je me vois à la fin vainqueur de ce Guilfort,
A qui tu préféras d'associer ton sort.
Mon âme souffre moins sous le poids de l'offense,
Depuis que tous les deux sont sous ma dépendance.
A mes pieds aujourd'hui je les verrai tous deux,
Et leur pardonnerai, si c'est me venger mieux.

DORSET.

Dans Londres l'on a fait publier l'amnistie.

PEMBROKE.

Dorset, au fond du cœur je déteste Marie ;
Tremblant peut-être encor pour son autorité,
Elle tarde à montrer toute sa cruauté ;
Mais quand elle pourra se passer de prudence,
Vous apprendrez bientôt à craindre sa puissance.

DORSET.

Et ses droits cependant sont défendus par vous.

PEMBROKE.

Elle sert de prétexte à mon juste courroux :
C'est ce Northumberland qui fit périr mon père ;
C'est cet heureux Guilfort qui trouva l'art de plaire ;
C'est elle enfin, c'est elle à présent que je hais.
Dis-moi, Dorset, dis-moi si tu connus jamais
La haine qu'on ressent pour l'objet de sa flamme :
Lorsque ce sentiment est entré dans notre âme,
Il la poursuit partout, comme avant lui l'amour ;
On fait mille projets qu'on détruit tour à tour ;

Rien ne contente assez notre avide vengeance.
Le succès du combat passe mon espérance,
Eh bien, ce prêtre saint qu'on a vu malgré moi
Lancer aux ennemis les foudres de la foi;
Ce moyen inventé par l'esprit d'une femme,
De la victoire même a dégoûté mon âme;
Il nous a trop servis; peut-être que Guilfort
Pense que du combat il décida le sort.
Que me fait son malheur, si son orgueil lui reste?
Jouirai-je un moment de son destin funeste,
Si devant son épouse il n'en doit pas rougir?

DORSET.

Ah! puissiez-vous, seigneur, ne pas vous repentir
D'avoir su pour jamais soumettre l'Angleterre
A celle que le ciel lui donne en sa colère!

PEMBROKE.

Ses droits étaient certains, mais je ne prétends pas
Qu'une telle pensée ait excité mon bras;
Sans doute il fut armé pour servir ma vengeance;
Mon cœur de la vertu méconnaît la puissance.
Je ne combats jamais contre la passion;
De la nature enfin vient son impulsion,
Et la raison n'a pu nous parler qu'après elle.
Qu'elle rende mon âme, ou sensible, ou cruelle,
Je la laisse y régner, et ne puis concevoir
Quelle force pourrait limiter son pouvoir.
Quoi! j'aurais vu l'objet qui causa mon délire,
Des mains de son époux recevoir un empire,
Et son perfide cœur, jouissant d'un tel choix,
D'oser s'en applaudir aurait acquis les droits!
Qu'elle perde un bonheur qui n'est pas mon ouvrage.
Il faut enfin, il faut, pour contenter ma rage,
Qu'elle trouve dans moi l'auteur de ses destins,
Et reste suspendue à mes secrets desseins;
Mon plaisir est de voir à mes pieds prosternée
Celle qui dans ses mains tenait ma destinée.

DORSET.

Northumberland, son fils, l'épouse de Guilfort,
Seront donc tous les trois condamnés à la mort?
Du pardon général excepté par Marie...

PEMBROKE.

Qui de Northumberland peut défendre la vie?
Son bonheur à la fin a fatigué le ciel;
Devant ce tribunal il serait criminel.
Le chancelier Surrey, six chefs de la justice,
Viendront l'interroger, et son juste supplice
Cette nuit dans la Tour doit être exécuté.

DORSET.

Cet arrêt, fût-il juste, est bien précipité.
Des hommes, à la reine ambitieux de plaire,
De juges souverains auront le caractère;
Et de ce tribunal quels sont enfin les droits?

PEMBROKE.

Il condamne un coupable.

DORSET.

Ah! respectons les lois.
Oui, seigneur, si les rois n'ont plus cette barrière,
En paix du despotisme ils suivront la carrière;
Ils n'abuseront pas d'abord de leur pouvoir,
Et sauront nous flatter par un trompeur espoir;
Mais celui qui des lois affranchit sa puissance
Avait besoin du frein de cette dépendance.
Un coupable puni par un juge illégal,
Bientôt à l'innocent annonce un sort égal.

PEMBROKE.

Northumberland peut-être aurait, pour sa défense
De la reine en public attaqué la naissance.
Elle craint ce danger.

DORSET.

Apprenez-moi le sort
Que ses enfants...

PEMBROKE.

Sans moi, l'épouse de Guilfort
Avec l'objet qu'elle aime aurait perdu la vie;
Mais ils seront absous aujourd'hui par Marie,
S'ils suivent le conseil que je vais leur donner.

DORSET.

Quoi, seigneur, à Guilfort vous pourriez pardonner?

PEMBROKE.

La perfide oserait croire qu'elle m'est chère:
Si contre son époux j'exerçais ma colère,
Et si je la voyais libre enfin de ses nœuds,
Si l'espérance encor renaissait pour mes feux,
Qui sait si je pourrais contenir ma faiblesse?
Ah! préservons mon cœur d'une telle bassesse!
C'est par un froid dédain que je veux l'accabler;
Pour elle, pour Guilfort je la verrai trembler;
Mais c'est par mon mépris qu'elle aura l'assurance
Qu'à courber son orgueil je borne ma vengeance.
J'étais plus furieux avant d'être vainqueur;
La victoire toujours adoucit un grand cœur.
S'ils savent se soumettre, ils obtiendront la vie;
Leur grâce m'est jurée à l'instant par Marie.

DORSET.

La reine vous doit tout.

PEMBROKE.

D'un pareil souvenir
On ne me verra pas vouloir l'entretenir:
Sur moi l'ambition est sans pouvoir encore,
Et cette passion, mon cœur au moins l'ignore.
Une autre trop longtemps...

DORSET.

Ah! seigneur, dans ces lieux
Là triste Jane Gray va paraître à vos yeux.

PEMBROKE.

D'un trouble! juste ciel, ne puis-je me défendre?
Non, sans la regarder je vais ici l'entendre;
De mon juste dédain, ah! ne doute jamais;
Mais redis-moi, de grâce, à quel point je la hais.

SCÈNE III.

PEMBROKE, JANE GRAY.

PEMBROKE, *sans la regarder.*

Les temps sont bien changés; vous m'avez vu,
A vos pieds retenu par ma fatale flamme, [madame,
Attendre mon destin d'un regard de vos yeux;
Votre cœur m'a rendu votre empire odieux;
Délivré pour jamais de ma funeste chaîne,
Vous parlant sans plaisir, vous écoutant sans peine,
De quel œil voyez-vous votre sort dépendant
De celui qui longtemps vous pria vainement?

JANE GRAY.

L'on n'a point à rougir quand on n'est pas coupable:
Mon cœur peut s'affliger du destin qui l'accable;
Mais puisque mon penchant a seul fixé mon choix,
Au comble des honneurs sans regret je vous vois.

PEMBROKE, *à part.*

Elle m'insulte encore, elle ose, la cruelle.....
Non, ma rage serait un triomphe pour elle;
Elle y reconnaîtrait mon déplorable amour.

(*à Jane Gray.*)

Un intérêt plus cher doit peut-être en ce jour
Abaisser devant moi ce superbe courage;
Peut-être pour Guilfort ferez-vous davantage.

JANE GRAY.

Je vous connus, seigneur, trop généreux, trop
[grand,
Pour vous venger de moi sur un cœur innocent;
Mais, fussiez-vous changé, je dois à Guilfort même
De ne pas avilir devant vous ce qu'il aime;
Et je confesserai l'amour que j'ai pour lui,
Quand le nier devrait le servir aujourd'hui.

PEMBROKE.

Vous le pouvez, madame, et moi je puis l'entendre;
Mon cœur d'aucun regret n'a plus à se défendre;
Il ne m'en coûte pas pour vous sauver tous deux,
Et je puis sans effort me montrer généreux.
Le chancelier Surrey doit, dans cet instant même,
Transporter dans ces lieux son tribunal suprême;
A la barre tous trois vous n'êtes point cités,
De la commune loi vous êtes exceptés.

JANE GRAY.

Seuls, ici, sans témoins, quel tissu d'injustices!
On a donc prononcé d'avance nos supplices?

PEMBROKE.

Northumberland ne peut échapper à son sort,

Et sa rébellion a mérité la mort.
Mais si vous déclarez que dans cette journée
Vous n'avez point pris part à votre destinée;
Que malgré vous au trône on vous faisait monter.
Et que vous-même enfin vous vouliez attester
Les titres de Marie à ce noble héritage,
Elle s'appuie alors sur votre témoignage:
Ne craignant plus des droits désavoués par vous,
Elle jure à jamais d'éteindre son courroux.

JANE GRAY.

Je pourrais l'apaiser sans altérer ma gloire:
Ce que vous me dictez peut-être est mon histoire;
Mais mon époux.....

PEMBROKE.

　　　　　Son père a pu dans les combats
Exiger aujourd'hui le secours de son bras:
Son âge sert d'excuse à tant de confiance:
Peut-on punir un fils de son obéissance?
Qu'il confesse ses torts et parle comme vous,
De même de la reine il calme le courroux.
Connaissez-vous enfin mon âme tout entière?
Se souvient-elle encor que vous lui fûtes chère?
Voit-on de votre époux que j'attaque les jours?
Est-ce assez bien servir à vos heureux amours?

JANE GRAY.

J'attendais cet effort d'un héros invincible.

PEMBROKE.

Ah! si j'aimais encore, il serait impossible:
C'est la mort de Guilfort alors que je voudrais.
De vos pleurs éternels combien je jouirais!
C'est ainsi que l'amour doit punir une offense.

JANE GRAY.

Vous n'êtes pas encor privé de la vengeance.
Vos yeux avec plaisir s'arrêteront sur moi,
Si d'un arrêt de mort je dois subir la loi;
Et peut-être Guilfort.... mais c'est lui qui s'avance,
Je vais l'interroger; vous, gardez le silence.

SCÈNE IV.

JANE GRAY, GUILFORT, PEMBROKE.

JANE GRAY.

Pembroke en ce moment, touché de mes douleurs,
Veut me sauver, Guilfort, du plus grand des
Aux juges envoyés par l'ordre de Marie, [malheurs.
Déclare que, soumis à l'auteur de ta vie,
C'est lui qui t'a forcé d'accompagner ses pas,
De défendre un parti que tu n'approuvais pas.
Ta grâce est à ce prix.

GUILFORT.

　　　　　J'en crois ma conscience,
Certain qu'avec la tienne elle est d'intelligence,
Et que déjà ton cœur eût décidé mon sort,

Si son courage allait jusqu'à braver ma mort.
J'ignore si j'ai pu jamais être contraire
Quelquefois en secret aux desseins de mon père ;
Mais s'il ne l'a pas su dans des temps plus heureux ,
Le dire maintenant serait peu généreux ;
Un pareil repentir, quand il est nécessaire,
Cesse dès cet instant d'être cru volontaire.
Alors qu'un désaveu préserve d'un danger,
De sa sincérité l'on ne peut plus juger ;
Et l'action enfin qui nous sauve la vie,
Par l'honneur le plus pur doit être garantie :
Aux yeux de l'univers mon bras a combattu ;
Je ne blâmerai point ce que j'ai défendu.

JANE GRAY.

Vous le voyez, seigneur, ma route m'est tracée;
Ma résolution est par lui prononcée.
Mon cœur reconnaissant de vos soins pour mes jours,
Ne peut de vos conseils accepter les secours.

GUILFORT.

Quel effroi ! juste ciel ! que mon âme est saisie !
C'est toi qui veux ainsi sacrifier ta vie !
Ce que j'ai dit ici peut-il être pour toi ?
Des devoirs différents ont-ils la même loi ?

JANE GRAY.

Peut-être n'est-ce pas l'honneur seul que j'écoute ;
Que m'importe en effet où me conduit sa route ?
Quand il me permettrait d'échapper à mon sort,
Il me reste le tien qui commande ma mort.

GUILFORT.

Mais toi qui refusais l'offre du diadème ? .

JANE GRAY.

La vertu m'en faisait alors la loi suprême,
Elle me laisse en paix obéir à mon cœur ;
Il s'agit maintenant d'accepter ton malheur.

GUILFORT.

Quoi ! l'on ignorerait le dévouement sublime.....

JANE GRAY.

Après ma conscience il me faut ton estime :
Je ne veux rien de plus.

PEMBROKE.

O généreux combats !
Quel cœur j'avais aimé ! Je n'y résiste pas.
Madame, c'en est fait. O femme enchanteresse !
C'en est fait, et l'amour m'a rendu son ivresse.
Et toi, rival heureux qui règnes dans son cœur,
Par mes tourments encore apprends mieux ton bon-
Mais pourrais-tu souffrir que par son sacrifice,[heur;
Elle fût condamnée au plus affreux supplice ?
Ou voudrais-tu jouir du barbare plaisir
De voir que son amour la condamne à périr ?

SCENE V.

PEMBROKE, HALIFAX, JANE GRAY, GUILFORT.

HALIFAX.

Le chancelier Surrey vient dans ces lieux, madame ;
La garde qui le suit a fait trembler mon âme.

GUILFORT.

Tu n'as plus qu'un moment. Que je me sens frémir !

PEMBROKE.

Madame, au nom du ciel !

GUILFORT.

Laisse-moi seul mourir.
Ah ! mon dernier moment me sera moins horrible :
Par amour pour Guilfort, fais cet effort pénible.

JANE GRAY.

Je me déciderai quand il en sera temps.

SCÈNE VI.

SURREY, PEMBROKE, NORTHUMBERLAND, GUILFORT, JANE GRAY.

(*Surrey et six autres magistrats arrivent suivis des gardes de Marie et d'un greffier qui doit écrire l'interrogatoire ; Northumberland est conduit par des gardes ; Surrey s'assied sur un fauteuil , et les six magistrats près de lui ; Guilfort et Northumberland sont placés à sa droite, Jane Gray à sa gauche ; Pembroke est debout sur le devant du théâtre. Alfort, Halifax, Dorset, quelques gardes, deux officiers inférieurs de la justice, restent derrière Surrey.*)*

SURREY.

Illustres accusés , dans ces cruels instants,
J'accomplis avec peine un devoir trop pénible.
Plût au ciel aujourd'hui qu'il me fût impossible !
Que ma langue glacée et mes sens interdits,
Au moment de parler , troublassent mes esprits !

PEMBROKE, *à part.*

Le fourbe ! Je l'ai vu demander à la reine
L'injuste droit qui semble ici causer sa peine.

SURREY , *au greffier.*

Que tous les mots par vous à l'instant soient tracés.
(*aux accusés.*)
Vous, songez qu'ils seront sans retour prononcés.
(*à Northumberland.*)
Duc de Northumberland , qui , chef de la régence,
Du roi, pendant longtemps, avez eu la puissance,
Est-il vrai qu'aujourd'hui , méconnaissant les droits
D'une reine appelée au trône par les lois ,
De la rébellion répandant les alarmes ,
Contre Marie enfin vous avez pris les armes ?

NORTHUMBERLAND.

Ce serait peu pour moi de supporter mon sort,
Sans tenter d'échapper à l'arrêt de ma mort.
La générosité dans l'âme de Marie

Pourrait naître peut-être une fois en sa vie ;
Je veux m'en préserver, m'assurer le destin
Qui d'un ambitieux doit signaler la fin.
Oui, c'est moi qui voulais détrôner votre reine,
Ce dessein d'elle seule a mérité la haine ;
Mais les crimes secrets dont j'ai souillé mes jours
Sont plus dignes encor de la mort où je cours.
Si ma rébellion obtenait sa clémence,
Je les avouerais tous pour forcer sa vengeance.

GUILFORT.
Non, croyez...

SURREY.
Arrêtez ; dans cet instant la loi
Ne permet à chacun que de parler pour soi.
Vous, comte de Guilfort, vous suiviez votre père :
Ce crime toutefois était-il volontaire ?

GUILFORT.
Qu'importe le secret de mes intentions
Au juge qui ne peut croire qu'aux actions ?
J'ai défendu mon père, et, dans cette journée,
S'il était criminel, telle est ma destinée.

SURREY.
Il suffit.

NORTHUMBERLAND.
O mon fils !

SURREY.
Vous, fille de nos rois,
Du sang dont vous sortez ignoriez-vous les droits,
Et vouliez-vous de même en dépouiller la reine ?

JANE GRAY.
La loi comme mon cœur à mon époux m'enchaîne ;
J'ai suivi ses destins, l'on doit m'y réunir.

GUILFORT.
Juste ciel ! elle trompe, elle cherche à mourir ;
Seule elle s'opposait, vous le savez, mon père...

NORTHUMBERLAND.
La vertu donc aussi donne un grand caractère !

SURREY.
Alfort, conduisez-les tous les trois à la Tour ;
Ils sauront leur arrêt avant la fin du jour.

SCENE VII.

PEMBROKE, SURREY, DORSET.

PEMBROKE.
Restez, Surrey, restez. Ce tribunal horrible,
En secret, sans témoins, dans son palais terrible,
Osera les juger ?

SURREY.
Nous avons leurs aveux.

PEMBROKE.
Ah ! Jane Gray vous trompe, et son cœur généreux
Cache son innocence.

SURREY.
Il se peut, mais la reine
La verra sans regret se livrer à sa haine.
Saisissons cet instant pour combler son désir.

PEMBROKE.
Dans ses affreux projets tu prétends la servir ?

SURREY.
N'avez-vous pas vous-même embrassé sa querelle ?

PEMBROKE.
Il est vrai que j'ai pu risquer mes jours pour elle ;
Mais toi, qu'on voit ici lâchement t'arroger
L'abominable droit de les interroger,
Tu pouvais l'usurper pour leur sauver la vie ;
Mais tu ne l'as voulu que pour plaire à Marie.

SURREY.
Notre arrêt nous sera commandé par les lois.

PEMBROKE
Pour juger un coupable obéis à leur voix.
Mais lorsque ton esprit démêle l'innocence,
Pour l'absoudre tu peux croire ta conscience.
L'épouse de Guilfort, en secret, tu le sais,
Refusait la couronne.

SURREY.
Ah ! seigneur, c'est assez,
Et je dois reconnaître au soin qui vous anime
De quel prix est pour vous une telle victime.

PEMBROKE.
Prononce, si tu veux, que j'aime Jane Gray ;
C'est à toi de rougir, méprisable Surrey,
Qui, de l'autorité fauteur plein de courage,
Crois que ta passion t'honore davantage.
La servile injustice est-elle donc ta loi ?

SURREY.
Obéir à la reine est un devoir pour moi.

PEMBROKE.
Oui, lâche, c'est à moi de parler à la reine,
Son cœur moins que le tien doit tenir à sa haine ;
Va, les flatteurs des rois, de leurs vices secrets
Ont souvent plus loin qu'eux étendu les effets.

SCENE VIII.

DORSET, PEMBROKE.

DORSET.
Ah ! que de la vertu le langage est sublime !

PEMBROKE.
Va, ma seule vertu, c'est l'horreur de son crime.
Hélas ! mon cher Dorset, Jane Gray va périr,
Si la reine aujourd'hui ne se laisse fléchir.
Et puis-je m'en flatter ! C'est en toi que j'espère ;
Quoi ! ne peut-on tromper cette garde sévère ?
De la prison, dis-moi, ne peut-on la sauver ?
Mes jours en dépendront : veux-tu les conserver ?

DORSET.

Vous l'aimez donc encore?

PEMBROKE.

Ah ! je l'ai regardée,
Et de ma passion mon âme est possédée,
Par pitié , mon ami...

DORSET.

Qu'espérez - vous d'Alfort ?
Inflexible, cruel...

PEMBROKE.

Que vas-tu dire encor ?
Faut-il qu'elle périsse, et qu'à tes yeux j'expire?
Vois l'excès de mes maux, vois quel est mon martyre!
C'est ma cruelle main qui lui perce le cœur ;
Son époux se plaisait à combler son bonheur :
Le trône l'attendait ; c'est mon âme féroce
Qui , de l'en arracher, eut le dessein atroce.
Verrai-je tout son sang se répandre à mes yeux?
Sa bouche, en expirant, par des noms odieux
Maudira-t-elle enfin l'auteur de son supplice ?
Non, Dorset, c'est sur moi qu'il faut qu'il s'accom-
Viens me donner la mort, si tu n'as pu trouver[plisse;
Sous le ciel un moyen de me la conserver.

DORSET , *seul.*

Dieu, pour un malheureux j'implore ta clémence ;
Permets qu'il ne soit pas puni de sa vengeance :
Rends la reine sensible, ou fais-moi rencontrer
Un cœur que la pitié puisse encore inspirer.

ACTE QUATRIÈME.

Le théâtre représente la prison de la Tour. Jane Gray entre
accompagnée de gardes; Dorset est parmi eux.

SCÈNE PREMIÈRE.

JANE GRAY, DORSET.

JANE GRAY.

Quel horrible séjour ! Je sens que ma constance
Avec peine s'apprête à perdre l'existence.

DORSET *s'approche d'elle, et lui dit bas et préci-*
pitamment :

L'arrêt est prononcé; Davison et Submer,
Prêtres luthériens , vous seront seuls offerts ,
Pour exhorter Guilfort et vous par leur prière.
Choisissez Davison.

(*Il sort.*)

JANE GRAY.

Eh ! que prétend-il faire ?
C'est l'ami de Pembroke. Ah! mes jours sont sauvés :
Par Davison, sans doute , ils seront conservés :

Mais je connais Submer, il doit servir Marie.
Juste ciel, sans Guilfort, quoi , j'acceptais la vie?
Non, après le plaisir d'en jouir avec toi,
Te la sacrifier est le premier pour moi.

SCENE II.

JANE GRAY, ALFORT.

ALFORT.

La reine, par bonté, vous accorde, madame,
L'exercice du culte adopté par votre âme ;
Et, tolérant encor les prêtres de Luther,
A Guilfort comme à vous, Davison et Submer
Peuvent se faire entendre à votre heure dernière
Le choix vous appartient, prononcez la première.

JANE GRAY.

Je demande Submer.

ALFORT.

Il suffit.

JANE GRAY.

Dites-moi
Quand de l'arrêt de mort je dois subir la loi.

ALFORT.

A quatre heures, madame, au lever de l'aurore.

JANE GRAY.

Témoin de mon bonheur, je dois te voir encore,
Toi que je contemplais avec tant de plaisir,
Quand tu venais d'un jour me faire encor jouir.

ALFORT.

Une heure avant l'instant, dans la chambre pro-
Vous trouverez Submer.   [chaine,

JANE GRAY.

Obtenez de la reine
Que Pembroke un moment m'entretienne en ces

ALFORT.   [lieux

L'ordre m'en est donné; même devant vos yeux,
Clarice, votre amie , a le droit de paraître;
Et dans cette prison, dans un moment peut-être...

JANE GRAY.

Ah ! qu'entends-je? Marie a senti la pitié ;
Une fois aurait-elle éprouvé l'amitié !

SCENE III.

PEMBROKE, JANE GRAY.

PEMBROKE.

Alfort, éloignez-vous, c'est l'ordre de Marie.
La cruelle, à mes vœux, refuse votre vie :
Sa sûreté, dit-elle , exige votre mort;
Elle l'a dit à moi, dont elle tient son sort,
Et cette ingrate en paix assure sa couronne
En offensant celui dont la main la lui donne.

Vous n'avez pas voulu désavouer vos droits,
On pourrait vous nommer une seconde fois;
Et redoutant pour vous l'amour de l'Angleterre,
Elle veut sans tarder vous ravir à la terre;
Mais Dorset a prévu sa coupable rigueur :
Vous ne dépendez plus, grâce au ciel, de son cœur;
De Davison, enfin, la respectable adresse
Va vous tirer bientôt du péril qui vous presse.
Il doit, vous revêtant de ses habits pieux,
Vous dérober sans peine aux soldats odieux,
Dont les regards trompés ne pourront reconnaître
La beauté que l'amour devinerait peut-être.
Quand des gardes nouveaux, à leur poste établis,
Auront tous relevé les gardes endormis,
Davison sans danger se présente à la porte
De ce séjour d'horreur; ils permettront qu'il sorte;
Et ne l'ayant pas vu d'abord sous votre nom,
Le laisseront passer sans former un soupçon :
Vous pouvez recevoir un semblable service
Sans craindre d'accepter l'ombre d'un sacrifice.

JANE GRAY.

Ah! que je suis heureuse en admirant, seigneur,
Tous les soins généreux qu'a pris votre grand cœur!
Ainsi donc Davison pourra sauver la vie
De celui que l'amour aujourd'hui lui confie;
Quand j'ai choisi Submer, il est sûr que Guilfort...

PEMBROKE.

O ciel, qu'avez-vous fait?

JANE GRAY.

Vous connaissez Alfort,
Dans son cœur aisément naîtrait la défiance;
Demander Davison n'est plus en ma puissance :
C'est donc pour mon époux que l'heureux coup du
[sort...

PEMBROKE.

Quoi! vous avez pensé que moi-même à la mort
J'arracherais l'objet que votre cœur adore;
Qu'une seconde fois, vous immolant encore,
Je vous verrais pour lui sacrifier vos jours,
Et que votre amour même obtiendrait mes secours?

JANE GRAY.

Oui, je l'ai cru, Pembroke, et je le crois encore,
J'attends un tel effort du héros que j'honore;
J'ose le défier de détromper mon cœur,
De descendre à mes yeux d'une telle hauteur.

PEMBROKE.

Non, ne l'espérez pas, soit force, soit faiblesse,
Je ne combattrai point la fureur qui me presse;
Et l'odieux rival qui vient de m'enlever
Le bien inespéré de pouvoir vous sauver,
Par mes propres secours recevrait l'existence!
Partout, de votre amour témoignant la puissance,
Sa vie attesterait que vous l'avez aimé!

JANE GRAY.

Eh! de quel sentiment étiez-vous animé,
Quand vous daigniez tantôt le protéger encore?

PEMBROKE.

Ah! je te haïssais, à présent je t'adore;
Mon orgueil triomphait, l'amour règne en mon cœur,
Contre un rival heureux il me rend ma fureur.

JANE GRAY.

Faudra-t-il donc, seigneur, regretter votre haine?
Cet inflexible cœur qu'un fol amour enchaîne,
Par ma bouche imploré, me refuse aujourd'hui
L'effort que son orgueil put obtenir de lui.

PEMBROKE.

Ah! vous allez périr, et j'ai traîné moi-même
Du trône à l'échafaud celle que mon cœur aime;
Par la pitié du ciel je conservais vos jours :
Vous-même à mon rival consacrez mes secours.
Vous mourrez à mes yeux, de ma fureur victime.

JANE GRAY.

Si votre cœur pouvait se reprocher un crime,
Ah! qu'aisément encore il peut être expié!
Oui, que mon époux vive, et tout est oublié;
Oui, vous m'aurez rendu bien plus que cette vie,
Par vos armes remise au pouvoir de Marie.
Ah! si vous vous croyez, seigneur, mon assassin,
Otez-vous ce remords; qu'importe mon destin,
Quand vous arracherez à la mort ce que j'aime?
Que me fait ce qui peut m'arriver à moi-même?
Vous vouliez me sauver, et vous me sauverez :
C'est moi dans mon époux que vous conserverez;
Si mon cœur à moi-même le préfère en effet,
Il faut plus que mes jours respecter ma prière.

PEMBROKE.

Elle m'atteste encor votre amour pour Guilfort;
Elle doit m'irriter.

JANE GRAY.

Je vais subir la mort;
Dans une heure ce cœur où votre amour aspire
Ne reconnaîtra plus que son funeste empire.
Ces traits défigurés ne vous offriront plus
Les charmes dont vos yeux sont encore éperdus.
Pouvez-vous jusque-là porter la jalousie?
Mon amour fera-t-il le bonheur de sa vie?
Et vous, si vous m'aimez, libre dans vos douleurs
A ma mort comme lui vous donnerez des pleurs.
Si vous pouviez savoir, quand l'âme va descendre
Dans l'abîme des temps qu'elle ne peut comprendre,
Combien nos passions sont folles à ses yeux:
Elle conçoit encore un amour vertueux;
Mais les rivalités, l'orgueil et la vengeance,
De son souvenir même ont disparu d'avance.
Ah! ne pourrai-je enfin attendrir votre cœur?
De mes derniers moments ferez-vous le malheur?

II. 21

Voyez à vos genoux celle qui vous fut chère
Demander en tremblant l'effet de sa prière,
Et, tout près d'expirer, craindre plus devant vous
Que sous le fer mortel dont elle attend les coups.

PEMBROKE.

Vous, ô ciel ! à mes pieds !

JANE GRAY.

J'y finirai ma vie,
Si c'est toujours en vain que ma voix vous supplie.

PEMBROKE.

Aux tourments que j'endure est-il un sort égal ?
Quoi, par excès d'amour je sauve mon rival !

JANE GRAY.

Vous l'avez dit, seigneur, j'en reçois la promesse ;
Du bonheur un moment je vous devrai l'ivresse.

PEMBROKE.

Il vivra donc sans vous ?

JANE GRAY.

Il faudra le tromper,
Lui dire qu'en secret on m'a fait échapper, [France ;
Que nous nous rejoindrons dans peu de jours en
C'est ainsi qu'il pourra supporter l'existence ;
Il la refuserait s'il perdait cet espoir.
Peut-être que le temps...

PEMBROKE.

S'il connaît son pouvoir,
C'est qu'il n'aima jamais ; mais n'importe, madame,
Vous verrez qui des deux eut la plus vive flamme ;
Je sauverai Guilfort sans perdre le désir
De conserver un bien dont il doit seul jouir :
A ce servile peuple, à l'armée, à Marie,
Pour obtenir vos jours je vais offrir ma vie.

JANE GRAY.

L'excès de vos vertus...

PEMBROKE.

L'excès de mon amour
Seul égare ou conduit mon âme tour à tour :
Voyez avec pitié ce que ma violence
A mon cœur agité doit causer de souffrance ;
Je ne suis point aimé. Ce bonheur souverain
Porte dans les malheurs du calme en notre sein.
Mais dans cet univers, mon désespoir funeste
Retombe sur moi seul, c'est à moi seul qu'il reste :
La rage malgré moi se mêle à mes douleurs,
Et de mes yeux brûlants je n'obtiens plus de pleurs.
Ne craignez rien pourtant ; mon âme est abattue,
Elle vous est soumise, et vous l'avez vaincue :
Mais regrettez du moins de ne pouvoir aimer
Un cœur qui par l'amour sait ainsi s'enflammer.

SCENE IV.

JANE GRAY, CLARICE.

JANE GRAY.

Ah ! mon époux vivra, ma courageuse amie.
Dans la tombe où déjà je suis ensevelie,
Tu descends sans frémir.

CLARICE.

Quel aspect, justes cieux !
D'un ange de vertu c'est le séjour affreux.
Ah ! je verse des pleurs de douleur et de rage !

JANE GRAY.

Je ne me pare point d'un fastueux courage,
Je regrette la vie, et je pense à ma mort
Depuis que je n'ai plus à craindre pour Guilfort.

CLARICE.

Comment ?

JANE GRAY.

Pembroke a su, par un bonheur extrême,
Découvrir un moyen de sauver ce que j'aime.

CLARICE.

Lui seul ?

JANE GRAY.

A l'un des deux ce moyen peut servir.

CLARICE.

Et ton cœur généreux a mieux aimé mourir ?

JANE GRAY.

Exister après lui ! prête à perdre la vie,
L'amour s'accroît encor par la mélancolie ;
Et du néant de tout plus le cœur est frappé,
Plus il chérit l'objet dont il reste occupé ;
Mais de ton amitié, ma Clarice, j'implore,
Quand je ne serai plus, une faveur encore.

CLARICE.

Ah ! si je te survis, c'est pour remplir tes vœux.

JANE GRAY.

Pembroke doit tromper mon époux malheureux.
Pour lui faire accepter le don de l'existence,
Il faut de me revoir lui laisser l'espérance :
Tu le suivras en France ; et là de son erreur
Tu sauras par degrés désabuser son cœur.
Je remets ses destins aux soins de mon amie ;
Réponds-moi du dépôt qu'ainsi je te confie.

CLARICE.

Que lui dirai-je, hélas ! quand il saura ta mort ?
De moi peut-il apprendre à souffrir un tel sort ?

JANE GRAY.

A son cœur malheureux que ta voix fasse entendre
Des consolations la langue douce et tendre.
Attache son espoir au suprême avenir ;
Mais que le temps présent soit pour mon souvenir :
Oui, pour le consoler, n'éteins point dans son âme
De son amour pour moi la vive et pure flamme ;

Laisse-lui des regrets, je veux les conserver,
A de plus grands efforts je ne puis m'élever.
Mon cœur peut, s'il le faut, renoncer à la vie;
Mais cesser d'exister dans son âme attendrie,
Du néant de la mort c'est connaître l'horreur.
S'il voulait terminer ses jours et son malheur,
Ma Clarice, dis-lui qu'il conserve la vie
Comme le dernier don que lui fait son amie,
Et qu'il prolongera mes destins après moi,
Si mes derniers désirs sont à jamais sa loi :
Ose invoquer mon nom, interroge ma cendre :
Que son esprit troublé pense toujours m'entendre :
Ah! peut-être notre ombre erre encor près du cœur
Qu'elle attend même au ciel pour goûter le bonheur;
Devant l'Être suprême on peut aimer encore,
Garder le souvenir de l'objet qu'on adore,
Sans profaner par lui le séjour éternel.

CLARICE.

Tu t'élances déjà vers ton sort immortel,
Et je crois dans tes yeux en lire le présage;
Mais faut-il dans mon cœur que j'étouffe ma rage?
Que je voie la reine avide de ta mort,
Quand toi-même aujourd'hui tu protégeais son sort,
Quand Pembroke à ses pieds jure ton innocence,
Lorsque la voix du sang implore sa clémence?
Et ce peuple abattu qui semblait ce matin
Livrer avec plaisir à tes lois son destin,
Content dès qu'il est sûr de ramper sous un maître,
Le défend même avant qu'il ait pu le connaître.
Les rois de leur pouvoir paraissent moins jouir
Que les lâches sujets qui doivent obéir.

JANE GRAY.

Ah! des Anglais, Clarice, espère davantage :
Non, leur cœur n'est pas né pour souffrir l'esclavage;
Un jour du joug commun ils se délivreront,
Pour l'intérêt public ils se réuniront;
Des hommes rassemblés les décrets sont suprêmes :
Ils peuvent annuler ce qu'ils ont fait eux-mêmes;
Le pacte social ainsi recommencé
Ne permet plus aux rois d'alléguer le passé.

CLARICE.

Quand ta prédiction devrait être accomplie,
Que de maux à souffrir tant que vivra Marie!

JANE GRAY.

Elle hâte l'instant de votre liberté.
Craignez l'accroissement qu'obtient l'autorité,
Quand les rois font aimer leur suprême puissance :
Soumis à leurs décrets, comme à la Providence,
Leurs sujets imprudents renoncent à leurs droits;
L'indolence se plaît à recevoir des lois,
Et le bonheur présent exclut la prévoyance;
Mais quand le despotisme excite la vengeance,
Quand un pouvoir cruel est partout détesté,

C'est alors que l'on est près de la liberté.
Les pères indignés meurent avec courage,
Pour laisser à leurs fils ce superbe héritage.

SCENE V.

ALFORT, JANE GRAY, CLARICE.

ALFORT.

Submer vous attend.

CLARICE.

Ciel! ah! quel affreux signal!

JANE GRAY.

Calme-toi, ce n'est pas encor l'instant fatal;
De la religion un ministre fidèle
Vient m'offrir les secours qu'on peut recevoir d'elle.

CLARICE.

Ah! tu sais mieux que lui le langage du ciel.

JANE GRAY.

Il va m'entretenir de mon sort immortel;
Ces grandes vérités, que souvent on oublie,
Sont notre seul espoir à la fin de la vie;
Et la religion, par son sublime effort,
Porte notre pensée au delà de la mort.
Clarice, soutiens-moi contre ma destinée;
Que ta douce amitié calme une infortunée.

CLARICE.

Je ne t'apprendrai point à braver ton malheur,
Plus que toi-même, hélas! il accable mon cœur;
N'importe, je m'y livre, et c'est mon espérance :
L'excès de la douleur peut ôter l'existence.

●→●←●→●←●→●←●

ACTE CINQUIÈME.

Le théâtre représente une salle qui précède une cour tendue
de noir, qu'on aperçoit à travers la porte.

SCENE PREMIERE.

JANE GRAY, *seule, un billet à la main.*

Mon époux est sauvé, ce billet me l'apprend;
Je vais seule affronter le destin qui m'attend.
Non, jamais du soleil la brillante lumière
D'un éclat aussi vif ne frappa ma paupière;
Il éclaire le jour dont, avant mon trépas,
Le cours, hélas! pour moi ne s'achèvera pas.
Pardonne-moi, grand Dieu, de répandre des larmes!
Je tenais de tes dons un sort si plein de charmes,
Que les célestes biens promis dans l'avenir
Ne peuvent surpasser un si doux souvenir.
Quand le ciel des humains marque l'heure dernière,
Sans en prévoir l'instant, ils perdent la lumière.
Jusqu'au dernier moment jouissant de leurs jours,

L'espoir les accompagne et les charme toujours;
Mais savoir du destin l'arrêt irrévocable,
Voir lever devant soi son voile impénétrable,
La force de l'esprit succombe à la terreur
Dont Dieu dans sa bonté nous épargne l'horreur.
Mais de ces noirs apprêts quel est l'affreux présage?
Pourquoi par cet aspect m'effrayer davantage?
Ce deuil de mes tyrans peindrait-il les douleurs,
Ou veut-on que sur moi je répande des pleurs?
Ah! je n'ai pas encore atteint dix-huit années!
Ciel! que vous m'enlevez d'heureuses destinées!
Je le sais, je pouvais échapper à mon sort;
Mais qu'obtenais-je, hélas! si je perdais Guilfort?
Je crains bien moins la mort qu'une semblable vie;
J'ai joui d'un destin longtemps digne d'envie;
J'ai trop à ce destin accoutumé mon cœur,
Et j'aime mieux mourir que souffrir le malheur.
Je perds sans toi la vie, à toi seul destinée,
Ah! vers toi ma pensée est sans cesse entraînée.
Dieu! permets qu'il le sente, et que, dans ce moment,
Son cœur encor réponde à mon cœur expirant.
Oui, l'excès de l'amour exalte assez mon âme,
Pour déjà la rejoindre à l'objet de sa flamme.
Je vois Northumberland, quel aspect furieux!
Ah! les crimes, hélas! ont altéré ces yeux
Dont son fils a gardé le noble caractère;
N'importe, j'y retrouve une image si chère;
C'est assez, c'est assez pour attendrir mon cœur.

SCENE II.

NORTHUMBERLAND, JANE GRAY.

NORTHUMBERLAND.

Ciel, voudrais-tu me faire éprouver la terreur?
Pour la première fois, à la fin de ma vie,
D'un pareil sentiment aurais-je l'infamie?
Non, tu n'obtiendras pas ce triomphe sur moi,
A mes propres remords je n'aurai point de foi,
Et je te braverai jusqu'en ma conscience.
(à Jane Gray.)
Toi qu'on livre à la mort, malgré ton innocence,
Victime dévouée à mes profonds desseins,
Immolée aujourd'hui par mes barbares mains,
Ah! de quel sentiment, prête à perdre la vie,
Ton âme courageuse est-elle encor remplie?

JANE GRAY.

Votre fils est sauvé, je n'ai plus la terreur
Qui pouvait surpasser les forces de mon cœur;
Je regrette, il est vrai, ma douce destinée;
Mais à la loi du ciel mon âme est résignée.

NORTHUMBERLAND.

Tu chérissais ton sort, je haïssais le mien,

Et pourtant mon courage est au-dessous du tien;
Triomphe, si tu veux, de ce honteux délire;
Sous le fer qui m'attend avec rage j'expire;
Je ne voudrais pas vivre et je crains de mourir.
Que dois-je faire? ô ciel!

JANE GRAY.

Il faut vous repentir.

NORTHUMBERLAND.

Il n'est pas de remords à l'égal de mes crimes:
De l'incrédulité, va, les obscurs abîmes
Sont le seul avenir qui convient à mon cœur.

JANE GRAY.

Pouvez-vous l'approcher, sans en frémir d'horreur?

NORTHUMBERLAND.

Je redoute bien plus la céleste vengeance.

JANE GRAY.

Un moment a du ciel obtenu la clémence;
Et notre repentir peut, par sa profondeur,
Faire vivre en un jour un siècle pour le cœur.

NORTHUMBERLAND.

Peut-être que ta voix, quand j'étais jeune encore,
Eût ramené mes pas au sentier que j'ignore;
Et, ranimant en moi la source des vertus,
M'aurait fait éprouver ce que je ne sens plus;
Mais vingt ans de forfaits ont étouffé la flamme
Que tu voudrais en vain retrouver dans mon âme;
Et si le trône encore était devant mes yeux,
Je renouvellerais mes forfaits odieux.
Je le crois, un moment de repentir sincère
Fait que pour la vertu l'âme se régénère;
Mais le cœur desséché par le crime et le temps
N'a plus en son pouvoir ces heureux sentiments.

JANE GRAY.

Ah! n'enviez-vous point le courage tranquille,
Qui descend au tombeau comme dans un asile?

NORTHUMBERLAND.

Sans doute avec terreur je recevrai la mort;
On m'a vu sans effroi braver les coups du sort;
J'y pouvais opposer les efforts du génie;
Mais l'éternel destin qui doit suivre la vie,
Quel que soit son courage, effraye un criminel;
J'espère le néant et redoute le ciel.

JANE GRAY.

Ah! vos enfants encor pourraient par leur prière....

NORTHUMBERLAND.

Non, laisse-moi périr avec mon caractère;
De ton sexe veux-tu m'inspirer les terreurs,
Et me faire adopter ses timides erreurs?

JANE GRAY.

Ah! c'est à ces erreurs que je dois mon courage.

NORTHUMBERLAND.

Va, j'en retrouverai par l'excès de ma rage,
Je meurs désespéré, je meurs en furieux;

Mais même en expirant je maudirai les cieux.
Celui qui m'a créé répond seul de mes crimes.
Et vous, de mes fureurs innocentes victimes,
De quoi vous a servi de respecter sa loi ?
Sous le fer des bourreaux vous tombez comme moi.

JANE GRAY.

Si j'appris à souffrir en paix ma destinée,
Qu'importe à quelle mort je me vois condamnée ?
Quand notre force enfin croît avec le malheur,
Il faut bénir le ciel qui soutient notre cœur.

SCENE III.

ALFORT, JANE GRAY, NORTHUMBERLAND.

ALFORT, *suivi de gardes.*

Seigneur.

NORTHUMBERLAND.

Je vous entends.

JANE GRAY.

Ciel ! ô moment funeste !
Ah ! je sens que je perds la force qui me reste.

NORTHUMBERLAND.

Garde-toi de porter trop loin cette douleur ;
Va, songe que jamais je n'ai plaint le malheur.
Tu voulais à ton Dieu ramener un coupable ;
Si tu pouvais pleurer ce mortel misérable,
Ta sublime vertu perdrait de sa grandeur :
Sais-tu qui me condamne à ce sort plein d'horreur ?
C'est l'affreux tribunal des malheureuses ombres
Que ma main entraîna dans les abîmes sombres :
Elles m'attendent là pour prolonger ma mort,
Et de l'instant présent faire à jamais mon sort.
Qu'ai-je dit ? juste ciel ! j'ai donc connu la crainte,
Et par elle un moment mon âme fut atteinte ;
Qu'on me donne la mort ; à l'instant de périr,
Ils auront donc appris que je pouvais frémir !

(*Il sort, et les portes se ferment.*)

JANE GRAY, *seule.*

Ah ! pour voir sans terreur la fin de cette vie,
Sans le secours du ciel à quoi sert le génie ?
Le courage qu'il faut dans ce moment d'horreur,
C'est à la vertu seule à l'inspirer au cœur.

SCENE IV.

JANE GRAY, GUILFORT.

GUILFORT, *aux gardes qui l'accompagnent.*

Oui, rendez-moi mes fers, que j'expire avec elle !

JANE GRAY.

Ciel ! c'est lui ! je l'entends ! Guilfort ! je meurs !

(*Elle s'évanouit dans les bras de Guilfort.*)

GUILFORT.

Cruelle !
Tu voulais me sauver.

JANE GRAY.

Tu meurs ! ô désespoir !
Un moment j'ai senti le bonheur de te voir,
J'avais tout oublié.

GUILFORT.

Quoi ! c'était donc en France
Qu'on devait m'enlever ma trompeuse espérance ?
J'ai su de Davison à la fin arracher
Le secret qu'il voulait vainement me cacher.
Si ta volonté seule avait été suivie,
Ajoutant quelques jours à ma fatale vie,
Dans des tourments affreux tu me faisais mourir ;
Plus que Marie, ô ciel ! j'aurais dû te haïr.

JANE GRAY.

Quoi ! tu veux à l'amour immoler cette vie
Que j'avais dérobée au courroux de Marie !
Pour mourir avec moi tu reviens t'y livrer !

GUILFORT.

Aucun pouvoir humain ne peut nous séparer.

JANE GRAY.

Eh bien ! puisque le ciel confond nos destinées,
Et dans le même instant veut les voir terminées,
Je ne m'oppose plus à ses derniers arrêts,
Quand j'expire, à ta mort enfin je me soumets.

GUILFORT.

Ah ! c'est moi qui te perds.

JANE GRAY.

C'est par toi que ma vie
Donna d'un bonheur pur le spectacle à l'envie :
Guilfort, c'est dans tes bras que j'en trouve la fin ;
Dans cet instant encor je chéris mon destin.

GUILFORT.

Que nous étions heureux !

JANE GRAY.

Par la reconnaissance
Il faut s'en souvenir.

GUILFORT.

Divine Providence !
Qu'a-t-elle fait, hélas ! pour mériter la mort ?

JANE GRAY.

Le temps aurait peut-être altéré notre sort,
Et notre cœur un jour, glacé par la vieillesse,
Eût de la passion moins ressenti l'ivresse.
Nous mourons tout entiers ; notre dernier soupir
D'un cœur brûlant d'amour peut encore sortir.

GUILFORT.

Mes regards enivrés, fixés sur ce que j'aime,
Suspendront dans mon cœur l'effroi de la mort même.
Je le crois, quand on s'aime il n'est plus de malheur ;
Les vrais maux des humains sont tous au fond du
Et c'est assez pour lui de l'amour qu'il inspire. [cœur,
Ah ! de la passion je sens que le délire
Peut m'exalter assez pour mêler du plaisir

A l'horreur que ce jour doit faire ressentir.

JANE GRAY.

Ensemble jusqu'au ciel élevons notre hommage,
Que la religion nous donne un saint courage.
Nous nous remettons trop au pouvoir de l'amour.
(*On entend un tambour couvert de crêpe.*)

GUILFORT.

GrandDieu! quel son lugubre on entend dans la Tour!

JANE GRAY.

C'est le signal affreux de la mort de ton père.

GUILFORT.

O ciel! c'est trop longtemps prolonger ma carrière.
Hélas! que t'a-t-il dit à son dernier moment ?

JANE GRAY.

J'ai voulu vers son Dieu l'entraîner vainement.

GUILFORT.

Ah! n'importe, pour lui j'implore ta prière,
Du père et de son fils sois l'ange tutélaire,
Tu vas me présenter au séjour éternel,
L'objet qui te fut cher te suivra dans le ciel.

SCENE V.

JANE GRAY, GUILFORT.

(*Les portes s'ouvrent, Alfort et ses gardes remplissent le théâtre.*)

JANE GRAY.

Tu les vois, dans tes bras cache-moi le visage,
Presse-moi sur ce cœur dont j'attends mon courage.

GUILFORT.

Ah! ne fais pas jouir nos vils persécuteurs;
Devant eux, s'il se peut, ne répands point de pleurs.

JANE GRAY.

Alfort, si votre cœur plaint mon destin funeste,
Vous pouvez l'adoucir pour l'instant qui me reste;
Souffrez qu'à l'échafaud je monte avant Guilfort,
Et vous me sauverez la douleur de sa mort.

GUILFORT.

Quoi! tu veux...

JANE GRAY.

De mon sexe épargne la faiblesse,
Par la force il ne peut témoigner sa tendresse;
J'attends de toi l'effort impossible à mon cœur.[reur.
Soutiens-moi, cher Guilfort, dans ce moment d'hor-

GUILFORT.

Ah! viens, viens sur mon sein reposer cette tête,
Qu'à faire, hélas! tomber un barbare s'apprête.
Quand le même destin doit nous unir tous deux,
Je péris le dernier pour te fermer les yeux.

(*On entend du bruit; on doit apercevoir du mouvement dans la salle qui précède celle de la scène.*)

JANE GRAY.

Quel tumulte! que vois-je? ô destin misérable !

Pembroke est arrêté, quand son bras secourable...
Ah! qu'un moment d'espoir ajoute à la douleur !

SCENE VI.

LES PRÉCÉDENTS.

PEMBROKE *arrive désarmé ; Dorset le suit.*

Barbares, osez-vous... Quel spectacle! ô terreur !
Cruels! tant de vertus, d'innocence, de charmes...
Lâches, sourds à ma voix! ah! rendez-moi mes armes.

JANE GRAY.

Pembroke, c'en est fait, je souscris à mon sort;
Ne vous reprochez point d'avoir causé ma mort :
Un autre souvenir, en perdant l'existence,
Ne me laisse sentir que la reconnaissance.
Guilfort, allons mourir; je suis digne de toi :
Ton sublime courage a passé jusqu'à moi.

(*Elle sort avec Guilfort ; Alfort la suit.*)

SCENE VII.

PEMBROKE, DORSET.

PEMBROKE *veut arrêter les gardes, qui le repoussent, l'environnent et défendent la porte.*

Arrêtez, arrêtez! quelle rage impuissante!
Ils sont sourds, les cruels, à ma voix menaçante,
Et c'est moi qui, guidant leurs pas dans les combats,
De celle que j'adore ai causé le trépas.
Monstre! va donc jouir de ta noire vengeance !
La sauver maintenant n'est plus en ta puissance ;
Le peuple a respecté ces criminelles lois,
La barbare Marie a méconnu mes droits.
Seul je dois m'accuser du malheur qui m'accable :
Il faut m'en délivrer.

(*Il veut se tuer.*)

DORSET *se jette sur son épée.*

Ciel !

PEMBROKE.

Secours détestable !
Tu veux me préserver de ma propre fureur,
Et me sauveras-tu, cruel, de ma douleur?
A ce supplice lent ton amitié me livre,
Mon crime a mérité que l'on me force à vivre.

(*On entend le tambour funèbre.*)

Tu l'entends : ah! je meurs.

(*Il tombe dans les bras de Dorset.*)

DORSET.

Pardonne, Dieu clément!
Prends pitié de son sort, son cœur est innocent.

SOPHIE,

OU

LES SENTIMENTS SECRETS,

PIÈCE EN TROIS ACTES ET EN VERS,

COMPOSÉE EN 1786.

PERSONNAGES.

Le comte de SAINVILLE, Français.
La comtesse de SAINVILLE, Anglaise.
Miss SOPHIE MORTIMER, Anglaise.
Milord HENRI BEDFORD.
CÉCILE, fille du comte de Sainville, âgée de six ans.

La scène est en France, dans une terre du comte de Sainville.

Le théâtre représente un jardin anglais. On voit, d'un côté, une urne environnée de cyprès, et de l'autre un pavillon fermé. La grille est dans le fond, et donne sur le grand chemin. Le château paraît dans l'éloignement.

ACTE PREMIER.

SCÈNE PREMIÈRE.

LE COMTE DE SAINVILLE, MILORD HENRI
BEDFORD.

LORD HENRI.

Ah ! laissez-moi chérir jusqu'à son malheur même,
Réparer son destin est un bonheur suprême.
Que cet ange du ciel descende jusqu'à moi,
Qu'il daigne recevoir mes serments et ma foi,
Et que l'on m'offre après tous les biens de la vie :
Enviez mon destin, je choisirai Sophie.

LE COMTE.

Mon cœur ne peut blâmer ce noble mouvement,
La raison même approuve un pareil sentiment.
Ce serait avilir son généreux langage
Que d'oser contre vous combattre davantage ;
Mais Sophie, à vos vœux constante à s'opposer,
Puise dans ses malheurs le droit de refuser
Le nœud que votre cœur si vivement désire.
Il faut, m'a-t-elle dit, de mon destin l'instruire :
Peignez-lui le tableau de mes longues douleurs ;
Qu'au lieu d'amour, enfin, il m'accorde des pleurs.

LORD HENRI.

Ses malheurs à mes yeux la rendront-ils moins belle ?
Mais n'importe, parlez, vous m'entretiendrez d'elle.

LE COMTE.

Son père Mortimer hérita de grands biens ;

L'amour lui fit former le plus doux des liens ;
Mais l'objet de ses vœux, la mère de Sophie,
En lui donnant le jour perdit bientôt la vie.
Mortimer éloigna sa fille de ses yeux ;
Ce malheureux enfant lui devint odieux :
Ses traits, lui retraçant l'image de sa mère,
Le frappaient de terreur, loin de pouvoir lui plaire.
La voix du sang ne put triompher de son cœur ;
Il remit son enfant dans les mains de sa sœur,
Qui dès longtemps livrée à sa douleur profonde,
Seule, s'en nourrissait loin du bruit et du monde,
Et gardait dans les pleurs le profond souvenir
D'un chagrin dont son cœur ne voulait pas guérir.
Ainsi, dans les douleurs et la mélancolie,
Durant quinze ans entiers elle éleva Sophie ;
Ma femme qui, l'été, non loin d'elle habitait,
Seule pendant ce temps quelquefois la voyait.
Cette éducation lugubre et solitaire,
De son impression frappa son caractère :
Elle ne croyait plus dès l'enfance au bonheur,
Et l'on avait trop tôt peut-être ému son cœur.
Elle en pourra souffrir, mais son charme en aug-
Qui saurait imiter cette grâce touchante? [mente,
Elle conserve encor, déjà dans son printemps,
La vérité qu'à peine on retrouve aux enfants ;
Et dans les mouvements de cette âme si pure,
On apprend à connaître, à sentir la nature.

LORD HENRI.

De me la peindre, hélas ! épargnez-vous le soin ;
Ah ! c'est de l'oublier que mon cœur a besoin.

LE COMTE.

Son père cependant, guéri de sa tristesse,
De tous les faux plaisirs goûtait la folle ivresse ;
Un vain amour du faste alors le dominait,
Il perdit en quinze ans tout ce qu'il possédait,
Et résolut enfin de venir vivre en France,
Pour fuir les lieux témoins de sa magnificence.
Dans ces tristes moments d'ennuis et de douleur,
L'image de sa fille apparut à son cœur.
Dès que ce sentiment fut connu de Sophie,
Elle voulut voler vers l'auteur de sa vie,
Et crut lui devoir tout quand il fut malheureux.
Elle vint à Paris, et ses soins généreux
D'un père infortuné soutinrent l'existence ;
Enfin il succomba sous sa longue souffrance.
Ma femme, alors absente, en apprenant sa mort,
Se hâta de m'écrire, et me peignit le sort
De cette jeune fille, à sa douleur livrée,
De son pays, des siens, par les mers séparée.
Elle daigna me voir ; son aspect douloureux
Toujours depuis ce temps est présent à mes yeux.
La mort décolorait déjà ce beau visage ;
N'opposant au malheur ni force ni courage,

Par ennui de la vie elle voulait la mort,
Et rien ne l'attachait à prolonger son sort.
Mais quand les premiers mots d'un intérêt plus tendre
A ce cœur déchiré purent se faire entendre,
Sans crainte dans mes bras elle vint se jeter,
Et crut, pouvant aimer, qu'il est doux d'exister.

LORD HENRI.

Ah! sans doute je sais que de son âme entière
Les plus doux sentiments...

LE COMTE.

Je lui tiens lieu de père.
Mais si depuis trois mois elle est dans ce séjour,
C'est que depuis trois mois j'attendais chaque jour
Ma femme, qui n'osait s'éloigner de son père :
Libre, hélas! par sa mort, de quitter l'Angleterre,
Elle arrive aujourd'hui; sans doute elle obtiendra...

LORD HENRI.

Sophie à ses conseils jamais ne cédera;
Quand vous ne pouvez rien, vous voulez que j'espère;
A mon amour, à moi sans doute elle est contraire.
Il faut...

LE COMTE.

Vous vous trompez; c'est le nom d'un époux
Que son timide cœur repousse seul en vous.
D'autres soins jusqu'alors je l'avais délivrée,
La rage de d'Herbin contre moi s'est montrée.

LORD HENRI.

D'Herbin jusqu'à Sophie osa lever les yeux!

LE COMTE.

Il pense que c'est moi qui m'oppose à ses vœux,
Me menace en secret de sa noire vengeance.
D'être offensé par lui j'ai de l'impatience.
Mais cependant pour vous mes soins sont superflus;
« Mon malheur, dit Sophie., exige ce refus. »
Et lorsqu'avec transport j'offre à ses pieds l'hommage
Des biens que la fortune a mis en mon partage,
Elle me fait connaître, à son regard glacé,
Que d'un semblable espoir son cœur est offensé;
Que mes sentiments seuls peuvent toujours lui plaire,
Et qu'elle veut l'amour, et non les droits d'un père.

LORD HENRI.

Ce nom de père encore est bien peu fait pour vous....
Mais ces scrupules vains céderaient à l'époux
Que son cœur choisirait. Ah! du moment qu'on aime,
Un si doux sentiment paraît le bien suprême;
Élevant son amant à sa propre hauteur,
On croit tout lui donner en lui donnant son cœur;
Et l'on n'éprouve pas une crainte insensée,
Dont jamais de soi-même on n'aurait la pensée.

LE COMTE.

Mais que puis-je pour vous? qu'exigez-vous de moi?
Je dois lui conseiller de vous donner sa foi :
Je sais que sans retour je me sépare d'elle,

Qu'à Londres pour jamais votre sort vous rappelle.
N'importe, son bonheur est mon premier désir :
Et loin d'elle à jamais je saurai la chérir.
Depuis un mois de vous je lui parle sans cesse,
Et c'est depuis ce temps que renaît sa tristesse.
Le voile du malheur a couvert ses beaux yeux;
Je la vois replongée dans cet état affreux
Qui fit trembler pour elle à la mort de son père;
Elle a de la douleur repris le caractère.

LORD HENRI.

Quoi! l'amour un moment peut-il rendre cruel?
Quand il est violent, serait-il personnel?
Non, ne lui parlez plus; toute votre éloquence
Ne détruit pas le mal que fait votre présence.
Ah! Sophie, en effet, peut-elle préférer
L'homme qu'à son tuteur elle doit comparer?
De son indifférence, oui, vous êtes coupable;
A ses yeux éclairés montrez-vous moins aimable.
Vous qu'avec passion l'on est forcé d'aimer,
Vous pour qui la raison apprit à s'enflammer,
Et dont l'heureux talent de penser et de plaire
Unit pour vous vanter la France et l'Angleterre;
Vous que vos qualités n'égarèrent jamais,
Vertueux sans rigueur, et tendre sans excès;
Qui possédez enfin ce qui semble s'exclure,
Tous les dons opposés qu'accorde la nature.
Les préjugés pour vous sont tous anéantis;
Le plus fier des Anglais vous désirant pour fils,
Rossel vint le premier vous proposer sa fille,
Et crut, par un Français, honorer sa famille.

LE COMTE.

Ce portrait, cher Henri, ne peut me ressembler;
Mais quel nouveau soupçon est venu me troubler?
Je respecte en mon cœur la foi que j'ai jurée;
La parole à l'honneur est à jamais sacrée.

LORD HENRI.

L'amour n'a point serré ce lien solennel.
Quand vous l'avez formé, la fille de Rossel,
Simple et timide enfant, n'avait pas su vous plaire,
Elle a, depuis ce temps, vécu près de son père;
A peine de vous voir a-t-elle eu le bonheur.
De nos femmes ici vous blâmez la froideur.
Vous n'avez pas le temps de pénétrer dans l'âme,
Vous voulez que vos yeux aperçoivent la flamme.
Par tout ce qu'on nous montre il faut vous attacher,
Et nous, l'on nous séduit par ce qu'on sait cacher.

LE COMTE.

La comtesse est aimable, et me fut toujours chère;
Je lui dois le doux nom, le nom sacré de père.
Ses charmes, ses vertus, m'attachent à jamais,
Et dans ce siècle même, au nombre des forfaits
Je compte d'un époux la volage inconstance.
Pour les femmes enfin j'aurais plus d'indulgence.

Par le sentiment seul leurs jours sont agités ;
Consacrant à lui seul toutes leurs facultés,
L'histoire de leur cœur est celle de leur vie.
Mais les hommes, voués à servir leur patrie,
De mille soins divers s'occupant tour à tour,
Peuvent plus aisément s'arracher à l'amour.
Si jamais.... cependant.... notre pensée active,
Sous les lois de l'amour était un jour captive ;
S'il savait à lui seul attirer notre cœur,
La force de notre âme accroîtrait son malheur.
Mais à trente ans encor l'âme est-elle enivrée ?
Et Sophie, à mes yeux, n'est-elle pas sacrée ?

LORD HENRI.

Je vous respecte trop pour vous craindre un moment ;
Mais je redoute, hélas ! un autre sentiment,
Dont je vois chaque jour les progrès et l'empire.

LE COMTE.

Que pensez-vous ? ô ciel....

LORD HENRI.

Il faut donc vous le dire ?
De Sophie, en un mot, vous êtes adoré,
Ce secret d'elle-même est encore ignoré.
Mais l'amour à l'amour ne peut se méconnaître :
Votre âme, votre esprit, malgré vous l'ont fait naître.
Ah ! croyez que je vois à des signes certains
Ce sentiment vainqueur, obstacle à mes desseins.
Tantôt elle regarde avec des yeux de mère
Cécile, votre fille, image de son père ;
Tantôt, en vous parlant, elle tremble et rougit.
Son trouble ne vient pas de ce qu'elle vous dit :
Ces jardins qu'elle-même embellit pour vous plaire,
Prêtent à ses soupirs une ombre solitaire ;
Et sur ce pavillon où vous vous retirez,
Où jamais jusqu'ici nous ne sommes entrés,
Ses beaux yeux inquiets vont s'attacher sans cesse ;
C'est alors que sans crainte ils peignent la tendresse,
Et n'osant vous fixer, la trace de vos pas
Captive les regards que vous n'obtenez pas.

LE COMTE.

Voilà bien d'un amant l'insensé caractère !
Un coup d'œil lui suffit pour croire à sa chimère.

LORD HENRI.

Par l'amour, il est vrai, l'on peut être égaré ;
Mais par lui plus souvent l'on doit être éclairé.

LE COMTE.

Un semblable soupçon outragerait Sophie.

LORD HENRI.

Moi, l'outrager ! O ciel ! plutôt perdre la vie.
Dans le fond de son cœur jamais elle n'a lu,
Et n'a point triomphé, n'ayant point combattu.
Mais je la vois paraître : ah ! gardez qu'on l'éclaire,
Que ses vrais sentiments soient pour elle un mys-
Et si jamais un jour je possède sa foi,   [tère ;

Elle, au moins, pensera qu'elle n'aima que moi.

SCENE II.

LE COMTE, SOPHIE.

LE COMTE.

(à part).   (à Sophie).
O ciel ! dirait-il vrai ? — Mon aimable Sophie,
Pourquoi donc vos beaux yeux de la mélancolie
Peignent-ils maintenant les profondes douleurs ?
Pourquoi semblent-ils prêts à répandre des pleurs ?

SOPHIE.

Du bonheur jusqu'ici j'ai peu connu l'ivresse ;
Mais, encore une fois, nul chagrin ne me presse.
Quel sujet en effet causerait mes ennuis ?

LE COMTE.

Vous n'êtes pas heureuse ?....

SOPHIE.

Oui, monsieur, je le suis.

LE COMTE.   [tendre
Monsieur ! qu'ai-je donc fait ? Jadis un nom plus
A mon cœur attendri daignait se faire entendre.

Eh ! quel est donc le nom qui vous est destiné ?

LE COMTE.

Celui d'ami par vous m'avait été donné.

SOPHIE.

Eh bien donc, mon ami, oui je suis votre amie,
Celle qui vous doit tout, votre pauvre Sophie.

LE COMTE.

Calmez cette douleur.... Vous savez que j'attends
La comtesse aujourd'hui....

SOPHIE.

Je le sais ; ces moments
Pour vous seront bien doux.

LE COMTE.

Mon aimable Sophie
Sans doute avec plaisir reverra son amie.

SOPHIE.

Oui, c'est avec plaisir que je dois la revoir,
Sa présence en ces lieux fut mon premier espoir ;
Pour cet heureux retour votre fille est parée ;
De guirlandes de fleurs mes mains l'ont entourée.
N'est-ce pas une fête aujourd'hui ?....

LE COMTE.

Non, Sophie.
Point de fête jamais, quand la mélancolie
Obscurcira l'éclat de ces yeux enchanteurs.
Mais souffrez que d'Henri je plaigne les douleurs ;
Son pays et ses biens, son nom, son caractère,
Permettent qu'il aspire au bonheur de vous plaire.
Parent de la comtesse, elle va tout tenter
Pour obtenir qu'enfin vous daigniez l'accepter.

SOPHIE.

J'estime fort Henri ; mais de ce mariage
Et d'aucun autre enfin, quel qu'en soit l'avantage,
Je ne puis me résoudre à former les saints nœuds :
Être libre, et mourir, c'est tout ce que je veux.

LE COMTE.

Quel langage, Sophie ! ah ! je ne puis l'entendre...
L'amour d'Henri pour vous est si vif et si tendre !
Si rarement un cœur sait ainsi s'enflammer !

SOPHIE.

Vous êtes étonné que l'on puisse m'aimer ?...

LE COMTE.

Lord Henri m'intéresse, et son malheur extrême
Mérite la pitié....

SOPHIE.

Voulez-vous que je l'aime ?
Votre intérêt pour lui l'exige-t-il de moi,
Et faut-il que de vous j'en reçoive la loi ?

LE COMTE.

Du malheureux Henri, oui, je plains la souffrance ;
Quel tourment en effet, d'aimer sans espérance !
On n'ose contempler dans l'objet de ses feux
Les célestes attraits qui nous rendraient heureux.
L'on voudrait, s'il se peut, méconnaître son âme,
Dans un ange à nos yeux ne plus voir qu'une femme,
Soi-même l'on voudrait tromper son propre cœur ;
Mais de nos vains efforts l'amour est le vainqueur,
Des charmes qu'on évite il nous offre l'image ;
Oubliés un moment ils frappent davantage ;
Et la triste raison, par ses cruels combats,
Sait troubler notre cœur, mais n'en triomphe pas.
Voilà du jeune Henri le désespoir extrême,
Et voilà comme on est malheureux quand on aime.

SOPHIE.

Mon cœur par ce tableau sans doute est attendri ;
Mais dois-je m'immoler aux désirs de Henri ?

LE COMTE.

Votre félicité, croyez-moi, m'est bien chère,
Et pour elle je fais.... tout ce que je dois faire.
Je vais jusqu'à vouloir vous donner le bonheur
De trouver un époux digne de votre cœur,
De former par l'amour les nœuds de l'hyménée.
Dieu ! que je sens le prix de cette destinée !
Qu'ils étaient nés heureux, ceux que l'arrêt du sort
A conduits l'un vers l'autre, et qui, sans nul re-
Éprouvant de l'amour l'invincible puissance, [mord,
Goûtent et ses plaisirs et ceux de l'innocence !
L'espoir dans le printemps couronne l'avenir ;
Mais quand nos jeunes ans commencent à nous fuir.
Cessant de désirer les jours qu'on doit attendre,
Vers l'éternelle nuit le temps semble descendre :
Plus de bonheur pour nous. Que ce mortel heureux
Qui possède à jamais l'objet de tous ses vœux

Voit sous un autre aspect et le temps et la vie !
Ses jours s'écouleront auprès de son amie ;
Il doit dans l'avenir retrouver le présent ;
Un plaisir vif et pur doit marquer chaque instant ;
Des jours dont constamment se forme son année,
Un seul embellirait une autre destinée !   [vous ;
Ce que je dis pour nous de même est vrai pour
Ce sort pour une femme est sans doute aussi doux :
Vous pouvez l'espérer, vous êtes libre encore.
Ah ! n'y renoncez pas....

SOPHIE.

Langage que j'adore !
Votre voix retentit jusqu'au fond de mon cœur.
Oui, vous avez raison ; oui, c'est là le bonheur.
Mais vous flatteriez-vous de m'avoir entraînée ?
D'Henri plus que jamais vous m'avez éloignée.

LE COMTE, d'un ton ferme.

Non, non ! vous le devez ; il le faut, et c'est lui
Qui de vos jeunes ans sera le digne appui.

SOPHIE.

J'ai besoin d'un appui, vous l'avez dit, barbare !
Il faut à vous quitter que mon cœur se prépare.
Je vous suis importune, et je ne puis mourir :
L'on n'obtient pas ce bien à force de souffrir.
Ah ! pourquoi m'avez-vous rattachée à la vie ?
Quel mal vous avait fait cette pauvre Sophie ?
Vous prolongiez ses jours pour causer son malheur,
Et pour le déchirer, vous ranimiez son cœur.
De ma vie, écoutez, je sens la trame usée ;
Je ne demande plus qu'une faveur aisée.
Pendant un mois encor laissez-moi vivre ici,
Sans entendre parler ni d'époux ni d'Henri ;
Et si, ce mois passé, ma fatale jeunesse,
Ma force, malgré moi, résiste à ma tristesse,
C'est alors loin de vous qu'il faut me rejeter,
Alors punissez-moi de pouvoir exister.
Une vieille parente, au fond de l'Angleterre,
Portant le même nom que mon malheureux père,
Me presse de partir, et daigne m'inviter
A partager son sort... je saurai l'accepter.
De mes jours malheureux j'y traînerai le reste ;
Oui, je saurai quitter cette maison funeste,
Et délivrer vos yeux de l'ennui de me voir.

LE COMTE.

Que dites-vous ? qui ?... Moi !... Je suis au désespoir.
Ah ! devais-je de vous attendre ce langage ?
Mon cœur méritait-il cet accablant outrage ?
(Il tombe dans un fauteuil.)

SOPHIE.

Moi, l'outrager, ô ciel !... Ah ! mon unique ami,
Repentante à vos pieds, vous me voyez ici,
Bienfaiteur de mes jours, mon tuteur !

SCÈNE III.

CÉCILE, SOPHIE, LE COMTE.

SOPHIE.

Ah! Cécile,
Viens, obtiens mon pardon de sa bonté facile;
Implore-le pour moi...

CÉCILE, *à genoux.*

Qu'a-t-elle fait, mon père,
Ma douce bonne amie, et ma seconde mère?

LE COMTE.

Ta mère!... toutes deux à mes pieds!... Levez-vous.
Sophie, ah! contre vous je n'ai point de courroux;
Mais la raison sur moi conserve son empire;
Je saurai répéter ce qu'elle me fait dire,
Oui, je dois...

SCÈNE IV.

CÉCILE, LE COMTE, HENRI, SOPHIE.

LORD HENRI.

La comtesse arrive en ce moment.

LE COMTE.

La comtesse! je cours vers elle en cet instant.
Ma femme... Adieu, Sophie.

(Il sort.)

SOPHIE, *à Cécile.*

Allez vers votre mère,
Cécile; c'est à vous de suivre votre père.

(Cécile sort.)

SCÈNE V.

SOPHIE, LORD HENRI.

LORD HENRI.

Miss Sophie immobile! Eh quoi! n'allez-vous pas?...
Quel est le sentiment qui captive vos pas?

SOPHIE.   [même

N'en doutez pas; je vais... Mais dans cet instant
Pourquoi donc les troubler? de leur bonheur suprême
Qu'ils jouissent en paix, et surtout sans témoin.
De me voir la comtesse a-t-elle donc besoin?
Quand son cœur enivré...

LORD HENRI.

Vous savez que son âme,
De l'amour jusqu'ici n'a point senti la flamme.

SOPHIE.

On le dit, j'y crois peu : comment ne pas l'aimer?

LORD HENRI.

Mais peut-être le comte...

SOPHIE.

Ah! qu'il doit estimer
De toutes les vertus le plus parfait modèle!

Depuis plus de trois ans, hélas! je suis loin d'elle,
Et j'étais trop enfant lorsque je la voyais,
Pour savoir de son cœur les sentiments secrets;
Mais déjà cependant cette âme tendre et fière
M'avait fait admirer son noble caractère;
Je savais respecter la modeste froideur
Qui voilait tout excès de joie ou de douleur.
A sa réserve alors j'étais accoutumée,
Un seul mot m'assurait que j'en étais aimée.
Dans le fond de son cœur, ses profonds sentiments
Chaque jour lentement sont gravés par le temps;
Mais ce qu'il fit, jamais il ne peut le détruire;
Sur elle l'amitié ne perd point son empire :
Elle a tout fait pour moi, c'est à son seul appui
Que je dois le bonheur de vivre près de lui.

LORD HENRI.

Lui! de qui parlez-vous? Est-il seul sur la terre,
Cet homme dont le nom n'est jamais nécessaire?

SOPHIE.

Pourquoi me tourmenter? sais-je ce que je dis?
Pardonnez mes discours à mes faibles esprits.

SCÈNE VI.

LA COMTESSE, LE COMTE, CÉCILE, SOPHIE, LORD HENRI.

LA COMTESSE.

Ah! dans mes bras enfin je serre ma Sophie.

SOPHIE.

Ma noble bienfaitrice, et ma fidèle amie!

LA COMTESSE.

Cette enfant vous doit tout, le comte en est témoin;
Près de vous, de sa mère elle avait peu besoin.
Mais que cette retraite est par vous embellie!
Ce jardin à mes yeux rappelle ma patrie.
Ce tombeau, ces cyprès nous servent d'ornements;
Nous excitons en nous ces sombres sentiments
Dont en France partout l'image est éloignée;
Nous aimons à rêver sur notre destinée :
Que la mienne est cruelle! ah! je dois le bonheur
Que je goûte à présent au plus affreux malheur.
Henri, vous que le ciel ne priva pas d'un père,
Vous laissez trop longtemps ce vieillard solitaire.

LORD HENRI.

Ah! croyez que déjà j'ai senti ce remord;
Mais j'attends dans ces lieux le bonheur ou la mort.

LA COMTESSE.

Lirai-je dans le cœur de mon aimable amie?
Suis-je encor sa Lucy, comme elle est ma Sophie?

SOPHIE.

En pouvez-vous douter? mais de mes jeunes ans
Ne cherchez plus en moi les heureux sentiments.
Je n'ai pas dix-sept ans, et déjà la tristesse

Imprime sur mon front les traits de la vieillesse.

LA COMTESSE.

Ciel! que m'apprenez-vous? quel est donc le mal-

LE COMTE.   [heur...

Dans un autre moment interrogez son cœur.
Tous mes bons paysans au château vous attendent,
Avec impatience en foule ils vous demandent;
Jouissez avec moi de ce qu'ils sont heureux :
L'on peut avec plaisir, fût-on bien malheureux,
Contempler le bonheur que l'on croit son ouvrage;
C'est le seul dont sans peine on supporte l'image.

LA COMTESSE.

Je sens que près de vous ma trop juste douleur
N'occupe pas assez de place dans mon cœur;
Nos vassaux n'ont pas eu le temps de me connaître;
Mais moi, je les chéris puisqu'ils aiment leur maître.
Ah! dans ce pavillon, sur le bord du chemin,
D'où l'on doit aisément découvrir le jardin,
Menez-moi donc, cher comte...

SOPHIE.

                         Obtenez-le, madame;
Ce triomphe sans doute appartient à sa femme.

LE COMTE, troublé.

Dans ce lieu, je l'avoue, on n'est jamais entré;
Ce séjour à l'étude...

LA COMTESSE.

               Il doit m'être sacré.

SOPHIE.

Quoi! vous n'insistez pas?

LA COMTESSE.

                    Moins vive que Sophie,
Un secret ne fait pas le tourment de ma vie.

SOPHIE.

Mais comment, quand on aime...

LA COMTESSE.

                       Il peut vous convenir,
Vous qui savez charmer, de vous faire obéir.
Moi, si j'osais aimer, ce serait en silence,
Et sans attendre rien pour prix de ma constance.

SOPHIE.

C'est vous qu'on doit aimer; ô céleste vertu!
Donnez votre raison à mon cœur abattu.

LE COMTE.

Venez donc toutes deux.

LORD HENRI, seul.

                    Aimable créature,
Dont le cœur est coupable, et dont l'âme est si pure,
Je te détesterais, si tu pouvais un jour
Te douter un moment de ton fatal amour.
Et moi, qui suis forcé d'en dévorer l'image,
Je sens que ce tableau m'attache davantage;
Je l'adore encor plus en la voyant aimer;
Ce qui m'ôte l'espoir ne sert qu'à m'enflammer.

Ses yeux qui pour un autre expriment la tendresse,
Sans s'adresser à moi, me captivent sans cesse,
Et j'apprends tout le prix du bonheur d'être aimé,
En observant ce cœur par un autre charmé.

ACTE SECOND.

SCÈNE PREMIÈRE.

SOPHIE, seule.

Je ne puis supporter ce tumulte de joie;
Veut-on, dans la tristesse où mon âme est en proie,
Que le plaisir encore ait sur moi du pouvoir?
Et d'être heureuse, enfin, me fait-on un devoir?
Quelle est cette douleur que je ne puis comprendre,
Et que je sens si bien?... Sans doute une âme tendre,
Seule dans l'univers... Eh quoi! l'étais-je moins,
Quand mon tuteur daigna me sauver par ses soins?
Je me livrais alors à répandre des larmes;
J'en connaissais la cause, elles avaient des charmes.
Je mourais sans regrets, je vis au désespoir;
Je suis plus malheureuse. Invincible devoir,
Si tu ne m'arrêtais!... Que faire de la vie,
Quand par aucun espoir elle n'est embellie?
Je ne désire rien, et je meurs de douleur :
Dieu! comment pénétrer moi-même dans mon cœur,
Dans l'abîme profond où mon secret repose?
Je voudrais l'y chercher, je le veux, et je n'ose.
L'on croit, par cet hymen, terminer mon malheur;
Pour changer le destin, il faut changer le cœur.
Le mien ne peut aimer : suffit-il qu'Henri m'aime,
Pour qu'un semblable nœud soit le bonheur suprême?
O toi! mon bienfaiteur, l'arbitre de mon sort,
Pardonne; près de toi j'ai désiré la mort.
Si par ton souvenir je dois être suivie!
Assez et trop longtemps j'ai joui de la vie.
Ce tombeau qui m'attend, ces lugubres cyprès,
Pourront-ils dans ton cœur rappeler tes regrets?
Tu n'as pas deviné quelle était ma pensée,
Lorsque dans ce jardin cette urne fut placée.
Jamais tu ne m'entends.

SCENE II.

SOPHIE, CÉCILE.

SOPHIE.

                 Ah! c'est toi, mon enfant?

CÉCILE.

Pourquoi donc loin de nous restes-tu maintenant?
Mon père est inquiet.

SOPHIE.

Ton père?

CÉCILE.

Mon amie,

Il redoute pour toi de la mélancolie.
Explique-moi ce mot...

SOPHIE.

Puisse ton jeune cœur

Ne l'entendre jamais! Quel regard enchanteur!
Quel charme dans ses traits, image de son père!
Cécile, m'aimes-tu? dis...

CÉCILE.

Oui, comme ma mère.

SOPHIE.

Si je pars?

CÉCILE.

Si tu pars?

SOPHIE.

Souviens-toi de chanter

La romance qu'hier je te fis répéter.

CÉCILE.

Oui, celle que le soir chaque jour je dois dire,
Quand dans ce pavillon mon père se retire.

SOPHIE.

Quand je n'y serai plus; tais-toi jusqu'à ce temps.

CÉCILE.

Quoi! tu veux nous quitter?

(*Elle pleure.*)

SOPHIE.

Aimables sentiments!

Déjà son jeune cœur est digne de son père!
Tout le retrace en elle; ah! combien tu m'es chère!
N'as-tu pas oublié?

CÉCILE.

La romance? à présent

Je ne m'en souviens plus, c'est ta faute pourtant;
Tu n'as jamais voulu me la faire comprendre,
Et c'est toi qui m'as dit que l'on devait entendre
Tout ce qu'on apprenait...

SOPHIE.

Il faut la retenir;

De grâce, écoute-moi pour t'en bien souvenir.

ROMANCE.

(*Le comte entend chanter et s'arrête pour écouter.*)

REFRAIN.

Ressouviens-toi de Sophie,
En passant sous ces cyprès;
Pour ta malheureuse amie
Je demande tes regrets.

PREMIER COUPLET.

De ses jeunes destinées
Le cours est interrompu;
Mais dans ce nombre d'années,
Son cœur a longtemps vécu.
Elle a vu finir sa vie

Sans regret et sans douleur;
La tombe est digne d'envie,
Si l'on n'y sent plus son cœur.

Ressouviens-toi, etc.

SECOND COUPLET.

La noire mélancolie
Seule a terminé son sort;
La malheureuse Sophie
S'y livra sans remord.
Vivre est-il donc nécessaire?
Faut-il vaincre sa douleur,
Quand personne sur la terre
N'attend de nous son bonheur?

Ressouviens-toi, etc

TROISIÈME COUPLET.

Dans cette urne funéraire
Si son cœur est renfermé,
Peut-être il sera, mon père,
Par tes regards ranimé.
A son ombre délaissée
Accorde ton souvenir;
Ne plus vivre en ta pensée,
C'est là pour elle mourir.

Ressouviens-toi, etc.

SCENE III.

LE COMTE, SOPHIE; CÉCILE *s'éloigne en jouant.*

SOPHIE.

Ah ciel! vous m'écoutiez, vous m'avez entendue?

LE COMTE.

Oui.... j'étais là, Sophie.

SOPHIE.

Hélas! je suis perdue.

LE COMTE, *à part.*

Est-il donc vrai qu'il faut supporter son malheur!
Mon Dieu qui l'ordonnez, affermissez mon cœur.
(*à Sophie.*)
Écoutez un ami dont l'âme peut entendre
Ce que jamais la vôtre a senti de plus tendre.
S'il ose conseiller la force à votre cœur,
Il sait ce qu'il demande, il connaît le malheur.
La vertu dit qu'il faut souffrir sa destinée,
Soit que le sort l'ait faite amère ou fortunée;
Je ne vous parle pas de l'empire du temps,
Je crois qu'il est des cœurs dont les vrais sentiments
Ne reconnaissent pas sa suprême puissance,
Et dont le malheur dure autant que l'existence.
Mais je ne puis penser que le droit de mourir
Soit donné par le ciel aux cœurs nés pour souffrir:
Peut-être de le croire avais-je l'espérance,
Quand la réflexion m'imposa la constance.
Dans une obscure nuit j'aperçus mon destin,
Je n'avais plus d'espoir, mais l'immortel dessein,
Qui, mon bonheur fini, prolongeait ma carrière,
M'apprit que pour soi seul l'on n'est pas sur la terre.

SOPHIE.

Qu'entends-je? vous aussi, vous êtes malheureux?
Ah! répétez-le-moi : quoi donc! serions-nous deux?

LE COMTE.

Ciel! si nous sommes deux....

SOPHIE.

Parlez à votre amie.

LE COMTE.

Vous ne l'obtiendrez pas, adorable Sophie,
Et ne cherchez pas même à pénétrer mon cœur,
Craignez de soulever le voile du malheur.
Mais c'est de vous qu'il faut s'entretenir sans cesse....
Quoi! n'est-il point d'espoir?

SOPHIE.

Laissez-moi ma tristesse.

Parfois les malheureux ont encor du bonheur,
Et la nature attache un charme à la douleur.
Je sens que je me plais dans ma mélancolie,
Et je suis, en rêvant, le sentier de la vie.
Je jouis en voyant mes forces s'affaiblir,
J'aime enfin chaque jour à me sentir mourir;
Aucun chagrin secret, l'ennui seul de la vie
Répand de la langueur dans mon âme attendrie.
Je vous l'ai déjà dit; mais enfin, à son tour,
Henri fait mon malheur par son fatal amour.
Je l'estime; peut-être aurait-il su me plaire,
Si je n'avais pas vu.... si, loin de l'Angleterre....
Maintenant, je ne puis.... Mais je le vois venir.
Vous me quittez....

LE COMTE.

Pourquoi s'opposer au plaisir
De l'amant fortuné qui peut dire qu'il aime?
C'est pour lui qu'être seul est le bonheur suprême.

SCENE IV.

LORD HENRI, SOPHIE.

LORD HENRI.

Quel amour insensé me contraint à vous voir,
Quand mon cœur affligé ne conçoit plus d'espoir?
C'en est fait, aujourd'hui je pars pour l'Angleterre,
Je vais rejoindre enfin mon respectable père,
Si je dois pour jamais renoncer au bonheur
Dont l'orgueilleuse attente avait rempli mon cœur.

SOPHIE.

Lord Henri, pardonnez, ma triste destinée
A mon sort, tel qu'il est, me retient enchaînée;
Je connais vos vertus, je sais vous estimer;
Mais....

LORD HENRI.

Ah! n'achevez pas, vous ne pouvez m'aimer,
Déjà vous l'avez dit; mais, quand il faut l'entendre,

Pour la première fois je crois toujours l'apprendre.
Par pitié, plaignez-moi....

SOPHIE.

Vous êtes malheureux;
Je suis ingrate, et vous, milord, trop généreux;
Mais que regrettez-vous? quels déplorables charmes
Peuvent avoir pour vous des yeux noyés de larmes?
Ne vous attachez pas à mon funeste sort :
Que ferez-vous d'un cœur disputé par la mort?
La douleur a flétri mon âme malheureuse,
Et je n'ai plus en moi le pouvoir d'être heureuse.
Dès l'enfance, élevée aux ennuis, aux chagrins,
Le sceau de la douleur a marqué mes destins.

LORD HENRI.

Votre bonheur, Sophie, est mon désir suprême,
Je sais le préférer à ma passion même;
Mais souffrez qu'un amant parle comme un ami :
Le bonheur, croyez-moi, pour vous n'est point ici.
Il faut, pour l'obtenir, que vous quittiez la France;
Voilà ce qui nourrit ma timide espérance.
Je sais que votre cœur ne peut plus s'enflammer;
Mais le mien aime assez pour être heureux d'aimer.
Cesser de voir enfin, lorsque l'on est sensible,
Des malheurs de l'amour semble le plus horrible.
Ah! laissez-vous aimer, c'est tout ce que je veux;
Peut-être du malheur nous sauvons-nous tous deux.
Sans peine recevez mes vœux et mon hommage,
Le culte ne doit pas exiger davantage.
Si le nœud le plus saint pouvait m'unir à vous,
Je n'attendrais jamais du nom sacré d'époux
Que le bonheur d'oser vous consacrer ma vie;
Par mon amour, enfin, ma pensée est remplie.
A peine ai-je besoin d'obtenir du retour;
Vous voir, vous écouter, vous suivre chaque jour,
A vos moindres désirs tâcher de satisfaire; [plaire,
Vous rendre heureuse enfin, encor plus que vous
C'est là mon seul désir; je n'attends rien de plus.
Je sais vous estimer, je connais vos vertus.
Je lis dans votre cœur, et vous pouvez encore,
Sans le tromper, choisir l'amant qui vous adore.
A Londres suivez-moi; daignez me préférer,
Pour vous vouer mes jours, sans en rien espérer.

SOPHIE.

Noble Henri....

LORD HENRI.

La comtesse en ces lieux va se rendre,
Venez, en ma faveur daignez encor l'entendre;
Ne me répondez pas; je vous devine, hélas!
Mais je puis me tromper si vous ne parlez pas.
Enfin la vérité, ce mérite si rare,
Serait dans ce moment une vertu barbare.

SCENE V.

LA COMTESSE, SOPHIE.

LA COMTESSE.

Que ce moment, Sophie, à ma tendresse est doux !
Je me retrouve enfin libre et seule avec vous.
Ouvrez-moi votre cœur...Mais quelle est cette lettre?

UN LAQUAIS.

Madame, un inconnu vient de me la remettre.

LA COMTESSE.

Lisons.
(*Elle lit.*)

SOPHIE.

Vous vous troublez.

LA COMTESSE.

Ce serait m'avilir,
Si d'un pareil écrit mon cœur pouvait souffrir.

SOPHIE.

Montrez-moi, je vous prie.

LA COMTESSE.

Une lettre anonyme
Ne m'inspire jamais qu'un mépris légitime.

SOPHIE *lit.*

« Le comte vous trahit, il aime un autre objet ;
« Observez, aisément vous saurez ce secret.
« Un jour, si vous voulez, j'en dirai plus encore ;
« Mais je plains, dans mon cœur, la femme qu'il adore.
« Du pavillon qu'on voit dans le fond du jardin,
« Dont la secrète issue est sur le grand chemin,
« Vous n'obtiendrez jamais qu'il vous donne l'entrée ;
« Là, de sa trahison vous seriez assurée. »
O ciel ! il est donc vrai, le comte.... Je vous plains.
Le barbare ! mon cœur ressent tous vos chagrins,
Mais quel est donc l'objet de toute sa tendresse?
Qui?...La sœur de d'Herbin venait ici sans cesse.
Mais il ne voulait plus, disait-il, la revoir.
Et cette autre Française...Ah! comment concevoir...
On le connaît enfin, cet horrible mystère;
Tantôt vous m'imposiez vous-même de me taire.
Et de ce pavillon respectant le secret....
L'insensible!... c'est là ce que son cœur cachait.

LA COMTESSE.

Sophie, y pensez-vous? quoi! l'intention noire
D'un calomniateur....

SOPHIE.

N'importe, il faut le croire;
Le malheur est probable. Oui, vous devez parler,
Aller vers votre époux, tenter de le troubler,
D'arracher son secret....

LA COMTESSE.

Écoutez-moi, Sophie,
Jamais encor je n'ai connu la jalousie;
Mais si je l'éprouvais, je saurais la cacher :
Elle éloigne le cœur que l'on veut attacher.
De tous les sentiments le plus involontaire
Ne s'obtient, croyez-moi, que par le don de plaire.
La plainte ne convient que lorsqu'on est aimé.
Par des reproches faux l'amour est animé ;
Mais s'ils sont vrais, l'on doit se vouer au silence.

SOPHIE.

Sans doute, si l'on peut dominer sa souffrance,
Si l'on n'aima jamais.....

LA COMTESSE.

On méconnut souvent
Le cœur dont la fierté règle le sentiment.
Soit que je sente ou non et l'amour et sa flamme,
Ma froideur ne doit point faire juger mon âme.
Depuis que par l'hymen notre sort est lié,
Le comte n'a pour moi qu'une simple amitié.
De montrer de l'amour si j'eusse été capable,
Le comte, dans son cœur, se fût trouvé coupable ;
Et se forçant alors à de pénibles soins,
Pour vouloir m'aimer plus, il m'aurait aimé moins.

SOPHIE.

Quoi donc! sans en parler vous auriez cette lettre?
Vous n'iriez pas au comte aujourd'hui la remettre ?

LA COMTESSE.

Ce serait l'offenser.

SOPHIE.

Je ne puis concevoir
Ce calme, quand le cœur doit être au désespoir.

LA COMTESSE.

Si ma raison repousse encor la défiance,
Pourquoi donc voulez-vous m'ôter mon espérance?

SOPHIE.

Votre intérêt l'exige; il faut tout éclaircir.

LA COMTESSE.

Plus vivement que moi pourquoi donc ressentir
Ma crainte ou mon malheur ?...

SOPHIE.

Mille fois davantage.
Cette lettre en mes mains vengera votre outrage.
(*à part.*)
Voilà pourquoi sans doute il ne permettait pas
Que dans ce pavillon je suivisse ses pas.
(*à la comtesse.*)
Ah ! par pitié pour vous, dévoilez ce mystère.

LA COMTESSE.

Une amitié si vive à mon cœur est bien chère ;
Mais vous qui devriez vouloir me consoler,
Pourquoi tous vos efforts sont-ils pour me troubler?

SOPHIE.

Ciel ! que vois-je? c'est lui.

SCENE VI.

LE COMTE, LA COMTESSE, SOPHIE.

LE COMTE.

Qu'avez-vous, je vous prie,
Et quelle émotion vous agite, Sophie?

SOPHIE.

C'est madame et non moi, dont le juste courroux...

LE COMTE.

A vous voir toutes deux l'on croirait que c'est vous.

SOPHIE.

Vous connaissez sa force, elle sait se contraindre,
Et son cœur se refuse au besoin de se plaindre.

LA COMTESSE.

Pardon, à mon époux je n'ai rien à cacher;
Il n'est point de secret que je veuille arracher;
Mon cœur seul me suffit pour connaître s'il m'aime;
Sur la foi qu'il me doit je me fie à lui-même,
Sophie, et si c'est moi qui cause vos douleurs,
Vous saurez m'imiter dans mes propres malheurs.

SCENE VII.

LE COMTE, SOPHIE.

LE COMTE.

Quel est donc ce secret que vous devez m'apprendre,
Et qu'elle veut cacher? Je ne puis vous comprendre.

SOPHIE.

Il ne m'appartient pas d'oser m'en affliger.
Mon cœur à ce secret n'est-il pas étranger?

LE COMTE.

Vous êtes étrangère à tout ce qui me touche?
Ce mot cruel a pu sortir de votre bouche!

SOPHIE.

Oui, quand vous outragez le nœud le plus sacré,
Quand le cœur le plus pur est par vous déchiré, [âme!
Et quand une autre obtient tous les vœux de votre

LE COMTE.

Ciel! que me dites-vous? quoi! ma secrète flamme...
Ah! comment savez-vous...

SOPHIE.

On peut donc le savoir;
Cet aveu m'ôte enfin jusqu'au dernier espoir.
Je devrais obéir à ma sensible amie;
Mais si par mon silence elle est plus mal servie,
Je dois vous accuser...

LE COMTE.

Vous le pouvez, hélas!
Et mon cœur devant vous ne se défendra pas.

SOPHIE.

Vous ne rougissez pas...

LE COMTE.

Quelle vertu sublime.
Mais trop cruelle, hélas! vous fait haïr mon crime?

SOPHIE.

Ah! je n'ai pas besoin d'efforts pour le haïr;
Si la vertu l'ordonne, on lui peut obéir.

LE COMTE.

Mais pourquoi donc montrer cette rigueur extrême
Pour un amour jamais avoué par moi-même?

SOPHIE.

Oui, dans ce pavillon, vous pouvez aisément...

LE COMTE.

O ciel! vous savez tout?

SOPHIE.

Quel horrible tourment!
Il ne veut pas tromper...

LE COMTE.

Mais quelle est cette lettre
Que vous lisez toujours?

SOPHIE.

Je puis vous la remettre;
Vous ne redoutez pas de vous voir convaincu,
Vous qui de feindre même ignorez la vertu.

LE COMTE *lit à part.*

Dans quelle erreur j'étais, quelle surprise extrême!
J'allais, dans cet instant, me découvrir moi-même;
A travers les efforts du perfide d'Herbin
Je ne puis méconnaître et son cœur et sa main.
Lafleur.....

(Il parle bas à son domestique.)

SOPHIE.

Que dites-vous?

LE COMTE.

De cette lettre infâme
Je ne crains point l'effet sur le cœur de ma femme.

SOPHIE.

Mais l'aveu qui tantôt vient de vous échapper?

LE COMTE.

Vous le lui cacherez.....

SOPHIE.

Je pourrais la tromper!

LE COMTE.

Le but de la vertu, c'est le bonheur des hommes,
Et quand nous le troublons, c'est cruels que nous
Le sort de la comtesse au mien étant lié, [sommes.
Vouloir la détromper, c'est trahir l'amitié.

SOPHIE.

Oui, vous avez raison... Mais que pour votre crime
Je ressens dans mon cœur une horreur légitime!
Vous qui ne croyez pas devoir me cacher rien,
Qui, sans doute avec moi ne sentant nul lien,
M'avez daigné choisir pour votre confidente!
O malheureuse amie! ô peine déchirante!

Que de pleurs douloureux ton sort me fait verser !

LE COMTE.

Sur mes torts, gardez-vous encor de prononcer ;
Ils sont enveloppés du plus profond mystère :
Mais ce n'est pas à vous qu'appartient la colère.
Rassurez la comtesse, et retenez vos pleurs ;
Peut-être je pourrais consoler vos douleurs.

(à part.)

Je donnerais mes jours pour rompre le silence,
Et c'est à ce seul prix que j'en ai l'espérance.

SOPHIE.

Mais ne puis-je savoir quel est le digne objet ?...

LE COMTE.

Quand je n'aimerai plus vous saurez mon secret !
Quand la mort.....

SOPHIE.

      Arrêtez, je ne veux plus l'apprendre ;
Qui traça ce billet que je ne puis comprendre ?

LE COMTE.

Si j'en savais l'auteur, je saurais l'en punir.

SOPHIE.

Ciel ! que me dites-vous ? Quel affreux repentir !

LE COMTE.

Calmez-vous, je méprise un écrit anonyme...
De la comtesse encor je mérite l'estime.
J'ai respecté nos nœuds ; cet écrit est trompeur.

SOPHIE.

Qu'importe la vertu quand on n'a plus le cœur ?

LE COMTE.

C'est ainsi que pourrait sentir une maîtresse ;
Par l'oubli d'un seul jour, oui, la passion cesse.
Mais le lien auquel tout doit nous ramener,
Encourage une femme à souvent pardonner.
Le cœur s'égarât-il dans ce nœud légitime,
Rien ne doit désunir que le manque d'estime.
Mais vous m'avez promis de ne pas révéler
L'aveu que vous devez à l'art de me troubler.

SOPHIE.

L'art m'est bien étranger ; je haïrais les armes
Qui m'auraient découvert la source de mes larmes ;
Mon cœur vous aidera, trompez-moi, j'y consens.

LE COMTE.

Je ne puis ; mais sachez que mes vrais sentiments
N'ont pas été connus de celle que j'adore,
Que jamais en secret...

SOPHIE.

      Ah ! dites plus encore,
Ce pavillon...

LE COMTE.

      Adieu ; par un mot de bonté,
Rendez un peu de calme à mon cœur agité.
Dites que vous prenez intérêt à ma vie,
Et que je ne suis point détesté par Sophie.

SOPHIE.

Combien je l'aurais dit, quelques instants plus tôt...

LE COMTE.

Adieu... sans me haïr prononcez ce seul mot.

SOPHIE.

Non.

LE COMTE.

      Vous me refusez ! ah ! votre âme inflexible
Se prépare peut-être une douleur sensible ;
Si je ne devais plus paraître devant vous,
Je connais votre cœur, né généreux et doux,
Vous vous repentiriez d'avoir, à ma prière,
Aujourd'hui refusé cette grâce dernière.

SOPHIE.

Ciel, que me dites-vous !

LE COMTE.

      Je sens que le malheur
Jette sur ma pensée un voile de douleur.
Sais-je ce que je dis ?... Je vous quitte, Sophie ;
Malgré vous dans mon cœur, vous êtes mon amie ;
Vous m'avez refusé jusqu'aux derniers adieux :
Sophie, il faut mourir, quand on n'a pas vos vœux.

SOPHIE, seule.

Que veut-il dire, hélas ! Ciel ! je vois la comtesse,
Il faut se contenir, et remplir sa promesse.

SCÈNE VIII.

LA COMTESSE, SOPHIE, UN LAQUAIS.

LA COMTESSE.

Malgré tous mes conseils, Sophie aura parlé.

SOPHIE.

Je dois vous l'avouer, oui, j'ai tout révélé.

LA COMTESSE.

Qu'a-t-il dit ?

SOPHIE.

      Il méprise une lettre anonyme,
Et proteste qu'il est digne de votre estime.

LA COMTESSE.

Ah ! j'en étais bien sûre, et c'était l'offenser
Que d'exiger de lui de me le prononcer.
Parlons de vous, enfin, et de cette tristesse
Qui semble vous poursuivre et vous saisir sans cesse.
A Londres votre tante est enfin de retour,
Lord Henri l'intéresse, elle plaint son amour.
Cet Anglais, à la fois vertueux et sensible,
Vous assure à jamais un sort doux et paisible :
Pourquoi vous refuser à combler tous ses vœux ?

SOPHIE.

Ah ! si l'on a pitié de mon cœur malheureux,
Que l'on me laisse en paix souffrir ma destinée ;
Qu'on ne me parle plus d'amour ni d'hyménée !
Être libre à jamais, voilà mon seul désir.

LA COMTESSE.

Ce choix serait bientôt suivi du repentir ;
A votre âge souvent l'on ignore, Sophie,
D'un lien fortuné la douceur infinie ;
Mais un jour vous saurez ce qu'éprouve le cœur,
Quand un vrai sentiment n'en fait pas le bonheur ;
Lorsque sur cette terre on se sent délaissée,
Qu'on n'est d'aucun objet la première pensée ;
Lorsque l'on peut souffrir, sûre que ses douleurs
D'aucun mortel jamais ne font couler les pleurs.
On se désintéresse à la fin de soi-même,
On cesse de s'aimer si quelqu'un ne nous aime ;
Et d'insipides jours l'un sur l'autre entassés,
Se passent lentement et sont vite effacés.
Ne pensez pas non plus qu'il suffise, Sophie,
De songer au bonheur dans l'hiver de la vie ;
Celui qu'on goûte alors du passé doit venir ;
Ceux qui nous ont aimés peuvent seuls nous chérir.
C'est par le don heureux des jours de sa jeunesse
Qu'on mérite l'amour jusque dans la vieillesse.
Le cœur qui fut à nous vit de ses souvenirs,
Et les prend quelquefois pour de nouveaux plaisirs.

SOPHIE.

L'hymen vous paraît donc un sort digne d'envie ?
Il a semé de fleurs le cours de votre vie.

LA COMTESSE.

Sans doute, j'en conviens, mon sort serait plus doux,
Si l'amour près de moi ramenait mon époux,
Et si, trouvant en moi sa femme et sa maîtresse,
De la passion même il conservait l'ivresse ;
Mais être son épouse est encore un bonheur ;
Le devoir et le temps m'assureront son cœur.
Je renonce à regret aux jours de sa jeunesse ;
Mais c'est à moi du moins qu'appartient sa vieillesse.
De l'habitude alors on ressent le pouvoir ;
Ce qu'on a vu souvent, on aime à le revoir,
Et le bonheur facile est celui qu'on préfère.
C'est beaucoup, croyez-moi, que le saint nom de mère ;
Notre époux nous revient par son propre penchant ;
Et, quand nous l'attendons, son retour est constant.

SOPHIE.

Généreuse bonté ! femme tendre et sublime !
Ah ! que t'abandonner est à mes yeux un crime !
Que tu sais m'attendrir par ta haute vertu !
Relève jusqu'à toi mon esprit abattu.

UN LAQUAIS.

Monsieur le comte...

SOPHIE.

Eh bien !

LE LAQUAIS.

                            M'a donné cette lettre
Et cette clef pour vous ; je viens vous les remettre.

SOPHIE.

Ciel ! lisons ; je frémis ! « J'ai deviné l'auteur
« D'un écrit à la fois criminel et trompeur.
« Je pars pour le punir ; s'il m'arrache la vie,
« Consolez la comtesse, et soyez son amie.
« Que Cécile soit chère à son généreux cœur ;
« Qu'elle honore un instant ma mort par sa douleur.
« Vous, dans ce pavillon, objet de mon silence,
« Vous saurez mes secrets, si je perds l'existence.
« Recevez-en la clef, mais gardez de l'ouvrir
« Avant que de savoir si l'on m'a fait périr.
« Dans le juste combat que mon honneur demande,
« Cette loi, pardonnez si je vous la commande.
« Adieu... » Ciel ! je me meurs !

LA COMTESSE.

                            O ciel ! qu'avez-vous fait ?
Fallait-il donc trahir un semblable secret ?

SOPHIE.

Malheureuse ! courons ; non, c'est à vous, madame ;
C'est à moi de mourir, n'accablez pas mon âme.

LA COMTESSE

Dans ce fatal instant oublions le remord ;
Pensons à mon époux.

SOPHIE.

                            S'il était temps encor...

LA COMTESSE.

Oui, courons au château.

SOPHIE.

                            Dieu puissant, je te prie,
Ote-moi mes terreurs en terminant ma vie.

⬦⬦⬦⬦⬦⬦⬦⬦⬦

ACTE TROISIÈME.

SCÈNE PREMIÈRE.

SOPHIE, *seule*, *arrive éperdue.*

Où fuir ? où m'arrêter ? ciel ! quel horrible sort !
S'il périt.... Si c'est moi.... Le tourment du remord
Peut à peine ajouter au trouble de mon âme ;
La crainte la remplit. Mais d'où vient que sa femme,
La comtesse, paraît, à travers ses douleurs,
Observer mes chagrins et regarder mes pleurs ?
Que veut-elle savoir ? comme elle, hélas ! sensible,
Je tremble pour ses jours. Que le temps est pénible !
Qu'il pèse sur le cœur, quand le sort menaçant,
Du plus horrible coup peut frapper à l'instant ?
Ah ! vainement Henri court pour chercher sa trace :
Où peut-il le trouver ? O mon Dieu ! fais-moi grâce.
Mon pauvre cœur se brise à force de souffrir ;
Aide mon désespoir à me faire mourir.   [meurs.
Ciel !... quel bruit !... Je l'entends... C'est lui !... je

SCÈNE II.

LE COMTE, LA COMTESSE, LORD HENRI,
SOPHIE, *évanouie.*

LE COMTE, *courant à elle.*
Sophie,
Ouvrez ces yeux charmants, revenez à la vie.

SOPHIE.   [bras.
O mon tuteur! c'est vous?... Quoi! je suis dans vos
Vous vivez?... A mes sens ne me rappelez pas.
(*se jetant à ses genoux*).
Ah! donnez-moi la mort! j'ai risqué votre vie.

LORD HENRI, *à part.*
Que d'amour dans ses yeux!

LA COMTESSE, *à part.*
Mon âme est attendrie.
Pauvre enfant! dans ton cœur j'ai surpris ton secret.

LE COMTE.
De mon juste courroux le méprisable objet,
A mes pieds repentant, et s'offrant pour victime,
Par les plus vils aveux a confessé son crime.

SOPHIE.
Quels aveux! qu'a-t-il dit?

LE COMTE.
Il est doux pour mon cœur
De trouver dans Henri, Sophie, un bienfaiteur:
C'est lui qui m'a sauvé; j'abandonnais ma vie
Aux lâches qui voulaient se couvrir d'infamie:
Leur nombre m'accablait, j'en étais entouré;
A la mort sans regret je me serais livré.
D'Herbin...

SOPHIE.
Qu'entends-je! O ciel! malheureuse Sophie!
C'est moi qui mets deux fois en danger votre vie.
Le refus de ma main a causé son courroux:
A ce traître comment seul vous exposiez-vous?

LE COMTE.
On croirait s'avilir en devinant le crime;
J'aime mieux l'ignorer, et périr sa victime.

LA COMTESSE.
Henri, c'est donc à vous que nous devons ses jours?

LORD HENRI.
Mon bonheur a voulu que mes faibles secours
Le fissent échapper aux embûches d'un traître:
Les lâches ont tremblé dès qu'ils m'ont vu paraître;
Ils se sentaient vaincus d'avance dans leur cœur;
Leur nombre ne pouvait rassurer leur terreur:
Suppliants à nos pieds, ils demandaient la vie,
Lorsque nous aurions pu redouter leur furie.
(*montrant Sophie*).
Pour verser tout mon sang son ordre aurait sufﬁ;
En était-il besoin, quand c'était mon ami?

SOPHIE.
Qu'un semblable service, à ma reconnaissance,
Doit vous donner de droits!

LORD HENRI.
Mon cœur vous en dispense.
Je pars dans cet instant pour ne plus vous revoir;
C'en est fait, aujourd'hui j'ai perdu tout espoir.

LA COMTESSE.
Avant d'y renoncer, je demande à Sophie
Un moment d'entretien.

SOPHIE.
Comment?

LA COMTESSE.
A votre amie.
Le refuserez-vous?...

SOPHIE.
Ordonnez, j'y souscris.

LE COMTE, *à part.*
Cet entretien secret glace tous mes esprits.
(*à la comtesse*).
Quoi, madame?...

LA COMTESSE.
Avec elle il faut que je demeure;
Lord Henri, retardez votre départ d'une heure.

SCÈNE III.

LA COMTESSE, SOPHIE.

SOPHIE.
Que voulez-vous de moi? quel mystère cruel?

LA COMTESSE.
Un pareil entretien doit être solennel.
Éloignez-vous toujours l'homme qui vous adore?
A l'amour, à la raison, résistez-vous encore?
A Londre, à vos parents, renoncez-vous enfin?
Et pouvez-vous sans peine en former le dessein?

SOPHIE.
Si ma présence ici peut vous être importune,
J'irai dans d'autres lieux traîner mon infortune;
Mais je jure, aujourd'hui, que jamais un époux,
Quel qu'il soit, en quel temps....

LA COMTESSE.
Sophie, arrêtez-vous,
Avant de prononcer un arrêt si terrible,
Connaissez votre cœur; sans doute il m'est horrible
De venir vous ôter votre plus douce erreur; [heur,
Mais ce moment affreux peut vous rendre au bon-
L'obstacle qui vous fait fuir les nœuds d'hyménée,
Maudir d'un sort heureux la douce destinée,
C'est l'amour qu'en secret votre cœur a conçu,
Qui, sans vous, malgré vous, chaque jour s'est ac-
Et qui, régnant enfin dans votre âme égarée, [cru,

22.

S'en est fait méconnaître en l'ayant enivrée.
Ne tremble pas ainsi, pardonne, aimable enfant,
Pure comme le jour, malgré ton sentiment.
Quand je te vois marcher sur le bord de l'abîme,
Tu fais frémir mon cœur, sans perdre mon estime.
Abrégeons tes tourments, en nommant mon époux.

SOPHIE.

Lui que j'aime, madame? ô ciel! que dites-vous!

LA COMTESSE.

Souvenez-vous en moi de ne voir qu'une amie,
Non la femme du comte; éclairez-vous, Sophie:
Maintenant il n'est pas de prétexte à l'erreur,
Et ce n'est plus à moi d'observer votre cœur:
Si vous l'interrogez, je croirai sa réponse;
Je n'examine plus, quand ta bouche prononce.

SOPHIE.

Quelle affreuse lumière! ô mortelle douleur!
Voilà donc le secret d'un coupable malheur!
Que devenir! ô ciel! Ma généreuse amie,
A genoux devant toi, vois la triste Sophie;
Étouffe dans ton sein les cris de sa douleur,
Et plains encor l'objet qui doit te faire horreur.

LA COMTESSE.

Plus que jamais, crois-moi, je sens que tu m'es chère,
Et pour toi, ta rivale a le cœur d'une mère.

SOPHIE.

Vous, ma rivale! ô ciel! Ah! croyez que mon cœur
N'a jamais par ses vœux atteint votre bonheur;
J'aimais sans m'en douter, je m'ignorais moi-même;
Je cédais, je le sens, à l'ascendant suprême
Que ses hautes vertus, sa sublime bonté,
Chaque jour exerçaient sur mon cœur agité.
Vous portez dans mon sein une affreuse lumière,
Je rougis d'un penchant dont j'osais être fière;
Je reconnais l'amour où j'ai cru l'amitié,
Et, plus à plaindre encor, j'obtiens moins de pitié.

LA COMTESSE.

Tout mon cœur te l'accorde, ô ma sensible amie!
N'ajoute pas toi-même au malheur de ta vie;
N'accuse pas ton cœur par l'ombre d'un remord;
Espère tout du temps, il changera ton sort.
A votre âge jamais, croyez-moi, ma Sophie,
Un sentiment ne fait le destin de la vie.
Lorsque l'on connaît tout, l'on s'attache au bon-
Choisi par la raison, choisi par notre cœur. [heur,
Mais vous, vous ignorez par combien d'espérances
Vous pouvez effacer ces moments de souffrances.
Le monde vous attend, et vivre est un plaisir
Qui dans les premiers ans se fait encor sentir.

SOPHIE.

Vous me connaissez mal; le désespoir m'accable,
Je me sens malheureuse, et je me crois coupable;
Mais vous n'avez pas même ébranlé mon dessein;

Et, connaissant mon cœur, je refuse ma main.

LA COMTESSE.

Quoi! vous voulez toujours...

SOPHIE.

Ah! si j'étais aimée,

Oui je me flatte encor d'être assez estimée,
Pour que vous sachiez bien que je mettrais la mer
Entre mon triste cœur et l'objet qui m'est cher.
Mais que fait mon malheur à votre destinée?
Pourrait-il, un seul jour, vous rendre infortunée?
J'ai peu de temps à vivre, et dans ces lieux mon cœur
Succombera plus tôt sous le poids du malheur;
Mais le supplice lent d'une pénible absence
Surpasse les efforts que conçoit ma constance.
Je veux mourir ici, ne m'en arrachez pas;
Que sa main me conduise aux portes du trépas!
Du bonheur de le voir que la douceur dernière
Charme mes tristes yeux en perdant la lumière!

LA COMTESSE.

Mais pouvez-vous penser qu'un pareil sentiment
Puisse longtemps laisser le comte indifférent?

SOPHIE.

Lui m'aimer? juste ciel! Ah! je ne puis plus feindre.
Non, de ce sentiment vous n'avez rien à craindre.

(à part.)

Quand lui-même m'a dit... Ah ciel! dans quelle er-
Me laissai-je entraîner!... [reur

LA COMTESSE.

Achevez. Quoi! son cœur...

SOPHIE.

[reuse;

Non, non, ne craignez rien; c'est à vous d'être heu-
Malgré mes torts affreux, montrez-vous généreuse;
Ne me bannissez pas pour jamais aujourd'hui.
Ah! je vous entendrai, si vous parlez de lui;
Si votre main se plaît à tracer son image,
Qui pourra mieux que moi partager cet ouvrage?
S'il ne vous aimait pas, s'il vous ôtait sa foi,
Qui saurait ressentir vos chagrins mieux que moi?
De la raison jamais je n'aurai le langage;
Les pleurs qu'on fait verser consolent davantage.
Ah! vous seriez plus calme en voyant ma douleur,
Et l'on sent moins son sort près d'un autre malheur.
C'est la vie ou la mort qu'à vos genoux j'implore;
Ne nous séparons plus, tant que je vis encore.
Renvoyez lord Henri, dites oui, j'y consens,
Mon sort est dans vos mains, mes jours sont en sus-

LA COMTESSE.

[pens.

Cessez de m'implorer; vous l'emportez, Sophie;
Suivant vos vœux enfin ordonnez votre vie.
Il ne m'appartient pas de décider pour vous,
Vous pouvez maintenant refuser un époux.
Au fond de votre cœur, quand je vous ai fait lire,
Votre esprit éclairé doit reprendre l'empire.

Au jeune Henri je vais arracher tout espoir;
Mais n'importe, il le faut, je sais que son devoir
L'appelle près d'un père au déclin de sa vie;
Loin de moi je ne puis repousser mon amie.
Ma maison est la sienne, et je laisse à son cœur,
A sa raison surtout, à voir si le bonheur
Est pour elle en ces lieux. Gardez-vous, ma Sophie,
D'immoler l'avenir de votre jeune vie
Au présent qui vous fuit; c'est le dernier conseil
Que j'ose vous donner...

(Elle sort.)
SOPHIE, seule.

Que devenir? ô ciel!
Faudrait-il pour toujours le quitter! malheureuse!
Ah! pourquoi m'imposer cette douleur affreuse?
Quand il ne m'aime pas, que puis-je redouter?
Quelle loi, quel devoir me défend de rester?
Non, tu me l'as promis, ma généreuse amie,
Ne nous séparons plus. O toi, notre ennemie,
Toi l'objet inconnu de ses plus tendres vœux,
Quoi! dans ce pavillon... Ciel! je puis; ciel! je veux.
Cette clef dans mes mains heureusement restée,
Pourrait... De quel désir je me sens agitée!
Il ne m'avait donné le droit de m'en servir
Que si la mort, hélas!... Comment ne pas l'ouvrir?
Dans ce lieu, l'on saura le secret de son âme,
Il l'a dit... Si l'objet de sa coupable flamme
De moi seule est connu, le saura-t-on jamais?
C'est moi qu'il choisissait pour savoir ses secrets;
Mais quel vain soin je prends pour trouver une ex-
Coupable que je suis, est-ce moi que j'abuse? [cuse!
De quel voile à mes yeux couvrir mon action,
Quand je me sens en moi rien que ma passion,
Quand elle règne seule? Ah! qui pourrait connaître
Dans quel état je suis, n'oserait pas peut-être
Condamner ma faiblesse, et juger mon erreur.
Malheureuse! je cours au-devant du malheur!
(Elle ouvre le pavillon; on voit le buste de Sophie,
    couronné de fleurs dans le fond du pavillon.)
Mon buste! juste ciel!... je me meurs!...

LE COMTE arrive précipitamment.

Ah! Sophie,
Qu'avez-vous fait? hélas! quoi! vous m'avez trahie?
Je venais demander, je croyais que ton cœur
Respecterait mes lois: ah! quelle est ma douleur!
Sortez, fuyez d'ici, fuyez un misérable,
Malgré tous ses efforts, par vous rendu coupable.

(Il l'entraine hors du pavillon.)
SOPHIE.

Apaise ce courroux: quel est ton ascendant?
Quand je connais ton cœur, quoi! le mien est trem-
Tu m'aimes, je le vois; mais ton âme sublime [blant!
De ton coupable amour efface encor le crime;

Et de ton sentiment le malheureux objet
Plus que toi doit trembler en sachant ton secret.
Je rougis à tes yeux...

LE COMTE.

Oui, tu le dois, cruelle,
Lorsqu'à tous les devoirs tu me rends infidèle,
A mon ami, ma femme; oui, je dois me haïr,
Et je m'accuse seul, quand tu m'as su trahir.

SOPHIE.

Ne crains rien; mon devoir, mon désespoir com-
[mence,
Ton amour seul pouvait accroître ma souffrance.
Va, tu peux me parler, tu le peux une fois;
De ton cœur malheureux laisse échapper la voix.
Dis, cruel, dis, je t'aime: accorde à ta Sophie
Ce souvenir d'un jour, qui suffise à sa vie.

LE COMTE.

Coupable, tu le veux, il faut tout déclarer.
Oui, loin de toi, c'est là que j'osais t'adorer.
Je rêvais le bonheur dans cette solitude,
Je t'aimais là sans trouble et sans inquiétude,
Je ne condamnais pas mes secrètes douleurs;
Tu viens de m'arracher le charme de mes pleurs.
De l'amour quelquefois jusqu'où va le délire!
L'imagination soulageait mon martyre,
Et dans ce temple où nul ne pénétra que moi,
Où toute ma pensée était toujours à toi,
Je croyais, plus qu'ailleurs, et te voir et t'entendre:
Les erreurs de l'amour ne peuvent se comprendre!
J'éprouvais en entrant ce doux frémissement [sent.
Qu'à ton approche, hélas! mon cœur toujours res-
Mais quels devoirs, ô ciel! m'imposaient le silence!
Quoi! de mon bienfaiteur je détruis l'espérance.
Ma femme! je succombe à l'amour, à l'effroi;
Je crains l'instant qui va me ramener à moi.
Je tremble que ton cœur ne soit aussi coupable,
Et s'il ne l'était pas je serais misérable.
Je veux te voir toujours... ou te quitter... Je veux...
Calme, calme, il le faut, mon désespoir affreux;
Mets ta main sur mon cœur, et guéris ma blessure,
Sauve-moi par pitié du destin que j'endure.

SOPHIE.

Je le sens, c'est à moi de finir ton malheur;
Le sacrifice est fait: d'un instant de bonheur,
Pardonne-moi, grand Dieu! la triste jouissance;
Je saurai l'expier par ma longue souffrance.
Mon ami, vous allez lire au fond de mon cœur.
J'ignore si j'augmente encor votre douleur;
Mais rien dissimuler, dans ce moment terrible,
Comme au dernier de tous, me paraît impossible.
Je vous aimai toujours! ce criminel amour
Régnait à mon insu dans mon cœur sans détour.
La comtesse, vous-même, avertissez mon âme.

Jouissez d'inspirer une si vive flamme ;
Jouissez d'être aimé, ressentez ce bonheur,
Le seul que le destin accorde à votre cœur.
Si par mon souvenir votre âme est affligée,
Songez que sa douleur est par moi partagée. [pands,
Quand vous versez des pleurs, songez que j'en ré-
Et connaissez mon cœur par tous vos mouvements.
Mon ami, mon ami, que cet accent si tendre
Reste au fond de ton cœur, qui ne doit plus l'en-
Élève ta pensée à l'excès des douleurs, [tendre !
Et ne crois pas encor deviner mes malheurs.

LE COMTE *se jetant à genoux.*

Arrête, je t'adore.

(*La comtesse arrive, et entend les derniers mots.
Elle voit le pavillon ouvert, et aperçoit le buste
de Sophie.*)

LA COMTESSE.

O ciel ! ah ! malheureuse !
Son buste ! je me meurs.
(*Elle s'évanouit sur les marches du pavillon.*)

SOPHIE.

Quelle douleur affreuse !
Je fuis loin de ses yeux, moi qu'elle doit haïr ;
C'est à vous, c'est à vous d'oser la secourir.
Adieu ; c'en est donc fait.

SCÈNE IV.

LE COMTE, LA COMTESSE, *évanouie.*

LE COMTE. *Il aperçoit la comtesse.*

Ah ! que je suis coupable !
Malheureux ! dois-je rendre une autre misérable !
Ouvrez les yeux....

LA COMTESSE.

Il l'aime ! Ah ! laissez-moi mourir.
Quelle barbare main prétend me secourir !
Ah ! le coup est porté, je suis infortunée,
Et l'espoir pour toujours manque à ma destinée.
Ciel ! c'est lui ! laissez-moi, moi qui vous fais hor-

LE COMTE.   [reur.

Quoi vous pouvez penser...

LA COMTESSE, *se jetant à ses genoux.*

Ah ! percez-moi le cœur.
C'est moi qui suis obstacle à votre destinée,
Et vous pourriez sans moi la rendre fortunée ;
Ah ! donnez-lui ce nom que j'avais tant chéri.
Mais pourquoi votre cœur paraît-il attendri ?
Quelle fausse pitié peut épargner ma vie,
Lorsque vous détestez le saint nœud qui nous lie ?
Ah ! ne m'arrachez pas la funeste douceur,
Qu'à ma mort vous deviez au moins votre bonheur.
Elle fera pour vous ce que n'a pu ma vie,
Et c'est en expirant qu'il faudra qu'on m'envie.

LE COMTE.

Qu'entends-je ? juste ciel !

LA COMTESSE.

Je sais que ma froideur
Et mon calme apparent ont trompé votre cœur.
On m'avait dit qu'il faut se contenir sans cesse,
Qu'on éloigne en montrant l'excès de sa tendresse.
Ah ! laissez-moi penser que c'était cette erreur
Qui fut la seule cause, hélas ! de mon malheur.
Laisse-moi me flatter que tu m'aurais aimée,
Si je t'avais fait lire en mon âme enflammée.
Ce regret, ce remords me sera moins affreux.
Je veux m'attribuer mon destin malheureux,
Ne pas t'en accuser, t'ôter jusqu'à ce crime,
Et de mon amour seul expirer la victime.

LE COMTE.

Pardonnez, je n'ai pas deviné votre cœur ;
Je n'ai ni mérité, ni senti mon bonheur.

SCÈNE V.

LORD HENRI, LA COMTESSE, LE COMTE.

LA COMTESSE.

Lord Henri, qu'avez-vous ?

LORD HENRI.

Hélas ! hélas ! madame,
Comment vous exprimer le trouble de mon âme ?
Sophie en cet instant s'éloigne de ces lieux ;
Pour le comte, pour vous, j'ai reçu ses adieux.
« Je pars, m'a-t-elle dit ; je vais en Angleterre :
« La France pour jamais me devient étrangère.
« Que la comtesse encor m'accorde des regrets ;
« Je les mérite, hélas ! quand je pars à jamais ;
« Et ce triomphe affreux remporté sur mon âme,
« Excuse les erreurs d'une coupable flamme.
« C'est mon amour, hélas ! qui me force à partir ;
« J'espérais dans ces lieux aimer seule et mourir.
« Qu'on ne m'arrête pas, qu'on craigne ma faiblesse.
« Je pars ; et vous, Henri, si je vous intéresse,
« Respectez ma douleur, renoncez à me voir ;
« La mort, dans cet instant, est mon unique espoir.
« Celui qui de Sainville a conservé la vie
« Aurait des droits sacrés sur la main de Sophie,
« Si son malheureux cœur... » En prononçant ces
Ses sons étaient coupés par d'horribles sanglots. [mots,
En frémissant j'ai vu l'effrayant caractère
D'une douleur profonde et qui cherche à se taire.

LA COMTESSE.

Généreuse Sophie !

CÉCILE *accourt.*

Ah ! mon père, venez ;
Elle part à l'instant, si vous ne l'arrêtez ;

Et c'est bien à regret, je crois, qu'elle vous quitte.
Ses larmes, ses sanglots... Ah! venez, venez vite.
Nous ne la verrons plus ; elle l'a dit, hélas!
Et m'a serré; mon père, en pleurant, dans ses bras.

LE COMTE, *avec l'accent du désespoir.*
Suis-je assez déchiré!

LA COMTESSE.
               Courez tous à Sophie ;
Il faut la retenir, il y va de sa vie.
Ah ! qu'importent mes jours auprès de son bonheur !
Ramenez-la vers lui ; c'est le vœu de mon cœur.
    (*à part.*)
Je saurai bien mourir.

LE COMTE.
               Non, non, femme adorable,
Tu triomphes enfin de mon amour coupable.
Accorde-moi de grâce un pardon généreux.
    (*prenant Cécile par la main.*)
Ce gage d'un hymen à l'avenir heureux,
A tes pieds prosterné, t'implore pour son père.

LA COMTESSE.
Ah ! je n'ai pas besoin de me sentir sa mère
Pour qu'avec passion je vole dans vos bras.
Que votre cœur pour moi ne se contraigne pas ;
Répandez dans mon sein des larmes pour Sophie,

Oubliez votre femme, et gardez votre amie.

LE COMTE.
J'espère tout du temps et de votre vertu ;
Vous saurez relever mon esprit abattu.
Oui, je vivrai pour vous. Hélas ! dans ma tristesse,
C'est beaucoup, croyez-moi, qu'une telle promesse.

LORD HENRI.
Que vous touchez mon cœur !

LE COMTE.
               Vous, espérez aussi ;
Racontez mon histoire à son cœur attendri.
L'effort de ma raison à la sienne est possible ;
Ah! répétez souvent à son âme sensible
Que la vertu nous donne elle seule un bonheur
Qui peut avec le temps suffire à notre cœur.
Des liens qu'on lui doit la douce jouissance
Calme des passions l'orageuse souffrance.
Je le crois, si son sort au vôtre était uni,
Elle en serait certaine. Écoutez, mon ami,
Si jamais elle veut savoir ma destinée,
Ne lui prononcez pas qu'elle soit fortunée ;
Mais dites qu'un bon cœur a daigné concevoir
Pour mon cœur malheureux quelques rayons d'es-
Et que me confiant dans cet objet qui m'aime, [poir,
Je le crois sur mon sort encor plus que moi-même.

FIN DU TOME DEUXIÈME.

TABLE DES MATIÈRES

CONTENUES DANS CE VOLUME.

II.

FIN DE LA TABLE DES MATIÈRES.